千古文人锦瑟心

东平题

马登杰 ◎ 著

吉林大学出版社

图书在版编目(CIP)数据

千古文人锦瑟心 / 马登杰著 . 一长春: 吉林大学
出版社, 2018.9 (2021.5重印)

ISBN 978-7-5692-3479-4

Ⅰ. ①千… Ⅱ. ①马… Ⅲ. ①文人②一列传一中国

Ⅳ. ① K825.4

中国版本图书馆 CIP 数据核字 (2018) 第 235011 号

书　　名　千古文人锦瑟心

作　　者　马登杰 著
策划编辑　黄国彬
责任编辑　张宏亮
责任校对　曹德斌
装帧设计　繁华教育
出版发行　吉林大学出版社
社　　址　长春市人民大街 4059 号
邮政编码　130021
发行电话　0431-89580028/29/21
网　　址　http://www.jlup.com.cn
电子邮箱　jdcbs@jlu.edu.cn
印　　刷　北京一鑫印务有限责任公司
开　　本　787mm×1092mm　　　1/16
印　　张　34.75
字　　数　680 千字
版　　次　2018 年 9 月　第 1 版
印　　次　2021年5月第2次印刷
书　　号　ISBN 978-7-5692-3479-4
定　　价　99.80 元

《故事 人事 文事》

一、五本著述的宏愿

一千三百多年前，惠能从广东新州长途跋涉来到湖北黄梅东山寺向禅宗五祖弘忍求法，弘忍师父给惠能出了三道面试题。第一道，你远道而来，所求何物？惠能的回答是：弟子不求任何物，惟求作佛！这个回答震惊了弘忍！弘忍思忖，来我这里求法的弟子虽多，但从来还没有人发表过要成佛这样的宏愿。弘忍有意识加大面试难度，第二道，你这样一个不识字的南蛮，居然也想成佛？惠能的回答是：弟子敢问师父，人固然有南北，难道佛性也有南北吗？这个回答再次震撼了弘忍！弘忍内心感叹，这孩子根性大利，是学佛的好材料啊！弘忍再次提升面试难度，第三道，既然你有如此宏愿，那就从破柴踏碓干粗活开始吧？惠能的回答是：谨遵师命，说完就到后院开始干活儿。故事的结局大家都知道，惠能得到五祖弘忍真传，成为禅宗六祖，坐化圆寂后以肉身像被供奉在广东韶关南华寺至今；著名的唐朝诗人王维为惠能作《能禅师碑》；汇集惠能说法的《坛经》是唯一一部以汉语写就而非译自梵文的佛经。惠能当初"惟求作佛"的宏愿实现了。

其实，历朝历代，乃至当今，像惠能这样的志存高远、心发宏愿者并不少见。登杰兄即其俦也！登杰兄家族，于"三年自然灾害"期间自甘肃张家川辗转流落新疆哈密，再漂泊至南疆和硕、博湖，尝一度因落户难而有短暂乞讨经历。当时事，举国艰难，故虽有母氏劬劳，然生计依旧维苦维艰。迫于家境困顿，登杰于少年辍学，遂成公社社员，寒暑躬耕于垄亩间。缘于家学氛围浸淫，登杰却能常于劳作间隙，凭藉月光篝火生吞活剥啃读《三国》、《水浒》、《史记》、《汉书》、《东周列国志》等古典名著，梦想成为两朝开济的文人士大夫，或兼济天下、造福民生，或以笔为旗、策勋翰墨。在那个特殊的十年时期，在那个食不果腹的困境中，在那个前途茫茫的田野上，年轻的登杰兄心存如此宏愿，恐怕也是凤毛麟角。后来，登杰兄一路传奇，从小学代课教师到州政府秘书长，再迁大学领导，早年的宏愿算是实现了一半。登杰兄来到昌吉学院后，与我清谈，即发愿要完成五本书，一本写新疆历史民族宗教，一本写中国历史要鉴，一本写新疆回民历史，一本写千古文人撷要，一本写家族变迁史诗，而且，都要我来作序。试想一下，一个地方领导，来到高校工作，连职称都还没有评聘，就表示如此愿景，在一般人看来，即便抛开附庸风雅的质疑，也多少有些不切实际吧。这时候的登杰兄看起来很像当年初登山门的惠能。然而，登杰兄在完成其职责所在的种种工作任务的同时，以平均三年一本书的速度，给我带来写序的压力，眼看着第五本书要定稿了，我这第四本的序还在迁延之中，真是汗颜呐！

二、两度南下的成果

文人之间喜欢PK，即使本人不主动，也有好事者为他们操心，比如苏黄。黄庭坚比苏轼，年龄小点儿，寿命短点儿，其他方面，可谓德相若，道相似，诗词文书画各擅胜场，如果命运对他们平等的话，苏黄也许难分高下。然而，命运太偏爱苏轼了，苏轼在贬了黄州、贬了惠州之后，晚年再贬儋州。宋人有言，远贬儋州，对苏轼来讲是不幸，对黄庭坚来讲则是大不幸。所谓苏轼的不幸，当然是指人生遭际的不幸；而所谓黄庭坚的大不幸，则是指缺少了类似苏轼天涯海角这样极致性的贬谪经历，其思想认识与文学艺术的成就必然无法达到苏轼的深刻与超越，是大不幸。

古今天下无新事，得失只在寸心间。登杰兄的人生经历和这几本书的写作经历也充溢着满满的辩证法的意味。在官本位的中国，从一位挥斥方遒纵横捭阖的地方政府的秘书长调整到一个二本高校长期担任既非主管教学科研等主要业务亦非负责人事财务等权力核心的副职领导，个中滋味不足为外人道也！是耶，非耶？幸欤，不幸欤？想想白居易的江州和千载名篇《琵琶行》，想想苏东坡的黄州和万古绝笔《赤壁赋》，答案就很清楚了。登杰兄在高校完成了副教授、教授的华丽转身，自学了维吾尔语，连续出版了关于新疆历史民族宗教的两本书，引起了有关部门的重视，被自治区党委委以更为重要的使命：2012年1月到12月，赴南疆克孜勒苏柯尔克孜自治州负责基层维稳，担任自治区党委下派克州的督导组组长；2015年2月到2016年2月，赴阿克苏地区负责"访惠聚"工程，担任昌吉学院工作组组长。登杰兄夙夜在公，黾勉其事，圆满地完成了组织交待的光荣使命，其间工作生活的艰难苦恨自不待言。令人惊叹的是，克州归来，登杰兄带回了他利用业余时间完成的《在历史河床拣石头》，嘱我作序，我咋舌之余，承乏撰写了《沧桑潮平两岸阔　翰墨风正一帆悬》权当抛砖；阿克苏归来，登杰兄带回了他利用业余时间完成的《新疆回族》和《千古文人锦瑟心》书稿，依然嘱我作序。我去年完成了《新疆回族》的序，这《千古文人锦瑟心》的事儿，却有意放了一下。

三、三端真实的体会

这几年，因为课程安排的巧合，我在海南大学从头到尾讲了一遍中国文学史，又开设了几次国学经典导读，还做了几个具体的文人个案研究课题，客观上梳理了千古文人系列，清理了影响文人价值取向的思想源流，积累了一些文人细部研究的心得。这个过程中，隐隐约约感觉到自己和登杰兄的《千古文人锦瑟心》书稿之间存在着某种冥冥之中的呼应。所以，这一年多来，《千古文人锦瑟心》书稿在我电脑里也变成了点击率比较高的"备顾问"；作序者的先睹为快变成了研究者的体用不二，写序反而成了一推再推的事儿，但我坚信，写得越迟会越好。正因为如此，对这部书稿的思考也就多一些。大体有三端。

其一，《千古文人锦瑟心》的核心议题是文人与政治的关系。中国古代读书人，正心诚意格物致知的目的是修身，修身开始，于外则齐家治国平天下，达则兼济天下，无论能做到哪个阶段，都无法不涉及政治；于内则温良恭俭让仁义礼智信，穷则独善其身，依然在为政治功业蓄势等待。内圣外王，都指向政治。所以，我们今天目为文人的绝大多数古人，无论其思想归宿是道是佛，其首要理想是政治——为万世开太平，为生民谋福祉，当官发财只是其中部分政客的鼠目寸光和权力贪欲，古代有，现代也不逊。元明清之后，有相当一批文人的人生轨迹好像都与政治没有直接关系了，但其文学创作的主题却依然离不开政治。政治与文学之间关系的此消彼长影响了文人的人生轨迹，更彰显了文人的个性与气质。正如鲁迅先生评价陶渊明并非浑身是静穆所以才伟大，认真地考量和反思文人与政治的关系，对于我们更好地理解古代文人，甚至更好地在今天治国理政，或者读书治学，都助益良多。

其二，《千古文人锦瑟心》的结构安排是古代文人的真实写照。文人的共性是能文，个性则千差万别，或如春夏秋冬四季分明，或如鱼龙混杂真伪难辨，或如山河丘壑显隐有差，或如楚河汉界阵营对峙。为了全面展示千古文人的不同面目，登杰兄以"依然、灿然、卓然、傲然、湛然、浩然、晏然、凛然、昭然、婉然、斐然、纷然"为十二章的关键词，既展示了千古文人的类型群像，又揭示了其同中有异的个性特征，相信读者朋友在阅读时一定会为作者这一巧妙的选择与安排点赞。

其三，《千古文人锦瑟心》的当下情怀是对读书人的悲悯关心。即使我们生活在网络更发达、联系更便捷、观念更现代的今天和未来，我们也不可能切断与中国历史文化的联系；况且，现代教育制度使得我们每个人都首先成为读书人再成为社会人，这种与文化传统的联系反而显得比任何时候都迫切而重要。顺风顺水时，大家会有"春风得意马蹄疾"的快感，遭受挫折时，大家会有"同是天涯沦落人"的伤感；怀才不遇时，我们自然会想起屈原、贾谊，落魄无助时，我们自然会想起杜甫、曹雪芹；即使我们遭受打击，我们可能还会坚持"先天下之忧而忧、后天下之乐而乐"的情怀，即使我们遇到不公正待遇，我们可能还会效法"也无风雨也无晴"的态度；书稿中这样的文人案例和名言警句太多太多，总有一款适合您。包括这篇序，是不是也多多少少能给您一点启示呢？

登杰兄和我已经成了冤家。承蒙登杰兄抬爱，他每出一本书，都约我作序；我每作一次序，总在结尾表示对他下一本书的期待。冤冤相报何时了！好在，登杰兄以其家族变迁为主题的下一本大作是史诗体的小说，这个可以没有序。我终于可以没有"负担"地期待登杰兄新作问世了。

2017 年 7 月 12 日于南海之滨

作者简介：海滨，回族，新疆吐鲁番市人，文学博士，海南大学教授。

Content

目录

第伍章 曾经定国安邦，终则寥落其身，湛然厥功甚伟

第陆章 绝缘功名富贵，一生遁迹闾巷，斐然笑骂成章

第柒章 深谙治乱之道，胸怀武略文韬，傲然盖世功业

第 捌 章　此君国士无双，遭逢时运不济，卓然焕章其文

第 玖 章　才华超绝同侪，却遭天妒英才，灿然星陨长空

引 言

一

华夏古国自"盘古开天辟地"脱离"混沌",而后伏羲女娲兄妹媾和而有子息,燧人氏钻木取火开启文明源头,以仓颉造字为嚆矢,文明史迄今已逾5000载。

纵观华夏历史,"分久必合,合久必分"乃其总态势。伴随"分""合",中国历代文人于社会力量整合、治理体制创立、促进文化繁荣及整体推进文明进步,可谓呕心沥血、殚精竭虑、鞠躬尽瘁、死而后已,其功莫大,其勋殊巨。

中国文人所以于历史进程中扮演如此重要角色,源于周公3000年前发端创立、孔子2500年前予以完善之"礼乐"文化传统。因"此项教育的主要意义,并不专为传授知识,更不专为训练职业,亦不专为幼年、青年乃至中年以下人而设。此项教育的主要对象,乃为全社会,亦可说为全人类。不论幼年、青年、中年、老年,不论男女,不论任何职业,亦不论种族分别,都包括在此项教育精神与教育理想之内。"[①]

中国古代文化教育重文而轻理,学子十年寒窗以习字作文为务,庙堂选才亦以文辞策论为要,故国人习惯将莘莘学子统称"文人"。如此状态虽使华夏文明以璀璨光芒雄峙东方数千年,却为巩固其永恒地位埋下隐患。元、明之际,欧洲"文艺复兴"催生现代科学技术异军突起,"洋夷"旋以"奇技淫巧"叩响华夏国门,挑战曾令其难望项背之古国文明,中国"文人"方深切感受,人类矛盾需以实力解决时,"文"与"武"之差距遂凸显无遗。

然,"礼乐"教育毕竟导引文人于自己乐于选择之道路与舞台上疲于奔命惨淡经营数千年,使之为实现其济世抱负,淋漓尽致挥洒个人才情,架构起无可替代之平台。

奴隶制政权体制下,"普天之下莫非王土,率土之滨莫非王臣",奴隶主尚不需亦不屑其他阶层染指上层统治。故,所谓中国之"文人"尚欠诞生之气候与土壤。直至"春秋","周室式微,礼崩乐坏",奴隶制王朝之辉煌已黯然失色,遂诞生"至圣先师"孔子。孔子目睹东周末期"礼崩乐坏,王室式微"之现状,甚为痛心,遂立志创立旨在教化人心之儒学思想。其所创"儒教,不成为一项宗教,而实赋有极深厚的宗教情感与宗教精神。如耶教、佛教等,其教义都不牵涉到实际政治,但孔子儒教,则以治国平天下为其终

---

① 钱穆"中国传统教育的精髓"。

极理想，故儒教鼓励人从政。又如耶教、佛教等，其信徒都超然在一般社会之上来从事其传教工作。但孔子儒家，其信徒都没入在一般社会中，在下则宏扬师道，在上则服务政治。只求入世，不求出世。"①

孔子儒学教义之精要，包罗万象无所不有，可谓"取之不尽，用之不竭"，中国社会所面临之一切矛盾，于其中或直接或引申均可寻求解决答案。仅"为人之道"一项，儒学思想即包涵孝、悌、忠、恕、仁、义、礼、智诸内容，其下又延伸出君臣、父子、夫妇相互操守之准则规范。

盖因孔子本人热衷仕途，故其学说为"文人"规定之核心思想为"学而优则仕"。"至圣先师"寥寥五字真言，即鞭策诱导其后 2000 余年之"文人"，怀揣"修身齐家治国平天下"之抱负，或寒窗苦读，或负笈远行，以"头悬梁锥刺股"坚韧毅力，欲"学得文武艺，售与帝王家"，期待进身庙堂实现个人政治抱负。"书中自有黄金屋，书中自有颜如玉"，一束五彩缤纷之缰，牵引中国"文人"鼻孔，于"入世""入仕"之路，前赴后继艰难前行，"负者歌于途，行者休于树"，代代传承乐此不疲。千百年来，"文人"颠簸于蜿蜒透逸之"仕途"，不仅备尝其中荣辱成败之甘苦，亦将惨淡求索之心路历程显现无遗。

孔子"学而优则仕"理论创立之后，中国历史进入"战国"时期。时，天下共主周王朝势衰力竭无力控驭天下，各路诸侯遂纷纷割据称强，秉承"森林法则"之诸侯争战随之狼烟四起。战争既恃武士冲锋陷阵，亦赖谋士运筹帷幄。于是，专门为诸侯提供谋略服务之"士"阶层，于诸侯割据争霸舞台诞生。"士"阶层成员投效诸侯门下，依恃专业特长，"长袖善舞，多财善贾"，尽情发挥平生所学，挥毫泼墨勾勒理想人生画卷，其势真可谓"乱石穿空，惊涛裂岸，卷起千堆雪。江山如画，一时多少豪杰。"

孔子曰"名不正则言不顺，言不顺则事不成"。为使"士"阶层"名正言顺"地纳入"礼乐"规范，孟子、荀子继承孔子衣钵，以东方大国"齐"为依托，开设首所官办民营高等学府"稷下学宫"，专业培养科班"士"人。

"稷下学宫"兴盛时期，曾容纳"诸子百家"道、儒、法、名、兵、农、阴阳各学派，汇集天下贤士达千人。各学派荟萃于斯，相互争辩、诘难、吸收，形成"百家争鸣"学术局面。"稷下之学的设置，在中国文化史上实在有划时代的意义……发展到能够以学术思想为自由研究的对象，这是社会的进步，不用说也就促进了学术思想的进步……周秦诸子的盛况是在这儿形成一个最高峰的。"②故，"稷下学宫"之创建与发展，为中国文化发展史树起一座丰碑，开创百家争鸣之一代新风，促成中国学术思想领域第一次大解放、大繁荣之黄金时代。

然，"百家争鸣"之结局令人遗憾。"士"阶层因强秦横扫六合统一天下而逐渐衰落，"百家争鸣"之学术局面亦因秦始皇"焚书坑儒"而归于沉寂。倘若任由"百家争鸣"局面延续下去，中国是否较欧洲早 1500 年进入资本主义，其可能性绝非一言可蔽之。

"焚书坑儒""无论怎么说也不能不视为中国文化史上的浩劫。书籍被烧残，其实还在

---

① 钱穆"中国传统教育的精髓"。

② 郭沫若：《十批评书·稷下黄老学派的批判》，北京：中国华八百出版社，2008。

其次，春秋末叶以来，蓬蓬勃勃的自由思索的那种精神，事实上因此而遭受了一次致命的打击……吕氏门下的那批学者，可能是完全被消灭了。然而……人可以诛灭，真理总是烧不绝的。"①

二

"焚书坑儒"虽欲烧尽天下典籍"以愚黔首"，然中国文人阶层依然于"灰烬"中成长起来，并成为支撑封建统治大厦之立柱栋梁。周朝以降之社会变革，为"文人"以"文"入仕开辟出前行途径；"至圣先师"孔子"学而优则仕"理论，亦为"文人"以"文"入仕确立了人生追求目标。

中国古代官吏制度，"三代以上出于学，汉以后出于郡县吏，魏晋以来出于九品中正，隋唐至今出于科举。"②

夏、商、西周时期，为我国早期国家初步发展时期。国家机器建立与管理初步走上轨道，故官吏选拔任用主要为世卿世禄制，即爵位与官职通过世袭接续。此种以家族血缘关系为基础选择官员、依血缘亲疏确定等级尊卑与官爵高下之制度，重点在可实现王权与族权之统一。统治者为维护统治，实行所谓"封侯建国"之"分封制"，通过分封诸侯形成由天子、诸侯、卿大夫、士构成之宝塔式等级结构。血缘、宗族、藩属关系相互联结，形成较为稳定之统治网络，可有效巩固奴隶制社会统治。

世卿世禄选官时期，虽亦有非贵族宗亲人士获取高位者，然极其罕见。且其机遇之降临，多源于统治者急需某种人才而为。如商汤之用伊尹③，最终建立殷商政权；武丁任用傅说④，实现殷商中兴；文王识拔姜尚⑤，最终佐助姬发实现伐商兴周伟业。

春秋战国时期，国家职能扩大与人才需求日益增长，高级官员举荐官吏之推荐制与自恃才能特殊之人自荐制遂应运而生。战国时期，魏国政治家商鞅辗转经宦官推荐，获得秦孝公重用；卫国军事家吴起自我举荐，得楚国贵族赏识，获取最高军事统帅权。而自荐制最典型之实例，莫过于家喻户晓之"毛遂自荐"。毛遂久居赵国公子平原君门下为食客，因无机遇展示才能而不为人知。强秦围攻赵国都城时，情势危急，赵国上下束手无策，毛遂挺身而出，蹈险楚国游说，促成楚赵联盟击败秦军，遂使赵国摆脱危急。

随着军事吞并、政治斗争之激烈演变，诸侯国于人才之需求愈益迫切，世卿世禄选官制已无法满足发展需要，重视实际才能、业绩与功劳之选官制遂应运而生。魏国首先变法，规定"食有劳而禄有功，使有能而赏必行"，出台以功劳选用官吏之措施；赵国中尉荀欣接踵提出"选练举贤，任官使能"。以军功、事功选拔提升官员遂蔚成风气。赵国宦

① 郭沫若：《十批判书·吕不韦与秦王政批判》，北京：中国华八百出版社，2008。
② 北宋·苏东坡《论养士》。
③ 伊尹乃商汤妻子随身陪嫁奴隶。
④ 傅说为犯罪后被罚苦役之奴隶。
⑤ 姜尚生于商朝末年，一生穷困潦倒，后于渭水之畔垂钓遇周文王，遂以兴王图霸之计受重用。

者令舍人蔺相如出使秦国不辱使命,使和氏璧"完璧归赵",重挫强秦锐气,维护了赵国声誉,遂成此类人才之典型。

强秦所以最终横扫六合统一天下,与之切实推行"选贤任能"政策密不可分。战国诸侯中,秦国变法最晚,然其积极吸收诸国经验,建立军功爵制及军功、事功选官制,终于后来居上,成就横扫六合伟业。秦之军功爵最低为公士,最高为列侯,凡二十级,规定"斩一首者爵一级,欲为官者为五十石之官;斩二首者爵二级,欲为官者为百石之官。官爵之迁与斩首之功相称之也。"[①]军功与官爵密切结合之选官制度,无疑极大地刺激了秦国社会中下阶层人士,成为促进秦国社会发展之强大动力。

自西汉王朝始,"察举制"逐渐成为官吏选拔之主要措施。两汉时期,官职授予虽依然多集中于世家大族,留有某些世袭痕迹,然法律层面之世袭制已走到尽头。

"察举"又称"荐举",名目有"贤良方正""贤良文学""孝悌力田""茂材异等""孝廉""直言极谏"等。三公九卿、地方郡守等高级官员,均可依据考察,将品德高尚、才干出众之平民或下级官吏荐于朝廷,授予官职或提高官位。

汉文帝时,开始采用策问办法考察被荐举者之才干学识,武帝时得以普遍实行。此法操作程序为,先由皇帝提出如何治国之命题,称为"策问";然后将问题依难易程度分甲、乙等科密封之,被荐举人可任意抽取命题作答,称为"射策"。测试结束,朝廷根据考生成绩高下分派官职。儒学大师董仲舒尝于"射策"中极力宣扬"天人感应"及"大一统"思想,受武帝赞赏,即刻任命其为江都王相。

东汉初年,光武帝下诏以"四科"辟士,即选拔人才以"德行高妙,志节清白""学通行修,经中博士""明达法令,足以决疑""刚毅多略,遭事不惑"等四条标准为依据。

与"察举"并行之另一选官法为"征辟"。即皇帝直接聘人为官为"征",官府聘人任职为"辟"。"征辟"之程序为自上而下选任官吏,地位仅次于"察举"。皇帝亲征任官者,多为德高望重、学识渊博、闻名于世之人。如夏侯胜以善说礼服而征为博士;疏广因精通《春秋》亦征为博士。

"察举""征辟"制通行两汉 400 余年,依然出现诸多流弊。故曹魏代汉之后,文帝曹丕为拉拢士族而采纳陈群意见,创立"九品中正"选官制度。

"九品中正制"又名"九品官人法",即将各类官员列为九等,为政府选用官吏之依据,再由"中正"[②]评定人才等级。

魏晋时充当中正者一般为二品,二品又可参预中正推举。而可获得二品者几乎皆为门阀世族,故门阀世族遂把持官吏选拔之权。延至西晋,终于形成"上品无寒门,下品无世族"局面。

---

①秦·韩非《韩非子·定法·第四十三》。
②朝廷确定之有名望推荐官。

三

诚然，无论"察举""征辟"抑或"九品中正"，虽尚未明确以"文"选官，却毕竟为"寒门庶族"入仕开辟出道路，且得以入仕之"寒门庶族"，大部即为"文人"。然，真正将中国"文人"济世理想与仕途紧密捆绑于一辆战车，使其后历史辙迹布满"文人"杂乱足迹者，则为盛行近1500年之"科举制度"。

隋朝统一中原后，为加强中央集权，废除"九品中正制"，开始采用分科考试方式选拔官员。隋开皇三年（583年），文帝下诏举"贤良"，又令五品以上京官及总管、刺史以"志行修谨""清平干济"二科举人。大业三年（607年）四月，炀帝诏令以"试策"取士，中国科举取士制度遂正式诞生。

科举取士制度虽肇始于隋，而集大成者则为唐。唐太宗、玄宗及大周皇帝武则天，乃令科举制度臻于完善之帝王。

唐太宗李世民即位之初，面对地方豪强势力把持各级政权长达400余年之政治痼疾，遂审时度势由弱化豪门权势开刀，果断废除自魏晋以来盛行之"九品官人法"，使门阀豪强控制地方政权、干预朝廷政事之弊端得以彻底铲除。

为彻底打破"上品无寒门，下品无世族"之陈规，保障庶族阶层卓异人才通过科举之途成为新王朝中坚力量，李世民于贞观十二年（638年）命高士廉打破以豪门世族划分门第等级之旧习，按当世功绩重新修订《氏族志》，确立氏族等级。明确全国"凡二百九十三姓，千六百五十一家"为世族，吸收大批新兴庶族进入新氏族，得以极大满足庶族阶层之自尊心与成就感。

唐朝科举考试科目分"常科""制科"两类。每年分期举行之试称"常科"，皇帝下诏临时举行之试称"制科"；考试科目于隋朝"明经"之外加"进士"科；考试重点由"帖经"转为辞赋文章。"进士"科考试虽难度较大，却能测试考生于国家大事思考分析之深度及解决实际问题之能力。唐代科举中第进士不直接分发为官，"必须经过吏部'身、言、书、判'考试。身，即相貌是否英伟，一身正气，可亲可敬；言，即是否会说话，讲道理，说得通，让人心服口服；书，即书法是否字迹端正清楚，绝不能潦草或龙飞凤舞；判，即批公文、断案子，公文不仅要有文采，且必须合法合理合情，言情并茂。"[1]然后根据进士才能授受官职。

科举取士唯才是举，使天下寒士得以通过考试获得参与国家管理之机遇，促进门阀世族政治逐渐向科举文官制度过渡，彻底解决了"政令不出朝廷"之痼疾，遂使社会形成崇尚文化尊重人才之风气。武则天载初元年（690年）二月，女皇亲自"策问贡人于洛成殿"，遂诞生科举取士之"殿试"环节。

为防止徇私弊端蔓延生发，宋代开始采取糊名与誊录预防措施。糊名，即将考生姓名、籍贯密封之，称"弥封"或"封弥"。又将科考明确定制为解试（乡试）、省试（会试）与殿试三级。乡试每三年于各省首府举行一次，又称"大比"。因于秋季举行，故又称"秋闱"，参加者为秀才（生）。乡试考中称"举人"，第一名称"解元"。

---

①李满星："李世民打破阶层固化成就大唐盛世"，《文史天地》2015年第二期。

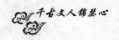

乡试之后次年春季于礼部举行"会试"，故"会试"又称"礼闱"，亦称"春闱"。参加会试者为举人，取中后称"贡士"，第一名称"会元"。

殿试由皇帝亲自主试，考策问。参加殿试者为"贡士"，取中后统称"进士"。殿试分三甲录取。第一甲"赐进士及第"，第二甲"赐进士出身"，第三甲"赐同进士出身"。第一甲录取三名，第一名俗称"状元"，第二名俗称"榜眼"，第三名俗称"探花"，合称"三鼎甲"。状元授翰林院修撰，榜眼、探花授翰林院编修。其余诸进士尚需参加朝考，内容有论、诏、奏、议、诗、赋，选擅长文学书法者为翰林院庶吉士，其余分别授主事（各部职员）、知县等。

虽然科举取士为唯才是举奠定理论基础与实践平台，贞观《氏族志》进而为寒门庶族凭才学步入仕途开辟了较宽阔途径，而"文人"社会政治地位之切实提高，实乃宋代特别是其开国皇帝太祖赵匡胤所造就之。

960 年，北周大将赵匡胤于陈桥驿发动兵变，被部下"黄袍加身"拥立为宋太祖。然其登基后却寝食难安，担心部下以同样方式将黄袍取走加于他人之身。经缜密考量，遂采取"杯酒释兵权"方式，将四肢发达之武夫打发归里享清福，又确立"重文抑武"治国理念，即军队将帅皆选文人担任。为使文人忠心诚意维护赵氏家族统治，宋太祖于建隆三年（962 年）专门于太庙为后继者立下"戒碑"，铭刻"不得杀士大夫及上书言事人"，"子孙有逾此誓者，天必殛之。"① 此种类似法律层面保障政治宽松思想活跃之措施，给文人于国家政治生活发挥积极作用，创造了更宽松环境。故，北宋谏官天不怕地不怕，敢于朝堂据理力争抗颜进谏，被称为"殿上虎"。宋代最大"文字狱"为"乌台诗案"，其主犯苏轼不过被流放罢了。倘同案发生于明、清两代，且不知将有多少颗人头落地才算罢，遑论主犯。

宋代"重文抑武"主导思想，使文人地位与待遇明显高于武人，不仅同品级之间武官须尊重文官，即使品级高于文官之武官，亦须先予文官行礼，否则将视为"非礼"而遭指责。故此，宋代"文人"为实现"出将入相"理想，愈加不遗余力拥挤于科举"独木桥"，不亦乐乎，不亦忙乎！

延至清代，此类状况不仅未见淡弱，且愈加炽烈。据载，咸丰九年（1859 年），时左宗棠仅以举人功名为湖南巡抚骆秉章幕友。永州镇总兵樊燮拜访左宗棠时，以左为幕友、自己为二品将军而拒绝向其行礼。左宗棠则以为自己不仅为巡抚骆秉章特意延请之幕友，且身负举人功名，故对樊燮之轻慢特别气愤，遂抬脚便踢，并大骂："王八蛋，滚出去！"樊燮受辱后气愤至极，遂上奏咸丰帝弹劾左宗棠，大学士潘祖荫等人以举人功名为由支持左宗棠，结果樊燮反遭朝廷罢黜。

樊燮遭此奇辱后大怒"伊区区孝廉尔，何气焰如此！"返乡后，于先人牌位旁立下"王八蛋滚出去"木牌，取名"洗辱牌"，并聘请名师教导两个儿子。其严厉责求儿子发愤苦读，务必超越仅有举人功名之左宗棠，为父报仇雪耻。其命儿子未取得功名时必须身着

---

① 清·潘永因《宋稗类抄·卷一》。

女装，以作激励，然后"考秀才进学，脱外女服；中举人，脱内女服；中进士，焚洗辱牌，告先人以无罪。"后，樊燮次子樊增祥高中光绪三年（1877年）丁丑科进士，于功名最终压倒左宗棠。放榜之日，樊增祥于家中焚烧"洗辱牌"，以告慰时已作古之先父樊燮。

同样，左宗棠亦因终生未中进士而块垒塞胸，即使其日后"功高震主"，终难于士林扬眉吐气。其虽因平定太平天国、西北回乱、收复新疆而封侯拜相，功勋盖世名传青史，终究尚存"非正途"之缺憾。道光皇帝为安抚大清"中兴"名臣，予其"赐同进士出身"，然考取毕竟与赐封不可同日而语。

即此"赐同进士出身"，亦有一段趣谈流传。

曾国藩尝宠爱一名小妾，每晚皆为其洗脚。不料，此事传入左宗棠耳里。某日二人相见，左宗棠微笑着谓曾国藩道："余思得一绝佳上联，欲请大学士对下联，不知肯赐教否？"曾国藩回答道："季高请勿客气，只怕对得不妙。"左宗棠道："过谦过谦，以大学士之才，当无不妙之理。"遂脱口道出上联："代如夫人洗脚。""如夫人"即妾之雅称，曾国藩听后极为不悦，于心内思忖：汝既然无礼，休怪老夫不仁。遂略加思索之后对道："赐同进士出身。"左宗棠一听，弄个满面羞惭脸红耳赤。

由是可见，中国社会如此重文，中国文人如此垂青仕途，而入仕难于绕过科举，则文人以"穷则独善其身，达则兼济天下"为期许，纠结于科举与仕途之间，无论人生得意仕途通达，抑或宦海跌宕鼻青脸肿，皆难以成败褒贬之，唯于中可由不同层面解析中国文人终生"以天下为己任"之艰辛心路历程。

第壹章

有志澄清天下，无奈命途多舛，依然穷且益坚清代著名青年诗人黄景仁尝作寄情抒怀诗《杂感》一首，颇能道出文人苦读求索之艰辛：

> 仙佛茫茫两未成，只知独夜不平鸣。
> 风蓬飘尽悲歌气，泥絮沾来薄幸名。
> 十有九人堪白眼，百无一用是书生。
> 莫因诗卷愁成谶，春鸟秋虫自作声。

作者 4 岁而孤，家境清贫，少年时即负诗名，为著名"毗陵七子"①之一。然其为谋生计曾四方奔波，却依然一生穷困潦倒，怀才不遇。后虽得授县丞，却未及补官即于贫病交加中客死他乡。因其命途多舛，时运不济，故作品颇多寂寞凄怆、愤世嫉俗之感。

"十有九人堪白眼，百无一用是书生"，确为《杂感》核心点睛之句。世人所以于书生"堪白眼"，在书生于平常时节与常人眼中的确"百无一用"：面对豪强恶绅，书生手无缚鸡之力，唯有受辱遭白眼；处身生计耕作，书生"四体不勤五谷不分"，只能忍气吃干饭。战国末期之苏秦，因沉湎帝王之学而遭兄嫂冷眼鄙视；秦汉交替之韩信，因机遇未达而受"胯下之辱"。此皆书生"百无一用"之典型。

然，书生果真"百无一用"乎？否也！书生固于"小处"似乎无用，而其于"大处"之有用，则绝非庸碌之辈可逆测。何为"大处"？"治国平天下"者是也！

中国文人自"诞生"之日，即"以天下为己任"，抱积极入世态度，赍志以待时运惠顾垂青，以满腔热血与毕生才学奉献苍生社稷。其蛰伏浮尘时，独抱"学而优则仕"之念，"修身""齐家"，独善其身，待价而沽；当其君臣际会云生水起时，则发愤"治国""平天下"之志，纵横捭阖、挥毫泼墨书写人生。

不过，理想归理想，现实则往往光怪陆离、跌宕蹉跎，不会"公平"垂青每个文人。故文人能否遂心如愿叱咤风云，不单取决于其才学，尚与"时""运""命"息息相关。"才学"为基础，"时""运""命"皆为材料。无"基"，"塔"无从起。无"材料"，或材料缺一缺二，亦无法建造理想之塔。是以自古志得意遂者，皆以经世之才兼得时、运、命相济；凡美中不足者，毕竟于时、运、命中或缺一二；尤为扼腕叹惜者，则为才逾昆仑、志如彩虹而"时运不济，命途多舛"者。

诚如是，文人"学得文武艺，售与帝王家"之初衷很难改弦易辙。尤其"时运不济，命途多舛"者，挫折愈多，意志弥坚，直以气贯长虹之热血，矢志不渝谱写济世长歌，更为后人仰慕不已，颂扬不绝！

---

① "毗陵（今江苏常州市）七子"为清代中期洪亮吉、孙星衍、赵怀玉、黄景仁、杨伦、吕星垣、徐书受等七名文学家之并称，其中以黄景仁诗名最大。

屈原——瓠长太息以掩涕　时哀民生之多艰

中国古代文人群中，"居庙堂之高则忧其民，处江湖之远则忧其君"者，灿若群星不胜枚举，然当之无愧能称之为楷模者，则非战国时期浪漫主义诗人屈原[1]莫属。

屈原为楚王本家。楚国先祖受封于楚，故屈氏当时位列公爵，故称"公族"或"公室"。作为贵族后裔，屈原与楚国之关系自然非同一般。屈氏子孙如屈重、屈完、屈到、屈建等，均曾任过楚国要职。但延至屈原这一代，屈氏家族任大官之人，仅有屈原与后为秦国俘虏之大将屈丐。所以屈原于其千古绝唱《离骚》中说："帝高阳之苗裔兮，朕皇考曰伯庸。"

这位出身于楚国贵族，生活于战国末期之公侯贵胄，自幼勤奋好学，胸怀大志。其早年受楚怀王信任，曾先后担任左徒、三闾大夫等要职，常与怀王商议国事，参与法律制定，主张章明法度，举贤任能，改革政治，联齐抗秦，尤以提倡"美政"为要务。

然，由于自身性格耿直，修订法规时不愿听从上官大夫之言而与之同流合污，加之令尹子兰、宠妃郑袖等人受秦国使臣张仪贿赂，设置障碍阻止怀王听从其意见，遂使怀王逐渐与之疏远。公元前305年，屈原极力反对楚怀王与秦国订立"黄棘之盟"，然怀王难拒令尹子兰等奸佞小人戳唆，最终彻底投入秦国怀抱，屈原亦为楚怀王逐出郢都，开始其流放漂泊生涯。

楚顷襄王即位后，屈原继续遭受迫害，并被放逐江南。前278年，秦国大将白起挥师南下，攻破楚国国都郢，屈原之政治理想破灭，对个人及楚国前途备感绝望，虽有心报国，却无回天力，只得以死明志，怀恨投入汨罗江自杀。

屈原于流放期间仍然"忽忘身之贱贫"[2]，一直念念不忘萦怀于胸者，仍为如何辅佐楚王治理楚国，使其恢复往日辉煌，称霸中原雄视天下，最终统一四海。意在通过楚国强盛实现其政治抱负，并成为如管仲辅佐齐桓公实现霸业之千古名臣。

前771年，西部游牧部族犬戎攻破西周王朝都城镐京。前770年，周平王将周朝都城由渭水流域之镐京迁至黄河南岸之洛邑。自此至前476年，凡290余年，史称"春秋时代"（中国奴隶制结束）。春秋期间，社会风雷激荡，烽烟四起战火连天。伴随诸侯坐大，周天子逐渐失去往日权威，只有依附势力强大诸侯，藉以维持王朝虚名。仅据鲁史《春秋》记载，其间爆发军事行动即有480余次之多。司马迁说：春秋之中"弑君三十

---

[1]屈原（前340年—前278年），原姓芈（mǐ），名平，字原，楚武王熊通之子屈瑕的后代。
[2]屈原《楚辞·九章·惜诵》。

六，亡国五十二，诸侯奔走不得保其社稷者，不可胜数。"①春秋初期诸侯列国140余个，经过连年弱肉强食之兼并，仅剩较大几个混战争霸问鼎中原。诸侯国为争夺霸权，互相征战，先后有齐桓公、宋襄公、晋文公、秦穆公与楚庄王5个诸侯称霸，史称"春秋五霸"。

"春秋五霸"之中，虽然楚国为最后一个称霸者，但领导楚国由子爵而成"王"之楚庄王，的确是一位雄才伟略之君。其于内乱频仍之宫廷斗争中登上国君宝座，为彻底剪除兴风作浪于楚国政坛之奸佞贼子，以坚韧毅力隐忍三年不发。直至将左右观察透彻之后，终于"不飞则已，一飞冲天；不鸣则已，一鸣惊人"，以霹雳手段扫除楚国称霸途中一切障碍，开始施展其实现霸业之抱负。前598年，楚庄王率军于邲（今河南郑州）大败晋军，最终实现称霸中原之凤愿。其后，楚国历代君王励精图治，使霸业延续近百年，直到前506年吴王阖闾率师大败楚军，进入楚国国都郢（今湖北省江陵）方结束。

屈原自觉有盖世才华，经世之才绝不逊于管仲乐毅，故其胸怀管乐抱负毫不奇怪。遗憾的是，管仲可遇贤君齐桓公予以辅佐，实现霸业；乐毅亦有机会为明君燕昭王效力。而屈原所伴国君楚怀王、顷襄王不但昏聩，且上官大夫、令尹子兰、宠妃郑袖等奸佞小人亦与之志不同道不合，故其势难拥有实现抱负之平台与机遇。于是乎，一代英才遂于乐毅率领燕军势如破竹连下齐国七十二城六年之后，绝望地选择投入汨罗江了却残生。

屈原济世抱负虽然未能遂愿，然其确为中国后世文人从仕之楷模与先驱，其于政治之走火入魔，几乎已达"历尽苦难痴心不改"之迷恋程度。被放逐后，屈原曾与一名渔父有过一次对话。渔父道："圣人不凝滞于物，而能与世推移。世人皆浊，何不淈其泥而扬其波？众人皆醉，何不哺其糟而歠其醨？何故深思高举，自令放为？"劝其"与世推移"，不要"深思高举"自找苦吃。在渔父看来，处世不必过于清高，"沧浪之水清兮，可以濯吾缨；沧浪之水浊兮，可以濯吾足。"世道清廉，可以出来为官；世道浑浊，可以与世沉浮。至于"深思高举"，落得个被放逐，则是大可不必的。然屈原之回答则为："吾闻之，新沐者必弹冠，新浴者必振衣；安能以身之察察，受物之汶汶者乎？宁赴湘流，葬于江鱼之腹中；安能以皓皓之白，而蒙世俗之尘埃乎！"其性之刚烈，宁可投江而死，绝不使清白之身受丝毫玷污。故其不但要投江，且惧怕淹不死，非怀抱石头跳下去方得遂愿。

2300余年后之今日，诗人陈志岁仍然于屈原赍志殉国无比感叹。遂于《屈原》诗中扼腕叹惜："浩气干霄汉，沉湘忠佞分。才堪佐明主，无计事昏君。"②

屈原于政治之痴迷，由数种原因而导致。出身楚国贵族为其甘愿殚精竭虑、鞠躬尽瘁效力楚国之血缘本能；学富五车、才高八斗为其自觉有济世雄才之自信；"达则兼济天下，穷则独善其身"为其"学而优则仕"之责任。然令其至死"执迷不悟"之根本因素，则源于其出生日期与取名。

《离骚》中说："帝高阳之苗裔兮，朕皇考曰伯庸；摄提贞于孟陬兮，惟庚寅吾以降；皇览揆余初度兮，肇锡余以嘉名；名余曰正则兮，字余曰灵均。"

①西汉·司马迁《太史公自序》。
②陈志岁《载敬堂集·江南靖士诗稿》。

据研究考证，屈原约生于楚宣王二十七年（前 342 年）到三十年（前 339 年）之间。照甲子推算，是年应为戊寅年。恰巧，屈原诞生不但在寅年，且为寅月寅日。中国古历法崇尚"人生于寅"，故夏历便以建寅之月（正月）为岁首。屈原既生于寅年寅月寅日，属真正符合"人"之生辰。所以，"摄提贞于孟陬兮，惟庚寅吾以降"，是说太岁星逢寅之年正月，又为庚寅之日，屈原由母体降临人世。如此黄道吉日，主人肯定福禄寿俱全。

正是由于生辰八字与众不同，故《离骚》又道："皇览揆余初度兮，肇锡余以嘉名；名余曰正则兮，字余曰灵均。"意为父亲看我生辰不凡，遂起名为"平"，字"原"。名"平以法天"，字"原以法地"，与其生年月日相搭配，"平"为公正之意，平正即为天之象征；"原"为既宽且平之形，实为地之象征。其生辰与名字正符合"天开于子，地辟于丑，人生于寅"之天地人三统。①此现象于当时的确为人生运程绝好兆头。

"良禽择木而栖，良臣择主而事"。屈原怀抱经天纬地之才，因生不逢时而未遇圣主明君，加之奸佞当道朝纲混乱，最终亦未能成为中国历史上伟大政治家。但其于流放斥逐愤懑压力下迸发而出之炽烈政治激情，谱写出《离骚》《九歌》《天问》等不朽文学佳作，在中国文学史上为自己树立起巍峨千古之丰碑。

屈原为中国古典文学长篇抒情诗歌创作之奠基者，艺术风格极富浪漫主义色彩。鲁迅先生称赞其作品"逸响伟辞，卓绝一世"，"其影响于后来之文章，乃甚或在《三百篇》（《诗经》）以上。"②屈原作品总体风格为文字华丽，想象奇特，比喻新奇，内涵深刻，故尊其为中国古典文学史上长篇抒情诗开先河者，毫不为过。其于表现手法上擅长将赋、比、兴巧妙糅合为一体，大量运用"香草美人"之比兴手法，将抽象之品德、意识与复杂之现实关系生动形象地表现出来，对后世中国文学之发展产生了无可替代之作用。

长篇叙事兼抒情诗作《离骚》，是屈原以个人理想、遭遇、痛苦、热情乃至整个生命为素材，以血和泪熔铸而成之宏伟诗篇，其中闪耀着鲜明个性光辉，为其全部文学创作之杰出代表。

> 帝高阳之苗裔兮，朕皇考曰伯庸；
>
> 摄提贞于孟陬兮，惟庚寅吾以降；
>
> 皇览揆余初度兮，肇锡余以嘉名；
>
> 名余曰正则兮，字余曰灵均；
>
> 纷吾既有此内美兮，又重之以修能；
>
> 扈江离与辟芷兮，纫秋兰以为佩；
>
> 汩余若将不及兮，恐年岁之不吾与；
>
> 朝搴阰之木兰兮，夕揽洲之宿莽；
>
> 日月忽其不淹兮，春与秋其代序；

①东汉王逸于《章句》中解释屈原名字为："正，平也；则法也"，"灵，神也；均，调也。言正平可法者莫过于天，养物均调者，莫神于地。"

②鲁迅《汉文学史纲要》。

惟草木之零落兮，恐美人之迟暮；
不抚壮而弃秽兮，何不改乎此度？
乘骐骥以驰骋兮，来吾道夫先路。
……

余既滋兰之九畹兮，又树蕙之百亩；
畦留夷与揭车兮，杂杜蘅与芳芷；
冀枝叶之峻茂兮，愿俟时乎吾将刈；
虽萎绝其亦何伤兮，哀众芳之芜秽；
众皆竞进以贪婪兮，凭不厌乎求索；
羌内恕己以量人兮，各兴心而嫉妒；
忽驰骛以追逐兮，非余心之所急；
老冉冉其将至兮，恐修名之不立；
朝饮木兰之坠露兮，夕餐秋菊之落英；
苟余情其信姱以练要兮，长顑颔亦何伤；
擥木根以结茝兮，贯薜荔之落蕊；
矫菌桂以纫蕙兮，索胡绳之纚纚；
謇吾法夫前修兮，非世俗之所服；
虽不周于今之人兮，愿依彭咸之遗则！

长太息以掩涕兮，哀民生之多艰；
余虽好修姱以羁兮，謇朝谇而夕替；
既替余以蕙纕兮，又申之以揽茝；
亦余心之所善兮，虽九死其犹未悔；
怨灵修之浩荡兮，终不察夫民心。
众女嫉余之蛾眉兮，谣诼谓余以善淫；
固时俗之工巧兮，偭规矩而改错；
背绳墨以追曲兮，竞周容以为度；
忳郁邑余侘傺兮，吾独穷困乎此时也；
宁溘死以流亡兮，余不忍为此态也；
鸷鸟之不群兮，自前世而固然；
何方圜之能周兮，夫孰异道而相安；
屈心而抑志兮，忍尤而攘诟；
伏清白以死直兮，固前圣之所厚。
……

跪敷衽以陈词兮，耿吾既得此中正；
驷玉虬以桀鹥兮，溘埃风余上征；
朝发轫于苍梧兮，夕余至乎县圃；

欲少留此灵琐兮，日忽忽其将暮；
吾令羲和弭节兮，望崦嵫而勿迫；
路漫漫其修远兮，吾将上下而求索；
饮余马于咸池兮，总余辔乎扶桑；
折若木以拂日兮，聊逍遥以相羊；
前望舒使先驱兮，后飞廉使奔属；
鸾皇为余先戒兮，雷师告余以未具；
吾令凤鸟飞腾兮，继之以日夜；
飘风屯其相离兮，帅云霓而来御；
纷总总其离合兮，斑陆离其上下；
吾令帝阍开关兮，倚阊阖而望予；
时暧暧其将罢兮，结幽兰而延伫；
世溷浊而不分兮，好蔽美而嫉妒。
……

遭吾道夫昆仑兮，路修远以周流；
扬云霓之晻蔼兮，鸣玉鸾之啾啾；
朝发轫于天津兮，夕余至乎西极；
凤皇翼其承旗兮，高翱翔之翼翼；
忽吾行此流沙兮，遵赤水而容与；
麾蛟龙使梁津兮，诏西皇使涉予；
路修远以多艰兮，腾众车使径待；
路不周以左转兮，指西海以为期；
屯余车其千乘兮，齐玉轪而并驰；
驾八龙之蜿蜿兮，载云旗之委蛇；
抑志而弭节兮，神高驰之邈邈；
奏《九歌》而舞《韶》兮，聊假日以偷乐。
……

国无人莫我知兮，又何怀乎故都；
既莫足为美政兮，吾将从彭咸之所居。

（《离骚》节选）

作品充满积极浪漫主义精神，诗人将热烈追求之崇高理想，融入艺术想象与神奇意境之中，通过上天入地之幻想与追求，表现自己对现实之愤懑及对美好理想之苦苦探索。

太史公司马迁评价："余读《离骚》《天问》《招魂》《哀郢》，悲其志。适长沙，过屈原所自沉渊，未尝不垂涕，想见其为人。及见贾生吊之，又怪屈原以彼其材，游诸侯，何国不容？而自令若是！读《鹏鸟赋》，同死生，轻去就，又爽然自失矣。"①

> 滚滚长江东逝水，浪花淘尽英雄。
> 是非成败转头空。
> 青山依旧在，几度夕阳红。
> 白发渔樵江渚上，惯看秋月春风。
> 一壶浊酒喜相逢。
> 古今多少事，都付笑谈中。②

两千余年岁月犹如昼夜奔流之长江水，不断融入浩淼之历史海洋。然暮往朝来冬去春归，屈原形象却依然留驻后人心间。尤其诗人百折不挠之爱国情怀，早已成为一个民族乃至于整个世界人们心中不朽之丰碑。1953 年，世界保卫和平大会于莫斯科举行，世界和平理事会决定将屈原列为"世界四大文化名人之一"，倡议全世界人民予以纪念。时至今日，每届屈原怀石投江之日，中国各地仍然沿袭 2000 余年之风俗，于江河中举办划龙舟赛事，并将粽子系以五彩丝线投入江中，以缅怀屈原为理想而殉情之壮举。

令人叹惋与怀念不尽的"痴情人"屈原，何以不能于儒家骨髓里掺一点儿道家造血干细胞呢？"沧浪之水清兮，可以濯吾缨；沧浪之水浊兮，可以濯吾足。"渔父之言兼含"入世""出世"之意，屈子思想何以不能略有转圜，顺势而为哉。抑或干脆看破红尘，尤其认清与昏君、奸佞之不伍，觉悟"是非成败转头空"，将"古今多少事，都付笑谈中"。诚如是，则何等之逍遥，岂必以怀石投江以明志哉？

说千道万，此皆文人"仕宦情结"之作祟也！

裴炎——华表柱头千载后　旅魂依旧回家山

"登第拜相"乃天下士人之望。然，高居相位却因耿介忠直而为帝王下狱问斩，岂不悲哉？唐初著名宰相裴炎③即属此类壮怀激烈人物。

裴炎出身于当时著名大族"洗马裴氏"家族，其父裴大同曾任洛交府（陕西省富县）折冲都尉，洛交府属上府，折冲都尉品级为正四品上。

裴炎少年时代勤奋好学，后补为弘文馆学生。弘文馆为设于门下省之贵族子弟学校，

---

① 西汉·司马迁《史记·屈原列传》。
② 明·杨慎《临江仙》。
③ 裴炎（？—684 年），字子隆，绛州闻喜（今山西闻喜县）人，唐初著名宰相。

学生止三十名。朝廷规定，无论四品官员子弟，抑或弘文馆学生，均可轻易获取官职。然裴炎胸怀远大，每遇休假，其余同窗大多外出游山逛景，而裴炎仍继续孜孜读书，勤学不倦。学馆刻苦读书历时十年之久，裴炎对《左氏春秋》《汉书》研究颇深，深明春秋大义，恪守君臣之道。

约而立之年，裴炎明经及第，博取进士功名，初仕濮州（山东省鄄城）司仓参军，历官御史、起居舍人、黄门侍郎。唐高宗调露二年（680年），入相为同中书门下三品。永隆二年（681年），迁侍中，掌门下省。弘道元年（683年），受遗诏辅佐中宗登基，武则天以太后临朝称制，裴炎迁中书令。"中宗既立，欲以后父韦玄贞为侍中，又欲与乳母子五品，炎固争以为不可。中宗不悦，谓左右曰：'我让国与玄贞岂不得，何为惜侍中耶？'炎惧，乃与则天定策废立……与中书侍郎刘祎之、羽林将军程务挺、张虔勖等勒兵入内，宣太后令，扶帝下殿。帝曰：'我有何罪？'太后报曰：'汝欲将天下与韦玄贞，何得无罪！'乃废中宗为庐陵王，立豫王旦为帝。炎以定策功，封河东县侯。"①朝政大权自始遂为武则天掌控。

武后把持朝政后，"武承嗣请太后追王其祖，立武氏七庙，太后从之。裴炎谏曰：'太后母临天下，当示至公，不可私于所亲。独不见吕氏之败乎！'太后曰：'吕后以权委生者，故及于败。今吾追尊亡者，何伤乎！'对曰：'事当防微杜渐，不可长耳。'太后不从……裴炎由是得罪。"②武则天因裴炎"独固争"而于其产生怨恨。

嗣圣元年（684年）冬，唐朝开国元勋李勣之孙英国公徐敬业以匡扶中宗复辟为由，于扬州起兵，公开打出反武旗号。武则天向裴炎问对策，裴炎道："天子年长矣，不豫政，故竖子有辞。今若复子明辟，贼不讨而解。"③武后大怒。监察御史崔詧乘机进谗言："炎受顾托，身总大权，闻乱不讨，乃请太后归政，此必有异图。"④武则天遂下令将裴炎逮捕下狱，由左肃政大夫（御史大夫）骞味道与侍御史鱼承晔审讯。

裴炎乃当时朝野公认之社稷元臣，曾受高宗遗诏辅政，故其被捕下狱引起朝廷震动。时，除凤阁舍人李景谌附和崔詧证炎必反之外，朝廷大臣多为之辩护鸣不平，"文武之间证炎不反者甚众"。宰相刘景先、凤阁侍郎胡元范、左卫率蒋俨均为裴炎辩护。胡元范辩词："炎社稷重臣，有功于国，悉心奉上，天下所知，臣明其不反。"武则天搪塞道："炎反有端，顾卿未知耳。"胡元范、刘景先道："若炎反，臣辈亦反矣。"武则天仍固执己见道："朕知炎反，卿辈不反。"单于道安抚大使、右卫大将军程务挺于边境防御突厥，亦上密折为裴炎辩解，武则天一概不纳。

裴炎于狱中刚烈不屈，或劝其委屈求全，然其不愿折节苟免，道："宰相下狱，理不可全。"十二月，裴炎下狱仅10天，即被斩于洛阳都亭驿前街。临刑前，裴炎向受株连之亲属诀别道："兄弟官皆自致，炎无分毫之力，今坐炎流窜，不亦悲乎！"籍没抄家，无儋

①北宋·欧阳修、宋祁等《新唐书·裴炎传》。

②北宋·司马光《资治通鉴·唐纪十九》。

③北宋·欧阳修、宋祁等《新唐书·裴炎传》。

④北宋·欧阳修、宋祁等《新唐书·裴炎传》。

石之蓄。

裴炎一案，凡为其申辩之官员事后均受到武后惩处。宰相刘景先贬吉州长史，后被酷吏陷害入狱，自缢而死；凤阁侍郎胡元范流琼州而死；郭侍举罢相后又贬岳州刺史；程务挺被诬"与裴炎、徐敬业潜相接应"，于军中处斩。程务挺乃当时名将，领兵防边，"善于绥御，威信大行，偏裨已下，无不尽力；突厥甚惮之，相率遁走，不敢近边。及裴炎下狱，务挺密表申理之，由是忤旨。务挺素与唐之奇、杜求仁友善，或构言务挺与裴炎、徐敬业皆潜相应接。则天遣左鹰扬将军裴绍业就军斩之，籍没其家。突厥闻务挺死，所在宴乐相庆，仍为务挺立祠，每出师攻战，即祈祷焉。"[1]

裴炎之死乃李唐武周鼎革之际牵动政治全局之一件大案，其中明显存有一定蹊跷。尤其与徐敬业扬州起兵时间相契合（扬州起兵 10 日裴炎下狱，战事吃紧 10 天后，裴炎处斩）。朝廷人事亦存在难以辨清之联系，因裴炎外甥薛仲璋的确参与扬州起兵，故武则天反驳胡元范、刘景先"炎反有端，顾卿未知耳"之语，似乎亦非空穴来风。故历来人们意见分歧，争执不一。

由"豫王虽为帝，未尝省天下事。炎谋乘太后游龙门，以兵执之，还政天下。会久雨，太后不出而止"[2]所载观之，裴炎确有企图发动兵变推翻武则天之念。

据唐张𬸪所撰《朝野佥载》卷五记载，徐敬业拟起兵讨武时"令骆宾王画计，取裴炎同起事。"骆宾王遂编歌谣："一片火，两片火，绯衣小儿当殿坐，"教裴炎庄园小儿及部下童子诵唱，藉以散布裴炎与徐敬业合谋"扬州起兵，炎从内应。"裴炎并有回书与徐敬业，唯写"青鹅"二字。武则天解此暗语为："此青者十二月，鹅字者我自与也。"

然《旧唐书》却不记所谓裴炎阴谋兵变或与徐敬业合谋之事，《通鉴考异》亦认为《新唐书》所载与《朝野佥载》记述"皆当时构陷炎者所言耳，非其实也。"

然，以裴炎"顾命"身份联系史文强调其"尤晓《春秋左氏传》"君臣大义，及其于狱中刚烈不屈表现推测判断，裴炎"谋反"似有其必然性。因其所"谋"为大唐江山，而所"反"则为武氏篡权。作为李唐王朝宰相与高宗"顾命大臣"，反叛武氏还政李唐，乃其职责所在。"谋反"，方可称其为"忠臣"，乃大唐之"忠臣"。"平叛"，则为"佞臣"，大唐之"佞臣"！

故，李唐子孙始终追念裴炎，并伺机为之平反昭雪。

705 年，中宗李显复位，曾大赦天下。因当时朝廷实权依然为诸武所控，故裴炎仍与徐敬业一样，被排除于赦免之列以外。710 年，睿宗李旦再次登基，裴炎一案方得昭雪。睿宗尚专门下旨称赞其："文明之际，王室多虞，保义朕躬、实著诚节。"同时赠其太尉职，追封益州大都督，谥号"忠"，封长子裴彦先为太子中舍人，二子裴懿为太子舍人。

裴炎为人，亦存褊狭妒能之状。旧史称其"寡言笑，有奇节。"高宗开耀元年（681年），定襄道行军大总管裴行俭大破反叛突厥，承诺不杀俘虏而招降可汗阿史那伏念。然，裴炎忌惮裴行俭平突厥之功，坚辞以为伏念乃慑于唐朝大军威逼"计穷而降"，难保

---

①后晋·刘煦《旧唐书·卷八十三·列传第三十三》。

②北宋·欧阳修、宋祁等《新唐书·裴炎传》。

其后不再反叛，坚持将阿史那伏念等降将尽行杀戮，令裴行俭失信突厥而大伤颜面，并因此而不被赏功。虽然，当时北方游牧民族叛而降、降而复叛情况时有发生，裴炎说辞亦有一定道理，然裴行俭既已代表朝廷承诺，裴炎却坚持违约杀降，致使"国家失信四夷"，未免太过分。其中"妒能害功"心态实为始作俑者。

一代名相死于职守，虽然惨烈，却适得其所！其以颈颅与鲜血成全文人入仕气节，可谓壮哉！

武元衡——鸳鸿得路争先翥　松柏凌寒独后凋

"金榜题名""出将入相"，本为中国文人最高理想与愿望。人生倘能达于如此境界，既可"光宗耀祖"又不失"封妻荫子"，真可谓"了却君王天下事，赢得生前身后名"。大唐宪宗朝宰相武元衡[①]，即为完成文人巅峰心愿之翘楚人物。

武元衡乃大周女皇武则天曾侄孙，出身外戚豪门望族，青少年时期不仅生活环境条件优越，且接受良好国学教育，为其之后科举与仕途顺遂奠定扎实基础。唐德宗建中四年（783年），武元衡25岁，会试高登金榜，殿试取为头名状元。或以为武元衡中第拔头筹，抑或恩荫其武氏出身。然，细加考稽，此说纯属臆测。其虽为武后曾侄孙，却出生于武则天驾崩53年之后，且武则天临朝改制夺李唐社稷屠李氏宗亲，李唐家族视武氏家族为仇敌，无由于其手下留情。故，武元衡状元殊荣，全赖真才实学挣来，绝无一丝侥幸。

考场得意亦令武元衡仕途极为顺遂。进士及第后，其尝历官监察御史、华原县令、比部员外郎、右司郎中、御史中丞。元和二年（807年）正月，元衡拜门下侍郎、平章事，旋封临淮郡公，充剑南西川节度使。元和八年（813年），元衡奉召还京，受任宰相之职。

宪宗李纯在位时期（805-820年），致力讨伐藩镇叛乱。元和元年（806年），剑南西川节度使刘辟求兼领三川，因朝廷不许，遂发兵攻击东川节度使治所梓州（今四川三台）。宪宗遣高崇文统率神策军出征平定。次年，镇海（又名浙西，今江苏镇江）节度使李锜叛乱，宪宗调邻道兵征讨，李锜为部将所杀。元和四年，成德节度使王士真死，其子王承宗自为留后，宪宗以宦官吐突承璀领兵讨伐，未果，承宗遂继节度使位。元和九年，淮西节度使吴少阳死，子吴元济自领军务。

淮西镇吴元济蔑视朝廷法度，朝中大臣对此遂分为主战、主抚两派。状元宰相武元衡性格倔强刚烈，为宪宗朝最强硬主战派。宪宗主战，故于其信任有加，朝中兵事均由其主持，遂征集邻道军队围攻淮西，以武力征讨淮西吴元济。时，强藩相互勾结，又重金贿赂

①武元衡（758—815年），字伯苍，缑氏（今河南偃师东南）人，唐代诗人、状元宰相。

朝廷大臣，互为呼应，武元衡虽承受极重压力，却从不为所动，一力主战，声色俱厉，决不于强藩退让半步，一意致力削弱藩镇割据，重振大唐一统。藩镇尝以贿赂诱其入彀，武元衡不为所动，遂于朝野散布谣言，大加诋毁攻击，意在削弱其讨伐意志。一切卑劣手段均告无效之后，淄青藩帅李师道于元和十年（815年）派遣刺客将武元衡暗杀于上朝途中，终年57岁。

武元衡遇刺，情状极为惨烈悲壮，《唐书》大概描述如下："元衡宅在静安里，十年六月三日，将朝，出里东门，有暗中叱使灭烛者，导骑诃之，贼射之，中肩。又有匿树阴突出者，以棓击元衡左股。其徒驭已为贼所格奔逸，贼乃持元衡马，东南行十余步害之，批其颅骨怀去。及众呼偕至，持火照之，见元衡已踣于血中，即元衡宅东北隅墙之外。时夜漏未尽，陌上多朝骑及行人，铺卒连呼十余里，皆云贼杀宰相，声达朝堂，百官恟恟，未知死者谁也。须臾，元衡马走至，遇人始辨之。既明，仗至紫宸门，有司以元衡遇害闻。上震惊，却朝而坐延英，召见宰相。怆恸者久之，为之再不食。册赠司徒，赠赙布帛五百匹、粟四百硕，辍朝五日，谥曰忠愍。"[1]

元衡遇刺前夜尝作《夏夜作》诗道：

> 夜久喧暂息，池台惟月明。
> 无因驻清景，日出事还生。

深夜寂静，白日喧嚣已尽，惟有明月高悬夜空，照耀池台，仿佛灾难正于冥冥中悄悄袭来，而当事者唯有预感却无可奈何。一代名相终于惨死于藩镇逆臣屠刀下，不亦悲乎！

作为儒士，武元衡温文尔雅彬彬有礼，为儒雅清丽俊逸如鹤男儿，无论处身何种场合，均儒雅有加毫不失礼。元衡身为宰相政务繁忙，却常常笔耕不辍，亦为晚唐著名诗人。其诗风雅正，音韵清朗，切合音律。据正史所载，武元衡每有新诗出，必为好事者谱以曲谱，广为传唱。唐代诗人张为尝撰《诗人主客图》，分元和诗人为六派，各有主人一人，升堂、入室、及门等宾客若干。其中以武元衡为瑰奇美丽主，与白居易齐名，刘禹锡尚居其下，可见其于诗坛之影响力。

先，西川节度副大使，南平郡王"高崇文不通文字，厌大府案牍谘禀之繁，且以优富之地，无所陈力，乞居塞上以扞边戍，恳疏累上。二年冬，制加同中书门下平章事、邠州刺史、邠宁庆三州节度观察等使，仍充京西都统。恃其功而侈心大作，帑藏之富，百工之巧，举而自随，蜀都一罄。"[2]宪宗遂命武元衡代其为西川节度使。

然，高崇文离蜀时携走大量军资金帛伎乐古玩，蜀地几为之空。武元衡赴任伊始，即选贤才，安黎民，抚蛮夷，为政廉明，生活节俭，政绩卓著，中外同钦。韦皋任剑南西川节度使时，与巴蜀才女薛涛过从甚密，时常邀集文人雅士诗词唱和，遂成诗酒花韵召伎宴饮之官场习气，各级府衙及官绅儒士动辄设宴寻欢，赋诗吟对。武元衡状元出身文采风

---

①后晋·刘昫《旧唐书·列传第一百零八·武元衡传》。
②后晋·刘昫《旧唐书·列传第一百一·高崇文传》。

流，即席赋诗于其实为探囊取物不足挂齿，然其持身端正，"雅性庄重，然淡于接物"，极其厌烦虚于应酬之浮华风气。倘遇难却之请，则无论聚会者品衔高低，抑或本人是否惬意，皆能持重酬答，从无失礼之举。

据传，某次宴席，西川从事杨嗣大醉，强逼武元衡以大杯饮酒，元衡不喝，杨嗣遂借醉将酒浇于其身。武元衡遭下属无理取闹，与宴众官大惊失色，深惧节度使发怒离席。不意武元衡缓缓站起，淡然一笑，退入内廷换过衣服，若无其事重新入席，直令众人饱睹"宰相肚里能撑船"风范。

即于是宴，武元衡与才女薛涛相识。二次入席酒过三巡后，宴乐奏鸣，一群舞女簇拥一位白衣"宾妓"翩翩而至，其绰约风姿、轻盈神态、如仙姿色、素雅气质，令武元衡眼前霎时一亮，仿佛身临越溪岸畔，一片红色荷花中间，一朵白莲亭亭玉立，高雅素洁纯洁无瑕，风姿神韵婀娜娇美，瑰奇艳丽炫人眼目。武元衡虽表情凝重，内心则波涛汹涌，遂饱蘸浓墨，即兴赋《赠道者》诗一首：

> 麻衣如雪一枝梅，笑掩微妆入梦来。
> 若到越溪逢越女，红莲池里白莲开。

诗人着意描绘白衣女子薛涛，确因为其姿色所倾倒。首句中"麻衣如雪"，出于《诗经·曹风·蜉蝣》，作者借来描绘女子一袭雪白衣裳，旋以白梅高雅素洁比拟女子体态、风韵。次句"微妆"乃"凝妆""浓妆"反义词，与平常"素妆""淡妆"意相近。"笑掩"即为女子略带羞涩之微笑。如此楚楚动人女子，曳着雪白衣裙，含情脉脉翩然进入诗人梦境。

由甜蜜梦境惊醒，诗人不由浮想联翩，以致眼前浮现出充满诗意之美丽境界。作者仿佛看到一神秘仙子来到越国溪水边，融入一群红衣浣纱女子中间，风姿神韵犹如一朵白莲亭亭玉立，绽放于红色荷花之中。

艺术表现上，作者主要采用拟物手法。一处用"一枝梅"，一处用"白莲"，后者尤其给人留下深刻印象。虽然，以莲花比美人，并非武元衡独创，稍晚于武元衡之白居易亦曾以莲花比女子，如"姑山半峰雪，瑶水一枝莲"（《玉真张观主下小女冠阿容》）。然比较而言，白居易仅运用拟物一种手法，以形象显出单纯美。而元衡拟物时，兼用烘托手法，令一群越女映衬白衣女子翩然现身，再以比拟过渡到莲花，平添一种优美意境与特殊艺术效果。末句"红莲池里白莲开"色彩对比强烈感性，似乎令人感受其温和微笑与悲情结局。"红莲"犹如火焰飞腾鲜血淋漓，昭示着生命之壮烈与不屈。"白莲"则仿佛大雪飞扬白幡迤逦，预示作者终以生命为献祭，实践其政治理想与追求。

武元衡出身官宦世家，又身居相位，不仅博览群书长于诗文，且神貌俊朗洒脱淡雅。如此美男子伟丈夫，亦令美女佳人难释情怀。欣赏武元衡诗作后，薛涛亦作《送友人》相酬：

水国蒹葭夜有霜，月寒山色共苍苍。

谁言千里自今夕，离梦杳如关塞长。

诗句字字真切，层层曲折，将执着相思之情步步推向高潮。"蒹葭苍苍，白露为霜。所谓伊人，在水一方。溯回从之，道阻且长；溯游从之，宛在水中央。"①英雄美女相惜之情令人追忆艳羡不已。

武元衡诗歌代表作品《春兴》最能体现其艺术风格：

杨柳阴阴细雨晴，残花落尽见流莺。

春风一夜吹乡梦，又逐春风到洛城。

作者以简短文字勾勒出一幅典型暮春景物图。细雨初晴之春日，杨柳颜色已由初春鹅黄嫩绿转为一片翠绿，枝头残花已于雨中落尽，露出流莺啼鸣树上。异乡春天已于柳暗花残中悄然逝去，故乡春色此时想必也已凋零阑珊。流莺漂荡流转，更易触动羁泊异乡之游子情怀。触景生情，悠悠乡思遂漫涌心头一发而不可收。春风和煦，为入眠思乡者不断吹送故乡春日之气息，令思乡人随春风踪迹，飘飘荡荡，越山涉水，进入日思夜念之故乡。

整首诗中，"春"贯串始终。其触发乡思，引动乡梦，吹送归梦，无往不在。由于春色春风熏染，带有伤感惆怅情调之乡思乡梦，亦似乎渗透春日温馨明丽色彩，却略无沉重悲伤之感。诗人想象新奇，意念随春风而生逐春风而归，酝酿成一幕乡梦，令心灵感受温暖慰藉与享受，末句"又"字，不特透露出深切乡思之情，亦流露出诗人于美好梦境之欣喜愉悦。

作品所描写情事本来极其平常：目睹暮春景色，触动游人乡思，一夜春风吹拂，一幕还乡之梦。诗人于平常生活中提炼出真挚情感，艺术想象无疑发挥决定性作用，令惹人伤感之乡思乡梦显得如此温润暖人。无疑，读者由此可以领略诗人超凡艺术想象力。

武元衡早年曾落第失意，所写诗歌如《寒食下第》《长安叙怀寄崔十五》《行路难》等，往往嗟病叹贫，抒发牢骚不平之气。后仕宦显达，所写诗歌，多属官场酬赠之作，缺乏思想深度。少数作品如七律《送崔判官使太原》《送张六谏议归朝》《酬严司空荆南见寄》等，感情深厚，辞气挺拔，同僚间于推挹褒奖之际时以国事、德行相勖勉，与一般应酬之作有所不同。新旧《唐书》本传、《唐诗纪事》《唐才子传》于其均有传记。

概因杖势使然缘故，武元衡传世作品与著作比较丰富，足以研究其功业经历之全貌。有《武元衡集》10卷。今存《临淮诗集》2卷，收于《唐诗百名家全集》中。《全唐诗》录其诗2卷，《全唐文》录其文10篇。

状元宰相固然结局惨烈，然其凭藉才学与能力登上文人骚客仰慕梦寐之高峰，实现文章功业两相宜之夙愿，名符其实矣！中国文人"以身殉道"追求"仁"之完美，而武元衡

---

① 《诗经·秦风·蒹葭》

终于"舍身成仁"，实乃上苍对伟男子之垂青。武元衡历史形象之所以丰满伟岸，皆赖其厚积薄发铸就而成。

刘禹锡——千淘万漉虽辛苦　吹尽狂沙始到金

刘禹锡[①]与唐代著名诗人王维一样，同为少年得志之才俊。其19岁前后游学长安，即于士林中获得极高声誉。贞元九年（793年），刘禹锡与柳宗元同榜进士及第，同年登博学鸿词科，是年21岁。两年后，刘禹锡再登吏部取士科，释褐为太子校书。于唐代文人而言，如此年纪金榜题名，前程自然不可限量。然，恃才傲物为文人骚客一旦得志之普遍秉性，青年才俊刘梦得自然亦不例外。刘禹锡虽然最终也曾攀登尚书高位，然轻狂禀赋亦令其遭受不少白眼，吃尽人间苦头。仕途蹉跎起伏，个中酸甜苦辣唯有当事人自知。然，同样出身、同样经历，刘禹锡依然能够登上文人入仕比较理想之高度，高出杜牧、王维一头，应该是得益于其长寿。二次世界大战时期之英国首相丘吉尔言道，健康与长寿为战胜一切政敌之最有力武器。隋唐时期，文人年龄普遍不高，而刘禹锡享年70，较杜牧、王维整整多出10年乃至20年阳寿。正是依赖长寿条件，使刘禹锡步入距拜相仅一步之遥之尚书位置。就职位而言，亦算基本达到文人入仕之最高境界。

贞元十六年（800年），杜佑（杜牧祖父）以淮南节度使兼任徐泗濠节度，辟刘禹锡为掌书记，居幕期间代杜佑撰表状甚多。后从杜佑入朝，为监察御史。时，韩愈、柳宗元均于御史台任职，三人结为好友，过从甚密。二十一年（805年），唐德宗去世，顺宗李诵即位，任命原太子侍读王叔文为翰林学士，参与朝廷大政决策。刘禹锡素与王叔文相善，其才华志向尤受王叔文器重。为打击宦官势力，革除政治积弊，王叔文引刘禹锡入禁中，与之图议，言无不从。遂被委为屯田员外郎、判度支盐铁案，参与国家财政管理。刘禹锡进入朝廷中枢，政治热情极为高涨，遂与柳宗元、陈谏、韩晔等人以王叔文、王伾为中心，形成一个政治集团，推行"永贞革新"。这场改革时间虽短，然"二王刘柳"集团于短短执政期间，却采取了诸多具有进步意义之措施。由于改革触犯藩镇、宦官及大官僚集团利益，保守势力遂联合反扑，改革措施仅推行146天即以失败告终。"永贞革新"偃旗息鼓，顺宗被迫让位于太子李纯，王叔文赐死，王伾被贬后病亡。刘禹锡与柳宗元等八人被贬为远州刺史，旋即加贬远州司马。刘禹锡先被贬为朗州刺史，行至江陵时，再贬为连州（今广东连州市）刺史。

刘禹锡的确属于一位尤为"骚情"之文人。

---

①刘禹锡（约772年—约842年），字梦得，号庐山人，洛阳（今河南洛阳）人，祖籍彭城（江苏徐州），唐代政治家、文学家、诗人。

元和九年（815 年） 十二月，刘禹锡与柳宗元等人于遭贬十年之后一起奉召回京。经历十年贬谪，好不容易自遥远化外之地回到京都，理应吸取教训，"规矩"一些，然其回京未及两年，其文人"酸臭气"再次冒了出来。

元和十一年三月（817 年 2 月），刘禹锡借赴长安玄都观赏桃花为题，写了《元和十年自朗州至京戏赠看花诸君子》：

> 紫陌红尘拂面来，无人不道看花回。
> 玄都观里桃千树，尽是刘郎去后栽。

此诗通过人们于玄都观看花之事，含蓄地讽刺当时掌管朝廷大权之新官僚。作品以千树桃花暗指十年来通过投机取巧而政治上愈益得意之新贵，而以看花之人影射趋炎附势、攀高结贵之徒。讽喻其为富贵利禄奔走权门之状，与紫陌红尘之中众人争睹桃花之情景毫无二致。

作品一经传诵，刘禹锡即刻又被外放为播州刺史。幸有裴度、柳宗元诸人帮助，旋被改为连州刺史。元和十四年（819 年），刘禹锡贬谪连州 5 年后，才因母丧之故得以离开。

其后，刘禹锡又连任夔州（今四川奉节县）、和州（今安徽和县） 刺史。

宝历二年（826 年），刘禹锡终于结束前后 23 年之贬谪生涯，奉调回洛阳任职东都尚书省。

回京途中，刘禹锡与因病去职之苏州刺史白居易于扬州相逢。为答谢白居易《醉赠刘二十八使君》，刘禹锡写了《酬乐天扬州初逢席上见赠》：

> 巴山楚水凄凉地，二十三年弃置身。
> 怀旧空吟闻笛赋，到乡翻似烂柯人。
> 沉舟侧畔千帆过，病树前头万木春。
> 今日听君歌一曲，暂凭杯酒长精神。

作品将诗情、画意、哲理熔于一炉，虽然描述自己因改革失败而遭遇之辛酸与痛苦，然感伤中不失沉雄，凄婉中尤见苍劲，总体思想依然昂扬与乐观，寄寓了作者新陈代谢之进化思想与辩证看待自己困厄之豁达襟怀。

大和二年（828 年），刚刚由东都尚书回朝担任主客郎中之刘禹锡老毛病再犯，又去玄都观欣赏桃花。观花归来后，一首《再游玄都观绝句》挥毫而就：

> 百亩庭中半是苔，桃花净尽菜花开。
> 种桃道士归何处，前度刘郎今又来。

作者有意重提旧事，向打击排挤其之权贵挑战，表示决不因屡遭报复而屈服妥协之顽强精神。遭遇 20 余年贬谪终于回到京城，刘禹锡本想以"笑到最后"之姿态，一抒胸中块垒，却不料再次惹恼朝中权贵，遂招致平生第三次贬谪。不过，此次贬谪之地条件远好于前两次，其先后出任苏州、汝州、同州刺史。

开成元年（836 年），度过第三次贬贬 8 年岁月之刘禹锡，改任太子宾客、秘书监分司东都等闲职，841 年又加检校礼部尚书衔。会昌二年（842 年），刘禹锡病卒于洛阳，享年 71 岁。死后被追赠为户部尚书。

刘禹锡虽然官居尚书，然其政治建树依然未能逾越文学成就。而其于文学之突出造诣又首推诗歌。

禹锡早年随父寓居嘉兴，常去吴兴拜访作为江南著名禅僧兼诗僧之皎然与灵澈。据其《澈上人文集纪》自述，当时其"方以两髦执笔砚，陪其吟咏，皆曰孺子可教"。早年此段经历，于其之后诗歌创作影响颇深。刘禹锡山水诗，一改大历、贞元诗人襟幅狭小、气象萧瑟之风格，常写一种超出空间实距，半虚半实之开阔景象。如《望洞庭》：

> 湖光秋月两相和，潭面无风镜未磨。
> 遥望洞庭山水翠，白银盘里一青螺。

静谧空灵之山光水色融入诗人主观情感，构成一种恬静平和氛围，令人心驰神往艳羡不已。

刘禹锡之诗歌，无论短章长篇，大都简洁明快，风情俊爽，有一种哲人睿智与诗人挚情渗透其中，极富艺术张力与雄直气势。诸如"朔风悲老骥，秋霜动鸷禽……不因感衰节，安能激壮心。"（《学阮公体三首》其二）"马思边草拳毛动，雕眄青云睡眼开。天地肃清堪四望，为君扶病上高台。"（《始闻秋风》）这类诗句，写得昂扬高举，格调激越，具有一种振衰起废、催人向上之力量。至于其七言绝句，更是别具特色。

> 莫道谗言如浪深，莫言迁客似沙沉。
> 千淘万漉虽辛苦，吹尽狂沙始到金。

（《浪淘沙词九首》其八）

诗人虽屡遭贬谪，历尽坎坷，然斗志不衰，精神乐观，胸怀旷达，气概豪迈。其于边远贬所虽历经千辛万苦，然黄金品质始终熠熠生辉。诗句通过具体形象比喻，概括自我经历获得之深刻感受，坚信自己虽屡遭谗言所害，然终有一天会真相大白，洗清罪名。

> 塞北梅花羌笛吹，淮南桂树小山词。
> 请君莫奏前朝曲，听唱新翻《杨柳枝》。

（《杨柳枝词九首》其一）

作品直接运用民歌曲调创作新诗，既基本保持纯正民歌风味，且于民歌艺术多有锤炼提高，内涵丰富，音律和谐，便于传唱，雅俗互补，相得益彰。

就表象诗意而言，刘禹锡诗作简练爽利，晓畅易解。倘透过一层看，便会领悟到一种傲视忧患、独立不移之气概与迎接苦难、超越苦难之情怀，具有一种奔腾流走之生命活力与弃旧图新之乐观精神，更有一种坚毅高洁之人格内蕴。

> 自古逢秋悲寂寥，我言秋日胜春朝。
> 晴空一鹤排云上，便引诗情到碧霄。"

（《秋词二首》其一）

全诗一反传统悲秋观，颂秋赞秋，赋予秋一种导引生命之力量，表现出诗人于自由境界无限向往之情。胸次特高，骨力甚健。故后人评价"禹锡有诗豪之目。其诗气该今古，词总平实，运用似无甚过人，却都惬人意，语语可歌，其才情之最豪者。司空图尝言：禹锡及杨巨源诗各有胜会，两人格律精切欲同；然刘得之易，杨却得之难，入处迥异尔。"[1]

咏史诗为刘禹锡作品中十分为人称道之佳作。其诗概以简洁文字、精选意象表现作者阅尽沧桑变化之沉思，蕴涵极其深远之感慨。

> 王濬楼船下益州，金陵王气黯然收。
> 千寻铁锁沉江底，一片降幡出石头。
> 人世几回伤往事，山形依旧枕寒流。
> 今逢四海为家日，故垒萧萧芦荻秋。

（《西塞山怀古》）

> 朱雀桥边野草花，乌衣巷口夕阳斜。
> 旧时王谢堂前燕，飞入寻常百姓家。

（《乌衣巷》）

前一首为诗人立于西塞山远眺之感慨，在其心中，是一种永恒与短暂之强烈对比：千帆竞发、铁锁沉江，无论战降治乱、分裂统一，一切与大自然默默无言相较，皆为过眼烟云，瞬间即逝。后一首则通过王谢之类豪门士族旧迹变为寻常百姓家之历史变迁，呈现人们心灵深处常有之于一切繁华与高贵皆将为时间洗刷净尽之叹息。

刘禹锡文章成就很大，散文与其诗歌一样，辞藻美丽，题旨隐微。"文隽而膏，味无穷而炙愈出"[2]，实为深中肯綮之评价。

《陋室铭》是其散文经典代表：

> 山不在高，有仙则名。水不在深，有龙则灵。斯是陋室，惟吾德馨。苔痕上阶绿，

---

[1] 明·胡震亨《唐音癸签》。
[2] 唐·刘禹锡《犹子蔚适越戒》引柳宗元评价语。

草色入帘青。谈笑有鸿儒，往来无白丁。可以调素琴，阅金经。无丝竹之乱耳，
无案牍之劳形。南阳诸葛庐，西蜀子云亭。孔子云："何陋之有？"

作品通过对居室环境、交往人物、生活情趣之描绘，极力形容陋室不陋，表现作者不
与世俗同流合污，洁身自好不慕名利之生活态度与高洁傲岸之节操，流露出作者安贫乐道
之隐逸情趣。表现形式上，作者以衬托手法托物言志，并以反向立意方式，只字不提陋室
之"陋"，只写陋室"不陋"。而"不陋"原因为"德馨"，从而自然达到抒怀目的。

刘禹锡性格刚毅，饶有豪猛之气，故其能于忧患相仍之谪居年月，克服心里苦闷与
情绪压抑，尝吟出一曲曲孤臣哀唱。可见其虽遭逆境，却始终保持斗士灵魂，一刻未曾
绝望。《元和十年自朗州承召至京戏赠看花诸君子》《重游玄都观绝句》等诗文，屡屡
讽刺、抨击政敌，由此而遭致一次次政治压抑与打击。然，强权压抑与政治打击不仅未
能使其屈服，反而激起更为强烈之愤懑反抗，并从不同方面强化了其诗人气质。"我本
山东人，平生多感慨"（《谒柱山会禅师》）。这种"感慨"不仅增加了作品耐人涵咏
之韵味，且极大地丰富了作品欣赏之深度与力度。

"彭城刘梦得，诗豪者也，其锋森然，少敢当者。予不量力，往往犯之。夫合应者声同，
交争者力敌，一往一复，欲罢不能。由是每制一篇，先于视草，视竟则兴作，兴作则文成。
一二年来，日寻笔砚，同和赠答，不觉滋多。"[1]应该是亲历者毫不夸饰之评价。

刘禹锡于中国文学史上所以能与白居易、李白并称"刘白李"，又与柳宗元并称"刘
柳"，绝非后人牵强附会之称，皆由其艺术创作之成就自然赢得，故为实至名归。

柳宗元——春风无限潇湘意　欲采苹花不自由

中唐时期中国文坛掀起一股复兴儒学之思潮，文学史称之为"古文运动"。其倡导
者追求之价值核心为"文以明道"，即于继承前人创作理论基础上，革除南北朝以来之
浮艳颓靡文风，提倡思想内容与艺术形式之完美结合，强调作家道德修养，注重文学社
会功能。当韩愈、柳宗元[2]于文坛崭露头角后，即将此一思潮推向巅峰。

柳宗元出身于官宦家庭，少有才名，文以辞采华丽为工，早有大志。贞元九年（793
年）中进士，十四年登博学鸿词科，授集贤殿正字。

北朝时，柳氏为著名门阀士族，与薛、裴二氏并称为"河东三著姓"。柳宗元八世祖

---

①唐·白居易《刘白唱和集解》。

②柳宗元（773—819年），字子厚，别称河东先生、柳河东、柳柳州，河东（今山西芮城、
运城一带）人，唐代文学家、政治家、哲学家。

至六世祖，皆为朝廷大吏，五世祖曾先后履任四州刺史。入唐后，柳家与李氏皇族关系密切，仅高宗一朝，同时居官尚书省者达 23 人之多。永徽年间，柳家屡受武则天打击迫害，至柳宗元出生时，家族已衰落。其曾祖、祖父仅得任县令一类小官。其父柳镇，玄宗天宝末曾任太常博士，"安史之乱"后虽继续为官，然官职一直很低。母亲卢氏，出身范阳卢氏士族，亦家道没落较早。"安史之乱"使柳家又一次遭受巨大冲击。战乱中，母亲入王屋山避难，父亲携其余家人汇入逃亡人群流落于吴地。南方苟安期间，一度生计艰难，有时竟薪米无着。

虽然家道衰落，影响柳宗元生计仕途均不顺遂，然其始终保持了对祖先"德风"与"功业"之向往，常以自豪语气叙说祖上地位与荣耀，表现出重振"吾宗"之强烈愿望及于功名之执着追求。

柳宗元出生时，"安史之乱"甫定十年。其时朝政社会虽暂为和平，然唐王朝已走过其太平盛世，逐渐衰朽，各种社会矛盾急剧发展，藩镇割据、宦官专权、朋党相争等弊端逐渐形成。

柳宗元家庭文化气氛浓厚，4 岁时父亲去南方，母亲卢氏带其潜居京西庄园。卢氏信佛，聪明贤淑，很有见识，且有一定文化素养，督导幼年柳宗元背诵古赋十四首。缘于母亲之启蒙教育，柳宗元遂于知识学问产生强烈兴趣。卢氏勤俭持家，训育子女，早年避乱南方时，宁肯自己挨饿，也要供养亲族。后来柳宗元获罪贬官，母亲以垂暮之年，跟随儿子远赴南荒，竟无丝毫怨言，实为典型贤妻良母，中国古代妇女传统美德于其身得到集中体现。母亲品格优良，故柳宗元自幼受母熏陶极大。除母亲外，父亲柳镇之品格、学识、文章于柳宗元更有直接影响。柳镇深明经术，"得《诗》之群，《书》之政，《易》之直、方，大及《春秋》之惩劝，以植于内而文于外，垂声当时。"[①]

柳宗元幼年在长安度过，对朝廷腐败无能、社会危机动荡有所闻见与感受。唐德宗建中四年（783 年），成德镇节度使李宝臣病死，其子李惟岳谋继袭，得河北其他两镇与山南东道节度使梁崇义支持，企图确立藩镇世袭传子制度。时唐德宗新继位，未予恩准。四藩镇遂联合起兵反抗朝廷，由是爆发"安史之乱"后又一次大规模割据战争，史称"建中之乱"。柳宗元为避战乱辗转至父亲任所夏口（今湖北武昌）。夏口自古为军事要冲，其时又为李希烈叛军与官军激烈争夺之目标，年仅 10 岁之柳宗元于是亲历藩镇割据之战火。

贞元元年（785 年），父亲柳镇奉调江西为官，柳宗元随父亲宦游，曾先后游历至长沙、北至九江之广大地区。这段经历使柳宗元直接接触到社会，见识大增。此后，其开始参与社交，结纳友朋，并以有才少年而备受人们重视。不久，回到长安。

十七年（801 年），柳宗元调为蓝田尉，两年后又调回长安任监察御史里行，时年 31 岁，与韩愈同官。监察御史里行官阶虽低，但其职权并不亚于御史。从此，柳宗元与官场上层人物交游更广泛，对政治之黑暗腐败得以深入了解，遂逐渐萌发要求改革之愿望。因同气相求，其与好友刘禹锡成为宰相王叔文、王伾"永贞革新"之核心人物，被称为"二王刘柳"。柳宗元年轻气盛，得此政治舞台意气奋发，遂与宦官、豪族、旧官僚进行尖锐

---

① 唐·柳宗元《先侍御史府君神道表》。

斗争。"永贞革新"为一次震动全国之进步运动，其所推行之革新措施，沉重打击了当时专横跋扈之宦官与藩镇割据势力，利国利民，顺应历史发展趋势。由于遭遇各种保守势力强烈反扑，革新推行仅半年即宣告失败。

"永贞革新"失败后，柳宗元与其他革新派人士均随即遭贬。柳宗元被贬为邵州（今湖南邵阳市）刺史，行未半路，又加贬为永州（今湖南永州市）司马。与之同时被贬为司马者尚有七人，故史称此次贬谪为"二王八司马事件"。

永州地处湖南与两广交界处，人烟稀少甚为荒僻。随行者有 67 岁高龄老母与堂弟柳宗直、表弟卢遵。初抵永州无处居住，得僧人援手暂居龙兴寺。由于生活艰苦，未及半载母亲卢氏去世。

即使如此，政敌依然穷追不舍，以造谣诽谤、人身攻击等手段，将其丑化为"怪民"，必欲置之死地而后快。政治迫害之残酷，生活环境之艰难，使其悲愤、忧郁、痛苦，加之屡遭无情火灾，身心健康受损，竟至到了"行则膝颤、坐则髀痹"之程度。然而，贬谪生涯之种种迫害磨难，未能动摇其政治理想，"虽万受摈弃，不更乎其内。"柳宗元以坚韧意志顽强坚持信念不变。

永州之贬，历时 10 年，实为柳宗元人生一大转折。居京城时，其可以直接从事革新活动；贬永州后，斗争内容则转入思想文化领域。其于是广泛研究古往今来关于哲学、政治、历史、文学诸方面之重大问题，撰文著书，完成《封建论》《非〈国语〉》《天照》《六道论》等著名作品。

元和十年（815 年）春，柳宗元结束 10 年贬谪生活，与政治文学密友刘禹锡一道返回京师。然，由于宰相武元衡等人仇视"永贞革新"人物，其虽历经磨难而归，却并未受到重用，而是宣布改贬。柳宗元此次被贬为柳州刺史。柳州刺史任所，宗元尽力履职，致力地方建设与百姓乐业，政绩卓著为人称道，只可惜时间太短。

元和十四年十一月初八（819 年 11 月 28 日），柳宗元卒于柳州任所，享年 46 岁。

柳宗元虽然享年不足 50 岁，却于政治、哲学、文学诸领域创造出光辉业绩。尤为突出者，即其于诗歌、辞赋、散文、游记、寓言、小说、杂文及文学理论诸方面，均做出卓越贡献，成为唐代著名政治家、文学家、哲学家、散文家与思想家。其与韩愈共同倡导唐代古文运动，并称"韩柳"；与刘禹锡一同唱和，并称"刘柳"；与王维、孟浩然、韦应物齐名，并称"王孟韦柳"；与唐代韩愈及宋代欧阳修、苏洵、苏轼、苏辙、王安石、曾巩于散文领域并称为"唐宋八大家"；且与韩愈、苏轼、欧阳修并称"千古文章四大家"。

柳宗元一生诗文作品丰富，而其文章成就大于诗。其诗多抒写抑郁悲愤、思乡怀友之情，幽峭峻郁，自成一路。最为世人称道者，当为情深意远、疏淡峻洁之山水闲适作品。其骈文有近百篇，散文论说性强，笔锋犀利，讽刺辛辣。又擅长写山水游记，写景状物，多所寄托。哲学著作有《天说》《天对》《封建论》等。作品由密友刘禹锡保存下来并编成集，有《柳河东集》《柳宗元集》。

柳河东作品，无论何种体裁题材，于读者而言，阅读起来均属享用精神大餐，语言优美，说理透彻，寓意深刻，令人惬意莫名。

前人将柳宗元与王维、孟浩然、韦应物并称"王孟韦柳"。其诗歌特点在于思想内容近于陶渊明诗，语言朴素自然，风格淡雅而意味深长，能于清丽中蕴藏幽怨。

> 千山鸟飞绝，万径人踪灭。
>
> 孤舟蓑笠翁，独钓寒江雪。

（《江雪》）

此首五言山水诗，描述冰天、雪地、寒江，没有行人，没有飞鸟，一叶孤舟，一位老翁默然垂钓。什么环境、什么心境、什么意境？什么感觉、什么感受、什么感情？只可体味揣摩，难以描述言说！

柳宗元寓言继承并发展先秦《庄子》《列子》《战国策》及《韩非子》《吕氏春秋》之传统，多用来讽刺、抨击当时社会丑恶现象，推陈出新，造意奇特，善用各种动物拟人化之艺术形象，寄寓哲理或表达政见。

> 永有某氏者，畏日，拘忌异甚。以为己生岁值子，鼠，子神也，因爱鼠，不畜猫犬，禁僮勿击鼠。仓廪庖厨，悉以恣鼠不问。
>
> 由是鼠相告，皆来某氏，饱食而无祸。某氏室无完器，椸无完衣，饮食大率鼠之余也。昼累累与人兼行，夜则窃啮斗暴，其声万状，不可以寝，终不厌。
>
> 数岁，某氏徙居他州。后人来居，鼠为态如故。其人曰："是阴类恶物也，盗暴尤甚，且何以至是乎哉？"假五六猫，阖门，撤瓦灌穴，购僮罗捕之。杀鼠如丘，弃之隐处，臭数月乃已。
>
> 呜呼！彼以其饱食无祸为可恒也哉。

（《永某氏之鼠》）

> 临江之人，畋得麋麑，畜之。入门，群犬垂涎，扬尾皆来，其人怒怛之。自是日抱就犬，习示之，稍使与之戏。积久，犬皆如人意。麋麑稍大，忘己之麋也，以为犬良我友，抵触偃仆益狎。犬畏主人，与之俯仰甚善。然时啖其舌。
>
> 三年，麋出门，见外犬在道甚众，走欲与为戏。外犬见而喜且怒，共杀食之，狼藉道上。麋至死不悟。

（《临江之麋》）

> 黔无驴，有好事者船载以入。至则无可用，放之山下。虎见之，庞然大物也，以为神。蔽林间窥之，稍出近之，慭慭然，莫相知。
>
> 他日，驴一鸣，虎大骇，远遁，以为且噬己也，甚恐。然往来视之，觉无异能者。益习其声，又近出前后，终不敢搏。稍近益狎，荡倚冲冒，驴不胜怒，蹄之。虎因喜，计之曰："技止此耳！"因跳踉大阚，断其喉，尽其肉，乃去。

（《黔之驴》）

三则寓言，短小精悍。状物不同，寓意有别。三畜之憨掬愚蠢，令人哑然失笑。人中类此者，不亦比比乎！

游记散文为柳宗元最为脍炙人口之作品。其突出特点为短小、轻灵、朴实、顺畅，为历代所传诵。此类优美山水游记，生动表达了人对自然美之感受，丰富了古典散文反映生活之新领域，从而确立山水游记作为独立文学体裁于文学史之地位。

> 从小丘西行百二十步，隔篁竹，闻水声，如鸣佩环，心乐之。伐竹取道，下见小潭，水尤清冽。全石以为底，近岸，卷石底以出，为坻，为屿，为嵁，为岩。青树翠蔓，蒙络摇缀，参差披拂。
>
> 潭中鱼可百许头，皆若空游无所依。日光下澈，影布石上，怡然不动；俶尔远逝，往来翕忽，似与游者相乐。
>
> 潭西南而望，斗折蛇行，明灭可见。其岸势犬牙差互，不可知其源。
>
> 坐潭上，四面竹树环合，寂寥无人，凄神寒骨，悄怆幽邃。以其境过清，不可久居，乃记之而去。
>
> 同游者：吴武陵，龚古，余弟宗玄。隶而从者，崔氏二小生：曰恕己，曰奉壹。

（《小石潭记》）

文人惜墨如此，为文精妙如此者，舍河东其谁欤？

柳宗元散文与韩愈齐名，韩柳二人与宋代欧阳修、苏轼并称为"千古文章四大家"，堪称中国历史上最杰出散文家。

> 永州之野产异蛇，黑质而白章；触草木，尽死；以啮人，无御之者。然得而腊之以为饵，可以已大风、挛踠、瘘、疠、去死肌，杀三虫。其始，太医以王命聚之，岁赋其二，募有能捕之者，当其租入。永之人争奔走焉。
>
> 有蒋氏者，专其利三世矣。问之，则曰："吾祖死于是，吾父死于是。今吾嗣为之十二年，几死者数矣。"言之，貌若甚戚者。
>
> 余悲之，且曰："若毒之乎？余将告于莅事者，更若役，复若赋，则何如？"
>
> 蒋氏大戚，汪然出涕曰："君将哀而生之乎？则吾斯役之不幸，未若复吾赋不幸之甚也。向吾不为斯役，则久已病矣。自吾氏三世居是乡，积于今六十岁矣，而乡邻之生日蹙，殚其地之出，竭其庐之入，号呼而转徙，饥渴而顿踣，触风雨，犯寒暑，呼嘘毒疠，往往而死者相藉也。曩与吾祖居者，今其室十无一焉；与吾父居者，今其室十无二三焉；与吾居十二年者，今其室十无四五焉。非死则徙尔。而吾以捕蛇独存。悍吏之来吾乡，叫嚣乎东西，隳突乎南北，哗然而骇者，虽鸡狗不得宁焉。吾恂恂而起，视其缶，而吾蛇尚存，则弛然而卧。谨食之，时而献焉。退而甘食其土之有，以尽吾齿。盖一岁之犯死者二焉；其余，则熙熙而乐。岂若吾乡邻之旦旦有是哉！今虽死乎此，比吾乡邻之死则已后矣，又安敢毒耶？"

余闻而愈悲。孔子曰："苛政猛于虎也。"吾尝疑乎是，今以蒋氏观之，犹信。

呜呼！孰知赋敛之毒有甚是蛇者乎！故为之说，以俟夫观人风者得焉。

（《捕蛇者说》）

苛政谁所为，牧民者也。牧民者，民之父母也。安见以子女饲与虎之父母？"叫嚣乎东西，隳突乎南北"者，父母豢养之鹰犬也。以苛政残虐子女，以鹰犬驱使子女者，其毒甚矣！

除对文学做出巨大成就而外，柳宗元亦为一代著名思想家及积极投身政治革新之改革家。其哲学论著有《非〈国语〉》《贞符》《时令论》《断刑论》《天说》《天对》等。于政治哲学论著中，宗元对汉代大儒董仲舒鼓吹"夏商周三代受命之符"之符命说持否定态度，将董仲舒一类大儒斥为"淫巫瞽史"，指责其"诳乱后代"。宗元反对天符、天命、天道诸说，不遗余力批判神学，强调人事为重，以"人"代"神"。此种世界观于神学迷信思想占统治地位之封建时代，尤其难能可贵，其于后世之影响源远流长。

殊为遗憾者，柳宗元不仅仕宦命运坎坷，且阳寿亦过于短促。倘若苍天再假其数十年时间，竟不知这头"河东狮"还会发出如何令人"振聋发聩"之吼声！

苏轼——荷尽已无擎雨盖　菊残犹有傲霜枝

"古之所谓豪杰之士，必有过人之节。人情有所不能忍者，匹夫见辱，拔剑而起，挺身而斗，此不足为勇也。天下有大勇者，卒然临之而不惊，无故加之而不怒。此其所挟持者甚大，而其志甚远也。"[1]这段话虽为苏轼[2]对留侯张良之评价，其实亦为其个人处世定力之毕生追求。

苏轼为初唐大臣苏味道之后，父亲苏洵即《三字经》所提"二十七，始发愤"之"苏老泉"是也。苏轼名曰"轼"，原意为车前之扶手，取其默默无闻却扶危救困、不可或缺之意。纵观苏轼为人为官品行，的确与其名相符。

嘉祐元年（1056年），苏洵带20岁苏轼及18岁苏辙二兄弟，自西蜀偏僻之地沿江东下，进京应试。会试中榜后于翌年参加礼部主持之部考。时任主考官为文坛领袖欧阳修，小试官为诗坛宿将梅尧臣。苏轼"策论"题目为《刑赏忠厚之至论》。文章以忠厚立论，

---

①北宋·苏轼《留侯论》。

②苏轼（1037—1101年），字子瞻、和仲，号"东坡居士"，世称"苏东坡"，眉州眉山（今四川眉山）人，祖籍河北栾城，北宋散文家、书画家、文学家、词人、政治家、诗人。

援引古仁者施行刑赏以忠厚为本之范例，阐发儒家仁政思想。文章说理透彻，结构严谨，文辞简练而平易晓畅。作者纵横捭阖、清新洒脱之文风，令主考官欧阳修阅后不禁拍案击节。时，欧、梅二人正锐意推行诗文改革，故认为该文脱尽五代宋初以来浮靡艰涩之风，因此十分赏识。然，主考官欧阳修主观判断文章可能出自门生曾巩之手，为避师生之嫌，遂点判为第二名，使苏轼与状元失之交臂。欧阳修曾评价苏文："读轼书不觉汗出，快哉！老夫当避此人，放出一头地。"

苏轼于文中写道："皋陶为士，将杀人。皋陶曰杀之三，尧曰宥之三。"欧、梅二公既叹赏其文，却不知典之所出，碍于面子又不便询问。直至苏轼揭榜谒谢时，欧阳修忍不住放下架子向苏轼询问出处。苏轼答道："何必知道出处！"欧阳修听后，不禁对苏轼性格豪迈、敢于创新之精神折服，且由此预见苏轼将来必将雄踞文坛。曾称赞苏轼："此人可谓善读书，善用书，他日文章必独步天下。"

缘于欧阳修一再嘉许，苏轼一时声名大噪。其每有新作，立刻就会传遍京师。然，命运往往会于人欣喜若狂时兜头浇冷水一盆。正当苏氏父子名动京师准备大展身手时，突然传来苏轼母亲病故噩耗，二兄弟只得随父亲回乡奔丧守制。

嘉祐四年（1059 年）十月，三年守丧期满，苏轼返回京城。嘉祐六年（1061 年），苏轼应中制科考试，即通常所谓之"三年京察"，入第三等，为"百年第一"，授大理评事、签书凤翔府判官。四年后，苏轼还朝判登闻鼓院。治平二年（1065 年），父亲苏洵不幸病逝，苏轼、苏辙兄弟再度遵制扶柩还乡，守孝三年。三年之后，苏轼还朝，时震动朝野之王安石变法开始。苏轼诸多师友，包括极赏识其才华之恩师欧阳修，因反对新法而与新任宰相王安石政见不合，迭次被迫离京。朝野旧雨凋零、物是人非，已远非苏轼 20 岁时所见之"平和世界"。

熙宁四年（1071 年），苏轼上书谈论新法弊病。王安石知之后异常愤怒，遂命御史谢景于皇帝前弹劾苏轼过失。苏轼遂请求出京任职，外放杭州任通判。

1074 年（熙宁七年）秋天，苏轼调往密州（山东诸城）任知州。知密州期间，苏学士留下流传千古之豪放词奠基之作《江城子·密州出猎》：

> 老夫聊发少年狂，左牵黄，右擎苍。
>
> 锦帽貂裘，千骑卷平冈。
>
> 为报倾城随太守，亲射虎，看孙郎。
>
> 酒酣胸胆尚开张，鬓微霜，又何妨。
>
> 持节云中，何日遣冯唐？
>
> 会挽雕弓如满月，西北望，射天狼。

受家学熏陶，苏轼自幼深受儒家民本思想影响，故入仕之后一贯勤政爱民，每至一处，均颇有政绩，为百姓所拥戴。密州时期陪伴其度日者，依旧为寂寞与失意。压抑心绪郁积既久，自然喷发愈烈，一旦得遇爆发出口，即如挟海上风涛，一泻千里。作者于《江城子·密州出猎》中，以形象描画，极尽表达渴望一展抱负，杀敌报国，建功立业之雄心壮志。密州太守出猎之壮阔场面，一览无余地表现了主人公壮志踌躇之英雄气概。

这首词感情纵横奔放，令人有"觉天风海雨逼人"之感。词中表现作者胸襟见识、情感兴趣及希望理想，一波三折，姿态横生，"狂"态毕露，慷慨激愤中展现恢弘气象，一反以往文人词柔弱之格调，"指出向上一路，新天下耳目"，充满阳刚之美。

其后，苏轼自 1077 年至 1079 年连续出任徐州、湖州知州。无论于何处为官，其均致力于革新除弊，因法便民，故所任之处颇有政绩。

调任湖州知州之后，苏轼例行公事，上《湖州谢表》给皇上。然诗人笔端常带感情，即使官样文章，亦不忘故作姿态之个人色彩，故《谢表》之中有"愚不适时，难以追陪新进"，"老不生事或能牧养小民"等语。此类话语为新党于其诗作中断章取义挑选隐含讥讽之句，弹劾其"愚弄朝廷，妄自尊大"、"衔怨怀怒"、"指斥乘舆"、"包藏祸心"、讽刺政府、莽撞无礼，于皇帝极端不忠。如此大罪，可谓死有余辜。一时间，朝廷内一片倒苏之声。

元丰二年（1079 年）七月，苏轼上任仅三月，即为御史台吏卒逮捕，解往京师，因此受牵连者达数十人。此即为北宋著名之"乌台诗案"[1]。

"乌台诗案"于苏轼打击颇大，成其一生重大转折点。时"新党"得势，妒其才者必欲置之死地而后快，使苏轼身陷夺职处斩之绝境。朝野元老惜其才、识其器者纷纷上书为其辩诬。"新党"内有识之士亦劝谏神宗宽容苏轼。"新党"元首王安石[2]时已退休金陵，随即上书哲宗劝谏："安有圣世而杀才士乎？"经朝野上下齐力，"乌台诗案"最终因王安石"一言而决"，苏轼得以从轻发落，贬为黄州（今湖北黄冈）团练副使，本州安置，受当地官员监视。苏轼坐牢 103 天，几次濒临身首异处绝境，所幸宋太祖赵匡胤早年定下不得擅杀士大夫之国策，苏轼终于死里逃生躲过一劫。

团练副使职位相当低微，并无实权，且此时苏轼经过"乌台诗案"一役打击折磨，于仕途已变得心灰意冷，进取心与前相比已判若两人。苏轼履任后心情郁闷，遂于公干之外带领家人于城东开垦一块坡地，以种田养殖帮补生计。"东坡居士"别号即于是而得。闲来无事，苏轼辄赴黄州城外赤壁山游览，先后写下《赤壁赋》《后赤壁赋》及《念奴娇·赤壁怀古》等千古名作，借此排遣郁闷，寄托谪居生活之思想感情。

> 壬戌之秋，七月既望，苏子与客泛舟游于赤壁之下。清风徐来，水波不兴。
> 举酒属客，诵明月之诗，歌窈窕之章。少焉，月出于东山之上，徘徊于斗牛之间。
> 白露横江，水光接天。纵一苇之所如，凌万顷之茫然。浩浩乎如冯虚御风，而不
> 知其所止；飘飘乎如遗世独立，羽化而登仙。
> 于是饮酒乐甚，扣舷而歌之。歌曰："桂棹兮兰桨，击空明兮溯流光。渺渺兮予怀，

---

① 乌台即御史台，因其上植柏树，终年栖息乌鸦，故称"乌台"。

② 宋神宗熙宁三年，王安石拜相，主持变法；哲宗元祐元年（1086 年）司马光为相，尽废新法。以王安石为首之改革派史称"新党"，以司马光为代表之守旧派史称"旧党"。

望美人兮天一方。"客有吹洞箫者，倚歌而和之。其声呜呜然，如怨如慕，如泣如诉，余音袅袅，不绝如缕。舞幽壑之潜蛟，泣孤舟之嫠妇。

苏子愀然，正襟危坐，而问客曰："何为其然也？"客曰："'月明星稀，乌鹊南飞'，此非曹孟德之诗乎？西望夏口，东望武昌。山川相缪，郁乎苍苍，此非孟德之困于周郎者乎？方其破荆州，下江陵，顺流而东也，舳舻千里，旌旗蔽空，酾酒临江，横槊赋诗，固一世之雄也，而今安在哉？况吾与子渔樵于江渚之上，侣鱼虾而友麋鹿。驾一叶之扁舟，举匏樽以相属。寄蜉蝣于天地，渺沧海之一粟。哀吾生之须臾，羡长江之无穷。挟飞仙以遨游，抱明月而长终。知不可乎骤得，托遗响于悲风。"

苏子曰："客亦知夫水与月乎？逝者如斯，而未尝往也；盈虚者如彼，而卒莫消长也。盖将自其变者而观之，则天地曾不能以一瞬；自其不变者而观之，则物与我皆无尽也，而又何羡乎！且夫天地之间，物各有主。苟非吾之所有，虽一毫而莫取。惟江上之清风，与山间之明月，耳得之而为声，目遇之而成色，取之无禁，用之不竭，是造物者之无尽藏也，而吾与子之所共适。"

客喜而笑，洗盏更酌。肴核既尽，杯盘狼藉。相与枕藉乎舟中，不知东方之既白。

（《赤壁赋》）

大江东去，浪淘尽，千古风流人物。故垒西边，人道是，三国周郎赤壁。乱石穿空，惊涛拍岸，卷起千堆雪。江山如画，一时多少豪杰。

遥想公瑾当年，小乔初嫁了，雄姿英发。羽扇纶巾，谈笑间，樯橹灰飞烟灭。故国神游，多情应笑我，早生华发。人生如梦，一樽还酹江月。

（《念奴娇·赤壁怀古》）

《念奴娇·赤壁怀古》与《赤壁赋》均以赤壁为题，写赤壁景色，缅怀与赤壁有关之历史人物。虽然如此，而细细品味之后，依然明显感觉作品表达之思想感情不尽相同。

"词"中，诗人倾笔于周瑜，以浓墨重彩写出其风流儒雅从容破敌之飒爽英姿，盛赞其赫赫战功与辉煌业绩。诗人半生颠簸，命运坎坷。先是不支持变法，不被宋神宗重用，为"新党"不容；后因写诗讽刺新法，被捕入狱，旋即又遭贬谪。其自比古代英雄，却终日困厄于报国无门壮志难酬之感喟与怅惋之中，故"早生华发"必为自然，一声"人生如梦"之喟叹，足见其痛惋之深、颓唐之极。然，诗人毕竟性格旷达乐观，"奋厉有当世志"。尽管身处逆境，岁月蹉跎，有志难酬，但"人生如梦"之佛老虚无思想也仅为一闪之念。诗人并未完全绝望，而是"自有横槊气概，固是英雄本色。"① "一尊还酹江月"，既表达其对古代英雄之景仰，更表现出自己壮心未泯凤志犹存之气魄。

---

① 清·徐釚《词苑丛谈·卷三》。

"赋"则是缅怀为"小儿"周瑜所败之一代枭雄曹操。作品先写其势如破竹之攻势,"破荆州、下江陵"、一"破"一"下",势不可挡;再写军队之多,气势之大,水军船队首尾相接千里,军旗遮蔽天空;接下来写曹操不可一世之骄态:面对长江喝酒,横执长矛吟诗,实为天下无敌之盖世英雄。极力渲染曹操不可战胜之赫赫声势后,诗人却笔锋一转,以一句"而今安在哉"否定虚化。故诗人由此生发"哀吾生之须臾,羡长江之无穷"之哀叹。通过写失败英雄来抒发自己"宇宙无穷,人生短暂"之感慨,由败者之悲引发己悲,真可谓自然绝妙之笔。

无论"赋"抑或"词",作者"外儒内道"思想皆得以淋漓地表现出来。

宋神宗元丰七年(1084年),苏轼奉诏赴汝州就任。由于长途跋涉,旅途劳顿,幼儿不幸夭折。汝州路途遥远,路费已尽,加丧子之痛,一系列不顺使苏轼疲惫不堪心灰意冷。无奈之下遂上书朝廷,请求暂不去汝州就职,先于常州居住休整,旋获恩准。然,其正拟南返常州之际,恰遇神宗驾崩。

哲宗赵煦年幼即位,高太后听政专权,以王安石为首之新党遭打压,旧党领袖司马光重新被启用为相。苏轼复为朝奉郎知登州(今山东蓬莱)。履新职四个月后,苏轼以礼部郎中被召还朝。回朝半月,升起居舍人,三月后,迁中书舍人,旋升翰林学士知制诰(为皇帝起草诏书的秘书,三品),知礼部贡举。

回朝后虽然仕途比较顺遂,但苏轼看到以司马光为首之旧党势力,为本集团利益而拼命压制王安石集团,将新党势力之精英人物及变法措施一律扫除殆尽,苏轼由是认为,司马光势力与所谓"王党"不过为一丘之貉,绝无可能使朝政迎来清明曙光。于是,其再次向皇帝提出谏议,对旧党执政后所暴露之腐败现象进行抨击,由此引起保守势力极力反对,又遭旧党诬告陷害。既不能有容于新党,又不能见谅于旧党,苏学士再度自求外调,以龙图阁学士身份返回阔别十六年之杭州任太守。

苏轼于杭州任所过得很惬意,自比唐代白居易。时西湖长期未得疏浚,淤塞过半,"葑台平湖久芜漫,人经丰岁尚凋疏"(《去杭十五年复游西湖用欧阳察判韵》),湖水逐渐干涸,湖中长满野草,严重影响农业生产。苏轼任杭州太守第二年,即动用民工20余万,率众疏浚西湖,开除葑田,恢复旧观,并于湖水最深处建立三塔(今三潭印月)以为标志。苏轼命将湖内挖出淤泥集中起来,筑成一条纵贯西湖长堤,以六桥相接,以便行人,后人名之曰"苏公堤",简称"苏堤"。春日清晨,苏堤烟柳笼纱,波光树影,鸟鸣莺啼,形成著名西湖十景之一"苏堤春晓",至今仍为游西湖者必赏之景观。

"东坡处处筑苏堤"。苏轼一生筑过三条长堤。其贬谪颍州(今安徽阜阳)时,对颍州西湖进行疏浚,亦曾筑堤。绍圣元年(1094年),苏轼被贬为远宁军节度副使,惠州(今广东惠阳)安置。时,苏轼已年近6旬,仍日夜奔驰,千里迢迢赴贬所,受岭南百姓热情欢迎。苏轼以皇帝赏赐黄金捐助疏浚惠州西湖,并修长堤一条。为此,惠州"父老喜云集,箪壶无空携,三日饮不散,杀尽村西鸡",人们欢庆不已。如今,惠州苏堤起自西湖入口处,犹如一条绿带,横穿湖心,将湖一分为二,右为平湖,左为丰湖。

1091年(元祐六年),苏轼再度奉诏回朝廷,任吏部尚书。其任是职仅仅七个月,即因政见不合而外放颍州、扬州任太守。元祐八年（1093 年） 高太后去世，哲宗得以亲政，新党再度执政，朝廷召苏轼回京任兵部尚书，一月后改任礼部尚书。此次回朝前后不足一年，又因与新党不睦而被贬为宁远军节度副使，发赴惠阳（今广东惠州市） 安置。1097 年，苏轼又再贬至儋州（今海南） 安置。放逐海南，为宋代仅次于满门抄斩罪之处罚，可见苏轼处境何等艰难。即使如此，其依然以儋州为第二故乡，于是办学堂，兴学风，以致许多人不远千里追至儋州，从其学。宋代开国百余年，海南无人及进士第。苏轼北归不久，海南本土秀才姜唐佐即举乡贡。为此，苏轼特意题诗"沧海何曾断地脉，珠崖从此破天荒。"千百年来，海南人一直将苏轼看作儋州文化之开拓者、播种人，对其怀有深情思念，崇敬之情溢于言表。儋州流传至今之东坡村、东坡井、东坡田、东坡路、东坡桥、东坡帽，甚至"东坡话"等，均缘于斯地人们为表达缅怀之情而得以流传下来。

文学观点上，苏轼与其师欧阳修一脉相承，但更强调文学之独创性、表现力与艺术价值。其文学思想强调"有为而作"，崇尚自然，摆脱束缚，"出新意于法度之中，寄妙理于豪放之外"。认为作文应达到"如行云流水，初无定质，但常行于所当行，常止于所不可不止。文理自然，姿态横生"[1]之艺术境界。

苏轼散文著述宏富，与韩愈、柳宗元、欧阳修三家并称。文章风格平易流畅，豪放自如。"其文涣然如水之质，漫衍浩荡，则其波亦自然成文。"[2]苏轼与欧阳修并称"欧苏"，同为"唐宋八大家"之一。继欧阳修之后，苏轼成为主持北宋文坛领袖人物，于当时作家中间享有巨大声誉，一时与之交游切磋者甚多。黄庭坚、秦观、晁补之、张耒四人，均曾得其悉心培养、奖掖与荐拔，故称"苏门四学士"。

苏轼诗内容广阔，风格多样，而以豪放为主，笔力纵横，穷极变幻，具有浪漫主义色彩，为宋诗发展开辟了新道路。"苏轼之诗，其境界皆开辟古今之所未有，天地万物，嬉笑怒骂，无不鼓舞于笔端。"[3]"以文为诗，自昌黎始，至东坡益大放异彩，别开生面，成一代之大观。……尤其不可及者，天生健笔一枝，爽如哀梨，快为并剪，有必达之隐，无难显之情，此所以继李、杜后为一大家也。"[4]苏轼诗清新豪健，善用夸张比喻，在艺术表现方面独具风格。

东坡词冲破有宋以来专写男女恋情与离愁别绪之狭窄题材，具有广阔社会内容。"东坡词，胸有万卷，笔无点尘。其阔大处，不在能作豪放语，而在其襟怀有涵盖一切气象。

若徒袭其外貌，何异东施效颦。东坡小令，清丽纡徐，雅人深致，另辟一境。设非胸襟高旷，焉能有此吐属。"[5]

苏轼词开豪放一派，对后代词家影响深远，于我国唐宋以降词史占有特殊地位。其将北宋诗文革新运动之精神扩大至词作领域，扫除晚唐五代以降传统绮靡词风，开创与婉约

---

①北宋·苏轼《答谢民师书》。

②北宋·释德洪《跋东坡池录》。

③清·叶燮《原诗》。

④清·赵翼《瓯北诗话》。

⑤清·蔡嵩云《柯亭词论》。

派并立之豪放词派，扩大词之题材，丰富词之意境，冲破诗庄词媚之界限，于词之革新与发展做出重大贡献。《江城子·密州出猎》《念奴娇·赤壁怀古》《水调歌头·丙辰中秋》等，开豪放词派之先河，使东坡又与辛弃疾并称为"苏辛"。故"词至东坡，倾荡磊落，如诗，如文，如天地奇观"。[1]特别是"中秋词自东坡《水调歌头》一出，余词尽废。"[2]

文、诗、词之外，苏轼兼为书画高手。其书法擅长行、楷书，与黄庭坚、米芾、蔡襄并称"宋四家"。东坡曾遍学晋、唐、五代名家，得力于王僧虔、李邕、徐浩、颜真卿、杨凝式，而自成一家。自云："我书造意本无法。"又云："自出新意，不践古人。"黄庭坚评价其书法："早年用笔精到，不及老大渐近自然。"又云"到黄州后掣笔极有力。"东坡晚年又挟有海外风涛之势，加之学问、胸襟、识见处处过人，而一生又屡经坎坷，故其书法风格丰腴跌宕，天真浩瀚。黄庭坚于《山谷集》里言道："本朝善书者，自当推（苏）为第一。"

苏轼生性放达，为人率真，深得道家风范。其擅交友，好美食，喜品茗，亦雅好游山林。徽宗即位后，苏轼被调廉州安置、舒州团练副使、永州安置。元符三年（1100年）大赦，复任朝奉郎。北归途中，于建中靖国元年七月（1101年8月）卒于常州，葬于汝州郏城县（今河南郏县），享年65岁。高宗即位后追赠为"太师"，御赐谥号"文忠"。

苏轼一生虽然跌宕，但收获颇丰。"唐宋八大家""文章四大家""欧苏""苏辛""苏黄""三苏"等，凡煌煌称谓中无处不有之。然其屡遭贬谪均能泰然处之，最得益处即在将儒、释、道融为一体兼收并蓄，得以练就"金刚不倒"之道行。否则，其不知何时何地早已"樯橹灰飞烟灭"，后人根本无缘领略"关西大汉，铜琵琶，铁棹板，唱'大江东去'"之风光矣。

苏轼文化上前期尚儒而后期尚道尚佛；思想上前期遵循儒学积极用世，关注百姓疾苦；后期则崇尚道家并回归佛教，以出世代之入世；作品风格上前期大气磅礴、豪放奔腾，如洪水破堤一泻千里；后期则空灵隽永、朴质清淡，如深柳白梨花香远益清。此正为东坡居士"临淫威而不屈，濯青泥而不妖"之精神法宝。

今人南怀瑾先生言："佛为心，道为骨，儒为表，大度看世界；技在手，能在身，思在脑，从容过生活。"东坡先生其实早在南先生1000年前，就已彻悟这一最高生存境界，并付诸实践矣！

---

① 南宋·刘辰翁《辛稼轩词序》。
② 南宋·胡仔《苕溪渔隐丛话》。

陆游——千年史册耻无名　一片丹心报天子

　　陆游[①]出生于名门望族、江南藏书世家。其高祖陆轸为大中祥符年间（1008—1017年）进士，官至吏部郎中；祖父陆佃，师从王安石，精通经学，官至尚书右丞，所著《春秋后传》《尔雅新义》等，为陆氏家学重要典籍；父亲陆宰，通诗文、有节操，北宋末年出仕。南渡后，因主张抗金受主和派排挤，遂居家不仕。其母唐氏亦出身名门，为北宋宰相唐介孙女。陆游出生时，正值北宋腐败不振、屡遭金国进犯。出生次年，金兵攻陷北宋首都汴京，其于襁褓中即随家人颠沛流离。因社会及家庭环境影响，陆游自幼立志杀胡救国。

　　宣和七年（1125年）十月十七日，陆宰奉诏入朝，由水路进京，于淮河舟上喜得第三子，取名陆游。同年冬，金兵南下，并于靖康二年（1127年）攻破汴京（今开封），北宋灭亡（靖康之耻），陆宰携家眷逃归老家山阴。建炎三年（1129年），金兵渡江南侵，宋高宗率臣僚南逃，陆宰改奔东阳，家境方开始逐步安定下来，时陆游年仅4岁。陆游出生于两宋之交，成长于偏安一隅之南宋，民族矛盾、国家不幸、家庭流离，于其幼小心灵带来不可磨灭之印记。

　　陆游自幼聪慧过人，先后师从毛德昭、韩有功、陆彦远等人。"毛德昭治学严谨，'苦学至忘寐食，经史多成诵。'"[②]故陆游12岁即能为诗作文。因长辈有功，以恩荫授登仕郎。

　　绍兴二十三年（1153年），陆游赴临安（今杭州）参加锁厅考试（现任官员及恩荫子弟进士考试），主考官陈子茂阅卷后取为第一，因秦桧之孙秦埙位居陆游名下，秦桧大怒，欲降罪主考。次年（1154年），陆游参加礼部考试，秦桧指示主考官不得录取陆游。陆游因此"名动高皇，语触秦桧"[③]，为其嫉恨，仕途不畅。

　　绍兴二十八年（1158年），秦桧病逝，陆游初入仕途，任福州宁德县主簿，旋调入京师，任敕令所删定官。入朝后，应诏上策，进言"非宗室外家，虽实有勋劳，毋得辄加王爵。顷者有以师傅而领殿前都指挥使，复有以太尉而领阁门事，渎乱名器，乞加订正。"[④]高宗酷爱珍稀玩物，陆游以"亏损圣德"建议皇帝严于律己。三十一年（1161年），陆游以杨存中掌握禁军过久，权威日盛，多有不便，进谏罢免，高宗采纳，降杨存中为太傅、

---

　　①陆游（1125－1210年），字务观，号放翁，越州山阴（今浙江绍兴）人，南宋诗人、词人。

　　②南宋·陆游《老学庵笔记·卷一》。

　　③南宋·陆游《渭南文集·卷二二·〈自赞〉》。

　　④元·脱脱、阿鲁图《宋史·卷三百九十五》。

醴泉观使，升陆游为大理寺司直兼宗正簿，负责司法工作。翌年，孝宗赵昚即位，任命陆游为枢密院编修官，赐进士出身。旋上疏，建议整饬吏治军纪、固守江淮、徐图中原。时孝宗于宫中取乐，未予重视，陆游遂游告以大臣张焘。焘入宫质问，孝宗遂罢陆游为镇江府通判。

隆兴元年（1163 年），宋孝宗以张浚为都督，主持北伐。陆游上书张浚，建议早定长远之计，勿轻率出兵。张浚派大将李显忠、邵宏渊领兵出击，收复灵璧、虹县，进据符离。因李、邵不睦，宋军大败（符离之战），偏安之论随即甚嚣尘上。张浚上疏领罪，被贬为江淮宣抚使。隆兴二年（1164 年）春，陆游于镇江任所结识张浚，献策出师北伐，张浚赞其为"志在恢复"。四月，"隆兴和议"将成，陆游上书东西两府，进言"江左自吴以来，未有舍建康他都者。驻跸临安出于权宜，形势不固，馈饷不便，海道逼近，凛然意外之忧。议和之后，盟誓已立，动有拘碍。今当与之约，建康、临安皆系驻跸之地，北使朝聘，或就建康，或就临安，如此则我得以暇时建都立国，彼不我疑。"[1]时龙大渊、曾觌掌权，陆游谓枢密使张焘："曾觌、龙大渊揽权结党，迷惑朝廷，今日不除，后患无穷。"张焘闻言奏报朝廷，孝宗大怒，贬陆游为建康府通判。

乾道元年（1165 年），陆游调任隆兴府通判。或进言陆游"结交谏官、鼓唱是非，力说张浚用兵"，朝廷即罢免其官职。五年（1169 年）十二月，朝廷征召赋闲四年之陆游，任为夔州通判，主管学事兼管内劝农事，遂携家眷由山阴逆流而上，采撷沿路风土民情，作《入蜀记》。其中《水亭有怀》诗曰：

> 渔村把酒对丹枫，水驿凭轩送去鸿。
> 道路半年行不到，江山万里看无穷。

七年（1171 年），王炎宣抚川、陕，驻军南郑，召陆游为干办公事。游得书甚为欣喜，只身前往南郑，与张季长、阎苍舒、范西叔、高子长等十余人同于南郑幕府任职。王炎委陆游草拟驱逐金人、收复中原战略计划，陆游遂作《平戎策》，提出"收复中原必先取长安，取长安必先取陇右；积蓄粮食、训练士兵，有力则进攻，无力则固守"。陆游于王炎军幕，辄至骆谷口、仙人原、定军山等前方战略要塞，并至大散关巡逻。时吴璘之子吴挺代父掌兵，骄傲放纵，多次因微小过失杀人，王炎不敢得罪。陆游建议以吴玠之子吴拱代替吴挺掌管兵权。王炎认为"吴拱胆怯，缺少智谋，遇敌必败"，陆游反驳："吴挺遇敌，何以保其不败？倘吴挺立有战功，更难驾驭。"至韩侂胄北伐时，吴挺之子吴曦叛敌，陆游之言果得验证。十月，朝廷否决北伐计划之《平戎策》，调王炎回京，幕府解散，出师北伐之筹谋亦毁于一旦，陆游无比忧伤。大散关一带之军旅生活，为陆游一生唯一一次亲临抗金前线，尝力图通过军事实践实现爱国之志。其时虽仅八月余，却令陆游终生难忘。旋，朝廷任陆游为成都府路安抚司参议官。陆游骑驴入

---

①元·脱脱、阿鲁图《宋史·卷三百九十五》。

川，因职务清闲，颇不得志。乾道九年（1174 年），改任蜀州通判；五月，经四川宣抚使虞允文举荐，又改调嘉州通判。

淳熙元年（1174 年）二月，虞允文病逝，陆游又调回蜀州通判。再任蜀州期间，陆游深入考察地方风土民情，并先后造访翠围院、白塔院、大明寺等当地名胜，因喜爱天府之地，遂萌发"终焉于斯"之念。三月，参知政事郑闻以资政殿大学士出任四川宣抚使，陆游大胆上书，建议出师北伐，收复失地，未被采纳。八月，陆游于蜀州阅兵，作《蜀州大阅》诗，抨击南宋朝廷养兵不用、苟且偷安之状。

> 晓束戎衣一怅然，五年奔走遍穷边。
>
> 平生亭障休兵日，惨澹风云阅武天。
>
> 戍陇旧游真一梦，渡辽奇事付他年。
>
> 刘琨晚抱闻鸡恨，安得英雄共著鞭！

淳熙二年（1175 年），范成大由桂林调至成都，任四川制置使，举荐陆游为锦城参议。二人以文会友，成莫逆之交。旋，南宋主和势力诋毁陆游"不拘礼法""燕饮颓放"，范成大迫于压力，将其免职。陆游遂于杜甫草堂附近浣花溪畔开辟菜园，躬耕于蜀州。淳熙三年，为回应主和派攻击其"颓放""狂放"，陆游自号"放翁"[1]，并赋诗予以反击：

> 策策桐飘已半空，啼螀渐觉近房栊。
>
> 一生不作牛衣泣，万事从渠马耳风。
>
> 名姓已甘黄纸外，光阴全付绿樽中。
>
> 门前剥啄谁相觅，贺我今年号放翁。

六月，陆游奉命主管台州桐柏山崇道观，以"祠禄"维持家人生计。

淳熙四年（1177 年）六月，范成大奉召还京，陆游送至眉州，写《送范舍人还朝》：

> 公归上前勉书策，先取关中次河北。
>
> 尧舜尚不有百蛮，此贼何能穴中国。
>
> 黄扉甘泉多故人，定知不作白头新。
>
> 因公并寄千万意，早为神州清虏尘。

期望范成大回朝后能劝谏皇帝以北伐为念，"先取关中次河北""早为神州清虏尘"。

淳熙五年（1178 年），陆游诗名日盛，受孝宗召见，先后任命为福州、江西提举常平茶盐公事。六年秋，任江西常平提举，主管粮仓、水利事宜。次年江西水灾，陆游号令各

---

① 南宋·陆游《和范待制秋兴》。

郡开仓放粮，并亲自"榜舟发粟"。同时上奏朝廷告急，请求开常平仓赈灾。十一月，陆游奉诏返京，给事中赵汝愚借机弹劾陆游"不自检饬，所为多越于规矩"。陆游遂忿然辞官，重回山阴。淳熙十三年（1186 年），陆游闲居山阴五年之后，朝廷重新起用其为严州知州。陆游入京陛辞，孝宗于延和殿勉励陆游"严陵山水胜处，职事之暇，可以赋咏自适"。①其于严州任上，"重赐蠲放，广行赈恤"，深得百姓爱戴。闲暇之余，陆游整理旧作，命名为《剑南诗稿》。严州任满，朝廷升其为军器少监，掌管兵器制造与修缮，陆游再次进入京师。淳熙十六年二月，孝宗禅位于赵惇（光宗），陆游上疏，再次系统提出北伐意见，建议"减轻赋税、惩贪抑豪"，"缮修兵备、搜拔人才"，"力图大计"，以恢复中原。

绍熙元年（1190 年），陆游升为礼部郎中兼实录院检讨官，遂再次进言光宗广开言路、慎独多思，并劝告光宗带头节俭，以尚风化。"臣昧死欲望圣慈恢大度，明远略，诏辅臣计司，博尽论议，量入而用，量用而取，可蠲者蠲，可省者省。富藏于民，何异府库，果有非常，孰不乐输以报君父沦肌浃髓之恩哉。"②由于陆游"喜论恢复"，谏议大夫何澹弹劾陆游之议"不合时宜"，主和派亦群起攻之，朝廷最终以"嘲咏风月"为名，将其削职罢官。陆游再次离开京师，悲愤不已，自题住宅为"风月轩"。

绍熙五年（1194 年），太上皇赵眘病故，光宗赵惇称病不肯居丧，满朝哗然。知阁门事韩侂胄与知枢密院事赵汝愚等密谋，废除赵惇，立太子赵扩为帝，是为宋宁宗。韩侂胄为赵扩妻韩氏叔父，把持朝政，独揽大权，贬朱熹、斥理学、兴"庆元党禁"，专权跋扈，陆游遂写诗谴责韩侂胄。

嘉泰二年（1202 年），陆游罢官十三年后，再次被朝廷诏旨入京，担任同修国史、实录院同修撰一职，主持编修孝宗、光宗《两朝实录》与《三朝史》，并恩免上朝请安之礼，旋兼任秘书监。编修国史其间，因韩侂胄主张北伐，陆游大力赞扬支持，给予种种合作，并应韩侂胄之请，为其作记题诗，勉励韩侂胄抗击外侮，为国立功。嘉泰三年四月，国史编撰完成，宁宗升其为宝章阁待制。五月，陆游回到山阴，浙东安抚使兼绍兴知府辛弃疾拜访陆游，二人促膝长谈，共论国事。辛弃疾见陆游住宅简陋，多次提出帮其构筑田舍，均为陆游谢绝。其《草堂》诗有"幸有湖边旧草堂，敢烦地主筑林墙"句，自注曰："辛幼安每欲为筑舍，予辞之，遂止。"翌年，辛弃疾奉召入朝，陆游作诗送别，勉励其为国效命，协助韩侂胄谨慎用兵，早日实现复国大计。

> 中原麟凤争自奋，残虏犬羊何足吓。
> 但令小试出绪余，青史英豪可雄跨。
> 古来立事戒轻发，往往谍夫出乘罅。
> 深仇积愤在逆胡，不用追思灞亭夜。

（《送辛幼安殿撰造朝》）

---

① 元·脱脱、阿鲁图《宋史》卷三百九十五》。
② 南宋·陆游《上殿札子》。

1206 年（开禧二年），韩侂胄请宁宗下诏，出兵北伐，陆游闻讯，欣喜若狂。宋军准备充分，出师顺利，先后收复泗州、华州等地。然韩侂胄用人失察，吴曦等外通金朝，按兵不动，图谋割据。旋，西线吴曦叛变，东线丘崈主和，韩侂胄日益陷于孤立。三年十一月，史弥远发动政变，诛杀韩侂胄，遣使携其首赴金国，签订"嘉定和议"，北伐宣告彻底失败。陆游闻之，悲痛万分，肝胆欲裂。

嘉定二年（1209 年）秋，陆游忧愤成疾，入冬后病情日重，遂卧床不起。临终之际，陆游留下绝笔《示儿》作为遗嘱：

> 死去元知万事空，但悲不见九州同。
> 王师北定中原日，家祭无忘告乃翁。

是年十二月二十九日，陆游与世长辞，享年 85 岁。

陆游具有多方面文学才能，尤以诗歌成就为最，自言"六十年间万首诗"，存世有 9300 余首。其诗歌创作早年专以"藻绘"为工，中年追求宏肆奔放风格，充满战斗气息及爱国激情。其晚年蛰居故乡山阴，诗风趋向质朴而沉实，表现出一种清旷淡远之田园风味，并不时流露出苍凉感慨。陆游诗歌涵盖面非常广泛，涉及南宋前期社会生活各个领域。

由于宋代理学对士人思想感情之约束与宋词之发展，宋诗言情功能渐渐减弱，爱情诗之数量与质量，均难以与唐诗比肩，然陆游例外。陆游年轻时曾与前妻唐婉有着一段刻骨铭心之感情经历。

其原配夫人唐婉为同郡唐姓士族大家闺秀，亦为陆游表妹。结婚以后，二人"伉俪相得""琴瑟甚和"，实为情投意和之恩爱夫妻。陆母恐陆游儿女情长，荒疏功业，时迁怒于唐婉，责骂不已。不足三年，此段婚姻即无法继续。初，陆游暗想雪藏唐婉，但陆母当下为其另娶王氏成亲，二人终于母命逼迫下分离，唐氏改嫁"同郡宗子"赵士程，彼此之间音讯全无。7 年后一个春日，陆游对家乡山阴（今浙江省绍兴市）城南禹迹寺附近沈园与偕夫同游之唐氏邂逅相遇。唐氏安排酒肴，聊表于陆游之抚慰之情。陆游见人感事，心中感触很深，遂乘醉吟赋《钗头凤》词，信笔题于园壁之上：

> 红酥手，黄滕酒，满城春色宫墙柳。
> 东风恶，欢情薄，一怀愁绪，几年离索。
> 错、错、错！
> 春如旧，人空瘦，泪痕红浥鲛绡透。
> 桃花落，闲池阁，山盟虽在，锦书难托。
> 莫、莫、莫！

此词描写了词人与原配唐婉的爱情悲剧,记述了词人与唐氏被迫分开后,在禹迹寺南沈园一次偶然相遇的情景,表达了他们眷恋之深和相思之切,抒发了作者怨恨愁苦而又难以言状的凄楚痴情,是一首别开生面、催人泪下的作品。

唐婉回到家中,愁怨难解,于是亦和一首《钗头凤》:

> 世情薄,人情恶,雨送黄昏花易落。
>
> 晓风干,泪痕残,欲笺心事,独语斜阑。
>
> 难,难,难!
>
> 人成各,今非昨,病魂常似秋千索。
>
> 角声寒,夜阑珊,怕人寻问,咽泪装欢。
>
> 瞒,瞒,瞒!

作品描写与陆游被迫分开之后种种心事,直抒胸臆,美轮美奂。

此次邂逅40余年之后,陆游再游沈园。此时,唐婉已去世多年,但陆游缱绻之情不仅丝毫未减,反因岁月之增而加深,遂作《沈园二首》:

> 城上斜阳画角哀,沈园非复旧池台。
>
> 伤心桥下春波绿,曾是惊鸿照影来。
>
> （其一）
>
> 梦断香消四十年,沈园柳老不吹绵。
>
> 此身行作稽山土,犹吊遗踪一泫然。
>
> （其二）

作品思念之情凄婉哀恻,令人动容,被后人称作"绝等伤心之诗",为古代爱情诗中不可多得之精品。从作品抒发之情感看,其"心头之'沈园情结'不仅令自己至死含恨,也引得无数文人学者前赴后继为之纠结、求索、考证。《沈园二首》情动辞发,以枯木之心,幻出葩华,诗情要约写真,志惟深远,启迪来者。"①两首诗与陆游慷慨激昂之诗篇风格迥异。感情性质既别,艺术表现自然不同,写得深沉哀婉,含蓄蕴藉,但仍保持其语言朴素自然之一贯特色。

陆游勤于创作,一生笔耕60年,仅保存下来诗歌即达9300余首,为古代文学史上留存诗作最多之诗人。其以诗歌成就与王安石、苏轼、黄庭坚并称"宋代四大诗人",又与杨万里、范成大、尤袤合称"南宋四大家"。因其诗风格豪放气魄雄浑,近似李白,故又有"小太白"之称。其诗内容丰富题材广泛,大部分为表现报国抗金之作品,最能反映那个时代精神。

---

① 余春柯,《一往情深,叠唱恨永——陆游〈沈园二首〉笺注与赏析》。

陆游一生创作颇丰，据汲古阁所刻《陆放翁全集》，计有《渭南文集》50 卷（其中包括《入蜀记》6 卷，词 2 卷）、《剑南诗稿》85 卷（其中有古近体诗 9138 首）、《放翁遗稿》3 卷、《南唐书》18 卷、《老学庵笔记》10 卷、《家世旧闻》8 则、《斋居纪事》36 则。另有《续笔记》2 卷、《高宗圣政草》1 卷、《陆氏续集验方》2 卷、《感知录》1 卷、《清尊录》1 卷、《绪训》1 卷、《放翁家训》等。

当年万里觅封侯，匹马戍梁州。

关河梦断何处？尘暗旧貂裘。

胡未灭，鬓先秋，泪空流。

此生谁料，心在天山，身老沧州。

（《诉衷情》）

"此生谁料，心在天山，身老沧州"，成了陆游赍志而殁之终身遗恨！

辛弃疾——了却君王天下事　赢得生前身后名

醉里挑灯看剑，梦回吹角连营。

八百里分麾下炙，五十弦翻塞外声。

沙场秋点兵。

马作的卢飞快，弓如霹雳弦惊。

了却君王天下事，赢得生前身后名。

可怜白发生！

《破阵子·为陈同甫赋壮词以寄之》

嘉泰三年（1203 年），浙东安抚使兼绍兴知府辛弃疾[①]与陆游相识，因志趣相投，二人遂成莫逆。1204 年，辛弃疾奉召入朝，陆游曾作诗送别，勉励其为国效命，协助韩侂胄谨慎用兵，早日实现复国大计。陆游一生矢志抗金复国，只可惜毕生"有怀投笔，无路请缨"。陆游长辛弃疾 15 岁，是年陆游已 79 岁，而辛弃疾 64 岁，故以"北伐复国"希望寄之。遗憾的是，辛弃疾虽然年轻且有较陆游优越之抗金条件，却于 1207 年早陆游两年去世，遂使两位抗金志士之北伐复国夙愿化为泡影。

---

①辛弃疾（1140—1207 年），字幼安，号稼轩，山东济南府历城县人，南宋豪放派词人。

辛弃疾出生时北方即已沦陷于金人之手，祖父辛赞虽在金国任职，却一直希望伺机与金人决一死战，常带辛弃疾"登高望远，指画山河"，辛弃疾亦不断亲眼目睹汉人在金人统治下所受屈辱与痛苦。凡此种种，遂使其于青少年时代立下恢复中原、报国雪耻志向，养成燕赵奇士侠义之气。

绍兴三十一年（1161 年），金主完颜亮大举南侵，其后方汉族人因不堪金人严苛压榨，奋起反抗。"金主亮死，中原豪杰并起。耿京聚兵山东，称天平节度使，节制山东、河北忠义军马，弃疾为掌书记，即劝京决策南向。僧义端者，喜谈兵，弃疾间与之游。及在京军中，义端亦聚众千余，说下之，使隶京。义端一夕窃印以逃，京大怒，欲杀弃疾。弃疾曰：'丐我三日期，不获，就死未晚。'揣僧必以虚实奔告金帅，急追获之。义端曰：'我识君真相，乃青兕也，力能杀人，幸勿杀我。'弃疾斩其首归报，京益壮之。"①绍兴三十二年（1162 年），辛弃疾奉命南下与南宋朝廷联络。完成使命归来途中，闻耿京为叛徒张安国所杀、义军溃散，遂率领 50 余人袭击敌营，将叛徒张安国擒拿带回建康，交于南宋朝廷处决。辛弃疾惊人之勇敢果断，使其名重一时，"壮声英概，懦士为之兴起，圣天子一见三叹息。"②高宗遂任命其为江阴签判，从此开始仕宦生涯，时年 25 岁。

辛弃疾初来南方，于南宋朝廷之怯懦畏缩不甚了解。高宗赵构曾赞许其英勇行为，故孝宗即位亦一度凸显恢复失地报仇雪耻之锐气。是故弃疾于南宋任职早期豪气激昂，写下不少抗金北伐建议。"作《美芹十论》献于朝，言逆顺之理，消长之势，技之长短，地之要害，甚备。以讲和方定，议不行。"③

尽管建议深受朝野称赞，广为传诵，然朝廷一味苟安反应冷淡，无心与金对抗。朝廷旋派其历任江西、湖北、湖南诸地转运使、安抚使，治理地方荒政，整顿治安。其虽于地方政绩斐然，然现实与理想大相径庭，遂于苦闷中深感岁月流驰、人生短暂而壮志难酬，内心越来越压抑痛苦。

辛弃疾性格豪迈倔强，北伐热情执着高涨，不仅主和派难以容之，更由于其来自金人统治下之北方，南宋朝廷称之为"归正人"，尴尬身份亦阻拦其仕途拓展，使其官职最高仅达四品龙图阁待制。1180 年，辛弃疾再次任隆兴（南昌）知府兼江西安抚使，遂拟于上饶建园林式庄园，安置家人定居。辛弃疾依带湖四周地形地势，亲自设计"高处建舍，低处辟田"庄园格局，翌年春开工兴建。其忠告家人："人生在勤，当以力田为先。"故将带湖庄园取名"稼轩"，以此自号"稼轩居士"。辛弃疾明白自己"刚拙自信，年来不为众人所容"④，故其早已存归隐之念。淳熙八年（1181 年）冬，辛弃疾因遭受弹劾而免职，归居上饶，开始其闲居生活。此后 20 年间，除一度出任福建提点刑狱与安抚使两年外，大部分时间均闲居乡里。

---

①元·脱脱、阿鲁图《宋史·辛弃疾传》。

②南宋·洪迈《稼轩记》。

③元·脱脱、阿鲁图《宋史·辛弃疾传》。

④南宋·辛弃疾《论盗贼札子》。

绍熙五年（1194 年）夏，辛弃疾又遭罢官回上饶，栖居瓢泉，动工建新居，经营瓢泉庄园，决意"便此地、结吾庐，待学渊明，更手种门前五柳"。庆元二年（1196 年）夏，带湖庄园失火，辛弃疾举家移居瓢泉。秋，朝廷褫夺其所有名衔，遂于瓢泉游山逛水，饮酒赋诗，如闲云野鹤莽村夫。瓢泉田园之恬静与期思村民之质朴，使辛弃疾深为所动，灵感翻飞而歌之，遂写下大量描写瓢泉四时风光、世情民俗、园林风物、遣兴抒怀之诗词，表现其于瓢泉山水风物之一往情深：

> 一水西来，千丈晴虹，十里翠屏。
>
> 喜草堂经岁，重来杜老，斜川好景，不负渊明。
>
> 老鹤高飞，一枝投宿，长笑蜗牛戴屋行。
>
> 平章了，待十分佳处，著个茅亭。
>
> 青山意气峥嵘，似为我归来妩媚生。
>
> 解频教花鸟，前歌后舞，更催云水，暮送朝迎。
>
> 酒圣诗豪，可能无势，我乃而今驾驭卿。
>
> 清溪上，被山灵却笑，白发归耕。

（《沁园春·再到期思卜筑》）

鹅湖山、灵山、博山均为辛弃疾常去寻古觅幽之地。鹅湖山下之鹅湖寺，建于通往福建之古驿站旁。1175 年农历六月初三至初八，著名学者、大理学家朱熹、吕祖谦、陆九龄、陆九渊等于此举行中国哲学史上著名之"鹅湖之会"，史称"第一次鹅湖之会"。鹅湖因此成为文化胜地。1188 年秋天，南宋著名文学家陈亮寄信辛弃疾，相约赴铅山紫溪商讨统一大计。冬，辛弃疾染病于床，静卧瓢泉养息等待陈亮。傍晚，雪后初晴，夕照辉映大地，辛弃疾于瓢泉别墅扶栏远眺，眼见期思村前驿道上陈亮骑马而来，大喜过望，病痛消散，下楼策马相迎。两人伫立石桥，纵谈国事，为金瓯残缺而痛心疾首，爱国之情汹涌澎湃于胸。辛弃疾遂拔剑斩坐骑，相与盟誓：矢志北伐恢复失地。此次会晤，二位瓢泉共酌，鹅湖同游，长歌相答，极论世事，逗留弥旬乃别，成为文坛佳话。后人为纪念爱国志士，将此次会晤称为"第二次鹅湖之会"，将期思村前石桥称为"斩马桥"，并于桥旁建"斩马亭"。

1203 年，韩侂胄起用主战派人士，辛弃疾被任为绍兴知府兼浙东安抚使，是年 64 岁。年迈词人精神为之一振，似乎又看到北伐中原之希望。翌年，辛弃疾晋见宁宗，慷慨激昂陈述其金国"必乱必亡"之论，并亲自赴镇江前线任职。宁宗开禧元年（1205 年），65 岁高龄的辛弃疾登临北固亭，感叹报国无门之失望，凭高望远，抚今追昔，写下《永遇乐·京口北固亭怀古》：

> 千古江山，英雄无觅孙仲谋处。
>
> 舞榭歌台，风流总被雨打风吹去。

斜阳草树，寻常巷陌，人道寄奴曾住。

想当年，金戈铁马，气吞万里如虎。

元嘉草草，封狼居胥，赢得仓皇北顾。

四十三年，望中犹记，烽火扬州路。

可堪回首，佛狸祠下，一片神鸦社鼓。

凭谁问：廉颇老矣，尚能饭否？

词"自辛稼轩前，用一语如此者，必且掩口。及稼轩，横竖烂漫，乃如禅宗棒喝，头头皆是；又如悲笳万鼓，平生不平事并巵酒，但觉宾主酣畅，谈不暇顾。词至此亦足矣。"[1]与辛弃疾以词唱和之陈亮、刘过等，或稍后之刘克庄、刘辰翁等，皆与其创作倾向相近，遂形成南宋中叶以降声势浩大之爱国词派。后世每当国家民族危急之时，不少作家皆从辛词中汲取精神力量。

旋，因谏官攻击，辛弃疾被迫离职，怀着满腔忧愤回瓢泉。1207 年秋，辛弃疾身染重病，却受朝廷再次起用，任为枢密都承旨，令其速往临安（杭州）赴任。诏令至铅山，辛弃疾已病重卧床不起，只得上奏请辞。开禧三年（1207 年）秋，辛弃疾满怀忧愤心情，于"病榻之上大呼'杀贼！杀贼！'"[2]而离开人世，享年 68 岁。后赠少师，谥号"忠敏"。

辛弃疾"眼光有棱，足以照映一世之豪。背胛有负，足以荷载四国之重。出其毫末，翻然震动，不知须鬓之既斑，庶几胆力无恐。呼而来，麾而去，无所逃天地之间；挠弗浊，澄弗清，岂自为将相之种。故曰：真鼠枉用，真虎可以不用，而用也者所以为天宠也。"[3]辛弃疾胸襟宽阔、义薄云天。其钦佩朱熹学问及道德理想主义之必要性，亦尊重官场规则之现实性，于朱熹之道德规劝既不抵制，亦不照办。其人格结构稳定，不易为外界是非所左右。1200 年，朱熹病逝。其时，朱熹学说已被宣布为"伪学"，迫于当权者韩侂胄一派之压力，诸多朱熹门人弟子不敢前往吊唁。而曾被朱熹"断过财路"之辛弃疾，却不畏禁令，前往哭祭，并写下留传千古之悼词："所不朽者，垂万世名，孰谓公死？凛凛犹生！"

辛弃疾平生以气节自负，以功业自许，一生力主抗战，又与南宋志士陈亮及理学家朱熹保持深厚友谊，与之砥砺气节，切磋学问。其与陆游相似之处颇多，始终将洗雪国耻收复失地作为毕生事业，并以时代期望与失望、民族热情与愤慨为文学创作根本主题。故金复国为其作品之主旋律。其于创作实践，不似陆游喜欢写作严整之格律诗，而将全部精力投入词之创作，故更宜表达激荡多变情绪。遭遇使然，其作品内容不乏英雄失路之悲叹与壮士闲置之愤懑，具有鲜明时代特色。

何处望神州？满眼风光北固楼。

---

[1] 南宋·刘辰翁《辛稼轩词序》。

[2] 清·蒋焜修《济南府志·人物志》。

[3] 南宋·陈亮《辛疾弃画像赞》。

千古兴亡多少事？

悠悠。

不尽长江滚滚流。

年少万兜鍪，坐断东南战未休。

天下英雄谁敌手？

曹刘。

生子当如孙仲谋。

（《南乡子·登京口北固亭有怀》）

郁孤台下清江水，中间多少行人泪！

西北望长安，可怜无数山。

青山遮不住，毕竟东流去。

江晚正愁余，山深闻鹧鸪。

（《菩萨蛮·书江西造口壁》）

楚天千里清秋，水随天去秋无际。

遥岑远目，献愁供恨，玉簪螺髻。

落日楼头，断鸿声里，江南游子。

把吴钩看了，栏杆拍遍，无人会，登临意。

休说鲈鱼堪脍，尽西风，季鹰归未？

求田问舍，怕应羞见，刘郎才气。

可惜流年，忧愁风雨，树犹如此！

倩何人唤取，红巾翠袖，揾英雄泪？

《水龙吟·登建康赏心亭》

　　稼轩词中"将军百战身名裂。向河梁、回头万里，故人长绝。易水萧萧西风冷，满座衣冠似雪。正壮士、悲歌未彻"（《贺新郎》）；"夜半狂歌悲风起，听铮铮，阵马檐间铁。南共北，正分裂"（《贺新郎》）；乃至"恨之极，恨极销磨不得。苌弘事、人道后来，其血三年化为碧"（《兰陵王》），皆为激愤不能自己之悲怨心声，以"天风海雨"般极强力度震撼读者心灵。辛弃疾亦信奉老庄，常于词中作旷达语，但其并不能将冲动之感情由此化为平静，而是由低沉乃至绝望方向宣泄内心之悲愤。"元龙老矣，不妨高卧，冰壶凉簟。千古兴亡，百年悲笑，一时登览"（《水龙吟》）；"甚矣吾衰矣。怅平生、交游零落，只今余几。白发空垂三千丈，一笑人间万事"（《贺新郎》）；"身世酒杯中，万事皆空。古来三五个英雄，雨打风吹何处是，汉殿秦宫"（《浪淘沙》）等。这些表面看来似旷达又似颓废之句，更能使人感受其心中极期望破灭，化为绝望时无法销磨之痛苦。

　　"公所作，大声鞺鞳，小声铿鍧，横绝六合，扫空万古，自有苍生以来所无。其秾纤

049

绵密者，亦不在小晏、秦郎之下。"①辛词艺术风格虽以沉雄豪迈为主，然亦不乏细腻柔媚之处。豪放词之外，辛弃疾还以生动细腻笔触描绘江南农村四时之田园风光、世情民俗，不仅题材广阔，而且善于化用前人典故入词。正所谓"铁板铜琶，继东坡高唱大江东去；美芹悲黍，冀南宋莫随鸿雁南飞。"②

东风夜放花千树，更吹落，星如雨。

宝马雕车香满路。

凤箫声动，玉壶光转，一夜鱼龙舞。

蛾儿雪柳黄金缕，笑语盈盈暗香去。

众里寻他千百度。

蓦然回首，那人却在，灯火阑珊处。

（《青玉案·元夕》）

少年不识愁滋味，爱上层楼。

爱上层楼，为赋新词强说愁。

而今识尽愁滋味，欲说还休。

欲说还休，却道天凉好个秋！

《丑奴儿·书博山道中壁》

茅檐低小，溪上青青草。

醉里吴音相媚好，白发谁家翁媪？

大儿锄豆溪东，中儿正织鸡笼。

最喜小儿无赖，溪头卧剥莲蓬。

《清平乐·村居》

明月别枝惊鹊，清风半夜鸣蝉。

稻花香里说丰年，听取蛙声一片。

七八个星天外，两三点雨山前。

旧时茅店社林边，路转溪桥忽见。

《西江月·夜行黄沙道中》

更能消，几番风雨，匆匆春又归去。

惜春长恨花开早，何况落红无数。

春且住。

---

① 南宋·刘克庄《辛稼轩词序》。
② 郭沫若悼辛弃疾联语。

见说道，天涯芳草无归路。

怨春不语。

算只有殷勤，画檐蛛网，尽日惹飞絮。

长门事，准拟佳期又误。

蛾眉曾有人妒。

千金纵买相如赋，脉脉此情谁诉？

君莫舞。

君不见，玉环飞燕皆尘土！

闲愁最苦。

休去倚危栏，斜阳正在，烟柳断肠处。

《摸鱼儿·更能消几番风雨》

辛弃疾于苏轼豪放词艺术创作基础上，大大开拓词之思想意境，提高了词于中国文学史上之艺术地位。其作品热情洋溢，慷慨悲壮，笔力雄厚，后人称其为"词中之龙"，与苏轼合称"苏辛"，与李清照并称"济南二安"。

辛弃疾以文为词，使词之语言更加自由解放，变化无端，不复有规矩存在。辛词中，有非常通俗稚拙之民间语言，如"些底事，误人那。不成真个不思家"（《鹧鸪天》），"近来愁似天来大，谁解相怜？谁解相怜，又把愁来做个天"（《丑奴儿》）；也有夹杂许多虚词语助之文言句式，如"不知云者为雨，雨者云乎"（《汉宫春》），"不恨古人吾不见，恨古人不见吾狂耳"（《贺新郎》）；还有语气活跃自问自答乃至呼喝之对话，如"天下英雄谁敌手？曹刘"（《南乡子》），"杯，汝来前！"（《沁园春》）；更有相当严整之对句，如"八百里分麾下炙，五十弦翻塞外声"（《破阵子》）。概而言之，辛词于语言技巧方面之特色为形式松散，语义流动连贯，语句较长。文人词较多使用密集意象拼合成句，以跳跃式连接句子构成整体意境，故辛词散文句式中音乐性节奏亦较强。如《水龙吟》中"落日楼头，断鸿声里，江南游子。把吴钩看了，栏干拍遍，无人会，登临意"，意义联贯而下，句子虽长，却依然顿挫鲜明、铿锵有力。[1]

辛弃疾善于诗文，但以词鸣世。其《稼轩词》存词 620 余首，数量之富，质量之优，皆冠两宋，乃无愧人中之杰，词中之龙。辛词继承苏轼豪放词风与南宋初爱国词人战斗传统，境界题材均有开拓，几达无事无意不可入词之地步。"其词慷慨纵横，有不可一世之概，于倚声家为变调，而异军突起，能于剪红刻翠之外，屹然别立一宗。"[2]其又创造性融汇诗歌、散文、辞赋等文学形式之优点，丰富词之表现手法，形成辛词独特风格。其词虽以豪放为主，却也不拘一格，沉郁、明快、激励、妩媚，兼而有之。稼轩词善于运用比兴手法与奇特想象，于自然界山、水、风、月、草、木均赋予情感与性格。其又善于吸收民间口语入词，尤其善于用典、用事及引用前人诗句、文句，稍加改造即别出新意。"别开

---

①朱丽霞：《豪迈与婉媚的交融——谈辛弃疾词的艺术成就》，《南昌高专学报》，2000 年 03 期。

②清·永瑢、纪昀主编《四库全书总目提要》。

天地，横绝古今，论、孟、诗小序、左氏春秋、南华、离骚、史、汉、世说、选学、李、杜诗，拉杂运用，弥见其笔力之峭。"①

稼轩亦善书法。故宫博物院藏有其《行书去国帖》纸本行书，为酬应类信札，末署"宣教郎新除秘阁修撰权江南西路提点刑狱公事辛弃疾札子"。其书法特点为中锋用笔，点画规矩，书写流畅自如，于圆润爽丽中不失挺拔方正之气象。该帖曾经元朝赵孟頫，明朝黄琳、项元沛，清朝永理等鉴藏，《书画鉴影》著录。

"凭谁问，廉颇老矣，尚能饭否？"与陆游一样，辛弃疾最终也没能"了却君王天下事，赢得生前身后名"，只得衔恨抑郁而终了。

---

① 清·吴衡照《莲子居词话》。

第贰章

为人贤良方正，临危舍生取义，浩然一身正气北宋著名理学大师程颢、程颐先生以儒学纲常为圭臬，于女子守节、失节与否尤为重视。"或问：'孀妇于理，似不可取，如何？'伊川先生（程颐）曰：'然！凡取，以配身也。若取失节者以配身，是己失节也。'又问：'人或居孀贫穷无托者，可再嫁否？'曰：'只是后世怕寒饿死，故有是说。然饿死事极小，失节事极大。'"[1]

程颐先生所以如斯言者，盖以晚唐五代以降，社会动荡不安，皇权日趋式微，导致伦理纲常维系社会秩序之作用愈益降低。人们生存环境恶劣，遂使物欲思想盛行。悲观绝望之下，贪图男欢女爱追求声色犬马，蔚然成为时尚。尤其"今朝有酒今朝醉"颓靡作风充斥士林官场，世风日下人心不古，严重腐化封建社会肌体，倘不予矫枉匡正，必使"礼崩乐坏"，江河废流。宋代承袭晚唐五代遗风，加以城市商业经济发展，物欲追求之势与前朝相比，有过之而无不及。不特柳永之类落魄文人，抑或张先、宋祁之流虽则朝臣文士，乃至寇准、晏殊等位极人臣者，皆以出入勾栏瓦肆养妾狎妓为务。男人淫逸放纵，女子亦不甘寂寞。豪门显宦之女有为养娘、侍妾、歌女者，且不以为耻，大有"笑贫不笑娼"味道。徽宗朝右相曾布之妻魏夫人，封鲁国夫人，竟自办文化沙龙，招待男性文人。其于沙龙聚会所作《系裙腰》词，极富挑逗煽情味道：

> 灯花耿耿漏迟迟。
> 人别后，夜凉时。
> 西风潇洒梦初回。
> 谁念我，就单枕，皱双眉。
> 锦屏绣幌与秋期。
> 肠欲断，泪偷垂。
> 月明还到小窗西。
> 我恨你，我忆你，你争知。

故，以北宋士林官场风气而言，程颐之论藉封建伦理道德为据，于维持封建社会秩序却亦不为有过。

然，程颐所谓"节"者，重在强调男女修身之"节"，是为"小节"也。东坡居士有言："古之所谓豪杰之士者，必有过人之节。人情有所不能忍者，匹夫见辱，拔剑而起，挺身而斗，此不足为勇也。天下有大勇者，卒然临之而不惊，无故加之而不怒。此其所挟持者甚大，而其志甚远也。"[2]苏子是言指智勇者临危处变之"节"，此亦为"小节"矣。

古代士大夫自入圣贤之门或成天子牧臣，即以"气节"为处世基本，无论临危履险，必抱以死"守节"之决心。所谓"士可杀不可辱""三军可以夺帅，匹夫不可夺志"，皆言"气节"凛然不可犯者矣。此即为"大节"。

孔子曰："志士仁人，无求生以害仁，有杀身以成仁。"其所谓"仁"，涵盖"恭、

①北宋·程颐《程氏遗书·卷二十二》。
②北宋·苏轼《留侯论》。

宽、信、敏、惠。恭则不侮，宽则得众，信则人任焉，敏则有功，惠则足以使人。"①是为人之"三达德"。孟子曰："鱼，我所欲也，熊掌亦我所欲也；二者不可得兼，舍鱼而取熊掌者也。生亦我所欲也，义亦我所欲也；二者不可得兼，舍生而取义者也。"其所谓"义"，包罗"恻隐之心，仁之端也；羞辱之心，义之端也；辞让之心，礼之端也；是非之心，智之端也。"②是为人之"四德"。

"三达德""四德"，乃人之"大节"也，能临危不惧视死如归保持"大节"者，方为古今完人。是故，历代士林翘楚不惜"杀身成仁""舍生取义"而"守节"者，自然彪炳千古，为后世敬仰。

西汉武帝时中郎将苏武奉命持节出使匈奴，因匈奴上层发生内乱受牵连，被其扣留。匈奴贵族以生死威胁厚禄利诱，欲迫使其背叛汉朝，臣服匈奴单于。苏武不为生死而惧，不为官禄所诱，始终威武不屈。匈奴遂将其流放北海（今贝加尔湖）牧羊，扬言公羊生子方可释其归汉。苏武羁居匈奴19年，寒暑与青山羊群为伴，历尽难以想象之寂寞艰辛，始终不忘身为汉臣，持节不屈，直至始元六年（前81年）方获释回汉。苏武去世后，汉宣帝将其列为十一功臣之一，图像麒麟阁，彰显其节操，苏武遂得享人臣荣耀之最。

与苏武同时代之中郎将张骞，奉武帝命率使团出使西域，联络乌孙共击月氏。其于建元三年（前138年）出陇西，经匈奴，被俘，后逃脱。西行至大宛，经康居，抵达大月氏，再至大夏，滞留逾年方返回。归途中，张骞改从南道，企图避免匈奴发现，然仍为匈奴所俘。元朔三年（前126年），匈奴内乱，张骞乘机逃归汉朝，上书武帝备细禀报西域状况。张骞出使西域，因被匈奴拘押前后历时13年，武帝感其劳勋，授以太中大夫。后，"骞以校尉从大将军击匈奴，知水草处，军得以不乏，乃封骞为博望侯……于是西北国始通于汉矣。然骞凿空，诸后使往者皆称博望侯，以为质于外国，外国由是信之。其后，乌孙竟与汉结婚。"③张骞羁縻匈奴13年归汉之心不移，及其"凿空西域"，开辟"丝绸之路"之卓越贡献，成为举世称道之壮举。

"三国"蜀汉名将关云长，其与刘备、张飞"桃园结义"时立誓："虽不同年同月同日生，但愿同年同月同日死"后，刘备为曹操所败，云长经好友张辽劝说以"朝闻皇叔音讯，夕去操营"之约降操。其间，曹操为将云长收为己有，以赏爵赐金赠宝马为诱饵，极尽笼络投好之手段。然其谓曹操道："吾故知曹公待吾甚厚，奈吾受刘皇叔厚恩，誓以共死，不忍背之。吾终不留此，欲必立效以报曹公，然后去耳。"曹操欣赏其重义品格，不仅不怒，反而赞誉道："事主不忘其本，乃天下之义士也。""赤壁之战"曹操大败于孙刘联军，率残骑落荒逃至华容道，云长念及曹操当年厚爱，竟置个人死生于不顾而义释曹操。

"三国"后期，关羽与东吴战败走麦城时，诸葛瑾劝其降吴。关公正色而言曰："吾乃解良一武夫，蒙吾主以手足相待，安肯背义投敌国乎？城若破，有死而已。玉可碎而

---

① 春秋·孔丘《论语.卫灵公》。

② 战国·孟轲《孟子·公孙丑上》。

③ 东汉·班固《汉书·张骞传》。

不可改其白，竹可焚而不可毁其节，身虽殒，名可垂于竹帛也。汝勿多言，速请出城，吾欲与孙权决一死战！"①终于战败被俘而遭杀戮。

关云长义薄云天之品格，成为其后朝野膜拜之楷模，不仅士大夫于其精神品格赞誉有加，百姓更将其视为神类，于各地建庙祭拜，至今香火不绝。

由此可见，千古儒士恪遵职分，施仁尚义而守节者，乃国人由衷感佩推崇之楷模矣。

魏徵——辅君岂不惮艰险　丹心深怀国士恩

"魏徵，字玄成，魏州曲城人。少孤，落魄，弃赀产不营，有大志，通贯书术。隋乱，诡为道士。武阳郡丞元宝藏举兵应李密，以徵典书檄。密得宝藏书，辄称善，既闻徵所为，促召之。徵进十策说密，不能用。王世充攻洛口，徵见长史郑颋曰：'魏公虽骤胜，而骁将锐士死伤略尽；又府无见财，战胜不赏。此二者不可以战。若浚池峭垒，旷日持久，贼粮尽且去，我追击之，取胜之道也。'颋曰：'老儒常语耳！'徵不谢去。"②以此一记载为信，可知魏徵③品格不仅耿介而且自负。

中国封建社会自唐以降，历代帝王无论是否真正乐意纳谏，表面却总以渴望身边有如魏徵之类诤臣为口头禅。

唐高祖武德二年（619年），李密为王世充击败而归降李唐。时李密旧境东临大海，南邻长江，西达汝州，北抵魏郡，为部将李勣（徐茂公）并据之，未有所属。"徵随密来降，至京师，久不见知。自请安辑山东，乃授秘书丞，驱传至黎阳。时徐世勣尚为李密拥众，徵与世勣书曰：'自隋末乱离，群雄竞逐，跨州连郡，不可胜数。魏公起自叛徒，奋臂大呼，四方响应，万里风驰，云合雾聚，众数十万。威之所被，将半天下，破世充于洛口，摧化及于黎山。方欲西蹈咸阳，北凌玄阙，扬旌瀚海，饮马渭川，翻以百胜之威，败于奔亡之虏。固知神器之重，自有所归，不可以力争。是以魏公思皇天之乃睠，入函谷而不疑。公生于扰攘之时，感知己之遇。根本已拔，确乎不动，鸠合遗散，据守一隅。世充以乘胜余勇，息其东略；建德因侮亡之势，不敢南谋。公之英声，足以振于今古。然虽无善始，终之虑难。去就之机，安危大节。若策名得地，则九族荫其余辉；委质非人，则一身不能自保。殷鉴不远，公所闻见。孟贲犹豫，童子先之，知几其神，不俟终日。今公处必争之地，乘宜速之机，更事迟疑，坐观成败，恐凶狡之辈，先人生心，则公之事去

①明·罗贯中《三国演义》。

②北宋·欧阳修、宋祁等《新唐书·列传第二十二·魏徵》。

③魏徵（580年—643年2月），字玄成，别名百策、羊鼻公，钜鹿郡（今河北巨鹿县）人，唐朝政治家、思想家、文学家、史学家。

矣。'"①李勣接读魏徵劝降书后，"谓长史郭孝恪曰：'魏公既归大唐，今此人众土地，魏公所有也。吾若上表献之，即是利主之败，自为己功，以邀富贵，吾所耻也。今宜具录州县名数及军人户口，总启魏公，听公自献，此则魏公之功也。'"②李勣遂遣使至长安，将献城之功均归李密，旋押运粮草投李神通。是年九月，窦建德率军犯相州，李神通无力抵挡，率军转驻黎阳，为窦建德击败。魏徵、李神通、李勣均为其所俘，建德以魏徵为起居舍人。

武德四年（621年），王世充受李世民攻击，窦建德率部救援。五月，李世民击败窦建德，并将其生擒。魏徵得以再次入唐。太子李建成以魏徵为太子洗马，礼遇甚厚。五年（622年），刘黑闼勾结突厥寇犯山东。魏徵以李建成虽为嫡长子而功绩不如李世民之故，建言李建成请战立功，遂擒斩刘黑闼，平定山东。

武德九年（626年），李世民发动"玄武门"兵变，诛杀李建成、李元吉等，问魏徵道："'汝离间我兄弟，何也？'徵曰：'皇太子若从徵言，必无今日之祸。'"③李世民见其性格直爽，无丝毫隐瞒，遂赦免其罪，并用为詹事主簿。

贞观元年（627年），"太宗新即位，励精政道，数引徵入卧内，访以得失。徵雅有经国之才，性又抗直，无所屈挠。太宗与之言，未尝不欣然纳受。徵亦喜逢知己之主，思竭其用，知无不言。太宗尝劳之曰：'卿所陈谏，前后二百余事，非卿至诚奉国，何能若是？'其年，迁尚书左丞。"④三年（629年），任职秘书监，始参预朝政。

长乐公主李丽质为长孙皇后所生，太宗特别钟爱。拟出嫁时，太宗谓众臣道："长乐公主，皇后所生，朕及皇后并所钟爱。今将出降，礼数欲有所加。"大臣遂纷纷进言请求双倍于永嘉长公主，太宗欣然同意。然，魏征以永嘉公主乃长乐公主姑母之由，进谏言道："'不可。昔汉明欲封其子，云「我子岂与先帝子等？可半楚、淮阳。」前史以为美谈。天子姊妹为长公主，子为公主，既加「长」字，即是有所尊崇。或可情有浅深，无容礼相逾越。'上然其言，入告长孙皇后，后遣使赍钱四十万、绢四百匹，诣徵宅以赐之。寻进爵郡公。"⑤

贞观八年（634年），陕县丞皇甫德参上书触怒太宗，李世民欲以毁谤罪治之。侍中魏徵进言曰："'昔贾谊当汉文帝上书云云，「可为痛哭者一，可为长叹息者六」。自古上书，率多激切，若不激切，则不能起人主之心。激切即似讪谤，惟陛下详其可否。'太宗曰：'非公无能道此者。'令赐德参帛二十段。"⑥

十一年（637年），太宗东巡洛阳，驻跸显仁宫。州县官吏供奉有违圣意，屡遭太宗谴责。魏徵进言：昔隋文帝杨广命行宫附近百姓上贡，大量贡品享用不尽而遗弃，如此暴殄

①后晋·刘昫等《旧唐书·魏徵传》。

②后晋·刘昫等《旧唐书·李传》。

③后晋·刘昫等《旧唐书·魏徵传》。

④后晋·刘昫等《旧唐书·魏徵传》。

⑤后晋·刘昫等《旧唐书·魏征传》。

⑥唐·吴兢《贞观政要》。

天物，必遭天谴。隋之速亡，前鉴不远。太宗悦纳其谏，用度一如平常。

贞观十二年，礼部尚书王珪奏言："三品以上官员路遇亲王，皆需降乘，此规违法申敬，有乖仪准。"太宗道："卿辈皆自崇贵，卑我儿子乎？"魏徵进言："自古迄今，亲王班次列于三公之下。今三品官员皆为天子列卿及八座之长，其为亲王降乘，故非亲王可以承当。考证历代故事，则无先例可凭；今日任其流行，则必有碍国家规矩。"太宗道："国家所以立太子者，拟以为君也。然则人之修短，不在老少，设无太子，则母弟次立。以此而言，朕之子岂可不及大臣尊贵？"魏徵回答："商朝推崇品德贤良，所以有兄终弟及之义；自周代以降，立嫡必长已成定规，原因在于断绝庶孽之窥觎，堵塞祸乱之源本，身为一国之君，必须于此持审慎态度。"太宗遂同意王珪奏言，三品以上官员见亲王不再下轿行礼。

贞观十二年三月丙子，太子承乾嫡子李象出生。皇孙诞育，太宗大喜，遂诏令天下见禁囚徒皆降罪一等，内外官职事五品以上子为父后者，各加勋官一转，天下大酺五日，又大宴五品以上官员于东宫。太宗谓侍臣曰："贞观以前，从我平定天下，周旋艰险，玄龄之功，无所与让。贞观之后，尽心于我，献纳忠谠，安国利民，犯颜正谏，匡朕之违者，唯魏徵而已。古之名臣，何以加也！"①于是亲解佩刀以赐二人。

十三年五月，魏徵借李世民诏五品以上官上封事之机，全面系统总结贞观以来政事今不如昔之状，上奏《十渐不克终疏》。疏中列举太宗搜求珍玩、纵欲享乐、劳役百姓、昵小人疏君子、崇尚奢靡、频事游猎、无事兴兵、徭役繁重等不克终十渐，再次提醒太宗慎终如始。太宗欣然接纳，并谓其曰："朕今闻过矣，愿改之，以终善道。有违此言，当何颜面与公相见哉！方以所上疏，列为屏障，庶朝夕见之，兼录付史官，使万世知君臣之义。"遂赐黄金十斤、马二匹。

旋，皇太子李承乾疏于德行术业，魏王李泰日渐宠爱，朝野众臣颇多议论。太宗谓侍臣曰："当今朝臣忠诚正直无出魏徵之右者，朕命其辅佐皇太子，以杜绝天下怨言。"遂"拜太子太师，知门下省事如故。徵自陈有疾，诏答曰：'汉之太子，四皓为助，我之赖公，即其义也。知公疾病，可卧护之。'"②

贞观十七年（643 年）魏徵病故于府邸，太宗悲伤莫名，废朝五日，追赠其为司空、相州都督，谥"文贞"。旋下诏厚葬之。"徵妻裴氏曰：'徵平生俭素，今以一品礼葬，羽仪甚盛，非亡者之志。'悉辞不受，竟以布车载枢，无文彩之饰。太宗登苑西楼，望丧而哭，诏百官送出郊外。帝亲制碑文，并为书石。"③

魏徵死后，太宗尝临朝谓侍臣曰："夫以铜为镜，可以正衣冠；以古为镜，可以知兴替；以人为镜，可以明得失。朕常保此三镜，以防己过。今魏征殂逝，遂亡一镜矣！徵亡后，朕遣人至宅，就其书函得表一纸，始立表草，字皆难识，唯前有数行，稍可分辨，云：'天下之事，有善有恶，任善人则国安，用恶人则国乱。公卿之内，情有爱憎，憎者唯见其恶，爱者唯见其善。爱憎之间，所宜详慎，若爱而知其恶，憎而知其善，去邪勿

---

①北宋·司马光《资治通鉴卷一百九十五》。

②后晋·刘昫等《旧唐书·魏徵传》。

③后晋·刘昫等《旧唐书·魏徵传》。

疑，任贤勿贰，可以兴矣。'其遗表如此，然在朕思之，恐不免斯事。公卿侍臣，可书之于笏，知而必谏也。"①

是年二月，太宗命阎立本画二十四功臣像置入凌烟阁，魏徵位列第三。旋，侯君集以谋反罪处死，杜正伦罢免。此二人皆为魏徵推荐，言其有宰相之才。太宗由是怀疑魏徵与侯君集为一党，遂手诏取消衡山公主与魏徵长子魏叔玉之婚约。

贞观十九年（645年），太宗亲征高句丽，战士死伤数千人，战马损失十之七八，遂深悔此举，不禁慨然叹息："魏徵若在，不使我有是行也。"立命驰驿以少牢之礼祭祀魏徵，并重新为其立碑。

魏徵一生，以直言敢谏闻名，据《贞观政要》记载，魏徵向李世民面陈谏议达50余次，呈送奏疏11件，谏诤多达"数十余万言"。其次数之多，言辞之激切，态度之坚定，为历代大臣所难伦比。

唐太宗李世民不特为一代明君，尤为一代"幸君"。其以"玄武门兵变"手段攫取大唐江山，有违传统宗法礼制，名不正言不顺，以天道之行观之，本该"事不成"。然其"理天下也，房玄龄、杜如晦辅相圣德，魏徵、王珪规谏阙失，有温彦博、戴胄以弥缝政事，有李靖、李勣训整戎旅，故夷狄畏服，寰宇大安。"②由是开创名垂史册之"贞观之治"，成为中国封建帝王之佼佼者。尤其值得称道者，其谏臣魏徵"雅有经国之才，性又抗直，无所屈挠。状貌不逾中人，而素有胆智，每犯颜进谏，虽逢王赫斯怒，神色不移。虽汉之刘向、魏之徐邈、晋之山涛、宋之谢朓，才则才矣，比文贞之雅道，不有遗行乎？前代诤臣，一人而已"。③

反之亦然，魏徵不特为诤臣，亦为"幸臣"。设若其不遇太宗，或太宗不纳其谏，"诤臣"之名何以出？倘若太宗昏聩，其"捋胡须逆龙鳞"之举招致身首异处，则"一代明君""绝世诤臣"皆毁矣！是故太宗、魏徵"君臣之际，顾不难哉！以徵之忠，而李世民之睿，身殁未几，猜谮遽行。始，徵之谏，累数十余万言，至君子小人，未尝不反复为帝言之，以佞邪之乱忠也。久犹不免。故曰：'皓皓者易污，峣峣者难全'，自古所叹云。唐柳芳称'徵死，知不知莫不恨惜，以为三代遗直'。谅哉！谟之论议挺挺，有祖风烈，《诗》所谓'是以似之'者欤！"④

孔子曰："君者，舟也；庶人者，水也。水则载舟，水则覆舟。"太宗君臣常以此自警自励，莫不循规蹈矩。魏徵于《谏太宗十思疏》中亦言："怨不在大，可畏惟人；载舟覆舟，所宜深慎。"太宗君臣际会，诚如舟水相宜，相辅相成相得益彰，扬名天下各得其所。

喜哉，太宗之有魏徵；幸哉，魏徵之遇太宗；幸甚至哉，太宗君臣之风云际会！

①后晋·刘昫等《旧唐书·魏徵传》。
②唐·李绛《全唐文·卷六百四十五》。
③后晋·刘昫等《旧唐书·魏徵传》。
④北宋·欧阳修、宋祁等《新唐书·魏徵传》。

文天祥——人生自古谁无死　留取丹心照汗青

宋理宗宝祐四年（1256 年）　与陆秀夫同科进士及第并荣膺榜首之文天祥①，乃南宋末年继陆秀夫之后又一位以身殉国之士人楷模，亦为中国封建史上唯一一位视死如归之状元宰相。宋理宗端平三年五月（1236 年 6 月），文天祥诞生于江西吉州庐陵县（今江西青原）　富田镇。文氏先辈为地道庶民，无人涉足官场，故天祥一再称自己"起身白屋"。

文家祖辈道德操守淳朴，于乡间有名望，被称为"君子长者"。如此家风于天祥士者风骨之形成，影响尤为深刻。其父文仪，一生未曾入仕，却有读书补世志向，常废寝忘食手不释卷，于一盏孤灯下通宵苦读。天色微明时，辄立于屋檐下细认蝇头小字。其嗜书如命，常以购书为乐，偶遇好书时，虽身无分文，可典当衣服将书买下。文仪学问十分渊博，于经史子集诸子百家无不精研，即使天文、地理、中医、占卜之类，亦曾广泛涉猎。著有《宝藏》30 卷，《随意录》20 卷。天祥之所以文辞出众，其父言传身教实在居功至伟。

文天祥于童年时即仰慕英雄豪杰，尤爱读忠臣传。尝于吉州学宫瞻仰先贤遗像，钦慕欧阳修、杨邦乂、胡铨等吉州先贤遗像之余，曾暗立誓言，决意效仿乡梓先烈，成为社稷股肱之臣。

宝祐四年（1256），文天祥赴京师临安（今浙江杭州）　参加科举考试。会试放榜，通过初选。殿试时天祥虽患病，仍勉强支撑病躯进入考场。进门时因拥挤而出一身透汗，遂顿觉通体舒服头脑明晰。开卷审题后，略加思考即一挥而就。考官阅卷后将其列为第七名。理宗于集英殿亲定名次，钦点文天祥为一甲第一名状元，时年天祥 21 岁。时，参与复审之著名学者王应麟于侧称赞道："该试卷议论卓绝，合乎古圣先贤之大道。文中所现忠君爱国之心坚如铁石。特为陛下得此人才而致贺！"试卷密封甚严，理宗拆开御览，见考生姓名为文天祥，甚觉吉利，遂道："此天之祥，乃宋之瑞也。"②此后，同侪遂以"宋瑞"为天祥字。

开庆元年（1259 年），蒙古人发动入侵南宋战争。九月，忽必烈围鄂州（今湖北武昌）。消息传至临安，朝野震动。宠宦董宋臣建议迁都四明（今浙江宁波），以避兵锋，重演南宋初高宗赵构逃亡海上故事。文天祥虽自知人微言轻多言招祸，然面对社稷百姓，却毫不犹豫上书皇帝，指谪迁都之议为小人误国之言，董宋臣恶贯满盈，理应斩首。同时建

①文天祥（1236—1283 年），初名云孙，字天祥，后易天祥为名，改字履善、宋瑞，号文山，南宋末状元宰相。

②明·蒋一葵《尧山堂外纪·卷三十六·宋》。

议改革政治、扩充兵力、抗蒙救国。然理宗未采纳其建议。

景定元年（1260年），朝廷任命文天祥为签书镇南军（今江西南昌）节度判官厅公事。然其时朝廷权奸当道，天祥抱负难以展卷，既不愿混迹官场尸位素餐，更不愿与之同流合污，故不愿赴任而请求"祠禄"，得朝廷允准，出任建昌军（今江西南城）仙都观主管。遂以"邦有道则仕，邦无道则隐"之心，暂时置身政治漩涡之外，以待时机。

四年（1263年），因理宗皇帝不纳谏言，重新起用"活阎罗"宠宦董宋臣，文天祥遂愤而辞职。旋被朝廷贬谪瑞州（江西高安市）。瑞州曾数遭蒙古铁骑蹂躏，城垣屋宇被毁，百姓惨遭虐杀，文物古迹洗劫一空。天祥履任后，实行宽惠政策，尽力安抚百姓，筹集资金建"便民库"，供百姓借贷救济之用，地方秩序迅速恢复。旋，筹资修复"碧落堂""三贤堂"等古迹，新建"野人庐""松风亭"，弘扬先贤民族正气，鼓舞百姓之情。瑞州遂百废俱兴，秩序井然。

翌年，理宗驾崩。权臣贾似道拥立太子赵禥登基为度宗，南宋权柄尽由其掌控，朝政日趋腐败不堪。1270年，文天祥出任军器监、崇政殿说书等职。因起草诏书时未于贾似道歌功颂德，且直言其行为"惜其身，违皇心"，遭贾似道忌恨，被免职回籍。咸淳九年（1273年），朝廷起用其出任湖南提刑，掌管狱讼。旋被委任为赣州知州。咸淳十年（1274年）七月，度宗病死。贾似道抑长立幼，扶四岁赵显继位，即宋恭帝。九月，20万蒙古铁骑由丞相伯颜统领，分两路进攻南宋，淮西制置使夏贵不战而逃。十二月，鄂州失守，都统程鹏飞归降，其余各地将官亦纷纷叛变。黄州、蕲州、江州、德安、六安等地相继失陷，南宋兵败如山倒。鄂州陷落京师震动，南宋面临最危险时刻，太皇太后谢道清下《哀痛诏》，述说继君年幼，自己年迈，民生疾苦，国家艰危，敕令各地文臣武将豪杰义士，急王室之所急，同仇敌忾，共赴国难，朝廷将不吝赏功赐爵。诏书下后，唯文天祥与张世杰二人响应，召集兵马，起兵勤王。状元文天祥宦海浮沉15年，最终踏上戎马征途。

德祐元年（1275年）正月，朝廷专旨天祥"疾速起发勤王义士，前赴行在"。"天祥捧诏涕泣，使陈继周发郡中豪杰，并结溪峒蛮，使方兴召吉州兵，诸豪杰皆应，有众万人。事闻，以江西提刑安抚使召入卫。其友止之，曰：'今大兵三道鼓行，破郊畿，薄内地，君以乌合万余赴之，是何异驱群羊而搏猛虎。'天祥曰：'吾亦知其然也。第国家养育臣庶三百余年，一旦有急，征天下兵，无一人一骑入关者，吾深恨于此，故不自量力，而以身殉之，庶天下忠臣义士将有闻风而起者。义胜者谋立，人众者功济，如此则社稷犹可保也。'"[1]受其行为感召，家乡青壮年踊跃报名参军，天祥迅速组建一支3万余人勤王武装。

天祥起兵后，积极要求奔赴前线阻击蒙元，以期扭转战局。然遭朝中主和派权臣阻挠，有人甚至诬告勤王军于乐安、宜黄一带抢劫百姓。文天祥愤而上书抗辩，赢得社会舆论普遍支持，太学生亦纷纷上书抨击投降派。鉴于多方压力，朝廷终于颁旨召文天祥领兵入京。八月，天祥率勤王部队抵达临安，一路秋毫无犯，声望鼎沸朝野。十月，常州（今江苏常州）告急，朝廷命文天祥率军保卫平江，旋增派张全率两千兵增援常州。文天祥以

---

①元·脱脱、阿鲁图《宋史·文天祥传》。

大局筹谋，派义军将领尹玉、朱华、麻士龙率三千人归张全节制，增强援常兵力。然张全卑鄙自私，三位将领与蒙元苦战，其竟隔岸观火，坐视不救，且于激战中贪夜潜逃，陷义军于孤立无援之境，遂使战斗失利。文天祥请斩张全，却遭丞相陈宜中反对。无奈之下，天祥于朝政腐败与国家安危尤为担忧。常州、平江陷落后，临安危急。面临危局，朝中和、战两派意见分歧，各行其是。文天祥、张世杰联名奏请朝廷背城一战，危中求安。丞相陈宜中却加紧策划议降，太皇太后亦拟"奉表称臣、乞存境土、封为小国"。张世杰于朝廷置措倍感绝望，遂转赴南方招兵，以图东山再起。救国方略不得朝廷支持，文天祥亦拟回江西组织力量继续自图抵抗。元军遂长驱直入兵临宋都城下，左丞相留梦炎、右丞相陈宜中先后逃走，临安小朝廷遂乱作一团。

德祐二年（1276年）正月，蒙古铁骑三路兵马围困临安。南宋将官或降或逃，多成汉奸。太皇太后下诏命文天祥为右丞相兼枢密使，收拾残局。文天祥见国事败落如此，遂义不容辞出使蒙元大营，以便一窥虚实，见机行事。文天祥进入元营据理力争，为蒙古丞相伯颜扣留。太皇太后失去文天祥，无人可以依靠，遂携恭帝投降蒙古。

天祥虽被拘禁，然其不甘失败，亦不肯归顺。伯颜无奈，拟将其押送元大都。船行镇江（今江苏镇江）靠岸，文天祥被囚禁于居民家。天祥命随从暗中打探敌情，联络船只，计划逃走，且暗藏匕首，以备必要时自刎。逃逸途中，船只被元军巡船发现，然因巡船搁浅无法追击，文天祥带12随从得以逃遁。逃至真州（今江苏仪征）后，天祥一行受到真州军民热情欢迎。守将苗再成认为，以文天祥丞相、枢密使身份作号召，江淮合力，不难挽回大局。孰料淮东制置使李庭芝中元军反间计，以为文天祥已投降蒙古，要苗再成斩杀文天祥。苗再成不忍下手，遂暗送文天祥出城再逃。天祥不禁仰天长叹，知南宋王朝大势已去。

文天祥一路颠沛流离饥寒交迫，随从或逃或死，仅剩6人。疲惫不堪之际，幸遇一群樵夫以箩筐相送，文天祥坐于其中，由随从轮流抬着前行。历尽艰险抵达高邮，李庭芝则严令守将谨防文天祥攻城，不许其入城。文天祥遂乘一叶孤舟，昼伏夜出，有惊无险终于抵达通州。

时，益王、广王于永嘉（今浙江温州）建立元帅府，号召各地义兵勇士继续抗蒙。文天祥遂于德祐二年（1276年）闰三月扬帆入海，投奔二王，计划于闽、广重举义旗，复兴南宋。五月，益王于福州登位，改元景炎，是为端宗。晋封广王为卫王，文天祥任枢密使兼都督诸路军马。七月，文天祥于南剑州（今福建南平）开督府，福建、广东、江西各地文臣武将、地方名士、勤王军旧部纷纷前来投效，文天祥迅速组成一支督府军。十月，朝廷命文天祥出兵汀州（今福建长汀），不幸战斗失利，南剑州遂落入敌手，行都福安（即福州）失去屏障。丞相陈宜中、枢密副使张世杰紧急护送端宗、卫王登舟入海，以避兵锋，南宋由此成为海上流亡政府。

景炎二年（1277年）初，元军进逼汀州，文天祥退兵广东梅州（今广东梅州）。旋由梅州出发，打响收复江西战役。由于指挥得当，江西抗元军事行动如火如荼，各方义军配合督府军作战，分别夺回会昌、雩都、兴国。分宁、武宁、建昌三县豪杰及临川、洪州、袁州、瑞州义兵均归督府节制。八月，蒙古铁骑再次发起大规模进攻。督府军缺乏严格训练，战斗力不强，遭蒙古铁骑猛烈冲击，惨淡失败，文臣武将或死或降，七零八落溃不成军。天祥遂率残部入粤，于潮州、惠州一带继续抗蒙。祥兴元年（1278 年）十二月二十日，文天祥不幸于五坡岭为蒙古铁骑俘获。被俘后，天祥吞下二两龙脑自杀守节，因药力失效而未能殉国。蒙元元帅张弘范率水陆两路军队直下广东，将文天祥押解至珠江口外零丁洋（今属广东省）。旋遣人请文天祥写信招降张世杰，文天祥拒写招降书，却写下七言律诗《过零丁洋》，以表明自己视死如归之心迹：

> 辛苦遭逢起一经，干戈寥落四周星。
> 山河破碎风飘絮，身世浮沉雨打萍。
> 惶恐滩头说惶恐，零丁洋里叹零丁。
> 人生自古谁无死？留取丹心照汗青！

全诗格调沉郁悲壮，慷慨激昂，正气浩然，气节坚贞，惊天地泣鬼神。特别"人生自古谁无死，留取丹心照汗青"句，气贯长虹，声震霄汉，成为千古传诵之名句。

崖山战役失败后，文天祥被俘并押往广州。张弘范劝道："'国亡，丞相忠孝尽矣，能改心以事宋者事皇上，将不失为宰相也。'天祥泫然出涕，曰：'国亡不能救，为人臣者死有余罪，况敢逃其死而二其心乎。'弘范义之，遣使护送天祥至京师。"[1]为迫其投降，元军将其押送大都（今北京）。

至元十六年（1279 年）十月，天祥抵达大都，从此被囚禁 3 年有余。其间，元朝对天祥施尽劝降、逼降、诱降手段，忽必烈大汗亦亲自劝降，均以无果而终。

至元十九年（1282 年），忽必烈大汗曾问大臣："南方与北方宰相，谁最贤能？"群臣奏称："北人无如耶律楚材，南人无如文天祥。"忽必烈下谕旨，拟授天祥高官显位，遂遣降臣王积翁写信规劝文天祥，"天祥曰：'国亡，吾分一死矣。傥缘宽假，得以黄冠归故乡，他日以方外备顾问，可也。若遽官之，非直亡国之大夫不可与图存，举其平生而尽弃之，将焉用我？'积翁欲合宋官谢昌元等十人请释天祥为道士，留梦炎不可，曰'天祥出，复号召江南，置吾十人于何地！'事遂已。天祥在燕凡三年，上知天祥终不屈也，与宰相议释之，有以天祥起兵江西事为言者，不果释。"[2]

至元十九年（1282 年）十二月初九，文天祥于大都从容就义。行刑前，其神态自若，举止安详，面向南方再拜稽首。终年 47 岁。

文天祥殉难后，各地百姓及文人志士采取各种方式予以纪念。明、清两朝尝分南北建多处"文丞相祠"，四季香火不断。1323 年，元朝尚处于鼎盛期，文天祥家乡吉州郡学里即将其遗像挂于先贤堂，与欧阳修、杨邦义、胡铨等并列祭祀。文人骚客游历江南北京，亦曾留下数百首凭吊佳作。其中，以明代嘉靖朝状元林大钦之《五坡怀古》最具代表性：

---

①元·脱脱、阿鲁图《宋史·文天祥传》。
②元·脱脱、阿鲁图《宋史·文天祥传》。

孤忠祠下拜冠裳，北望燕云几夕阳。

庙食不惭专俎豆，路碑留得好文章。

江山有色长灵秀，草木无知也感伤。

百十年前双眼孔，几人生死为纲常。

状元宰相文天祥，自然为一代文豪，有《文山先生全集》传世。亦曾留下大量脍炙人口之诗词佳作，仅因于大都狱中时即赋诗数百首，其中传诵最广者当属《正气歌》：

余囚北庭，坐一土室。室广八尺，深可四寻。单扉低小，白间短窄，污下而幽暗。当此夏日，诸气萃然：雨潦四集，浮动床几，时则为水气；涂泥半朝，蒸沤历澜，时则为土气；乍晴暴热，风道四塞，时则为日气；檐阴薪爨，助长炎虐，时则为火气；仓腐寄顿，陈陈逼人，时则为米气；骈肩杂遝，腥臊汗垢，时则为人气；或圊溷、或毁尸、或腐鼠，恶气杂出，时则为秽气。叠是数气，当侵沴鲜不为厉。而予以孱弱，俯仰其间，于兹二年矣，无恙，是殆有养致然尔。然亦安知所养何哉？孟子曰："吾善养吾浩然之气。"彼气有七，吾气有一，以一敌七，吾何患焉！况浩然者，乃天地之正气也，作正气歌一首。

天地有正气，杂然赋流形。下则为河岳，上则为日星。

于人曰浩然，沛乎塞苍冥。皇路当清夷，含和吐明庭。

时穷节乃见，一一垂丹青。在齐太史简，在晋董狐笔。

在秦张良椎，在汉苏武节。为严将军头，为嵇侍中血。

为张睢阳齿，为颜常山舌。或为辽东帽，清操厉冰雪。

或为出师表，鬼神泣壮烈。或为渡江楫，慷慨吞胡羯。

或为击贼笏，逆竖头破裂。是气所磅礴，凛烈万古存。

当其贯日月，生死安足论。地维赖以立，天柱赖以尊。

三纲实系命，道义为之根。嗟予遘阳九，隶也实不力。

楚囚缨其冠，传车送穷北。鼎镬甘如饴，求之不可得。

阴房阗鬼火，春院闭天黑。牛骥同一皂，鸡栖凤凰食。

一朝蒙雾露，分作沟中瘠。如此再寒暑，百沴自辟易。

嗟哉沮洳场，为我安乐国。岂有他缪巧，阴阳不能贼！

顾此耿耿在，仰视浮云白。悠悠我心悲，苍天曷有极。

哲人日已远，典刑在夙昔。风檐展书读，古道照颜色！

"斯篇出于至性，慷慨凄恻。朕每于披读之际，不觉泪下数行，其忠君忧国之诚，洵足以弥宇宙而贯金石。"[1]歌"以法不息为主，一气呵成数千言。……以此知养气者不可

---

[1] 清·康熙《古文评论·卷四十三》。

不读书也，特不为章句之儒耳。"①

《正气歌》凡六十句，隔句一韵，通篇四韵，平仄间押，诗之情韵导而逶迤，寓激荡于从容，含苍古于浑灏，顿挫扬抑，回肠荡气。浩然正气充塞诗人胸中，慷慨悲壮拨人心弦，元气淋漓，毫无干涩之感，词气滂沛，笔力劲遒，格调沉雄，俨然大河奔流，滔滔东去，充分体现出诗作底蕴。"是气所磅礴，凛烈万古存。当其贯日月，生死安足论。"作者襟怀正气柱天维地之形象，栩栩如生立于读者面前。清过琪《重订古文详注全集》卷六称："先生历万苦而不屈，屹然如山，卒遇害而死，真能全其正气矣。试读此歌，言言若神鬼之泪，诚足沮金石而薄云天。"

"自古志士，欲信大义于天下者，不以成败利钝动其心，君子命之曰'仁'，以其合天理之正，即人心之安尔。商之衰，周有代德，盟津之师不期而会者八百国。伯夷、叔齐以两男子欲扣马而止之，三尺童子知其不可。他日，孔子贤之，则曰：'求仁而得仁。'宋至德佑亡矣，文天祥往来兵间，初欲以口舌存之，事既无成，奉两屏王崎岖岭海，以图兴复，兵败身执……留之数年，如虎兕在柙，百计驯之，终不可得。观其从容伏质，就死如归，是其所欲有甚于生者，可不谓之'仁'哉。宋三百余年，取士之科，莫盛于进士，进士莫盛于伦魁。自天祥死，世之好为高论者，谓科目不足以得伟人，岂其然乎！"②

陆秀夫——一代真儒绍紫阳　千秋亮节光青史

双崖仰叹。敬忠烈贤臣，千古惊案。

总理婉评，残迹斑斑今见。

守节妻儿入海，抱主泣，偷生难看。

跳海留名，万里路，泣血崖山，正气长留宵汉。

残墙石壁，凭吊处，荒野凄凉鸦挽。

惊兔扑腾，零落坟前零乱。

浩瀚胸怀九楚，烈烈去，沧桑莫怨。

叩拜虔诚，默无语，大义长存，爱国忠魂源远。

（蒋加成《楚宫春慢·双崖叹》）

---

①清·蔡世远《古文雅正·卷十四》。

②元·脱脱、阿鲁图《宋史·文天祥传》。

南宋末年既为权奸虾聚时期，亦为忠烈接踵时期。当蒙古铁骑长驱南下，南宋朝廷穷途末路时，宰相陆秀夫[①]怀抱幼主蹈海殉国，为中国文人忠烈品格平添一笔浓彩重墨，后世文人誉其与文天祥、张世杰为"宋末三杰"，莫不奉其为忠臣楷模。元、明、清诸代末朝，凡意欲为中兴之臣者，皆拟效其法以全千古名节。

南宋嘉熙二年（1236年）十月，陆秀夫生于盐城（今建湖县建阳镇），3岁随父迁居京口（今江苏丹徒朱方镇）。18岁通过省（礼部）试。理宗宝祐四年（1256年），陆秀夫与文天祥同科高中进士，是年19岁。时，李庭芝镇扬州，慕名邀其入幕为僚，主管机宜文字。"秀夫才思清丽，一时文人少能及之。性沈静，不苟求人知。"[②]同侪很少有人能与其比肩，然其从未以此自傲。其性情沉静，不喜张扬，每遇僚吏至制置使府拜访，宾主互乐时，唯陆秀夫独立于侧，默默无语。倘府中设宴摆酒，陆秀夫坐于席间，矜持庄重，不发一语。时人觉其怪僻，少有与其结为莫逆者。然其治事有方，稳重干练，才华横溢，深得李庭芝赏识。咸淳十年（1274年），李庭芝任两淮制置安抚使，又辟其任参议官。

恭帝德祐元年（1275年），元朝兵马沿江东下，大举进攻南宋，两淮地区情势紧急，李氏幕府分崩离析大多逃散，唯独陆秀夫临难不惧，坚守本职，毫不动摇，与李庭芝同舟共济，誓死抗敌。为其疾风劲草宝贵品格感动，李庭芝忍痛割爱，将其以砥柱中流之材推荐于朝廷。陆秀夫遂调往临安，任南宋朝廷司农寺丞，负责粮仓管理与百官禄米供应。德祐二年（1276年），升迁宗正寺少卿兼起居舍人、礼部侍郎。正月，陆秀夫"以礼部侍郎使军前请和，不就而反。二王走温州，秀夫与苏刘义追从之，使人召陈宜中、张世杰等皆至，遂相与立益王于福州。进端明殿学士、签书枢密院事。宜中以秀夫久在兵间，知军务，每事咨访始行，秀夫亦悉心赞之，无不自尽。旋与宜中不合，宜中使言者劾罢之。"[③]张世杰责备陈宜中不宜于危急时刻动辄以台谏弹劾大臣。陈宜中惶恐不安，旋急忙召回陆秀夫。

元军入临安（今杭州），太皇太后率宋恭帝投降，陆秀夫与将领苏刘义等率残部由海路追随赵昰、赵昺两位幼主抵达温州，旋派人召集大臣陈宜中与大将张世杰等计议，于福州立益王赵昰为端宗皇帝，改元景炎，重建宋廷，任端明殿学士、签书枢密院事，继续抵抗元军。元兵入福建，南宋君臣乘海船南走广东。次年，元军攻占广东，南宋朝廷迁居潮州浅湾，后又移上船队迁至井澳（今广东中山南大横琴岛），陈宜中逃往占城（今越南中南部）。"时君臣播越海滨，庶事疏略，杨太妃垂帘，与群臣语犹自称奴。每时节朝会，秀夫俨然正笏立，如治朝，或时在行中，凄然泣下，以朝衣拭泪，衣尽浥，左右无不悲动者。属井澳风，王以惊疾殂，群臣皆欲散去。秀夫曰：'度宗皇帝一子尚在，将焉置之？古人有以一旅一臣中兴者，今百官有司皆具，士卒数万，天若未欲绝宋，此岂不可为国邪？'乃与众共立卫王。时陈宜中往占城，以与世杰不协，屡召不至。乃以秀夫为左丞相，与世杰共秉政。时世杰驻兵崖山，秀夫外筹军旅，内调工役，凡有所述作，又尽出其

---

①陆秀夫（1236—1279年），字君实、宴翁，别号东江，楚州盐城（今江苏建湖）人，南宋抗元名臣。

②元·脱脱、阿鲁图《宋史·陆秀夫传》。

③元·脱脱、阿鲁图《宋史·列传第二百一十·忠义六》。

手。虽匆遽流离中，犹日书《大学章句》以劝讲。"①景炎三年（1278 年）　初，端宗赵昰于硇洲患惊风驾崩，群臣多欲散去，陆秀夫竭力勉励，再立 8 岁卫王赵昺为帝，迁居崖山（今广东新会南海中），建立海上朝廷，改元"祥兴"。秀夫受命于危难之中，出任左丞相，与张世杰力挽狂澜，共撑危局。

崖山位于广东新会南八十里海中，与奇石山相对，势如两扉，周围潮汐湍急，舟行艰难，实为可据险固守之天然堡垒。张世杰、陆秀夫遣人进山伐木，于岛上造行宫 30 间，军屋 3000 间，供君臣将校栖身，余 20 万士卒继续留于舟中生活。又令随军匠人修造舰船，赶铡兵器。旋，军事统帅张世杰、江钲因崖山布防问题发生争执，江钲意分兵把守崖门出海口，以防蒙元封锁港口出路，并建议由苏刘义率部离崖山西北 30 里处布防，以防元兵陆上偷袭。张世杰作为中军，率重兵布防崖门港内，如此则发生战役，三路军可遥相呼应，互为救援。然张世杰惧怕兵力分散，易为蒙元各个击破，故坚决否决江钲方案。江钲亦于张世杰以大铁链锁连 20 万军民舰船之法不以为然，暗示其应吸取焦山战役失败之教训。②张世杰遭江钲揭发痛处，极不高兴，遂借杨太后名义下旨江钲离开崖山，回福建操办其父江万载后事，兼筹办兵饷，并命苏刘义暂时接替江钲殿前禁军都指挥使职务，节掌南宋精锐之师殿前禁军指挥权。陆秀夫虽有忠义之心，然于军事事务不甚熟稔，亦无可奈何。

祥兴二年（1279 年）正月，张弘范率舟师攻崖山。时，或于张世杰进言："元军已用战船堵塞海口，使我进退两难。不如尽早突围，另择途径登陆，即使不胜，亦有回旋余地，尚可引兵西走。"张世杰深知士卒久居海上，战事艰苦，军心浮动，一旦登陆，难免溃散，遂回答："我军连年疲于海上奔命，何时方休？莫如趁此时机与元军一决胜负。"随后毅然下令焚烧岛上行宫军屋，全部人马再度登舟，依山面海，将千艘战船以粗缆绳连结为一字长蛇阵，又于四周高筑楼橹，宛如城堞，将少帝赵昺座船安置中间，诏示将士与舰船共存亡。

崖山北部海面水浅，大船行驶极易触礁。元军张弘范遂调舟师迂回至南部海面水深处，与张世杰水军接战，同时断绝行朝运输淡水之通道。张弘范发现宋军战船集结，游弋不便，遂遣数艘轻舟满载膏油柴草，乘风纵火，妄图火烧连营，一举取胜。然张世杰早有准备，事先已于舰船上厚涂醒泥，并缚以长木伸向前方，致使元军火船无法接近，火攻失灵。张弘范无奈，增派舟师围困海口，宋军连续十余日以干粮充饥海水解渴，疲惫不堪，纷纷病倒。时，元军李恒率部由广州赶赴崖山与张弘范会师，控制崖山北部海面，拟行南北夹攻。

二月初六拂晓，彤云漫天，风吼海啸，元军发动总攻，意欲先自精神压垮南宋疲惫之师。交战之前，张弘范将元军精锐分为四路，自己亲率一路。旋由李恒带领一路舟师，乘早潮退去水流由北向南之机，顺流对宋军进行试探性攻击，以期宋军暴露强弱虚实。张世

---

①元·脱脱、阿鲁图《宋史·列传第二百一十·忠义六》。

②"焦山之战"时，张世杰曾以铁链将近 10000 大船相锁，被蒙元兵一把火烧得大败，江万载不顾谢道清、陈宜中反对，毅然派出江钲帅临安最后兵力殿前禁军出援，方将张世杰、刘师勇、苏刘义等救回，为南宋保存部分军力与军事将领。

杰率部英勇抗击，双方火拼厮杀，几经较量，未分胜负。及至中午，潮水猛涨，宋军舰船果真东移。张弘范见时机已到，令帅船大奏鼓乐。张世杰不知此为元军再次发动攻势之信号，误以为敌船官兵于战斗间隙饮酒作乐，故未加戒备。元军于鼓乐声中由南北两面同时冲杀，致使宋军腹背受敌，仓促迎战。由于连年海上劳顿，宋军不得休整，士卒体力大都衰竭，突然遭遇如此凌厉攻势，士气极难振作。然，于此关系南宋命运之决战时刻，宋军船队一艘战船桅顶突然绳断旗落，顷刻之间，各舰船樯旗纷纷降落。张世杰见旗倒兵散，大势已去，遂调集亲兵砍断船缆，拟轻装冲开血路，杀出重围。趁海面混乱，张世杰命人驾轻舟接幼帝赵昺脱离险境，以便寻机安全转移。时，陆秀夫一直于舟中观察战况，见前来接应者皆非江万载父子平时所带护随帝后之亲随护兵，知大势已去，事已不可为，君臣实难脱离险境，又深恐奸细乘机向元军卖主邀功，招致南宋末帝被俘或遇难，因而断然拒绝来者请求，当机立断，决心以身殉国。其盛装朝服，先拔剑驱妻倪氏、次子七郎、三子八郎及女儿蹈海，然后跪对少帝赵昺道："国事至此，陛下当为国死。德祐皇帝（恭帝赵显）辱已甚，陛下不可再辱。"[1]言罢藏玉玺于赵昺怀内，背负幼主，命人以白绢将君臣二人相缠，从容投入水天一色之茫茫大海，以身殉国，年仅44岁。

杨太后闻儿子赵昺已死，悲痛欲绝，随即亦跳海而死。之后，随同跳海殉国之朝廷诸臣与后宫女眷10余万人。崖海10万浮尸，向世人宣示陆秀夫等南宋君臣宁折不弯宁死不屈之英雄气概。

张世杰久候不见接迎赵昺之轻舟归来，便知凶多吉少，遂果断突围，于夜幕下夺路而去。数日后，死里逃生之将士驾舰船聚于世杰座船周围，泊于南恩（今广东阳江）海陵山脚下。其中有人带来陆秀夫背负赵昺蹈海殉难噩耗，世杰悲痛难已，于绝望中仰天喟叹道："余之为赵氏江山存亡，可谓鞠躬尽瘁矣，一君身亡，复立一君，如今又亡，大宋自此已无君可立。余所以未于崖山殉身者，犹望元军退后再立新君，光复宋朝江山。然国事进退如此，令人失望，此岂非天意耶！"言罢，突然堕身入海。江钲回闽为其父治坟之后，募得数百族人子侄并地方义士豪杰赶赴崖山。军行广东海陆丰时，崖山之战已结束七天。江钲闻知崖山20万军民已全军覆没，大哭数场后，亦投海而死。

崖山之战终于以宋军彻底失败而告终，南宋流亡政府最后崩溃，两宋历时320年，最后彻底灭亡。

崖山战事结束后，元军统帅张弘范自鸣得意，派人于崖山北面石壁镌刻"镇国大将军张弘范灭宋于此"，意在勒石记史，功垂千秋。旋，南宋遗民于石壁题诗一首：

> 沧海有幸留忠骨，顽石无辜记汉奸。
> 功罪昔年曾倒置，是非终究在人间。

元朝灭亡之后，当地人怒不可遏，铲掉当年颂扬张弘范灭宋纪事，改镌为"宋少帝与

---

①元·脱脱、阿鲁图《宋史·列传第二百一十·忠义六》。

丞相陆秀夫殉国于此"，以纪念陆秀夫临难受命壮烈殉节之壮举。

陆秀夫舍生取义忠烈壮举，受后世隆重敬仰。"及文、张、陆三人之奔波海陆，百折不回，尤为可歌可泣，可悲可慕。六合全覆而争之一隅，城守不能而争之海岛。明知无益事，翻作有情痴，后人或笑其迂拙，不知时局至此，已万无可存之理。文、张、陆三忠，亦不过吾尽吾心已耳。读诸葛武侯《后出师表》，结末云：'鞠躬尽瘁，死而后已，成败利钝，非所逆睹。'千古忠臣义士，大都如此，于文、张、陆何尤乎？宋亡而纲常不亡，故胡运不及百年而又归于明，是为一代计，固足悲，而为百世计，则犹足幸也。"①

其蹈海四年之后，元朝枢密院副使兼潮州路总管丁聚，仰慕陆秀夫高风亮节，为使其魂有所依，遂于南澳青径口营墓，并题碑"宋忠臣左丞相陆公墓"，以表于其负帝蹈海壮举之敬重。明万历四十七年（1619 年），朱明朝廷已千疮百孔难以为继，神宗朱翊钧为祈求中兴，追谥陆秀夫为"忠烈公"。清咸丰八年（1858 年），受太平天国沉重打击而处于风雨飘摇中之满清王朝，为鼓励汉族士人为其政权效命，敕命全国各地孔庙配祀陆秀夫。

陆秀夫殉国后，元代文人多有挽诗纪念。"陆秀夫抱幼主沉海，诸公作挽诗，惟盛元仁一章为冠。"②盛元仁即元初镇江学正盛彪，其《挽陆秀夫》诗曰：

> 紫宸黄阁共楼船，海气昏昏日月偏。
> 平地已无行在所，丹心犹数中兴年。
> 生投鱼腹不见水，死抱龙髯欲上天。
> 板荡纯臣有如此，流芳青史更无前！

盛元仁之评价，足以代表后世文人一致观点。作为文人，陆秀夫身处乱世而蹈海殉国，实乃中国文人"求仁得仁，求义得义"之最佳归宿。

于谦——粉骨碎身浑不怕　要留清白在人间

"于谦是明代一位杰出的英雄人物。他曾以《咏石灰》为题的诗，表述自己的志向……他光明磊落的一生，正如他诗中表述的那样，名垂千古，受人敬仰。"③

明代兵部侍郎于谦④尝"奉命于危难之间，受任于败军之际"，最终却因奸佞构陷而成

---

① 蔡东藩《宋史演义》。

② 元·吴师道《吴礼部诗话》。

③ 白寿彝《中国通史·第九卷·中古时代·明时期（下册）》。

④ 于谦（1398—1457 年），字廷益，号节庵，浙江钱塘县（今浙江杭州市）人，明朝大臣、文学家。

明英宗刀下冤魂，足令后世忠烈扼腕唏嘘不已。

于谦祖籍考城（今河南省民权县），其曾祖于九思元时离家赴杭州官，遂迁居钱塘太平里，故史载于谦为浙江钱塘人。于谦少有大志，器宇不凡。7 岁时，一和尚惊奇于其相貌，道："此人为拯救时局之宰相也。"于谦少年即怀揣匡时济世之志，尝作《石灰吟》诗以明志：

> 千锤万凿出深山，烈火焚烧若等闲。
> 粉骨碎身浑不怕，要留清白在人间。

永乐十九年（1421 年），于谦考取辛丑科进士。

宣德元年（1426 年），汉王朱高煦起兵乐安州谋叛，于谦随宣宗朱瞻基亲征，被任命为御史。"扈跸乐安，高煦出降，帝命谦口数其罪。谦正词崭崭，声色震厉。高煦伏地战栗，称万死。帝大悦。师还，赏赉与诸大臣等。"[1]宣宗因此诏令其巡按江西。于谦赴任，一度甄别昭雪被冤囚犯数百名。

于谦巡按晋豫时，"疏奏陕西诸处官校为民害，诏遣御史捕之。帝知谦可大任，会增设各部右侍郎为直省巡抚，乃手书谦名授吏部，超迁兵部右侍郎，巡抚河南、山西。谦至官，轻骑遍历所部，延访父老，察时事所宜兴革，即俱疏言之。一岁凡数上，小有水旱，辄上闻。"[2]正统年初，杨士奇、杨荣、杨溥主持内阁朝政，皆以才能重于谦。谦所奏报之事，旋报旋批，皆为"三杨"亲手主办。谦每进京商议国事，均空囊出入，当权者渐生怨望。"三杨"去世，太监王振掌权，作威作福，肆无忌惮地揽权纳贿，百官大臣争相献金求媚。每逢朝会，进见王振者必献纳白银百两；倘献白银千两，始得款待酒食，醉饱而归。谦则一切如旧不改初衷。或言："虽无馈金银财宝，且以乡产珍稀代之。"于谦潇洒一笑，甩两袖而道："唯两袖清风耳。"并特意写《入京》以明志：

> 绢帕蘑菇及线香，本资民用反为殃。
> 清风两袖朝天去，免得闾阎话短长！

后于谦入朝，推荐参政王来、孙原贞代己职。通政使李锡逢迎王振意志，弹劾于谦因长期未得晋升而心生不满，擅自推举他人代替自己。遂将其投入刑部大牢判处死刑，关押狱中三月余。百姓闻听于谦被判死刑，一时群民共愤，联名上书。王振见势不妙，遂以谎言释放于谦，降职为大理寺少卿。山西、河南官吏百姓数千人俯伏宫前上书，请求于谦留任。周王、晋王等藩王亦上言为其辩诬，诏令再命于谦为巡抚。时山东、陕西饥民流落河南求食者达 20 余万，于谦请旨发放河南、怀庆两府积储粟米救济。又奏请令布政使年富安抚流民，配给田地、耕牛、种子，由里老监督管理。

---

① 清·张廷玉等《明史·卷 170》。

② 清·张廷玉等《明史·卷 170》。

正统六年（1441 年），于谦上书：现河南、山西均积蓄数百万担粮食。请旨于每年三月，令府州县上报缺少食物之下等民户，按份额支给粮食，先给豆类、高粱，其次为小米、麦子，最后配给稻谷，秋收后偿还。因年老有病及贫困而不能偿还者，则给予免除。州县官吏任期已满，按律应当升迁者，倘预备粮不足，不能离任，且命风宪官员恒常监察。河南黄河沿岸常为洪水所扰。于谦令加厚建筑堤坝，每乡设亭，亭设亭长，责令其督率修缮堤坝。又令百姓植树掘井。数年之后，当地榆柳夹路，行人络绎于道而无饥渴之困。大同孤立塞外，按抚山西之官员常不能抵达，谦请旨另设御史治理。旋将镇边将领私开田地悉数收为官家屯田，以资边防开支。于谦代君巡按地方，恩威远布塞外，太行山盗贼亦因此不敢露面。

正统十三年（1448 年），于谦被召回京，任兵部左侍郎，遂结束 19 年巡按地方之经历。十四年（1449 年）七月，也先大举进犯山西，权宦王振挟持英宗亲征。于谦与兵部尚书邝埜极力劝谏，均遭英宗拒绝。邝埜随英宗管理军队，留于谦主持兵部事务。英宗于土木堡被俘，京师大为震惊，朝臣惊慌失措无可措手脚。郕王监国，命群臣讨论作战防守方略。侍讲徐珵言星象有变，当迁都南京。于谦厉声指斥："提议南迁者当斩！京师为天下根本，牵一发而动全身，根本动摇势必影响江山社稷。大明岂可效仿宋朝南渡之故事？"郕王肯定其说法，遂定防守北京之决策。"时京师劲甲精骑皆陷没，所余疲卒不及十万，人心震恐，上下无固志。谦请王檄取两京、河南备操军，山东及南京沿海备倭军，江北及北京诸府运粮军，亟赴京师。以次经画部署，人心稍安。"①旋，升任兵部尚书，全权负责筹划京师防御。

瓦剌于土木堡之变中俘获英宗后，率部兵临北京外围，要挟明朝输纳岁币。于谦以社稷为重君为轻之故，不许。为绝瓦剌之望，于谦先拥立郕王朱祁钰登基为代宗，改元"景泰"。遂整饬兵备，部署要害，亲自督战，率师 22 万，列阵北京九门外，以待瓦剌军。代宗加于谦少保衔，总督军务。于谦以和议难恃，乃择京军精锐分十团营操练，又遣兵出关屯守，边境以安。其时朝野多事，乃独运征调，悉合机宜，号令明审，片纸行万里外无不惕息。于谦忧国忘身，口不言功，自奉俭约，所居仅蔽风雨，然性固刚直，颇遭众忌。

"土木堡之变"伊始，郕王刚刚摄政朝议，右都御史陈镒上奏请求诛杀王振全族，廷臣一时纷纷响应。朱祁钰无胆决定，遂下令择时改议，廷臣则抗议不依。此时，王振党羽、锦衣卫都指挥使马顺叱斥百官。户科给事中王竑突然于朝堂猛击马顺，众臣纷纷跟随，马顺当即毙命，一时血溅朝堂，而士卒亦声汹欲诛。朱祁钰见状大惧，欲起身离去。于谦趋于郕王前，扶臂劝导道："马顺等人罪该诛死，打死勿论。"众人听后方止，此时于谦袍袖已经裂开。其退出左掖门时，吏部尚书王直紧握于谦之手叹道："社稷危难之际，正为倚仗廷益之时。今日朝堂之事，虽百个王直亦难置措！"自此，朝廷上下皆倚重于谦。而其亦临危不惧，毅然以社稷安危为己任。

---

①清·张廷玉等《明史·卷 170》。

"初，大臣忧国无主，太子方幼，寇且至，请皇太后立郕王。王惊谢至再。谦扬言曰：'臣等诚忧国家，非为私计。'王乃受命。九月，景帝立，谦入对，慷慨泣奏曰：'寇得志，要留大驾，势必轻中国，长驱而南。请饬诸边守臣协力防遏。京营兵械且尽，宜亟分道募民兵，令工部缮器甲。遣都督孙镗、卫颖、张、张仪、雷通分兵守九门要地，列营郭外。都御史杨善、给事中王竑参之。徙附郭居民入城。通州积粮，令官军自诣关支，以赢米为之直，毋弃以资敌。文臣如轼者，宜用为巡抚。武臣如石亨、杨洪、柳溥者，宜用为将帅。至军旅之事，臣身当之，不效则治臣罪。'帝深纳之。"[1]

十月，代宗敕令于谦提督各营军马。时，也先挟持太上皇（英宗）破紫荆关直入，进窥京师。石亨建议收兵固守，使敌兵劳累衰竭。于谦不愿示弱于敌，分别调遣诸将于九门外摆开迎敌阵势。都督陶瑾守安定门，广宁伯刘安御东直门，武进伯朱瑛陈兵朝阳门，都督刘聚防西直门，镇远侯顾兴祖扼阜成门，都指挥李端卫正阳门，都督刘得新护崇文门，都指挥汤芦巡宣城门。于谦、石亨率副总兵范广、武兴于德胜门外列阵，抵挡也先。下令临阵将领不顾部队先行退却者，斩将领；军士不顾将领先行退却者，后队斩前队。

初，也先率部深入，以为攻下京城如探囊取物，及见明朝官军严阵以待，顿觉丧失勇气。叛臣宦官喜宁教唆也先邀明大臣迎接太上皇，索取黄金、丝织品以万万计；又邀于谦及王直、胡等出城谈判。代宗不许，也先愈加沮丧。庚申，也先部队窥伺德胜门。于谦令石亨率神机营于空屋设下埋伏，以轻骑兵引诱敌人。敌骑一万逼近，副总兵范广发射火药武器，伏兵一齐迎击。也先之弟孛罗与平彰卯那孩中炮阵亡。也先率部转攻西直门，都督孙镗奋力抵御，无隙可乘。石亨分兵支援，敌寇撤退。副总兵武兴于彰义门为乱箭射死，寇兵聚于土城。居民爬越屋顶，以砖石投掷敌人，喧声震天。双方相持五天，也先知难以得势，又恐勤王兵马断其归路，遂挟持英宗撤退。于谦调集各路将领追至居庸关方罢。旋增兵守真定、保定、涿州、易州，请置大臣镇守山西，以防敌寇再次南侵。

景泰元年三月，总兵朱谦奏称敌兵三万围攻万全，敕令范广担任总兵官抵御。旋，敌寇退，于谦请旨驻兵居庸关，敌寇来则出关剿杀，退则回京师驻守。时"大同参将许贵奏，迤北有三人至镇，欲朝廷遣使讲和。谦曰：'前遣指挥季铎、岳谦往，而也先随入寇。继遣通政王复、少卿赵荣，不见上皇而还。和不足恃，明矣。况我与彼不共戴天，理固不可和。万一和而彼肆无厌之求，从之则坐敝，不从则生变，势亦不得和。贵为介胄臣，而恇怯如此，何以敌忾，法当诛。'移檄切责。自是边将人人主战守，无敢言讲和者。"[2]

初，也先诸多要挟皆由喜宁策划。代宗潜令镇守大同将领捕杀喜宁，又引诱杀死奸细田小儿。也先拟放回上皇（英宗），遣使者赴北京联络，京师戒备才稍有松懈。于谦上言："南京重地，抚辑须人。中原多流民，设遇岁荒，啸聚可虞。乞敕内外守备及各巡抚加意整饬。防患未然，召还所遣召募文武官及镇守中官在内地者。"[3]

---

①清·张廷玉等《明史·卷170》。

②清·张廷玉等《明史·卷170》。

③清·张廷玉等《明史·卷170》。

太上皇英宗北掳逾年，也先见中国朝政稳定，遂提议讲和。使者接连前来，提出遣送上皇归京。大臣王直等商议派使者前往迎接，代宗不悦。道："朕本不欲登大位，当时见推，实出卿等。"谦从容曰："天位已定，宁复有他，顾理当速奉迎耳。万一彼果怀诈，我有辞矣。"①代宗方同意迎回英宗。朝廷先后派遣李实、杨善前往，终于接回太上皇。

代宗凡事倚重于谦，而谦秉性刚直，嫉恶如仇，一味以忠君报国自许，遇事敢于担当不避斧钺，由是得罪奸佞小人，蝇营狗苟之徒皆怨恨之。徐珵因提出迁都南京，受于谦斥责旋改名为有贞，常咬牙切齿衔恨于谦。石亨本因违犯军法被削职，于谦请求代宗予以宽恕，令其总理十营兵，平时因惧怕于谦而不敢放肆。德胜门一仗胜利，石亨得世袭侯爵，内心有愧，遂上书推荐于谦子于冕，为于谦所拒，遂愧恨兼具，衔怨于胸。都督张轨因征苗不守律令，遭于谦弹劾，遂与内侍曹吉祥等伺机构陷于谦。瓦剌敌寇刚刚撤退，都御史罗通即刻上奏章弹劾于谦登记功劳簿不实在；御史顾曜亦弹劾于谦专权，干预六部大事。英宗得以生还，全赖于谦运筹帷幄，然其不以社稷存亡为念，汲汲于于谦拥立代宗之举，亦记恨于心。

景泰八年（1457年）正月，经英宗长期谋划，石亨、曹吉祥、徐有贞发动"夺门之变"，迎接太上皇英宗恢复帝位。英宗复辟成功宣谕朝臣后，立即将于谦与大学士王文逮捕入狱。诬陷于谦制造不轨言论，勾结太监王诚、舒良、张永、王勤策划迎接册立襄王。石亨唆使科道官上奏。都御史萧维祯审判定罪，坐以谋反，判处死刑。

正月二十三日，于谦被斩于崇文门外，此地为瓦剌进犯时于谦浴血奋战之所。于谦被杀后，按例抄家，然其家中除生活必需品及代宗所赐蟒袍、剑器之外，再无余财。于谦受刑之日，天空阴云密布。都督同知陈逢为于谦忠义感动，为其收敛尸体，期年后送回杭州安葬。"呜呼！自昔权奸将有所不利于忠勋之臣，则必内置腹心，外张羽翼，蛇盘鬼附，相与无间，而后得以逞焉。若汉太尉李固之死梁冀，宋丞相赵汝愚之死韩侂胄，与肃愍公之死石亨，一也。"②

"于少保忠诚报国，未闻于郕王即位，特别抗议，意者其亦因丧君有君，足以夺敌之所恃乎。昔太公置鼎，汉高尝有分我杯羹之语，而太公得以生还，道贵从权，不得以非孝目之。于公之意，毋乃类是。且诛阉党，拒南迁，身先士卒，力捍京师，卒之返危为安，转祸为福，明之不为南宋者，微于公力不及此。其次则即为郭登，于在内，郭在外，也先虽狡，其何能为？所未慊人心者，第郕王一人而已。"③英宗愧为一代帝王，心中全无祖宗江山社稷之念，唯存一己私利，枉杀社稷干臣，实在令人遗憾！

于谦死后，石亨党羽陈汝言任兵部尚书。不足一年，坏事败露，贪赃累计巨万。明英宗召大臣训诫："于谦于景泰朝受重用，死无余财，陈汝言之财何其多也？"旋边境有警，英宗满面愁容。恭顺侯吴瑾于旁侍候，进谏道："倘于谦在，瓦剌绝不敢如此放肆。"英宗无言以对。是年，徐有贞为石亨中伤，发配金齿口充军。又数年，石亨亦被捕入狱，死于

①清·张廷玉等《明史·卷170》。
②明·程敏政《七修类稿·卷三十三》。
③蔡东藩《明史演义·诛党奸景帝登极却强敌于谦奏功》。

狱中。曹吉祥谋反，遭灭族。于谦冤情得以真相大白。弘治二年，孝宗采纳给事中孙需意见，赠于谦特进光禄大夫、柱国、太傅，谥号"肃愍"，赐于墓地建祠堂，题为"旌功"，由地方年节拜祭。万历中，改谥"忠肃"。

"谦遭时艰屯，忧国忘家，计安宗社，其忠心义烈固已昭著史册。而所上奏疏，明白洞达，切中事机，尤足觇其经世之略。至其平日不以韵语见长，而所作诗篇，类多风格道上，兴象深远，转出一时文士之右，亦足见其才之无施不可矣。"①七律《岳忠武王祠》，足见于谦文才：

> 匹马南来渡浙河，汴城宫阙远嵯峨。
> 中兴诸将谁降敌，负国奸臣主议和。
> 黄叶古祠寒雨积，青山荒冢白云多。
> 如何一别朱仙镇，不见将军奏凯歌。

明初为台阁体流行高峰期，文人忌讳于作品中表达激烈情怀与悲伤情感，讲究保持创作风格之雍容，以便发挥其颂治鸣盛之政治作用。于谦诗作初显慷慨悲凉风貌，虽亦预示诗坛风气之转向，其实依然重于咏史抒怀，表露自己以先烈为楷模，以天下为己任之宏伟抱负。

"予观今人论肃愍公事，未尝不酸鼻流涕焉，盖伤为臣不易云。夫事莫大于君出、虏入、排迁、主战，四者旦夕之势，而存亡之判也。乃今人议则异是……且太子之易，南宫之锢，二者有能为公恕者否耶？公有不如意，辄拊膺忿曰：'此一腔血竟洒何地！'闻其言，孰非酸鼻流涕者而独咎予也？呜呼！伤乎，伤乎。"②

海瑞——滔滔恶浪掀天涌　老死空骸海角边

海瑞③祖先原籍福建，先祖海俅南宋时由福建迁移至广州，海俅重孙海逊子明朝开国之初任广州卫指挥（正四品武官）。海逊子儿子海答于1383年（洪武十六年）从军辗转海南岛，落籍琼山县。海答儿子海宽，中举后曾任福建松溪知县。有子侄海澄、海澜、海翰、海鹏、海迈五人。其中海澄官至四川道监察御史，其余三人皆中举，唯独海瑞之父海翰无所作为。

---

①清·纪昀等编撰《钦定四库全书·集部六·于忠肃集·提要》。

②明·程敏政《七修类稿·卷三十三》。

③海瑞（1514—1587年），字汝贤，号刚峰，广东琼山（今属海南）人，明朝著名清官。

　　海翰娶妻谢氏，于正德九年（1514 年）生海瑞。海瑞 4 岁父亲去世，从此孤儿寡母相依为命，靠祖上留下数十亩薄田勉强维持生活。谢氏性格刚强，于儿子要求极严，不允其如一般儿童嬉戏玩耍。海瑞自幼攻读诗书经传，立志日后步入仕途，成为不谋私利、不谄媚权贵、刚直不阿之清官，故自号"刚峰"，取做人为官须刚强正直不畏邪恶之意。嘉靖二十八年（1549 年），海瑞乡试中举，其于《治黎策》策论中，针对海南黎患不绝之现状，提出开通十字道路、设县所城池、中峙参将府兵备道之见解。

　　嘉靖二十九年（1550 年），海瑞赴京参加会试落榜，遂以《平黎策》上疏朝廷，再次申言治黎策略。然，此议仍未引起朝廷重视。三年后，海瑞参加二次会试再次落榜，遂决意放弃科举。1554 年闰三月，海南承宣布政使司指派海瑞赴福建延平府南平县任教谕。执教期间，有朝廷御史至县学视察，其余教师均跪伏于地通报姓名，唯独海瑞长揖行礼，道："于御史所在衙门当行部属礼仪，学堂为育才之地，不应屈身行礼。"

　　嘉靖四十一年（1562 年），海瑞于教谕职所历练 8 年之后，被任命为浙江淳安知县。淳安距杭州不远，人口庞杂思想活跃，故民间各类事件纠纷频发。海瑞遇事深入查访，明断疑难案件，深得当地民心。其日常生活异常节俭，穿布袍，吃粗粮糙米，命老仆人垦地种菜自给。总督胡宗宪尝谓同僚言："昨日闻听海县令为老母祝寿，仅买肉二斤。"胡宗宪之子路过淳安，因不满接待而向驿吏发怒，将驿吏倒挂起来惩罚。海瑞得报后佯装其假，谓左右道："昔日胡总督考察巡视地方，命沿途各县驿站供应不得过于铺张，观此人行装丰盛，定非胡公之子。"遂命人打开胡公子行囊，发现内有黄金数千两。海瑞命衙役将金子收入县库，派人乘快马报告总督。胡宗宪无奈，亦无由治海瑞罪，徒因子不肖而失黄金数千两。都御史鄢懋卿巡查路过淳安，酒饭供应十分简陋。海瑞高声宣称，淳安县衙狭小，难以容纳众多车马。鄢懋卿虽十分气愤，然其早闻海瑞清廉刚正之声，遂于饭后即收敛威风转赴他县。然，鄢懋卿将此怀恨于胸，后伺机嘱咐巡盐御史袁淳治海瑞与慈溪县霍与瑕之罪。霍与瑕为礼部尚书霍韬之子，亦坦率正直，于鄢懋卿巡查时未谄媚奉迎。然其树大根深有恃无恐，鄢懋卿、袁淳之流无奈其何。时，海瑞已升为嘉兴通判，袁淳遂捏造事实上奏诬陷，海瑞因此被贬为兴国州判官。

　　海瑞知淳安时，国公张志伯奉旨巡察各省。其依仗权势，于所经之处贪赃枉法，百姓怨恨。海瑞劝农归来，志伯亲信差官张彪至县衙，强索赊银万两。海瑞严词拒绝，并将张彪棍责逐出。张志伯闻报大怒，至淳安责问海瑞，海瑞据理与张算账，指斥其贪赃枉法，张志伯大窘。临行，张志伯为出恶气，索要纤夫 400 名刁难海瑞。海瑞因农忙，不愿扰害百姓，遂亲自率领衙役背纤，志伯恐因此引起民愤，遂狼狈而去。

　　嘉靖四十五年（1566 年），吏部尚书陆光祖主持文官选举，海瑞遂被选拔为户部云南司主事。"时世宗享国日久，不亲朝，深居西苑，专意斋醮。督抚大吏争上符瑞，礼官辄表贺。廷臣自杨最、杨爵得罪后，无敢言时政者。"[1]四十五年农历二月，海瑞于棺材铺买好棺材，将家人托付于好友，遂向世宗皇帝呈上《治安疏》，批评世宗迷信巫术，生活奢

---

　　①清·张廷玉等《明史·列传·一百十四》。

华，不理朝政等弊端。

"帝得疏，大怒，抵之地，顾左右曰：'趣执之，无使得遁！'宦官黄锦在侧曰：'此人素有痴名。闻其上疏时，自知触忤当死，市一棺，诀妻子，待罪于朝，僮仆亦奔散无留者，是不遁也。'帝默然。少顷复取读之，日再三，为感动太息，留中者数月。尝曰：'此人可方比干，第朕非纣耳。'会帝有疾，烦懑不乐，召阁臣徐阶议内禅。因曰：'海瑞言俱是。朕今病久，安能视事。'又曰：'朕不自谨惜，致此疾困。使朕能出御便殿，岂受此人诟詈耶？'遂逮瑞下诏狱，究主使者。寻移刑部，论死。狱上，仍留中。户部司务何以尚者，揣帝无杀瑞意，疏请释之。帝怒，命锦衣卫杖之百，锢诏狱，昼夜榜讯。……帝初崩，外庭多未知。提牢主事闻状，以瑞且见用，设酒馔款之。瑞自疑当赴西市，恣饮啖，不顾。主事因附耳语：'宫车适晏驾，先生今即出大用矣。'瑞曰：'信然乎？'即大恸，尽呕出所饮食，陨绝于地，终夜哭不绝声。"[1]首辅徐阶曾力救海瑞，有阁臣主张将海瑞处以绞刑，均为徐阶与刑部尚书黄光升扣压不具。

嘉靖四十五年（1566年）十二月十五日，裕王朱载垕（明穆宗）继位，改国号隆庆。穆宗奉先帝世宗遗诏，大赦天下。海瑞等一干谏言诸臣均获释出狱，官复原职。旋，海瑞改赴兵部任职，又调大理寺任尚宝丞（专门管理皇帝御玺、印鉴之官员）。

隆庆元年（1567年），首辅徐阶为御史齐康弹劾。海瑞上言："阶事先帝，无能救于神仙土木之误，畏威保位，诚亦有之。然自执政以来，忧勤国事，休休有容，有足多者。康乃甘心鹰犬，捕噬善类，其罪又浮于高拱。"[2]朝臣皆以为其言客观衷肯。

其后，海瑞被调往通政司，历任左通政、右通政之职。

三年夏天，海瑞升调右佥都御史（正三品），外放应天巡抚。辖区包括应天、苏州、常州、镇江、松江、徽州、天平、宁国、安庆、池州十府及广德州，多为江南富庶鱼米之乡。属吏惧怕海瑞威严，贪官污吏多自动辞职。有显赫权贵原本将门漆成红色，闻听海瑞巡抚应天，遂改漆黑色。宦官于江南监督织造，亦一改往日骄奢淫逸之状，减少车马随从夹起尾巴做人。

巡抚应天期间，海瑞兴利除害，请求整修吴淞江、白茆河，通流入海，百姓大得兴修水利之惠。江南大户兼并土地尤烈，海瑞深恨之。为摧毁豪强势力，其先于张居正推行"一条鞭法"，贫苦百姓为富豪所兼并土地，大多被夺回交还原主，深受百姓爱戴，遂呼其为"海青天"。"徐阶罢相里居，按问其家无少贷。下令飚发凌厉，所司惴惴奉行，豪有力者至窜他郡以避。而奸民多乘机告讦，故家大姓时有被诬负屈者。又裁节邮传冗费。士大夫出其境率不得供顿，由是怨颇兴。都给事中舒化论瑞，滞不达政体，宜以南京清秩处之，帝犹优诏奖瑞。已而给事中戴凤翔劾瑞庇奸民，鱼肉搢绅，沽名乱政，遂改督南京粮储。瑞抚吴甫半岁。小民闻当去，号泣载道，家绘像祀之。"[3]

卸任应天巡抚后，海瑞拟赴南京任新职。然适逢高拱掌握吏部，因其仇恨海瑞，遂将

①清·张廷玉等《明史·列传·一百十四》。

②清·张廷玉等《明史·列传·一百十四》。

③清·张廷玉等《明史·列传·一百十四》。

该职务合并于南京户部之中，海瑞因此告病引退，回琼山老家闲居。

隆庆四年（1570年），海瑞专程前往福建晋江潘湖黄光升府邸，拜见致仕赋闲之前刑部尚书，以谢当年营救保护之恩。

万历元年（1573年），张居正主持国政，命巡按御史考察海瑞。御史至山中审察，海瑞杀鸡做菜招待，御史见其房屋居舍冷清简陋，叹息而去。然，张居正惧怕海瑞严峻刚直，虽有朝中官员多次推荐，终不敢加以任用。

十二年（1584年）冬，张居正去世。吏部拟用海瑞为左通政，神宗朱翊钧向来器重海瑞名望，遂召海瑞为南京右金都御史，赴任途中又改为南京吏部右侍郎。时年海瑞已72岁。旋上疏，言衰老垂死，愿效古人尸谏之意，列举太祖朱元璋刑法之严："'陛下励精图治，而治化不臻者，贪吏之刑轻也。诸臣莫能言其故，反借待士有礼之说，交口而文其非。夫待士有礼，而民则何辜哉？'因举太祖法剥皮囊草及洪武三十年定律枉法八十贯论绞，谓今当用此惩贪。其他规切时政，语极剀切。"[1]力劝皇帝以暴虐刑法治理官员贪腐。当时朝臣评议，认为海瑞是言不当，御史梅鹍祚遂弹劾海瑞。神宗虽亦认为海瑞言论有过失，然清楚海瑞之耿介忠诚，为此免去梅鹍祚俸禄。

神宗有意重用海瑞，然却屡遭主持国事之阁臣暗中阻挠，遂任命海瑞为南京右都御史。海瑞履职斯任，力主严惩贪官污吏，禁止徇私受贿。诸司向来苟且怠慢，海瑞身体力行矫正弊端，偶有御史戏乐，则按太祖法规给予杖刑。百官恐惧不安，皆畏受其苦。提学御史房寰恐怕被举发，拟施恶人先告状之法，给事中钟宇淳从中怂恿，房寰遂数次上疏诽谤诬蔑海瑞。海瑞亦多次上疏请旨致仕，神宗下诏慰留不许。

万历十四年（1586年），黄光升去世，海瑞听闻悲伤至极，带病前去晋江奔丧。

十五年（1587年），海瑞病死于南京任上，享年73岁。海瑞无子嗣，府衙遣人代殓。"金都御史王用汲入视，葛帏敝籝，有寒士所不堪者。因泣下，醵金为敛。小民罢市。丧出江上，白衣冠送者夹岸，酹而哭者百里不绝。"[2]海瑞本属回民，"埋体"船载运回家乡，故四乡穆斯林皆白衣白帽夹岸迎接，祭奠哭拜之人百里不绝。朝廷追赠海瑞太子太保，谥号"忠介"。

海瑞一生经历正德、嘉靖、隆庆、万历四朝，所任之处，皆以清廉耿介留名。其耿介之状于判处徐阶之子强占民田案可窥一斑。太师徐阶于海瑞有师生之谊、救命之恩。徐阶三子徐瑛霸占民田，鱼肉乡里，强占民女赵小兰。小兰母洪阿兰告状，华亭县令王明友受贿，杖毙小兰祖父。应天巡抚海瑞微服出访，路遇洪阿兰，查明真相，判处徐瑛、王明友死罪，饬令退田。徐阶为救其子，遂买通太监、权贵，妄图罢免海瑞，推翻定案。海瑞断然处斩二犯，然后交出大印，慨然罢官归里。

"瑞生平为学，以刚为主，因自号刚峰，天下称刚峰先生。尝言：'欲天下治安，必行井田。不得已而限田，又不得已而均税，尚可存古人遗意。'故自为县以至巡抚，所至力行清丈，颁一条鞭法。意主于利民，而行事不能无偏云……赞曰：海瑞秉刚劲之性，戆直

①清·张廷玉等《明史·列传·一百十四》。
②清·张廷玉等《明史·列传·一百十四》。

自遂，盖可希风汉汲黯、宋包拯。苦节自厉，诚为人所难能。"①

《治安疏》为海瑞上呈世宗朱厚熜之奏疏。其于奏疏中大胆揭发官场弊端与罪恶，提出改革意见，希望执国柄者能够采纳。其任应天巡抚后，立即颁布《督抚宪约》，规定巡抚出巡各地，府、州、县官一律不准出城迎接，亦不准设宴招待。考虑朝廷大员或许仍须稍存体面，准许工作餐可有鸡、鱼、猪肉各一样，然不得供应鹅与黄酒，且不准超过伙食标准。其规定接待标准为，物价高处纹银三钱，物价低处两钱，蜡烛、柴火等开支亦于其内。海瑞于应天推行一条鞭法，将过去按地、户、丁分别征收实物、征发徭役之赋役制度，改为按土地、人丁征收货币与白银；将过去由纳税户轮流征收解运改为官府自行征收解运。将田赋、力役及其他杂税合编为一条，统一按田亩核算征收。原来按丁户征役之办法一并改为摊入田亩。

海瑞为官清廉几达不近人情地步，故其死后成为历代清官楷模。官场风气，新官到任，旧友高升，馈赠礼品礼金，以示祝贺，为人之常情。海瑞升迁则明白告示："今日做了朝廷官，便与家居之私不同。"然后将礼品逐一退还，即使老友贺邦泰、舒大猷远道送礼亦不例外。临终前，兵部送来柴金多算七钱银子，海瑞算清后悉数退回。

海瑞于书法研究亦颇精深，"楷、行皆佳，笔力精绝，功力深厚，静逸而无妩媚之态"，"其笔法奇矫且可观。"②以其现存书法作品观之，则行草书为最出色，笔力矫健，结体奇崛，极见功力。而其小楷，亦规整可观，有古拙之气。

"公之学以刚为主，其在朝，气象岩岩，端方特立，诸臣僚多疾恶之，无与立谈。"③

明代思想家李贽评价："先生如万年青草，可以傲霜雪而不可充栋梁。"而嘉靖皇帝则道："海瑞，乃大明之神剑，唯德者堪能用之。"倘若令海瑞担任内阁首辅，不知明代官场与社会竟是何种模样？

史可法——鉴亡国孤臣恨事 为有明结局完人

清代"桐城派"散文大家方苞于其著名散文《左忠毅公逸事》中，对史可法④重情尚义之磊落品格与其师左光斗忠贞为国之铮铮铁骨，均作有血有泪之描述：

---

①清·张廷玉等《明史·海瑞传》。
②清·康有为《广艺舟双楫》。
③清·屈大均《广东新语》。
④史可法（1601—1645年），字宪之，又字道邻，河南祥符人（今河南开封），明末政治家、军事统帅。

　　先君子尝言，乡先辈左忠毅公视学京畿。一日，风雪严寒，从数骑出，微行入古寺。庑下一生伏案卧，文方成草。公阅毕，即解貂覆生，为掩户。叩之寺僧，则史公可法也。及试，吏呼名至史公，公瞿然注视，呈卷，即面署第一。召入，使拜夫人，曰："吾诸儿碌碌，他日继吾志事，惟此生耳。"

　　及左公下厂狱，史朝夕狱门外。逆阉防伺甚严，虽家仆不得近。久之，闻左公被炮烙，旦夕且死，持五十金，涕泣谋于禁卒，卒感焉。一日，使史更敝衣，草屦，背筐，手长镵，为除不洁者，引入。微指左公处，则席地倚墙而坐，面额焦烂不可辨，左膝以下筋骨尽脱矣。史前跪抱公膝而呜咽。公辨其声，而目不可开，乃奋臂以指拨眦，目光如炬，怒曰："庸奴！此何地也，而汝来前！国家之事糜烂至此，老夫已矣，汝复轻身而昧大义，天下事谁可支拄者？不速去，无俟奸人构陷，吾今即扑杀汝！"因摸地上刑械作投击势。史噤不敢发声，趋而出。后常流涕述其事以语人，曰："吾师肺肝，皆铁石所铸造也。"

　　崇祯末，流贼张献忠出没蕲、黄、潜、桐间，史公以凤庐道奉檄守御。每有警，辄数月不就寝，使将士更休，而自坐幄幕外。择健卒十人，令二人蹲踞而背倚之，漏鼓移则番代。每寒夜起立，振衣裳，甲上冰霜迸落，铿然有声。或劝以少休，公曰："吾上恐负朝廷，下恐愧吾师也。"

　　史公治兵，往来桐城，必躬造左公第，候太公、太母起居，拜夫人于堂上。

　　余宗老涂山，左公甥也，与先君子善，谓狱中语，乃亲得之于史公云。

　　左光斗、史可法师徒，真可谓珠联璧合相映成辉。"名师出高徒"，师生志趣品行如左、史者，纵观古今有几人？

　　史可法先祖为东汉溧阳侯史崇，可法为其第49世裔孙。相传其母夜梦文天祥入室而受孕怀胎，生下可法。可法以奉母至孝而誉满乡里。即长，以荫恩得世袭锦衣卫百户。

　　崇祯元年（1628年），史可法考中进士，初授西安府推官，旋迁户部主事，历任员外郎、郎中。

　　崇祯八年（1635年），可法"迁右参议，分守池州、太平。其秋，总理侍郎卢象升大举讨贼。改可法副使，分巡安庆、池州，监江北诸军。黄梅贼掠宿松、潜山、太湖，将犯安庆，可法追击之潜山天堂寨。"[1]时，滁州叛军为祖宽击败，逃往河南。十二月，叛将马守应联合罗汝才、李万庆自郧阳东犯，史可法转驻太湖，扼守要道。

　　十年，受巡抚应天、安庆十府右佥都御史张国维推荐，升任都御史，巡抚安庆、庐州、太平、池州及河南、江西、湖广部分府县。是年叛军自安庆石牌小路突围，驻扎桐城，参将潘可大率部败之。叛军于溃逃途中又为庐、凤两地军队阻拦，遂被迫再次逃回桐城。史可法与潘可大率军围剿，叛军败走庐江，左良玉于枫香驿将其击败。三月，潘可大与副将程龙攻打宿松时阵亡，敌分同党摇天动另编一营，以八营共20余万士卒，分别驻扎

----

①清·张廷玉等《明史·史可法传》。

桐城之练潭、石井、淘冲等地。总兵官牟文绶、刘良佐率军于挂车河将其击败。旋,可法因久无平叛之功而获罪,朝廷令其戴罪立功。

崇祯十二年(1639年),可法以岳父去世而离职。丧满,用为户部右侍郎兼右佥都御史,接替朱大典总管漕运,巡抚凤阳、淮安、扬州等地。十四年,可法总督漕运,弹劾罢免三个督粮道,增设漕储道一人,大力疏通南河,使漕务大有整治。十六年七月,可法拜南京兵部尚书,参赞机密政务。鉴于军队久不训练,战斗力薄弱,可法上书八条改革奏议。

崇祯十七年(1644年),可法闻李自成进攻北京,遂率军进京勤王。军队抵达浦口,北京已陷于李自成之手,崇祯皇帝朱由检于煤山自缢而亡。可法遂为崇祯帝发丧,旋接张慎言、吕大器、姜曰广等人文书,拟拥立朱常淓为新君。然,时任凤阳总督马士英暗地与兵部右侍郎阮大铖商议,主张立福王朱由崧为帝。可法告其朱由崧为帝之七不足,然马士英已与黄得功、刘良佐、刘泽清、高杰发兵护送福王至仪真。史可法等遂前往迎接福王。

"五月朔,王谒孝陵、奉先殿,出居内守备府。群臣入朝,王色赧欲避。可法曰:'王毋避,宜正受。'既朝,议战守。可法曰:'王宜素服郊次,发师北征,示天下以必报仇之义。'王唯唯。明日再朝,出议监国事。张慎言曰:'国虚无人,可遂即大位。'可法曰:'太子存亡未卜,倘南来若何?'诚意伯刘孔昭曰:'今日既定,谁敢复更?'可法曰:'徐之。'乃退。又明日,王监国,廷推阁臣,众举可法、高弘图、姜曰广。孔昭攘臂欲并列,众以本朝无勋臣入阁例,遏之。孔昭勃然曰:'即我不可,马士英何不可?'乃并推士英。又议起废,推郑三俊、刘宗周、徐石麒。孔昭举大铖,可法曰:'先帝钦定逆案,毋复言。'越二日,拜可法礼部尚书兼东阁大学士,与士英、弘图并命。可法仍掌兵部事,士英仍督师凤阳。乃定京营制,如北都故事,侍卫及锦衣卫诸军,悉入伍操练。锦衣东西两司房,及南北两镇抚司官,不备设,以杜告密,安人心。"[1]

史可法遂请旨统率军队,外出镇守淮、阳两地。陛辞,加封其为太子太保,改任兵部尚书、武英殿大学士。马士英入朝值勤,划江北为四镇,东平伯刘泽清辖淮、海等地,驻军泗水,经理开、归一路;总兵官刘良佐统凤、寿等地,驻扎临淮,经理陈、杞一路;靖南伯黄得功统辖滁、和等地,驻军庐州,经理光州、固始一路。

六月,李自成被清军击败,放弃北京率兵向西窜逃,各郡县开始争先恐后杀死其所设伪官,占据城堡自卫。史可法请求皇上颁布监国、登极诏书,以安抚山东、河北军队与百姓思想,并开设礼贤馆,招收各地人才,命监纪推官应廷吉主管此事。八月,史可法外出巡视淮安,检阅泽清兵马。返回扬州,遂向朝廷请求粮饷,以为进取北方费用。马士英把持内阁,吝啬不肯送发,史可法上疏皇帝催促,并借机进谏:"近来人才日益减少,入官门路日益混乱,慕名之心胜而务实之心少。望皇上专心于讨伐乱贼,以期报复国仇。凡捡拾空虚华丽词句,谋取高官厚禄之人,有罚无赦!"福王只以诏书回应,不见实际作为。

清顺治二年(1645年)四月,左良玉率数十万兵力,由武汉举兵东下,举旗清君侧,

①清·张廷玉等《明史·史可法传》。

除"马阮"，马士英命可法尽撤江防之兵以防良玉，史可法只得兼程入援，抵燕子矶，以致淮防空虚。左良玉为黄得功所败，呕血死，全军降清；史可法奉命北返，此时盱眙降清，泗州城陷。史可法遂至扬州，继续抵抗清兵。

三月十日，清豫亲王多铎率部南下，分兵亳州、徐州两路，向南推进，势如破竹，迅速占领徐州、亳州、盱眙，并乘势下淮安，夺泗州，渡淮河。史可法传檄诸镇发兵援救。刘泽清北遁淮安，仅刘肇基等少数兵至，防守见绌。四月十九日，明将许定国引多铎师至扬州，扬州为清国水陆各军重围。守将史可法统率军民，坚守孤城，并上奏弘光小皇帝求援。弘光不应，扬城告急。四月二十一日，明总兵李栖凤、监军副使高岐凤拔营出降，形势更为危急。时，多尔衮劝降，史可法致《复多尔衮书》拒绝投降。其中称道："今逆贼未服天诛，谍知卷上西秦，方图报复。此不独本朝不共戴天之恨，抑亦贵国除恶未尽之忧。伏乞坚同仇之谊，全始终之德；合师进讨，问罪秦中；共枭逆贼之头，以泄敷天之愤。则贵国义闻，照耀千秋，本朝图报，惟力是视。"言辞不卑不亢，精神流传万世。副将史德威追随有年，可法收德威为义子，托以后事。史可法坚守扬州至四月二十五日，终因弹尽粮绝，为清军红夷大炮攻破。扬州城破，史可法自刎，为众将所拦。众人拥其下城楼，大呼曰："我史督师也！"多铎劝降，可法坚称："吾为朝廷大臣，岂肯偷生为万世罪人！吾头可断，身不可辱，愿速死，从先帝于地下。""城亡与亡，我意已决，即碎尸万段，甘之如饴，但扬城百万生灵不可杀戮！"旋壮烈就义于南城楼上，时年仅 44 岁。

多铎因攻城受阻，清军伤亡惨重，心怀恼恨，遂下令屠杀扬州百姓。大屠杀持续 10 天，死亡 80 万人，史称"扬州十日"。

史可法死后 12 天，其遗体不知下落。隔年，史德威将其袍子、帽、靴、笏板、衣冠葬于扬州城天宁门外梅花岭，并于史氏宗祠东宅建立"忠烈祠"。

"扬州十日"幸存者王秀楚于其《扬州十日记》中，对清军屠城之血腥场景有过较详尽描述："……行过一沟一池，堆尸贮积，手足相枕，血入水碧赭，化为五色，塘为之平。至一宅，乃廷尉永言姚公居也，从其后门直入，屋宇深邃，处处皆有积尸……"

"史可法悯国步多艰，忠义奋发，提兵江浒，以当南北之冲，四镇棋布，联络声援，力图兴复。然而天方降割，权臣掣肘于内，悍将跋扈于外，遂致兵顿饷竭，疆圉日蹙，孤城不保，志决身歼，亦可悲矣！高弘图、姜曰广皆蕴忠谋，协心戮力，而扼于权奸，不安其位。盖明祚倾移，固非区区一二人之所能挽也。"[1]

乾隆三十七年（1772 年），爱新觉罗·弘历追谥史可法为"忠正"，世称"忠烈公"，并御笔亲题"褒慰忠魂"四字，以赞其英勇忠烈。[2]

清代诗人张尔荩为"忠烈祠"撰写楹联"数点梅花亡国泪，二分明月故臣心。"内容言简意赅，笔墨雄壮雅健，使观者能够赫然领略史可法"吾誓与城为殉"之凛然正气、飒飒风采。

史可法诞辰三百六十周年之际，郭沫若先生为史可法写赞诗：

---

① 清·张廷玉等《明史·卷二百七十四·列传第一百六十二》。

② 清《钦定胜朝殉节诸臣录·卷一》。

国存与存亡与亡，巍峨庙貌甚堂堂。

梅花岭畔遗香在，铁钉何时返故邦。

英国外交家马戛尔尼曾道："明末的反清并不仅是民族斗争，也不仅是什么捍卫明朝一姓私利的斗争，而是文明与野蛮、进步与落后的斗争，是关系到中国后来几百年命运的一场斗争。"此言的确不谬。诚如是，倘史可法胜，满清不得坐朝堂，今日之中国，不知将为何情状？

愚以为，史可法守扬州，于皇帝则其肝胆忠烈朗如日月，于百姓则无辜罹难血流成河，二者究竟取孰为宜？江山者，朱家一姓之江山。朱家子孙不肖，守不住祖宗基业，于万民百姓何干？史可法宁为大明忠烈，自可赴汤蹈火以身殉国，何以为明知不可为而为之之事，致使近百万无辜百姓为腐朽昏庸之帝王殉葬，是可取乎？为臣者忠君为分内事，然为官者爱民岂非分内事？扬州乃至天下人仅以其忠君事为其建祠立庙，四时香火不断。而近百万无辜亡灵谁为之祭奠，其冤魂将归于何处？呜呼，忠不过可法，愚不过百姓矣！

于成龙——始终甘棠贤风范　清端六廉天下知

有清一代，得皇帝金口御封"天下第一廉吏"者，惟于成龙[①]一人而已。

明万历四十四年（1617年），于成龙诞生于山西永宁来堡村，昆仲排行老二。旋，生母田氏病逝，父亲继配李氏。成龙自幼与继母关系融洽，孝悌勤谨。其先祖数辈均为明朝官吏，乃父于乡里倡导孝义之道，有长者之风。受家教熏陶与家学影响，成龙性格端庄，不苟言笑，才智过人，勤俭耐劳，尤其崇尚实干，不屑空谈。其虽大器晚成，然少有大志，自幼以耕读为业，深得儒学精要。

崇祯十二年（1639年），成龙赴太原参加山西乡试，考官公然行贿受贿，徇私舞弊，成龙于考卷上痛陈时弊，直抒胸臆，结果正榜无名，勉强考取副榜贡生。副榜贡生类似备取生，虽不算正式中举，然可直接参加会试或授职入仕。成龙于会试之后，以父亲年迈为由，辞去选官机会，回乡里侍奉老父。

清顺治四年（1647年），于成龙入太原崇善寺书院攻读4年，于顺治八年再次参加乡试，依然名落孙山，是年35岁。旋，兄长于化龙病故、三子于廷元出生、父亲年老多病要人侍候汤药、继母虽健亦已暮年、长子次子已届求学年纪，家中开支日益增大，生活重担

---

① 于成龙（1617年9月—1684年5月），字北溟，号于山，山西永宁（今山西方山县）人，清代清官楷模。

全落于其肩。成龙于此再无缘科举功名。

顺治十八年（1661年），于成龙入国子监结业，以明经谒选清廷吏部，朝廷委任其为广西柳州罗城县令，是年45岁。罗城地处遥远边荒，新隶清朝统治不足两年，民风剽悍，局势未稳，先期两任知县一死一逃。然，于成龙怀着"此行绝不以温饱为志，誓勿昧天理良心"之抱负，不顾亲朋阻拦，抛妻别子，毅然接受朝廷委任。继母是年已逾花甲，立于村口窑洞拭泪目送儿子远赴南蛮上任。

"罗城居万山中，盛瘴疬，民犷悍。方兵后，遍地榛莽，县中居民仅六家，无城郭廨舍。"[1]县衙也仅为三间破茅房，新任知县只得委身寄居关帝庙中。环境条件太过困顿，随其同来之五名仆从不久或死或逃，仅剩其一人茕茕孑立形影相吊。然其以坚强意志扶病理事，迈开仕宦生涯第一步。

罗城百废待举，首要在于安定社会，恢复生产。于成龙遂采取"治乱世，用重典"之法，先于全县城乡建立保甲，严惩缉获案犯，大张声势"严禁盗贼"。境内初安后，又约会乡民练兵，甘冒"未奉令而专征，功成亦互不赦"之严重后果，抱为民而死甚于疬而死之决心，拟讨伐常年扰害乡民之"柳城西乡贼"。慑于其正气声威，西乡"渠魁俯首乞恩讲和，抢掳男女尽行退还"。"邻盗"从此不敢再犯罗境。消除内忧外患，成龙始招募流民恢复生产，且常深入田间访问农事，奖勤劝惰。农闲时带领百姓修民宅、建学校、筑城墙。对迁入新居之农家，亲为之题写楹联，以示鼓励。旋以刚柔并用之策，根治"数大姓负势不下"之痼疾，一向桀骜不驯之地方豪强"皆奉法唯谨"。三年之间，罗城气象焕然一新，百废俱兴，百姓安居乐业。

成龙治罗风生水起，深得两广布政使金光祖器重，树罗城为两广地方治理楷模。康熙三年（1664年）春，金光祖升广西巡抚，就地方施政征询成龙高见。成龙遂两次条陈，谓地方施政不外重在澄清吏治、"弭盗"与"慎刑""抚"字催科、轻徭薄赋、乡民和睦等。

康熙六年（1667年），两广总督金光祖举荐于成龙为广西省唯一"卓异"，并升任四川合州知州。离罗城赴任，成龙竟贫无入川资。罗城百姓闻其远调，遮道呼号："公今去，我侪无天矣！"追送数十里，哭而不还情景感人。

清初，四川遭战乱最久，人口锐减居全国之首。合州辖下三县，丁口仅百余人，正赋14两，故衙门各种供役开支使百姓繁重不支。目睹地方荒残，成龙以招抚百姓为急务，首先革除宿弊，严禁官吏勒索百姓，旋免去规定驱从，以家仆随身。

合州土地因战乱而极度荒芜，流民遍地却无人附地耕作，原因在于土地撂荒无人问津，一旦耕作原主则即刻趋前认业。成龙遂严格规定"凡一占即为己业，后亦不得争论"。且严令各县尽力为新附百姓解决定居与垦荒所遇困难，并亲自为新附民区划田舍、登记注册、借贷牛种，申明三年后起科。于是，"新集者既知田业可持为己有而无复征发仓卒之忧，远近悦赴，旬日之间户以千计。"奖励垦荒虽为清初基本国策，然于成龙之"禁止原主认业"则先于清廷明确规定15年。未逾二年，合州人口骤增，田地开辟。招民

---

[1]民国·赵尔巽编纂《清史稿·于成龙传》。

垦荒政绩显著，于成龙于康熙八年（1669 年）擢升为湖广黄州府同知。

时，黄州"盗患"泛滥，盗贼甚至白昼劫路伤命，严重危害社会治安与百姓正常生活。于成龙上任之初，即以郡丞身份坐镇岐亭治盗。为摸清盗情及每件重大盗案，其辄以"微行"方式，扮作田夫、旅客或乞丐，深入村落田野调查疑情，是以对当地盗情了如指掌。且特于衣内置一布袋，专放盗贼名单，"自剧贼、偷儿踪迹无不毕具，探袋中勾捕无不得。"然于审理案情时，成龙则主张慎刑，以教为主，采取"宽严并治""以盗治盗"之法，取得突出成效。于成龙于词讼断狱，素以包公式人物著称。每临疑案，不特铁面无私，且头脑敏锐细心，尤长于自细节推断案情症结，排解诸多重大疑案、悬案、错案。黄州百姓呼其为"于青天"，民间亦流传"鬼有冤枉也来伸"歌谣。其破案、察盗之案例，清人野史、笔记及民间文艺均有反映，乃至于几达神化程度。蒲松龄《聊斋》之《于中丞》一节，即记叙两例与其有关之故事。其刑法思想于清朝一代影响颇深。

于成龙于黄州同知任上政绩突出，深为湖广巡抚张朝珍器重，故再次被举"卓异"。康熙十二年（1673 年），于成龙被调主持武昌府政务，拟将擢武昌知府。其时适逢"三藩之乱"爆发，吴三桂攻势凌厉，贵州、湖南望风披靡。时，三桂特制封官"札书"，遣湖北籍部将回籍策反，制造暴乱。十三年五月，麻城发现"伪札"，知县即以"通贼"罪名大肆滥捕，人人自危。曹家河人刘君孚父子接受"副将伪礼"，乘机联络东山一带寨民暴乱。成龙以"招抚"方针，查清事件原委，张贴安民告示，使绝大多数胁从百姓归家，事态迅即趋于缓和。旋，成龙冒险只身进入刘君孚山寨说服刘及 300 枪手（猎户）归降。10 天之内，一场动乱顺利平息。

八月，黄州发生二次暴乱，于成龙遂调任黄州知府平叛。其时，潜入奸细乘黄州府空虚，联络当地豪绅纷纷起事，"高山大潮，烽火相望"，声势甚猛。于成龙面对险恶形势，力排众议制订主动进剿策略，遂调集乡勇数千人于东山黄土坳与暴乱者展开激战。其身先士卒，危急关头置生死于度外，擒获暴乱首领何士荣，黄州叛乱历二十余日得以平息。湖广总督蔡毓荣高度褒奖其临危不乱之果敢才能。

黄州历经"三藩之乱"，官府征兵催粮、洪涝旱灾造成连年饥荒。于成龙履职伊始，一面上书请求蠲免税赋，赈济灾民，一面开展民间自救，自己常年以粗糠野菜为食，以节省薪俸口粮用于救灾。尝作《乙卯春题书雪堂》记叙当时情景：

> 竹笋才生黄犊角，蕨芽初放小儿拳。
>
> 试寻野菜和香饭，便是黄州二月天。

诗人以乐观笔触描写知府率同衙役四处寻觅野菜以度春荒之动人情景，读来令人感同身受。

康熙十八年（1678 年），于成龙升湖广下江陆道道员，地位环境均大为改善，然其仍保持异于常人之艰苦作风，丝毫未见奢华。同年，升福建按察使。

时，朝廷为应付台湾郑氏抗清势力，实行"海禁"，闽地沿海官吏罔视连年兵祸，民不聊生，动辄以"通海"罪名兴起大狱，使诸多沿海渔民罹难，每案被拟极刑者达数十上百人之多，甚至殃及妇女孺子。于成龙审阅案卷时发现"有民以通海获罪，株连数千人，狱成，当骈戮……白康亲王杰书，言所连引多平民，宜省释。王素重成龙，悉从其请。"[1]成龙遂将诸案予以重审，使千余名百姓免遭屠戮而获释。翌年夏，成龙于按察使任上第三次举"卓异"，旋升布政使。巡抚吴光祚专疏举荐，称于成龙为"闽省廉能第一"。十九年春，康熙帝"特简"于成龙为畿辅直隶巡抚。翌年春，康熙帝于紫禁城召见成龙，当面褒赞其为"今时清官第一"，并"制诗一章"，赐白银、御马以"嘉其廉能"。未逾两年，于成龙出任总制两江总督。

于成龙自任黄州知府始，即身为"治官之官"，故极重整顿吏治。其言："国家之安危由于人心之得失，而人心之得失在于用人行政，识其顺逆之情。""以一夫不获曰予之喜，以一吏不法曰予之咎，为保邦致政之本。"升巡抚后，仆人请去掉黄州治盗所悬布袋，成龙笑道："此袋昔贮盗，今以贮奸贪不省之官吏，未可去也！"新任直隶巡抚，即发清查庸劣官员檄文，责令各属将"不肖贪酷官员"及"昏庸衰志等辈"，"速行揭报，以凭正章参处"。赴任江南，入境即"微行"访于民间，见"州县各官病民积弊皆然而江南尤甚"之状，喟然长叹："噫！吏治败坏如倒狂澜，何止时乎？"旋颁布《兴利除弊约》，开列灾耗、私派、贿赂、衙蠹、旗人放债等15款积弊，责令自今伊始，将所开"积弊尽行痛革"。又制定"勤抚恤、慎刑法，绝贿赂，杜私派，严征收，崇节俭"之《新民官自省六戒》作为地方官行为准则。自是，凡其所到之处"官吏望风改操"。康熙帝称其"宽严并济，人所难学"。然，其于廉洁有为之人材，则屡屡上疏极力推荐。通州知府于成龙（史称小于成龙）、江苏布政使丁思孔等清廉官吏，皆因其举荐而受康熙帝重用。

于成龙以贡生出身而至督抚大吏，为前清时期绝无仅有，且其大器晚成兼廉洁奉公而仕途平坦顺遂，实为封建以来罕见奇观。其天南地北宦海漂泊20余年，只身天涯不带家眷，与结发之妻阔别20年方得一见，亦为亘古一例。成龙一生官阶日益攀高，而俭朴之风始终如一，毕生实践"为民上者，务须躬先俭朴"。黄州同知、知府任上，适逢灾荒岁月，成龙以糠代粮，将节余口粮、薪俸救济灾民。百姓编歌谣赞道："要得清廉分数足，唯学于公食糠粥。"且为广行劝施，令富户解囊，更以身作则，乃至将乘骡"鬻之市，得十余两，施一日而尽"。任福建按察使时，依然一捆行囊，两袖清风，沿途以萝卜为干粮。直隶巡抚任上"屑糠杂米为粥，与僮仆共吃"；两江总督任上"日食粗粝一盂，粥糜一匙，侑以青菜，终年不知肉味。"江南百姓昵称其"于青菜"。总督衙门官吏因其严格约束，"无从得蔬茗，则日采衙后槐叶啖之，树为之秃"。甫任两江总督，南京布价骤然上涨，"金陵阖城尽换布衣。即婚嫁无敢用音乐，士大夫减驱从，毁丹垩，至有惊恐喘卧不能出户者……奸人猾胥各拿妻鸟兽窜"。而其卒后，居室中仅见"冷落菜羹……故衣破靴，外无长物"，唯一一只木箱，内中除官服一套之外，别无余物。康熙帝评价"于成龙督江南，或言其变更素行。及卒后，始知其始终廉洁，为百姓所称。殆因素性鲠直，不肖

---

[1] 民国·赵尔巽编纂《清史稿·于成龙传》。

挟仇谗害，造为此言耳。居官如成龙，能有几耶？"[1]是故南京士民闻其病逝，"男女无少长，皆巷哭罢市。持香楮至者日数万人。下至莱庸负贩，色目、番僧亦伏地哭。"可见其于民心之中丰碑之伟！

康熙二十三年（1684年）农历四月十八日，于成龙病逝于南京两江总督任所，享年68岁，谥"清端"，康熙帝破例亲为撰写碑文。

于成龙虽非正途进士出身，然擅长书法，诗词亦工。其著述、奏稿先后由门人及其孙于准辑成《于山奏牍》7卷，附录 1卷，总署《于清端公政书》8卷行世。任职直隶巡抚与两江总督期间，曾组织编写《畿辅通志》46卷、《江南通志》54卷，为整理保存斯地政治、经济、文化资料厥功甚伟。

"清官第一""天下第一廉吏"之美誉，于成龙当之无愧！

孙嘉淦 —— 事君侧笃而不显　与人处共而不骄

清代自顺治至乾隆朝，山西一省相继诞生于成龙、孙嘉淦[2]两位名彪青史之大臣。于成龙以清廉扬名，孙嘉淦则以耿介著称，二人着实为河东之地增色不少。

孙嘉淦自幼家境贫寒，且耕且读，于康熙五十二年（1714年）中进士，时年30岁。初授翰林院庶吉士，自此踏入仕途。其历仕康熙、雍正、乾隆三朝，为康乾之际敢言直谏之名臣。故此受三朝皇上赏识垂顾。历任学政、盐务、河工等要差，官至工、刑二部尚书，协办大学士。值得显耀之事为，嘉淦兄弟三人皆为进士。"一门三进士"实为旷世之荣耀。嘉淦于康熙朝仕宦 9年，尚无显迹入载史册。

雍正初即位，命大臣上疏言事。"嘉淦上疏陈三事：请亲骨肉，停捐纳，罢西兵。"[3]雍正继位本有篡逆之嫌，嘉淦疏中"请亲骨肉"之语，颇有影射之嫌。故雍正御览十分恼怒，遂将疏文出示诸大臣道："翰林院乃容此狂生耶？"大学士朱轼侍于帝侧，徐徐解释道："嘉淦诚狂，然臣服其胆。"雍正帝沉默半晌后笑道："朕亦且服其胆。"遂擢其为国子监司业。然此事过后，嘉淦名声鹊起。雍正难以释怀，遂以小疵将嘉淦交刑部议处。刑部尚书领会上意，奏报按律当斩。雍正则谓其虽脾性执拗然为官清廉，故加恩免死，"著在银库行走"。以"四两拨千斤"之势，笼络朝臣之心。"雍正四年，迁祭酒，命在南书房行走。六年正月，署顺天府府尹。父丁忧，服未阕，召还京，仍授府尹。进工部侍郎，仍兼 府尹、祭酒。"[4]由此足见雍正于其存偏爱之心，尤其喜欢嘉淦清廉执拗之风。

---

①民国·赵尔巽编纂《清史稿·于成龙传》。

②孙嘉淦（1683—1753年），字锡公，又字懿斋，号静轩，山西兴县人。

③民国·赵尔巽编纂《清史稿·孙嘉淦传》。

④民国·赵尔巽编纂《清史稿·孙嘉淦传》。

乾隆继位，尤喜嘉淦敢言直谏，擢升其为左都御史兼吏部侍郎，专司监察。孙嘉淦旋上绝代谏论《三习一弊疏》：

臣本至愚，荷蒙皇上圣恩，畀以风纪重任。日夜悚惶，思竭一得之虑；而每月以来，捧读圣训，剀切周详，仁政固已举行，臣愚更无可言。所欲言者，皇上之心而已。皇上之心，仁孝诚敬，明恕精一，岂复尚有可议？而臣犹欲有言者，正于心无不纯、政无不善之中，窃鳃鳃私忧过计而欲预防之也。治乱之循环，如阴阳之运行。阴极盛而阳生，阳极盛而阴姤。事当极盛之地，必有阴伏之机。其机藏于至微，人不能觉；及其既著，积重而不可返。此其间有三习焉，不可不慎戒也。主德清则臣心服而颂，仁政行则民身受而感，出一言而盈廷称圣，发一令而四海讴歌，在臣民本非献谀，然而人主之耳则熟于此矣。耳与誉化，非誉则逆，始而匡拂者拒，继而木讷者厌，久而颂扬之不工者亦绌矣。是谓耳习于所闻，则喜谀而恶直。上愈智则下愈愚，上愈能则下愈畏，趋跄谄胁，顾盼而皆然，免冠叩首，应声而即是。此在臣工以为尽礼，然而人主之目则熟于此矣。目与媚化，非媚则触，故始而倨野者斥，继而严惮者疏，久而便辟之不巧者亦忤矣。是谓目习于所见，则喜柔而恶刚。敬求天下之事，见之多而以为无足奇也，则高己而卑人；慎辨天下之务，阅之久而以为无难也，则雄才而易事；质之人而不闻其所短，返之己而不见其所失。于是乎意之所欲，信以为不逾，令之所发，概期于必行矣。是谓心习于所是，则喜从而恶违。三习既成，乃生一弊。何谓一弊？喜小人而厌君子是也。今夫进君子而退小人，岂独三代以上知之哉？虽叔季之君，孰不思用君子？且自智之君，各贤其臣，孰不以为吾所用者必君子而决非小人？乃卒之小人进而君子退者，无他，用才而不用德故也。德者君子之所独，才则君子小人共之，而且小人胜焉。语言奏对，君子讷而小人佞谀，则与耳习投矣。奔走周旋，君子拙而小人便辟，则与目习投矣。即课事考劳，君子孤行其意而耻于言功，小人巧于迎合而工于显勤，则与心习又投矣。小人挟其所长以善投，人主溺于所习而不觉，审听之而其言入耳，谛观之而其颜悦目，历试之而其才称乎心也，于是乎小人不约而自合，君子不逐而自离。夫至于小人合而君子离，其患可胜言哉？而揆厥所由，皆三习为之蔽焉。治乱之机，千古一辙，可考而知也。我皇上圣明临御，如日中天，岂惟并无此弊，抑且并无此习。然臣正及其未习也而言之，设其习既成，则或有知之而不敢言，抑或言之而不见听者矣。今欲预除三习，永杜一弊，不在乎外，惟在乎心，故臣原言皇上之心也。语曰："人非圣人，孰能无过？"此浅言也。夫圣人岂无过哉？惟圣人而后能知过，惟圣人而后能改过。孔子谓五十学易，可无大过。文王视民如伤，望道如未之见。是故贤人之过，贤人知之，庸人不知也。圣人之过，圣人知之，贤人不知也。欲望人绳愆纠谬而及于其所不知，难已。故望皇上圣心自懔之也。反之己真知其不足，验之世实见其未能，故常欿然不敢自是。此不敢自是之意，流贯于用人行政之间，夫而后知谏诤切磋，爱我良深，而谀悦为容者，愚己而陷之阱也；夫而后知严惮匡拂，益我良多，而顺从不违者，推己而坠之渊也。耳目之习除，取舍之极定，夫而后众正盈朝，太平可睹矣。不然，自是之根不拔，则虽敛心为慎，慎之久而觉其无过，则谓可以少宽；厉志为勤，勤之久而觉其有功，则谓可以少慰。此念一转，初亦似于天下无害，而不知嗜欲燕安功利之说，渐入耳而不烦，而便辟善柔便佞者，亦熟视而不见其可憎。久而习焉，或不自知而为其所中，则黑白可以转色，而东西可以易位。所谓机伏于至微而势成于不可返者，此之谓也。大学言"见贤而不能举，见不贤而不能退"，至于好恶拂人之性；而推所由失，皆因于骄泰，骄泰即自是之谓也。由此观之，治乱之机，转于君子小人之进退；进退之机，握于人主之一心；能知非则心不期敬而自敬，不见过则心不期肆而自肆。敬者君子之招而治之本也，肆者小人之媒而乱之阶也。然则沿流溯源，约言蔽义，惟望我皇上时时事事常守此不敢自是之心，而天德王道举不外乎此矣。①

《三习一弊疏》着眼之高，恰适于帝王阅之；抨击之广，则直指人性弱点；语言之美，足令人拍案惊奇。然其笔锋犀利，令积弊之人读来难免汗流浃背，坐卧不宁。乾隆帝虚怀采纳，升嘉淦刑部尚书，并"总理国子监事"。

清朝前期康熙、雍正、乾隆三朝君临天下一百余年，史称"康乾盛世"。国朝隆盛如是，固与乾隆于康熙、雍正奠定基业基础上，成就六十年雄图伟业之励精图治密不可分。然嘉淦于其执政之初力主根除"三习一弊"，规其修心养性，亦使乾隆受益匪浅。

嘉淦一生虽致力于政治活动，然其勤勉辅佐雍正、乾隆，为三朝元老，且博学多才颇孚众望，桃李满天下。其毕生勤学，精研六经。为政之暇，辄静坐沉思，精研治国牧民心得，著述有《春秋义》《南华通》《诗义折中》《周易述义》《司成课程》《近思录辑要》《成均讲义》《诗删》《孙文定公文录二卷》《孙文定公奏议》及散文《南游记》等，凡逾百余万言。其注古书不拘泥前人成说，多有自己独到见解。其中尤以《春秋义》为其治国理政思想之精要。嘉淦以为，《春秋》为齐家、治国、平天下之圭臬，属万世不易之大法。"春秋之旨，天下有道一章，孔子自叙也。其余诸家各抒己见，其大旨皆不谬于圣人，学者得其门而入焉，去褒贬进退之例，遵属比事之教，联络经文，得其肯綮，则一代之事，始终具见，而微文大义不辩而自明矣。"②故尽去《春秋》各种传注，只录原文，反复诵读，闭目冥想，归纳个人见解，著述《春秋义》。

自古解释《诗经》者众。自小序而下，笺、疏、传注，各名其家，各是其说，辩难纠纷，几如聚讼。嘉淦亦于《诗经》加以解释，写下《诗义折中》。其所见平实近理，不落窠臼，取前人之所长，折诸圣用。嘉淦认为，《诗经》非一般文艺词章，实为社会生活教科书，乃与《春秋》相表里之圣贤书。《诗义折中》付梓，深得乾隆帝赞许，遂为之序。

孙嘉淦不仅精于孔儒学及程朱理学，散文游记亦颇有成就。《南游记》为其散文代

①民国·赵尔巽编纂《清史稿·孙嘉淦传》。
②清·孙嘉淦《春秋义》。

表作。全文长达一万五千余言，于壮丽山川、文物景观、风土人情有描绘；于历史事件、历史人物有追忆评说，繁简相宜，收放自如，起落有致，气势跌宕，语言优美，读来有甘露浸脾之感。

嘉淦居官，曾立八约用以自戒："事君笃而不显，与人共而不骄，势避其所争，功藏于无名，事止于能去，言删其无用，以守独避人，以清费廉取。"[①]孙嘉淦为官恪勤恪谨，尤以直谏达于朝野，一时为世人所慕。虽如此，一桩"伪稿案"，差点要了嘉淦小命。"四年，京师市井传嘉淦疏稿论劾大学士鄂尔泰、张廷玉等，高宗谕步军统领、巡城御史严禁。十六年，或又传嘉淦疏稿斥言上失德有五不可解、十大过，云贵总督硕色以闻。命求所从来，遣使者督谳。转相连染，历六省，更三岁，乃坐江西卫千总卢鲁生伪为，罪至死。高宗知无与嘉淦事，眷不替，嘉淦益自抑。"[②]"伪稿"一案，历时三载，涉及六省，终于查清。嘉淦虽然有惊无险，然经此挫折，其为官为人皆愈加谨慎。

乾隆三年（1738年）四月，孙嘉淦迁吏部尚书，仍兼管刑部事。九月，直隶总督李卫弹劾总河朱藻贪婪卑劣耽误工程。朝廷派孙嘉淦与尚书星讷审理，查明实情，依律予以治罪。十月，孙嘉淦任直隶总督。时京畿一带实行禁酒令，执行尤其严厉，犯法入罪之人尤多。嘉淦上疏："孟子曰'君子不以所养人者害人'，本为民生计，而滋扰乃至此，则立法不可不慎也。"乾隆帝见奏，遂下诏解禁。

七年五月，命署理福建巡抚。尚未赴任，湖南粮道谢济世弹劾善化知县樊德贻、衡阳知县李澎浮收漕米，而湖南巡抚许容则有意包庇。乾隆帝命嘉淦赴湖南察谳。时长沙知府张琳督查衡阳丁役事宜，得悉浮收漕米情状，遂申报署理粮道仓德。湖南布政使张璨致书仓德，请求调换张琳呈报府牒内容。仓德坚持不予变更，而以实情上报嘉淦及漕运总督顾琮。嘉淦欲隐瞒其事，而顾琮将实情上奏乾隆。乾隆帝派遣侍郎阿里衮查实，奏报谢济世弹劾无误。乾隆责备嘉淦徇私包庇，遂夺其官，责其监督顺义城修缮事宜。

乾隆十二年（1747年），嘉淦以老乞休，乾隆帝许之。

还乡之际，嘉淦暗忖：吾毕生不贪不沾，未有积蓄，今荣归故里，倘行迹穷酸，必遭乡绅土财耻笑，亦于朝廷无光。遂命仆人购买厚重木箱十数口，于内装满砖头。翌日，辎重浩荡启程回家。乾隆帝得到举报，言孙嘉淦平素伪装清廉，实为贪墨之徒。其致仕归里，随身金银财宝竟有数骡车。嘉淦行至半途遂遭盘查，装阔之事露馅儿。乾隆闻报，感动莫名，遂命沿途官府以真金实银换下砖头，以为重赏。

十四年（1749年），乾隆帝再召嘉淦进京，直上书房。十五年正月，授兵部侍郎。八月，擢工部尚书，署翰林院掌院学士。十七年，进吏部尚书、协办大学士。

乾隆十八年（1753年）十二月，孙嘉淦病卒于府邸，享年71岁，谥"文定"。

嘉淦初为直臣，其后出将入相，功业赫奕，而学问文章亦高，一生秉公执法，直言敢谏，不畏权贵，关心民生，操守清廉。山西清代名臣，实以嘉淦为第一人。

---

①清·孙嘉淦《居官八约》。

②民国·赵尔巽《清史稿·孙嘉淦传》。

第叁章

达欲显德事功，穷则修德立言，昭然翰墨古今

　　春秋时，鲁国叔孙豹与晋国范宣子尝就何为"死而不朽"展开讨论。范宣子以为，其先祖自虞、夏、商、周而降，世代为贵族，家世显赫，香火不绝，此即为"不朽"。叔孙豹则不以为然，其以为世代高爵厚禄仅为"世禄"，而非"不朽"。所谓"不朽"者，当属"太上有立德，其次有立功，其次有立言，虽久不废，此之谓不朽。"[①]"立德谓创制垂法，博施济众；立功谓拯厄除难，功济于时；立言谓言得其要，理足可传。"[②]

　　可知，"立德"系道德操守，"立功"乃事功业绩，"立言"则为著书立说。即将其真知灼见形诸语言文字，传于后世。故，"三不朽"即成历代文人志士孜孜以求之永恒价值。

　　"立德"见于修身，仁者虽于己苛严多行善举，结果却有赖论者见仁见智。儒家至圣先师孔子，身处"礼崩乐坏"、周朝式微、诸侯割据、天下纷乱之际，不辞艰辛周游列国，孜孜不倦传道授业，毕其力于"克己复礼"，以《论语》创立其匡正祛邪理论道德体系，成为驭使中国政治框范及国人思想数千年之圭臬，诚为古今"立德"之泰斗。

　　"立功"施于治国，勇者虽运筹帷幄纵横捭阖，功过则需观者褒贬评说。"三国"蜀相诸葛亮，自称"苟全性命于乱世，不求闻达于诸侯"，然其未出茅庐则已见天下三分。后因刘备"不以臣卑鄙，猥自枉屈，三顾臣于草庐之中，谘臣以当世之事，由是感激，遂许先帝以驱驰。"旋"受任于败军之际，奉命于危难之间。"[③]其受命之后夙夜忧虑，庶竭驽钝，鞠躬尽瘁，死而后已，辅佐刘备创立蜀汉，成为千古一相。此可谓古今"立功"之翘楚。

　　"立言"形于典籍，智者虽孜孜矻矻笔耕不辍，优劣尚待学者检校取舍。西汉史学家司马迁，幼年受父亲教诲，精研《尚书》《左传》《国语》《系本》等著作，游历江河南北，搜集遗闻古事，网罗轶失旧闻，立誓子承父业，撰著有史以来贯通古今之史籍。后因替李陵辩白而触怒汉武帝，本当引颈就戮慷慨赴义，以全名节。然其撰著通史夙愿未遂，不忍遗恨千古，遂含羞忍辱选择宫刑。其以"西伯拘而演《周易》；仲尼厄而作《春秋》；屈原放逐，乃赋《离骚》；左丘失明，厥有《国语》；孙子膑脚，《兵法》修列；不韦迁蜀，世传《吕览》；韩非囚秦，《说难》《孤愤》；《诗》三百篇，大底圣贤发愤之所为作也。此人皆意有所郁结，不得通其道，故述往事、思来者。乃如左丘明无目，孙子断足，终不可用，退而论书策，以舒其愤，思垂空文以自见"[④]自警自励，终于完成史学巨著《史记》，开创中国纪传体纪史之先河。《史记》"究天人之际，通古今之变，成一家之言"，被鲁迅先生称之为"史家之绝唱，无韵之离骚"。噫，古今"立言"之楷模，舍司马公而谁欤？

　　通观古今，集"三不朽"于一身之"完人"为谁？晚清中兴名臣之首曾国藩曾文正公是也。

　　曾国藩出身湖南湘乡世代农家，为宗圣曾子七十世孙。其虽自幼笨拙，然勤奋好学。

①春秋·鲁·左丘明《左传·襄公二十四年》。

②唐·孔颖达《春秋左传正义》。

③三国·蜀·诸葛亮《前出师表》。

④西汉·司马迁《报任安书》。

8 岁读八股，诵五经；14 岁熟《周礼》，阅《史记》，并以优等名列长沙童子试。27 岁中进士点翰林，36 岁授内阁学士、礼部侍郎，为有清一代最年轻二品朝臣。

道光三十年（1851 年），"太平天国"起事广西，迅即如燎原之火占据江南半壁河山。曾国藩受命组建湘军，与太平军周旋鏖战十载，终于挽大清于既倒，成为科举以来正途进士"立功"第一人。

国藩修身极严，以为："孔门教人，莫大于求仁，而其最切者，莫要于欲立立人、欲达达人数语。立人达人之人，有不悦而归之者乎？"[①]"太平之乱"甫定，满清社稷满目疮痍势如累卵，而曾国藩手握重兵声震寰宇，大有振臂一呼天下响应之势。帝王学传人王闿运因势利导鼓励其乘势"驱逐鞑虏，恢复中华"，国藩坚持儒学"克己"宗旨，丝毫不为所动。旋，自剪羽翼裁撤湘军，恪守为臣之道。其毕生奉行勤俭廉悯，慎独自约，言行操守绝不逾礼半步。其于宦海浮沉则秉持礼治为先，以忠谋政，陟罚臧否坦荡磊落，绝不与官场陋俗同流合污。国事太平后，国藩开拓视野兴办洋务，不遗余力康复羸弱国体。故其当仁不让而为名教士人"立德"楷模。

曾国藩心仪儒学，侧于行奉程朱之学。然其以为，程朱理学存在"指示之语，或失于隘，或病于琐，或偏于静"之局限，故不囿于理学一派之窠臼，而于张载气学、陆王心学诸派均予撷取精粹，兼收并蓄，故其为学能自成一家，泽被后世。国藩为文继承桐城方苞、姚鼐之风，又自立格局，创立晚清古文"湘乡派"。国藩论古文，讲求声调铿锵，以包蕴不尽为能事；其为古文，深宏骏迈，运以汉赋气象，呈现雄奇瑰玮意境，一振桐城枯淡之弊，为后世所称。其所编《经史百家杂钞》，于清末以降文风影响颇深。其所辑《家书》，被后世尊为治家训子之圭臬，上自帝王，下迄百姓，无不顶礼仿效之。故其当之无愧乃文人"立言"之典范。

国藩一生集治身、治学、治家、治世、治政、治军于一身，无一不臻于完美境界。故后人有言赞其为"立德立功立言三不朽，为师为将为相一完人。"

"三不朽"中"立德""立功"赖于外力者颇重，固非平常文人皆可为之。唯"立言"决于内功，凡文人皆可图之。且"盖文章经国之大业，不朽之盛事。年寿有时而尽，荣乐止乎其身，二者必至之常期，未若文章之无穷。是以古之作者，寄身于翰墨，见意于篇籍，不假良史之辞，不托飞驰之势，而声自传于后"。[②]故文人每以"立言"为第一要务，以求不朽。又常怀戚戚之心，担心"老冉冉其将至兮，恐修名之不立。"[③]

"立言"之举虽文人皆可执笔而为，然其"言"是否可"立"，却亦殊非易事。鲁国大夫臧文仲，长于辞令，屡建事功，于为政立国多有高论，声誉远播诸侯。待"其身殁矣，其言立于后世，此之谓死而不朽。"然，即于如此口碑人物，孔子却不以为然，责其有"不仁者三，不知者三。"[④]可见，欲以"立言"而"不朽"，诚易行而难成矣。故曰"立名

---

① 清·曾国藩《曾国藩家书·遗嘱》。

② 魏·曹丕《典论·论文》。

③ 战国·楚·屈原《离骚》。

④ 春秋·鲁·左丘明《左传·文公二年》。

者，行之极也。"①

由是观之，千古文人于"三不朽"成"一不朽"，即可于士林独领风骚。然，就文人禀赋才具与机运平台而论，唯"立言"易为，且能绵延后世，达于永恒。

司马迁——古今之变一籍通　天人之际一言成

中国第一部纪传体通史《史记》，被鲁迅先生誉为"史家之绝唱，无韵之离骚"，列为前"四史"之首，与《资治通鉴》并称为"史学双璧"。作者司马迁②出身史学世家，其父司马谈为西汉著名史学家。

西汉景、武年间，"迁生龙门，耕牧河山之阳。年十岁则诵古文。二十而南游江、淮，上会稽，探禹穴，窥九疑，浮沅、湘。北涉汶、泗，讲业齐鲁之都，观夫子遗风，乡射邹峄；厄困鄱、薛、彭城，过梁、楚以归。"③

汉文帝时，诏入粟米受爵位以实边卒，司马迁祖父司马喜以四千石粟米换取九等五大夫爵位，阖家得以免于徭役。

司马迁幼年受父亲教诲，10岁已能阅读诵习古文《尚书》《左传》《国语》《系本》等书。汉武帝建元年间，司马谈赴京师长安任太史令，而司马迁则留于龙门，继续耕读放牧生涯。

年稍长，司马迁自龙门入京城，遂受父命遍访河山搜集轶闻古事，网罗轶失旧闻，且受学于当朝大儒孔安国、董仲舒。游历归来之后，因父亲担任太史令之故，司马迁授任郎中，尝奉命出使西南。

汉武帝元鼎六年（前111年），驰义侯何遣授命平定西南夷，中郎将郭昌、卫广率八校尉之兵攻破且兰，平南夷。夜郎震恐，自请入朝称臣。汉军又诛邛君，杀筰侯，冉震恐，请臣置吏。汉武帝遂于西南夷设置武都、牂牁、越巂、沈黎、文山五郡。时，司马迁适随武帝东巡，遂受命继唐蒙、司马相如、公孙弘之后，再次出使西南，赴巴、蜀以南筹划新郡建设。旋抚定邛、筰、昆明。

元封元年（前110年）春，武帝东巡渤海，返回途中于泰山举行封禅大典。司马谈为封禅礼仪官员，却因病留滞周南（今洛阳），心中愤懑以致病情加重。司马迁接诏赶赴泰山，参加封禅大典。旋至洛阳探望父亲。

太史公于生命垂危之际"执迁手而泣曰：'予先，周室之太史也。自上世尝显功名

---

①西汉·司马迁《报任安书》。

②司马迁（前145年—前90年），字子长，龙门（今山西河津）人，西汉史学家、文学家、思想家。

③西汉·司马迁《史记·太史公自序》。

虞、夏，典天官事。后世中衰，绝于予乎？汝复为太史，则续吾祖矣。今天子接千岁之统，封泰山，而余不得从行，是命也夫！命也夫！余死，汝必为太史；为太史，毋忘吾所欲论著矣。且夫孝始于事亲，中于事君，终于立身；扬名于后世，以显父母，此孝之大也。夫天下称周公，言其能论歌文、武之德，宣周邵之风，达太王王季之思虑，爰及公刘，以尊后稷也。幽厉之后，王道缺，礼乐衰，孔子修旧起废，论《诗》《书》，作《春秋》，则学者至今则之。自获麟以来四百有余岁，而诸侯相兼，史记放绝。今汉兴，海内一统，明主贤君忠臣死义之士，余为太史而弗论载，废天下之史文，余甚惧焉，汝其念哉！'迁俯首流涕曰：'小子不敏，请悉论先人所次旧闻，弗敢阙。'"[1]

元封三年（前108），父亲病故，司马迁接任太史令。其立志继承父业，秉持"究天人之际，通古今之变，成一家之言"之宗旨，著述中国第一部纪传体通史。

司马迁任职京师长安，适逢汉武盛世，故得以结识汇聚于长安之天下贤士。贾谊之孙贾嘉、樊哙之孙樊他广、冯唐之子冯遂、梁人壶遂等皆与之交游。然，于其影响最巨者，当属大儒董仲舒与孔安国。

迁尝与上大夫壶遂讨论文学，道："余闻董生曰：'周道衰废，孔子为鲁司寇，诸侯害之，大夫壅之。孔子知言之不用，道之不行也，是非二百四十二年之中，以为天下仪表，贬天子，退诸侯，讨大夫，以达王事而已矣。'"[2]由是观之，孔子学说与六艺经传精华于其著述《史记》居功甚伟。

《史记》"以有道伐无道"之反暴政思想基础、贯串全书之"尊王攘夷""大一统"观念、褒贬历史人物之"崇让""尚耻"之义，即受益于董仲舒之"公羊学"。特别是古文经学之故训、别择古文资料之古文学、考信历史之方法，又源自孔安国亲授《古文尚书》。"孔氏有古文《尚书》，孔安国以今文字读之，因以起其家逸《书》，得十余篇，盖《尚书》兹多于是矣。遭巫蛊，未立于学官。安国为谏大夫，授都尉朝，而司马迁亦从安国问故。迁书载《尧典》《禹贡》《洪范》《微子》《金滕》诸篇，多古文说。"[3]

天汉二年（前99年），贰师将军李广利出酒泉击匈奴右贤王，武帝命李陵为之护送辎重。李陵谢绝，自请步兵五千出击匈奴单于王庭。武帝赞赏李陵勇气，嘉许之。然，李陵兵行浚稽山遭遇匈奴单于之兵，且越聚越多。李陵寡不敌众，路博德援兵又迟迟不到，终因粮尽矢绝而降匈奴。

武帝闻报愤怒，群臣纷纷声讨李陵罪过。唯司马迁进言为之辩解："陵事亲孝，与士信，常奋不顾身以殉国家之急。其素所畜积也，有国士之风。今举事一不幸，全躯保妻子之臣随而媒蘖其短，诚可痛也！且陵提步卒不满五千，深轻戎马之地，抑数万之师，虏救死扶伤不暇，悉举引弓之民共攻围之。转斗千里，矢尽道穷，士张空拳，冒白刃，北首争死敌，得人之死力，虽古名将不过也。身虽陷败，然其所摧败亦足暴于天下。彼之不死，宜欲得当以报汉也。"然而，"陵在匈奴岁余，上遣因杅将军公孙敖将兵深入匈奴迎陵。敖

---

① 西汉·司马迁《史记·太史公自序》。

② 西汉·司马迁《史记·太史公自序》。

③ 东汉·班固《汉书·儒林传》。

军无功还，曰：'捕得生口，言李陵教单于为兵以备汉军，故臣无所得。'上闻，于是族陵家，母弟妻子皆伏诛。"①司马迁也以"欲沮贰师，为陵游说"被定为诬罔罪名。诬罔之罪为大不敬之罪，按律当斩。

因为替李陵仗义辩罪，司马迁招致死亡光顾。其不幸"以口语遇遭此祸，重为乡党戮笑，以污辱先人，亦何面目复上父母之丘墓乎？"②反来正去，似乎唯有一死方能解脱。然，倾注毕生心力著述之史学巨著《史记》尚孕育于母胎中，倘如此"胎死腹中"，实在于心不甘。先父未尽之遗愿，个人学术之抱负，将尽数付之东流。好在西汉"臧获婢妾，犹能引决"，因此司马迁尚有选择生死之余地。然，此时之选择与太史公而言，确属异常艰难。

面对大辟之刑，慕义而死，虽名节可保，然书未成，名未立，其死"若九牛亡一毛，与蝼蚁何以无异？"倘选择以腐刑赎身死，虽可苟活于世，夙愿亦能完成，然如此奇耻大辱，又孰可忍受？

司马迁痛苦挣扎于生与死之选择中。"夫人情莫不贪生恶死，念父母，顾妻子，至激于义理者不然，乃有不得已也。……且勇者不必死节，怯夫慕义，何处不勉焉！仆虽怯懦，欲苟活，亦颇识去就之分矣，何至自沉溺缧绁之辱哉！……所以隐忍苟活，幽于粪土之中而不辞者，恨私心有所不尽，鄙陋没世，而文采不表于后世也。"

然往古先贤之遭遇与成就，则给予太史公极大激励鼓舞。"古者富贵而名摩灭，不可胜记，唯倜傥非常之人称焉。盖西伯拘而演《周易》；仲尼厄而作《春秋》；屈原放逐，乃赋《离骚》；左丘失明，厥有《国语》；孙子膑脚，《兵法》修列；不韦迁蜀，世传《吕览》；韩非囚秦，《说难》《孤愤》；《诗》三百篇，大底圣贤发愤之所为作也。此人皆意有所郁结，不得通其道，故述往事、思来者。乃如左丘明无目，孙子断足，终不可用，退而论书策，以舒其愤，思垂空文以自见。"

"人固有一死，或重于太山，或轻于鸿毛，用之所趋异也。太上不辱先，其次不辱身，其次不辱理色，其次不辱辞令，其次诎体受辱，其次易服受辱，其次关木索、被箠楚受辱，其次剔毛发、婴金铁受辱，其次毁肌肤、断肢体受辱，最下腐刑极矣！传曰'刑不上大夫。……猛虎在深山，百兽震恐，及在槛阱之中，摇尾而求食，积威约之渐也。'"③

于是，为了却先父夙愿，为实现个人抱负，为使史学巨著付梓传世，一代史学巨匠犹如"槛阱猛虎"，只得"摇尾求食"，无奈中选择"最下腐刑"赎身。

受宫刑之后，司马迁"肠一日而九回，居则忽忽若有所亡，出则不知其所往。每念斯耻，汗未尝不发背沾衣也！身直为闺阁之臣，宁得自引深藏于岩穴邪！故且从俗浮沉，与时俯仰，以通其狂惑。"④遂深居斋中，忍辱含垢发愤著述。

司马迁著述《史记》所秉持宗旨为"欲以究天人之际，通古今之变，成一家之言。"

---

① 东汉·班固《汉书·李广苏建传》。

② 西汉·司马迁《报任安书》。

③ 西汉·司马迁《报任安书》。

④ 西汉·司马迁《报任安书》。

征和二年（前91年），《史记》全书完成。

《史记》结构"上自黄帝，下迄秦汉，勒成一书，分为五体：本纪纪年，世家传代，表以正历，书以类事，传以著人。使百代而下，史家不能易其法，学者不能易其书。六经之后，惟有此书。"①全书凡表十，本纪十二，书八章，世家三十，列传七十，计百三十篇，五十二万六千五百余字。

司马迁以常人难以忍受之坚韧毅力，饱和血泪著成《史记》，完成父子两代夙愿，遂将其"藏之名山，传之其人，通邑大都，则仆偿前辱之责"。②

汉武帝征和三年（前90年），太史公司马迁病故于长安家中。享年55岁。

太史公之女嫁昭帝朝宰相杨敞，敞次子杨恽自幼聪颖好学。及长，母以《史记》示之。恽得是书爱不释手，字字篇篇用心研读，每读辄热泪盈眶扼腕叹息。汉宣帝登基，杨恽封平通侯。时天下太平朝政清明，遂上书宣帝，献呈《史记》。"史家之绝唱，无韵之离骚"自始得以传阅天下。

司马光——国须柱石扶丞构　人待楼航济巨川

国文课本中有《司马光砸缸》一课，内容为司马光③小时候与伙伴们于后院玩耍。院中有大水缸一口，有个小孩爬至缸沿上玩，不小心跌入其中。缸大水深，眼看落水孩童即将没顶。其余孩童见之，皆惊慌失措束手无策，外奔寻找大人求救。唯司马光临危不乱急中生智，其于地上捡起石头一块，使劲砸向水缸。"砰！"水缸被砸破，缸里水流出，被淹孩童自然得救。司马光小小年纪，遇事沉着冷静，自幼即具备处变不惊之智慧与胆略。如此偶然事件，遂使司马光名扬京畿，东京汴梁与东都洛阳有人将此事绘为图画，使之广泛流传。

司马光不特聪明伶俐，尤其喜读书。史载："光生七岁，凛然如成人，闻讲《左氏春秋》，爱之，退为家人讲，即了其大指。自是手不释书，至不知饥渴寒暑。"④

宋仁宗宝元初年（1038年），司马光进士及第，除奉礼郎。时，其父司马池于杭州任职，故求签苏州判官事以便侍奉双亲，得到朝廷许可。后因丁内外艰，执丧累年。服丧期满，签书武成军判官事。

庆历六年（1046年），诏旨司马光任大理评事国子直讲。赴京之日，僚友空府为之置

---

①南宋·郑樵《通志》。

②西汉·司马迁《报任安书》。

③司马光（1019—1086年），字君实，号迂叟，世称涑水先生，山西夏县人，北宋政治家、史学家。

④元·脱脱、阿鲁图《宋史·司马光传》。

酒钱行。时，司马光甚觉仕途平坦意气风发，遂即席赋诗：

> 不辞烂醉樽前倒，明日此欢重得无？
> 追随不忍轻言别，回首城楼没晚烟！

七年（1047年），贝州农民王则起义，攻占贝州城，号称"东平郡王"，发誓以推翻赵宋王朝为职志。时，光父挚友庞籍为枢密副使，掌管全国军事要务。司马光献《上庞枢密论贝州事宜书》，为尽快平息起义献计献策。

皇祐三年（1051年），庞籍任宰相，推荐司马光任馆阁校勘，同知太常礼院。任职期间，其于《古文孝经》进行系统研究，撰写《古文孝经指解》。五年（1053年），任殿中丞，除史馆检讨，修日历，改集贤校理，专任史官。

司马光于朝为官，官风耿介，人品至诚，凡遇违礼之事，绝不轻易放过。宦官麦允言死后，仁宗皇帝欲为其出"卤簿"，按帝王大臣规格送葬。"光言：'繁缨以朝，孔子且犹不可。允言近习之臣，非有元勋大劳而赠以三公官，给一品卤簿，其视繁缨，不亦大乎。''夏竦赐谥文正，光言："此谥之至美者，竦何人，可以当之？'改文庄。"①其后任集贤校理。

仁宗至和二年（1055年），庞籍被罢宰相职，降为户部侍郎出知并州，为河东路经略安抚使，举荐司马光任并州通判。时，"麟州屈野河西多良田，夏人蚕食其地，为河东患。籍命光按视，光建：'筑二堡以制夏人，募民耕之，耕者众则籴贱，亦可渐纾河东贵籴远输之忧。'籍从其策；而麟将郭恩勇且狂，引兵夜渡河，不设备，没于敌，籍得罪去。光三上书自引咎，不报。籍没，光升堂拜其妻如母，抚其子如昆弟，时人贤之。"②其恪于职守知恩图报如是，为朝野嘉誉。

其后，司马光改任直秘阁、开封府推官。时交趾（今越南）上贡异兽一只，谓之曰麟。司马光道："真伪不可知，使其真，非自至不足为瑞，愿还其献。"旋受任修起居注，判礼部。有司上奏说当有日食发生，然京师一带或许看不见，地方与朝臣皆上表庆贺。司马光又道："四方见、京师不见，此人君为阴邪所蔽；天下皆知而朝廷独不知，其为灾当益甚，不当贺。"仁宗从言，未耗费大搞庆典。

仁宗末年，司马光任天章阁待制兼侍讲知谏院，遂立志编撰《通志》，以为帝王朝臣统驭天下借鉴。1061年，神宗赵顼即位，擢司马光"为翰林学士，光力辞。帝曰：'古之君子，或学而不文，或文而不学，惟董仲舒、扬雄兼之。卿有文学，何辞为？'对曰：'臣不能为四六。'帝曰：'如两汉制诏可也；且卿能进士取高第，而云不能四六，何邪？'"③英宗始终未受其辞呈。旋，进龙图阁直学士。

英宗治平三年（1066年），司马光撰成战国迄秦之八卷《通志》，呈献英宗圣阅。英宗

---

①元·脱脱、阿鲁图《宋史·司马光传》。

②元·脱脱、阿鲁图《宋史·司马光传》。

③元·脱脱、阿鲁图《宋史·司马光传》。

以为《通志》编纂意义非凡，命设立专门机构继续编修，并御赐书名《资治通鉴》，且御笔为之序。

熙宁年间，王安石实行政治改革，司马光竭力反对新法，二人于神宗面前激烈争论，强调祖宗之法不可变。神宗命其为枢密副使，坚辞不就，遂于熙宁三年（1070年）出知永兴军（今陕西省西安市）。次年退居洛阳，以书局自随，继续编撰《通鉴》。凡一十五年，至元丰七年（1084年），中国历史上第一部编年体通史《资治通鉴》编纂完毕。司马光著述《资治通鉴》，以圆木做一枕头，取名"警枕"，意在时刻警惕自己切勿贪睡。头枕于如此一截圆木上，身子稍微一动，"警枕"即会滚动，可将自己惊醒，继续握笔著述，不致因贪睡而贻误写作。故《通鉴》由发凡起例至删削定稿，均由其亲自执笔，字字句句浸透其心血汗水。

元丰八年（1085年），哲宗赵煦即位，高太皇太后听政，召司马光入京主国政，次年任尚书左仆射、兼门下传郎。司马光秉政，仅数月即尽废熙宁新法，且罢黜新党，将其悉数逐出朝廷，远谪蛮荒之地。史称"元祐更化"。

入阁为相仅数月，司马光去世，享年67岁。哲宗诏旨追赠太师，温国公，谥"文正"，配飨哲宗庙庭。

司马光为政清廉，持家节俭，平日清茶淡饭，从不奢靡铺张。其中有家境不甚宽裕之故，更有不舍靡费之因。有一则小故事，足以说明司马光之吝啬。苏轼高足张耒记叙道："范丞相、司马太师，俱以闲官居洛。余时待次洛下，一日，春寒谒之。先见温公，时寒甚，天欲雪，温公命至一小室，坐谈久之，炉不设火。语移时，主人设汤一杯而退。后至留司御史台见范公，才见主人，便言天寒远来不易，趋命温酒，大杯满釂三杯而去。此可见二公之趋各异也。"[1]堂堂一朝太师，寒冬舍不得生火，客人来仅以"栗汤一杯"待之，然径造他人府邸，则毫不客气"命温酒"，且"满釂三杯"而去。可笑可气之态跃然纸上，诚如是乎？

司马光年老后家中生计愈加窘迫，竟至将伴其多年之坐骑卖掉以补贴家用。其于洛阳编修资治通鉴时，居所极其简陋，遂另辟一地下室，蛰居其间阅读著述。时，武汝军节度使王拱辰亦居洛阳，宅第豪奢非常，中堂建屋三层，最上一层称朝天阁。洛阳人因此戏称："王家钻天，司马入地。"司马光发妻去世，竟无钱为妻子办丧事，遂将三顷薄田典当，置棺理丧，以尽为夫责任。嘉祐八年（1063年）三月，仁宗诏赐司马光金钱百余万，珍宝丝绸无数，司马光不为所动。至年老体弱时，其友刘贤良拟以50万钱买一婢女供其使唤，为其婉言拒之。光辞谢道："吾数十年食不敢常有肉，衣不敢有纯帛，多穿麻葛粗布，何敢以五十万市一婢乎？"

司马光不仅至忠而且至孝。其兄司马旦年80岁，光亦年过花甲，然其侍奉兄长犹如侍奉父亲，尽心尽力恪勤恪谨，凡事从不委仆人代劳，均亲自操持。其兄体质羸弱，消化不良，需少吃多餐。故每当餐后，总会亲切问候哥哥，如照顾婴儿般无微不至。天气稍凉，

---

①北宋·张耒《明道杂志》。

常轻抚兄背嘘寒问暖，日与兄长相伴，其情感人至深！其品德、学识、涵养所以无懈可击，缘自家教之孝顺、友爱、忠诚，于其已成"习惯成自然，少成若天性"。其子司马康，继承父志，自幼勤奋好学，不特学识渊博，通晓经史，且治学严谨，史学功底扎实，尝助父编纂《资治通鉴》。其孝忱亦如其父，侍奉父母极孝顺。母亲去世时，康悲痛至极，三日三夜滴水不进，其孝之诚可见一斑。

司马光性情淡泊不喜奢华，其在《训俭示康》中曾提到，儿时长辈予其穿华美衣服，辄以害羞脸红而将其脱掉。宝元年间中第时，曾得仁宗皇帝接见。酒席宴会上，新科进士均头插鲜花，肆无忌惮地嬉戏取乐，唯独司马光正襟危坐，亦不戴花。同年提醒道："戴花乃皇上之命也！"司马光方极不情愿插戴一朵小花。

司马光有一个老仆，一直呼其为"君实秀才"。某日，苏轼赴司马光府邸造访，闻听仆人如此称呼，不禁好笑。遂戏谑道："你家主人已非秀才，早为宰相矣，众皆称其为'君实相公'！"老仆听后大吃一惊，此后见司马光，必毕恭毕敬尊称"君实相公"，并高兴言道："幸得大苏学士教导我……"司马光跌足长叹："吾家老仆，诚为子瞻教坏矣。"

北宋士大夫生活富裕，有纳妾蓄妓风尚。司马光与王安石、岳飞一样，坚持不纳妾、不储妓。婚后 30 年余，发妻张夫人未见生育，司马光并未将此事放于心上，亦未生纳妾生子之念。夫人则着急万分，遂买一美女置其卧室，自己借故外出。司马光见之，虽知夫人之意却不为所动，美女甚觉无趣，大失所望而去。

一计不成，夫人再使一计。司马光携夫人拜望老泰山，岳母与夫人合计，夜间偷偷命一美貌丫鬟伺候。司马光见之，毫不客气地对丫鬟道："夫人不在，你来见我作甚！"岳父家宾客知其事，十分敬佩，谓其夫妇俨然"司马相如与卓文君"白头偕老之翻版。夫人终身未育，司马光遂收养族人子司马康为养子。

司马光政治上为标准守旧派人士，尝与王安石因变法而发生严重分歧，几度上书反对新法。然，其与王安石所以陵壑分明者，盖因政治观点分歧而已，本质上均属为国为民。二人之争，纯粹属君子之争，绝非为一己私利。故王安石于痛恨司马光之余，尝由衷赞誉道："司马君实，君子人也！"令政敌亦叹为君子者，绝非小人也！司马光亦评价王安石"介甫无它，唯执拗耳。"

司马光主要成就反映于学术上。其中最大贡献莫过于主持编写《资治通鉴》。神宗熙宁年间，因强烈反对王安石变法，司马光愤然上疏请求外任。遂于熙宁四年（1071 年）判西京御史台，自此居洛阳十五年，不问政事。此段岁月悠游漫长，足使其主持编撰完成 294 卷近 400 万字编年体史书《资治通鉴》。司马光以位于洛阳城中独乐园为寓所，亦将《资治通鉴》书局设于斯。此处环境幽美，格调简素，极合园主情趣与追求。时，著名学者刘恕、刘攽、范祖禹均参与书局工作，偕其编纂《通鉴》。司马光自任主编，刘恕、刘攽、范祖禹为协修，光子司马康负责检阅文字。其间，洛阳名贤如二程、邵雍、文彦博、吕蒙正等，亦常赴书局相与聚会，独乐园堪称为北宋学术中心。

书成之后，司马光尝于《进资治通鉴表》中自叙道："臣今赈骨癯瘁，目视昏近，齿牙无几，神识衰耗，目前所谓，旋踵而忘。臣之精力，尽于此书。"其为编纂《通鉴》

付出毕生精力耗尽心血，故成书不足二年便积劳而逝。

《资治通鉴》为中国最大一部编年史，全书共 294 卷。著作所载通贯古今，上起战国初期韩、赵、魏三家分晋（前403年），下迄五代（后梁、后唐、后晋、后汉、后周）末年赵匡胤（宋太祖）灭后周之前一年（959年），凡1362年。作者将此1362年之史实，依时代先后，以年月为经，以史实为纬，顺序记写；对于重大历史事件之前因后果，及与各方之关联均交代得清清楚楚，使读者对史实发展能够一目了然。"为人君而不知《通鉴》，则欲治而不知自治之源，恶乱而不知防乱之术。为人臣而不知《通鉴》，则上无以事君，下无以治民。……乃如用兵行师，创法立制，而不知迹古人之所以得，鉴古人之所以失，则求胜而败，图利而害，此必然者也。"[1]南宋经史学者王应麟评价道："自有书契以来，未有如《通鉴》者。""此天地间必不可无之书，亦学者不可不读之书"[2]。近代著名学者梁启超评价《通鉴》："司马温公《通鉴》，亦天地一大文也。其结构之宏伟，其取材之丰赡，使后世有欲著通史者，势不能不据以为蓝本，而至今卒未有能愈之者焉。温公亦伟人哉！"

除《资治通鉴》外，司马光著述尚有《通鉴举要历》80卷、《稽古录》20卷、《本朝百官公卿表》6卷。其于文学、经学、哲学乃至医学方面亦著述颇巨，代表作有《翰林诗草》《注古文学经》《易说》《注太玄经》《注扬子》《书仪》《游山行记》《续诗治》《医问》《涑水纪闻》《类篇》《司马文正公集》等。中国儒学史上，司马光曾被奉为与孔子、孟子齐名之"儒家三圣"之一。

陈亮——一杯为寿沧溟窄　万口同词日月长

南宋朝铮铮铁骨与陆游、辛弃疾相似，毕生以抗金复国为职志之思想家、文学家陈亮[3]，"生而目光有芒、为人才气超迈，喜谈兵，议论风生，下笔数千言立就。"[4]陈亮生于没落地主家庭，先祖"以财豪于乡，旧矣，首五世而子孙散落，往往失其所庇依。"[5]其祖父代，家境富裕，人丁兴旺。"当时聚会，动则数百人……其后数年，死生困顿，何所不有。"[6]旋，日趋没落。其曾祖父陈知元于北宋徽宗宣和年间以武弁赴京守

---

①南宋·胡三省《新注资治通鉴序》。

②清·王鸣盛《十七史商榷·卷一》。

③陈亮（1143—1194年），原名汝能，后改名陈亮，字同甫，号龙川，婺州永康（今浙江）人，南宋思想家、文学家。

④元·脱脱、阿鲁图《宋史·陈亮传》。

⑤南宋·陈亮《陈亮集·卷15·送岩起叔之官序》。

⑥南宋·陈亮《陈亮集·卷15·送岩起叔之官序》。

御，从大将刘元庆，殁于抗金之役；祖父陈益"明敏有胆决"；父陈次尹弱冠之年即为阖家生计奔波。母亲14岁生陈亮，哺养教育之责皆由祖父母承担，并将复兴陈氏之望寄于陈亮。陈亮尝言："皇祖、皇祖妣鞠我而教以学，冀其必有立于斯世，而谓其必能魁多士也……少则名亮以汝能，而字以同父。倦倦恳恳之意。"①

少年陈亮即聪颖精明、才华横溢、志量非凡。18岁时考查历代古人用兵成败事迹，写就《酌古论》3篇。婺州郡守周葵阅后十分赏识，赞誉为"他日国士也"，并"请为上客"。孝宗隆兴元年（1163年），周葵参知政事，聘陈亮为幕宾，"朝士白事，必指令揖亮，因得交一时豪俊，尽其议论。"周葵欲培养其为正统儒士，授其《中庸》《大学》等道德性命之学。曰："读此可精性命之学"。然陈亮"以报治兵事，为一时明公巨臣之所许，而反授《中庸》《大学》之旨，余不能识也，而复以古文自诡于时，道德性命之学亦渐闻矣。"②故其未按周葵设计之路发展，遂继续研究前人历史，撰著《英豪录》《中兴遗传》两部著作，冀图于历史经验教训中总结中兴复国之鉴。

青壮年时期，陈亮曾两度参加科举考试，均未得中。数次落第令其思想出现转变，"亮闻古人之于文也，犹其为仕也，仕将以行其道也，文将以载其道也，道不在于我，则虽仕何为。"③

孝宗乾道四年（1168年），陈亮"首贡于乡，旋入太学"，是年24岁。次年，朝廷与金人媾和，"天下欣然，幸得苏息"，唯陈亮独冒风险，以布衣之身，连上五疏，激越陈词认为与金媾和无疑与虎谋皮。此即为闻名于史之《中兴五论》。明代大儒方孝孺于二百年后读陈同甫《上孝宗四书》时称赞道："士大夫厌厌无气，有言责者不敢吐一词，况若同甫一布衣乎！人不以为狂，则以为妄。"然，南宋朝廷并未以之为是，陈亮遂回乡以教书讲学为务，"学者多归之"。然忠君爱国之心与抗金复国之志充塞于胸，如骨鲠在喉不吐不快。

孝宗淳熙五年（1178年），陈亮再"诣阙上言"，慷慨激昂批判自秦桧以来朝廷苟安东南一隅之国策及儒生、学士拱手端坐空言性命之不良风气，由是感动孝宗，"欲榜朝堂以励群臣，用种放故事，诏令上殿，将擢用之。"孝宗宠幸大臣曾觌预知其事，想掠美皇恩，抢于孝宗颁诏前见陈亮，借以笼络陈亮以扩展个人势力。陈亮得知，谓孝宗曰："吾欲为社稷开数百年之基，宁用以博一官乎！"拒绝任职，亟逾垣而逃，渡江而归。遂日落魄醉酒，与邑之狂士饮，醉中戏为大言而为人构陷。亮尝"与邑之狂生甲，命妓饮于萧氏，目妓为妃。旁有客乙，欲陷陈罪，则谓甲曰：'既册妃矣，孰为相？'甲曰：'陈亮为相。'乙曰：'何以处我？'曰：'尔为右相。吾用二相，大事济矣。'乙遂请甲位于僧之高座，二相奏事讫，降阶拜，甲穆然端委而已。妃遂捧觞歌降黄龙为寿，妃与二相俱以次呼万岁。盖戏也。先是亮试南宫，何澹校其文而黜之，亮不能平，遍语朝之故旧曰：'亮老矣，反为小子所辱。'澹闻而衔之，未有间，时为吏部侍郎，乙探知其事，亟走刑部上首

---

① 南宋·陈亮《陈亮集·卷15·送岩起叔之官序》。

② 南宋·陈亮《陈亮集·卷28·钱叔因墓碣铭》。

③ 南宋·陈亮《陈亮集·卷15·送岩起叔之官序》。

状，澹即缴状，事下廷尉，笞亮无全肤，诬服为不轨。案具，孝宗闻之，固知为亮，阴遣左右往永嘉，廉知其实。大臣奏入取旨，上曰：'秀才醉了，胡说乱道，何罪之有？'以御笔画其牍于地，亮与甲俱掉臂出狱。"[1]

不幸，"屋漏又遭连夜雨"。陈亮回乡后，旋又发生家僮杀人事件，仇家控告为陈亮指使，亮之父被囚于州狱，亮下大理狱。"时丞相淮知帝欲生亮，而辛弃疾、罗点素高亮才，援之尤力，复得不死。"[2]

陈亮自以豪侠屡遭大狱，归家愈厉志读书，所学益博。遂与朱熹展开"王霸义利之辨"。其所作文章说理透辟，笔力纵横驰骋，气势慷慨激昂，自称"人中之龙，文中之虎"，有"推倒一世之智勇，开拓万古之心胸"。且曰："研穷义理之精微，辨析古今之同异，原心于秒忽，较礼于分寸，以积累为工，以涵养为正，睟面盎背，则于诸儒诚有愧焉。至于堂堂之阵，正正之旗，风雨云雷交发而并至，龙蛇虎豹变现而出没，推倒一世之智勇，开拓万古之心胸，自谓差有一日之长。"[3]

然其虽两次下狱，经受严重打击排斥，恢复中原之志却丝毫未变。孝宗淳熙十五年（1188 年），陈亮亲赴建康（南京）、京口（镇江）观察地形，作词《念奴娇·登多景楼》：

> 危楼还望，叹此意，今古几人曾会？
> 鬼设神施，浑认作，天限南疆北界。
> 一水横陈，连岗三面，做出争雄势。
> 六朝何事，只成门户私计？
> 因笑王谢诸人，登高怀远，也学英雄涕。
> 凭却长江，管不到，河洛腥膻无际。
> 正好长驱，不须反顾，寻取中流誓。
> 小儿破贼，势成宁问强对！

以诗为谏，主张不宜将长江天险仅做隔断南北之门户，应以其为北伐中原恢复失地之跳板，长驱直入，义无反顾。

绍熙四年（1193 年），陈亮"赴省试。试出，过陈止斋，举第一场书义破。止斋曰：'又休了。'举第二场《勉强行道大有功论》破云：'天下岂有道外之功哉？'止斋笑曰：'出门便见「哉」，然此句却有理。'又第三场策起云：'天下大势之所趋，天地鬼神不能易，而易之者人也。'止斋曰：'此番得了！'既而果中选。时诸贤以光皇久阙问安，更进迭谏。亮独于末篇有'岂在一月四朝为礼'之说，光皇以为善处父子之间，亲擢第一。"[4]

陈龙川先生才高八斗学富五车，于年届知天命终于荣登进士第，且由南宋光宗钦点为

---

①南宋·叶绍翁《四朝见闻录》。
②元·脱脱、阿鲁图《宋史·陈亮传》。
③南宋·陈亮《甲辰答朱元晦书》。
④清·丁传靖撰《宋人轶事汇编·卷十七·林下偶谈》。

榜首状元。尤其遗憾者为,此时距其离世尚存不足一年时光。状元及第,陈亮被授签书建康府判官公事,终因长期"忧患困折,精泽内耗,形体外高",未行而卒,享年52岁,谥号"文毅"。

因才学志趣相投,陈亮与辛弃疾可谓推心置腹之知音。龙川"始闻辛稼轩名,访之。过小桥,三跃而马三却,同甫怒,拔剑斩马首,推马仆地,徒步而进。稼轩适倚楼望见之,大惊,遣人询之,则已及门,遂订交。稼轩帅淮时,同甫访于治所,相与谈天下事。酒酣,稼轩言南北之利害,南之可并北者如此,北之可并南者如此,且言钱塘非帝王居,断牛头之山,天下无援兵,决西湖之水,满城皆鱼鳖。饮罢,宿同甫于斋。同甫夜思稼轩沉重寡言,醒必思其误,将杀我以灭口,遂盗其骏马而逃。月余,致书稼轩,假十万缗以纾困,稼轩如数与之。"①可见二人相交非同凡响。由唱和之作《贺新郎·酬辛幼安·再用韵见寄》中,足见二人同气相求:

> 离乱从头说,爱吾民,金缯不爱,蔓藤累葛。
>
> 壮气尽消人脆好,冠盖阴山观雪。
>
> 亏杀我,一星星发!
>
> 涕出女吴成倒转,问鲁为齐弱何年月?
>
> 丘也幸,由之瑟。
>
> 斩新换出旗麾别,把当时,一桩大义,拆开收合。
>
> 据地一呼吾往矣,万里摇肢动骨。
>
> 这话霸,只成痴绝!
>
> 天地洪炉谁扇鞴?算于中、安得长坚铁!
>
> 泚水破,关东裂。

先时,陈亮曾有同韵词寄辛弃疾,此阕仍继承前词"极论世事"之宗旨,针对朝廷以银帛贡献代替边备兵革,致使天下士气消靡之现实,尽情抒发有志难伸之愤懑情绪。

陈亮毕生力主抗金,曾多次上书孝宗,反对"偏安定命",痛斥秦桧奸邪,倡言恢复,完成南北统一大业。其政论文、史论《上孝宗皇帝书》《中兴五论》《酌古论》等,气势纵横,鞭辟入里,提出"任贤使能""简法重令"等革新图强言论,无不以功利为依归。而其哲学论文,则具有朴素唯物主义思想,为永康学派代表,倡导"实事实功",有益于国计民生,且痛斥理学家空谈"尽心知性",讥讽其为"皆风痹不知痛痒之人",曾与朱熹多次进行论辩。

陈亮51岁考中状元,其于报恩诗中道:"复仇自是平生志,勿谓儒臣鬓发苍。"又于《告祖考文》中言:"亲不能报,报君勿替。70年间,大责有归,非毕大事,心实耻之。"作为南宋一代词宗,其作品多以北伐抗金收复失地为主题,其爱国词作善以政治议论,自

---

① 南宋·赵潘《养疴漫笔》。

抒胸臆。尝自言其词"平生经济之怀，略已陈矣"。[①]《水调歌头·送章德茂大卿使虏》即其抒发政治议论代表作：

> 不见南师久，漫说北群空。
>
> 当场只手，毕竟还我万夫雄。
>
> 自笑堂堂汉使，得似洋洋河水，依旧只流东？
>
> 且复穹庐拜，会向藁街逢！
>
> 尧之都，舜之壤，禹之封。
>
> 于中应有，一个半个耻臣戎！
>
> 万里腥膻如许，千古英灵安在，磅礴几时通？
>
> 胡运何须问，赫日自当中！

其爱国愤世之情，于作品中表现得慷慨激烈，气势磅礴，与辛弃疾词风相近似。真可谓"其人才相若，词亦相似"。[②]

陈龙川于爱国豪壮词外，亦有艳丽、闲适、应酬及投赠、祝寿之作，颇为清幽闲淡，疏宕有致。其中以《虞美人·东风荡飏轻云缕》最为脍炙人口，传诵弥远：

> 东风荡飏轻云缕，时送萧萧雨。
>
> 水边台榭燕新归，一口香泥，湿带落花飞。
>
> 海棠糁径铺香绣，依旧成春瘦。
>
> 黄昏庭院柳啼鸦，记得那人，和月折梨花。

陈亮"才气雄毅，有志事功，持论乃与朱子相左。……足见其负气傲睨，虽以朱子之盛名，天下莫不攀附，亦未尝委曲附和矣。今观集中所载，大抵议论之文为多。其才辨纵横不可控勒，似天下无足当其意者。使其得志，未必不如赵括、马谡狂躁偾辕。但就其文而论，则所谓开拓万古之心胸，推倒一时之豪杰者，殆非尽妄。与朱子各行其志，而始终爱重其人，知当时必有取也。"[③]

"江山易改禀性难移"，龙川先生虽一生屡遭挫折，然其耿介秉直之性格，毕生未见寸改。"水心[④]少与龙川游，龙川才高而学未粹，气豪而心未平。水心不以为然也，作抱膝轩诗，镌诮规宜。是时水心初起，龙川已有盛名。龙川虽不乐，亦不怒，垂死犹托铭于水心曰：'铭或不信，吾当虚空间与子辩。'"[⑤]

---

①南宋·叶适《水心集·卷二十九·书龙川集后》。

②清·刘熙载《艺概·卷四》。

③清·纪昀等《四库全书总目提要·卷一百六十二·集部十五》。

④水心即叶适，字正则，号水心，南宋哲学家、文学家。

⑤清·丁传靖《宋人轶事汇编·卷十七·林下偶谈》。

陈亮不愧为一代倔强豪迈名士!

方孝孺——愚忠发愤血泪流　十族冤魂归九霄

史家坊间若论方孝孺①,古往今来志士仁人心情皆会阴云密布沉痛异常,唯有"读书种子"美誉,为人所喜闻乐道。知识改变命运,无论世间朝代更替如何沧海桑田,读书求知则永远为人间普识真理。

"方孝孺是明初一个了不起的人。外人常说中国很少殉道的人,或说为了信仰杀身殉道的人很少,但仔细想想,这是不正确的。我们的圣人孔夫子在 2500 年前,就提倡'有杀身以成仁,毋求生以害仁',这是我们的传统。在中国历史上有独立的思想、独立的人格而殉道的不少。方孝孺就是为主张、为信仰、为他的思想而杀身成仁的一个人……方孝孺在燕王进入南京后,因拒绝起草即位书诏被杀了十族。当时姚广孝曾劝明成祖给读书人留个种子,明成祖不听,终于把他灭九族,灭十族。甚至留有方孝孺片纸只字也是有罪的,这是明成祖要毁灭方孝孺的政治思想。所以以后明朝 200 年,再没有政治思想家。我国政治思想在 14 世纪以前,决不逊于欧洲,但近 500 年来何以不振,这是由于方孝孺被杀的惨剧所造成的。"②

方孝孺之父方克勤,为洪武朝一名奉公守法官吏。孝孺年幼时机警敏捷,两眼炯炯有神,日读书逾寸,乡里称其为"小韩愈"。即长,师事鸿儒宋濂,濂之门生中知名者皆不及其,即使前辈胡翰、苏伯衡亦自愧不如。孝孺反轻视文辞写作学问,常以宣明仁义治天下之道与修身齐家治国平天下为己任。"尝卧病,绝粮,家人以告,笑曰:'古人三旬九食,贫岂独我哉!'父克勤坐'空印'事诛,扶丧归葬,哀动行路。既免丧,复从濂卒业。"③

洪武十五年(1382 年),因吴沉、揭枢推荐,方孝孺被朱元璋召见。"太祖喜其举止端整,谓皇太子曰:'此庄士,当老其才。'礼遣还。"④其后,方孝孺为仇家连带举发,逮捕入京,太祖于案卷见名,遂赦免释放。

洪武二十五年(1392 年),孝孺因得人举荐被召入宫廷。朱元璋道:"今非用孝孺时。"授予其汉中教授之职,日为众儒学生员讲学,毫不倦怠。蜀献王朱椿闻方孝孺贤

---

①方孝孺(1357—1402 年),字希直、希古,号逊志,"缑城先生",浙江宁海人,明朝文学家、思想家。

②胡适评价方孝孺语。

③清·张廷玉等《明史·方孝孺传》。

④清·张廷玉等《明史·方孝孺传》。

名，聘其为世子师。

朱允炆即位，征召其任翰林侍讲。翌年升调侍讲学士，凡遇国家重大政事，建文帝辄咨询于孝孺。朱允炆喜欢读书，每遇疑难，即召其进殿讲解。允炆临朝，百官奏事，倘遇群臣面议难以定夺时，辄令孝孺趋身屏风之前批答文书。时值修撰《太祖实录》及《类要》诸多典籍，均委孝孺任总裁。职官制度更定之后，方孝孺官职改为文学博士。燕王朱棣起兵南下，朝廷议定讨伐，诏令、檄文皆出于方孝孺手笔。

建文三年（1401 年），燕军攻掠大名府。朱棣闻齐泰、黄子澄已奔窜，上书请求朱允炆命盛庸、吴杰、平安诸将停止军事行动。方孝孺建议："燕兵久顿大名，天暑雨，当不战自疲。急令辽东诸将入山海关攻永平；真定诸将渡卢沟捣北平，彼必归救。我以大兵蹴其后，可成擒也。今其奏事适至，宜且与报书，往返逾月，使其将士心懈。我谋定势合，进而蹴之，不难矣。"①建文帝然其议，命方孝孺起草诏书，遣大理寺少卿薛岩乘车马疾行，答复燕王，完全赦免燕王罪行，命其罢兵回归藩属。又以传布谕旨数千字付薛岩，至燕军中，秘密散发众将士。薛岩入燕军中，藏匿谕旨不敢出示，燕王故未尊奉诏令。

是年五月，吴杰、平安、盛庸派军队扰乱燕军粮饷运输线。朱棣遣指挥武胜上书朱允炆，伸诉前请。建文帝拟应允，孝孺奏谏："倘此时停止军队作战，之后再难调动集中，愿皇上无为燕王所惑。"朱允炆遂杀武胜，拒绝朱棣请求。旋，燕兵抢掠沛县，烧毁粮船。时，讨伐河北之军疲乏无功，而德州运送粮饷道路又为燕兵断绝，方孝孺以此深感忧虑。燕王朱棣世子朱高炽性情仁厚，而其弟朱高煦狡狯谲诈，又得朱棣宠爱，阴谋夺取世子之位，方孝孺谋划用计策离间之，使之内乱而稍减前线压力。遂将此议禀报朱允炆，遣锦衣卫千户张安携带加皇帝玺印之书信，前往北平赐予燕世子。世子朱高炽收讫书信未予启封，连同张安一并送往燕王军前，孝孺离间计谋随之流产。

建文四年（1402 年）五月，燕军抵达江北，朱允炆下诏征集各路军马勤王。方孝孺奏谏："事急矣。遣人许以割地，稽延数日，东南募兵渐集。北军不长舟楫，决战江上，胜负未可知也。"②朱允炆派遣燕王堂姐庆成郡主前往燕王军中，陈述割地议和条件，燕王不听。议和不成，朱允炆遂命众将调集水军于江上。六月乙卯日，水军将领陈瑄阴率战舰投降朱棣，燕军遂顺利渡过长江。建文帝忧虑畏惧，或劝其潜遁它地，待机图谋复兴。方孝孺坚决请求守卫南京城池以待援军，即使事不成功，亦应为社稷而死。乙丑日，金川门大开，燕军入城，朱允炆自焚。方孝孺为燕军所俘，投入大牢。

初，燕王朱棣率军由北平出发，姚广孝曾将方孝孺托付朱棣，并反复叮咛："南京城破之日，孝孺必定不肯投降，希望燕王活之。倘杀了方孝孺，天下之'读书种子'即灭绝矣。"朱棣点头应承。孝孺被俘后，朱棣命其起草即位诏书。方孝孺遂被召至朝廷，然其悲切哀恸之声震彻大殿。朱棣走下卧榻慰问道："先生不要自取忧苦，吾仅为仿效周公辅佐成王方式罢了。"方孝孺问："周成王何在？"朱棣答："其自焚而亡。"方孝孺又问："何以不立成王子？"朱棣道："国家有赖于成年君王。"方孝孺问："何以不

---

①清·张廷玉等《明史·方孝孺传》。
②清·张廷玉等《明史·方孝孺传》。

立成王之弟？"朱棣答道："此为朱氏家事。"回头示意左右侍者授方孝孺以纸笔道："诏示天下，非先生起草诏书不可。"方孝孺将笔掷到地上，旋哭旋骂道："死则死矣，绝不起草诏书。"朱棣发怒，命将方孝孺车裂于街市。方孝孺于囚车内作绝命诗慷慨赴死：

> 天降乱离兮孰知其由，奸臣得计兮谋国用犹。
> 忠臣发愤兮血泪交流，以此殉君兮抑又何求？
> 呜呼哀哉兮庶不我尤！

朱棣命刽子手将方孝孺嘴角割开，撕至耳根。孝孺血涕纵横，仍喷血痛骂不止。朱棣旋将孝孺亲朋好友当其面一一杀戮。方孝孺强忍悲痛，然始终不屈。胞弟方孝友临刑，孝孺泪如雨下。孝友亦从容吟绝命诗一首，与兄长道别：

> 阿兄何必泪潸潸，取义成仁在此间。
> 华表柱头千载后，旅魂依旧回家山。

孝孺就义时年 46 岁。其门生、德庆侯廖永忠之孙廖镛、廖铭兄弟收拾其遗骨，掩埋于聚宝门外山上。

方孝孺兄长方孝闻，亦致力学问，举止淳厚，先于方孝孺去世。妻郑氏及子中宪、中愈事先自缢身亡，两个女儿跳秦淮河溺死。

朱棣当初虽然应允姚广孝不杀方孝孺，然方孝孺于金銮殿上极不配合，且言语句句锥心，直抵朱棣软肋，明成祖恼羞成怒，不但杀了方孝孺，而且株连其十族。中国封建历史上历朝最高刑罚为"灭九族"，"灭十族"者惟方孝孺与景清[1]两人。而仅此两例"灭十族"，却均发生于明代，又均出自朱棣一人之手，封建暴君太过残忍矣！

明成祖灭方孝孺"十族"，株连坐死者达 847 人，流放、充军者数千人，其中不少又被折磨致死。"方孝孺一迂儒耳，观其为建文立谋，无一可用，亦无一成功。至拒绝草诏，犹不失为忠臣，然一死已足谢故主，何必激动燕王之怒，以致夷及十族，试问此十族之中，有何仇怨，而必令其同归于尽乎？"[2]

明仁宗朱高炽即位后，诏旨礼部："建文朝众臣，已遭处决示众。家属沦为官籍奴仆者，皆释放为民，发还田地。其外亲戍边者，留一人于戍守之处，其余释放还乡。"万历十三年（1585 年）三月，神宗朱翊钧下旨释放因方孝孺获罪而被贬谪守边者之后裔，浙江、江西、福建、四川、广东共有 1300 余人。然，方孝孺一家死绝，无后代。惟方克勤

---

[1]景清（？—1402 年）陕西真宁（今甘肃正宁）人。洪武进士，授编修，改御史。洪武三十年（1397 年），命署左佥都御史。建文初为北平参议。复迁御史大夫。成祖即位，以原官留任。欲于早朝时行刺成祖，被执，搜之得所藏刃，遂被杀，灭九族，株连乡人，遂成"十族"。

[2]蔡东藩《明史演义·拒草诏忠臣遭惨戮善讽谏长子得承家》。

之弟方克家有一子名孝复，洪武二十五年（1392年）曾上书皇帝，请求减损信国公汤和增收宁海县之赋税，遭贬谪戍守庆远卫。因编入军籍，诛灭方孝孺"十族"时得以免死。方孝复之子方琬，后亦获释为民。神宗初年，诏旨褒扬、编录建文朝忠臣，于南京建起表忠祠，受旌表者，徐辉祖为首，方孝孺次之。

方孝孺遭"灭十族"，其著作遂被列为禁书，永乐年间凡藏其书者皆为死罪。然，仍有人冒死将《侯城集》等书藏之，遂使其文章得以传世。孝孺"工文章，醇深雄迈。每一篇出，海内争相传诵。"[①]其政论文、史论、散文、诗歌俱佳，"纵横豪放，颇出入东坡、龙川之间。"[②]其文学作品如《蚊对》《指喻》《越巫》《鼻对》《吴士》《越车》等，绝大部分收集于《逊志斋集》中。另撰有《周礼考次》《大易枝辞》《武王戒书注》《宋史要言》《帝王基命录》《文统》等。

方孝孺之所为，史书皆以正面评价为主。其所为乃事关皇位大统与黎庶福祉。其遭诛虽惨烈，然非殉于一家一姓，亦不可纯属愚忠。其死之意义，乃于维护成宪，维护制度。"当时永乐位本藩臣，乃犯顺称兵、阴谋夺国，诸人自当义不戴天。虽齐泰、黄子澄等轻率寡谋，方孝孺识见迂阔，未足辅助少主；然迹其尊主锄强之心，实堪共谅。及大势已去，犹且募旅图存、抗词抵斥；虽殒身湛族，百折不回，洵为无惭名教者。"[③]然，亦有史家于其之举颇陈微词，指责"孝孺十族之诛，有以激之也。愈激愈杀，愈杀愈激，至于断舌碎骨，湛宗燔墓而不顾。"[④]意即朱棣之杀戮，全为方孝孺之所激。此言信然！倘南京城破之时，方孝孺自行了断，以死尽忠，"诛十族"悲剧绝不会发生。姚广孝想救方孝孺一命，最终却害其"十族"，"好心"办成"坏事"，诚非计出所料。

孝孺视死如归，殉道封建专制之纲常伦理，成就一代鸿儒之"忠臣"名节，为后世统治者借以愚弄之后文人步其后尘，继续为"节义"而殉身。然如此名节与"十族"中其余数千冤魂何干？可以为一己之虚名而致无辜者殉葬？其"义"何在？其"节"何用？愚夫，悲夫？！

---

①清·张廷玉等《明史·方孝孺传》。
②清·纪昀等《四库全书总目》。
③清《钦定胜朝殉节诸臣录》乾隆帝评价方孝孺语。
④明·钱士升《皇明表忠记》。

王守仁——江鸥意到忽飞去　野老情深只自留

"心学"大师王守仁①，乃真正将"出世"与"入世"融会贯通于一身之处世高人。故言"王文成公为明第一流人物，立德、立功、立言，皆居绝顶。"②其尝赋《寻春》诗一首，道明平和恬淡处世心境：

> 十里湖光放小舟，谩寻春事及西畴。
>
> 江鸥意到忽飞去，野老情深只自留。
>
> 日暮草香含雨气，九峰晴色散溪流。
>
> 吾侪是处皆行乐，何必兰亭说旧游？

王守仁乃明代著名思想家、文学家、哲学家、军事家，陆王心学之集大成者，精通儒家、道家、佛家。其晚年曾官至南京兵部尚书、都察院左都御史，且因平定宸濠之乱受封为新建伯，隆庆年间追赠新建侯。中国学术思想界将王守仁（心学集大成者）与孔子（儒学创始人）、孟子（儒学集大成者）、朱熹（理学集大成者）并称为孔、孟、朱、王。其学术思想发轫中国，传至日本、朝鲜半岛及东南亚。集立德、立功、立言于一身，成就冠绝有明一代。

王守仁天生即有特殊气质，不同于常人。其母怀孕逾十月方分娩。临盆之前，祖母梦见天神衣绯玉，云中鼓吹，抱一赤子，自天而降，祖父遂为之取名"云"，并为其居所题名"瑞云楼"。王守仁5岁尚不谙言语，却已默记祖父所读之书。一高僧过其家，抚其头而言："好个孩儿，可惜道破。"祖父根据《论语·卫灵公》所云"知及之，仁不能守之，虽得之，必失之"，为其改名"守仁"，遂开口说话。

乃父王华家教极严，于爱子期许甚高。王守仁少年时学文习武，十分刻苦。然其极喜与人对弈，辄为此耽误功课。其父虽屡次责备，总不稍改，遂于一气之下将象棋投落河中。王守仁心受震动，顿时感悟，当即赋《象棋落水歌》寄托志向：

> 象棋终日乐悠悠，苦被严亲一旦丢。
>
> 兵卒坠河皆不救，将军溺水一齐休。

---

① 王守仁（1472—1529 年），幼名云，字伯安，别号阳明，自号阳明子，学者称阳明先生、王阳明，浙江余姚人。

② 明·王世贞《艺苑卮言·卷五》。

马行千里随波去，象入三川逐浪游。

炮响一声天地震，忽然惊起卧龙愁。

其于诗中以诸葛亮自喻，决意作一番惊天动地事业。自此刻苦课读，学业大进，骑、射、兵法日趋精通。

王守仁年12入私塾，13岁母亲郑氏去世，幼年失怙。其自幼志存高远，心思不同常人。尝与塾师讨论何为天下要紧事，见识即不同凡俗，道"科举并非第一等要紧事"，天下最要紧事为读书做圣贤完人。时，国家朝政腐败，贫民起义此伏彼起。正统年间，明英宗于土木堡为蒙古瓦剌部所俘，朝廷赔款求和。此事于其幼稚心中投下巨大阴影，遂发誓学好兵法，为国效忠。15岁即屡次上书皇帝，献策平定农民起义，未果。同年，出游居庸关、山海关，纵观塞外，其时已存经略四方之志。

17岁，赴南昌与诸养和之女诸氏完婚。然，成婚当日家人寻不见新郎。原为其于闲逛中遇一道士打坐，遂向其讨教。道士为其讲养生术，遂与道士相对静坐忘归，直至翌日岳父方将其找回。18岁时，与夫人诸氏返回余姚。船过广信，专程拜谒娄谅。娄谅为其讲授"格物致知"之学，王守仁甚喜。之后遍读朱熹著作，思考宋儒所谓"物有表里精粗，一草一木皆具至理"之学说。为实践朱熹"格物致知"学说，遂决心穷竹之理。尝"格"竹三昼夜，一无所获，旋即病倒。从此，于"格物"学说产生极大怀疑，是为中国哲学史上著名典故"守仁格竹"。

明孝宗弘治五年（1492年），王守仁首度参加乡试，中举人，学业大有长进。然其愈益喜谈军事，且箭术超群。22岁考进士不中，内阁首辅李东阳笑曰："汝此次虽未中状元，下次科举必中状元无疑，试为下次科举作状元赋。"守仁提笔立就，朝堂元老惊异其天赋才能。25岁再次参加科举，依然落第。其状元父亲善言抚慰开导，守仁笑道："世以不得第为耻，吾以不得第动心为耻。"

弘治十二年（1499年），王守仁28岁，礼部会试成绩出色，举南宫第二人，赐二甲进士第七人，观政工部。出为威宁伯王越治葬，回朝上疏论西北边疆防备等八事，旋授刑部主事，于江北诸地决断囚狱，随后因病请求归乡。久之，起用授兵部主事。

武宗正德元年（1506年）冬，宦官刘瑾擅政，逮捕南京给事中御史戴铣等20余人。王守仁上疏论救，触怒刘瑾，被杖四十，谪贬贵州龙场（修文县）驿栈驿丞。刘瑾于其离京后遣人沿途追杀，守仁伪造跳水自尽躲过一劫，并潜回南京面见父亲。父亲劝解道："朝廷既委命于汝，汝即有责任于身，以从速上任为宜。"守仁遂遵父命，赴"万山丛薄，苗、僚杂居"之贵州龙场。驿臣期间，守仁于《大学》主旨有新领悟，认识到"圣人之道，吾性自足，向之求理于事物者误也"。[①]

十一年（1516年）八月，受兵部尚书王琼推荐，王守仁擢为右金都御史，巡抚南康、赣州。时，南中地带盗贼蜂拥四起。谢志山占横水、左溪、桶冈，池仲容占浰头，各自称

---

① 明·王阳明《传习录》。

王，与大庾陈曰能、乐昌高快马、郴州龚福全等遥相呼应，攻占剽掠各处府县。旋，福建大帽山盗贼詹师富又起兵，前任巡抚文森托病去职。谢志山联合乐昌盗贼夺取大庾，进攻南康、赣州，赣县主簿战死。守仁即任后，知官府中不少人为盗贼耳目，遂责问年老狡黠仆役，仆役浑不敢隐瞒，如实坦白。守仁赦免其罪过，命其侦探叛军情报，遂得以掌握盗贼动静。王守仁用兵"诡异"、独断，素有"狡诈专兵"之名。旋，传檄福建、广东会兵一处，先讨伐大帽山盗贼。十二年（1517 年）正月，守仁自率精锐屯兵上杭，佯装撤退，出敌不意发动进攻，连破四十余寨，斩杀、俘获盗贼 7000 余人。嗣后，守仁上疏朝廷，言巡抚权力太小，无法命令将士。王琼上奏武宗，授其旗牌之职，可以便宜从事。七月，进兵大庾。十月，克左溪、横水，破巢八十四，斩杀、俘获 6000 余人。战毕，于横水设置崇义县。旋师还赣州，讨伐利头盗贼，斩杀 2000 余人。

十四年（1519 年），宁王朱宸濠发动叛乱。时守仁于平贼后已将兵符上交兵部，手中无兵，然江西境内朝廷官吏皆来佐助守仁。"知府临江戴德孺、袁州徐琏、赣州邢珣，都指挥余恩，通判瑞州胡尧元、童琦、抚州邹琥、安吉谈储，推官王暐、徐文英，知县新淦李美、泰和李楫、万安王冕、宁都王天与，各以兵来会，合八万人，号三十万。"[1]其又于袁州（今江西宜春）聚集各府县士兵，征调军粮、制造兵械船只。遂佯装传檄各地至江西勤王，于南昌各处张贴假檄迷惑宸濠，并以离间计与假情报诱引宸濠进兵南京。宸濠大疑，率兵转攻九江、南康，于安庆受挫。时守仁大军集结完毕，遂率兵攻打宸濠老巢南昌。宸濠回兵救南昌，双方于鄱阳湖决战，守仁仿效赤壁之战，经三天激战，宁王战败被俘，叛乱历时 35 天遂平。

嘉靖五年（1526 年），王守仁辞官回乡讲学，于绍兴、余姚一带创建书院，宣讲"王学"，并于天泉桥留心学四句教法：无善无恶心之体，有善有恶意之动，知善知恶是良知，为善去恶是格物。

六年（1527 年），思恩、田州诸地首领卢苏、王受造反，总督姚镆不能平定。嘉靖帝下诏命守仁以原官职兼左都御史，总督两广兼巡抚。南京礼部右侍郎黄绾趁机上书争辩守仁功绩，请朝廷赐其铁券与岁禄，并叙录平定宁王叛乱功臣，世宗准奏。十二月，守仁军至思恩，卢苏、王受早闻守仁平贼威名，遂举旗投降。翌年二月，王守仁率湖广兵抵达南宁，而卢苏、王受甫降，愿立功自赎。王守仁遂遣大臣商议，并命湖广金事汪溱、广西副使翁素、金事吴天挺及参将张经、都指挥谢佩监湖广土兵，袭剿断藤峡叛军。时，叛军闻明军檄湖广土兵抵达，均逃匿深险之中；又闻卢苏、王受归降，王守仁进驻南宁，故以为王守仁以散遣诸兵布阵，遂弛于防备。至此，湖广兵皆偃旗息鼓驰马抵达，与明军一同突进，四面夹击。叛军大败，退守保仙女大山，据险结寨。官军攀木缘崖仰攻，并随后连连攻破油榨、石壁、大陂等地，直击断藤峡。旋，王守仁密檄诸将移兵剿仙台等贼，分永顺兵、保靖兵各自进剿，约定五月十三日抵达巢穴。叛军退守永安力山，为守仁围困大军所败，溃军为副将沈希仪斩杀。断藤峡叛军全军覆灭。

---

①清·张廷玉等《明史·卷一百九十五·列传第八十三》。

　　两广民乱平定后，王守仁因肺病加重，向朝廷上疏乞求告老还乡，并推荐郧阳巡抚林富以代己职。

　　嘉靖七年十一月二十九日（1529 年 1 月 9 日），王守仁病逝于江西南安府大庾县青龙港（今江西大余县）舟中。享年 57 岁。临终之际，弟子问其有何遗言，守仁道："此心光明，亦复何言！"丧过江西境内，军民着麻衣沿途哭送。

　　王守仁先前因平定宁王叛乱封特进光禄大夫、柱国、新建伯。隆庆时追赠新建侯。卒，谥"文成"。万历十二年（1584 年）从祀于孔庙。

　　明穆宗朱载垕评价王守仁："两肩正气，一代伟人，具拨乱反正之才，展救世安民之略，功高不赏，朕甚悯焉！因念勋贤，重申盟誓。"[1]

　　"阳明先生在江西与孙、许同时，则为江西三忠臣。先生又与胡端敏、孙忠烈同举乡荐，曾闻夜半时有巨人文场东西立，大言曰：'三人好作事！'已忽不见，则在浙江又为三大人矣。且夫古之立大功者亦诚多有，但未有旬日之间不待请兵请粮而即擒反者，此唯先生能之。然古今亦未有失一朝廷即时有一朝廷，若不见有朝廷为胡虏所留者。举朝晏然，三边晏然，大同城不得入，居庸城不得入，即至通州城下亦如无有，此则于少保之勋千载所不可诬也。若英宗北狩，杨善徒手片言单词，欢喜也先，遂令也先即时遣人随善护送上皇来归。以余观之，古唯厮养卒，今仅有杨善耳。吁！以善视养卒，则养卒又不足言矣。此皆今古大功，未易指屈，则先生与于与杨又为千古三大功臣焉者也。呜呼！天生先生岂易也耶！在江西为三大忠，在浙江为三大人，在今古为三大功，而况理学又足继孔圣之统者哉？"[2]

　　王守仁之阳明学，又称王学、心学，为儒学一门学派，渊源可推溯至孟子，经守仁发展而臻于完善。守仁一生受道家影响明显多于佛家，然终究不离儒学本质。其继承陆九渊强调"心即是理"之思想，反对程颐、朱熹通过事事物物追求"至理"之"格物致知"方法，因事理无穷无尽，格之则未免烦累，故提倡"致良知"，即于内心寻找"理"，"理"全在人"心"，"理"化生宇宙天地万物，人秉其秀气，故人心自秉其精要。于知与行关系，守仁强调要知，更要行，知中有行，行中有知，所谓"知行合一"，二者互为表里，不可分离。知必然要表现为行，不行则不能算真知。阳明学为明朝中晚期主流学说之一，后传至日本，于日本及东亚均有较大影响。

　　中国历史上能文能武之人颇多，然于两方面皆臻于极致者却寥若晨星。明朝中叶之后社会政治为阳明学说之形成，既为之提供种子，亦为之耕耘土壤。王守仁诞生，令奇迹变成现实。阳明哲学虽一直有人诟病，然其毕竟不愧为中华民族智能发展史一大成就，更为中华文明史一朵姹紫嫣红之奇葩。

　　阳明心学代表作有《大学问》《王阳明全集》《传习录》。守仁"以不世出之天姿，演畅此愚夫愚妇与知与能的真理，其自身之道德、功业、文章均已冠绝当代，卓立千古，而所至又汲汲以聚徒讲学为性命，若饥渴之不能一刻耐，故其学风淹被之广，渐渍之深，在

---

①明·钱德洪、王畿编次，唐尧臣校正《阳明先生别录十卷》。

②明·李贽《续焚书·卷三·读史汇》。

宋明学者中，乃莫与伦比。"①

李贽——若为追欢悦世人　空劳皮骨损精神

　　明代文学家、思想家、史学家李贽②一生以孔孟传统儒学之"异端"自居，于封建男尊女卑、假道学、社会腐败、贪官污吏大加痛斥竭力鞭挞，主张"革故鼎新"，反对思想禁锢。其"书皆狂悖乖谬，非圣无法，惟此书抨击孔子，另立褒贬，凡千古相传之善恶，无不颠倒易位，尤以罪不容诛者。其书可毁，其名亦不足以污简牍。"③而尤其"好为惊世骇俗之论，务反宋儒道学之说。……儒释从之者几千万人。其学以解脱直截为宗，少年高旷豪举之士，多乐慕之。后学如狂，不但儒教溃防，即释宗绳检，亦多所清弃。"④故其于传统意识形态领域一直遭儒、道、佛诸家诟病。

　　明末书画鉴赏家冯元仲一首悼念诗，足以客观表述评价李贽生前身后事：

> 手辟洪蒙破混茫，浪翻古今是非场。
>
> 通身是胆通身识，死后名多道益彰。⑤

　　李贽自述其青少年时治学情况，"余自幼治易，复改治礼，以礼经少决科之利也。至年十四，又改治尚书，竟以尚书窃禄。然好易，岁取易读之。"⑥

　　嘉靖三十一年（1552年），李贽于乡试中举，其后不应会试。三十五年（1556年），授河南共城教谕。三十九年，擢南京国子监博士。数月后，父白斋公病故于泉州，遂回乡守制。时值倭寇攻城，李贽带领弟侄辈日夜登城击柝巡守，与全城父老兵民同仇敌忾。嘉靖四十二年，任北京国子监博士。任职国子监，李贽与祭酒、司业等人格格不入。"三年服阕，尽室入京……居京邸十月不得缺，囊垂尽，乃假馆授徒。馆复十余月乃得缺。称国子先生如旧官。"⑦未几，祖父病殁。李贽将家眷安顿于共城居住，买田耕作自食，自己只身回福建，料理葬事。

---

① 钱穆《王守仁》。

② 李贽（1527—1602年），字宏甫，号卓吾，别号温陵居士、百泉居士，福建泉州人。

③ 清·纪昀等《四库全书总目·别史类存目》。

④ 明·姚旅《露书丛残》。

⑤ 明·冯元仲《吊李卓吾先生墓诗》。

⑥ 明·李贽《李氏文集·卷一一·易因小序》。

⑦ 明·李贽《焚书卷三·卓吾论略》。

隆庆四年（1570 年），李贽调任南京刑部员外郎，其间相识耿定向、耿定理、焦竑等道学大家。虽耿定向后期暴露假道学面貌，李贽与之互相辩难，然其与耿定向之弟定理及定向学生焦竑则一直为莫逆之交。任职南都时，李贽又与王守仁弟子王畿及泰州学派翘楚罗汝芳相识，自此师事泰州学派学者王襞。王襞为明代大哲学家、泰州学派创始人王艮之子。王艮讲学淮南，王襞长侍左右，幼闻庭训，对"乐学"之说，发挥尤多。

万历五年（1577 年），李贽出任云南姚安知府，公余之暇，仍从事讲学。其居官圭臬为"一切持简易，任自然，务以德化"，且"自治清苦，为政举大体。"又于府衙楹柱写两副对联时刻自警。其一为："从故乡而来，两地疮痍同满目；当兵事之后，万家疾苦总关心。"其二为："听政有余闲，不妨矍运陶斋，花栽潘县；做官无别物，只此一庭明水，两袖清风。"故其于知府任上"法令清简，不言而治。每至伽蓝，判了公事，坐堂皇上，或置名僧其间。簿书有隙，即与参论虚玄，人皆怪之。"[1]时云南边境多蛮夷，上官严刻。李贽回报："边方杂夷，法难尽执，日过一日，与军与夷共享太平足矣。"[2]

姚安居官三年，因厌恶簿书生活，"遂入鸡足山，阅龙藏，不出。御史刘维奇其节，疏令致仕以归。"[3]至此，李贽结束二十余年宦游生涯，回归讲学著述生活。于蹉跎仕途受人管束历史，李贽做过较全面总结："余唯以不受管束之故，受此磨难，一生坎坷，将大地为墨，难尽写也。为县博士，即与县令、提学触。为太学博士，即与祭酒、司业触。……司礼曹务，即与高尚书、殷尚书、王侍郎、万侍郎尽触也。……最苦者为员外郎，不得尚书谢、大理卿董并汪意。……又最苦而遇尚书赵。赵于道学有名。孰知道学益有名，而我之触益又甚也。最后为郡守，即与巡抚王触，与守道骆触。……此余平生之大略也。"[4]可以看出，李贽很难与人相处。其处处与上司抵触之个性，实质为其反封建思想与封建主义世界观使然。而此种不和谐，原因并不在李贽人品有问题，根子在于世界观不同，即"道不同，不相与谋也"。其"自幼倔强难化，不信道，不信仙、释，故见道人则恶，见僧则恶，见道学先生则尤恶"性格，既与其家世传统有关，亦与其壮年之后经历不相违异。

解官以后，李贽并不回乡，乃携妻女往湖北黄安依托耿定理。自称："我老矣，得一二胜友，终日晤言，以遣余日，即为至快，何必故乡也？"

万历七年（1579 年），何心隐[5]被湖广巡抚王之垣缉捕杀害于武昌。李贽于此极为愤

---

①明·袁中道《李温陵传记》。

②明·李贽《焚书·卷四·豫约感慨平生》。

③明·袁中道《李温陵传记》。

④明·李贽《焚书·卷四·豫约感慨平生》。

⑤何心隐（1517—1579 年），中国明代思想家，王阳明"心学"之泰州学派弟子。原名梁汝元，字柱乾，号夫山。江西吉安永丰人。早年放弃科举，致力社会改革，曾被捕入狱。与徐阶合作弹劾严嵩。因嘉靖信奉道教，让道士（泰州学派同门弟子）假借"奸臣如严嵩"之名，使皇帝疏远严嵩。后在湖北孝感讲学，因反对当权者张居正再遭通缉。万历七年（1579 年）被捕，死于湖广巡抚王之垣乱棒之下。其学说认为"人为天地之心，心是太极，心即是理。"

怒，曾著文二篇为何辩冤，并表示对何之景仰。其于寄焦竑信中提起何心隐，道："何心老英雄莫比。观其羁绊缧绁之人，所上当道书，千言万语，滚滚立就，略无一毫乞怜之态，如诉如戏，若等闲日子。今读其文，想见其为人。其文章高妙，略无一字袭前人，亦未见从前有此文字，但见其一泻千里，委曲详尽。观者不知感动，吾不知之矣。奉去二稿，亦略见追慕之切。"①

万历九年（1581 年）春，李贽应湖北黄安（今红安）耿定理之邀，携妻子女儿至黄安天台书院讲学论道，住耿定理家中充当门客兼教师。然李贽却与耿定理做大官之兄长耿定向意见冲突，认为其为假道学代表人物。

"耿定向原是何心隐友人，又与张居正相善。何被执时，耿不为之援手，而依违其间，卒致心隐被害。这件事充分显露出耿定向的乡愿面貌。李贽在何心隐论中尖锐地加以谴责：'然公岂诚不畏死者？时无张子房，谁为活项伯？时无鲁朱家，谁为脱季布？吾又因是而益信谈道者之假也。由今而观，彼其含怒称冤者，皆其未尝识面之夫。其坐视公之死反从而下石者，则尽其聚徒讲学之人。然则匹夫无假，故不能掩其本心，谈道无真，故必欲刬其出类，又可知矣。夫惟世无真谈道者，故公死而斯文遂丧，公之死顾不重耶？'这里李贽认为何心隐是'真谈道者'，是坚持真理的，是没有虚伪的，因此得到人民（匹夫）的同情，以此与耿定向的假道学作了对比，从而也说出这样大胆的命题，'匹夫无假'和'谈道无真'。耿定向愧愤之余，作求儆书进行反噬，并指使他的学生蔡毅中著《焚书辨》，进行反驳，又进一步唆使地方上人诬蔑李贽为左道惑众，坏法乱治，加以恫吓和驱逐。其后李贽不能在麻城安居，即肇因于此。"②

万历十二年（1584 年），耿定理因病去世。李贽因与耿定向不能相容，自然不可能再住黄安耿家。是年十月，李贽由黄安移居麻城，因无馆住宿而返。翌年三月方定居麻城龙潭湖上芝佛院。龙潭距城 30 里，一般人不易走到，李贽遂于此静心读书著作，偶与一二相知者讲学。麻城读书著述近 20 年，李贽完成《初潭集》《焚书》等著作。收入《童心说》《赞刘谐》《何心隐论》及与道学家耿定向反复论辩而撰写之《答耿中丞》《答耿司寇》等书答、杂述、读史短文及诗共 6 卷。李贽文章，揭露道学家伪善面目，反对以孔子是非观为是非标准，批判锋芒直指宋代大理学家周敦颐、程颢、张载、朱熹。其尝于麻城多次讲学，抨击时政，针砭时弊，听任各界男女前往听讲，颇受欢迎。

万历十六年（1588 年）夏，为表示断绝鄙俗，李贽剃度出家。然其身入空门，却不受戒，亦不参与僧众诵经祈祷。"其所以落发者，则因家中闲杂人等时时望我归去，又时时不远千里来迫我，以俗事强我，故我剃发以示不归，俗事亦决然不肯与理也。又此间无见识人多以异端目我，故我遂为异端以成彼竖子之名。兼此数者，陡然去发，非其心也。"③如此挑战传统思想之举，为保守势力视为"异端""邪说"，遂群起围攻，拟将其驱逐出境。李贽旗帜鲜明宣称自己著作为"离经叛道之作"，"我可杀不可去，头可断而身不可

---

①明·李贽《续焚书·卷一·与焦漪园太史书》。

②侯外庐《李贽生平的战斗历程及其著述》。

③明·李贽《与曾继泉》。

辱"，毫不畏缩。其喜爱清洁成癖，衣服一尘不染，经常扫地，以至数人缚帚不给。"与僧无念、周友山、丘坦之、杨定见聚，闭门下键，日以读书为事。衿裾浣洗，极其鲜洁。拭面拂身，有同水淫。不喜俗客，客不获辞而至，但一交手，即令其远坐，嫌其臭秽。其欣赏者，镇日言笑。意所不契，寂无一言。滑稽排调，冲口而发，既能解颐，亦可刺骨。所读书皆抄写为善本，东国之秘语，西方之灵文，离骚、马、班之篇，陶、谢、柳、杜之诗，下至稗官小说之奇，宋、元名人之曲，雪藤丹笔，逐字双校，肌擘理分，时出新意。其为文不阡不陌，摅其胸中之独见，精光凛凛，不可迫视。诗不多作，大有神境。"①

1593年，李贽与文学上反对复古主义之公安袁宗道、宏道、中道"三袁兄弟"相识。次年，袁宏道（字中郎）专赴麻城访李贽，二人并至武昌。宏道称其与"李老大相契合，赐以诗。……留三月余，殷殷不舍，送之武昌而别。"②宗道于李贽亦十分倾仰，曾于答李信中道："翁明年正七十，学道诸友，共举一帛为贺。盖翁年岁愈久，造诣转玄，此可贺者一。多在世一日，多为世作一日津梁，此可贺者二。"③"李贽反封建的思想，无疑对三袁兄弟的文学思想有很大影响。"④

万历二十六年（1598年），李贽72岁，赴南京将自己零星著作汇成《老人行》，并再度研究《易经》，撰写《易因》，最后编订其巨著《藏书》。《藏书》凡68卷，系纪传体史论，论述战国至元亡历史人物约800人。于历史人物作不与传统见解苟合之评价，旨在反对程朱理学与假道学之腐朽言论。如其赞扬秦始皇为"千古一帝"；武则天为"政由己出，明察善断"之"圣后"。著作《藏书》时"山中寂寞无侣，时时取史册批阅，得与其人会觌，亦自快乐。非谓有志于博学宏词科也。尝谓载籍所称，不但赫然可纪述于后者是大圣人，纵遗臭万年，绝无足录，其精神巧思，亦能令人心羡。况真正圣贤，不免被人细摘。或以浮名传颂，而其实索然。自古至今，多少冤屈，谁与辨雪？故读史时真如与百千万人作对敌，一经对垒，自然献俘授首，殊有绝致，未易告语。"⑤李贽个人于《藏书》评价亦自许甚高。"藏书收整已讫……一任付梓矣。纵不梓，千万世亦自有梓之者。盖我此书，乃万世治平之书，经筵当以进读，科场当以选士，非漫然也。"⑥

万历三十年（1602年），李贽76岁。春二月，遗言以身上旧衣服安葬，不可更换新衣。同年，礼部给事中张问达秉承首辅沈一贯旨意上奏神宗，攻讦李贽。遂以"敢倡乱道，惑世诬民"罪名逮捕李贽，并焚毁其著作。朝廷拟押解其回福建原籍，李贽感慨而道："我年七十有六，死以归为？"又言："衰病老朽，死得甚奇，真得死所矣。如何不死？"遂于狱中写下绝命诗：

---

①明·袁中道《李温陵传记》。

②清·周承弼等修《公安县志·袁宏道传》。

③明·袁宗道《白苏斋类集·卷一六·李宏甫》。

④侯外庐《李贽生平的战斗历程及其著述》。

⑤明·李贽《续焚书·卷一·〈与焦弱侯书〉》。

⑥明·李贽《续焚书·卷一·〈与耿子健书〉》。

> 志士不忘在沟壑，勇士不忘丧其元。
>
> 我今不死更何待？愿早一命归黄泉。

三月十五，李贽呼侍者剃发，夺其剃刀割喉，气不绝者两日，三月十六日子时气绝，享年 76 岁。东厂锦衣卫奏报皇帝，称李贽"不食而死"。

李贽一生著述颇丰，主要有《藏书》68 卷；《史纲评要》68 卷；《焚书》6 卷；《初潭集》12 卷等。

作为中古自由学派鼻祖，"泰州学派"一代宗师，李贽反对以程朱理学为评价是非之唯一标准；强调为社稷民生着想、关心百姓生活方为"真道学"；提倡个性自由、官民平等与男女平等，于中国古代思想史占有重要地位。

其"悲剧不仅属于个人，也属于他所生活的时代。传统的政治已经凝固，类似宗教改革或者文艺复兴的新生命无法在这样的环境中孕育。社会环境把个人理智上的自由压缩在极小的限度之内，人的廉洁和诚信，也只能长为灌木，不能形成丛林。"[1]

李贽"骨坚金石，气薄云天；言有触而必吐，意无往而不伸。排拓胜己，跌宕王公，孔文举调魏武若稚子，嵇叔夜视锺会如奴隶。鸟巢可复，不改其凤味，鸾翮可铩，不驯其龙性，斯所由焚芝锄蕙，衔刀若卢者也。嗟乎！才太高，气太豪……"[2]

> 若为追欢悦世人，空劳皮骨损精神。
>
> 年来寂寞从人谤，只有疏狂一老身。[3]

青松翠柏，一湖碧水，千秋功罪自有后人评说。

李卓吾先生安息吧！

徐光启——惟君领得东风意　散与群芳次第春

明代中叶以降，长江中下游地区以农业、手工业为主之商品经济得以明显发展。社会环境之变化变迁，于个人家庭社会地位之升降起伏，影响颇大。徐氏家族，自光启曾祖

---

[1]黄仁宇《万历十五年》。
[2]明·袁中道《李温陵传》。
[3]明·李贽《石潭即事·其四》。

起，六七十年间曾有三次较大起伏。徐光启①恰于家道三次中落之谷底诞生。然，徐氏家族家业渊源于农、工、商诸业，故于如此社会变革适应力极强。

徐光启父亲为人"博识强记，于阴阳、医术、星相、占候、二氏之书，多所通综，每为人陈说讲解，亦娓娓终日"，后弃商归农。其母"性勤事，早暮纺绩，寒暑不辍"。"每语丧乱事（倭寇入侵），极详委，当日吏将所措置，以何故成败，应当若何，多中机要。"②如此家庭、父母，于光启钻研科学技术、重农兵、尚实践、毕生唯勤唯俭、安贫若素等品格之形成，影响自然不浅。

少年徐光启聪敏好学，活泼矫健。时人谓之"章句、帖括、声律、书法，均臻佳妙"，喜雪天登城，"与鹊争处，俯而喜"。万历九年（1581年），光启府试中秀才，时年弱冠，"便以天下为己任。为文钩深抉奇，意义自畅。"曾道："文宜得气之先，造理之极，方足炳辉千古。"旋开馆授徒，屡于乡试不中，36岁方中举人。

万历三十二年（1604年），光启考中进士，始步入仕途。其耗费于科举功名之时，凡23年。

其间，曾辗转苦读，破万卷书、行万里路，"尝学声律、工楷隶，及是悉弃去，习天文、兵法、屯、盐、水利诸策，旁及工艺数学，务可施用于世者。"③徐光启家居乡村，面对满目庄稼农田，刻意留心观察周围农事，遂于农事耕作产生浓厚兴趣。

三十五年（1607年），徐光启授翰林院检讨。旋丧父，返乡守制。三十八年（1610年），守制期满，光启回京复职，任翰林院检讨。公务之余，致力于天文、算法、农学、水利等科学技术研究，从事科技著作翻译与写作，窃以科学研究为毕生勘磨之事业。"公初筮仕入馆职，即身任天下，讲求治道，博极群书，要诸体用。诗赋书法，素所善也，既谓雕虫不足学，悉屏不为，专以神明治历律兵农，穷天人指趣。"④其自述道："昨岁偶以多言之故，谬用历法见推……惟欲遂以此毕力，并应酬文墨一切迸除矣。何者？今世作文集至千百万言者非乏，而为我所为者无一。历虽无切于用，未必更无用于今之诗文也。况弟辈所为之历算之学，渐次推广，更有百千有用之学出焉。如今岁偶尔讲求数种用水之法，试一为之，颇觉于民事为便……弟年来百端俱废者，大半为此事所夺。"⑤其中"用水之法"，即为万历四十年（1612年）与传教士熊三拔合译之《泰西水法》，书中介绍西洋水利工程作法及各种水利机械。

其间，尝与传教士合作再次校订《几何原本》，并出版第二版，为李之藻与利玛窦合译之《同文算指》（西方笔算数学）、熊三拔编著介绍天文仪器之《简平仪说》等书作序。序言中详尽阐述于西方科技知识之看法。向传教士学习科技知识之时，光启对其传教活动

---

①徐光启（1562年4月—1633年11月），字子先，号玄扈，天主教圣名保禄，松江府上海县人，明代著名科学家、政治家。

②明·徐光启《先考事略》《先妣事略》。

③明·邹漪《启祯野乘·徐文定传》。

④明·张溥《农政全书·序》。

⑤明·徐光启《致老亲家书》。

亦多有协助，帮其刊刻宗教书籍，庇护传教士活动，自己亦成为天主教徒。光启之行为，与其儒士、官僚身份极不合辙，故多被朝臣误解而遭非议。遂辞职归家，于天津购置土地，种植水稻、花卉、药材等。其农学巨著《农政全书》之编写提纲即构思于此时。

万历四十六年（1618年），北方后金军袭击边关，朝廷召光启入朝受命。徐光启虽于病中，然谋国之心丝毫未退，慨然叹道："国无武备，为日久矣，一朝衅起，遂不可支。启才职事皆不宜兵戎之役，而义无坐视，以负国恩与师门之教。"①不特自己力疾赴命，且感召同侪放弃安适生活，共赴国难。

四十七年（1619年），徐光启以詹事府少詹事兼河南道监察御史督练新军。主张"用兵之道，全在选练"，"选需实选，练需实练"。其间，所书军事方面奏疏、条令、阵法颇多，后皆自选编入《徐氏庖言》。由于财政拮据、议臣掣肘诸原因，练兵计划施行艰难，光启因操劳过度于天启元年（1621年）三月上疏回天津"养病"。六月，辽东兵败，又奉召入京，终因制造兵器与练兵计划难以遂愿而再次辞归天津。

魏忠贤阉党擅权时，为笼络人心，曾拟委任徐光启为礼部右侍郎兼翰林院侍读学士协理詹事府事官职，徐光启不肯就任，遂致阉党不满，被劾，皇帝命其"冠带闲住"。天启五年（1625年），阉党弹劾光启练兵"孟浪无对""骗官盗饷""误国欺君"等，然军事练兵专著《徐氏庖言》付梓，为驳斥不实之词起到佐助。

崇祯元年（1628年），阉党事败，崇祯帝杀魏忠贤，徐光启官复原职。八月，充日讲官，经筵讲官，为天子师。二年，升礼部左侍郎，三年，升礼部尚书，已为朝廷重臣。

是年五月朔日食，徐光启以西法推算，结果较钦天监为密。九月，朝廷决心改历，令徐光启主持。光启由编译西方天文历法书籍入手，同时制造仪器，精心观测，自崇祯四年（1631年）起，分五次进呈所编译图书著作《崇祯历书》。全书凡46种，137卷。其推演制定历法期间，"扫室端坐，下笔不休，一榻无椎……冬不炉，夏不扇……推算纬度，昧爽细书，迄夜半乃罢。"②时，光启年已七十，然其研究热情不减，亲自实践，目测笔书，融汇中西，历时数载，终于编成。

崇祯五年（1632年）六月，徐光启以礼部尚书兼东阁大学士入阁，参予机要。"每日入值，手不停挥，百尔焦劳"，"归寓夜中，篝灯详绎，理其大纲，订其细节"。白日宰相，夜间科学家，终因疲劳过而病倒。十一月，加太子少保。六年八月，再加太子太保、文渊阁大学士兼礼部尚书。至此，光启已位极人臣。十一月病危，仍"力疾依榻，犹矻矻捉管于历书"，并嘱家属"速缮成《农书》进呈，以毕吾志"。

崇祯六年（1633年）十一月七日，一代哲人逝世，终年72岁，谥"文定"。

徐光启出身农家，自幼即对农事极为关切。其家乡地处东南沿海，水灾风灾频繁，促其于救灾救荒感兴趣，且注重排灌水利建设。步入仕途后，其利用守制、赋闲之机，于北京、天津、上海等地垦殖试验田，亲自进行各种农业技术实验。光启一生农学著作甚多，计有《农政全书》《甘薯疏》《农遗杂疏》《农书草稿》《泰西水法》等。其农学著述虽卷帙

---

① 明·徐光启《复太史焦师座》。

② 明·张溥《农政全书·序》。

少于天文历法著述, 然耗费时间之长、用功之勤, 实皆有过之而无不及。其中,《农政全书》"杂采众家, 兼出独见", 堪称光启著述之代表。此书为徐光启殁后经陈子龙删改后成书, 凡 12 门 (农本、田制、农事、水利、农器、树艺、蚕桑、蚕桑广类、种植、收养、制造、荒政), 60 卷, 70 余万言。书中大部分篇幅为分类引录古代有关农事文献及明朝当时文献, 光启自己撰写文字约 6 万言。时人于徐氏自著文字评价甚高:"人间或一引先生独得之言, 则皆令人拍案叫绝。"[1]

意大利天主教耶稣会传教士、学者利玛窦, 于万历年间来中国传教, 得神宗恩准, 于北京宣武门外置一处住宅, 长期留居下来进行传教活动。徐光启于公余之暇, 常去拜访利玛窦, 逐渐建立较深友谊。

万历三十四年 (1606 年), 徐光启请利玛窦传授西方科学知识, 利玛窦以公元前三世纪左右希腊数学家欧几里得著作《原本》为教材, 对其讲授西方数学理论。徐光启深为其基本理论与逻辑推理所折服, 明确认识此即中国古代数学之不足。遂建议与利玛窦合作, 将其译成中文。是年冬, 翻译工作开始。利玛窦先以中文逐字逐句口头翻译, 由光启草录下来。译完一段, 徐光启再字斟句酌作一番推敲修改, 然后由利玛窦对照原著进行核对。译文中之"平行线""三角形""对角""直角""锐角""钝角""相似"等中文名词术语, 皆经其呕心沥血反复推敲方确定下来。

中国古代数学源远流长, 至汉代已形成以《九章算术》为代表之体系。宋元时期达到高峰, 于高次方程与方程组解法、一次同余式解法、高阶等差级数与高次内插法等方面均取得辉煌成就, 较西方同类结果早出数百年之久。然进入明朝之后, 宋元数学之诸多成果却几乎后继无人, 逐渐衰废。原因在于"算术之学特废于近代数百年间耳。废之缘有二。其一为名理之儒士苴天下实事; 其一为妖妄之术谬言数有神理, 能知往藏来, 靡所不效。卒于神者无一效, 而实者亡一存, 往昔圣人研以制世利用之大法, 曾不能得之士大夫间, 而术业政事, 尽逊于古初远矣"。[2]

三十五年 (1607 年) 春, 徐光启与利玛窦二人译出《几何原本》前 6 卷, 并正式付梓出版, 马上引起巨大反响, 成为明末从事数学者之必读书, 为促进发展中国近代数学起到非凡作用。

徐光启幼年时, 其家乡屡遭倭寇蹂躏, 因而早年即关心兵事。"少尝感愤倭奴蹂践, 梓里丘墟, 因而诵读之暇稍习兵家言。时时窃念国势衰弱, 十倍宋季, 每为人言富强之术:富国必以本业, 强国必以正兵。"[3]光启重视军事科学技术研究, 正是基于"以农业为富国之本, 以正兵为强国之本"而展开。刚被选考为翰林院庶吉士时, 光启便于《拟上安边御虏疏》中提出"设险阻、整车马、备器械、造将帅、练戎卒、严节制、信赏罚"乃"世俗之常谈, 国家之功令"。故应"于数者之中, 更有两言焉。曰求精, 曰责实。……苟求其精, 则远略巧心之士相于讲求, 经岁而未尽; 苟责其实, 则忠公忧国之臣所为太息流

①清·刘献廷《广阳杂记》。

②明·徐光启《同文算指·序》。

③明·徐光启《徐光启集·复太史焦师座》。

涕者，十倍于贾谊而未已也。""求精""责实"乃光启军事思想之核心。其尚大力宣扬管仲"八无敌"（材料、工艺、武器、选兵、素质、练兵、情报、指挥）与晁错"四预敌"（器械不利、选兵不当、将不知兵、君不择将）。做到"八无敌"即可无敌于天下，倘若为"四预敌"，则兵无不败。据此提出"极求真材以备用""极造实用器械以备中外守战""丞行选练精兵以保全胜""极造都城万年敌台（炮台）以为永永无虞之计""极遣使臣监护朝鲜以联外势"①等措施。凡此办法措施，皆为"八无敌""四预敌"思想与"求精""责实"精神相结合之产物。

由中国科技史角度而言，徐光启作为中西文化科技交流先驱者之地位，高于其作为农学家之地位。其引入西方科技之时间，于鸦片战争之前230余年。其《农政全书》与宋应星之《天工开物》，皆为带有近代百科全书意义之专业科技巨著，较西方首部百科全书早出100余年！国内学者将"西学东渐"之起点定于大英帝国炮舰开进中国领海之时，显然为有意无意忽视光启之努力。与同时代士大夫相比，光启踏入一条背逆之路。其不似海瑞，抬着棺材劝说昏君；亦不像汤显祖，整日沉迷于浅吟低唱。光启扎扎实实致力引进西方先进科技，特别于生前主持编译《崇祯历法》，奠定中国近三百年之历法基础。由徐光启"第一"，至近代史轰轰烈烈之"洋务运动"，经历200余年漫长岁月，中国之近代化亦相应延误200余年矣。

呜呼，徐光启之被漠视，非特其个人之悲剧，乃中华民族之悲剧矣！

---

① 明·徐光启《徐光启集·辽左陷危已甚疏》。

第肆章

文笔星汉灿烂，穷愁相偕一生，喟然遗世绝尘中国古代文人虽赏"兼济天下"之志，然"兼济天下"之前提为"达"，故曰"达则兼济天下"。何以能"达"，却非文人一厢情愿可成，其间运、命、时、机、缘，皆有宿定，诚非仅凭个人勤谨即可遂愿。是故，无缘通"达"者，唯以"独善其身"自守。然，"独善其身"实为文人"贫"而无奈之选择，故以"贫则独善其身"者，必以穷愁潦倒终其一生，其实为人所哀戚。

北宋宣和六年（1124年）进士董颖，属词蜕变为曲之开先河者，于中国古代文学发展贡献显著。其"平生作诗成癖，每属思时，寝食尽废，诗成必遍以示人。尝有警语云'云壑酿成千嶂雨，风蒲吹老一汀秋。'……然其穷至骨。他日入郡，为人作秦丞相生日诗。穷思过当，遂得狂疾，走出欲投江水。或为遣人呼其子，买舟载以归，归数日而死。家贫子弱，葬不以礼，亦无钱能作佛事。历十余日，宗人董应梦者梦见之，曰：'颖死后以家贫之故，不蒙佛力，尚未脱地狱苦。吾兄倘施宗谊，微为作斋七，以资冥路，并刻霜杰集传于世，则瞑目九泉，别当报德矣。'应梦如其请，先饭僧作斋，又梦来谢曰：'荷兄追拔，已得解脱，霜杰愿终惠也。"[1]

"人穷志短，马瘦毛长"。董颖于境况难以逆转情势下，不仅"鸿鹄之志"成为泡影，生计期望亦不得不降至最低限度。其尝于赠别诗《次韵文约赠行》中自明道：

> 归买农畴一饱休，乌鸢储肉且身谋。
>
> 扁舟欲趁晚潮发，别袂莫烦樽酒留。
>
> 松菊有情供好梦，氛埃无赖犯征裘。
>
> 明年驿使相逢处，还折梅花寄我不。

董颖为正途进士、一代文宗，其穷愁潦倒竟至如此，却也难掩后人哀痛之情。

中国古典文学四大名著之一《西游记》作者吴承恩，自幼聪明过人，"性敏而多慧，博极群书，为诗文下笔立成。"[2]然其时运不济，屡屡科考落第，至中年方得补"岁贡生"。因无缘仕宦，家贫不能自持，遂流寓南京，藉卖文补贴家用。晚年虽谋得长兴县丞，又因厌恶官场黑暗，愤而辞官，于贫病交加穷愁潦倒中辞世。

其于疾愤情感下所著《西游记》，"虽然吾书名为志怪，盖不专明鬼，实记人间变异，亦微有鉴戒寓焉。"[3]作品不仅成就其不朽文名，亦足以从中透视文人愤世嫉俗之款曲。

文人毕生不得志者，宿命固然为首因，然其自身后天所具"瑕疵"亦难辞其咎。中国文人个个具有远大政治抱负，怀有浓厚政治情结，渴望建功立业出将入相，治国安邦平天下，然极大多数却壮志难酬，最终逃不出悲剧性结局。个中就里，虽有社会原因，而文人缺乏足够政治智慧与政治才能实为主因。就政治才能而言，中国文人遵循儒家设计之"正心、诚意、修身、齐家、治国、平天下"康庄大道，抱定"达则兼济天下，穷

---

① 南宋·洪迈《夷坚乙志·卷十六》。

② 《淮安府志》。

③ 明·吴承恩《禹鼎志序》。

则独善其身"处世准则"积极入世"，政治热情、政治理想、政治主张、政治理念多由书生意气所发，而没有实实在在的行政能力，有些甚至是政治上的"低能儿"。他们更多的是从儒家经典中搬来，而缺乏解决实际问题之对策与能力，往往只会纸上谈兵，实际行政能力难免低下。虽然如此，文人自身却极其自负，"常欲一鸣惊人，一飞冲天"，"奋其智能，愿为辅弼，使寰区大定，海县清一"。而当现实与理想发生激烈冲突时，却因"安能摧眉折腰事权贵"而"不为五斗米折腰"，或"挂印归田"，或"狂歌草泽"，"宁堪作吏风尘下"，遂愤世嫉俗，"仰天大笑出门去，我辈岂是蓬蒿人？"如此傲岸独立品格，自然难入俗流，久而久之即成恶性循环。

个人品行与社会世风难以相容，文人境遇即可想而知。封建专制社会"官本位"思想极盛，"学而优则仕"可为官，官位高低体现人生价值高低。文人夙兴夜寐期待"金榜题名"，毕生寒窗苦读皓首穷经，"四肢不勤五谷不分"，既不擅躬耕，亦不齿经商，故无官则不仅难遂平生抱负，即使养家糊口亦难以维持。如此，以孤傲清高之品格，换得穷困潦倒之境况，亦为情理之中事，何怪之有？

陶渊明——忧勤知足厌权贵　乐天安命度平生

> 先生不知何许人也，亦不详其姓字。宅边有五柳树，因以为号焉。闲静少言，不慕荣利。好读书，不求甚解；每有会意，便欣然忘食。性嗜酒，家贫不能常得。亲旧知其如此，或置酒而招之。造饮辄尽，期在必醉；既醉而退，曾不吝情去留。环堵萧然，不蔽风日，短褐穿结，箪瓢屡空，晏如也。常著文章自娱，颇示己志。忘怀得失，以此自终。
>
> 赞曰：黔娄之妻有言：不汲汲于富贵。其言兹若人之俦乎？衔觞"不戚戚于贫贱，"赋诗，以乐其志，无怀氏之民欤？葛天氏之民欤？

（《五柳先生传》）

生活于晋宋时期之陶渊明[1]，不仅才堪与李白、杜甫共而比肩，即使命运亦为二人之和。李白嗜酒如命，斗酒百篇，最终贫病弃命于羁旅；杜甫一生颠沛，仕途蹉跎，最终贫病瘦毙于江舟。而陶渊明于嗜好则"性嗜酒，家贫不能常得……造饮辄尽，期在必醉"，于生计"则箪瓢屡空，餠无储秉；其寒则裋褐穿结，绤冬陈；其居环堵萧然，风日不蔽。穷困之状，可谓至矣。"[2]最终同样于贫病交加中驾鹤而去。绝世才子之命运

---

[1]陶渊明（365—427年），字元亮，又名潜，私谥"靖节"，世称靖节先生，浔阳柴桑人，诗赋家。
[2]南宋·洪迈《容斋随笔·卷八》。

何以如此相似？时耶，运耶，命耶？

陶渊明出生于书香仕宦家庭，其曾祖为东晋大司马、开国名将陶侃，外祖父孟嘉亦为晋代名士，祖父陶茂任过太守，父亲陶逸"寄迹风云，寘兹愠喜"，无显迹可考。陶渊明有一庶妹，小其 3 岁，后嫁程姓人家，故陶诗文提及她时称程氏妹。陶渊明 8 岁时父亲去世，家境逐渐没落，12 岁庶母辞世。其后来作文章回忆这段往事时曾写道："慈妣早逝，时尚孺婴。我年二六，尔才九龄"。（《祭程氏妹文》）到 20 岁时，陶渊明"弱年逢家乏"，家境愈加贫困。

陶渊明"自幼修习儒家经典，爱闲静，念善事，抱孤念，爱丘山，有猛志，不同流俗。"[1]其《荣木》序曰："总角闻道"，"少年罕人事，游好在六经"（《饮酒·十六》），早年饱受儒家教育，有过"猛志逸四海，骞翮思远翥"（《杂诗》）志向。晋宋时期老庄思想盛行，故道家思想熏陶亦为自然。陶渊明"少无适俗韵，性本爱丘山"。（《归园田居·其一》）其亦爱琴书："少学琴书，偶爱闲静，开卷有得，便欣然忘食。见树木交荫，时鸟变声，亦复欢然有喜。常言五六月中，北窗下卧，遇凉风暂至，自谓是羲皇上人。意浅识罕，谓斯言可保。"（《与子俨等疏》）故于其身上，道、儒修养兼而有之。

自 20 岁起，陶渊明开始游宦生涯，以谋生路。

> 在昔曾远游，直至东海隅。
>
> 道路迥且长，风波阻中途。
>
> 此行谁使然？似为饥所驱。
>
> 倾身营一饱，少许便有余。
>
> 恐此非名计，息驾归闲居。

（《饮酒·其十》）

出于生活所迫而自寻出路，故其此一时期出任者均为低级官吏，且旋因"恐此非名计"而"息驾归闲居"。短暂居家生活后，陶渊明于 29 岁时出任州祭酒。不久，又因不堪吏职而辞官归家。旋，州府再召其为主簿，辞而不受，依旧于家闲居。东晋安帝隆安二年（398 年），渊明应邀入桓玄[2]幕。隆安四年（400 年）初，奉使入都。五月，又辞都还家。归家途中于规林为大风所阻，作《庚子岁五月从都还阻风规林》二首，表达其归家之渴望及于园林旧居之怀念：

> 行行循归路，计日望旧居。
>
> 一欣侍温颜，再喜见友于。
>
> 鼓棹路崎曲，指景限西隅。
>
> 江山岂不险？归子念前途。

---

①袁行霈《陶渊明集笺注》，中华书局 2003 年版。

②东晋杰出将领、权臣，大司马桓温之子，曾一度篡位建"桓楚"政权，仅存三月而灭。

凯风负我心，戢枻守穷湖。

高莽眇无界，夏木独森疏。

谁言客舟远？近瞻百里余。

延目识南岭，空叹将焉如！

　　翌年，因母逝回浔阳居丧。三年丁忧期满，陶渊明怀着"四十无闻，斯不足畏"观念再度出仕，出任镇军将军刘裕参军。此时其心情矛盾交织，既想为官一展宏图，又对田园眷念难舍，"目倦川途异，心念山泽居"（《始作镇军参军经曲阿作》）。义熙元年（405 年）三月，又为建威将军刘敬宣参军，经钱溪使都，作《乙巳岁三月为建威参军使都经钱溪》：

我不践斯境，岁月好已积。

晨夕看山川，事事悉如昔。

微雨洗高林，清飙矫云翮。

眷彼品物存，义风都未隔。

伊余何为者，勉励从兹役？

一形似有制，素襟不可易。

园田日梦想，安得久离析？

终怀在归舟，谅哉宜霜柏。

　　诗人此时动荡于出仕与耕作之间十余年，逐渐厌倦看透官宦生涯之蹉跎与艰辛。

　　义熙元年（405 年）八月，陶渊明最后一次出仕，为彭泽令。十一月，程氏妹卒于武昌，陶渊明作《归去来兮辞》。履彭泽令 80 天，州府派督邮巡视公务，陶渊明不耐督邮吆五喝六颐指气使做派，喟然长叹："吾岂可为五斗米折腰向乡里小儿"，遂解印辞官，正式开始归隐生活，直至生命结束。

　　此时，陶渊明之政治态度与处世思想完全臻于成熟，其于田园躬耕，已为彻底之村夫劳作生活。躬身耕作期间，有感于田园农耕真切所得，创作《归园田居》《杂诗》等诸多反映田园生活之诗文。

少无适俗韵，性本爱丘山。

误落尘网中，一去三十年。

羁鸟恋旧林，池鱼思故渊。

开荒南野际，守拙归园田。

方宅十余亩，草屋八九间。

榆柳荫后檐，桃李罗堂前。

暧暧远人村，依依墟里烟。

狗吠深巷中，鸡鸣桑树颠。

户庭无尘杂，虚室有余闲。

久在樊笼里，复得返自然。

（《归园田居》其一）

种豆南山下，草盛豆苗稀。

晨兴理荒秽，带月荷锄归。

道狭草木长，夕露沾我衣。

衣沾不足惜，但使愿无违。

（《归园田居》其三）

久去山泽游，浪莽林野娱。

试携子侄辈，披榛步荒墟。

徘徊丘陇间，依依昔人居。

井灶有遗处，桑竹残朽株。

借问采薪者，此人皆焉如。

薪者向我言，死没无复余。

一世异朝市，此语真不虚。

人生似幻化，终当归空无。

（《归园田居》其四）

作品充分表现诗人守志不阿之高尚节操、于淳朴田园生活之热爱及对穷苦百姓之友好感情，亦充分表现了诗人对理想世界之追求与向往。"陶潜胸次浩然，吐弃人间一切，故其诗俱不从人间得，诗家之方外，别有三昧也。"[1]作为田园诗之开创者，其作品以纯朴自然之语言、高远拔俗之意境，为中国诗坛开辟一方新天地，并直接影响唐代田园诗派之发展。陶渊明田园诗中，随处可见其于污浊现实之厌烦及对恬静田园生活之热爱。缘于实际劳作之体验，其诗中洋溢着劳动者之喜悦，丝毫不显劳其筋骨之哀怨。

义熙四年（408年）六月，陶渊明家中火灾，宅院尽毁，遂被迫迁居。十一年（415年），朝廷诏征其为著作佐郎，渊明称病辞征。十四年（418年），王弘为江州刺史，二人相惜成为至交。元嘉元年（424年），颜延之为始安太守，与陶渊明结交，有颜公付酒钱之轶事。四年（427年），檀道济听闻陶渊明之名，造"府"拜望，赠以粱肉，并劝其出仕，遭陶渊明拒绝，所赠粱肉亦未收。同年，陶渊明卒于浔阳，享年63岁。友人私谥为"靖节"，后世称之为"陶靖节"。

陶渊明嗜酒如命，却又不胜酒量，"饮少辄醉"。有酒，陶公即可度过一天神仙日子；

---

① 清·叶燮《原诗》。

有酒，五柳先生即能妙手著文章。一代文宗，唯见酒则喜形于色放浪形骸。"诗人言饮酒，不以为讳，陶公始之也。"[①]相传，陶公某次正于家中酿酒，郡将前来探望。适值酒熟，陶渊明遂顺手取下头上葛巾漉酒。漉完之后，仍将葛巾罩于头上，然后一本正经接待郡将。"潜不解音声，而畜素琴一张，无弦，每有酒适，辄抚弄以寄其意。"[②]

王弘任江州刺史，是日适逢重阳节，陶渊明无酒喝，遂于东篱采一把菊花，席地坐于篱旁晒太阳。旋，遥望一白衣人姗姗而至，却是刺史王弘专程前来为其送酒。陶渊明当即小酌一番，大醉而归。王弘见陶渊明无鞋，吩咐属下帮其做鞋，属下询问其脚尺寸，陶渊明坐地伸脚命其测量。

颜延之任刘柳后军功曹时，曾于浔阳与陶潜交好。后颜延之迁升始安郡守，赴任途经陶潜处，日日赴陶家与之饮酒阔论。临别，延之留二万钱，陶潜将钱悉数送于酒家，以为取酒方便。无论贵贱人等，凡去造访陶潜，其有酒时便设酒宴一起痛饮，倘其先醉，便告陪客人："余醉也，欲卧榻休眠，汝可回。"其真率性情可见一斑。

陶渊明先生流传最广最脍炙人口之作品，当属寄托其政治理想之《桃花源诗并记》：

晋太元中，武陵人捕鱼为业。缘溪行，忘路之远近。忽逢桃花林，夹岸数百步，中无杂树，芳草鲜美，落英缤纷。渔人甚异之。复前行，欲穷其林。

林尽水源，便得一山，山有小口，仿佛若有光。便舍船，从口入。初极狭，才通人。复行数十步，豁然开朗。土地平旷，屋舍俨然，有良田美池桑竹之属。阡陌交通，鸡犬相闻。其中往来种作，男女衣着，悉如外人。黄发垂髫，并怡然自乐。

见渔人，乃大惊，问所从来。具答之。便要还家，设酒杀鸡作食。村中闻有此人，咸来问讯。自云先世避秦时乱，率妻子邑人来此绝境，不复出焉，遂与外人间隔。问今是何世，乃不知有汉，无论魏晋。此人一一为具言所闻，皆叹惋。余人各复延至其家，皆出酒食。停数日，辞去。此中人语云："不足为外人道也。"

既出，得其船，便扶向路，处处志之。及郡下，诣太守，说如此。太守即遣人随其往，寻向所志，遂迷，不复得路。

南阳刘子骥，高尚士也，闻之，欣然规往。未果，寻病终。后遂无问津者。

（《桃花源记》）

嬴氏乱天纪，贤者避其世。黄绮之商山，伊人亦云逝。

往迹浸复湮，来径遂芜废。相命肆农耕，日入从所憩。

桑竹垂馀荫，菽稷随时艺。春蚕收长丝，秋熟靡王税。

荒路暧交通，鸡犬互鸣吠。俎豆犹古法，衣裳无新制。

童孺纵行歌，斑白欢游诣。草荣识节和，木衰知风厉。

虽无纪历志，四时自成岁。怡然有余乐，于何劳智慧！

---

①明·冯班《沧浪诗话纠谬》。

②南朝·梁·沈约《宋书·陶潜传》。

奇踪隐五百，一朝敞神界。淳薄既异原，旋复还幽蔽。

借问游方士，焉测尘嚣外。愿言蹑清风，高举寻吾契。

（《桃花源诗》）

《桃花源记》本为《桃花源诗》之序，因其所描绘桃花源式"乌托邦社会"令历代文人所向往，遂成为千古传诵不衰之名作，而真正表现作者原创意图之《桃花源诗》，却渐为世人所疏远。作者借武陵渔人行踪为线索，将现实与理想境界联系起来，通过对桃花源安宁和乐自由平等生活之描绘，表现作者追求美好生活理想及对当时现实生活不满之倾向。

陶渊明年轻时本有"大济苍生"之志，然其生活于晋宋易代之际，东晋王朝极端腐败，对外一味投降，安于江左一隅之地。统治集团生活荒淫，内部互相倾轧，军阀连年混战，赋税徭役繁重，百姓遭遇之剥削压榨日益加重。岁月动乱国家濒临崩溃，其一腔抱负根本无法实现。同时，东晋王朝承袭旧制，实行门阀制度，保护高门士族贵族官僚特权，致使中小地主知识分子几无施展才能之机会。陶渊明祖父辈虽曾任太守一类官职，然家境早已败落，其遂成寒门之士，自然"壮志难酬"。加之其性格耿直，清明廉正，不愿卑躬屈膝攀附权贵，故与污浊黑暗之现实社会发生尖锐矛盾，感情与之格格不入。义熙元年（405 年），陶渊明仓促而坚决地辞去上任仅 81 天之彭泽县令，与统治者最后决裂，遂长期隐居田园，躬耕僻野。

躬耕田园期间，其表面虽然"心远地自偏"，其实"猛志固常在"，仍旧关心国家政事。元熙二年（420 年）六月，刘裕废晋恭帝为零陵王，改年号为"永初"。次年，又采取阴谋卑劣手段，以毒酒杀害晋恭帝。豪强之所为，不能不激起陶渊明思想产生波澜。以儒家观念评判，其于现实社会愈加憎恶。然其无法改变现实，亦不愿干预此种现状，唯有借助创作抒写情怀，遂塑造出一个与污浊黑暗社会相对立之美好世界，以寄托作者之政治理想与美好情趣。于是，在其笔下诞生了描绘乌托邦社会的《桃花源记》。

文章不仅内容喜为读者接受，其结构亦颇有巧妙之处。作者借用小说笔法，以捕鱼人经历为线索展开故事。时代、籍贯均交代得十分肯定，似乎确有其事，遂将读者由现实世界引入迷离惝恍之桃花源。文中"不足为外人道也"及渔人返寻所志，迷不得路，使读者旋由朦胧飘忽之化外世界退回现实，而心中却依旧充满无限依恋。文末南阳刘子骥规往不果一笔，又使全文有余意不穷之趣。

作为中国第一位田园诗人，陶渊明"文体省净，殆无长语。笃意真古，辞兴婉惬。每观其文，想其人德。世叹其质直。至如'欢颜酌春酒''日暮天无云'，风华清靡，岂直为田家语邪！古今隐逸诗人之宗也。"[①]

渊明长于诗文辞赋，以田园诗数量最多，成就最高，诗多描绘自然景色及农村生活情景，最能表现诗人守志不阿之高尚节操。作为田园诗开创者，"陶公之诗，元气淋漓，天

---

① 南朝·梁·钟嵘《诗品》。

机潇洒，纯任自然。然细玩其体物抒情，傅色结响，并非率易出之者，世人以白话为陶诗，真堪一哂。学者须从此着神，然亦不宜多学。"①因受老、庄思想影响，作品亦宣扬"人生无常""乐安天命"等消极出世思想。其田园隐逸诗于唐宋诗人影响尤其深远。杜甫诗云："宽心应是酒，遣兴莫过诗，此意陶潜解，吾生后汝期。"宋代诗人苏东坡评价："渊明诗初看似散缓，熟看有奇句。……大率才高意远，则所寓得其妙，造语精到之至，遂能如此。似大匠运斤，不见斧凿之痕。"其更作《和陶止酒》《和陶连雨独饮二首》等109篇和陶诗，可见陶渊明于东坡影响之深及东坡于陶渊明之崇拜。散文、辞赋对于陶渊明确立文学史之地位影响，作用亦不亚于诗歌。特别其《五柳先生传》《桃花源记》与《归去来兮辞》，最见其性情及思想，亦最著名，传诵不绝。

其咏怀诗以《杂诗》十二首、《读山海经》十三首为代表。《杂诗》十二首多表现归隐后有志难骋之政治苦闷，抒发不与世俗同流合污之高洁人格，足显诗人内心无限深广之忧愤情绪。《读山海经》十三首借吟咏《山海经》中之奇异事物表达同样内容，借歌颂精卫、刑天"猛志固常在"精神，抒发表白诗人济世志向永不熄灭之情。

陶渊明传世作品共有诗125首，文12篇，被后人编为《陶渊明集》。

呜呼，陶潜"弱年薄官，不洁去就之迹。自以曾祖晋世宰辅，耻复屈身后代，自高祖王业渐隆，不复肯仕。所著文章，皆题其年月，义熙以前，则书晋氏年号；自永初以来，唯云甲子而已。"②一代傲骨嶙峋之文坛宗师，既不齿与俗流同伍，俗流亦不屑其傲，唯以贫病终老园田而已！

300年后，酒仙李白将携诗圣杜甫前往九泉与之为伴。其时，三位文坛泰斗"举杯邀明月，对影成六人"，论及阳间故事，不知有何感慨？！

谢灵运——恃才负气易遭妒　持操不笃难避凶

谢灵运③出身东晋著名士族陈郡谢氏，祖父为东晋名将谢玄，外祖父为著名书法家王羲之。王谢大族多为天师道信徒，当时风尚"恐儿童不易成长，使拜和尚为师，或送入寺院养育。""初，钱塘杜师夜梦东南有人来入其馆，是夕，灵运生于会稽（始宁）。旬日而父殁。其家以子孙难得，送灵运于杜治养之。"故谢灵运自出生即由家人寄养于钱塘道士杜治处。年长15岁时，谢灵运方回建康，故小名"客儿"。由钱塘移居京都建康后，灵运

---

①清·赵文哲《婷雅堂诗话》。

②南朝·宋·沈约《宋书·隐逸传》。

③谢灵运（385—433年），世称谢康公、谢康乐，原籍陈郡阳夏（今河南太康县），生于会稽始宁（今浙江绍兴市），南北朝著名诗人、文学家。

居乌衣巷，与王谢子弟共乌衣之游，文义相赏，安度世家子弟富贵风流生活。其自幼"博览群书，文章之美，江左莫逮。"18 岁时，以祖荫袭封康乐公，故世称谢康公、谢康乐。

东晋安帝义熙元年（405 年），谢灵运出仕，任琅琊大司马行军参军，旋任太尉参军、中书侍郎。其"好为山泽之游，穷幽极险。从者数百人，伐木开径；百姓惊扰，以为山贼。"[1]遂特制"上山则去前齿，下山去其后齿"之木屐，后人称之"谢公屐"。辄与族弟谢惠连、东海何长瑜、颍川荀雍、泰山羊璿之以文章赏会，共为山泽之游，时人谓之"四友"。

义熙二年（406 年），谢灵运改从抚军将军、豫州刺史刘毅任记室参军。翌年，刘毅反，兵败自杀，灵运返京任秘书丞。

义熙十四年（418 年），刘裕于彭城建宋国，灵运任黄门侍郎。旋，刘裕代东晋自立，谢灵运由公爵降为侯爵，任太子左卫率。永初三年（422 年），刘裕死，"少帝即位，权在大臣，灵运构扇异同，非毁执政，司徒徐羡之等患之，出为永嘉太守。郡有名山水，灵运素所爱好。出守既不得志，遂肆意遨游，遍历诸县，动逾旬朔。理人听讼，不复关怀，所至辄为诗咏以致其意。"[2]谢灵运依恃门第高贵，才华横溢，故恃才傲物，自以为于政坛则风生水起格外器重，殊不料反遭朝廷排挤，被调离京城建康（今南京），遂心情烦闷，不理政务，一味纵情山水，辄以诗文宣泄胸中块垒：

> 倏烁夕星流，昱奕朝露团。
>
> 粲粲乌有停，泫泫岂暂安。
>
> 徂龄速飞电，颓节骛惊湍。
>
> 览物起悲绪，顾已识忧端。
>
> 朽貌改鲜色，悴容变柔颜。
>
> 变改苟催促，容色乌盘桓。
>
> 亹亹衰期迫，靡靡壮志阑。
>
> 既惭臧孙慨，先愧杨子叹。
>
> 寸阴果有逝，尺素竟无观。
>
> 幸赊道念戚，且取长歌欢。

（《长歌行》）

即使如此逍遥闲适之怡然游乐，亦难令其遂心达意。故任永嘉太守仅一年，灵运即称病返乡隐居。

谢灵运受命任永嘉太守期间，盛传一趣闻。言其某日舟游沐鹤溪。因见波清水碧，风景如画，遂诗兴大发，欲吟咏抒情。忽见垂柳下两位红衣姑娘浣纱溪畔，柔声笑语顺风传来。谢灵运遂舍舟登岸，迎向姑娘。姑娘见一陌生男子，立即收起笑语，低头不作声。谢

---

①北宋·司马光《资治通鉴·第一百二十一卷》。

②唐·李延寿《南史·谢灵运列传》。

灵运投石问路，欲试姑娘才气，吟道："浣纱谁家女，香汗湿新服。对人默无言，何事甘辛苦？"姑娘听后并不作答，只抬头对灵运莞尔一笑，妙龄美貌即摄人魂魄。谢灵运眼前一亮，正待上前再搭话，姑娘却提起竹篮，顺溪岸而走。谢灵运随之沿溪而下，至一深水潭边，见姑娘放下竹篮，依旧俯身浣纱。谢灵运见村姑傲气，欲以言语戏弄，逗其开口。遂扬声吟道："我是谢康乐，一箭射双鹤。试问浣纱女，箭从何处落？"只见两位姑娘嫣然一笑，同声回吟道："妾本潭中鲤，偶尔滩头嬉。嬉罢自返潭，萍踪何处觅？"吟罢挽手纵身跃入碧波潭中，潭水溅起一阵水花。浪花平静时，但见碧波中两尾红鲤，朝灵运头点三下尾摇三下，双双潜入水底去了。谢灵运吃惊之余，仔细体味姑娘回吟诗句，既喜且惜，遂饱蘸浓墨，于深水潭畔题写"浣纱潭"三字以志。

又传其辄喜外出体察民情。一日至景宁鹤溪山村，宿溪边一客店，正拥被于床上看书，一约十五岁女童登楼续茶。姑娘打扮朴素，一条丝带扎满头秀发。

谢灵运随口吟道："六尺丝带，三尺缠头三尺挂。"

孰料姑娘朝谢灵运淡然一笑，便答："一床棉被，半床遮身半床空。"

谢灵运大吃一惊，不意姑娘竟有如此才气，对仗如此工整，只可惜口气有点轻飘。我男你女，怎好说老夫棉被半床空？便道："竹本无心，偏生许多枝节。"

姑娘一听，知之前随口所对有易生误会漏洞，旋即答道："藕虽有孔，不染半点污泥。"

谢灵运听罢，知其所对不是轻飘，乃无心所对，遂故意叹气道："唉！山深林密，教樵夫如何下手。"

姑娘从容答道："哎！水清沙浅，劝渔父莫费心机。"答罢，泡好茶，带上房门下楼。

谢灵运目送姑娘离房，自言自语道："山高溪小，偏出如此奇女。"

偏偏姑娘于楼梯上听到，便朗声答道："地僻村贫，莫嫌怠慢贵客。"

如此逸闻，亦实在雅趣。倘非才子佳人缘分，何以得出绝妙故事？

元嘉元年（424年），刘义隆即位，政局变化，政敌徐羡之、傅亮先后伏诛。刘义隆为巩固统治，对世家大族采取笼络政策。鉴于谢灵运于江左之名望，文帝征其为秘书监。然谢灵运"再召不起，上使光禄大夫范泰与灵运书敦奖之，乃出就职。""既至，文帝唯以文义见接，每侍上宴，谈赏而已……灵运意不平，多称疾不朝直……出郭游行，或一日百六七十里，经旬不归，既无表闻，又不请急，上不欲伤大臣，讽旨令自解。灵运乃上表陈疾，上赐假东归。"[1]

景平元年（423年）秋，谢灵运二次回乡会稽（始宁）隐居。此时，谢灵运已于仕途浮沉蹭蹬20年，几经辗转波折，始终难以实现期许，唯有借助诗酒排遣胸中郁闷：

潜虬媚幽姿，飞鸿响远音。

薄霄愧云浮，栖川怍渊沈。

---

[1] 南朝·梁·沈约《宋书·卷六十七·列传第二十七》。

进德智所拙，退耕力不任。

狗禄反穷海，卧疴对空林。

衾枕昧节候，褰开暂窥临。

倾耳聆波澜，举目眺岖嵚。

初景革绪风，新阳改故阴。

池塘生春草，园柳变鸣禽。

祁祁伤豳歌，萋萋感楚吟。

索居易永久，离群难处心。

持操岂独古，无闷征在今。

（《登池上楼》）

作品抒发之情绪极其复杂。有孤芳自赏之情调，政治失意之牢骚，进退不得之苦闷，于政敌含而不露之怨愤，以及意欲归隐之志趣。虽语言颇觉隐晦，却真实表现出其心灰意懒之内心情感。

会稽太守孟顗事佛精恳，谢灵运讥笑其智慧不足："得道应须慧业文人，生天当在灵运前，成佛必在灵运后。"孟顗遂怀恨于心。适"会稽东郭有回踵湖，灵运求决以为田，太祖令州郡履行。此湖去郭近，水物所出，百姓惜之，顗坚执不与。灵运既不得回踵，又求始宁岯崲湖为田，顗又固执。灵运谓顗非存利民，正虑决湖多害生命，言论毁伤之，与顗遂构仇隙。"[1]于是孟顗一面上疏文帝，谓灵运有"异志"，一面如临大敌，发兵自防。灵运获知，急驰京都，上表文帝自辩。宋文帝刘义隆知其被诬，未予追究，任其为临川内史。然其于是依然荒废政事，遨游山水。司徒刘义康遣使随州从事郑望生拘捕之，谢灵运反而将郑望生扣押，并赋诗一首后兴兵叛逆。诗曰：

韩亡子房奋，秦帝鲁连耻。

本自江海人，忠义感君子。

诗中谢灵运以张良、鲁仲连自比，暗示欲效其故事，为故国复仇雪耻。文帝爱其才，欲免官而已。彭城王谓不宜恕，但宜宥及后嗣，可降死一等，徙付广州。其后，有人犯赵钦，招供有人欲于三江口将谢劫走，有司又奏依法收治，太祖诏于广州行弃市刑。

谢灵运少即好学，博览群书，工诗善文。故其于才华颇自负，尝与鸿儒雅士饮酒时放言："天下才有一石，曹子建独占八斗，我得一斗，天下共分一斗。"[2]

作为中国历史上伟大诗人之一，谢灵运毕生成就在于文学，为山水诗派创始人，作品与同朝著名文学家颜延之齐名，并称"颜谢"，有"谢诗如芙蓉出水，颜诗如错采镂金"之论。谢灵运山水诗中充满道法自然之精神，充盈清新自然恬静之韵味，一改魏晋以来晦

---

[1] 南朝·梁·沈约《宋书·谢灵运传》。

[2] 南朝·宋·无名氏《释常谈》。

涩玄言诗之风。故谢灵运诗文"名章迥句，处处间起；丽典新声，络绎奔会……譬如青松之拔灌木，白玉之映尘沙，未足贬其高洁也。"[1]

> 步出西城门，遥望城西岑。
> 连障叠巘嶂，青翠杳深沉。
> 晓霜枫叶丹，夕曛岚气阴。
> 节往戚不浅，感来念已深。
> 羁雌恋旧侣，迷鸟怀故林。
> 含情尚劳爱，如何离赏心。
> 抚镜华缁鬓，揽带缓促衿。
> 安排徒空言，幽独赖鸣琴。

（《晚出西射堂》）

其诗艺术"上蹑风骚，下超魏晋"，意境新奇，辞章绚丽，影响深远。唐代李白、杜甫、王维、孟浩然、韦应物、柳宗元诸大家，皆曾取法于灵运。

谢灵运不独诗歌绝佳，书法造诣亦颇高。其"诗书皆兼独绝，每文竟，手自写之，文帝称为二宝。"[2]

诗歌之外，谢灵运尚著有赋十余篇。其中《山居赋》《岭表赋》《江妃赋》较有名，景物刻划颇具匠心，然成就不及诗歌。谢灵运早年信奉佛道，曾润饰《大般涅槃经》，撰写《十四音训叙》以注解《大般涅槃经·文字品》，《辩宗论》为其阐释顿悟之哲学名篇。谢灵运于元嘉间尝奉诏撰《晋书》，其传世著作除《晋书》外，尚有《谢灵运集》等14种。

谢灵运于广州引颈就戮时，尚作绝命诗曰：

> 龚胜无余生，李业有终尽。
> 嵇公理既迫，霍生命亦殒。
> 凄凄凌霜叶，网网冲风菌。
> 邂逅竟几时，修短非所愍。
> 送心自觉前，斯痛久已忍。
> 恨我君子志，不获岩上泯。

元嘉十年（433年），谢灵运殒命于广州，终年49岁。一代文豪犹如一颗流星，于历史长河划过一道短暂耀眼之光芒，倏然而逝。

---

①南朝·梁·钟嵘《诗品》。
②唐·李延寿《南史·谢灵运列传》。

王昌龄——但使龙城飞将在 不教胡马度阴山

"诗家夫子王江宁"乃时人于"七绝圣手"王昌龄①之美誉。王昌龄出身寒微，早年贫贱，困于农耕。开元十五年（727 年）进士及第，授秘书省校书郎，时王昌龄已届而立之年。二十二年（734 年），再选博学宏词科，因才华超绝群伦，改任汜水县尉。二十八年（740 年），王昌龄北归返回长安，改授江宁丞。旋，因谤贬谪岭南龙标（今湖南黔阳县）尉。

王昌龄与李白、高适、王维、王之涣、岑参等为同时期人物，且诗词唱和，交谊深厚。

王昌龄于开元二十八年北归时曾游襄阳，专程拜访著名诗人孟浩然。孟浩然时适患疽病已届痊愈，二位诗坛翘楚相见荆楚，自然兴奋异常。不料喜极生悲，孟浩然因喜忘却食忌，吃海鲜引起痛疽复发，竟因此而死。此一时期，王昌龄又结识大诗人李白，二人互有唱和。王昌龄有《巴陵送李十二》诗送李白：

> 摇曳巴陵洲渚分，清江传语便风闻。
> 山长不见秋城色，日暮蒹葭空水云。

李白亦有《闻王昌龄左迁龙标遥有此寄》送王昌龄：

> 杨花落尽子规啼，闻道龙标过五溪。
> 我寄愁心与明月，随风直到夜郎西。

与孟浩然、李白相见，于王昌龄自为人生一大乐事。只可惜与孟浩然一见，竟成永诀；而与李白相见，二人却均于贬途。时李白正流放夜郎（今贵州桐梓县夜郎镇）。

王昌龄与岑参相识较早，离京赴江宁丞任所时，岑参有《送王大昌龄赴江宁》诗相赠：

> 对酒寂不语，怅然悲送君。明时未得用，白首徒攻文。
> 泽国从一官，沧波几千里。群公满天阙，独去过淮水。
> 旧家富春渚，尝忆卧江楼。自闻君欲行，频望南徐州。

①王昌龄（698—756 年），字少伯，又称王江宁，河东晋阳（今山西太原）人，盛唐著名边塞诗人。

穷巷独闭门，寒灯静深屋。北风吹微雪，抱被肯同宿。

君行到京口，正是桃花时。舟中饶孤兴，湖上多新诗。

潜虬且深蟠，黄鹄举未晚。惜君青云器，努力加餐饭。

途经洛阳时，王昌龄又与綦毋潜、李颀等诗人郊游，均有诗词唱和。王昌龄诗名早著，故与当时名诗人交游颇多，情谊深厚，王摩诘、储光羲、常建均与其过从甚密。其数次遭贬，于岭南湘西荒僻之地感触良多，亦曾往来于经济富庶、文化发达之中原与东南地区，遂得以积累丰富创作素材。特别其登第之前远赴西域边地，越葱岭入碎叶（今吉尔吉斯斯坦托克马克）一带。其所以得"诗家夫子王江宁"之誉，与名家交往"脱不了干系"；其所以成就"七绝圣手"之名，亲历西域边塞严寒酷暑功不可没。

"龙标绝句，深情幽怨，意旨微茫，令人测之无端，玩之无尽。"[1]作为一代诗杰，王昌龄最擅七言绝句，特别于七言边塞诗，有"前不见古人，后不见来者"之功力：

秦时明月汉时关，万里长征人未还。

但使龙城飞将在，不教胡马度阴山。

（《出塞》其一）

烽火城西百尺楼，黄昏独坐海风秋。

更吹羌笛关山月，无那金闺万里愁。

（《从军行》其一）

琵琶起舞换新声，总是关山旧别情。

撩乱边愁听不尽，高高秋月照长城。

（《从军行》其二）

关城榆叶早疏黄，日暮云沙古战场。

表请回军掩尘骨，莫教兵士哭龙荒。

（《从军行》其三）

青海长云暗雪山，孤城遥望玉门关。

黄沙百战穿金甲，不破楼兰终不还。

（《从军行》其四）

大漠风尘日色昏，红旗半卷出辕门。

---

①清·沈德潜《唐诗别裁》。

前军夜战洮河北，已报生擒吐谷浑。

（《从军行》其五）

胡瓶落膊紫薄汗，碎叶城西秋月团。
明敕星驰封宝剑，辞君一夜取楼兰。

（《从军行》其六）

玉门山嶂几千重，山北山南总是烽。
人依远戍须看火，马踏深山不见踪。

（《从军行》其七）

　　唐朝控驭西域，于借鉴两汉成功基础上实行军镇制。以安西都护府总领西域军政事务，葱岭迤西以濛池都护辖制，天山南北设北庭都护统辖。都督府初设疏勒、焉耆、龟兹、于阗四镇，镇下以游牧耕作部族不同而设羁縻府州。朝廷军队驻守都护、军镇府，各羁縻府州皆有部族武装。一旦发生战事，以朝廷军队为主，府州武装为辅，遥相为援，以靖地方。故唐代文人多有以班超、马援为效，希冀远戍边塞，建功异域者。高适、岑参、王维、王翰、王之涣、王昌龄等，皆此辈翘楚。然，有志者长居下僚，无能者窃据高位。其辈虽志存高远，却无职无权，壮志难伸，唯有以诗言志抒发豪情，遂有"边塞诗派"诞生。

　　边塞诗源头虽可上溯先秦，然唐朝则为边塞诗发展之顶峰，仅其数量即达2000余首，为唐之前各代边塞诗数量之总和。高适、岑参、王昌龄为领袖之边塞诗派，以浪漫笔法描述边塞风云，令人读来有大快朵颐之感。此类边塞之作，表现作者驰骋沙场、建立功勋之英雄壮志，抒发其慷慨从戎、抗敌御侮之爱国思想。西北边疆大漠戈壁之奇异壮丽景色，于作者笔下丝毫不显寂寥苦寒，反能激发读者心向往之。征夫寂寞思妇之幽怨、战士铁衣远戍之艰苦、殊域民族之风情、将军士卒之矛盾等，于其作品中如见眼前。

　　王昌龄边塞诗爱国主义、英雄主义情感浓烈，深蕴诗人于下层百姓之关切，最能体现诗人宽大视野与博大胸怀。"七绝圣手"擅长以景喻情，情景交融，于平实无华之中凝练贯穿时空之永恒思考。故其边塞诗意境开阔，感情深沉，流畅通脱，高昂向上，有纵横古今之气魄，被誉为唐人七绝压卷之作。

　　其五言边塞诗读来亦使人感同身受，意气奋发：

蝉鸣空桑林，八月萧关道。
出塞入塞寒，处处黄芦草。
从来幽并客，皆共尘沙老。
不学游侠儿，矜夸紫骝好。

（《塞下曲》其一）

饮马渡秋水，水寒风似刀。

平沙日未没，黯黯见临洮。

昔日长城战，咸言意气高。

黄尘足今古，白骨乱蓬蒿。

（《塞下曲》其二）

奉诏甘泉宫，总征天下兵。

朝廷备礼出，郡国豫郊迎。

纷纷几万人，去者无全生。

臣愿节宫厩，分以赐边城。

（《塞下曲》其三）

王昌龄反映闺情宫怨之作品，亦颇为时人称道。其善于捕捉典型情景，概括力与想象力极强，故其诗歌语言圆润蕴藉，音调婉转和谐，意境深远，耐人寻味。尤其写闺阁少女天真、宫女思夫情怀等女人之情感与不幸遭遇，文笔细腻生动，清新优美，格调哀怨，意境超群：

闺中少妇不知愁，春日凝妆上翠楼。

忽见陌头杨柳色，悔教夫婿觅封侯。

（《闺怨》）

昨夜风开露井桃，未央前殿月轮高。

平阳歌舞新承宠，帘外春寒赐锦袍。

（《春宫曲》）

王昌龄送别之作亦情出自然，读来令人顿生亲情之感。特别是《芙蓉楼送辛渐》一诗，成为历代文人借以抒发离别之情之千古名作：

寒雨连江夜入吴，平明送客楚山孤。

洛阳亲友如相问，一片冰心在玉壶。

唐天宝七年（748年），王昌龄被贬为龙标（今湖南黔阳县）尉，为饮酒赋诗、宴宾送客，曾建芙蓉楼。其友辛渐北上洛阳，专程造府拜望王昌龄，王昌龄遂于斯楼欢宴辛渐，并赋此诗相赠。作品一经传诵，遂风靡一时。相传"一日天寒微雪，三诗人（王昌龄、高适、王之涣）共诣旗亭，贳酒小饮。忽有梨园伶官十数人登楼会宴，三诗人因避席隈映，拥炉火以观焉。俄有妙妓四辈，寻续而至，奢华艳曳，都冶颇极。旋则奏乐，皆当时之名部也。昌龄等私相约曰：'我辈各擅诗名，每不自定其甲乙，今者可以密观诸伶新讴，若诗入歌词之多者，则为优矣。俄而一伶拊节而唱曰：'寒雨连江夜入吴，平明送客楚山孤。洛阳亲友如相问，一片冰心在玉壶。'昌龄则引手画壁曰：'一绝句'……"此一传言虽然真伪难考，却足以说明王昌龄绝句与高适、王之涣优秀绝句一样，流传人口，备受喜爱。

王昌龄虽然才艺绝伦，仕途却与大多封建名士一样，"时运不济，命途多舛"。其一生不仅无缘攀升高位，实现政治抱负，且因"不护细行，屡见贬斥。"[1]其后竟连龙标尉亦未能保全，怆然离任而去，迂回迁至亳州。更为令人扼腕不已者为，因其才高名盛，引起亳州刺史闾丘晓嫉恨，不幸被其构陷而成刀下冤魂。所幸"后张镐按军河南，晓衍期，将戮之，辞以亲老，乞恕。镐曰：'王昌龄之亲欲与谁养乎？'晓大惭沮。"[2]张镐一向同情诗人，以"衍期"之罪亦令闾丘晓成为刀下冤鬼，终于替王昌龄洗冤报仇，令后世士人大为解气。

《新唐书·艺文志》载，王昌龄有集五卷，为唐时传世之本，今已难觅。《全唐诗》收其诗四卷，《全唐文》收其文六篇。

王昌龄被闾丘晓冤杀时年仅58岁。由是，九泉之下又多一赍恨而殁之旷世才子。

李白——欲渡黄河冰塞川　将登太行雪满山

中国官场自古以来即为尤重规则之名利场，文人入仕，无论才高八斗抑或文韬武略，皆以懂规矩讲规则为首务。否则，下场肯定会很惨，且个中委屈说不清道不明。

唐代浪漫主义大诗人李白[3]，家喻户晓妇孺皆知，即为此类文人典型代表者。

701年，李白出生于安西都护府所属碎叶城[4]。705年，李白5岁时随家人由中亚迁至四川绵州昌隆（今江油市）定居。有关其确切籍贯，李白个人曾于《与韩荆州书》中道"白本陇西布衣，流落楚汉"，自言祖籍为陇西成纪（今甘肃省天水市秦安县），其出身实际相当高贵。唐代著名文学家、书法家李阳冰受托将李白诗文编辑成《草堂集》之后，于《序》中言："李白，字太白，陇西成纪人，凉武昭王暠九世孙。""凉武昭王暠"即五胡十六国时期"西凉"政权建立者李暠。而李暠不特祖籍为陇西成纪，且为西汉将领李广之十

---

[1]后晋·刘煦《旧唐书·王昌龄传》。

[2]元·辛文房《唐才子传》。

[3]李白（701—762年），字太白，号青莲居士，又号"谪仙人"，唐代伟大的浪漫主义诗人。

[4]"碎叶城"位于今吉尔吉斯斯坦托克马克。

六世孙。因此，李广亦为李白先祖。祖籍同为陇西成纪之李渊家族，于建立唐王朝之后亦称李暠为其先祖，并于唐玄宗李隆基天宝二年（743年）追尊李暠为兴圣皇帝。以此推算，李白又属当朝皇族之本家。

然，大唐江山社稷皆为关陇望族李氏所有，本家子弟君临天下雄踞皇位，李白却并未因此沾到丁点儿光。除此而外，李白结发妻子许紫烟，为高宗时期宰相许圉师孙女，即此背景亦未予李白帮上丝毫忙。

李白少年时代学习内容异常广泛，除儒家经典、古代文史名著外，尚浏览诸子百家之书。其早期信仰道教，喜欢隐居山林，求仙学道，同时兼有建功立业之政治抱负，常以大鹏自喻，自称要"申管晏之谈，谋帝王之术，奋其智能，愿为辅弼，使寰区大定，海县靖一"[①]。既要做超脱尘俗之隐士神仙，又要做辅弼君主之大臣，自然形成出世与入世之矛盾。然，李白一生思想之主流，仍以积极入世关心国家兴衰为主。

李白成人之时，科举制度已相当成熟，考取功名为文人入仕之基本途径。然唐朝实施重农抑商政策，规定凡祖先有经商历史者，均不得参加科举考试，李白祖先恰恰因行商徙居中亚碎叶，故李白无缘通过考试取得功名，科举入仕途径因此被封闭。

科举无望，李白仍想入仕，唯有凭借才情另辟蹊径。

开元十三年（725年），李白出蜀"仗剑去国，辞亲远游"。其乘舟沿江出峡，渐行渐远，家乡山峦逐渐隐没不可辨认，唯有三峡滔滔流水跟随其后，推送行舟，将其送至陌生遥远之异乡。

李白放舟江陵，得以邂逅著名道士司马承祯，于其一生实不平凡。天台道士司马承祯不仅深谙道家法术，且写得一手好篆，诗亦飘逸如仙，尝受大唐三代皇帝推崇，其中玄宗尤其欣赏有加，曾将其召至内殿，请教经法，且专门建造阳台观供其修道，又命胞妹玉真公主随其学道。故李白得与如此倍受恩宠道士结缘，自然十分开心。交游期间，二人推心置腹抵足而眠，相互得益颇深，李白且将自己诗文奉上，供其审阅。李白气宇轩昂，资质不凡，司马承祯一见如故，内心早已十分欣赏，及至阅读其诗文，愈加惊叹不已，称赞其"有仙风道骨，可与神游八极之表。"[②]

承受司马承祯如此评价，李白自然欢欣鼓舞，遂决意追求"神游八极之表"永生、不朽之极乐世界。兴奋之余，李白写成《大鹏遇希有鸟赋》。其于作品中以大鹏自喻，夸写大鹏庞大迅猛，有遨游九霄搏击长空之志。由此为嚆矢，李白启程作鹏程万里之人生飞翔。

开元二十三年（735年），唐玄宗李隆基外出狩猎，恰与醉心西游之李白相遇，李白遂借机专为玄宗撰写《大猎赋》，希望能博得玄宗赏识。

《大猎赋》溢美开元"大道匡君，示物周博""圣朝园池遐荒，殚穷六合"，幅员辽阔境况与前代大不相同，夸耀本朝远胜汉朝，并于结尾处宣讲道教玄理，希图以此来契合玄宗当时崇尚道教之心情，赢得玄宗青睐。李白此次西来目的不仅在于游览古都长安，领略

①唐·李白《代寿山答孟少府移文书》。

②唐·李白《大鹏赋序》。

"万国朝拜"之帝京风光，尤以借机向玄宗献赋为要，企图寻觅步入仕途之契机。光阴荏苒，一年时间倏忽而逝，李白却仍然作客长安，未见一丝出仕曙光，心情日益沮丧难耐。好友诚意相邀，希望同去青山之阳别野幽居，然其于此毫无兴趣。此次长安之行，李白建功立业理想弥坚，最终却如竹篮打水毫无着落，即使叩抵王公大人门前干谒求告，亦极不顺心得意，遂使其颇感失望并萌发愤懑情绪。于是，李白仰天发出"行路难，归去来"感叹，怅然离开长安。

天宝元年（742年），李白年逾不惑，得玄宗之妹玉真公主推荐，再次来到长安。玄宗阅览李白诗赋，十分仰慕，遂召其入宫侍奉。李白进宫朝见是日，玄宗于其礼遇隆重，"降辇步迎如见绮皓①，以七宝床赐食，御手调羹以饭之，谓曰：'卿是布衣，名为朕知，非素蓄道义何以及此？'置于金銮殿，出入翰林中，问以国政，潜草诏诰，人无不知。"②玄宗问及当世事务，李白凭半生饱学及长期社会观察，胸有成竹对答如流。玄宗大为赞赏，随即令李白供奉翰林，陪侍皇帝左右，专职撰写诗文娱乐。玄宗每有宴请或郊游，必命李白侍从，利用其敏捷诗才，赋诗纪实。此举虽非记功，亦将其文字流传后世，向后人夸示盛唐境况。李白受玄宗如此宠信，同僚不胜艳羡，亦有奸佞者由此而产生嫉恨之心。

李白于玄宗身边供奉三年，朝廷并未安排其于朝中或外放担任实际职务，大鹏翱翔万里之理想根本无望实现。三年御用文人生涯，丝毫未能改变伟大诗人之独立人格，李白依旧随心所欲率性而为，饮酒放歌、恃才傲物、狂放不羁、放浪形骸，如此处世风格自然与朝廷官员身份格格不入，终于招致当朝权贵鞭挞诋毁，翰林学士张坦等人诽谤其文人无行，有损朝廷颜面。朝政腐败，权贵排挤，前程无望，令李白心灰意懒，遂率性创作《翰林读书言怀呈集贤诸学士》，表露去京还乡之意：

> 晨趋紫禁中，夕待金门诏。观书散遗帙，探古穷至妙。
> 片言苟会心，掩卷忽而笑。青蝇易相点，白雪难同调。
> 本是疏散人，屡贻褊促诮。云天属清朗，林壑忆游眺。
> 或时清风来，闲倚栏下啸。严光桐庐溪，谢客临海峤。
> 功成谢人间，从此一投钓。

全诗采用与朋友谈心方式，借翰林生活中快事与烦恼，表达"达则兼济天下，穷则独善其身"之本志。诗人以名士风度娓娓而谈，言辞清爽，结构属赋，立意于兴，委婉深曲，将处境荣宠而理想落空之愁闷抒泄无余。

玄宗虽然怜爱李白文采，然其政治道行太过幼稚，辄于朝堂之上演绎恶作剧，的确亦令玄宗难堪。故，玄宗碍于权臣弹劾，将其"赐金放还"。

---

①"商山四皓"为秦始皇时七十名博士官中之四位：东园公唐秉、夏黄公崔广、绮里季吴实、甪里先生周术。秦末，四人皆隐居商山，曾讽谏汉高祖刘邦不可废去太子刘盈。后人以"商山四皓"泛指著名隐士。

②唐·李阳冰《草堂集序》。

天宝三年（744年）夏，李白游历东都洛阳。在此，李白偶遇杜甫，中国文学史上两位最伟大诗人终于晤面。此时，李白已名扬天下，而杜甫虽风华正茂，却人生蹭蹬困居洛城。

李白年长杜甫十一岁，然其并未因才名盛隆而傲视杜甫。而"性豪也嗜酒""结交皆老苍"之杜甫，亦未因李白名气而一味低头称颂。二人以平等身份，建立起深厚友情。

天宝十四年（755年），"安史之乱"爆发，玄宗任命其第二十三子永王李璘为山南节度使。十五年七月，李璘之兄李亨于灵武登基称帝为肃宗，遥尊玄宗为太上皇。玄宗行至汉中扶风，"诏璘即日赴镇。俄又领山南、江西、岭南、黔中四道节度使，以少府监窦昭为副。璘至江陵，募士得数万，补署郎官、御史。"①"时江、淮租赋山积于江陵，璘召募勇士数万人，日费巨万。璘生长深宫，不更人事，子襄城王场，有勇力，好兵，有薛镠等为之谋主，以为今天下大乱，惟南方完富，璘握四道兵，封疆数千里，宜据金陵，保有江表，如东晋故事。"②永王李璘遂举兵发动叛乱。时李白避居庐山，恰逢李璘出师东巡，遂应邀入李璘幕。入永王幕之举，为其所犯人生最大失误。李白虽有长安三年失败之旅，然其政治思维依然幼稚浅陋，错误认为天下乱局已定，正是大鹏奋力展翅之际，故力劝永王直取金陵，割据江南。并于永王发动叛乱之后写下《永王东巡歌》十一首为之壮行。其一为：

> 永王正月东出师，天子遥分龙虎旗。
> 楼船一举风波静，江汉翻为燕鹜池。

作品势如江河奔泻，气吞万里如虎。在诗人眼中，李璘叛军取大唐江山，犹如探囊取物，易如反掌。

尤其之二与十一，更有"羽扇纶巾，谈笑间，樯橹灰飞烟灭"之洒脱，读来令人如饮琼浆，快意非凡：

> 三川北虏乱如麻，四海南奔似永嘉。
> 但用东山谢安石，为君谈笑净胡沙。

（之二）

> 试借君王玉马鞭，指挥戎虏坐琼筵。
> 南风一扫胡尘静，西入长安到日边。

（之十一）

作者以东晋大将谢安自比，怂恿李璘割据称帝意图昭然。

---

①北宋·欧阳修、宋祁等《新唐书·卷八十二·列传第七》。
②北宋·司马光《资治通鉴·卷二百一十九》。

然而，永王李璘叛乱迅即被朝廷平息，李白也因之被系浔阳狱。时适逢宰相崔涣宣慰江南，收罗人才。李白遂上诗求救，夫人宗氏（武则天时宰相宗楚客孙女）亦为之啼泣求援。将吴兵驻扎于浔阳之宋若思将其救出并招入幕府。李白于宋若思幕下很受重视，并以宋之名义向朝廷推荐，希望再度得到朝廷任用。然不知何故，结果完全出乎意料，非但未见任用，反被长流夜郎（今贵州桐梓）。至德二年（757年）冬，李白自浔阳取道前往夜郎。此时，李白已届暮年，而"夜郎万里道，西上令人老"，不由更觉忧伤。乾元二年（759年），李白行至巫山，朝廷因关中遭遇大旱，宣布大赦，规定死者从流，流以下完全赦免。李白经长期辗转流离，终于获得自由。

上元二年（761年），由于生活窘迫，李白投奔当涂县令族叔李阳冰，翌年病逝，终年61岁。

盛唐时期国力强盛，士人多渴望建功立业。李白以不世之才自居，以"奋其智能，愿为辅弼，使寰区大定，海县清一"功业自许，一生矢志不渝追求实现"谈笑安黎元""终与安社稷"之理想，并以大鹏、天马、雄剑自比。尝作《上李邕》一吐胸怀：

> 大鹏一日同风起，抟摇直上九万里。
> 假令风歇时下来，犹能簸却沧溟水。
> 世人见我恒殊调，闻余大言皆冷笑。
> 宣父犹能畏后生，丈夫未可轻年少。

希望自己能像姜尚辅佐明君，像诸葛亮兴复汉室，建立不朽功业。然而，如此美好理想遭现实撞击，一一破灭，逐个化为泡影。

李白一生不以功名显露，却高自期许，不畏权力，藐视权贵。有关其传说中，曾流传"力士脱靴""贵妃捧砚""御手调羹""龙巾拭吐"等故事。李白以其狂傲不羁行为，肆无忌惮地嘲笑以政治权力为中心之等级秩序，批判当朝腐败政治现象，于推进盛唐文化英雄主义精神大有裨益。

李白诗歌于后世产生影响极为深远。中唐韩愈、孟郊、李贺，宋代苏轼、陆游、辛弃疾，明清高启、杨慎、龚自珍等著名诗人，均受李白诗歌之巨大影响。李白生活于盛唐时期，豪迈性格使其得以游踪南北各地，写出大量赞美名山大川之壮丽诗篇。其诗歌总体风格为豪放俊逸，清新飘逸，气势磅礴，大气十足。既反映时代繁荣景象，亦揭露统治阶级荒淫腐败，表现出蔑视权贵、反抗传统束缚、追求自由与理想之积极浪漫主义精神。故浪漫主义艺术手法于其诗歌中表现最为突出。作者善于抓住事物某一特点，于生活真实基础上，加以大胆想象夸张，极尽渲染铺陈。其夸张表现不仅想象奇特，且总能与具体事物不露痕迹予以结合，造成突出形象、强化感情之氛围。《蜀道难》即为典型代表作品：

> 噫吁，危乎高哉！蜀道之难，难于上青天。蚕丛及鱼凫，开国何茫然？尔来
> 万八千岁，不与秦塞通人烟。西当太白有鸟道，可以横绝峨眉巅。地崩山摧壮士

死，然后天梯石栈相钩连。上有六龙回日之高标，下有冲波逆折之回川。黄鹤之飞尚不得过，猿猱欲度愁攀援。青泥何盘盘，百步九折萦岩峦。扪参历井仰胁息，以手抚膺坐长叹。问君西游何时还，畏途巉岩不可攀。但见悲鸟号古木，雄飞雌从绕林间。又闻子规啼夜月，愁空山。蜀道之难，难于上青天，使人听此凋朱颜。连峰去天不盈尺，枯松倒挂倚绝壁；飞湍瀑流争喧豗，砯崖转石万壑雷。其险也如此，嗟尔远道之人胡为乎来哉？剑阁峥嵘而崔嵬，一夫当关，万夫莫开。所守或匪亲，化为狼与豺。朝避猛虎，夕避长蛇，磨牙吮血，杀人如麻。锦城虽云乐，不如早还家。蜀道之难，难于上青天。侧身西望长咨嗟！

　　李白诗歌创作中最擅长七言歌行与绝句。其七言歌行采用大开大合、跳跃宕荡之结构，开头常突兀如狂飙骤起，中间却形象转换倏忽，往往省略过渡照应，似无迹可循，结尾多于感情高潮处戛然而止。

　　因游历名山大川之阅历，其于大自然有着强烈感受力，善于将自己个性融化于自然景物中。在其笔下，山水丘壑亦无不具有理想化色彩，黄河、长江奔腾咆哮，一泻千里。《将进酒》为此类作品典型代表：

　　　　君不见，黄河之水天上来，奔流到海不复回。
　　　　君不见，高堂明镜悲白发，朝如青丝暮成雪。
　　　　人生得意须尽欢，莫使金樽空对月。
　　　　天生我材必有用，千金散尽还复来。
　　　　烹羊宰牛且为乐，会须一饮三百杯。
　　　　岑夫子，丹丘生，将进酒，杯莫停。
　　　　与君歌一曲，请君为我倾耳听。
　　　　钟鼓馔玉不足贵，但愿长醉不复醒。
　　　　古来圣贤皆寂寞，惟有饮者留其名。
　　　　陈王昔时宴平乐，斗酒十千恣欢谑。
　　　　主人何为言少钱，径须沽取对君酌。
　　　　五花马，千金裘，呼儿将出换美酒，与尔同销万古愁。

　　乐府、歌行及绝句，可以代表李白诗歌文学创作最高成就。其歌行完全打破诗歌创作固有格式，空无依傍，笔法多端，达到任意随性、变幻莫测、摇曳多姿之神奇境界。绝句则自然明快，飘逸潇洒，能以简洁明快语言表达出无尽情思。在盛唐诗人中，王维、孟浩然长于五绝，王昌龄等以七绝见长，兼长五绝与七绝且同臻极境者，唯有李白一人而已。

　　"豪放"为李白诗歌主要特征。其与杜甫为莫逆之交，故而最了解李白者即杜甫。其于李白之评价为："白也诗无敌，飘然思不群。清新庾开府，俊逸鲍参军。渭北春天树，江东日暮云。何时一樽酒，重与细论文。"[1] "笔落惊风雨，诗成泣鬼神。"[2]

李白怀揣吞云吐雾之志，却因性格"缺陷"，终使政治抱负付之东流，而揽月摘星之文才使其于灿烂星汉中光芒四射，至今占据最耀眼位置，且毋庸置疑将会闪耀永远。

王维——晨摇玉佩趋金殿　夕奉天书拜琐闱

独在异乡为异客，每逢佳节倍思亲。

遥知兄弟登高处，遍插茱萸少一人。

（《九月九日忆山东兄弟》）

此首脍炙人口千古传诵之佳句，倘若不作介绍，任谁亦难以猜想其作者王维时年仅有 17 岁[3]。

王维本为通过取功名而入仕途之正途士子，只可惜其命运一如杜甫，福薄命浅，于"春风得意马蹄疾"时不经意摔下马来，从此断了前程，最终仍以文才名于世。

唐朝科举，除士子本人的确需凭才华考出优异成绩外，尚必须投帖拜师，寻求达官显贵或文坛领袖届时予以推荐。否则，即便科考成绩优异，亦并非定得中第。

王维取得功名比较顺遂。论才学，其于青少年时即不仅以文章知名，且擅长音乐，由是闻名遐迩。其才华渊博文学功力扎实，不仅成其赖以进取之基础，且因之轻而易举求得权贵举荐。

开元九年（721 年）春，满腹经纶之年青才子王维自蒲州千里迢迢赴长安应试。首次赴京参加科考，王维不谙个中就里，踌躇满志等待摘取桂冠。其间，其于旁人处闻听诗人张九皋通过公主途径，已得到获取殿试第一之许诺，而王维心慌神乱一筹莫展，遂与好友岐王李茂贞（玄宗弟）斟酌。岐王苦思许久，终于想出一条进见公主之妙计。岐王书录王维清新隽永诗作十首，又命其谱写一曲哀怨凄切之琵琶曲，终日练习不辍。

五天后，岐王将王维进行一番精心打扮，令其扮装伶人身份，携其造府拜见公主。公主举办盛大舞会与王公大臣聚宴，岐王命王维选择显著位置翩翩起舞，故意吸引公主眼球。时，王维妙年洁白，风姿郁美，形象超凡，公主见之喜不自胜，遂受其青睐。公主私询岐王，如此翩翩美少年为何方才俊？茂贞寓意深长地含笑回答："知音者也。"公主听出

---

① 唐·杜甫《春日忆李白》。

② 唐·杜甫《寄李十二白二十韵》。

③ 王维（701—761 年），字摩诘，号摩诘居士、王右丞，人称诗佛，河东蒲州（今山西运城）人，唐朝著名诗人、画家。

话外有音，遂命宫女取琵琶命王维弹奏。王维有备而来成竹在胸，遂当庭弹奏一首新曲《郁轮袍》[①]。演奏者技艺精湛高超卓绝，情感传神酣畅淋漓，深深拨动在场聆听者之心弦。曲终，满座宾客无不动容，公主大奇。岐王遂又介绍道："此生非止音律，词学亦无出其右者。"王维随即献上怀中诗卷，公主读毕惊骇至极，讶然赞道："此皆余平日吟诵佳作，原以为古代圣贤之作，不意竟出自如此青年俊才之手。"公主遂令王维更衣梳妆，以儒生身份将其延入客座，穷尽贵宾之礼接待之。公主闻听王维为入京赴考举子，当面许诺："此等才华横溢之士不登榜首，更待何人？"遂将试官召入府邸，命宫婢传话下去。主考官聆听公主意思，自然心领神会。殿试之上，王维终于"大魁天下"，自此踏上仕途，名扬四海。

弱冠美少年一举中第，何等惬意何等荣耀，平坦仕途似已直通凌烟阁。然，少年得志毕竟定力不足。其虽"春风得意马蹄疾"，却尚未"看尽长安花"即铸成终身大错。其所犯之错犹如王勃写《檄英王鸡》，缘于轻狂而自负，由是断送一生前程。

开元九年（721年），王维甫登进士第，朝廷任命其为太乐丞，隶属太常寺，负责朝廷礼仪宴乐事宜，品级为从八品下。此职品级虽然不高，然于新科进士王维而言，实属幸运非常。因当时并非任一中第者皆能及时得以任命，何况此职与其所长极其对口。其运程不似杜甫乖蹇，困厄京城10年，方得与所学无关之"右卫率府兵曹参军"闲职。依常规而言，王维仅以是职为起点，踏踏实实勤勤恳恳干下去，晋升或外放均仅在咫尺间。唐代亦推崇礼乐治天下，礼乐之官并非闲职，可时与皇族朝臣为伴，表现卓异者，随时可受决策者关注，晋升机遇自然先于他人。

然，王维于是未能妥帖把持自己，犯下政治幼稚病，遂自毁"长城"，断送了锦绣前程。其身为负责朝廷礼乐事宜官员，却忘乎所以命伶人舞"黄狮子"。朝廷规制，"黄狮子舞"为帝王专有，唯天子方能欣赏。王维因轻狂而渎职违制，遂被贬为济州司仓参军。

政治性错误于封建专制时代属犯不起之错，一旦犯下，毕生或将再无翻身卷土之机。好在王维非特诗文才学出众，而且人缘颇广，与宗室亲王交往较多，并很被看重。又，其自幼受母亲熏陶而崇信佛教，平日与人友善不争高低，故其每遇危难之时，辄得有缘人为其转圜斡旋，化险为夷。

开元十四年（726年）春，王维离开济州，赴东都洛阳候选。时，刑部尚书韦抗分掌吏部选事，具体负责选拔官员事宜。韦抗为官清廉，正直笃诚，遴选时见王维器宇轩昂才学过人，遂推荐其入朝廷任职，王维于是得以返回京城。

734年，张九龄任中书侍郎、同平章事。王维将《上张令公》《献始公》二首诗呈于案几，受张九龄赏识，被推荐担任右拾遗之职。旋于开元二十五年（737年）转为监察御史，出使河西兼任凉州河西节度使幕判官。边防生活虽然苦寒，然西部大漠风光陶冶其胸次潮涌，遂有边塞诗歌创作，且留下脍炙人口之名篇。

二次入京，王维终于回归仕宦正途，且出使边塞为其积累功业，大鹏展翅只待时机。

---

①古曲名，相传为王维所创。

然"时运不济，命途多舛"于其如影随形，其虽时刻铭记前车之鉴，凡事谨言慎行循规蹈矩，仕途依然极为不顺。王维于边塞磨砺数年，曾备尝艰辛，却未得尺寸进步，遂黯然返回长安，以半官半隐方式消磨时日。

天宝十四载（755年），"安史之乱"爆发，命运再次给予王才子仕途浇上一盆冷水。至德元年（756年）六月，安禄山叛军攻陷潼关，唐玄宗仓皇逃往成都。王维扈从不及，与杜甫同时被叛军俘获。"禄山素知其才，迎置洛阳，迫为给事中。禄山大宴凝碧池，悉召梨园诸工合乐，诸工皆泣，维闻悲甚，赋诗悼痛。"①乐工雷海清因不胜悲愤，于宴席之上扔下乐器，向西恸哭。安禄山恼怒，将其缚于试马殿前肢解而死。王维时为安禄山因于菩提寺，闻之异常悲恻，遂赋《凝碧诗》哀悼：

> 万户伤心生野烟，百官何日再朝天？
> 秋槐叶落空宫里，凝碧池头奏管弦。

作者于诗中深切表达沦为俘虏之无奈与对大唐朝廷之眷念。

至德二载（757年）十月，官军收复东都。王维以曾受伪官与郑虔等囚禁于宣阳里杨国忠旧宅。宰相崔圆知王维善画，遂召其于私第作壁画数幅。时崔圆功勋卓著，声震朝野。王维等人望其救解，故"运思精巧，颇绝其能"，所绘作品艺术价值极高。后肃宗返回长安，凡朝官受安禄山伪官者，依情节不同，分六等治罪，王维被定为三等罪。遂上表悔罪："臣闻食君之禄，死君之难，当逆胡干纪，上皇出宫，臣进不得从行，退不能自杀，情虽可察，罪不容诛……仰厕群臣，亦复何施其面。距天内省，无地自容……"②其弟王缙时任刑部侍郎，请求以己官为兄赎罪。因肃宗读过其《凝碧诗》，有嘉其忠诚之心。遂于王维特加宥免，贬为太子中允，而将王缙外放蜀州刺史。

王维因兄弟王缙以官职赎罪而得免牢狱之灾，内心十分愧疚。为使王缙早日返京任职，遂上表朝廷自责"己有五短，缙有五长，臣在省户，愿归所任官，放田里，使缙得还京师。"③朝廷虽未加怪罪，亦未即刻允其请。数年后，王缙方奉诏入京担任左散骑常侍。

王维兄弟皆奉事佛道，时常以蔬为食，不沾荤腥，平日以多行善事为乐，此行为其兄弟积累不少善功。据传，宁王李宪本为玄宗长兄，尝让太子位予玄宗，故倍受玄宗尊宠，一时贵盛。李宪于长安街见一卖饼少妇"纤白明媚"，十分喜欢，遂凭借权势付饼师许多钱，将其纳为小妾，宠爱无比。期年后，宁王将饼师邀至王府，问少妇是否依然思念饼师？少妇见饼师"双泪垂颊，若不胜情"。时，满座宾客十余位，皆当朝有名文士，见此情"无不凄异"。宁王命诸宾客即席赋诗，以为宴乐。王维藉敏捷才思，率先赋成《息夫人》一首：

①北宋·欧阳修、宋祁等《新唐书·王维传》。
②北宋·欧阳修、宋祁等《新唐书·王维传》。
③北宋·欧阳修、宋祁等《新唐书·王维传》。

> 莫以今时宠，能忘旧日恩。
>
> 看花满眼泪，不共楚王言。

诗以春秋时代息夫人故事讽咏眼前无人身自由妇女之遭遇，令闻者倍加同情。宁王遂将少妇依旧归还饼师，"使终其志"。

王维最终官至尚书右丞。是职于进士出身文人亦属较显赫之位。

然其弟王缙仕途则较乃兄顺遂数倍，尝累任朝臣侍御史、兵部员外郎、刑部侍郎，外任河南副元帅、侍中持节都统河南淮西、山南东道诸节度行营事、东都留守、河东节度使兼太原尹、北都留守等军事要职，两度担任代宗朝宰相。代宗亦喜文学，故尝谓王缙道："卿之伯氏，天宝中诗名冠代，朕尝于诸王座闻其乐章。今有多少文集，卿可进来。"王缙回答："臣兄开元中诗百千余篇，天宝事后，十不存一。比于中外亲故间相与编缀，都得四百余篇。"[①]翌日，王缙将编辑刊印之王维文集呈献代宗，受皇帝优诏褒赏。

由于未能"出将入相"，亦未开府建牙，故王维于功业无显赫成就。使其历经千年依然光彩夺目者，全赖其文学创作之建树。

世有"李白是天才，杜甫是地才，王维是人才"之说，人亦称王维为"诗佛"。此一称谓不仅言王维诗歌有佛教意味与宗教倾向，亦表达后人对其于唐朝诗坛崇高地位之肯定。王维于文学创作亦较杜甫幸运。其诗于其生前及身后均享有盛名。史称其"名盛于开元、天宝间，豪英贵人虚左以迎，宁、薛诸王待若师友"。[②]

王维诗大多为山水田园之作，于描绘自然美景同时，流露出闲居生活中闲逸萧散之情趣。其写景诗篇，常用五律、五绝形式，篇幅短小，语言精美，音节较为舒缓，用以表现幽静山水及诗人恬适心情，尤为相宜。自中年后，王维因仕途顿挫而日益消沉，遂于佛理与山水间寻求寄托，其自称"一悟寂为乐，此生闲有余"（《饭覆釜山僧》）。此类心境充分反映于其晚年诗歌创作之中。

其他题材作品如送别、纪行之类诗中，亦常常出现写景佳句。如"远树带行客，孤城当落晖"（《送綦毋潜落第还乡》）、"山中一夜雨，树杪百重泉"（《送梓州李使君》）、"日落江湖白，潮来天地青"（《送邢桂州》）、"大漠孤烟直，长河落日圆"（《使至塞上》）等，皆为千年传诵不衰之名句。

王维山水诗充满浓厚乡土气息与生活情趣，借以表现个人闲适生活及恬静心情。

> 桃红复含宿雨，柳绿更带朝烟。
>
> 花落家僮未扫，莺啼山客犹眠。
>
> 　　　　　　　　　　（《田园乐七首其六》）
>
> 寒山转苍翠，秋水日潺湲。

---

① 北宋·欧阳修、宋祁等《新唐书·王维传》。

② 北宋·欧阳修、宋祁等《新唐书·王维传》。

倚杖柴门外，临风听暮蝉。

渡头馀落日，墟里上孤烟。

复值接舆醉，狂歌五柳前。

（《辋川闲居赠裴秀才迪》）

作者于优美景色与浓厚田园气氛中，酣畅淋漓抒发冲淡闲散之心情。

斜阳照墟落，穷巷牛羊归。

野老念牧童，倚杖候荆扉。

雉雊麦苗秀，蚕眠桑叶稀。

田夫荷锄至，相见语依依。

即此羡闲逸，怅然吟式微。

（《渭川田家》）

作者描写乡村景物、农家生活之田园诗，充满牧歌耕耘情调，表现出闲逸萧散情趣与恬淡自适心境。此类诗由细微处入笔，捕捉典型情节，抒发了作者于田园生活之无限深情。

神韵淡远为王维诗中画境之灵魂。作品于表现风格方面绘影绘形，有写意传神、形神兼备之妙，"诗中有画，画中有诗"。如此清新淡远、自然脱俗之风格，不仅创造出诗画交融之情趣，亦创造出令人神往之"诗中有禅"意境，于唐代诗坛树起一面猎猎飘扬之旗帜。

空山不见人，但闻人语响。

返景入深林，复照青苔上。

（《鹿柴》）

诗中着意描写作者独处空山深林，一束夕阳斜晖透过密林空隙，洒落林中青苔上。自然景物博大纷繁，诗人捕捉到最引人入胜之一瞬间，以简淡笔墨，细致入微描绘一幅寂静幽清画卷，意趣悠远，令人神往。

山水诗大都为作者后期作品。与前人比较，其贡献在于扩大了此类诗歌题材内容，增添其艺术风采，使山水诗创作成就达于前所未有之高度，当为作者于中国古典诗歌最突出贡献。

因有出使河西并任凉州河西节度幕判官经历，王维曾创作有以军旅与边塞生活为题材之作品，称"边塞诗"，亦颇脍炙人口。

吹角动行人，喧喧行人起。

笳悲马嘶乱，争渡金河水。

日暮沙漠陲，战声烟尘里。

尽系名王颈，归来报天子。

（《从军行》）

单车欲问边，属国过居延。

征蓬出汉塞，归雁入胡天。

大漠孤烟直，长河落日圆。

萧关逢候骑，都护在燕然。

（《使至塞上》）

此类边塞诗叙事精炼简洁，画面奇丽壮美。通过描绘塞外奇特壮丽风光，表现诗人对不畏艰苦以身许国守边战士之赞美。同时亦表达诗人因受排挤而孤独、寂寞、悲伤、飘零之孤寂心情，以及于大漠雄浑景色中情感得以熏陶、净化、升华后产生之慷慨悲壮之情，显露出一种豁达情怀。

十里一走马，五里一扬鞭。

都护军书至，匈奴围酒泉。

关山正飞雪，烽戍断无烟。

（《陇西行》）

此为作者采用乐府旧题所创边塞诗，表现匈奴入侵边境告急之情景。作者未由正面描写战争，而是截取军使送书之片段，通过描绘关山迷茫壮阔、飞雪远戍之壮美，展现出诗篇"意寓象外"之深邃与凝重。

抑或缘于禅理之影响，王维诗歌蕴含清冷幽邃、远离尘世、毫无人间烟气、充满禅意之韵味，山水意境超出一般平淡自然之美，含义已然进入一种宗教境界。王维生活之时代佛教繁兴，士大夫学佛之风颇盛。作者因政治失意，一生几度隐居，终于心灰意懒时一心学佛，以求看空名利，摆脱烦恼。

中岁颇好道，晚家南山陲。

兴来每独往，胜事空自知。

行到水穷处，坐看云起时。

偶然值林叟，谈笑无还期。

（《终南别业》）

人闲桂花落，夜静春山空。

月出惊山鸟，时鸣春涧中。

（《鸟鸣涧》）

松风吹解带，山月照弹琴。
君问穷通理，渔歌入浦深。

（《酬张少府》）

于诗人笔下，世间万物皆寂静无为、虚幻无常，既无目的，亦无意识，无生之喜悦，无死之悲哀。然，一切又皆为不朽，如日月山水永恒不灭，使人"读之身世两忘，万念皆寂，不谓声律之中，有此妙诠"。[①]

王摩诘或摩诘居士真不愧为一代"诗佛"！

杜甫——艰难苦恨繁霜鬓　潦倒新停浊酒杯

"书中自有黄金屋，书中自有颜如玉"。中国文人孜孜矻矻孤灯残卷寒窗苦读之终极，不外乎金榜题名衣锦还乡，甚或出将入相光宗耀祖。总之，一切拼搏皆以实现"自我"为核心。然无论高居庙堂抑或屈居村野，时刻心系苍生者亦的确为数不少。杜甫[②]毋庸置疑属于此类文人之典型代表。

与李白、陶渊明无异，杜甫同样"时运不济，命途多舛"，其悲剧色彩甚或超过李、陶。论出身，其为北方大士族京兆杜氏之后，其远祖为汉武帝时著名酷吏杜周，祖父杜审言为唐初著名诗人，才华横溢且恃才傲世，少年时即与当朝才子李峤、崔融、苏味道合称"文章四友"。唐高宗咸亨元年（670年），杜审言擢进士第，得授隰城尉，因坐事遭贬吉州司户参军。后因武则天欣赏其诗文，被召入京师授著作佐郎，官至膳部员外郎。若论才华，杜甫更不在当时文人之下，而与李白齐名合称"李杜"。

杜甫虽然生活于唯才是举之唐，却以如此出身背景与绝世才华，终生未取得科举功名，即使谋一小吏维持基本生计亦难得如愿，总会有难以逆料之插曲予以破坏，最终竟至于穷困潦倒中了却残生，不亦悲乎！

杜甫青少年时家庭境况尚属优越，生活比较安定富足，故其少年时亦很顽皮，"忆年十五心尚孩，健如黄犊走复来。庭前八月梨枣熟，一日上树能千回"（《百忧集行》）。虽

---

①清．黄周星《唐诗快》。

②杜甫（712—770年），字子美，自号少陵野老，别称杜少陵、杜工部，祖籍湖北襄阳，后徙河南巩县，唐代伟大的现实主义诗人。

然顽皮，但受家学影响，其自幼聪慧好学，"七龄思即壮，开口咏凤凰"（《壮游》），并有志于"致君尧舜上，再使风俗淳"（《奉赠韦丞丈二十二韵》）。

开元十九年（731年），杜甫于19岁弱冠之年出游郇瑕（今山东临沂），并漫游吴越，历时数年。二十四年（736年），杜甫赴东都洛阳参加进士考试，结果落第。其父时任兖州司马一职，杜甫遂赴兖州省亲，开始齐赵之游。天宝三载（744年）四月，李白被唐玄宗"赐金放还"，与杜甫邂逅洛阳，二人遂相约同游梁、宋（今河南开封、商丘一带）。四年之后，杜甫转赴兖州再与李白相会，二人一同寻仙访道，谈诗论文，结下"醉眠秋共被，携手日同行"（《与李十二白同寻范十隐居》）之友谊。秋末，二人握手惜别，杜甫遂结束"放荡齐赵间，裘马颇清狂"（《壮游》）之漫游生活，再次回到长安。

天宝六载（747年），玄宗诏天下"通一艺者"至长安应试，杜甫应诏参加考试，却因权相李林甫编导"野无遗贤"闹剧，致使考试士子悉数落选。科举之路既然不通，杜甫为实现政治抱负，不得不转走权贵之门投赠干谒，但均无结果。杜甫因"举进士不中第，困长安，"[1]不得已客居长安十年。其间奔走献赋，叩权贵之门，受尽落魄之辱，却一无所得，生计尤其日益贫困。

天宝十年（751年）正月，玄宗将举行祭祀太清宫、太庙、天地三大盛典，杜甫于天宝九载冬预献三篇《大礼赋》，颇得玄宗赏识，敕命待制集贤院。然，即使皇帝钦命，杜甫亦仅得"参列选序"资格，且因主试者仍为李林甫而未得任何官职。天宝十四年（755年），杜甫终于得授河西尉。出于"不作河西尉，凄凉为折腰"之无奈，杜甫别无选择地接受任命。旋，朝廷又将其改任看守兵甲器杖之右卫率府兵曹参军，是年已44岁，且困居长安已逾十年。是年十一月，杜甫赶往奉先省家，一进家门即闻哭泣声，原来小儿因饥饿而毙命。悲痛交加之下，杜甫写成著名长句《自京赴奉先县咏怀五百字》，通过描述长安十年感受与回乡沿途见闻，愤怒鞭挞社会不公与百姓不幸：

> 杜陵有布衣，老大意转拙。许身一何愚，窃比稷与契。
> 居然成濩落，白首甘契阔。盖棺事则已，此志常觊豁。
> 穷年忧黎元，叹息肠内热。取笑同学翁，浩歌弥激烈。
> 非无江海志，潇洒送日月。生逢尧舜君，不忍便永诀。
> 当今廊庙具，构厦岂云缺？葵藿倾太阳，物性固莫夺。
> 顾惟蝼蚁辈，但自求其穴。胡为慕大鲸，辄拟偃溟渤？
> 以兹误生理，独耻事干谒。兀兀遂至今，忍为尘埃没。
> 终愧巢与由，未能易其节。沉饮聊自遣，放歌破愁绝。
> 岁暮百草零，疾风高冈裂。天衢阴峥嵘，客子中夜发。
> 霜严衣带断，指直不得结。凌晨过骊山，御榻在嵽嵲。
> 蚩尤塞寒空，蹴踏崖谷滑。瑶池气郁律，羽林相摩戛。

---

[1] 北宋·欧阳修、宋祁等《新唐书·杜甫传》。

君臣留欢娱，乐动殷胶葛。赐浴皆长缨，与宴非短褐。

彤庭所分帛，本自寒女出。鞭挞其夫家，聚敛贡城阙。

圣人筐篚恩，实欲邦国活。臣如忽至理，君岂弃此物？

多士盈朝廷，仁者宜战栗。况闻内金盘，尽在卫霍室。

中堂舞神仙，烟雾蒙玉质。暖客貂鼠裘，悲管逐清瑟。

劝客驼蹄羹，霜橙压香橘。朱门酒肉臭，路有冻死骨。

荣枯咫尺异，惆怅难再述。北辕就泾渭，官渡又改辙。

群冰从西下，极目高崒兀。疑是崆峒来，恐触天柱折。

河梁幸未坼，枝撑声窸窣。行李相攀援，川广不可越。

老妻寄异县，十口隔风雪。谁能久不顾，庶往共饥渴。

入门闻号啕，幼子饥已卒。吾宁舍一哀，里巷亦呜咽。

所愧为人父，无食致夭折。岂知秋禾登，贫窭有仓卒。

生常免租税，名不隶征伐。抚迹犹酸辛，平人固骚屑。

默思失业徒，因念远戍卒。忧端齐终南，澒洞不可掇。

"屋漏偏遭连夜雨"，命苦之人运气尤其多舛。即于其赴奉先县省家当年，"安史之乱"爆发。翌年六月，潼关失守，玄宗仓皇西逃。七月，太子李亨即位于灵武，尊玄宗为太上皇。烽火连月不息，杜甫遂携家小迁鄜州（今陕西富县）羌村避难。闻听肃宗即位讯息后，杜甫遂于八月只身北上灵武，投奔新皇。然，途中不幸为叛军俘虏，解往长安羁押。

尽管个人遭遇极其不幸，杜甫仍无时无刻不忧国忧民。时值安史之乱，其依然时刻注视时局发展，殚精竭虑撰写《为华州郭使君进灭残寇形势图状》及《乾元元年华州试进士策问五首》，为剿灭安史叛军献策，考虑如何减轻人民负担。

至德二年（757年）四月，郭子仪大军进抵长安北方，杜甫冒险由城西金光门逃出长安，穿过两军对峙烽火，抵达凤翔（今陕西宝鸡）投奔肃宗。是年五月十六日，肃宗授杜甫为左拾遗，故世称其"杜拾遗"。孰料，命运依然不肯惠顾老成忠厚人。杜甫任左拾遗不久，适逢其好友宰相房琯与安史乱军战于咸阳陈陶，因不谙军事而导致全军覆没，肃宗罢免房琯宰相之职，并欲治房琯败军之罪。为营救房琯，杜甫上疏为之辩解，因言辞激烈而触怒肃宗，遂被贬华州（今华县），负责祭祀、礼乐、学校、选举、医筮、考课等事。杜甫于华州任所心情十分苦闷烦恼，遂常游西溪畔郑县亭子，以排忧遣闷。其间有《题郑县亭子》《早秋苦热堆案相仍》《独立》《瘦马行》等诗问世，其人生仕途失意、世态炎凉、奸佞进谗等遭遇及愤懑，于中得以极尽抒发。旋，经宰相张镐力救，杜甫方得获释。是年九月长安收复，杜甫返回长安，仍任左拾遗。因失去肃宗信任，其虽兢兢业业忠于职守，仍于乾元元年（758年）六月被贬为华州司功参军。

乾元元年（758年）年底，杜甫暂离华州，赴洛阳、偃师（均在今河南省）探亲。翌年三月，唐军与安史叛军爆发邺城（今河南安阳）之战，唐军大败。杜甫由洛阳返回华州途中，目睹战乱给百姓带来无穷灾难及百姓忍辱负重参军参战之爱国行为，感慨万千，遂奋笔创作不朽史诗"三吏"（《新安吏》《石壕吏》《潼关吏》）和"三别"（《新婚别》《垂老别》《无家别》），并于回华州后，将其修订脱稿。

杜甫出生于世代"奉儒守官"、具有悠久传统之官僚世家，家庭给予杜甫正统儒家文化教养及兼济天下之雄心，故其自谓做官属杜氏家族"素业"，其诸凡文化教养及言辞行为，皆以追求仕途事业与为官行道密切相联。《奉赠韦左丞丈二十二韵》中之"自谓颇挺出，立登要路津。致君尧舜上，再使风俗淳。"正是其心胸之写照，亦即其毕生理想抱负。

35 岁以前，为杜甫读书与壮游时期。此时正当开元盛世，其经济状况亦不甚窘迫，故为其一生最快意时期。20 岁起，杜甫结束书斋生活，开始为时十余年之"壮游"。长期游历中，杜甫接触到祖国无比丰富文化遗产，饱览锦绣壮丽河山，不仅充实了其生活，亦扩大了其视野与心胸，为其早期诗歌创作带来相当浓厚之浪漫主义色彩。"会当凌绝顶，一览众山小"（《望岳》），流露的正是诗人对一切事业之雄心壮志。

"安史之乱"后，唐王朝历史开始由盛转衰，故杜甫诗多涉笔社会动荡、政治黑暗、人民疾苦，具有丰富社会内容、强烈时代色彩及鲜明政治倾向，真实深刻地描述了"安史之乱"前后时代政治时事及广阔社会生活画面，突出反映当时社会矛盾与人民疾苦，记录了唐代由盛转衰之历史巨变，表达了儒家崇高仁爱精神与强烈忧患意识，因而被誉为"诗史"。

杜甫诗风沉郁顿挫，忧国忧民，形式以古体、律诗见长，风格多样。作者之高尚人格与精湛诗艺，能使读者通过作品得到深切感受。其诗歌形式尤其不拘一格，兼备众体。除五古、七古、五律、七律外，尚著有不少排律、拗体诗，所运用艺术手法亦多种多样，实为唐诗思想艺术集大成者。于文学创作手法方面，杜甫继承汉魏乐府"感于哀乐，缘事而发"之精神，摆脱乐府古题诗束缚，创作了不少"三吏""三别"类"即事名篇，无复依傍"之新题乐府。故其死后受到樊晃、韩愈、元稹、白居易等人大力揄扬。唐代"新乐府运动"文艺思想及李商隐近体讽喻时事诗均受杜诗深远影响。由于风格与格律创新，当时一些评论家未能真正认识杜甫作品之艺术魅力，导致杜甫于其有生之年及去世之后若干年没能受到起码的嘉奖与重视。然，自宋代起，缘于王禹偁、王安石、苏轼、黄庭坚等文学大家推崇，杜甫文学之巨大成就方受到广泛重视。南宋状元宰相文天祥，则更推崇杜诗为坚守民族气节之精神力量。

律诗在杜甫诗中占有极重要地位。杜甫不但将律诗由文字游戏变为抒发政治抱负之载体，为后世诗人政治题材写作奠定了基础，而且扩大了律诗之表现范围。在杜甫笔下，律诗不仅可以写应酬、咏怀、羁旅、宴游、山水，而且可以写时事。其将律诗写得纵横恣肆，极尽变化之能事，合律却看不出声律束缚，对仗工整却看不出对仗痕迹。《登高》曾被清代文学评论家杨伦称为"杜集七言律第一"。

> 风急天高猿啸哀，渚清沙白鸟飞回。
> 无边落木萧萧下，不尽长江滚滚来。

> 万里悲秋常作客，百年多病独登台。
> 艰难苦恨繁霜鬓，潦倒新停浊酒杯。

全诗在声律句式上极其精密考究。严整对仗被形象流动感掩盖起来，严密而不呆板，疏畅而不松散。

又如：

> 好雨知时节，当春乃发生。
> 随风潜入夜，润物细无声。
> 野径云俱黑，江船火独明。
> 晓看红湿处，花重锦官城。

（《春夜喜雨》）

杜甫能够将这种体式写得浑融流转，无迹可寻，娓娓道来，若不经意，格律严谨而浑然一气，能使读者忘其为律诗。

诗歌创作中，杜甫善于运用古典诗歌许多体制，并加以创造性发展。关心民生疾苦思想及其于律诗方面所取得成就，直接影响了中唐时期元稹、白居易等人之新乐府创作。倘称杜甫为新乐府诗体开路人，绝不为过。其乐府诗尤其于促成中唐时期新乐府运动发展贡献颇著。而其五、七言古长篇，亦诗亦史，展开铺叙，着力于全篇回旋往复，标志着中国诗歌艺术最高成就。故言"自六朝以来，乐府题率多模拟剽窃，陈陈相因，最为可厌。子美出而独就当时所感触，上悯国难，下痛民穷，随意立题，尽脱去前人窠臼。"[①]

杜甫早年胸怀大志，具有强烈社会责任感与忧患意识，极其渴望建功立业济世扬名，实现自己远大理想及雄伟抱负。

> 男儿生世间，及壮当封侯。
> 战伐有功业，焉能守旧丘。
> 召募赴蓟门，军动不可留。
> 千金买马鞭，百金装刀头。
> 闾里送我行，亲戚拥道周。
> 斑白居上列，酒酣进庶羞。
> 少年别有赠，含笑看吴钩。

（《后出塞五首之一》）

然而，十年困守长安之结果，最终使杜甫成为一个忧国忧民诗人，于是方得有《三

---

① 清·杨伦《杜诗镜铨》。

吏》《三别》这样为民诉怨之不朽作品传世。

> 暮投石壕村，有吏夜捉人。老翁逾墙走，老妇出门看。
> 吏呼一何怒！妇啼一何苦。听妇前致词，三男邺城戍。
> 一男附书至，二男新战死。存者且偷生，死者长已矣！
> 室中更无人，惟有乳下孙。有孙母未去，出入无完裙。
> 老妪力虽衰，请从吏夜归。急应河阳役，犹得备晨炊。
> 夜久语声绝，如闻泣幽咽。天明登前途，独与老翁别。

（《石壕吏》）

作者以亲眼所见石壕吏乘夜捉人故事，揭露封建统治者之残暴，反映了"安史之乱"带给广大人民之深重灾难，表达了诗人于穷苦百姓之深切同情。杜甫，当仁不让属于"人民文学家"。

后人对《石壕吏》所反映社会矛盾评价道："古者有兄弟始遣一人从军。今驱尽壮丁，及于老弱。诗云：三男戍，二男死，孙方乳，媳无裙，翁逾墙，妇夜往。一家之中，父子、兄弟、祖孙、姑媳惨酷至此，民不聊生极矣！当时唐祚，亦岌岌乎危哉！"[1]

伴随唐玄宗后期政治之日益腐败，杜甫生活亦渐渐陷入贫困失望境地，致使其不得不在颠沛流离中艰难度日。

大历三年（768年），杜甫思乡心切，乘舟出峡，先抵江陵，再转公安，年底漂泊至湖南岳阳。由于生活困难，杜甫非但不能北归，反而被迫更往南行，又从岳阳而潭州（长沙）、衡州（衡阳），复折回潭州。代宗大历五年（770年），湖南兵马使臧玠于潭州作乱，杜甫又逃往衡州。旋拟赴郴州投靠舅父崔，然行到耒阳，遇江水暴涨，不得已停泊方田驿。由于洪水泛滥，杜甫不得不改变计划，顺流而下折回潭州。是年冬，一代"诗圣"由于贫困交加，病故于由潭州去岳阳之一叶扁舟上，年仅59岁。

> 忆年十五心尚孩，健如黄犊走复来。
> 庭前八月梨枣熟，一日上树能千回。
> 即今倏忽已五十，坐卧只多少行立。
> 强将笑语供主人，悲见生涯百忧集。
> 入门依旧四壁空，老妻睹我颜色同。
> 痴儿不知父子礼，叫怒索饭啼门东。

（《百忧集行》）

嗟呼，一代诗圣之命运实在太多舛，几达食不果腹衣不遮体，终因穷困潦倒而成饿殍

---

[1]清·仇兆鳌《杜少陵集详注》。

野鬼。虽然如此，其于"床头雨漏无干处"时，依然不忘为天下寒士鼓与呼：

> 安得广厦千万间，大庇天下寒士俱欢颜，风雨不动安如山。
>
> 呜呼！何时眼前突兀见此屋，吾庐独破受冻死亦足！①

能够遮风避雨之广厦尚处憧憬与期待之中，为天下寒士鼓与呼之诗人，留给后人丰厚精神财富之后，带着无尽凄怆与遗憾，于无助中含恨而去。

温庭筠——凤凰诏下虽沾命　鹦鹉才高却累身

唐代著名词人温庭筠②，虽较李白、杜甫晚出生 100 年，却于性格、遭遇上堪与李、杜称伯仲。三人祖上皆为权贵豪门，然皆于此辈来世时均已败落不堪，晚年生计多赖亲朋帮衬接济；三人均才绝一世，却均与科举无缘，无一人荣膺进士桂冠；"文人无行"不遵官场规矩，李白有"高力士脱靴""杨贵妃研磨"逸闻，温庭筠则有揶揄宰相、大闹考场之壮举。

温庭筠幼时已随家客居江淮，后定居于鄠县（今陕西户县）郊野，靠近杜陵，故其尝自称为杜陵游客。因相貌奇丑，人称"温钟馗"。早年苦心学文，年轻时即以词赋兼工、才思敏捷知名。晚唐考试律赋，八韵一篇。据载其"才思艳丽，工于小赋，每入试，押官韵作赋，凡八叉手而八韵成。"③时人亦称为"温八叉""温八吟"。中国古代文思敏捷者，有数步成诗之说，而如温庭筠八叉手而成八韵者，却极为罕见，实在令人惊叹之至！

温庭筠出生于没落贵族家庭，先世温彦博为唐初宰相，然延至温庭筠时，家世已经衰微，故其未沾先祖任何光。时令狐绹屡任节度使、宰相之职，为一代显宦，温庭筠与其子令狐滈为挚友，故得以常常出入于相府。令狐滈依仗家势骄纵不法，受贿卖官，属"高衙内"式人物，人称"白衣宰相"。温庭筠放浪行为，一定程度上与其出入相府受令狐滈影响有关。同时，温庭筠与段成式④两家交往颇睦，互通诗文，并将女儿嫁予段成式之子段安节，从而结为儿女亲家。

唐文宗开成四年（839 年），温庭筠将近 40 岁时方始应举，未中，仅于京兆府试以榜副得贡，连省试亦未能参加。究其原因，实为受宫中政治斗争之害。其时朝廷正历宫闱之

---

① 唐·杜甫《茅屋为秋风所破歌》。

② 温庭筠（约 801—866 年），本名岐，字飞卿，太原祁（今山西祁县东南）人，唐代诗人、词人。

③ 五代·孙光宪《北梦琐言》。

④ 唐代著名志怪小说家，宰相段文昌之子。

争，因杨贤妃谗害，庄恪太子李永左右数十人或被杀，或被逐，沙汰殆尽，随后庄恪太子亦不明不白突然死去。温庭筠被卷进这起政治斗争中，未受灾祸牵连已属万幸，岂敢指望高中进士。故其于步入科场前，已注定无缘及第命运。首次应举不第后，温庭筠"二年抱疾，不赴乡荐试有司"，于鄠郊暂住两年。其究竟为真病抑或因畏祸而赋闲家中，实不得而知。唐武宗会昌元年（841年），温庭筠41岁，壮游淮南与李绅[1]相见。其实，早在温庭筠8岁时，二人即已相识，可谓自幼为友。

唐懿宗大中九年（855年），温庭筠再次赴京应试。然此次应试更不理想。有人告发，温庭筠于考场之上帮助左右考生。主考沈询接报后，特召其于帘前试之。温庭筠因此大闹起来，因此扰乱科举考场。此次事件弄得满城风雨，温庭筠遂得"救数人"绰号。据传，沈询虽然于春闱前采取严防措施，温庭筠依然暗中帮衬八人通过考试。自然，庭筠此次考试亦未能中。经此一波，年届55岁之温庭筠遂断绝科举心思，不再涉足名场。

"温八叉"虽富有才气，然其恃才不羁，又好讥刺权贵，多犯忌讳，且不受羁束，纵酒放浪，取憎于时。故其屡举进士不第，长被贬抑，一生坎坷，终生不得志。其与令狐滈关系密切，经常出入相府，却于才学方面瞧不起其父令狐绹，竟不顾朋友情面常揶揄或贬损当朝宰相。唐宣宗喜欢曲词《菩萨蛮》，令狐绹暗自请温庭筠代己新填《菩萨蛮》词以进，嘱咐温庭筠千万不可泄漏，而温庭筠却将此事传扬开去，令狐绹大为不满。宣宗赋诗，上句有"金步摇"，朝臣无人可对，遂命未第进士对之。温庭筠以"玉条脱"对出下句，宣宗大喜，予以赏赐。令狐绹不知"玉条脱"之说出处，遂问之。温庭筠告其出自《南华经》，并言《南华经》并非僻书，相国公务之暇，亦应多读点书。言外之意即令狐绹不学无术。且其尝谓人曰"中书省内坐将军"，意在讥讽令狐绹才学浅陋。令狐绹因此尤其嫉恨之，遂向文宗奏其有才无行，不宜与第。由此可知，温庭筠一直未中第，非其才学不高，皆因当权者所嫉也。

温庭筠搅扰考场之后，被贬为隋州隋县尉，当了一个小得不能再小的官。大中十一年（857年），徐商镇襄阳时，辟其为巡官，此时温庭筠已56岁。任职襄阳时，温庭筠得以与段成式、周繇等交游酬唱，甚觉惬意。僖宗咸通二年（861年），徐商诏征赴阙，温庭筠随后亦离开襄阳，游历江东，此时年已61岁，旋返淮南栖居。时，温庭筠虽诗名颇著，然其行为潦倒，不检行迹，日与贵胄裴诚、令狐滈等博饮狎昵，士林名声极其不雅。旋，令狐绹出镇淮南，温庭筠因其位居宰相时曾压制自己，故虽为老相识，亦不齿前往造府拜望。咸通四年（863年），温庭筠因穷迫乞于扬子院，醉而犯夜，竟遭巡逻兵丁扇耳光，连牙齿亦被打折。温庭筠将此诉于令狐绹，令狐绹念其"恶行"，并未处置无礼兵丁。兵丁得宽待愈加气盛，遂四处张扬极言温庭筠狭邪丑症。温庭筠品行极坏之传言，由此遍布京师。63岁老翁，被打折牙齿，且落下更坏名声，温庭筠只好亲自赴长安，致书公卿间，申说原委，为己雪冤。随后即居京师。

咸通六年（865年），温庭筠出任国子助教。次年，以国子助教主国子监试。其曾于科

---

[1]唐代著名诗人，《悯农》诗作者，中书令李敬玄曾孙。

场屡遭压制，故主试与众不同，严格以文判等后"乃榜三十篇以振公道"，并书榜文曰："右，前件进士所纳诗篇等，识略精进，堪神教化，声调激切，曲备风谣，标题命篇，时所难著，灯烛之下，雄词卓然。诚宜榜示众人，不敢独断华藻。并仰榜出，以明无私。"将所试诗文公布于众，大有请朝野监督，杜绝因人取士不正之风之意，当时传为美谈。而此举亦为温庭筠再次带来不幸。其完全以文判等，且榜之于众，已遭权贵不满，又所榜诗文中有指斥时政、揭露腐败者，温庭筠却称赞"声调激切，曲备风谣"，更为权贵所忌恨。故此，宰相杨收非常恼怒，遂将其贬为方城尉，以示惩戒。因主持公道而招忌被贬，故好友纪唐夫[1]特赋诗为之送行：

> 何事明时泣玉频，长安不见杏园春。
>
> 凤凰诏下虽沾命，鹦鹉才高却累身。
>
> 且尽绿醽销积恨，莫辞黄绶拂行尘。
>
> 方城若比长沙路，犹隔千山与万津。[2]

此时，温庭筠年事已高，再次遭受贬谪打击，实在有些难以承受，遂于咸通七年（866年）冬抑郁而死。《唐才子传》云其"竟流落而死"，竟不知其至方城后而死，抑或未至方城而死。一代才子，竟至困顿失意而死，千载而下，人共憾之。温庭筠虽然仕途多舛，生活坎坷，然其恃才傲物、蔑视权贵之骨气，丝毫不失酸儒风采。故纪唐夫诗中"凤凰诏下虽沾命，鹦鹉才高却累身"，即言其凛然不畏强权之风骨。

当朝权贵可以排挤、压制温庭筠之抱负，却压制不了其横肆漫溢之才华。"温八吟"终以其杰出文学造诣成为中国古代文学史上千古不朽之诗人。

温庭筠精通音律，诗词兼工。其诗词辞藻华丽，工于体物，有声调色彩之美，虽多写个人遭际，然于时政亦有所反映。尤其吊古行旅之作，感慨深切，气韵清新，柔肠绵和，犹存风骨。因其诗与李商隐齐名，故有"温李"之称。同时，又与李商隐、段成式文笔齐名，号称"三十六体"。然其诗之成就，无论思想内容抑或艺术形式，均略逊于李商隐。

然于词之创作领域，温庭筠则别是一番天地。"其文窈深幽约，善达贤人君子恺恻怨悱不能自言之情，论者以庭筠为独至。"[3]温庭筠词多写女子闺情，风格秾艳精巧，格调清俊，清新明快，艺术成就处晚唐诸词人之上，为"花间词派"重要作家之一，对词之发展影响较大，被称为"花间鼻祖"。词史上，温庭筠与韦庄齐名，并称"温韦"。温庭筠词之创作风格，上承南北朝齐、梁、陈宫廷体余风，下启"花间派"艳体，属民间词转为文人词之重要标志。以词人而论，温庭筠于中国文学史上地位颇高。温庭筠词风格婉丽、情致含蕴、辞藻浓艳，今存310余首。现存《花间集》收集其词作66阕，并被列为篇首。后世词人如冯延巳、周邦彦、吴文英等多受其词风影响。

---

① 与温庭筠同时期诗人，官中书舍人。

② 唐·纪唐夫《送温庭筠尉方城》。

③ 清·王拯《龙壁山房文集忏庵词序》。

温庭筠之所以被称为"花间派"鼻祖，皆因其为第一位专力于"倚声填词"之诗人。其词多写花间月下、闺情绮怨，形成以绮艳香软为特征之花间词风，对五代以后词大发展起到极强推动作用。"词有高下之别，有轻重之别。飞卿下语镇纸，端己揭响入云，可谓极两者之能事。"[1]此种全新文学形式，直至温庭筠笔下，方真正为文人所重视。随后五代与宋代词人竞相为之，终于使词于中国古代文坛上蔚为大观，至今依然有着极广泛影响。

"飞卿之词，深美闳约，信然。飞卿蕴酿最深，故其言不怒不慑，备刚柔之气。""针缕之密，南宋人始露痕迹，花间极有浑厚气象。如飞卿则神理超越，不复可以迹象求矣。然细绎之，正字字有脉络。"[2]毋庸置疑，倘无温庭筠开先河，宋代文学以"词"而显于中国文学史之地位实难以形成。

温庭筠词创作题材偏窄，为美中不足之处，尝被人讥为"男子而作闺音"。其代表词作有《望江南》二首、《菩萨蛮》十四首、《更漏子》六首、《酒泉子》四首及《杨柳枝》《南歌子》《河渎神》《诉衷情》等。

> 小山重叠金明灭，鬓云欲度香腮雪。
> 懒起画蛾眉，弄妆梳洗迟。
> 照花前后镜，花面交相映。
> 新贴绣罗襦，双双金鹧鸪。

（《菩萨蛮》）

作品写女子起床梳洗时之娇慵姿态，以及妆成后之情态，暗示人物孤独寂寞之心境。全词将妇女容貌写得极其美丽，服饰写得尤其华贵，体态亦写得十分娇柔，仿佛描绘出一幅唐代仕女图。词中委婉含蓄揭示人物内心世界，且成功运用反衬手法，将诸多可调和色彩与物件置于一处，使之自然组合搭配，形成一个意境，一个画面，令读者去领略其中情意，表现了作者于词之意境创作上有着独特手法。

> 梳洗罢，独倚望江楼。
> 过尽千帆皆不是，斜晖脉脉水悠悠。
> 肠断白蘋洲。

（《望江南》）

此首闺怨词，写思妇楼头，望人不归。作品以江水、远帆、斜阳为背景，截取倚楼颙望场景，以空灵疏荡之笔塑造望夫盼归、凝愁含恨之思妇形象。全词表现女主人公由希望转而失望，以致最终"肠断"之感情，情真意切，语言精炼含蓄而余意不尽，毫无矫饰之态与违心之语，风格清丽自然，实为温庭筠词中别具一格之精品。

除诗词外，温庭筠亦为成熟小说作家、学者。据《新唐书·艺文志》载，温庭筠撰有

---

①清·周济《介存斋论词杂著》。
②清·周济《介存斋论词杂著》。

小说《乾巽子》3卷、《采茶录》1卷，编纂类书《学海》10卷。可惜几乎全部亡佚，仅《乾巽子》部分文句于《太平广记》里尚有所引录，今已无从探知其详。尤其《学海》10卷亡佚，实为中国学术史上一大损失。作为晚唐著名诗人、中国词史重要人物，温庭筠诗文集亡佚，令人实在痛惜，确为古典文学宝库一大损失。更为遗憾者，不仅庭筠诗文集亡佚，即其个人重要史料亦不知所存，以至后世学人难以考知其详细生平。《唐才子传》所载温庭筠传，亦时序颠倒，舛错支离。

即便如此，温庭筠仍然以其现存作品于文学史上大放异彩，成就彪青史，声名垂千古，令垂怜者稍稍得以释怀。

杜牧——十年一觉扬州梦　赢得青楼薄幸名

生活于晚唐之杜牧[①]与生活于盛唐之杜甫，均为西晋著名政治家兼学者杜预后代。然，斗转星移物是人非，延至二杜时期，杜氏家族无论家世抑或出身，于二人家门形成巨大差距。杜牧曾祖杜希望为玄宗朝边塞名将，且爱好文学；祖父杜佑乃中唐著名政治家、史学家且连任德宗、顺宗、宪宗三朝宰相，一生好学，博古通今，著有《通典》200卷；父亲杜从郁官至驾部员外郎，早逝。杜牧时时以家世显赫而自豪，曾于《冬至日寄小侄阿宜诗》夸耀道：

......
旧第开朱门，长安城中央。
第中无一物，万卷书满堂。
家集二百编，上下驰皇王。
......

虽然同为杜门之后，杜甫家世则远不及杜牧，其祖父杜审言仅为著名诗人，为官亦不过膳部员外郎。倘以出身比权量力，二人愈加不可同日而语：杜牧26岁进士及第，而杜甫却终老未取得功名。

杜牧生于诗书之家，虽未见得终日钟鸣鼎食，然其童年生活毕竟富裕而快乐。其祖父杜佑于长安城南建有一座樊川别墅，既林亭优美，且卉木幽邃，杜牧即于如此优越环境中一边嬉戏一边学习成长。然，祖父与父亲相继去世之后，杜家生计遂日益贫困下来，有时

---

①杜牧（803－852年），字牧之，号樊川、紫薇，京兆万年（今陕西西安）人，晚唐著名诗人和古文家。

竟至"食野蒿藿，寒无夜烛"。

家学渊源与显宦门第为杜牧创造了优越条件，加之其自幼聪慧好学，遂为之奠定深厚文学功底。早于参加科举考试之际，杜牧即曾以一篇《阿房宫赋》传诵于文士之间。

其《阿房宫赋》之影响力与其进士及第之关系，士林流传有一段令人百嚼不腻之佳话。言杜牧"初未第，来东都，时主司侍郎为崔郾，太学博士吴武陵策蹇进谒曰：'侍郎以峻德伟望，为明君选才，仆敢不薄施尘露。向偶见文士十数辈，扬眉抵掌，共读一卷文书，览之，乃进士杜牧《阿房宫赋》。其人，王佐才也。'因出卷，搢笏朗诵之。郾大加赏。曰：'请公与状头！'郾曰：'已得人矣。'曰：'不得，即请第五人。更否，则请以赋见还！'辞容激厉。郾曰：'诸生多言牧疏旷，不拘细行，然敬依所教，不敢易也。'后又举贤良方正科。"①

唐文宗大和二年（828年），杜牧以26岁俊逸之年于东都洛阳高中进士，终究未辜负太学博士吴武陵之举荐，亦未辱没科场主考崔侍郎之激赏。

至于酒客所道杜牧喜欢烟花风月之语，却也证据凿凿，绝非空穴来风。杜牧品行风流放荡，缠绵风花雪月之事，早已扬名当时文坛，成为士人风雅聚会时之美谈。

大和二年（828年）十月，杜牧于进士及第八个月后奔赴洪州，开始其长达十余年之幕府生涯。其时沈传师为江西观察使，辟召杜牧为江西团练巡官。沈家与杜家为世交，沈氏兄弟与杜牧关系颇为密切。杜牧常去沈传师之弟沈述师家中听歌赏舞蹭饭蹭酒，且对沈述师家中歌女张好好颇有好感。可惜，主人于此女子亦分外珍惜，见杜牧有意，遂抢先一步，将其纳为小妾，使小杜空有羡鱼之情而莫之奈何。大和八年，杜牧游洛阳，与沦为他乡之客而当垆卖酒之张好好不期而遇。感慨万分之下，写下一首五言长篇《张好好诗》。由于情绪饱满，不仅文笔清秀，且书法更为飘逸，为杜牧赢得书法家美名。后人据此对其书法给予极高评价："牧之书潇洒流逸，深得六朝人风韵，宗伯云：颜、柳以后，若温飞卿、杜牧之，亦名家也。"②

欣赏《张好好诗并序》，可全貌了解性情中人杜牧之才情：

> 牧太和三年，佐故吏部沈公江西幕。好好年十三，始以善歌来乐籍中。后一岁，公移镇宣城，复置好好于宣城籍中。后二年，为沈著作述师，以双鬟纳之。后二岁，于洛阳东城，重睹好好，感旧伤怀，故题诗赠之。

> 君为豫章姝，十三才有余。翠茁凤生尾，丹叶莲含跗。
> 高阁倚天半，章江联碧虚。此地试君唱，特使华筵铺。
> 主公顾四座，始讶来踟蹰。吴娃起引赞，低徊映长裾。
> 双鬟可高下，才过青罗襦。盼盼乍垂袖，一声雏凤呼。
> 繁弦迸关纽，塞管裂圆芦。众音不能逐，袅袅穿云衢。

①五代·王定保《唐摭言·公荐》。
②清·叶奕苞《金石录补》。

主公再三叹，谓言天下殊。赠之天马锦，副以水犀梳。

龙沙看秋浪，明月游东湖。自此每相见，三日已为疏。

玉质随月满，艳态逐春舒。绛唇渐轻巧，云步转虚徐。

旌旆忽东下，笙歌随舳舻。霜凋谢楼树，沙暖句溪蒲。

身外任尘土，樽前极欢娱。飘然集仙客，讽赋欺相如。

聘之碧瑶佩，载以紫云车。洞闭水声远，月高蟾影孤。

尔来未几岁，散尽高阳徒。洛阳重相见，婷婷为当垆。

怪我苦何事，少年垂白须。朋游今在否，落拓更能无。

门馆恸哭后，水云秋景初。斜日挂衰柳，凉风生座隅。

酒尽满襟泪，短歌聊一书。

　　杜牧喜欢酒，饮酒之句在杜牧诗中俯拾即是，其甚至情愿"一世一万朝，朝朝醉中去。"（《雨中作》）刚刚"乞酒缓愁肠"，（《郡斋独酌·黄州作》）却不料又是"得醉愁苏醒"（《感怀诗一首·时沧州用兵》）。酒浸肝肠，愁萦心间，醉也不是，醒也不是，那么，就将这副身子，这腔醉意，连同满腹经纶，交付青楼佳人，交付红颜知己，及时行乐，来个春满人间也。

　　风流轶事与杜牧才华一样，别具一格传之于世。驻足扬州时，杜牧足迹踏遍青楼，宿醉不归，乃至淮南节度使牛僧孺不放心，暗中派人保护。某日，杜牧调任回京，牛僧孺劝其切莫"风情不节"，并且拿出兵卒发回之满满一箧平安帖。杜牧见此，又愧又羞，真是"十年一觉扬州梦，赢得青楼薄幸名"（《遣怀·落魄江南载酒行》）。在宣州幕下任书记时，杜牧闻道湖州美女如云，遂专意赴湖州游玩觅欢。湖州刺史崔君素知杜牧诗名，盛情款待之，遂将本州所有名妓唤来，供杜挑选。然杜牧逡巡遍视之后，面带遗憾地道："美之美之，然不足尽善尽美。望能于江边举行一次竞渡娱乐，命湖州士庶皆来观看，届时余于人群间缓度，细细寻觅，或可得意中人。"湖州刺史遂依其请举行百舟竞渡赛事。

　　杜牧于岸边观赛人群中检索终日，竟未见一女子合意，甚为失落。日暮黄昏，龙舟将要收船靠岸，杜牧忽见一乡村老妇领一十余岁女孩儿，翩然而至，犹如天女下凡，遂情不自禁道："此女子实乃天姿国色！"遂将母女俩接至船上交谈。听完杜牧意思，母女俩很害怕。杜牧道："我并非要马上娶她，只须订下迎娶日期即可。"妇人道："将来若是违约失信，又当如何处之？"杜牧道："不出十年，我必定来此作郡守。倘十年不来，可随意嫁于他人为妻。"女孩儿母亲遂收取杜牧贵重聘礼，应允等待十年。

　　然事不如意，其间杜牧虽然连续出任黄州、池州、睦州刺史，就是无缘出任湖州。直至好友周墀于大中三年（849年）出任宰相，杜牧方获得湖州刺史职位。此时，杜牧已46岁，离当年与母女约定时间已过去十四年，女孩儿因十一年不见杜牧面，已于三年前出嫁，并生育二个孩子。杜牧责问老妇人："既已答应将女儿许配与我，何以违背诺言？"老妇人回答："老妾岂敢擅自违约，只因原定十年履约，然相公十年逾期不来，方得出嫁。"杜牧无奈，馈赠老妇人许多礼物而别。为着此件伤心事，杜牧写下《叹花》诗抒发感伤：

> 自是寻芳到已迟，往年曾见未开时。
> 如今风摆花狼藉，绿叶成阴子满枝。

杜牧很想于政治上有一番作为，故其读书尤其注意"治乱兴亡之迹，财赋兵甲之事，地形之险易远近，古人之长短得失"（《上李中丞书》）。然唐王朝此时已处于似欲中兴实则无望之时代，四面透风，处处漏雨。面对内忧外患，杜牧忧心如焚，渴望力挽狂澜，济世安民，结果为"有怀投笔，无路请缨"。

> 岂为妻子计，未在山林藏。
> 平生五色线，愿补舜衣裳。
> 弦歌教燕赵，兰芷浴河湟。
> 腥膻一扫洒，凶狠皆披攘。
> 生人但眠食，寿域富农商。

> （《郡斋独酌》）

"牧刚直有奇节，不为龊龊小谨，敢论列大事，指陈病利尤切至。"[1]唐朝后期藩镇势力膨胀，皇权削弱，严重影响朝廷政治统治。杜牧面对危局，振臂主张削平藩镇，收复边疆。其"关西贱男子，誓肉虏杯羹"之气概，绝不逊于岳飞之《满江红》。尝积极上疏强调，主兵者知兵与否关系国家兴亡。故"圣贤材能多闻博识之士，则必树立其国也；壮健击刺不学之徒，则必败亡其国也。然后信知为国家者兵最为大，非贤卿大夫不可堪任其事，苟有败灭，真卿大夫之辱，信不虚也"[2]。为此，其又连篇累牍写下《原十六卫》《罪言》《战论》《守论》和《孙子注》等军事论文，倡言知兵用兵于维持政治统治之重要。

与同时代其他有政治抱负文人不同，杜牧不仅文学才华横溢，而且政治才能极其出众。其尝专门研究孙子，著述《孙子》注解十三篇，且上呈多篇策论咨文。尤其献计平虏之策，为宰相李德裕采用，大获成功。可惜杜牧有相才而无相器，恰恰又生于江河日下之晚唐，盛唐气息已一去不返，诸帝才庸，边事不断，宦官专权，党争延续，一系列内忧外患如蚁穴溃堤，大唐之舟已外渗内漏，其治世才能亦被湮没于茫茫人海之中。

熟读史书，看透时局，却无法力挽狂澜，杜牧无奈之下唯将一腔悲愤交于酒肆勾栏。更由于怀才不遇，愿望难以实现，导致其于生活上放旷不羁。饮酒成为疗伤祛痛之乐事，作诗成了吟风弄月之消遣。

杜牧于文学创作方面成就颇丰，诗、赋、古文皆身趁名家。其文学创作主张凡为文以义为主，以气为辅，以辞采章句为之兵卫，将作品内容与形式之关系予以正确铺排。并能吸收、融化前人长处，形成自己特殊风貌，故其作品题材广阔，笔力峭健。杜牧诗歌创作与晚

---

① 北宋·欧阳修、宋祁等《新唐书·杜牧传》。
② 唐·杜牧《注孙子序》。

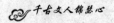

唐杰出诗人李商隐齐名，并称"小李杜"。

晚唐诗歌总趋向为藻绘绮密。受时代风气影响，杜牧诗歌亦有注重辞采的一面。然，文人创作重辞采之共同倾向与之个人"雄姿英发"特色相结合，风华流美而又神韵疏朗，气势豪宕而又精致婉约。

杜牧最为脍炙人口之诗作为咏史诗与七绝诗。

借历史题材讽刺统治者之骄奢荒淫，为其咏史诗之一大特色。

> 长安回望绣成堆，山顶千门次第开。
> 一骑红尘妃子笑，无人知是荔枝来。
>
> 新丰绿树起黄埃，数骑渔阳探使回。
> 霓裳一曲千峰上，舞破中原始下来。

（《过华清宫三绝句》两首）

作品通过人们熟知之唐明皇与杨贵妃故事，含蓄而有力地讽刺晚唐帝王醉生梦死之荒淫生活。全诗未出现唐明皇半个字，却点出当年"安史之乱"个中原委。作品创作意图与其不满"宝历大起宫室、广声色"而作《阿房宫赋》，完全一致。

杜牧有些咏史作品带有明显史论特色。如"东风不与周郎便，铜雀春深锁二乔。"（《赤壁》）充满幽默与调侃，一反常人思维，饱含借古鉴今之意，给人以全新视角。"江东子弟多才俊，卷土重来未可知。"（《乌江亭》）对历史上兴亡成败关键问题发表独创议论，使人对失败英雄依然存有无尽眷恋。此种论史绝句形式，颇为后来诸多文人所仿效。

杜牧抒情写景之七言绝句，艺术成就尤其显著。

> 千里莺啼绿映红，水村山郭酒旗风。
> 南朝四百八十寺，多少楼台烟雨中。

（《江南春》）

唐朝统治者崇信佛教、广建佛寺，给江南百姓带来深重灾难，作者于作品中给予含蓄讽刺与鞭挞。

> 烟笼寒水月笼沙，夜泊秦淮近酒家。
> 商女不知亡国恨，隔江犹唱后庭花。

（《泊秦淮》）

夜泊秦淮，歌舞升平。然，杜牧自其声律已有明确判断，此乃何种乐曲？分明为一首亡国前奏之音而已。

远上寒山石径斜，白云深处有人家。
停车坐爱枫林晚，霜叶红于二月花。

（《山行》）

词采清丽，画面鲜明，风调悠扬，淋漓尽致地表现出诗人才气之俊爽与思致之活泼。

然而，使杜牧立于中国文坛闪烁千年之丰碑，仍然为其未及弱冠时之奠基之作《阿房宫赋》：

六王毕，四海一，蜀山兀，阿房出。覆压三百余里，隔离天日。骊山北构而西折，直走咸阳。二川溶溶，流入宫墙。五步一楼，十步一阁；廊腰缦回，檐牙高啄；各抱地势，钩心斗角。盘盘焉，囷囷焉，蜂房水涡，矗不知其几千万落。长桥卧波，未云何龙？复道行空，不霁何虹？高低冥迷，不知西东。歌台暖响，春光融融；舞殿冷袖，风雨凄凄。一日之内，一宫之间，而气候不齐。

妃嫔媵嫱，王子皇孙，辞楼下殿，辇来于秦，朝歌夜弦，为秦宫人。明星荧荧，开妆镜也；绿云扰扰，梳晓鬟也；渭流涨腻，弃脂水也；烟斜雾横，焚椒兰也。雷霆乍惊，宫车过也；辘辘远听，杳不知其所之也。一肌一容，尽态极妍，缦立远视，而望幸焉。有不得见者，三十六年。燕赵之收藏，韩魏之经营，齐楚之精英，几世几年，剽掠其人，倚叠如山。一旦不能有，输来其间。鼎铛玉石，金块珠砾，弃掷逦迤，秦人视之，亦不甚惜。

嗟乎！一人之心，千万人之心也。秦爱纷奢，人亦念其家。奈何取之尽锱铢，用之如泥沙？使负栋之柱，多于南亩之农夫；架梁之椽，多于机上之工女；钉头磷磷，多于在庾之粟粒；瓦缝参差，多于周身之帛缕；直栏横槛，多于九土之城郭；管弦呕哑，多于市人之言语。使天下之人，不敢言而敢怒。独夫之心，日益骄固。戍卒叫，函谷举，楚人一炬，可怜焦土！

呜呼！灭六国者六国也，非秦也；族秦者秦也，非天下也。嗟乎！使六国各爱其人，则足以拒秦；使秦复爱六国之人，则递三世可至万世而为君，谁得而族灭也？秦人不暇自哀，而后人哀之；后人哀之而不鉴之，亦使后人而复哀后人也。

"以史为鉴，可以知兴衰"，历史兴亡教训为审察执政得失之明镜。作者针对唐敬宗继位后广造宫室、天怒人怨之现实，鞭辟入里深入骨髓地剖析强秦灭亡史实，给唐朝统治者敲响警惕重蹈秦国覆辙之警钟。与贾谊《过秦论》一样，不仅作品具有千古不朽之价值，作者忧国忧民之拳拳之心同样跃然纸上。只可惜唐朝统治者与汉朝统治者一样，有眼不识金镶玉，既不肯接受作者忠告，亦不能发现与重用这如此卓异治国人才。此既属作者遗憾，亦为帝国损失，不亦悲夫。

"文官阁老武官侯"。天下文人孜孜矻矻争功名，殚精竭虑尽职守，不外乎期冀于"学成文武艺，售与帝王家"过程中，能"出将入相"建功立业，得以封妻荫子，光耀门楣，即使不能图形凌烟阁，亦求青史留名，显扬后世。

杜牧仕途不可谓不顺，其以知天命之年弃世，即已任黄、池、睦、湖四州刺史，且卒于皇帝近臣中书舍人任上，亦属功德圆满。历朝历代多数进士毕生未曾有此履历。杜牧未能为相，亦未担任一方节度，虽曾任四州刺史，然任职时间前后不足 10 年，故不可能做出显赫政绩。故其以功业留名青史之愿望终究无法实现。不过，"唯大英雄能本色，是真名士自风流"，"东边不亮西边亮"。杜牧以其风流与才气留于文学史上之名气，似乎要比历史上任何一位政治人物影响更大。试想，任一帝王或宰相能如杜牧，令华夏任一接受启蒙教育者，皆曾诵读其作品，进而铭记杜牧之名？可以毫不夸张地说，中华国学不绝迹，杜牧将永远属于一座矗立不倒之丰碑！

嗟乎，杜才子！以一介书生之半百之寿得此殊荣，足矣！风流丈夫能如是者，夫复何求？

柳永——衣带渐宽终不悔　为伊消得人憔悴

> 黄金榜上，偶失龙头望。
>
> 明代暂遗贤，如何向？
>
> 未遂风云便，争不恣狂荡，何须论得丧。
>
> 才子词人，自是白衣卿相。
>
> 烟花巷陌，依约丹青屏障。
>
> 幸有意中人，堪寻访。
>
> 且恁偎红倚翠，风流事，平生畅。
>
> 青春都一晌。
>
> 忍把浮名，换了浅斟低唱。

（柳永《鹤冲天》）

仁宗初年，柳永[①]第二次参加科举考试，成绩本已过关，却因这首《鹤冲天》传禁中，上达宸听惹了祸。临轩放榜时，仁宗看到《鹤冲天》，其中"忍把浮名，换了浅斟低唱"令皇帝很不舒服，遂御批道："且去浅斟低唱，何要浮名？且填词去。"[②]黜落了柳永。科举再度失败，柳永实在有些愤怒，于是干脆自称"奉旨填词柳三变"。从此无所顾

---

①柳永（984—1053 年），原名三变，字景庄，后改名柳永，字耆卿，又称柳七，福建崇安人，北宋著名词人，婉约词派代表人物。

②南宋·吴曾《能改斋漫录·卷十六》。

忌纵游妓馆酒楼，致力于民间新声与诗词艺术创作。

柳永出身官宦世家，少时学习诗词，有功名用世之志。柳氏一门自祖父柳崇至其子柳涚，进士及第者凡十数人。祖父柳崇，世居河东（今山西），曾为沙县县丞，于州郡颇有威信。父亲柳宜，出仕南唐，为监察御史。南唐灭亡后，供职北宋，任雷泽县令，旋改为费县令、濮州任城令。柳永即出生于其父费县任所。

淳化元年（990 年），柳宜入汴京上书，授全州通判，柳永随父赴任。五年，柳宜以赞善大夫调扬州，柳永随往，习作《劝学文》。至道三年（997 年），柳宜屡迁至国子博士，命其弟携画像前往故里崇安，以慰家母思念，柳永随叔归乡。咸平四年（1001 年），柳永由钱塘入杭州，因迷恋湖山美好、都市繁华，遂滞留杭州，沉醉于听歌买笑之浪漫生活中，遂开始为词，作《巫山一段云·六六真游洞》，歌颂家乡武夷山风景，有"飘飘凌云之意"。咸平六年（1003 年），孙何知杭州，门禁甚严，柳永作《望海潮·东南形胜》，前往拜谒。此词一出，即广为传诵，柳永亦因此名噪一时。翌年，孙何还京太常礼院，柳永作《玉蝴蝶·渐觉芳郊明媚》，追忆陪孙何游乐情事。

景德年间（1004—1007 年），柳永离开杭州，沿汴河抵苏州，作《双声子·晚天萧索》。不久入扬州，作《临江仙·鸣珂碎撼都门晓》，追忆旧游，度过其青年时期之放浪生活。

大中祥符元年（1008 年），柳永进入京师汴京（今开封）。时北宋承平日久，都城繁华极盛。元宵日，皇帝与民同乐；清明节，男女郊外踏青；五月端午，龙舟长河竞渡。汴京风情，纸迷金醉。柳永凌云辞赋，将帝都"承平气象，形容曲尽"[1]。二年（1009 年），春闱在即，柳永踌躇满志，自信"定然魁甲登高第"。及试，真宗有诏，"属辞浮靡"皆受严厉谴责，柳永初试落第。愤慨之下，柳永作《鹤冲天·黄金榜上》，发泄对科举之牢骚与不满。八年（1015 年），柳永二次参加礼部考试，再度落第。时与相好歌女虫娘关系出现裂痕，遂作《征部乐·雅欢幽会》词，抒发失意兼失恋之苦闷情绪。

天圣二年（1024 年），柳永第四次落第，愤而离开京师，与情人（或为虫娘）离别，作《雨霖铃·寒蝉凄切》倾诉衷肠：

> 寒蝉凄切，对长亭晚，骤雨初歇。
> 都门帐饮无绪，留恋处，兰舟催发。
> 执手相看泪眼，竟无语凝噎。
> 念去去，千里烟波，暮霭沉沉楚天阔。
>
> 多情自古伤离别，更那堪、冷落清秋节。
> 今宵酒醒何处？杨柳岸，晓风残月。
> 此去经年，应是良辰好景虚设。

----

① 南宋·陈振孙《直斋书录解题》。

便纵有千种风情，更与何人说！

之后，柳永沿水路南下，"多游狭邪，善为歌辞……始行于世，于是声传一时"①。旋因漂泊日久，身心疲惫，作《轮台子·一枕清宵好梦》，追忆"却返瑶京，重买千金笑"，感叹"芳年壮岁，离多欢少"。漂泊五年之后，柳永返回京师，汴京繁华依旧，但故交零落，物是人非，触目伤怀，柳永又离开京都，前往西北。

明道年间（1032—1033 年），柳永漫游渭南，作《八声甘州·对潇潇暮雨洒江天》。

不久，柳永至成都。时田况知益州。柳永作《一寸金》词以赠。极赞锦城"锦里风流，蚕市繁华，簇簇歌台舞榭。雅俗多游赏，轻裘俊，靓妆艳冶。"并怀古"仗汉节、揽辔澄清，高掩武侯勋业，文翁风化。"出成都后，柳永又沿长江向东，过湖南，抵鄂州。

景祐元年（1034 年），仁宗亲政，特开恩科。"十年正月，仁宗有诏云……诸科十取其二"②，放宽对历届科场沉沦之士录取尺度。柳永闻讯，即由鄂州赶赴京师。是年春闱，柳永与其兄柳三接同登进士榜，授睦州团练推官，是年柳永已 51 岁。暮年及第，柳永自是喜悦不已。二月，柳永由汴京至睦州，途经苏州，时范仲淹知苏州，遂前往拜谒，并作词进献。九月，睦州知州吕蔚爱慕柳永才华，向朝廷举荐，因"未有善状"而受阻。仁宗景祐年间，柳永调任余杭县令。其"为人风雅不羁，而抚民清净，安于无事，百姓爱之。"③宝元二年（1039 年），柳永任浙江定海晓峰盐监，作《煮海歌》，对盐工艰苦劳作予以深刻描述。以为政有声而被称为"名宦"。

庆历三年（1043 年），调任泗州判官。时柳永已为地方官三任九年，且皆有政绩，按宋制理应磨勘改官，竟未成行。柳永"久困选调"，遂有"游宦成羁旅"之叹。秋，柳永进献新词《醉蓬莱》：

> 渐亭皋叶下，陇首云飞，素秋新霁。
> 华阙中天，锁葱葱佳气。
> 嫩菊黄深，拒霜红浅，近宝阶香砌。
> 玉宇无尘，金茎有露，碧天如水。
> 正值升平，万几多暇，夜色澄鲜，漏声迢递。
> 南极星中，有老人呈瑞。
> 此际宸游，凤辇何处，度管弦清脆。
> 太液波翻，披香帘卷，月明风细。

因词中有"太液波翻"等语，不合圣意，改官投诉无果而终。八月，范仲淹拜参知政事，颁行庆历新政，重订官员磨勘之法。柳永申雪投诉，改为著作佐郎，授西京灵台

---

① 北宋·叶梦得《避暑录话·卷下》。
② 清·毕沅《续资治通鉴·长编·卷一百一十四》。
③ 明《嘉庆余杭县志》卷二十一。

山令。

庆历六年（1046 年），转官著作郎。次年，柳永再度游苏州，作词赠苏州知州滕宗谅。

皇祐元年（1049 年），转官太常博士。旋改任屯田员外郎，遂以此致仕，定居润州。

皇祐五年（1053 年），柳永与世长辞，享年 70 岁。

柳永年轻时应试科举，屡屡落第；即暮年及第，又转官落魄，终官不过屯田员外郎。由于仕途坎坷、生活潦倒，柳永由追求功名转而厌倦官场，沉溺于旖旎繁华之都市生活，以毕生精力作词，并于词中以"白衣卿相"自诩。表面看，柳永于功名利禄不无鄙视，然骨子里依然难以忘却功名，希望走上一条通达于仕途之路。然而，仕途之不幸，反使其艺术天赋于词之创作领域得以充分发挥。虽然其出身于典型奉儒守官之家，自小深受儒家思想系统训练，养成功名用世之志，然而，一旦出入"秦楼楚馆"，接触到"竞赌新声"，其浪漫而放荡不羁之性格便显露出来。故柳永"失意无聊，流连坊曲，遂尽收俚俗语编入词中，以便伎人传唱"[①]，青楼成其常去之处。特别是科举连续落第后，柳永更是沉溺烟花巷陌。都市之繁华、歌伎之多情，使其仿佛找到真正自由之生活。

而京城名妓亦皆愿与柳永往来，均以能结交当朝第一才俊为荣，而以不识柳七官人为耻。妓女非重其钱财，唯重其才华。故东京城妓界流传"不愿穿绫罗，愿依柳七哥；不愿君王召，愿得柳七叫；不愿千黄金，愿中柳七心；不愿神仙见，愿识柳七面。"名妓散尽千金，只求柳永与之一寝，求得一词一诗。柳永出京赴余杭任职时，京城妓界一片呜咽。临行，为其送行者皆为妓女。柳七感慨万端，特作《如梦令》词记之：

> 郊外绿阴千里，掩映红裙十队。
>
> 惜别语方长，车马催人速去。
>
> 偷泪，偷泪，那得分身与你！

"红裙"一词代指妓女，竟然排成十队之多，而且离别情话说不完，真个是长亭更短亭。

宋代，歌伎以歌舞表演为生，其表演效果好坏，直接关系其生活处境。演出效果取决于演技与演唱之词，演技靠个人勤奋练习，而词则靠词人填写。歌伎为使自己吸引观众，往往主动向词人乞词，希望不断获得词人新作，成为新作演唱者，以给听众留下全新印象，同时亦希望通过词人于词中赞赏自己提升名气。柳永落第后，频繁与歌伎交往，为教坊乐工与歌伎填词，供其于酒肆歌楼演唱，故常得其资助，虽流连于坊曲，尚不至存衣食之虞。故歌伎为柳永词之演唱者与歌咏对象，不仅激发柳永之创作热情，又满足其情感追求，促成其创作风格，甚或奠定其文学之地位。

柳永晚年中科举，仅得余杭县宰。赴任途经江州，照例流浪妓家，结识江州名妓谢玉英。柳永见其书房一册《柳七新词》，皆为玉英以蝇头小楷抄录，故与之一见倾心，才情

---

① 清·宋翔凤《乐府余论》。

171

相配。临别，柳永以新词表示永不变心，玉英则发誓从此闭门谢客以待柳郎。

柳永于余杭任上三年，虽结识诸多江浙名妓，却一刻未忘谢玉英。任满回京，专意赴江州与其相会。孰料玉英又接新客。柳永十分惆怅，于花墙之上填词一首，以"见说兰台宋玉，多才多艺善赋，试问朝朝暮暮，行云何处去？"述三年前恩爱光景，聊表今日失约之憾。

玉英陪客归来见柳永词，叹其果为多情才子，自愧未守前盟。遂卖掉家私赶往东京寻之。几经周折，于东京名妓陈师师家得见柳永。久别重逢，种种情怀难以诉说，两人再修前好。谢玉英遂于陈师师东院住下，与柳永如夫妻一般生活。

柳永晚年穷愁潦倒，死时一贫如洗，无亲人祭奠。歌伎念其才学与痴情，凑钱替其安葬。每年清明节，又相约赴其坟地祭扫，并相沿成习，称之"吊柳七"或"吊柳会"。此一风俗，一直持续至宋室南渡方罢。

作为第一位于宋词进行全面革新之大词人，柳永对后来词人影响甚大。南北宋之交时才子王灼即道："今少年""十有八九不学柳耆卿，则学曹元宠"；又说沈唐、李甲、孔夷、孔榘、晁端礼、万俟咏等六人"皆在佳句"，"源流从柳氏来"。即使苏轼、黄庭坚、秦观、周邦彦等著名词人，亦无不受惠于柳永。

柳词于词调创用、章法铺叙、景物描写、意象组合及题材开拓上，均给予苏轼以启示，故苏轼作词，力求于"柳七郎风味"之外自成一家，又充分吸取柳词表现方法与革新精神，从而开创出词之一代新风。黄庭坚、秦观之俗词，与柳词更是一脉相承。秦观雅词长调之铺叙点染之法，亦自柳词变化而出；周邦彦慢词之章法结构，同样脱胎于柳词。

柳永不仅从音乐体制上改变发展了词之声腔体式，且从创作方向上改变了词之审美内涵与审美趣味，即变"雅"为"俗"，着意运用通俗化语言表现世俗化市民生活情调。"其通俗之作，本代歌妓抒情，自必为此辈所喜闻乐道者，故其所作，传布极为广泛。"[1]

其词于历史留有典型典故者，除令其丢失进士功名之《鹤冲天》之外，尚有《望海潮》一词：

> 东南形胜，三吴都会，钱塘自古繁华。
>
> 烟柳画桥，风帘翠幕，参差十万人家。
>
> 云树绕堤沙，怒涛卷霜雪，天堑无涯。
>
> 市列珠玑，户盈罗绮，竞豪奢。
>
> 重湖叠巘清嘉，有三秋桂子，十里荷花。
>
> 羌管弄晴，菱歌泛夜，嬉嬉钓叟莲娃。
>
> 千骑拥高牙，乘醉听箫鼓，吟赏烟霞。
>
> 异日图将好景，归去凤池夸。

---

① 刘永济《唐五代两宋词简析》。

"此词流播，金主亮闻歌，欣然有慕于'三秋桂子，十里荷花'，遂起投鞭渡江之志。隔年以六十万大军南下攻宋。"[①]

柳永作为北宋首位专业词人，在词史上占有极重地位。其于扩大词境、开拓题材方面，具有创造性建树。其大量慢词，不仅发展了词之铺叙法，且于促进词语之通俗化、口语化产生重大影响。柳永一生悠游于宦海边缘，而沉湎寄情于烟花柳巷，都市繁华、市井风情、太平气象、市民游乐、羁旅行役，均为其表达追求、挫折、矛盾、苦闷、辛酸、失意复杂心态之对象，意境苍凉，情感真切，被誉《离骚》之遗风。宋词 800 余词调，属柳永首创或首用者，即达百余题。且词至柳永，体制始备，令、引、近、慢、单调、双调、三叠、四叠等长调短令，日益丰富。

凡此种种，形成柳词"浅吟低唱"之柔婉风格。"东坡在玉堂日，有幕士善歌，因问：'我词何如柳七？'对曰：'柳郎中词，只合十七八女郎，执红牙拍板，唱'杨柳岸，晓风残月'；学士词须关西大汉，铜琵琶，铁绰板唱'大江东去'。东坡为之绝倒。"[②]由讴者之言即可判定，柳永不愧为"婉约词派"之鼻祖。

或言"是真名士自风流"，又言"牡丹花下死，做鬼也风流"。才华绝世之婉约词宗"柳三变"，虽未于繁冗政务中创建赫赫功业，却于"桃花源"中阅尽人间春色，亦不愧为一代名士！

①南宋·罗大经《鹤林玉露·卷一》。
②南宋·俞文豹《吹剑续录》。

第伍章

曾经定国安邦，终则寥落其身，湛然厥功甚伟封建专制体制为"臣民型"社会，天下为一家一姓所有，芸芸众生皆为其奴仆。所谓"普天之下莫非王土，率土之滨莫非王臣"者是也。故一人君临天下，百姓生杀予夺之权皆握于其手，是为"王法"；又一人独断乾纲，龙驭天下之法或仁义礼法或暴虐乖蹇，源出圣君独夫一人之念，是为"王道"。

是故，遵"王法"者，庶几可保性命无虞；循"王道"者，抑或可达威权之巅。

然，"法"之所使取决"王"者喜怒哀乐；"道"之所行全赖"王"者秉性善恶。

中国封建文人承袭乃祖"学而优则仕"教诲，毕生"克己复礼"谨遵"为臣"之心，绝无"纵欲违礼"僭越"为王"邪念。十年寒窗只为"学成文武艺，售与帝王家"，期待金榜题名出将入相，以遂鸿鹄之愿。然此"心"虽日月可鉴，而此"行"则吉凶难料。

实现人生抱负，既需赖以攀高之梯，更需足可依靠之墙。故"良禽择木而栖，良臣择主而事"为文人入仕之必然选择。倘有幸恰遇圣主适逢明时，则"为臣"之愿有望天成；若不幸侍从昏君遭逢乱世，则吉凶祸福实难逆料。

文人仕途前程能否天遂人愿，于功成名就后全身而终，明时圣主固然为要，而"为臣"者能否始终如一把持自我，时时如临深渊如履薄冰谨遵"王道"，实为最根本因素。

大凡文人初入仕，皆能"畏君如虎"，顺意"王道"。其为政也，恪勤恪谨，殚精竭虑，夙兴夜寐，鞠躬尽瘁；其为人也，严于修身，谦恭有度，尊老礼贤，虚怀若谷。及至其为官日久，功业有成，乃至圣眷优渥，或愈益谨言慎行临深履薄；或忘乎所以颐指气使。若能言犹在耳独善其身，则有望"凡诸爵赏，同指山河"；倘"功高震主"而不善"慎独"者，其祸已不远矣！

战国时齐国名相管仲，尝与好友鲍叔牙分别辅佐公子纠与公子小白。齐国内乱爆发，二人各自陪同主子分别由鲁、莒两国赶赴齐国争夺君位。途中，为遏制小白抢先，管仲曾以箭企图射杀小白。待小白即位后，鲍叔牙以管仲治国能力远在自己之上而向齐桓公小白力荐其为相，称其能"宽以从政，惠以爱民；治理江山，权术安稳；取信于民，深得民心；制定礼仪，风化天下；整治军队，勇敢善战。"桓公遂听从鲍叔牙劝谏，捐释射钩前嫌，任管仲为相，并按照管仲治国称霸之道治理齐国，终于成为"春秋五霸"之首。管仲亦赖桓公信任，完全实现政治夙愿，并将理政经验著成《管子》，成为后人治国理政之经典。

此为君臣相惜主明臣贤，相辅相成相得益彰之典范。

西汉文帝时太子家令晁错，实为一代大政治家、文学家。景帝即位后，对其信任有加，迁御史大夫位列三公。晁错遂辅佐景帝，实行"重农抑商"政策，纳粟受爵，振兴经济；采取"移民实边"战略，募民充实边塞，有效抵御匈奴攻掠。尤其政治上进言削藩，称"今削之亦反，不削亦反。削之，其反亟，祸小；不削之，其反迟，祸大。"[1]实为根绝西汉隐患之举措。因"疏直激切，尽所欲言"激怒诸侯，更因景帝昏聩懦弱而遭腰斩于市。

战国初期，七雄中秦国社会经济发展落后于齐、楚、燕、赵、魏、韩六国。为增强秦

---

[1]东汉·班固《汉书·吴王刘濞传》。

国实力，于诸侯争霸中战胜六国，统一全国，秦孝公即位后，决心实施改革，变法图强。遂下令招贤，大力引进人才。魏国人商鞅应招入秦，辅佐孝公提出废井田、重农桑、奖军功、统一度量、建立县制等一整套变法策略。经过变法，秦国经济发展，军力提升，一跃而为战国后期诸侯国中最强者。

然因变法措施严苛，触犯贵族利益，遂遭其群体反对。此时，孝公去世，惠文王即位，商鞅失去强力支持者，终遭"车裂"之刑。

清末湖广总督林则徐奉旨于广州禁烟，以"若鸦片一日不绝，本大人一日不回，誓与此事相始终，断无中止之理"之决心，挫败英国鸦片贩子狡辩与朝中奸臣阻挠，于虎门海滩当众销毁鸦片近 2 万箱。旋因奸臣诬陷与道光帝懦弱昏聩而"从重发往新疆伊犁，效力赎罪。"

可见，文人实现鸿鹄之志，既需明君信赖支持，亦需个人于波诡云谲中善于斡旋平衡。否则，结局必定会是顾此失彼，折戟沉沙。若求全美，真如"蜀道难，难于上青天"！

李斯——一生盛誉一朝毁　应罪儿时结鼠缘

秦王朝丞相李斯①青年时专门师从荀子学习帝王之术，属于中国封建历史上科班政治家。

李斯"年少时，为郡小吏。见吏舍厕中鼠食不絜，近人犬，数惊恐之。斯入仓，观仓中鼠，食积粟，居大庑之下，不见人犬之忧。于是李斯乃叹曰：'人之贤不肖譬如鼠矣，在所自处耳！'"②遂由是悟道：人之才智本无极端高下区别，富贵与贫贱、显尊与窘迫，全赖机会与环境。故其灵魂深处形成誓做"仓中鼠"，不为"厕中鼠"之"老鼠哲学"思想，并终生信奉此说，直至人生终点。李斯虽出身平民，却自少怀揣积极进取之心。战国末期，诸侯割据兼并逐鹿中原，天下大势风云际会，为胸怀匡扶济世之志草根阶层者打开入仕通道。李斯遂辞去小吏，赴齐国拜荀卿为师，学习帝王之术。先秦诸子百家思想学说中，荀子思想尤近似法家主张，属专门研究如何治理国家之学问，即所谓"帝王之术"者是也。

学业完成之后，李斯将各国情况予以认真分析比较，遂决定赴秦国求进。进入秦国，李斯因学问深邃而很快得到秦相吕不韦器重，虽初授小官之职，却拥有接近秦王之机会。某日，李斯谓秦王道："胥人者，去其几也。成大功者，在因瑕衅而遂忍之。昔者秦穆公

---

①李斯（约公元前 284—前 208 年），字通古，战国末期楚国上蔡（今河南上蔡）人，秦代著名政治家、文学家和书法家。

②西汉·司马迁《史记·李斯列传》。

之霸，终不东并六国者，何也？诸侯尚众，周德未衰，故五伯迭兴，更尊周室。自秦孝公以来，周室衰微，诸侯相兼，关东为六国，秦之乘胜役诸侯，盖六世矣。今诸侯服秦，譬若郡县。夫以秦之强，大王之贤，由灶上骚除，足以灭诸侯，成帝业，为天下一统，此万世之一时也。今怠而不急就，诸侯复强，相聚约从，虽有黄帝之贤，不能并也。"① 并进而陈述离间各国君臣之具体计谋，遂得秦王赏识，被提拔为长史。旋因收买、贿赂，离间六国君臣计策收到显著效果，被封为客卿。

李斯"帝王之术"实践初见成效，激励秦王雄心勃勃，下决心统一六国。韩国因惧秦国势力日盛，遂于秦王政十年（前 237 年）派水工郑国赴秦鼓动修建水渠，目的在于削弱秦国人力物力，牵制秦之继续东进蚕食。与此同时，东方各国亦纷纷派遣间谍赴秦国为宾客，意在扰乱视听，离间秦国君臣关系。秦国本土大臣遂于外来客卿议论颇巨，宗室上疏谏秦王道："'诸侯人来事秦者，大抵为其主游间于秦耳，请一切逐客。'李斯议亦在逐中。"②

为能继续留驻秦国实现个人政治梦想，李斯遂上《谏逐客书》一道，劝谏秦王不宜逐客。其中言道：

> 臣闻吏议逐客，窃以为过矣。昔穆公求士，西取由余于戎，东得百里奚于宛，迎蹇叔于宋，来丕豹、公孙支于晋。此五子者，不产于秦，而穆公用之，并国二十，遂霸西戎。孝公用商鞅之法，移风易俗，民以殷盛，国以富强，百姓乐用，诸侯亲服，获楚、魏之师，举地千里，至今治强。惠王用张仪之计，拔三川之地，西并巴、蜀，北收上郡，南取汉中，包九夷，制鄢、郢，东据成皋之险，割膏腴之壤，遂散六国之从，使之西面事秦，功施到今。昭王得范睢，废穰侯，逐华阳，强公室，杜私门，蚕食诸侯，使秦成帝业。此四君者，皆以客之功。由此观之，客何负于秦哉？向使四君却客而不内，疏士不用，是使国无富利之实，而秦无强大之名也。

> 今陛下致昆山之玉，有随和之宝，垂明月之珠，服太阿之剑，乘纤离之马，建翠凤之旗，树灵鼍之鼓。此数宝者，秦不生一焉，而陛下说之，何也？必秦国之所生然后可，则是夜光之璧，不饰朝廷；犀、象之器，不为玩好；郑、卫之女，不充后宫；而骏良，不实外厩；江南金锡不为用，西蜀丹青不为采。所以饰后宫、充下陈、娱心意、悦耳目者，必出于秦然后可，则是宛珠之簪、傅玑之珥、阿缟之衣、锦绣之饰，不进于前；而随俗雅化、佳冶窈窕，赵女不立于侧也。夫击瓮叩缶，弹筝搏髀，而歌呼呜呜，快耳目者，真秦之声也。《郑》《卫》桑间，《昭》《虞》《武象》者，异国之乐也。今弃击瓮叩缶而就《郑》《卫》，退弹筝而取《昭》《虞》，若是者何也？快意当前，适观而已矣。今取人则不然，不问可否，不论曲直，非秦者去，为客者逐。然则是所重者，在乎色乐珠玉；而所轻者，在乎人民也。此非所以跨海内，制诸侯之术也。

---

①西汉·司马迁《史记·李斯列传》。
②西汉·司马迁《史记·李斯列传》。

　　臣闻地广者粟多，国大者人众，兵强则士勇。是以太山不让土壤，故能成其大；河海不择细流，故能就其深；王者不却众庶，故能明其德。是以地无四方，民无异国，四时充美，鬼神降福，此五帝、三王之所以无敌也。今乃弃黔首以资敌国，却宾客以业诸侯，使天下之士，退而不敢西向，裹足不入秦，此所谓借寇兵而赍盗粮者也。

　　夫物不产于秦，可宝者多；士不产于秦，而愿忠者众。今逐客以资敌国，损民以益雠，内自虚而外树怨于诸侯，求国无危，不可得也。

　　秦王嬴政无愧一代英才，其阅《谏逐客书》茅塞顿开，遂果断采纳李斯建议，立即取消逐客令，"复李斯官，卒用其计谋。官至廷尉。二十余年，竟并天下，尊主为皇帝，以斯为丞相。夷郡县城，销其兵刃，示不复用。使秦无尺土之封，不立子弟为王、功臣为诸侯者，使后无战攻之患。"①秦王之信任与器重，终为李斯提供了发挥才能之平台，亦使其拥有实现政治抱负之机遇。秦国于战国末期七雄中最终脱颖而出，实现横扫六合统一天下开创中国封建专制之伟业，皆李斯之功业。然李斯所以能于诸侯兼并战争中运筹帷幄剪灭群雄，完成四海为一之宏伟理想，亦与秦王嬴政之充分信任密不可分。嬴政与李斯，确为中国封建史上第一对珠联璧合之政治搭档。

　　倘若仅就功业而言，李斯当属中国文人中最成功政治家，后世文人难有可与之相伯仲者。

　　然于道德人品与人生结局观之，李斯令人叹惋之处亦颇多。

　　其人生结局尤其悲惨。当其运筹帷幄叱咤风云时，得秦王嬴政信赖支持，几乎所有政治谋略皆能长袖善舞得心应手得以实现，可谓"打遍天下无敌手"。然一旦失去政治靠山，其境况即一落千丈。

　　历史上任何一次社会大变革或大改革，虽于后世抑或影响深远福泽绵绵，然其对当时既得利益阶层会带来巨大损失。故受损于改革者皆咬牙切齿恨之入骨。李斯纵横捭阖叱咤风云时，地位业绩如日中天，可于秦国无所顾忌呼风唤雨。然其功成名就时，却邊失政治依靠，遂成孤家寡人。前209年，中国历史上第一位封建皇帝秦王嬴政于巡幸途中猝然病故，李斯之厄运随之旋踵而至。其时，不特六国遗民因亡国之故而衔怨含恨，秦国朝野望其速死者亦环堵皆是。

　　宦官赵高与李斯同时拥有权势，其势之炽烈，可于朝堂之上"指鹿为马"。赵高原本为赵国君主远方本家，出身贵族，因犯罪被施以宫刑，失去男人根本，遂入宫为太监。秦王政二十五年（前222年），赵国为秦国灭亡，赵高成为战利品被掳往秦国。始皇帝闻言其身强力大，且精通法律，遂提拔为中车府令掌皇帝车舆，并令其为少子胡亥判案断狱老师。赵高善于观言察色逢迎献媚，旋即博得秦始皇与胡亥之赏识信任。

　　赵高由小小宦官起家，依仗二世胡亥对其之宠信，于朝中翻云覆雨助纣为虐，将其暴虐统治推向顶峰，最终成为加速秦王朝灭亡之助力器。

　　───────────

　　①西汉·司马迁《史记·李斯列传》。

　　始皇三十七年（前210年）六月，秦始皇于第五次出巡途中病倒。其虽君临天下，毕生寻求长生不老秘方，且"恶言死"，却仍然无法抗拒生命运行之自然规律。随着病势逐日加重，始皇帝深知立储为当务之事。其虽尤其偏爱小儿胡亥，然胡亥昏庸无能，绝非治国理政之器。长子扶苏虽屡屡与己政见不合，但其为人"刚毅而武勇，信人而奋士"，加之有大将蒙恬辅佐，无疑会成一位贤能君王。况且，按封建宗法嫡长子继承制度，皇帝之位理应传于扶苏。然，此时扶苏正于上郡监军，并未随侍身边。始皇遂召来兼管皇帝符玺与发布命令诸事之宦官赵高，令其代拟诏书，命长子扶苏将军事托付蒙恬，火速赶回咸阳主持丧事。岂料赵高老奸巨猾，早已预谋扶持学生胡亥登基。故其表面上敷衍允诺，暗中却将遗诏扣压下来。

　　是年七月丙寅，秦始皇驾崩于沙丘平台（今河北广宗西北太平台）。丞相李斯鉴于皇上死于宫外而太子未确立，惧怕天下人知其真相而揭竿作乱，尤其担心诸多皇子争夺皇位，遂严密封锁消息，将棺材置于辒辌车①内，令巡幸队伍所经之处，进献食物、百官奏事一切如故。故，当时随行者除李斯、胡亥、赵高及少数宠幸之臣外，其余人均被蒙于鼓中，不知始皇驾崩之事。

　　斯为秦朝开国元老之一，多年追随始皇纵横疆场，佐助其统一天下，朝中地位难以撼动。赵高欲实施篡权阴谋，难以绕过丞相李斯，遂颇费一番心计笼络李斯。经深思熟虑之后，赵高径直找到李斯，有恃无恐地对其坦言："'上崩，赐长子书，与丧会咸阳而立为嗣。书未行，今上崩，未有知者也。所赐长子书及符玺皆在胡亥所，定太子在君侯与高之口耳。事将何如？'斯曰：'安得亡国之言！此非人臣所当议也！……斯奉主之诏，听天之命，何虑之可定也？……斯，上蔡闾巷布衣也，上幸擢为丞相，封为通侯，子孙皆至尊位重禄者，故将以存亡安危属臣也。岂可负哉！夫忠臣不避死而庶几，孝子不勤劳而见危，人臣各守其职而已矣。'……高曰：'盖闻圣人迁徙无常，就变而从时，见末而知本，观指而睹归。物固有之，安得常法哉！方今天下之权命悬于胡亥，高能得志焉。且夫从外制中谓之惑，从下制上谓之贼。故秋霜降者草花落，水摇动者万物作，此必然之效也。君何见之晚？……君听臣之计，即长有封侯，世世称孤，必有乔松之寿，孔、墨之智。今释此而不从，祸及子孙，足以为寒心。善者因祸为福，君何处焉？'斯乃仰天而叹，垂泪太息曰：'嗟乎！独遭乱世，既以不能死，安托命哉！'"②

　　赵高篡诏改立阴谋图穷匕见，李斯大惊失色之余，尝义正辞严断然予以拒绝。然，禁不起赵高巧言善辩陈以利害，经仔细权衡个人利害之后，其终于相与为谋，假托始皇之命，立胡亥为太子。又伪拟诏书送往上郡，以"不忠不孝"罪名赐公子扶苏与大将蒙恬自裁。

　　扶立胡亥篡位成功之后，赵高篡据朝中生杀大权，一场魂号鬼哭惨无人道之屠杀随之拉开序幕。

　　杀死蒙恬、蒙毅等朝中功臣之后，赵高遂将谋杀矛头转向秦朝宗室，于咸阳一次杀掉

---

①古代乘者可以睡卧之车，有窗户，闭之则温，开之则凉，后亦用作丧车。

②西汉·司马迁《史记·李斯列传》。

胡亥兄弟 12 人，将 10 名公主碾死于杜邮（今陕西咸阳市东）。朝野政治隐患清除殆尽后，赵高与胡亥开始密谋摧毁最后堡垒李斯。

秦二世二年（前 208 年）七月，经过一系列精心策划，赵高终于为腰斩李斯罗织好充足罪名。李斯被押送刑场时，虽然悔恨交加，却为时已晚，一切均已不可逆转，其唯有仰天喟叹，别无选择矣。

李斯人生结局虽然令人扼腕，然其依然不失为历史上幸运之政治家。"秦始皇出世，李斯相之，天崩地坼，掀翻一个世界。"[①]作为中国第一个封建王朝之开创者与建设者，其政治抱负有幸得以基本实现，且诸多措施不仅于当时，尤其于中国后世产生巨大而深远影响。

首先为废除分封制。鉴于周朝建立之后实施分封制，使诸侯之间互相视为仇敌，经常发生战争，中央政权最终失去宏观调控能力，天下纷乱，人民遭殃。李斯建议秦始皇，将全国分为三十六郡，郡以下为县，有利于政权统治。如此中央集权制度，根本上铲除诸侯王分裂割据祸根，于巩固国家统一，促进社会发展产生积极作用。

其次为统一文字。前 221 年，秦始皇接受李斯"书同文字"建议，命令全国禁用各诸侯国古文字，一律以秦篆为统一书体。李斯奉始皇之命，研究创立小篆字样，亲自创作《仓颉篇》，以为学习课本，供人临摹。旋，李斯采用秦代程邈创造之书体，打破篆书曲屈回环形体结构，形成新书体－－隶书。由是，隶书作为官方正式书体，始于秦，盛于汉，直至魏晋楷书流行方被取而代之。然因篆书、隶书风格独特别致，深受后人喜爱，遂成书法艺术之一类。中国书法四大书体真、草、隶、篆，隶、篆占其半壁江山，全赖李斯创造之功劳。

再次则为统一度量衡。秦朝建立后，为促进新王朝经济交流与发展，李斯上奏皇帝，建议废除六国旧制，将度量衡由混乱状况明确统一起来。度制以寸、尺、丈为单位，采用十进制计数；量制则以合、升、斗、桶为单位，亦采用十进制计算；衡制则以铢、两、斤、钧、石为单位，二十四铢为一两，十六两为一斤，三十斤为一钧，四钧为一石固定下来。为有效统一制式、划一器具，又从制度、法律上采取措施，以保证度量衡精确实施。数千年来，无论朝代如何更迭，此种计量方法从无更改，生活当中至今依然可见其身影。

四为统一货币。始皇三十七年（前 210 年），李斯上疏始皇帝：废除秦以外通行之六国货币，统一国内货币。此举于后世影响颇大。律令规定货币以黄金为上币，以镒为单位，每镒重二十四两，以铜半两钱为下币，万铜钱折合一镒黄金。严令珠、玉、龟、贝、银、锡不得以货币形式流通。货币铸造权归国家所有，私人不得铸币，违者严惩不贷。此举实属世界经济史上一大创举。

五为修驰道车同轨。为确保政令畅通、物资交流便利，李斯建议令全国车轨统一，并于全国范围内修筑驰道。秦朝遂以京师咸阳为中心，先后修建驰道两条，一条东向通达燕、齐地区（今河北、山东一带），一条南向直达吴楚旧地（今湖北、湖南、江苏、浙江

---

①明·李贽《史纲评要·后秦记》。

等地）。驰道一律宽50步，道旁每三丈植青松一株。旋又筑"直道""五尺道""新道"，以便利中原与西南地区交通。全国以咸阳为中心形成四通八达之交通网。为与道路配套，保证车辆畅行无阻，规定车轨统一宽度为六尺。

"秦之文章，李斯一人而已"，"然于文字，则有殊勋"，尤其书法"小篆入神，大篆入妙"①，堪称书法鼻祖。然，李斯作为文人，则为实现其政治抱负而建议秦始皇"焚书坑儒"，对中国文人乃至中国文化犯下难以饶恕罪之过。

始皇三十四年（前213年），以博士淳于越为代表之儒家思想与以李斯为代表之法家思想于政治层面产生对抗。李斯认为，鉴于时代变化，五帝三代治国之法亦不尽相同，后世亦不宜完全效法三代之法。儒学以古非今，搅乱民心，不利统一天下言行，必须禁止，否则将会影响政局稳定，有损皇帝权威。其将一切影响统治之现象均归罪为读书所致，建议秦始皇下令焚书。始皇帝遂下令焚烧史以外非博士（掌管古今文史典籍之官）所藏诗、书及百家语，仅留下医药、卜筮、种树之书。中国文化遂遭受有史以来第一次巨大损失。

李斯青年时虽师从荀子学习"帝王之术"，然其事秦却从未实行荀卿之学，主要根源在于"老鼠哲学"思想令其善于趋时，媚君邀宠，以保持权势地位。故其一生成于斯，亦败于斯。"君子之仕也，进不隐贤；人之仕也，无论所学识非也，即有学识甚当，见其君国行事，悖谬无义，疾首频蹙于私家之居，而矜夸导誉于朝庭之上，知其不义而劝为之者，谓天下将谅我之无可奈何于吾君，而不吾罪也，知其将丧国家而为之者，谓当吾身容可以免也。且夫小人虽明知世之将乱，而终不以易目前之富贵，而以富贵之谋，贻天下之乱，固有终身安享荣乐，祸遗后人，而彼宴然无与者矣。嗟乎！秦未亡而斯先被五刑夷三族也，其天之诛恶人，亦有时而信也邪！"②"智者千虑必有一失"，信乎！

呜呼，倘当年沙丘之谋斯不贪求一时私利，何至于落得日后腰斩弃市？遥想其当年纵横捭阖叱咤风云，荡灭战国六雄如刈草卷席，故一世之雄也。然"千古一相"终成无根阉宦与纨绔乳子砧板鱼肉，身首异处为后人笑者，何也？实为利令智昏也！

王安石——春风又绿江南岸　明月何时照我还

中国历史上著名改革家中可与商鞅、晁错齐肩者，抑或非北宋名相王安石③莫属。
王安石出身于临江军（今江西樟树）地方官僚家庭，自幼聪颖，读书有过目不忘之

---

① 鲁迅《汉文学史纲要》。

② 清·姚鼐《惜抱轩诗文集》。

③ 王安石（1021—1086年），字介甫，号半山，临川（今江西抚州市）人，北宋著名思想家、政治家、文学家、改革家。

才。其自幼随父宦游南北各地，不仅视野开阔，社会阅历大长，且亲眼目睹百姓生活之艰辛，于宋王朝"积贫""积弱"状况早有感性认识，青年时遂立下"矫世变俗"之志。

宋仁宗庆历二年（1042 年）三月，王安石以弱冠之年进士及第，初授淮南节度判官，旋调任鄞县（今浙江宁波市）。其于官场，为人正直，执法严明，能以为百姓解难谋利为己责。曾于任所组织民工修堤堰，挖陂塘，改善农田水利灌溉，便利交通。倘遇青黄不接年馑，会将官库储粮低息贷给农户，解决百姓渡荒困难。仁宗皇祐三年（1051 年），王安石任舒州通判，颇有政绩，宰相文彦博推荐其为群牧判官，出任常州知州、江东刑狱提典。

嘉祐三年（1058 年），王安石改任度支判官，旋上疏仁宗皇帝，对官制、科举及奢靡无节之颓败风气作深刻揭露，要求对宋初以来法度进行全盘改革，扭转积贫积弱局势；请求改革政治，加强边防，以求其能"合于当世之变"；提出"收天下之财，以供天下之费"理财原则。其以为，变法之先决条件在于培养人才，故主张废除科举，从"乡党"选拔官吏。为说服皇帝与群臣，遂以晋武帝司马炎、唐玄宗李隆基等人只图"逸豫"，不求改革，终于覆灭之事实为例，大声疾呼"以古准今，则天下安危治乱尚可以有为，有为之时莫急于今日"[1]。不然，汉亡于黄巾，唐亡于黄巢之历史必将重演，宋王朝亦必将走上覆灭道路。封建士大夫亦将治国太平厚望寄托于王安石，期待其能早日登台执政。然，王安石一系列改革建议并未引起朝廷重视。旋，朝廷任命其入直集贤院，同修起居注。王安石不愿任此闲职，固辞不就，遂改任知制诰，替皇帝起草诏令文告，纠察在京刑狱。旋因其言忤旨意，难以在朝为官，于嘉祐八年（1063 年）八月以母病为由辞官回江宁守丧。英宗即位后，虽屡召王安石赴京，却均以服母丧与患病为由，恳辞入朝。

1067 年，神宗赵顼初继位，起用王安石为江宁知府，旋即诏为翰林学士兼侍讲。王安石以翰林学士侍从之臣身份，与青年神宗议论治国之道，深得新帝赏识。为摆脱宋王朝面临之政治、经济危机及辽、西夏不断侵扰之困境，神宗于 1068 年召王安石"越次入对"，上书变法主张。熙宁二年（1069 年），神宗擢拔王安石为参知政事，其后两度任同中书门下平章事，推行新法。为指导变法实施，朝廷专门设立三司制置条例司，物色一批拥护变法之官员参与制定新法。

自熙宁三年（1070 年）起，王安石于全国范围内推行新法，开始大规模改革运动。所行新法者，其于财政有均输法、青苗法、市易法、免役法、方田均税法、农田水利法；于军事有置将法、保甲法、保马法等。同时，为推行新法培育人才，王安石又上疏神宗，提请朝廷改革科举制度。认为"以诗赋记诵求天下之士，而无学校养成之法；以科名资历叙朝廷之位，而无官司课试之方，监司无检察之人，守将非选择之吏，转徙之亟，既难于考绩；而游谈之众，因得以乱真。交私养望者，多得显官；独立营职者，或见排沮。故上下偷惰取容而已，虽有能者在职，亦无以异于庸人。"[2]王安石尚亲自撰写《周礼义》《书义》《诗义》即所谓《三经新义》，为各级学校教育改革提供新教材。

---

①北宋·王安石《上仁宗皇帝言事书》。

②北宋·王安石《临川先生文集》。

王安石一系列改革措施，使地主豪商残酷剥削农民情形有所遏制，农田水利事业得以发展，国家财政状况明显改善，军事力量迅速得到提高。由是，王安石曾被列宁称为"中国十一世纪的改革家"，毛泽东也称赞"王安石最可贵之处在于他提出了'人言不足恤'的思想。"

此次改革史称"熙宁变法"。变法使朝廷宏观调控经济能力得以提高，商品贸易为国家垄断，官僚、大地主、商人既得利益均遭抑制，社会原有秩序革故鼎新，因而遭保守派激烈反对，特别遭遇曹太后、高太后顽固阻梗。加之改革派于实施过程中急功近利，诸多官吏借机敲诈盘剥中饱私囊，使普通农民利益亦受到损害。作为改革领导者，王安石施政手段强硬，处事方式亦过于偏激，不同反对派遭到无情打击，即使思想保守之贤良大臣上书直谏变法危害，亦遭其罢黜、贬官、流放，导致税吏愈益恣意妄为、胆大包天。此类情形愈演愈烈，致使改革实际效果与主观设想相去甚远，王安石遂处于"众疑群谤"之中。神宗迫于皇亲贵戚与反对新法大臣之压力，于1074年4月接受王安石辞去相位，再任江宁知府。次年，神宗虽又起用王安石为相，然因新法派内部分裂及保守派挑拨离间，其实际上已难有任何作为。熙宁九年（1076年）十月，王安石再次罢相，出任江南签判，次年隐退江宁，过起闲居生活。

王安石执政之所以能敢作敢为，矢志改革，与其进步哲学思想有关。其将"新故相除"视为自然界发展变化之规律，从而树立"天命不足畏，众言不足从，祖宗之法不足用"之大无畏精神。

"熙宁变法"目的在于富国强兵，借以扭转北宋积贫积弱局势，巩固地主阶级统治。王安石明确提出理财为宰相理政头等大事，阐释政事与理财之关系为："今所以未举事者，凡以财不足故，故臣以理财为方今先急"，"政事所以理财，理财乃所谓义也"。尤为重要者为，其于执政前即认为，唯有强力发展生产，方能彻底解决国家财政问题："因天下之力以生天下之财，取天下之财以供天下之费。"执政以后，王安石继续发挥了他的这一见解。他指出："理财以农事为急，农以去其疾苦、抑兼并、便趋农为急。"[①]"熙宁变法"措施中，王安石将发展生产作为当务之急置于头等重要位置。其认为，倘要发展生产，首务为"去（劳动者）疾苦、抑兼并、便趣农"，尽力将劳动者积极性调动起来，使游手好闲者亦能返回生产一线躬耕劳作。农作物收成好坏，取决于人而非决定于天。要达此目的，国家政权需制定相应方针政策，于全国范围进行自上而下之彻底改革。王安石虽然强调国家政权于改革中之领导作用，然其并不赞成国家过多干预社会生产与经济生活，反对设立过多专利征榷，提出并坚持"榷法不宜太多"之主张与做法。基于上述思想指导，变法派制定实施了诸如农田水利、青苗、免役、均输、市易、免行钱、矿税抽分制等一系列新法，于农业、手工业、商业，凡乡村、城市，广泛展开社会改革。与此同时，变法派尚通过改革军事制度，以提高军队素质与战斗力。

1086年，哲宗赵煦即位，是年仅10岁，朝政遂由保守派靠山太皇太后高氏掌控。高

---

①北宋·李焘《续资治通鉴长编·卷220》。

氏临朝听政，启用变法反对派领袖司马光为相，多数新法被废，改革派遭受沉重打击。

哲宗元祐二年（1087年），王安石于忧愤与遗恨中去世，享年65岁，葬于江宁半山园。王安石晚年封荆国公，世称王荆公、王文公、临川先生。死后被追封为"太傅"；绍圣年间赐谥号为"文"，配享神宗庙庭；徽宗时，又配享文宣王庙。

王安石不特为杰出政治家、思想家，同时亦为卓越文学家。为实现政治理想，其将文学创作与政治活动密切联系起来，强调文学之作用首先在于为社会服务，重视文章之现实功能与社会效果，主张文道合一。其散文大致贯彻此一文学主张，所作多为有关政令教化、适于世用之文。王安石反对西昆派杨亿、刘筠等人空泛靡弱文风，认为"所谓文者，务为有补于世而已矣。所谓辞者，犹器之有刻镂绘画也。诚使巧且华，不必适用；诚使适用，亦不必巧且华。要之以适用为本，以刻镂绘画为之容也。"[1]因其始终以"务为有补于世"之"适用"观点为文学创作之根本，故其作品致力揭露时弊，反映社会矛盾，具有浓厚政治色彩。

王安石散文雄健简练、奇崛峭拔，大都为书、表、记、序等体式论说文，旨在阐述政治见解与主张，为变法革新服务。此类文章针对时政或社会问题，观点鲜明，分析深刻，长篇则横铺而不力单，短篇则纡折而不味薄。"唐宋八大家"有其一席之地，即因其政论文突出。王安石驾驭语言之能力非常强，语言简练明快，却无害于笔力雄健。故其文以折为峭而浑灏流转，词简而意无不到。《答司马谏议书》即为此类政论散文之代表作：

> 某启：昨日蒙教，窃以为与君实游处相好之日久，而议事每不合，所操之术多异故也。虽欲强聒，终必不蒙见察，故略上报，不复一一自辨。重念蒙君实视遇厚，于反复不宜卤莽，故今具道所以，冀君实或见恕也。
>
> 盖儒者所争，尤在名实，名实已明，而天下之理得矣。今君实所以见教者，以为侵官、生事、征利、拒谏，以致天下怨谤也。某则以谓：受命于人主，议法度而修之于朝廷，以授之于有司，不为侵官；举先王之政，以兴利除弊，不为生事；为天下理财，不为征利；辟邪说，难壬人，不为拒谏。至于怨诽之多，则固前知其如此也。人习于苟且非一日，士大夫多以不恤国事、同俗自媚于众为善，上乃欲变此，而某不量敌之众寡，欲出力助上以抗之，则众何为而不汹汹然？盘庚之迁，胥怨者民也，非特朝廷士大夫而已。盘庚不为怨者故改其度，度义而后动，是而不见可悔故也。如君实责我以在位久，未能助上大有为，以膏泽斯民，则某知罪矣；如曰今日当一切不事事，守前所为而已，则非某之所敢知。
>
> 无由会晤，不任区区向往之至。

该文以数百字精短篇幅，针对司马光指责新法为侵官、生事、征利、拒谏四事，严加剖驳，短小精悍，言简意赅，措词得体，体现了作者刚毅果断坚持原则之政治家风度。安石政论文，无论长篇抑或短制，结构均以谨严见长，主意超卓，说理透彻，语言朴素精

---

[1]北宋·王安石《上人书》。

练，"只用一二语，便可扫却他人数大段"①，具有极强概括性与逻辑力量。如此艺术风格运用于小品文创作，亦使作品相当脍炙人口：

> 金溪民方仲永，世隶耕。仲永生五年，未尝识书具，忽啼求之。父异焉，借旁近与之，即书诗四句，并自为其名。其诗以养父母、收族为意，传一乡秀才观之。自是指物作诗立就，其文理皆有可观者。邑人奇之，稍稍宾客其父，或以钱币乞之。父利其然也，日扳仲永环谒于邑人，不使学。

> 余闻之也久。明道中，从先人还家，于舅家见之，十二三矣。令作诗，不能称前时之闻。又七年，还自扬州，复到舅家问焉，曰"泯然众人矣。"

> 王子曰：仲永之通悟，受之天也。其受之天也，贤于材人远矣。卒之为众人，则其受于人者不至也。彼其受之天也，如此其贤也，不受之人，且为众人；今夫不受之天，固众人，又不受之人，得为众人而已耶？

> (《伤仲永》)

作者评价人物，笔力劲健，文风峭刻，富有感情色彩，给人以显豁与新鲜感觉。

王安石诗歌创作大致可以罢相（1076 年左右）划界而分为前、后期，内容与风格上区别尤其明显。"荆公少以意气自许，故诗语惟其所向，不复更为涵蓄……后为群牧羊官，从宋次道尽假唐人诗集，博观而约取，晚年始尽深婉不迫之趣。"②其前期诗歌长于说理，倾向性十分鲜明，涉及诸多重大而尖锐社会问题，尤其关注下层百姓痛苦，为之迸发不平之声：

> 贱子昔在野，心哀此黔首。
>
> 丰年不饱食，水旱尚何有。
>
> 虽无剽盗起，万一且不久。
>
> 特愁吏之为，十室灾八九。
>
> 原田败粟麦，欲诉嗟无赇。
>
> 间关幸见省，笞扑随其后。
>
> 况是交冬春，老弱就僵仆。
>
> 州家闭仓庾，县吏鞭租负。
>
> 乡邻铢两徵，坐逮空南亩。
>
> 取赀官一毫，奸桀已云富。
>
> 彼昏方怡然，自谓民父母。
>
> 揭来佐荒郡，标標常惭疚。
>
> 昔之心所哀，今也执其咎。

---

① 清·刘熙载《艺概·文概》。
② 北宋·叶梦得《石林诗话》。

乘田圣所勉，况乃余之陋。

内讼敢不勤，同忧在僚友。

（《感事》）

此类作品从政治、经济、军事等方面描写揭示宋代国势之积弱或内政之腐败，指出大地主、大商人兼并土地于国家人民之危害。

王安石后期多于江宁隐居，故其诗歌创作明显发生变化。因政治失意心情郁闷，其遂流连寄情于山水田园中，使其创作题材与内容均比较狭窄。其以大量写景诗、咏物诗取代前期政治诗位置，重在抒发闲适恬淡情趣，然艺术表现"雅丽精绝，脱去流俗，每讽味之，便沉沉潆生牙颊间"，[1]却愈益臻于圆熟。《泊船瓜洲》最能体现作者此时心境与艺术境界：

京口瓜洲一水间，钟山只隔数重山。

春风又绿江南岸，明月何时照我还？

作者写景抒情观察细致，精工巧丽，意境幽远清新，歌颂热爱自然美之情跃然纸上，历来为人们所传诵。

从文学角度总观王安石作品，无论诗、文、词均有杰出成就。北宋中期开展之诗文革新运动，于其笔下得到有力推动，对扫除宋初风靡一时之浮华余风具有突出贡献。然，王安石之文学主张过于强调"实用"，故其不甚重视艺术形式之作用，诗文议论说理成分往往过重，瘦硬而缺少形象性与韵味，部分诗篇亦论禅说佛，晦涩干枯。

然，王安石于中国古代政治、军事、文学、哲学、财政等诸领域，无论如何均不失为大家。毋庸置疑，中国封建历史苍穹中闪耀之璀璨明星，自然有一颗当属于王安石。

岳飞——壮志饥餐胡虏肉　笑谈渴饮匈奴血

"青山有幸埋忠骨，白铁无辜铸佞臣。"[2]这句镌刻于杭州岳王庙秦桧跪像背后岳飞墓阙上之楹联，为青山贺幸，为白铁叹惋，将后人对英雄岳飞[3]之崇敬与对奸臣秦桧之诅咒，表现得既雅致又贴切。

岳飞出生于汤阴县自耕农家庭，父亲岳和为人淳朴善良，尚义气，遇有饥馑荒年，常

---

① 北宋·陈师道《后山诗话》。

② 清·袁枚《谒岳王墓》。

③ 岳飞（1103—1142年），字鹏举，相州汤阴县（今河南汤阴县）人，宋代著名军事家、战略家。

节减饮食，以救困济危。岳飞幼年受父母嘉德熏陶，一直秉承勤俭节约宽善待人之家风。传说岳飞出生时，有大禽若鹄，飞鸣室上，故父母为其取名"飞"，字"鹏举"。少年岳飞为人沉厚寡言，常负气节，喜读《左氏春秋》《孙子兵法》等书。岳飞生有神力，曾拜周侗为师，学习骑射，能左右开弓。周侗病故后，飞每初一、十五均亲诣坟上祭奠。旋又拜陈广为师，习刀枪之法，其武功"一县无敌"，未满20岁即可挽弓三百宋斤，开腰弩八石，"时人奇之"。

宋徽宗宣和四年（1122年），童贯、蔡攸兵败于契丹，河北宣抚司刘韐于真定府（今河北正定县）招募"敢战士"以御辽。岳飞应募，经选拔为"敢战士"分队长。年届20岁之岳飞自此开始军戎生涯。贼寇陶俊、贾进于相州作乱，岳飞率百余骑兵请命除害，以伏兵之计生擒二贼以归。是年，父亲岳和病故，飞辞别刘韐，回汤阴为父守孝。

宣和六年（1124年），河北等路发生水灾，岳家生计艰难。为谋生计，岳飞赴河东路平定军（今山西平定县）投戎，被擢为偏校。1125年金灭辽，遂大举南侵攻宋。宋徽宗禅位于长子赵桓，是为钦宗。次年，改元"靖康"。东路金军渡过黄河包围开封，钦宗以李纲守卫京城，然终于以求和而令金退，割让太原等三镇及大批金银与金。翌年，钦宗反悔割地，两路金军于攻破太原后会合，二次南下围困开封。钦宗于求和同时，使人送蜡书命康王赵构为河北兵马大元帅，征召各路兵马以备勤王。武翼大夫刘浩负责于相州招募义士，收编溃兵。

岳飞于平定军突围归乡，曾目睹金人入侵后人民惨遭杀戮奴役情形，心中愤慨，意欲投军，然忧老母年迈及妻儿力弱，于兵乱中安全难保。岳母姚氏深明大义，为岳飞后背刺"精忠报国"四字，积极勉励其"从戎报国"。飞遂牢记母亲教诲，忍痛别离亲人，投身抗金前线。

靖康元年（1126年）冬，岳飞奉刘浩之命，率数百人骑兵小队与金兵遭遇，飞杀死敌将，击退金军。旋又于滑州南与金军遭遇，岳飞奋勇当先，以百骑杀败金军。两次小战告捷，岳飞之勇武始崭露头角。其后，刘浩部隶属宗泽，岳飞自此为宗泽部将。泽率部众进军开德府（今河南濮阳），与金军十三战，每战皆捷。岳飞英勇奋战，以军功迁为修武郎。1127年（靖康二年）二月，岳飞随军转战曹州，战斗中身先士卒，直贯敌阵，追敌数十里，因功再迁武翼郎。是年四月，金军满载金帛、珍宝，自汴京城撤出北上。徽宗、钦宗二位皇帝与皇室成员、机要大臣、百工等3000余人成为金人俘虏。史称此役为"靖康之耻"，北宋遂亡。

1127年5月，康王赵构于应天府（今河南商丘）即位，是为南宋高宗，改元"建炎"。赵构虽亦起用抗战派名臣李纲为左相，但仍对投降派黄潜善、汪伯彦等颇为器重。赵构欲采取黄潜善等避战南迁之策略，预备南行"巡幸"，拟退避至长安、襄阳、扬州等地。岳飞得知此讯后，全然不顾官卑职低，遂锥心啼血披肝沥胆上书高宗："陛下已登大宝，社稷有主，已足伐敌之谋。而勤王之师日集，彼方谓吾素弱，宜乘其怠击之。黄潜善、汪伯彦辈不能承圣意恢复，奉车驾日益南，恐不足系中原之望。臣愿陛下乘敌穴未固，亲率六军北渡，则将士作气，中原可复。"①然其耿耿丹心仅换得"小臣越职，非所宜言"八字批语，且被革除军职、军籍，逐出军营。

建炎元年（1127 年）八月，岳飞独自渡河北上，奔赴抗金前线北京大名府，第四次投军。经河北西路招抚使干办公事赵九龄推荐，岳飞得以会见"声满河朔"、正多方收揽英才抗金之招抚使张所。张所知悉岳飞遭遇后，留其于"帐前使唤"。旋因非凡见识及高超武艺而受张所赏识。先"以白身借补修武郎"，继升统领，再升为统制，分隶名将王彦麾下。然高宗、黄潜善、汪伯彦等人为向金人乞和，刻意打压朝中抗金力量。先是主战派李纲被罢相，继而张所亦因曾弹劾黄潜善而贬谪岭南，最终死于贬途。张所遭难，奉命收复卫州等地之王彦、岳飞军，亦因河北西路招抚司撤销而成孤军。

时王彦驻军卫州新乡石门山，恐势单力薄为金军所围，故谨慎出战。岳飞年少气盛，责备王彦胆怯："二帝蒙尘，贼据河朔，臣子当开道以迎乘舆。今不速战，而更观望，岂真欲附贼耶！"②遂率领部下擅自出战，攻占新乡。金军误以为王彦、岳飞军为宋军主力，遂抽调各路人马云集新乡，拟与宋军决战。王、岳军仅 7000 人，于突围中溃散。岳飞遂与王彦不和，自率部转战太行山区，其间曾多次袭击金军，生擒金将拓跋耶乌，刺死敌酋黑风大王，迫使金人暂时退却。

李纲罢相后，东京留守宗泽成为抗金中心人物。宗泽与北方民间抗金武装广泛联系，收编百万之众，积储大量粮草，遂委任王彦为"制置两河军事"。王彦命岳飞所部"赴荥河把隘"，岳飞未受命，率部南下东京开封府，再次接受宗泽领导。宗泽珍惜岳飞才干，体谅其爱国之心，即原谅其违纪之罪，留于营中听候差遣。1128 年 1 月，金军大举南侵，进犯孟州汜水关。宗泽命岳飞为踏白使，率 500 轻骑兵前往侦察。岳飞出其不意攻其无备，于汜水关一带击败金军，凯旋而归。宗泽即任命岳飞为统领，旋升为统制。

建炎二年（1128 年）春，金国分三路全军出动，宋金两军遂于东京开封及毗邻州县展开激烈拉锯战。宗泽坐镇东京留守司，虽四面受敌，仍从容调度军队部署战斗，使金军一时无力攻破开封。岳飞转战于胙城、黑龙潭、官桥等地，颇有战功。宗泽曾将用兵作战阵图授予岳飞，并嘉奖道："尔勇智材艺，虽古良将不能过。然好野战，非古法，今为偏裨尚可，他日为大将，此非万全计也。"③岳飞回答：兵家之要，在于出奇，不可测识，始能取胜。阵而后战，兵法之常，运用之妙，存乎一心。此番话使宗泽深为赞同。是时，宗泽上疏恢复大计奏章凡 24 次，均未得高宗支持，遂于古稀之年疽发于背赍恨而亡。宗泽死后，杜充继任东京留守。其人性残好杀，短于谋略，刚愎自用，竟置宗泽生前计划于不顾，北伐终告夭折。

1129 年（建炎三年）正月，岳飞奉东京留守司命令，率部由西京河南府返回开封。杜充为排斥异己，命岳飞袭击守御南、东城将领张用、王善。岳飞不愿自相残杀，婉言推辞。然杜充以军法问斩相威胁，勒令出兵。岳飞有以往擅自脱离王彦教训，无法抗命，只

---

①元·脱脱、阿鲁图撰《宋史·卷三百六十五·列传第一百二十四·岳飞传》。

②南宋·岳珂《鄂王行实编年》。

③南宋·岳珂《鄂王行实编年》。

得出战，以800人击退张、王部数万人，以功升武经大夫。旋因多次战功转武略、武德大夫，授英州刺史。

此时，南侵金军先后攻下徐州、淮阳、泗州，遂进袭扬州。时高宗甫迁扬州，得悉金军攻陷天长军（安徽天长），惊慌失措，落荒逃至杭州。五月，又移驾建康。杜充借"勤王"之名，拟脱离开封险境，前往建康。岳飞苦谏："中原地尺寸不可弃，今一举足，此地非我有，他日欲复取之，非捐数十万众不可得也。"[1]杜充不听。岳飞无奈，只得率军随之南下。开封遂于次年二月陷落。

是年秋，金军兵分多路南犯。完颜挞懒攻淮南，完颜兀术攻江南，直捣临安（杭州），企图一举灭亡南宋。旋，杜充于马家渡之战失败后降金，建康失陷。

翌年四月，岳飞归属御前右军都统制、浙西江东制置使张浚部下，收复建康。张浚欲派岳飞前往饶州，扼守江南东、西两路。但岳飞十分重视守卫建康之战略意义，遂于觐见高宗时上奏："建康为要害之地，宜选兵固守。臣以为贼若渡江，必先二浙，江东、西地僻，亦恐重兵断其归路，非所向也。臣乞益兵守淮，拱护腹心。"[2]高宗深以为是，遂改变张浚原议，赐予岳飞金带、马鞍等物。绍兴元年至三年（1131—1133年），岳飞先后平定游寇李成、张用叛乱，升任神武后军统制。高宗御书"精忠岳飞"锦旗嘉奖，旋将牛皋、董先、李道等拨归岳飞。

绍兴四年（1134年）春，岳飞上《乞复襄阳札子》，以"恢复中原，此为基本"为依据，提出收复陷于伪齐政权之襄阳六郡（襄阳府、郢、随、唐、邓等州、信阳军）。高宗以"只以收复六郡为限"批准奏议。岳飞遂率部由江州向鄂州（今湖北武汉）挺进。乘船渡江北上时，岳飞情绪昂扬，激励幕僚道："飞不擒贼帅，复旧境，不涉此江！"不足三月时间，岳飞收复襄阳六郡。高宗接闻捷报，谓参知政事胡松年道："朕虽素闻岳飞行军极有纪律，未知能破敌如此。"胡松年道："惟其有纪律，所以能破贼。"岳飞因功除清远军节度使、湖北路荆、襄、潭州制置使，成为有宋一代最年轻建节者。

襄汉之战为南宋首次收复大片失地之战役，无疑成为鼓舞北伐收复失地之兴奋剂。

岳飞旋以平杨么之功加检校少保，进封武昌郡开国公，再升荆湖北路、襄阳府路招讨使。

自杜充降金之后，岳飞即开始独立成军，坚持抗金。收复襄汉六郡后，岳家军移屯鄂州，襄汉地区为其主要防区。经数次扩编，岳飞麾下兵力至绍兴五年（1135年）时，规模已达10万左右。其部队分别编为背嵬军、前军、右军、中军、左军、后军、游奕军、踏白军、选锋军、胜捷军、破敌军、水军等12军。其中"背嵬军"为其绝对主力，"游奕"为巡回之意，"踏白"为武装侦察部队。12军由22名统制、5名统领及252名将官分别率领，其中正将、副将、准备将各84名。王贵任中军统制，张宪任前军统制，二人为岳飞副手，可代替岳飞指挥其他统制，主持岳家军事务。另外尚拥有薛弼、朱芾、李若虚、胡闳休、黄纵、于鹏、孙革等一批文官。

---

①元·脱脱、阿鲁图撰《宋史·卷三百六十五·列传第一百二十四·岳飞传》。

②南宋·岳珂《鄂王行实编年》。

　　朝廷授予岳飞军队正式番号有神武右副军、神武副军、神武后军、行营后护军等，因其于抗金战役中所向披靡神勇无比，故朝野习惯称其"岳家军"。

　　绍兴六年（1136年）初，宰相兼都督诸路军马张浚于镇江府（今江苏镇江）召开军事会议，研究北伐中原战略计划，命岳飞进军襄阳，作直捣中原准备。二月，岳飞赴临安朝见，随后返回鄂州，积极做进军襄阳之军事部署。孰料母亲姚氏遽然病逝，令岳飞悲痛不已，导致目疾复发，遂奏报朝廷自行解职，扶母灵柩至庐山安葬。并接连上表，乞守三年终丧之制。然北伐在即，所请未得朝廷恩准，岳飞遂赶回军中。

　　七月，南宋正式誓师北伐。岳飞兵分两路，一路往东北，由熟悉京西地理之牛皋统领，直奔镇汝军，一战即攻克汝城，生擒伪齐守将薛亨，旋乘胜攻克颍昌府，为北伐建立首功。一路向西北进军，由王贵、郝晸、董先率领，于攻克卢氏县后，又西取虢略（河南灵宝），东下伊阳（河南嵩县），一路缴获粮食十五万石，降众数万。收复虢州后，王贵又率军西向，力拔上洛、商洛、洛南、丰阳、上津等五县，席卷商州全境。杨再兴大败伪齐张宣赞人马，收复长水（今河南洛宁），大军直抵洛阳西南之福昌（今河南洛宁）。

　　岳家军北伐大捷，高宗特下诏嘉奖："遂复商於之地，尽收虢略之城"，"长驱将入于三川，震响傍惊于五路"。收复商、虢等城后，岳飞上奏朝廷：倘形势有利，拟将命王贵、牛皋两路合兵，自伊洛直渡黄河，与太行忠义民兵配合作战，收复河北失地。然该计划未得朝廷支持，岳飞终因"孤军无援""以粮不济"，退师鄂州，坚持"戮力练兵"，"日夜训阅"。

　　高宗为"屈己求和"，遂重用秦桧，并令其与金疏通关节。韩世忠、岳飞对和议均表示坚决反对。岳飞专程赶赴临安，上疏朝见高宗："夷狄不可信，和好不可恃，相臣谋国不臧，恐贻后世讥议。"高宗不听。

　　是年十一月，金廷派江南诏谕使张通古、萧哲携带诏书，与南宋"讲和"，并将南宋完全置于藩属地位。消息传开，朝野上下舆论沸腾。朝廷诸大臣多有反对者，然主战派人物枢密副使王庶、枢密院编修胡铨等，或被罢官，或被贬谪，赵鼎亦被罢相。秦桧以宰相身份代表高宗跪于金使脚下，答应取消国号，作金国藩属，每年纳贡。南宋与金第一次和议达成。

　　绍兴九年（1139年）正月，宋廷宣布大赦天下，以庆贺"和议"成功。朝廷加封岳飞开府仪同三司，虽三诏而不受。其上书辞封："今日之事，可危而不可安，可忧而不可贺。可训兵饬士，谨备不虞；而不可论功行赏，取笑夷狄。"[①]誓要"唾手燕云，复仇报国"。高宗特下"温诏"，岳飞不得已而受之。

　　十年（1140年）五月，完颜兀术发动政变，总揽金朝权力，遂废除对宋和议，亲统大军，以山东聂儿孛堇及河南李成为左右翼，取道汴京向两淮进军；右副元帅完颜撒离喝统帅西路军，由同州（陕西大荔）攻陕西。高宗情急之下命岳飞发兵救援。岳飞接诏，即派张宪、姚政率军东进，援救顺昌。顺昌之战大败金军后，岳飞随即挥师北上，先下蔡州，

---

　　①元·脱脱、阿鲁图撰《宋史·卷三百六十五·列传第一百二十四·岳飞传》。

连克鲁山、颖昌、陈州、郑州及西京河南府（今洛阳）。与此同时，韩世忠部将王胜收复海州（今江苏东海），张浚部将王德收复亳州。北方诸多州县民间抗金力量亦纷纷揭竿响应，遂对兀术形成南、西南、西、西北、北、东北六面包围。

是年七月，金兀术以10万大军驻扎开封西南40里之朱仙镇，企图再次负隅顽抗。岳家军北上驻营距朱仙镇40里之尉氏，作为"制胜之地"。双方决议再次展开会战。第一次交锋，金军即全军奔溃。金兀术遂拟放弃开封，渡河北遁。此时，一北宋时期太学生进见金兀术，献言道："太子毋走！京城可守也！岳少保且退矣！"兀术忙问："岳少保以五百骑破吾精兵十万，京师中外日夜望其来，何谓可守？"太学生道："不然，自古未有权臣在内，而大将能立功于外者！以愚观之，岳少保祸且不免，况欲成功乎？"经此人提醒，金兀术决定暂不渡河。

此时，南宋朝廷情况正如太学生所言，秦桧正于暗中策划岳飞撤军之事。其不但撤退张浚、韩世忠、刘锜等各路军马，置岳飞于侧面受敌、孤军无援境地，且串通张俊、杨沂中等唆使谏官罗汝楫上疏："兵微将少，民困国乏，岳飞若深入，岂不危也。愿陛下降诏，且令班师。"于是，岳飞于一日之内接连收到12道金牌，诏旨措辞严峻，命令其率部即刻班师回朝。接到如此荒唐命令，岳飞愤惋泣下："十年之力，废于一旦！"班师途中，岳飞得知宋军收复之河南地区已悉数再为金人控制，不由仰天悲叹道："所得诸郡，一朝全休！社稷江山，难以中兴！乾坤世界，无由再复！"[1]回到行朝，岳飞再三恳请朝廷解除军职，归田而居。高宗却以"未有息戈之期"为由不许。

绍兴十一年（1141年），金国于无力攻灭南宋情况之下，拟与南宋重新议和，但提出"必杀岳飞，而后和可成"。四月，张浚、韩世忠、岳飞三大将被调离军队。岳飞任枢密院副使，旋遭秦桧党羽万俟卨、罗汝楫弹劾被罢官，充"万寿观使"闲职，再以诬陷手段将其下狱。

十一月，宋金"绍兴和议"达成。高宗下诏："岳飞特赐死。张宪、岳云并依军法施行，令杨沂中监斩，仍多差兵将防护。"岳飞遂于大理寺狱中遇害，时年39岁。其供状仅留八个绝笔字："天日昭昭，天日昭昭！"

岳飞死讯传出，南宋百姓为之哭泣，金国大臣酌酒庆贺，言"和议自此坚矣！"狱卒隗顺冒险将岳飞遗体背出杭州城，埋于钱塘门外九曲丛祠旁。隗顺临终前，始将此事告知其子。

绍兴三十二年（1162年），宋孝宗即位，岳飞冤狱终于平反。隗顺之子告以前情，乃将飞以礼改葬于西湖栖霞岭。1178年，南宋朝廷追赠岳飞谥号"武穆"，宁宗时再追封为"鄂王"，理宗时改谥"忠武"。

民间，岳飞"去世已三十年，遗风余烈，邦人不忘，绘其相而祀者，十室而九。"[2]

作为中国古代治军楷模与常胜将军，岳飞虽无军事论著传世，但其军事思想散见于史书篇牍中，而其军事实践之战略战术，更为其部署耳闻目睹后付诸实际，以案例形式供后

---

①南宋·岳飞《乞止班师诏奏略》。

②《湖北转运司立庙牒》。

代军事指挥员及军事理论家借鉴。后人将其治军思想大致归纳为六个方面：贵精不贵多；谨训习；赏罚公正；号令严明；严肃纪律；同甘苦。实际作战中，岳飞不仅强调勇敢精神，且尤重视谋略作用。"谋者胜负之机也。故为将之道，不患其无勇，而患其无谋。""勇不足恃，用兵在先定谋""兵家之要，在于出奇，不可测识，始能取胜，若平原旷野，猝与敌遇，何暇整阵？""善观敌者，当逆知其所始，善制敌者，当先去其所恃""阵而后战，兵法之常，运用之妙，存乎一心"等，均为其军事思想之核心内容。

　　岳飞虽非文进士出身，因自幼受家学熏陶且勤奋苦学，不特为名符其实之文人，且为举世公认之儒将。"西汉而下，若韩、彭、绛、灌之为将，代不乏人，求其文武全器、仁智并施如宋岳飞者，一代岂多见哉。史称关云长通《春秋左氏》学，然未尝见其文章。飞北伐，军至汴梁之朱仙镇，有诏班师，飞自为表答诏，忠义之言，流出肺腑，真有诸葛孔明之风。"①其孙岳珂编纂之《鄂国金佗粹编·鄂王家集》收录岳飞诗文有律诗《题翠岩寺》《寄浮图慧海》，词《小重山·昨夜寒蛩不住鸣》，题记《五岳祠盟记》《广德军金沙寺壁题记》《东松寺题记》《永州祁阳县大营驿题记》。宋人赵与时《宾退录》还收有岳飞绝句《题青泥市寺壁》。其著名词作《满江红·怒发冲冠》，在南宋《藏一话腴》《鹤林玉露》中均有记载。自明代开始，《满江红·怒发冲冠》广泛流传，成为豪放派脍炙人口之压轴之作：

> 怒发冲冠，凭栏处，潇潇雨歇。
> 抬望眼，仰天长啸，壮怀激烈！
> 三十功名尘与土，八千里路云和月。
> 莫等闲，白了少年头，空悲切。
> 靖康耻，犹未雪，臣子恨，何时灭！
> 驾长车，踏破贺兰山缺。
> 壮志饥餐胡虏肉，笑谈渴饮匈奴血。
> 待从头，收拾旧山河，朝天阙。

而借景抒怀之《小重山》，则更属文人词中上乘之作：

> 昨夜寒蛩不住鸣，惊回千里梦，已三更。
> 起来独自绕阶行。
> 人悄悄，帘外月胧明。
> 白首为功名。
> 旧山松竹老，阻归程。
> 欲将心事付瑶琴。

---

①元·脱脱、阿鲁图撰《宋史·卷三百六十五·列传第一百二十四·岳飞传》。

知音少，弦断有谁听。

作品看似情调低沉，不如《满江红》情调高昂激壮，但二者所表达之主题，均为作者收复中原之雄心壮志，不过因创作时间与心境不同，而表现手法有所差异，实则具有异曲同工之妙，又焉可用情调高昂与低沉区分其高下？况作词与散文方法自有不同，作词常用比兴浑融、含蓄蕴藉之法以表达作者幽情远旨，使读者吟诵体会，余味无穷。岳飞因壮志难酬，胸中抑塞，故《小重山》以沉郁蕴藉艺术手法，正是运用词体之特长。所谓"道贤人君子幽约怨悱不能自言之情，低徊要眇以喻其致。"[1]与"将军佳作世争传，三十功名路八千。一种壮怀能蕴藉，诸君细读《小重山》。"[2]正是此意。

此外，岳飞流传下来诗词尚有《满江红·登黄鹤楼有感》《池州翠微亭》《过张溪赠张完》《题雩都华严寺》《宝刀歌书赠吴将军南行》《题骧马冈》《题鄱阳龙居寺》等。

岳飞文才横溢自不必说，有数十首传世诗词足以为其扬名。而其书法造诣之高，却非一般正途进士可望项背。岳飞书法以行、草为主，畅快淋漓，龙腾虎跃，气韵生动，章法严谨，意态精密，纤浓符中，刚劲不柔，自有一种淳正之气，颇含文臣气质。时人称之"室有邺架""字尚苏体"。南宋状元宰相文天祥，于其功业书法尤为推崇备至，曾评价道："岳先生，我宋之吕尚也。建功树绩，载在史册，千百世后，如见其生。至于笔法，若云鹤游天，群鸿戏海，尤足见干城之选，而兼文学之长，当吾世谁能及之。"

儒将岳飞，一生为南宋抗金，浴血沙场，赤胆忠心，不为功名，唯望得遇明君，实现满腔抱负，聊以慰藉平生寂寥。可谁曾想"欲将心事付瑶琴"，却无奈"知音少，弦断有谁听？"

刘伯温——既辟一代之规模　又阐一代之文章

"汉以降，佐命元勋多崛起草莽甲兵间，谙文墨者殊鲜，子房之策不见辞章，玄龄之文仅办符檄，未见树开国之勋业而兼传世之文章如公者，公可谓千古之人豪矣。"[3]

刘基[4]天资聪明却好学习，聪慧过人，由父亲启蒙识字，十分好学，可七行俱下，过目成诵。12岁考中秀才，乡间父老皆称其为"神童"。元泰定元年（1324年），刘基14岁

---

① 清·张惠言《词选·序》。

② 缪钺《灵溪词说》。

③ 明·杨守陈《重锓诚意伯文集序》。

④ 刘基（1311—1375年），字伯温，青田县（今浙江文成县）人，又称刘青田，元末明初军事家、政治家、文学家。

入郡庠（府学），从师习春秋经。春秋经隐晦奥涩、言简义深，为儒家经典，初学童生捧书诵读，不解其意，而刘基默读两遍即可背诵如流，且能依文义发微阐幽，言前人所未言。

泰定四年（1327年），刘基离开府学，师从处州名士郑复初学程朱理学，接受儒家通经致用之学。郑复初于其父面前赞扬："祖先积德深厚，庇阴后代子孙，此子日后必能光大刘氏门楣。"刘基于此博览群书，诸子百家无一不窥，尤钟情于天文地理、兵法数学，潜心钻研揣摩，心得日厚。一次，刘基探访程朱理学故里徽州，得悉歙县南乡六甲覆船山藏有《六甲天书》，遂涉险探秘，不仅搜集到《奇门遁甲》，且结识大批明教教众。

元统元年（1333年），刘基赴元朝京城大都（今北京）参加会试，一举考中进士。闲居三年后，方授江西高安县丞。因勤于职守，执法严明，迅即政绩斐然。其尝深入乡间体察民情，发现高安豪绅地主勾结贪官污吏，无法无天，骗人钱财，夺人妻女，杀人害命，无恶不作。倾听百姓哭诉，刘基义愤填膺。经明察暗访，取得真凭实据，遂将劣迹昭著之豪强恶霸予以严惩，对县衙内贪赃枉法之官吏亦严加责罚，高安风气旋即井然。尝作《梁甫吟》以明志：

> 谁谓秋月明？蔽之不必一尺翳。
> 谁谓江水清？淆之不必一斗泥。
> 人情旦暮有翻覆，平地倏忽成山溪。
> 君不见桓公相仲父，竖刁终乱齐；
> 秦穆信逢孙，遂违百里奚。
> 赤符天子明见万里外，乃以薏苡为文犀。
> 停婚仆碑何震怒，青天白日生虹蜺。
> 明良际会有如此，而况童角不辨粟与稊。
> 外间皇父中艳妻，马角突兀连牝鸡。
> 以聪为聋狂作圣，颠倒衣裳行蒺藜。
> 屈原怀沙子胥弃，魑魅叫啸风凄凄。
> 梁甫吟，悲以凄。
> 岐山竹实日稀少，凤凰憔悴将安栖！

作者借古讽今，抨击元末忠臣被弃、小人得志之政治现象。诗中"赤符天子"指东汉皇帝；"乃以薏苡为文犀"指东汉马援从交阯回京城，带来一车薏苡，用作种子。马援死后，有人上书皇帝，诬陷马援由交阯带回一车明珠、犀角，致使马援不能安葬祖坟，朝臣不敢送葬。"停婚仆碑"指唐朝魏征死后，受人诬陷，太宗遂下令放倒魏征墓碑（碑文为太宗亲撰），解除自己女儿与魏征子魏叔玉之婚约。诗中运用大量忠臣被弃、小人得志之典，体现了诗人因现实而起之不平之气，具有深广历史蕴涵，一气呵成，感人至深。

至正六年（1346年），刘基应好友欧阳苏之邀，赴丹徒蛟溪书屋隐居，以教授村中子

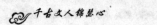

弟读书维持生计。十二年（1352 年）七月，徐寿辉攻陷杭州，朝廷起用其为江浙元帅府都事，佐助当地政府平定浙东盗贼。1360 年，元末农民起义已成燎原之势，蒙元政权风雨飘摇朝不保夕。朱元璋占取应天（今南京）后，延请刘基为其谋臣。刘基针对当时形势，建议朱元璋避免两线作战，集中兵力各个击破各路强敌。朱元璋依其筹谋先后灭陈友谅、张士诚等势力。旋，建议朱元璋脱离"小明王"韩林儿自立势力，树"大明"国号招揽天下义师民心。

1367 年，朱元璋以刘基为太史令，编辑《戊申大统历》，旋任御史中丞兼太史令。太祖巡幸汴梁时，命刘基与左丞相李善长一并留守京城。刘基认为，宋、元两朝皆因过于宽纵而失天下，新朝应整肃纲纪，遂下令御史检举弹劾，无须任何顾忌。宿卫、宦官、侍从中，凡犯有过错者，一律奏明皇太子，依法惩治，故此人人畏惧刘基威严。中书省都事李彬因贪图私利，纵容下属被治罪。李善长一向私宠李彬，故请求从宽发落，刘基不听，派人骑马速报太祖，得御批，于祈雨时将李彬斩首。李善长与刘基遂生嫌隙。太祖返京后，善长先于刘基向太祖告状，言其于坛土遗下杀人，为大不敬之举。朝中衔怨者亦纷纷伺机诬陷刘基。时逢天旱，太祖命诸臣发表意见。刘基上奏："士卒亡故者，妻子皆迁往他营居住，共数万人，致使阴气郁结；工匠死后，腐尸骨骸暴露于外。倘若将吴军投降将吏皆编入军户，便足以协调阴阳之气。"太祖依其言而行，然十日过后仍不见雨，故而发怒。时适逢妻子病故，刘基遂借故请求告辞还乡。此时，太祖正大兴土木，营造中都，并积极准备兴兵讨伐残元势力扩廓。刘基临行上奏："凤阳虽为皇上故乡，然不宜作为建都之地。王保保不可轻视。"果然，是年十月明军于太原外围战中，为山西割据势力王保保所败。旋，定西之役失利，扩廓逃往沙漠。自此，残元势力遂成明朝北部边患。由此可见，"际会风云，平定海宇，既辟一代之规模，又阐一代之文章，盖诚意伯刘公一人而已矣。"①是年冬，太祖下诏，叙说刘基征伐之功，召其赴京，赏赐甚厚，追赠刘基祖父、父亲为永嘉郡公，并多次为其进爵，皆固辞不受。

太祖尝欲责罚丞相李善长，刘基劝道："其虽有过失，然功劳殊甚，威望颇高，能调和诸将。"太祖道："斯人三番两次欲加害于汝，汝乃设身处地为其着想？朕欲改任汝为丞相。"刘基叩首道："不可！更换丞相如同更换梁柱，须用粗壮结实大木为之，如用细木，房屋会即刻坍塌。"李善长辞官归居后，太祖拟命杨宪为丞相，杨宪素与刘基友善，然刘基却极力反对。其谓太祖道："杨宪具备丞相之才，然无丞相气量。为相之人，心境须如水似平静，以义理为权衡利弊之圭臬，不可搀杂一己之偏见，杨宪不能。"太祖又问汪广洋如何，刘基回答："广洋气量尤狭窄于杨宪。"太祖又问胡惟庸可否，刘基道："丞相犹如驾车辕马，余担心其为相会令马车颠覆。"太祖道："朕之丞相，诚非先生不可。"刘基谢绝道："余太疾恶如仇，且不耐处理繁杂事务，倘勉强为之，窃惧辜负皇上委托。天下何患无才，皇上但若留心物色，必有奇才。"其后结局，果如刘基所言。杨宪、汪广洋、胡惟庸皆因事获罪。

---

①日本学者奥野纯评价刘基语。

洪武三年（1370年），太祖授刘基为弘文馆学士。十一月，大封功臣，再授刘基为开国翊运守正文臣、资善大夫、上护军，封诚意伯，食禄二百四十石。翌年，赐刘基还归家乡。

洪武八年（1375年），刘基虽然不良于行，仍与在京官员一同，参加元旦早朝，陛见之后于奉天殿作《乙卯岁早朝》。正月下旬，刘基感染风寒，太祖派丞相胡惟庸带御医探望。御医开具药方，刘基照单抓药回来煎服，遂觉腹中有石块挤压感，痛苦难熬。二月中，刘基抱病觐见朱元璋，婉转向其禀告胡惟庸带御医探病，服食御医所开药石之后愈加不适之情形。太祖听后仅轻描淡写予以宽慰，刘基备感心寒。三月下旬，刘基已无法自由活动，遂由其长子刘琏陪伴，自京师动身返乡。

"抵家，疾笃，以《天文书》授子琏曰：'亟上之，毋令后人习也。'又谓次子璟曰：'夫为政，宽猛如循环。当今之务在修德省刑，祈天永命。诸形胜要害之地，宜与京师声势连络。我欲为遗表，惟庸在，无益也。惟庸败后，上必思我，有所问，以是密奏之。'"①

洪武八年（1375年）四月十六日，刘基病卒于故里，享年65岁。武宗正德八年（1513年），朝廷追赠为太师，谥号"文成"。世宗嘉靖十年（1531年），依刑部郎中李瑜建言，朝廷决议刘伯温配享太庙。

刘伯温辅佐朱元璋完成帝业，开创明朝，并尽力保持国家安定，以神机妙算、运筹帷幄著称于世驰名天下，被后人比作诸葛武侯。民间有谚语云："三分天下诸葛亮，一统江山刘伯温；前朝军师诸葛亮，后朝军师刘伯温。"朱元璋称刘基为："吾之子房也。"并称赞其"学贯天人，资兼文武；其气刚正，其才宏博。议论之顷，驰骋乎千古；扰攘之际，控御乎一方。慷慨见予，首陈远略；经邦纲目，用兵后先。卿能言之，朕能审而用之，式克至于今日。凡所建明，悉有成效。"②

刘基治国思想之核心与建功立业思想之理论依据为施德政、得民心，民本思想为其德政出发点，不仅具有政治性，且具经济性，为统治者施政之基本方针。其一生以亲民行动为朝臣做出表率，于明初政治实践中收效甚好。著名教育家蔡元培先生尝评价其"时势造英雄，帷幄奇谋，功冠有明一代。"

明朝建立后，刘基建议实行卫所制度，加强皇帝对军队之控制，于巩固中央集权起到重要作用。其制定《大明律》之法治思想，对打破中国古代"人治"传统，具有不可低估之重要作用。

盖因通经史、晓天文、精兵法，故使刘基于元末乱世风云中纵横捭阖运筹帷幄，得以实现其辅佐君王建功立业之抱负。然其于文学著述亦成就斐然，与宋濂、高启并称"明初诗文三大家"。刘基"所为文章，气昌而奇，与宋濂并为一代之宗。"③"其诗沉郁顿挫，

---

①清·张廷玉等《明史·刘基传》。

②明·朱元璋《御史中丞诰》。

③清·张廷玉等《明史·刘基传》。

自成一家，足与高启相抗。"①

"元代诗都尚辞华，文成独标高格，时欲追韩杜，故超然独胜，允为一代之冠。"②刘基儒学思想对明初学风影响颇巨，为元明鼎革之际举足轻重之诗文大家。其融会理学诸派，又以儒道互补，体现明初思想特征，导引明初学术思想之走向，于扫荡元季文坛纤弱之风，振兴明初新一代文风，于理论上起有开道作用。其诗文理论力主讽喻之说，提倡理、气并重，亦为晚明讽刺小品之勃兴起到先导作用。

刘基以诗议政，充分体现作者强烈参政意识与批判精神，议论范围包括元季至正年间吏治、军政等种种社会弊端。从诗歌之渊源角度考察，以诗议政，客观上承续宋人"以议论为诗"之传统，主观上则因其固有之经世致用文学观念使然。其诗作情、理兼具，既有社会认识价值，兼具艺术审美价值。其词则抒情言志，题材广泛，内容丰厚，艺术上擅于兴寄，长于铺叙，且善于用典。描景状物秀丽入神，造语精工典雅，词风以婉丽为主。

刘基传世作品有《诚意伯文集》20 卷，收有赋、骚、诗、词 1600 余首，各种文体文 230 余篇。文章代表作为《郁离子》《复瓿集》《写情集》《犁眉公集》《春秋明经》《卖柑者言》《百战奇略》《时务十八策》。诗词代表作有《春蚕》《五月十九日大雨》《旅兴》《薤露歌》《美人烧香图》《蜀国弦》《梁甫吟》等。

> 可笑春蚕独苦辛，为谁成茧却焚身。
>
> 不如无用蜘蛛网，网尽蚩虫不畏人。

（刘基《春蚕》）

刘基既非糊涂人，亦非恋栈老骥。"伴君如伴虎""狡兔死走狗烹，飞鸟尽良弓藏"之典故于其烂熟于胸。"辞爵不受"、固辞丞相位，均为其于功成名就之后，希冀全身而退颐养天年之深邃策略。然，封建专制体制下，智慧从来皆为权势之手下败将。面对临终之时明太祖之冷漠，刘基由希望变为失望之寒心，其中究竟隐含多少开国君臣之间情感玄机，唯有当事者君臣二人心知肚明。

呜呼，刘伯温才堪管乐，智比武侯，却死得不明不白，九泉之下是否可安息瞑目？

---

①清·纪昀等《四库全书总目提要》。

②清·沈德潜《明诗别裁》。

解缙——太平十策纾民意　永乐大典慧斯文

明朝第一才子、内阁首辅、《永乐大典》总纂修、对联大师解缙[①]，出生于书香门第。祖父解子元，元至正五年（1345年）进士，授安福州判官，迁太史院校书郎，除承务部、东莞县尹，元末战乱中死于乱兵；父亲解开，二魁胄监，五知贡举，以父死节赠官参知政事不拜，明初授以官又不受，一心从事著述、办学，培养人才。母亲高妙莹，贤良淑慧，精通书史，善小楷，晓音律。解缙生长于如此家庭，自幼受到良好教育。据传，其幼年颖敏绝伦，有"神童"之称。母亲画地为字，于膝盖中教之，一见不忘；5岁时，父教之书，应口成诵；7岁能述文，赋诗有老成语；10岁，日诵数千言，终身不忘；12岁，尽读《四书》《五经》，贯穿其义理。

解缙幼时去河里洗澡，随手将脱下衣服挂于河边老树上。时适逢县令路经此地，遂将解缙衣物拿于手中道："吾出一对子，汝若对得出来，便将衣服给你。倘若对不出来，衣物将为吾所有。若何？"解缙回答："诺。"县令手指老树道："千年老树为衣架。"解缙昂首挺胸，脱口对出："万里长江作浴盆！"县令大异，遂还衣于缙。

洪武二十年（1387年），解缙参加江西乡试，名列榜首（解元）；次年，会试第七，廷试与兄解纶、妹夫黄金华同登进士第。解缙会试文章气势磅礴、文笔犀利，主考官本欲点为一甲，拟作"状元"人选。然副考官以为其言论过于尖锐，易招惹是非，遂有意将其排后，列为第七名。解缙虽然与状元擦肩而过，但解氏家族"兄弟同登第"，"一门三进士"消息传出，立即轰动京城与家乡吉水，一时传为盛事。

中第后，解缙选庶吉士，读中秘书，深受明太祖朱元璋宠爱，常侍奉左右。一日，太祖于大庖西室谓缙言："与尔义则君臣，恩犹父子，当知无不言。"解缙遂日上万言书，剀切陈词，朝廷为政需：政令稳定，刑罚简省，整理经史，制定礼乐，表彰贤士，崇祀先哲，禁绝娼优，易置寺庵，薄赋敛，减徭役，焚经咒，绝鬼巫，裁冗员，节流开源，以苏民困。朝廷用人当择贤者，授职当重德才；应改革时弊，鼓励农耕，实施授田均田之法，兼行常平义仓之举，免除苛捐杂税，使民休养生息；要尚武以固边防，崇文以延人才；治罪不株连妻子，捶楚不加于属官。奏疏呈上，太祖称赞解缙有安邦济世之奇才，治国平天下之大略。旋，缙又献《太平十策》，再次陈述政治见解，亦得太祖赞许。

解缙尝指责兵部僚属玩忽职守，尚书沈潜于此极为恼怒，上疏诬告解缙。太祖朱元璋由此责备解缙"散自怒"，并贬其为江西道监察御史。韩国公李善长因罪受诛，解缙代郎中王国用上疏为李善长辩冤，又代御史夏长文草疏《论袁泰奸黠状》，历陈御史袁泰蔑视

---

①解缙（1369—1415年），字大绅、缙绅，号春雨、喜易，江西吉水人。

朝纲，贪赃枉法，陷害忠良之罪。袁泰受处罚，于是怀恨于心。太祖因此认为解缙尚缺乏涵养，必须修身养性，闭门思过，否则将成众臣攻击对象。洪武二十四年（公元1391年），太祖召解缙父进京，直言道："大器晚成，若以尔子归，益令进，后十年来，大用未晚也。"①解缙只好随父回归吉水。于是闭门著述，校改《元史》，补写《宋书》，删定《礼记》，如此在老家磨练8年。

洪武三十一年（1398年），朱元璋病逝，解缙进京吊丧。时明惠帝朱允炆临朝，袁泰乘机进谗言，攻击解缙"诏旨，且母丧未葬，父年九十，不当舍以行。"朱允炆听信谗言，贬解缙为河州（今甘肃临夏）卫吏。河州卫所任上，解缙尝于下乡收取税款时至一大商贾家。商贾女儿调皮有才，于宅门贴一对联云："闲人免进，盗者休来。"意在阻止解税官进屋。缙看罢一笑，命人拿笔来，信手于门联左右各添三字，便挺胸而入。商贾女儿出门一看，解缙将门联补写为："闲人免进贤人进，盗者休来道者来。"遂不得不佩服这位年轻税官文思敏捷，巧补天成。

建文四年（1402年），时礼部侍郎董伦为朱允炆信任，遂于朱允炆前为解缙美言，解缙方被召回京师复职，任翰林待诏。

永乐元年（1403年），明成祖朱棣登基，解缙升任翰林侍读。旋，成祖建文渊阁，解缙、黄淮、杨士奇、胡广、金幼孜、杨荣、胡俨等进文渊阁参预机务，明朝内阁制度由是起步。后内阁进言，朱棣均虚心采纳。旋，解缙再迁翰林侍读学士，奉命总裁《太祖实录》《列女传》。书成，成祖赏赐银币，命其主编《永乐大典》。

二年，"进缙翰林学士兼右春坊大学士。帝尝召缙等曰：'尔七人朝夕左右，朕嘉尔勤慎，时言之宫中。恒情，慎初易，保终难，愿共勉焉。'因各赐五品服，命七人命妇朝皇后于柔仪殿，后劳赐备至。又以立春日赐缙等金绮衣，与尚书埒。缙等入谢，帝曰：'代言之司，机密所系，且旦夕侍朕，裨益不在尚书下也。'一日，帝御奉天门，谕六科诸臣直言，因顾缙等曰：'王、魏之风，世不多有。若使进言者无所惧，听言者无所忤，天下何患不治？朕与尔等共勉之。'其年秋，胡俨出为祭酒，缙等六人从容献纳。帝尝虚己以听。"②

解缙尝侍永乐皇帝游览御花园，成祖命解缙以鸡冠花作诗，解缙略一思索，起句道："鸡冠本是胭脂染。"一语刚落，皇帝于身后取出所执白鸡冠花道："非胭脂红，乃白色也。"解缙随机应变，当即又吟："今日为何淡淡妆？只因五更贪报晓，至今戴却满头霜。"应对如流，用语不凡，联想奇妙，大受成祖赞赏。某日，永乐皇帝突然谓解缙道："汝知昨夜宫中有喜事否？就此吟诗一首。"解缙由"有喜"联想为皇后生产，遂吟道："君王昨夜降金龙。"以"金龙"喻皇子，实为吉语。永乐皇帝道："所产为一千金。"解缙眼珠一转道："化作嫦娥下九重。"一个"化"字将男改为女，可谓巧妙自然，天衣无缝。永乐又道："可惜甫临人世即告夭折。"解缙回道："料是人间留不住。"皇帝哀伤地道："已将尸体扔到池塘里去了。"缙随口续上"翻身跳入水晶宫。"解缙之机敏，由此可见

---

① 清·张廷玉等《明史·解缙传》。

② 清·张廷玉等《明史·解缙传》。

一斑。

永乐三年（1405年），朱棣召解缙入宫，磋商立太子之事。成祖欲立次子朱高煦为太子，然解缙直言道："为长，古来如此。皇太子仁孝，天下归附，若弃之立次，必兴争端。先例一开，怕难有宁日，历代事可为前车之鉴。"朱棣听后面有不悦，对此议犹豫不决。时，适逢内宫太监送来一幅《彪虎图》。画面为一只白额猛虎回首凝望身后幼虎，情状甚为亲昵。解缙见图随口吟："虎为百兽尊，谁敢触其怒？惟有父子情，一步一回顾。"朱棣听后，知其借题诗婉转进谏，颇受启示，遂决定立长子朱高炽为皇太子，即后来之仁宗。封次子朱高煦为汉王。令解缙撰写立储诏书，以告天下。从此，朱高煦深恨解缙。时，恰逢朱高炽带领明朝大军讨伐安南，解缙上疏劝阻，朱棣不听。随后讨伐成功，并设置郡县。"太子既立，（解缙）又时时失帝意。高煦宠益隆，礼秩逾嫡。缙又谏曰：'是启争也，不可。'帝怒，谓其离间骨肉，恩礼浸衰。'"①四年（1406年），成祖赐黄淮等人二品纱罗衣，而独不给解缙。淇国公邱福将朝廷机密"传达延外"，朱高煦却嫁祸解缙"禁中语"。五年，或诬解缙"试阅卷不公"，遂贬广西布政司参议。临行，礼部郎中李至刚因与解缙有宿怨，又诬缙，故即改贬交趾（今越南），命督饷化州。

永乐八年（1410年），解缙入京奏事，恰遇朱棣北征未归，故只好觐谒太子朱高炽而返。朱高煦乘机进谗言："伺上出，私见太子，径归，无人臣礼！"朱棣为此震怒，以"无人臣礼"罪诏下狱。时解缙已赴广东，沿途见赣江两岸旱情严重，遂上疏请凿赣江通南北，引水灌田。奏书至，朱棣愈加愤怒，诏令锦衣卫逮捕解缙入狱。解缙终"以迎附骤贵，才高勇于任事，然好臧否，无顾忌，廷臣多忮其宠。""以不谨持恭而卒以不密取祸。"②大理寺丞汤宗、宗人府经历高得抃、中允李贯、赞善王汝玉、翰林院编修朱纮、检讨蒋骥、潘畿、萧引高并御史李至刚等人均连坐入狱。其中高得抃、王汝玉、李贯、朱纮、萧引高病死于狱中。

永乐十三年（1415年））正月，锦衣卫都指挥金事纪纲上囚籍，朱棣见解缙姓名问："缙犹在耶？"稍露怜惜之意。朱高煦得知此事，惧怕成祖重新起用解缙，遂买通纪纲，密令其以酒将解缙灌醉，拖至积雪中冻死，年仅47岁。解缙去世后，家中财产被抄没，妻子、儿女、宗族皆流放辽东。

旋，朱高煦谋反被诛灭；安南屡次谋反，明朝设置郡县不久亦被迫撤销，凡事均如解缙生前所言。

正统元年（1436年）八月，明英宗朱祁镇下诏赦还所抄家产。成化元年（1465年）宪宗朱见深下诏为解缙平反昭雪，恢复官职，赠朝议大夫，谥"文毅"。

解缙一生最大功绩为编撰《永乐大典》。永乐元年（1403年），解缙奉旨编纂《文献大成》。其召集朝臣学士、各方专家两千余人，调集数百万册书籍，进行编纂。缙白天参政，晚上破书万卷查阅资料，反复修改、补正、勘校，历经6个寒暑精心编纂，于永乐七年（1409年）完成初稿。书成，取名《永乐大典》。全书共有22877卷，凡例、目录60

---

① 清·张廷玉等《明史·解缙传》。

② 清·夏燮《明通鉴》。

卷，装订成11095册，共3亿7千万字左右。辑入经、史、子、集、释藏、道经、北剧、南戏、平话、医学、工技、农艺、志乘等各类著作七八千种，按《洪武正韵》韵目排列次序。《永乐大典》"括宇宙之广大，统会古今之异同"，[①]是中国最大一部类书，被学术界称为"辑佚古书的渊薮"。在世界文化史上，《永乐大典》也被誉为编纂最早、规模最大、内容最广之百科全书。《不列颠百科全书》在"百科全书"条目中，称其为"世界有史以来最大的百科全书"。其于中国文化发展史乃至世界文化发展史上所占据之地位举世公认，主编解缙亦因此为时人赞曰："太平十策纾民意，永乐大典慧斯文。"并与杨慎、徐渭并称"明代三大才子"。

解缙学术成就卓越，著作有《白云稿》《东山集》《太平奏疏》等。现留存传世者有《解文毅公集》16卷及《春雨杂述》1卷、《古今烈女传》3卷。其文雅劲奇古，极具个性特色，政论文直抒胸臆，气势充沛；人物传记叙事简洁，描摹生动。

其于诗歌、书法、散文造诣亦颇高，才气横溢，下笔不能自休，尤工五言诗。古体歌行气势奔放，想象丰富，逼似李白；而律诗绝句，亦近唐人。现存诗五百余首，传世诗词代表作品有《赴广西别甥彭云路》《游七星岩偶成》《庐山歌》《藤县即事》《窦家寨》《桑》等。其诗语言清丽朴实，尤以生活气息浓烈而著称。代表作品如：

> 绣水东流古郁江，古藤城郭镇南邦。
> 山云桥渡飞虹并，江月楼空乳燕双。
> 晴日莺花红绵帐，春风烟树碧油幢。
> 吹箫唤起蛟龙舞，金鸭焚香倒玉缸。

（《藤县即事》）

> 窦家寨前朝雨晴，思罗江内水初生。
> 杨梅果熟春将暮，豆蔻花开鸠乱鸣。

（《窦家寨》）

> 一年两度伐枝柯，万木丛中苦最多。
> 为国为民皆丝汝，却教桃李听笙歌。

（《桑》）

解缙尤擅书法，其"得法于危素、周伯琦。其书傲让相缀，神气自倍。"[②]小楷精绝，行草皆佳，用笔之精妙，出人意表。"永乐时，人多能书，当以学士解公为首，下笔圆滑纯熟。"[③]其草书开明朝狂草先河。墨迹有《自书诗卷》《书唐人诗》《游七星岩诗》《宋赵

---

① 明·朱棣《永乐大典·序言》。
② 明·何乔远《名山藏》。
③ 明·吴宽《匏翁家藏集》。

恒殿试佚事》等。解缙草书风格纵横超逸，奔放洒脱，点划出规入矩，绝无草率牵强处，章法经营尤见匠心，神气自备，笔墨奔放，傲让相缀而意向谨严，显示其驾书体游刃有余之不凡功力。其以草书享誉书法史，与明初三宋（宋克、宋广、宋璲）并驾齐驱。

后人对解缙一生评价为："义节千秋壮，文章百代尊。"[1]

"明代第一才子"解缙，"平生重义轻利，遇人忧患疾苦，辄隐于心，尽意为之。笃于旧故及名贤世家后裔，而襟宇阔略，不屑细故，表里洞达，绝无崖岸，虽野夫稚子，皆乐亲之。故求文与书者日辐辏。独不畏强御。"[2]

由是观之，解缙聪慧无疑，人品无瑕，成就无虚。成祖朱棣亦言："天下不可一日无我，我则不可一日少解缙。"然其竟以不谙官场险恶，而以47岁中寿丧命于成祖之手，聪明欤？愚昧欤？

张居正——愿以深心奉尘刹　不予自身求利益

中国封建历史各朝代基本都曾有过体制改革尝试。操盘改革者，即有汉武帝、北魏孝文帝、隋文帝、唐太宗之类雄才伟略之帝王，亦曾涌现出管仲、商鞅、晁错、王叔文、范仲淹、王安石之类文人政治家。明代穆宗、神宗朝之内阁首辅张居正[3]，于文人改革家群中当属力挽狂澜、功亏一篑之翘楚人物。

明嘉靖四年（1525年），张居正出生于荆州府江陵县一位秀才家。其临盆之时，曾祖父梦见月亮落入水瓮，一只白龟由水中浮起，遂信口取乳名"白圭"，希望其来日光宗耀祖。白圭聪颖过人，幼年即成荆州府远近闻名之神童。其5岁识字，7岁能通六经大义。嘉靖十五年（1536年），张居正12岁参加童试中秀才，其机敏灵俐深得荆州知府李士翱怜爱，特嘱咐其自小立大志，长大尽忠报国，并为其改名居正。张居正13岁参加乡试，湖广巡抚顾璘为使其多加磨砺以成大器，有意阻挠令其落榜。三年后，才高气傲之张居正顺利通过乡试，成为一名16岁少年举人。顾璘对其十分赏识，曾与同僚评价"此子将相才也"，并解下犀带赠予居正，希望其树立远大抱负，做伊尹、颜渊之类人物，不可止步于少年举人之名。嘉靖二十六年（1547年），张居正高中二甲第九名进士，授庶吉士，是年23岁。

张居正入选庶吉士，教习中有重视经邦济世学问之内阁重臣徐阶。在其引导下，居正

---

[1]明·邹元标《解春雨学士旧墓》。

[2]清·永瑢、纪昀等编纂，徐纮撰《四库全书明·名臣琬琰录·前右参议解公墓碣铭》。

[3]张居正（1525—1582年），字叔大，号太岳，幼名白圭，湖广江陵（今湖北荆州市）人，时人又称张江陵，明朝中后期政治家、改革家。

努力钻研朝章国故，为其日后登上政治舞台打下坚实基础。

明初为加强君主专制，废丞相，设内阁，其职能类似皇帝秘书厅，首席内阁学士称首辅。张居正入翰林院学习时，阁臣大学士夏言、严嵩二人正进行争夺首辅职位之激烈政治斗争。夏言虽然首战告捷夺得首辅，然不久即为严嵩进谗而杀身，严嵩遂为内阁首辅。

通过几年冷眼观察，张居正于内阁斗争、朝廷政治腐败、边防废弛诸方面均生直观认识。嘉靖二十八年（1549年），张居正以《论时政疏》首陈"血气壅阏"之一病，继指"臃肿痿痹"之五病，系统阐述其改革政治之主张，然未能引起明世宗与首辅严嵩重视。

嘉靖二十九年（1550年），张居正因病告假离开京师回故乡江陵。休假三年中，张居正游览诸多名胜古迹，发现"田赋不均，贫民失业，民苦于兼并"①等积弊。民生疾苦令其恻然心动，责任感驱其收拾行囊重返政坛。

供职翰林院期间，其于苦闷思索中逐渐成熟。静观政治风浪之波诡云谲，张居正模仿老师徐阶作为，内抱不群，外欲浑迹，相机而动。

嘉靖四十一年（1562年）严嵩倒台，徐阶继任首辅。其与张居正共同起草世宗遗诏，纠正世宗时修斋建醮、大兴土木之弊端，为因冤案获罪之勤勉朝臣恢复官职，受到朝野上下普遍认同。四十三年（1564年），张居正进宫右春坊右渝德兼国子监司业，徐阶荐其为裕王朱载垕侍讲侍读，遂结识诸多具有政治潜力之人，为其打开人脉渠道。两年后，宰辅高拱下台，张居正入掌翰林院事。

隆庆元年（1567年），张居正以裕王旧臣身份，擢为吏部左侍郎兼东阁大学士，进入内阁，参与朝政。同年四月，又改任礼部尚书、武英殿大学士，终于暗暗较量中"直上尽头竿"。

时适逢流民四散，草泽祸起，国家帑藏空虚，用度匮乏之际，且北方鞑靼进兵中原，制造"庚戌之变"，南方土司争权夺利，岑猛②叛乱，"两江震骇"，东南倭寇骚扰沿海，民不聊生。与此同时，内阁内部政治斗争亦日趋白热化。

隆庆二年（1568年）七月，徐阶终因年迈致仕。次年，徐阶政敌高拱重回内阁兼掌吏部事，控制内阁大权。六年，穆宗崩，年仅十余岁之神宗继位。高拱因口无遮拦触动万历生母李太后神经，加之司礼监秉笔太监冯保对其不满而向李太后进谗，太后遂以"专政擅权"之罪令高拱回原籍。张居正遂担任首辅。八月，其自省议论、振纪纲、重诏令、核名实、固邦本、饬武备等六方面提出政治改革方案，核心内容为整饬吏治，富国强兵。

四年（1570年），鞑靼首领俺答汗进攻大同，图谋称帝。张居正闻悉俺答之孙把汉那吉携妻比吉与乳母丈夫阿力哥共十余人请求内附，大同巡抚方逢时及宣大总督王崇古决意受降。鉴于此事非同小可，张居正写信命崇古即刻将详情"密示"朝廷。张居正接报，再次信告王崇古，要其妥善安置把汉那吉，旋遣使通报俺答："中国之法，得虏酋若子孙首者，赏万金，爵通侯。吾非不能断汝孙之首以请赏，但彼慕义而来，又汝亲孙也，不忍杀

---

① 明·张居正《荆州府题名记》。

② 岑猛，明广西田州（治今田阳）土官，字济夫，壮族。正德三年，袭父职为土知府，以镇压江西华林起义迁指挥同知，因屡侵邻部，不听征调，被朝廷诛杀。

之。"①然后指授方略，要崇古逢时奏疏皇上纳降。朝臣多人极力反对，认为敌情叵测。果然，俺答骑兵如黑云压城麇集北方边境。崇古早于居正授意之下做好战事准备并以其孙要挟，俺答终于被迫妥协。张居正顺水推舟应俺答之求，礼送把汉那吉回乡，俺答则将赵全等叛臣绑送明室。把汉那吉身穿大明皇上赏赐大红丝袍回鞑靼帐幕，俺答见之非常感动，表示之后绝不再犯大同，并请求封贡、互市，与大明友好相处。翌年，张居正等人力劝穆宗诏封俺答为顺义王，并于沿边三镇开设马市，与鞑靼进行贸易。北部边防巩固，为居正致力国内改革奠定便利条件。

万历元年（1573 年）十一月，张居正上疏实行"考成法"，明确职责。拟以六科控制六部，再以内阁控制六科。凡所办之事，从内阁至六科，从六科而衙门，层层考试，阁臣事事心中有数。此举重在以期改变以往"上之督之者虽谆谆，而下之听之者恒藐藐"②之拖拉现象。考成法之实行，各级部门办事效率显著提高，且责任明确，赏罚分明，使朝廷发布之政令"虽万里外，朝下而夕奉行"。张居正整饬吏治之目的重在"富国强兵"，此一红线贯穿于其改革之始终，考成法之最大收获正在于此。万历四年（1576 年），张居正规定，地方官征赋试行不足九成者，一律处罚。同年十二月，据户科给事中奏报，地方官因此而受降级处分者，山东 17 名，河南 2 名；受革职处分者，山东 2 名，河南 9 名。惧于降罚之各级官员遂不敢丝毫懈怠，督责户主将当年税粮完纳，国库因此日益充裕，岁入达 435 万余两，较之隆庆时每岁所入 250 余万两之数，增长 74%。③当年财政收支相抵，尚结余 85 万余两，长期财政亏虚之状况得以扭转。可见，考成法虽仅为一项政治改革，然其于整顿田赋、增加财政起到重大作用。

万历七年（1579 年），神宗向户部索求十万金，以备光禄寺御膳之用，张居正上疏据理力争，言明户部收支已经入不敷用，"目前支持已觉费力，倘一旦有四方水旱之灾，疆场意外之变，何以给之？"要求神宗朱翊钧节省"一切无益之费"。结果，不仅此项开支得以免除，连宫中上元节灯火、花灯费亦同时免除。旋，张居正力争停止重修慈庆、慈宁二宫及武英殿，停输钱内库供赏，节省服御费用，使皇宫之奢侈消费现象有所收敛。翌年，张居正次弟张居敬病重，回乡调治。保定巡抚张卤例外发给"勘合"（使用驿站之证明书）。张居正见之立即交还，并附信言明，为朝廷执法，自当以身作则，并自题座右铭"愿以深心奉尘刹，不予自身求利益"以自警。

1578 年，张居正以福建为试点，清丈田地，结果"闽人以为便"。万历八年（1580年），张居正上疏并获准于全国陆续展开清丈土地，并在此基础上重绘鱼鳞图册。全国大部地区根据户部颁布之《清丈条例》对田地进行认真清丈，亦有一些地方官吏缩短弓步，溢额求功。浙江海盐"水涯草堑，尽出虚弓，古冢荒塍，悉从实税。至于田连阡陌者，力足行贿，智足营奸，移东就西，假此托彼。甚则有未尝加弓之田，而图扇人役积尺积寸，

---

①明·张居正《张文忠公全集·卷二二·答鉴川策俺答之始》。

②明·张居正《张文忠公全集·卷三八·请稽查章奏随事考成以修实政疏》。

③清·夏燮《明通鉴·卷六七》。

皆营私窖。遂使数亩之家，出愈增而田愈窄焉。"①然大部州县清丈彻底，革豪右隐占，额田大有增加，加之打击贵族、缙绅地主隐田漏税，明朝田赋收入大为增加，为推行"一条鞭法"赋税改革创造了条件。

万历九年（1581年），张居正下令，于全国范围内实行"一条鞭法"。"一条鞭法"为中国田赋制度史上继唐代两税法之后又一次重大改革。其简化赋役项目与征收手续，使赋役合一，并出现"摊丁入亩"趋势。清代之地丁合一制度即为"一条鞭法"之运用与发展。

"一条鞭法"并非张居正首创，早于嘉靖十年（1531年）二月，南赣都御史陶谐曾于江西实行"一条鞭法"。御史姚仁中曾上疏："顷行一条鞭法。通将一省丁粮，均派一省徭役。则徭役公平，而无不均之叹矣。"此后姚宗沐于江西，潘季驯于广东，庞尚鹏于浙江，均曾推行过"一条鞭法"。海瑞知应天府时，亦曾于江宁、上元两县"行一条鞭法，从此役无偏累，人始知有种田之利，而城中富室始肯买田，乡间贫民始不肯轻弃其田矣"，做到了"田不荒芜，人不逃窜，钱粮不拖欠。"②然，此时仅限于实验，并未全面推行。

至张居正任首辅时期，明朝赋税制度已极端混乱，百姓不堪其苦，朝廷财政亦捉襟见肘。张居正全面推行"一条鞭法"，改变混乱不均之赋役制度，减轻农民不合理赋役负担，限制胥吏舞弊贪渎，特别为取消苛重力差，使农民有较多时间从事农业生产。然，"一条鞭法"征收赋役无总额规定，又为胥吏横征暴敛留下可乘之机。

张居正理财政策除为朝廷公室谋利外，亦十分重视百姓实际生活，尝通过多种渠道设法减轻百姓赋役负担，甚至直接减免税负。"一条鞭法"使明王朝财政窘境得以彻底扭转。

中国封建王朝历来重农轻商。张居正认为应该农商并重，并提出"省征发，以厚农而资商；轻关市，以厚商而利农"主张，反对随意增加商税，侵犯商人利益。其治国理政方针顺应历史发展潮流，于历史发展起到积极推动作用。

万历五年（1577年），张居正老父去世，按照祖制，朝廷官员父母过世，必须回祖籍守制27个月，期满起复为官。此时适逢改革方兴未艾，张居正为国事夜以继日操劳，倘若离开朝廷，必使改革功亏一篑。为确保改革取得实效，居正忍痛做出"夺情"选择。明朝士大夫忠君尽孝观念根深蒂固，不能尽孝何来忠君？武宗朝大学士杨廷和亦为一代名辅，收到父亲讣告，即刻归家守制。故张居正"夺情"之举引起人情汹汹，御史、六部官员均上疏居正守制。时神宗尚不能亲政，国家大政均需张居正裁决，故不愿张居正回家守孝。最终，神宗诏谕群臣，非议张居正夺情者，诛无赦，非议方消止。③

万历十年五月（1582年6月），张居正病逝，神宗"为辍朝，谕祭九坛，视国公兼师傅者。居正先以六载满，加特进中极殿大学士；以九载满，加赐坐蟒衣，进左柱国，荫一子尚宝丞；以大婚，加岁禄百石，录子锦衣千户为指挥佥事；以十二载满，加太傅；以辽

---

① 明·崔嘉祥《崔鸣吾纪事》。

② 清·张廷玉等《明史·海瑞传》。

③ 清·谷应泰《明史纪事本末》。

东大捷，进太师，益岁禄二百石，子由指挥佥事进同知。至是，赠上柱国，谥文忠，命四品京卿、锦衣堂上官、司礼太监护丧归葬。"[1]

张居正当国十年，所揽之权，为神宗皇帝之大权，是为张居正效国之需要，故其当权造成神宗失位。其效忠国事，独握大权，于神宗则有蔑视主上之嫌。张居正逝世后四天，御史雷士帧等七名言官弹劾潘晟，神宗命潘致仕。潘晟乃张居正生前所荐，潘之失势标明居正失宠。言官遂将矛头指向张居正。神宗遂下令抄其家，尽削其官秩，追夺生前所赐玺书、四代诰命，以罪状示天下。且险遭开棺鞭尸，家属或饿死或流放。

天启二年（1622年），天启皇帝熹宗朱由校为张居正复官复荫。

"张居正之为相也，拜命之日，百官凛凛，各率其职，纪纲就理，朝廷肃然，其效固旦夕立见者也。为政十年，海内安宁，国富兵强。尤长于用人，筹边料敌，如在目前。用曾省吾刘显平都蛮之乱，用凌云翼平罗旁（罗定）之乱，并拓地数百里；用李成梁、戚继光委以北边，辽左屡捷，攘地千里；用潘季驯治水而河淮无患。居正之功如是，虽有威权震主之嫌，较之严嵩，判若黑白矣。主虽至愚，未有以乱政为良相，以安社稷为奸相者也。然则任相之道，岂难能哉？显帝之任居正也，畏之如严师，信之如筮龟，无言不从，无规不改，虽太甲成王有所不及。是以居正得以尽忠竭才，为所欲为，无不如意，可谓盛矣。"[2]"江陵官翰苑日，即已志在公辅，户口厄塞，山川形势，人民强弱，一一条列，一旦柄国，辅十龄天子，措意边防，绸缪牖户。故能奠安中夏，垂及十年，至江陵殁，盖犹享其余威，以固吾圉者，又十年也。"[3]

张居正推行之新政为继商鞅、秦始皇及隋唐之际革新之后直至近代前夜影响最为深远、最为成功之改革。改革之影响，不仅表现于起衰振隳、力挽狂澜，奇迹般将北疆干戈化为玉帛，缓解国内阶级与民族矛盾，延长明王朝国祚，且一举扭转"神运鬼输，亦难为谋"之财政危机，弼成万历初年之治。"一条鞭法"赋役制度介于"两税法"与摊丁入亩之间，于中国封建社会后期赋役制度之演变具承前启后重要作用。

明代唯一、中国封建王朝空前绝后之大政治家，非张居正莫属！

熊廷弼——纵使英魂肯销灭　冤血腾空飞鬼燐

被后世称为明代"辽东三杰"之一的熊廷弼[4]，遭诬下狱后曾写有《七恸歌》。该诗之

---

① 清·张廷玉等《明史·列传·一百一》。
② 明·唐甄《潜书》。
③ 明·林潞《江陵救时之相论》。
④ 熊廷弼（1569年—1625年），字飞白，号芝冈，湖广江夏人，明末著名抗清将领。

七为：

> 我恸我恸在我身，一区脏肮骨头真。
>
> 纵使英魂肯销灭，冤血腾空飞鬼燐。
>
> 宗社有灵天有眼，天王圣明终察臣。
>
> 生为忠义死为神。

清朝乾隆皇帝阅读《七恸歌》后，曾道："观至此为之动心欲泪，而彼之君若不闻，明欲不亡得乎？……熊廷弼为辽东经略时，抒诚效命，所奏诸疏，具见忠鲠。而其时主闇政昏，不惟不用其言，转致身罹重辟，深可悯恻。"[1]

熊廷弼少时家境贫寒，于放牛间隙刻苦读书，因博闻强记，学业日长。万历二十五年（1597 年），熊廷弼参加乡试，高中第一名解元。翌年，赴京会试，一举进士及第。初授保定府推官，就任伊始即严查积案，将税监王虎冤枉缉拿之人全部释放，并上撤矿疏。旋，因才擢为监察御史。

万历三十六年（1608 年），熊廷弼外放巡按辽东。"巡抚赵楫与总兵官李成梁弃宽奠新疆八百里，徙编民六万家于内地。已，论功受赏，给事中宋一韩论之。下廷弼覆勘，具得弃地驱民状，劾两人罪，及先任按臣何尔健、康丕扬党庇。疏竟不下。时有诏兴屯，廷弼言辽多旷土，岁于额军八万中以三分屯种，可得粟百三十万石。帝优诏褒美，命推行于诸边。边将好捣巢，辄生衅端。廷弼言防边以守为上，缮垣建堡，有十五利，奏行之。岁大旱，廷弼行部金州，祷城隍神，约七日雨，不雨毁其庙。及至广宁，逾三日，大书白牌，封剑，使使往斩之。未至，风雷大作，雨如注，辽人以为神。在辽数年，杜馈遗，核军实，按劾将吏，不事姑息，风纪大振。"[2]

万历四十七年（1619 年），明军与后金军于萨尔浒展开会战，辽东经略杨镐指挥 12 万大军惨败，从此明朝力量大衰，辽东优势顿失，不得不由进攻转为防御。战后，经廷议，擢升熊廷弼为兵部右侍郎兼右佥都御史，代杨镐为辽东经略。其尚未离开京城，开原即失守，熊廷弼遂上书言奏道："辽左，京城之肩背，河东，辽镇之心腹，开原为河东之根本。欲保辽东，务必固守开原。开原未陷金人之手时，北关、朝鲜足以构成金人腹背之患。今开原陷于敌手，北关遂屈服于敌；后金遣使赴朝鲜，朝鲜不敢不附从。敌无腹背之忧，定会联合东西而强攻于吾。如此，则辽、沈难以固守。故请朝廷速遣将士，准备粮草，修造器械，充裕军费，勿延时限，授边将以权责，以期保全社稷。"[3]神宗准其奏，并赐尚方宝剑以增其权力。

熊廷弼甫出山海关，铁岭即失守，沈阳及周边城堡军民一时尽皆逃窜，辽阳一带人心不安。熊廷弼遂兼程向前，路遇逃出百姓，宽言劝慰归里。旋，斩逃将刘遇节、王捷、王

---

① 《清实录·乾隆朝实录》。

② 清·张廷玉等《明史·熊廷弼传》。

③ 清·张廷玉等《明史·熊廷弼传》。

文鼎及贪污将领陈伦之首祭奠死节将士，并上书弹劾罢免总兵官李如桢，以李怀信代之。诸事妥帖，遂督促士兵打造战车，置办火器，开挖战濠，修筑城墙，做御敌守城准备。熊廷弼守辽东，命令坚决，有法必行，数月之后，守备大为牢固。旋，上书神宗进呈方略："请集兵十八万，分布叆阳、清河、抚顺、柴河、三岔儿、镇江诸要口，首尾相应，小警自为堵御，大敌互为应援。更挑精悍者为游徼，乘间掠零骑，扰耕牧，更番迭出，使敌疲于奔命，然后相机进剿。"[①]奏章递上后，神宗悉数听从其建议。

熊廷弼命佥事韩原善安抚沈阳，韩因胆怯惧怕不肯前往。又派佥事阎鸣泰，鸣泰行至虎皮驿，大哭而返。熊廷弼遂亲往巡视，由虎皮驿抵达沈阳，又冒雪夜往抚顺。总兵贺世贤以距敌太近而阻拦，熊廷弼慷慨陈言："冰雪满地，敌不料我来。"遂击鼓奏乐入抚顺城。时适逢兵祸甫过，数百里不见人影，熊廷弼祭祀为国死亡将士，痛哭一场。旋于奉集检阅守军，察看地理形势后返回。一路所到之处，招集流民，修整防守战具，分派兵马驻扎，当地军民得以稳定。

熊廷弼虽为文进士出身，然其"身长七尺，有胆知兵，善左右射。自按辽即持守边议，至是主守御益坚。然性刚负气，好谩骂，不为人下，物情以故不甚附。"[②]刚愎暴躁之性格，为其日后之悲剧遭遇埋下伏笔。

泰昌元年（1620 年）八月，神宗驾崩，光宗即位。努尔哈赤进攻蒲河，边将贺世贤等将领迎敌，虽有斩敌俘敌微功，然明朝将士亦散亡 700 余人。给事中姚宗文以此于朝廷腾舌诽谤，熊廷弼因此无法安心职守。姚宗文原任户科给事，因守丧离职回乡。回朝后拟入补为官，吏部数次申请，光宗未予批准，宗文遂引以为忧。旋，宗文假借招徕西部流民名义，托执政大臣推荐自己，虽数次荐章奏报，仍不得任用。姚宗文遂致信廷弼，欲谋求一官。廷弼未如其愿，宗文遂怨恨之。后因一路巴结，方得以复职吏科，赴辽东检阅兵马，与廷弼议事，见解大多相左。辽东人刘国缙先为御史，于三年考绩中受贬职处分。辽地战事起后，朝廷决定用辽人，遂任其为兵部主事，参与军务。刘国缙主张召募辽人为兵，熊廷弼允之。刘按其法召募 17000 余人，最终却有半数逃逸。熊廷弼遂将此事上书朝廷，刘国缙亦对熊廷弼产生怨恨。熊廷弼为御史时，尝与刘国缙、姚宗文共负进言之责，相互之间意气相得，共同以排斥东林、攻击道学为职事。刘国缙等故此于熊廷弼寄以旧望，然熊廷弼却不念旧情，每有求而不施援手，遂使刘、姚二人顿感失望。姚宗文本出自刘国缙门下，二人从此沆瀣一气，倾轧廷弼。

姚宗文回朝之后，上书陈说辽地疆土日见减少，诋毁熊廷弼废弃大家计谋，且"'军马不训练，将领不部署，人心不亲附，刑威有时穷，工作无时止。'复鼓其同类攻击，欲必去之。御史顾慥首劾廷弼出关逾年，漫无定画；蒲河失守，匿不上闻；荷戈之士徒供挑浚，尚方之剑逞志作威。"[③]时光宗驾崩，熹宗即位，朝廷多事，尤于边疆大臣之议论为多。

①清·张廷玉等《明史·熊廷弼传》。

②清·张廷玉等《明史·熊廷弼传》。

③清·张廷玉等《明史·熊廷弼传》。

御史冯三元弹劾廷弼八件无谋略表现，三件欺君之事，扬言倘不罢免熊廷弼，辽地终究无法保有。"廷弼愤，抗疏极辩，且求罢。而御史张修德复劾其破坏辽阳。廷弼益愤，再疏自明，云'辽已转危为安，臣且之生致死。'遂缴还尚方剑，力求罢斥。给事中魏应嘉复劾之。朝议允廷弼去，以袁应泰代。廷弼乃上疏求勘，言：'辽师覆没，臣始驱羸卒数千，踉跄出关，至杏山，而铁岭又失。廷臣咸谓辽必亡，而今且地方安堵，举朝帖席。此非不操练、不部署所能致也。若谓拥兵十万，不能斩将擒王，诚臣之罪。然求此于今日，亦岂易言。令箭催而张帅殒命，马上催而三路丧师，臣何敢复蹈前轨？'三元、应嘉、修德等复连章极论，廷弼即请三人往勘。帝从之。御史吴应奇、给事中杨涟等力言不可，乃改命兵科给事中朱童蒙往。廷弼复上疏曰：'臣蒙恩回籍听勘，行矣。但台省责臣以破坏之辽遗他人，臣不得不一一陈之于上。今朝堂议论，全不知兵。冬春之际，敌以冰雪稍缓，哄然言师老财匮，马上促战。及军败，始愀然不敢复言，比臣收拾甫定，而愀然者又复哄然责战矣。自有辽难以来，用武将，用文吏，何非台省所建白，何尝有一效。疆场事，当听疆场吏自为之，何用拾帖括语，徒乱人意，一不从，辄怫然怒哉！'及童蒙还奏，备陈廷弼功状，末言：'臣入辽时，士民垂泣而道，谓数十万生灵皆廷弼一人所留，其罪何可轻议？独是廷弼受知最深，蒲河之役，敌攻沈阳，策马趋救，何其壮也？及见官兵驽弱，遽尔乞骸以归，将置君恩何地？廷弼功在存辽，微劳虽有可纪，罪在负君，大义实无所逃。此则罪浮于功者矣。'帝以廷弼力保危城，仍议起用。"[1]

天启元年（1621年），熊廷弼罢官不足一年，辽东重镇沈阳、辽东首府辽阳相继失陷，辽东经略袁应泰举火自焚，辽河以东全部沦为后金所有。河西军民悉数奔逃，自塔山至间阳方圆二百余里，荒无人烟，京城为之震惊。阁臣刘一燝道："使廷弼在辽，当不至此。"御史江秉谦上书追叙熊廷弼防守辽地功劳，且提请治排挤有功之臣者之罪。熹宗遂将弹劾廷弼之冯三元、张修德、魏应嘉、郭巩各贬三级，除姚宗文官籍，御史刘廷宣论救，亦遭罢免。遂下诏起用廷弼，且擢拔王化贞为巡抚。

是年六月，熊廷弼入朝，乃建三方布置策："广宁用马步列垒河上，以形势格之，缀敌全力；天津、登、莱各置舟师，乘虚入南卫，动摇其人心，敌必内顾，而辽阳可复。于是登、莱议设巡抚如天津，以陶朗先为之；而山海特设经略，节制三方，一事权。"[2]熹宗遂进升熊廷弼兵部尚书，兼右副都御史，驻山海关，经略辽东军务。熊廷弼因请尚方剑，请调兵20余万，以兵马、刍粮、器械之属责成户、兵、工三部。又奏请为监军道臣高出、胡嘉栋，督饷郎中傅国昭雪，恢复官职，命其皆理事；建议启用原赞画主事辽人刘国缙为登莱招练副使，夔州同知佟卜年为登莱监军佥事，原临洮推官洪敷教为职方主事，军前赞画，用以收拢辽人之心。熹宗均予批准。七月，熊廷弼启程赴辽东，熹宗特赐麒麟服与彩币，且设宴于郊外，以文武诸臣为之饯行，选京营先锋5000护送其赴任。

"先是，袁应泰死，薛国用代为经略，病不任事。化贞乃部署诸将，沿河设六营，营置参将一人，守备二人，画地分守；西平、镇武、柳河、盘山诸要害，各置戍设防。议即

---

①清·张廷玉等《明史·熊廷弼传》。

②清·张廷玉等《明史·熊廷弼传》。

上，廷弼不谓然，疏言：'河窄难恃，堡小难容，今日但宜固守广宁。若驻兵河上，兵分则力弱，敌轻骑潜渡，直攻一营，力必不支。一营溃，则诸营俱溃，西平诸戍亦不能守。河上止宜置游徼兵，更番出入，示敌不测，不宜屯聚一处，为敌所乘。自河抵广宁，止宜多置烽堠；西平诸处止宜稍置戍兵，为传烽哨探之用。而大兵悉聚广宁，相度城外形势，犄角立营，深垒高栅以俟。盖辽阳去广宁三百六十里，非敌骑一日能到，有声息，我必预知。断不宜分兵防河，先为自弱之计也。'疏上，优旨褒答。会御史方震孺亦言防河六不足恃，议乃寝。而化贞以计不行，愠甚，尽委军事于廷弼。廷弼乃请申谕化贞，不得藉口节制，坐失事机。先是，四方援辽之师，化贞悉改为'平辽'，辽人多不悦。廷弼言：'辽人未叛，乞改为平东或征东，以慰其心。'自是化贞与廷弼有隙，而经、抚不和之议起矣。"①

天启元年（1621 年）八月，熊廷弼上书："三方建置，须联络朝鲜。请亟发敕使往劳彼国君臣，俾尽发八道之师，连营江上，助我声势。又发诏书悯恤辽人之避难彼国者，招集团练，别为一军，与朝鲜军合势。而我使臣即权驻义州，控制联络，俾与登、莱声息相通，于事有济。更宜发银六万两，分犒朝鲜及辽人，而臣给与空名札付百道，俾承制拜除。其东山矿徒能结聚千人者，即署都司；五百人者，署守备。将一呼立应，而一二万劲兵可立致也。"②并举荐监军副使梁之垣，言其长于海滨，熟知朝鲜事，可充任钦差使臣。明熹宗按行人奉使惯例，赐其一品官衔以示宠信。梁之垣筹备出使之际，王化贞派遣都司毛文龙袭取镇江，奏上捷报。满朝为此大喜，即刻命登、莱、天津派 2 万水师接应毛文龙，王化贞率 4 万广宁兵进据河上，与北元蒙军一起乘机进取，由熊廷弼于中调度。然经略、巡抚所辖兵镇相互观望，最终未能出兵。

旋，王化贞上书详述东西两边敌情："敌弃辽阳不守，河东失陷将士日夜望官军至，即执敌将以降。而西部虎墩兔、炒花咸愿助兵。敌兵守海州不过二千，河上止辽卒三千，若潜师夜袭，势在必克。敌南防者闻而北归，我据险以击其惰，可尽也。"兵部尚书张鹤鸣以为然，奏言时不可失。御史徐卿伯复趣之，请令廷弼进驻广宁，蓟辽总督王象乾移镇山海。王化贞复驰奏："敌因官军收复镇江，遂驱掠四卫屯民。屯民据铁山死守，伤敌三四千人，敌围之益急。急宜赴救。"③于是兵部愈促进师。王化贞即以是月渡河。廷弼不得已出关，次右屯，而驰奏海州取易守难，不宜轻举。王化贞终于无功而还。

天启二年（1622 年）正月，王化贞唆使员外郎徐大化弹劾熊廷弼大言欺世，嫉能妒功，不罢免必将有害于辽地战事。时金军逼近西平，朝廷停止争议，仍兼用二人，责令其同心努力，功罪一体。旋，西平之围吃紧。王化贞相信中军孙得功计策，发动广宁全部兵力与金人决战。熊廷弼亦传令刘渠拔营赴援。然与后金军遭遇，中军孙得功、参将鲍承先等率先逃跑，镇武、闾阳兵力遂败，刘渠、祁秉忠于沙岭战死，祖大寿逃往觉华岛，西平守将罗一贯待援不至，与参将黑云鹤双双战死。廷弼时已离开右屯，驻军闾阳。参议邢慎

①清·张廷玉等《明史·熊廷弼传》。

②清·张廷玉等《明史·熊廷弼传》。

③清·张廷玉等《明史·熊廷弼传》。

言劝其紧急救援广宁，却为佥事韩初命阻挠，熊廷弼遂撤退回军。

王化贞平常以孙得功为心腹，而孙逃逸后即投降后金，拟活捉王化贞以为进身之功，遂诈称后金军已兵临城下，城中一时大乱，人各奔逃，参政高邦佐拼力阻挡无济于事。王化贞于此毫无所知，参将江朝栋推门闯入，大喊道："危险迫在眉睫，请公速走！"朝栋搀扶其骑马出广宁城，仓惶逃命。于大凌河遇熊廷弼，熊廷弼微笑道："六万众一举荡平，竟何如？"王化贞惭愧满面，然悔之已晚。广宁战败消息传至朝廷，京城为之震惊。

天启二年（1622年）二月，朝廷逮捕王化贞，罢免熊廷弼，命其听候查考。四月，刑部尚书王纪、左都御史邹元标、大理寺卿周应秋等奏报判决书，熊廷弼、王化贞均判死刑。五年（1625年）八月，廷弼被杀，首级辗转北方九处军镇示众。御史梁梦环弹劾廷弼侵盗军费17万两；御史刘徽上书熊廷弼家产值百万两银子，应没收充作军费。阉宦魏忠贤遂矫诏命令严加追赃，熊廷弼家全部资财不够，亲戚、本家株连查抄。东夏知县王尔玉向廷弼之子勒索貂裘、珍玩，廷弼长子熊兆珪自杀身亡。

崇祯元年（1628年），明思宗下诏书停止追赃。是年秋，工部主事徐尔一上书诉说熊廷弼冤屈："当年广宁兵十三万，粮草百万担，皆由化贞管理。廷弼仅五千援辽军，驻守右屯，距广宁仅四十里。化贞忽然之间与三四百万辽民一同败退，廷弼未一起败退已属不易，岂可望其屹然不动坚壁固守？廷弼之罪何在？请为其平反昭雪，以激励有苦劳之大臣！"明思宗未予恩准。二年五月，"故经略熊廷弼子兆璧乞收葬父骨，上不许。大学士韩爌复请之，乃允。"[1]明思宗朱由检颁发诏书，允许熊廷弼之子取回首级安葬，谥号"襄愍"。

"乱世出英雄，治世有能臣。"明朝末年，外有后金觊觎"啄食"，内有李自成、张献忠饥民"腐蚀"，朝廷已如病入膏肓之人，屋倾床摇朝不保夕。然于大厦将倾之际，文臣之武略却得以尽显，其于疆场成就赫赫威名，皆有赖于时势之机遇。虽然其辈结局悲惨，然其彪炳于史册之形象，依然为普天下书生增色不少。

"明自用兵以来，督师者如熊廷弼、袁崇焕、孙承宗辈，皆以盖世之才，能称其职；而诸将委身许国，效死不屈者亦前后相望。"[2]其才略堪称伯仲，功勋可同日而语，结局亦如此雷同，唏嘘嗟惋之余，很值得天下文人思索一番！

袁崇焕——策杖只因图雪耻　横戈原不为封侯

何人边城借箸筹，功成乃以名其楼。

---

①明·董伦、王景彰等《明实录·崇祯实录·卷二》。

②清·汪荣宝《清史讲义选录》。

此地至今烽火静，想非肉食所能谋。

我来凭栏试一望，江山指顾心悠悠。

闻道三边兵未息，谁解朝廷君相忧。[①]

此诗为袁崇焕[②]青年时于广西平乐县登临江楼有感辽东战事，借筹连楼故事以抒心志之作品。"此地至今烽火静，想非肉食所能谋。"作者抚今追昔，顿生感叹。国家长治久安，需凭忠肝义胆之士勤于政事，非依逸乐腐败之徒所能谋求，足见其卓识远见与胆略。作品于抨击不思国事消极畏缩官僚之时，亦表露出作者于个人前途及朝廷时局之忧心。

袁崇焕父袁子鹏，承祖业，常乘船顺溯东西两江，往来广西梧州等地经商，后于藤县定居。崇焕幼年时随家人迁居藤县，先后于平南、滕县县学读书。"初应童子试"，"十四公车，强半在外。"明万历四十七年（1619年）中进士，授福建邵武县令。

朝廷时值魏忠贤等奸宦结党营私，专权跋扈，残杀异己，致上下腐败堕落，朝野一片黑暗，大明已是衰象毕露。万历四十五年（1617年），清太祖努尔哈赤起兵攻明。天启二年（1622年），明军广宁大败，13万大军全军覆没，40余座城池失守，明朝国门岌岌可危。

是年，袁崇焕千里迢迢赴京朝觐述职。御史侯恂慧眼识人，提请破格擢用，具疏奏言："见在朝觐邵武县知县袁崇焕，英风伟略，不妨破格留用。"天启帝朱由校采纳侯恂等建议，授袁崇焕为兵部职方司主事。"无何，广宁师溃，廷议扼山海关，崇焕即单骑出阅关内外。部中失袁主事，讶之，家人亦莫知所往。已，还朝，具言关上形势。曰：'予我军马钱谷，我一人足守此。'廷臣益称其才，遂超擢金事，监关外军，发帑金二十万，俾招募。"[③]旋，升为山东按察司金事、山海关监军。受命后，袁崇焕出镇山海关。

当此之时，关外地均为哈剌慎诸部所据，故袁崇焕虽到任，暂驻守于关内。未几，哈剌慎诸部归顺，经略王在晋令袁崇焕移军驻扎中前所，督参将周守廉、游击将军左辅之军，管理前屯卫所事务。旋，王在晋又命其往前屯安置辽东失业人群。崇焕于夜间出发，冒虎豹袭击之险，穿梭于荆棘间，其胆略赢得众将士赞誉。王在晋非常倚重袁崇焕，上言提拔其为宁前兵备金事。然，袁崇焕以为王在晋无长远战略目标，故其并非事事遵从王在晋。王在晋于八里铺修筑城墙，崇焕认为此举亦非最佳御敌策略，因争辩不过，遂奏书首辅叶向高，陈言关外军情。

时"十三山难民十余万，久困不能出。大学士孙承宗行边，崇焕请：'将五千人驻宁远，以壮十三山势，别遣骁将救之。宁远去山二百里，便则进据锦州，否则退守宁远，奈何委十万人置度外？'承宗谋于总督王象乾。象乾以关上军方丧气，议发插部护关者三千人往，承宗以为然，告在晋。在晋竟不能救，众遂没，脱归者仅六千人而已。及承宗驳重城议，集将吏谋所守。阎鸣泰主觉华，崇焕主宁远。在晋及张应吾、邢慎言持不可，承宗

---

①明·袁崇焕《舟过平乐登筹边楼》。

②袁崇焕（1584—1630年），字元素，号自如，祖籍广西梧州，生于广东东莞石碣，明末著名抗清将领。

③清·张廷玉等《明史·袁崇焕传》。

竟主崇焕议。已，承宗镇关门，益倚崇焕，崇焕内抚军民，外饬边备，劳绩大著。"①

天启三年（1623年）九月，孙承宗决定镇守宁远。佥事万有孚、刘诏极力劝阻，然孙承宗执意前往，并命满桂、袁崇焕一起前往。袁崇焕到任，见祖大寿奉孙承宗命修筑之城墙不合规格，遂制定规格重新修筑，并命祖大寿与参将高见、贺谦督工。

四年，宁远城修筑竣工，被倚为关外重镇，将士们乐于为其效命，商旅百姓及流民将宁远视为乐土。是年九月，袁崇焕偕同大将马世龙、王世钦率水陆马步军12000人巡视广宁，拜谒北镇祠，途经十三山，抵达屯，由水路于三岔河乘船而回。朝廷以袁崇焕防守有功，先后晋升其为兵备副使、右参政。

五年，孙承宗与袁崇焕定计，派遣将领占据锦州、松山、杏山、右屯及大、小凌河等地，并修缮城防长期驻守。宁远因此成为内地，开疆复土两百里。同年十月，孙承宗遭罢免，高第接替其职。高第认为关外必定难以固守，遂命军队悉数撤出锦州及右屯等地。督屯通判金启倧上书袁崇焕："锦、右、大凌三城皆前锋要地，倘收兵退，既安之民庶复播迁，已得之封疆再沦没，关内外堪几次退守耶？"袁崇焕亦向高第极力争辩："兵法有进无退，三城已复，安可轻撤？锦、右动摇，则宁前震惊，关门亦失保障。今且择良将守之，必无他虑。"②然高第固执己见，且拟撤掉宁远军队。袁崇焕表示，宁愿死于宁远，亦不愿撤离，高第无法强迫袁崇焕，遂将锦州等地军民尽数撤离，丢弃米粟十余万。迁徙途中，死亡颇多，哭声震野，军民怨声载道。时，崇焕遭父亡，请旨归里为父守丧，遭朝廷驳回。同年十二月，袁崇焕晋升按察使。

天启六年（1626年）正月，努尔哈赤得悉孙承宗被罢免，遂率领大军西渡辽河，抵达宁远，经略高第与总兵杨麟拥重兵于山海关，隔岸观火，无视宁远危机。"崇焕闻，即偕大将满桂，副将左辅、朱梅，参将大寿，守备何可刚等集将士誓死守。崇焕更刺血为书，激以忠义，为之下拜，将士咸请效死。乃尽焚城外民居，携守具入城，清野以待。令同知程维模诘奸，通判启倧具守卒食，辟道上行人。檄前屯守将赵率教、山海守将杨麒，将士逃至者悉斩。人心始定。"③袁崇焕率宁远军民，誓与后金一决雌雄。

努尔哈赤为瓦解袁崇焕守城决心，将所获明朝百姓悉数放回宁远，并命其规劝崇焕投降，遭其严词拒绝。努尔哈赤遂举大军进攻宁远城，并命士兵举盾牌攻凿城墙。袁崇焕命罗立指挥西洋巨炮轰击后金军。后金军连续攻城两天，受巨炮攻击，溃不成军，损失惨重，努尔哈赤遂下令退军。是役，明朝大将金启倧因点火炮引起自燃而遇难。

然，后金军大肆攻略觉华岛，杀死参将金冠及军民数万人。而袁崇焕此刻方竭尽全力保全宁远，无力救援觉华。

是年三月，明廷重新设立辽东巡抚，以袁崇焕任之。魏忠贤以其党羽刘应坤、纪用一同赴辽东镇守。袁崇焕上疏请求将其调离，但遭拒绝，明廷又加袁崇焕为兵部右侍郎，子孙世荫锦衣千户。旋，努尔哈赤率兵13万攻打孤立无援、仅1万守军之宁远。袁崇焕率宁

---

①清·张廷玉等《明史·袁崇焕传》。

②清·张廷玉等《明史·袁崇焕传》。

③清·张廷玉等《明史·袁崇焕传》。

远军民奋力抗击，努尔哈赤为明军西洋大炮击中，身被重伤，大败而归。此为明军与清军长期交战中首获胜利。

宁远保卫战胜利，捷报传入北京，明廷举朝欢喜，升袁崇焕为右佥都御史。经略高第及杨麟因不发援军而罢官，以王之臣、赵率教代之。"宁远大捷"之后，袁崇焕逐渐骄横霸气，先与大将满桂不和，上疏请将满桂调往别处，明廷遂调满桂回朝。经略王之臣奏书请留满桂，袁崇焕又因此与王之臣不和。朝廷担心二人不和会影响边关大事，遂将二人分开，王之臣督关内，袁崇焕守关外。是年八月，努尔哈赤因伤重而亡，崇焕遣使前往吊唁，以刺探虚实，皇太极亦遣使回报。袁崇焕拟与后金议和，遂写书一封再次派遣使者前往。

"其冬，崇焕偕应坤、用、率教巡历锦州、大小凌河，议大兴屯田，渐复第所弃旧土。忠贤与应坤等并因是荫锦衣，崇焕进所荫为指挥佥事。崇焕遂言：'辽左之坏，虽人心不固，亦缘失有形之险，无以固人心。兵不利野战，祇有凭坚城、用大炮一策。今山海四城既新，当更修松山诸城，班军四万人，缺一不可。'帝报从之。"[1]

翌年，皇太极与袁崇焕议和，遂举兵渡鸭绿江征讨朝鲜。明廷以袁崇焕、王之臣二人不能相互协作，遂召回王之臣，不再设立经略一职，关内外尽属袁崇焕督理。袁崇焕遂趁皇太极举兵朝鲜之际，派人修缮锦州、中左、大凌三城。旋，朝鲜王室与大明左都督平辽总兵毛文龙同时向明廷告急。朝廷遂命崇焕前往救援。袁崇焕派遣水军增援毛文龙，又派左辅、赵率教、朱梅等率9000兵力逼近三岔河，以牵制后金军。朝鲜王室经不住后金攻击，遂倒向后金而进攻毛文龙，为毛文龙击败，后金军亦被击退，史称"丁卯之役"。袁崇焕被封兵部尚书兼右副都御史，督师蓟、辽。自此，袁崇焕之名威震辽东，令清兵闻名丧胆。

天启七年（1627年）四月，赵率教于锦州督护城防建造工程，明廷以尤世禄替之，又以左辅为前锋总兵官，驻扎大凌河。五月，皇太极欲为其父报仇，遂由朝鲜退兵，亲率两黄旗、两白旗精兵直抵锦州，将其包围。赵率教与纪用一面闭城坚守，一面派遣使者议和，拟以此拖延时间等待援军，使者往返数度无果，后金军攻势愈加猛烈。袁崇焕以宁远兵力不可轻易调动，遂命尤世禄、祖大寿率精锐骑兵4000人，绕道金军后背决战，另遣水军由东面予以牵制，并请求蓟镇等地发兵护东大门。明廷命山海关满桂移驻前屯，三屯孙祖寿移往山海关，宣府黑云龙移往一片石，蓟辽总督阎鸣泰移至关城。又调动昌平、天津、保定部队驰援上关。旋，传檄山西、河南、山东等地守将整备兵马听候调遣。尤世禄正待整备出发，遇后金军分兵来攻宁远，袁崇焕与刘应坤、毕自肃率将士登城楼防守，于濠沟内排列阵营，以西洋炮远距离轰击后金。满桂、尤世禄、祖大寿于城外与后金军搏战，死伤惨重，满桂中箭负伤。宁远难克，皇太极遂撤宁远兵增援锦州，仍无法奏效，且伤亡惨重。皇太极围攻宁、锦时，原拟可一鼓而下，"灭此朝食"。结果，鏖战月余，攻城不下，野战不克，损兵折将，遂于六月撤兵，连夜溃逃。史称是役为"宁锦大捷"。

---

[1] 清·张廷玉等《明史·袁崇焕传》。

"宁锦大捷"之后，满桂、赵率教等皆受赏赐，然"忠贤因使其党论崇焕不救锦州为暮气，袁崇焕遂乞休。中外方争颂忠贤，崇焕不得已，亦请建祠，终不为所喜。……及叙功，文武增秩赐荫者数百人，忠贤子亦封伯，而崇焕止增一秩。尚书霍维华不平，疏乞让荫，忠贤亦不许。"①是年七月，袁崇焕辞官回乡。明廷以王之臣接替袁崇焕为督师兼任辽东巡抚，驻扎宁远。

旋，"熹宗崩。庄烈帝（思宗朱由检）即位，忠贤伏诛，削诸冒功者。廷臣争请召崇焕。其年十一月擢右都御史，视兵部添注左侍郎事。崇祯元年四月，命以兵部尚书兼右副都御史，督师蓟辽、兼督登莱、天津军务，所司敦促上道。七月，崇焕入都，先奏陈兵事，帝召见平台，慰劳甚至，咨以方略。对曰：'方略已具疏中。臣受陛下特眷，愿假以便宜，计五年，全辽可复。'帝曰：'复辽，朕不吝封侯赏。卿努力解天下倒悬，卿子孙亦受其福。'崇焕顿首谢。帝退少憩，给事中许誉卿叩以五年之略。崇焕言：'圣心焦劳，聊以是相慰耳。'誉卿曰：'上英明，安可漫对。异日按期责效，奈何？'崇焕怃然自失。顷之，帝出，即奏言：'东事本不易竣。陛下既委臣，臣安敢辞难。但五年内，户部转军饷，工部给器械，吏部用人，兵部调兵选将，须中外事事相应，方克有济。'帝为饬四部臣，如其言。"②

崇祯二年（1629年），驻守宁远之川、湖籍士兵因拖欠军饷而哗变，袁崇焕施计将其平定。而后请求将宁远、锦州合为一镇，命祖大寿镇守锦州，何可刚替代朱梅驻宁远，赵率教守关门，袁崇焕自驻宁远。同时，上书皇帝朱由检，极力称赞祖大寿等三人才能，言五年复辽计划全靠此三人实现，倘五年未如愿，将亲手斩杀以谢皇恩，自己赴朝廷领罪服死。朱由检加封袁崇焕为太子太保，并赐给蟒衣银币。

鉴于熊廷弼、孙承宗等督边重臣皆因受排挤陷害而贬职之故事，崇焕专折上奏崇祯皇帝："'以臣之力，制全辽有余，调众口不足。一出国门，便成万里，忌能妒功，夫岂无人。即不以权力掣臣肘，亦能以意见乱臣谋。'帝起立倾听，谕之曰：'卿无疑虑，朕自有主持。'大学士刘鸿训等请收还之臣、桂尚方剑，以赐崇焕，假之便宜。帝悉从之，赐崇焕酒馔而出。崇焕以前此熊廷弼、孙承宗皆为人排构，不得竟其志，上言：'恢复之计，不外臣昔年以辽人守辽土，以辽土养辽人，守为正著，战为奇著，和为旁著之说。法在渐不在骤，在实不在虚，此臣与诸边臣所能为。至用人之人，与为人用之人，皆至尊司其钥。何以任而勿贰，信而勿疑？盖驭边臣与廷臣异，军中可惊可疑者殊多，但当论成败之大局，不必摘一言一行之微瑕。事任既重，为怨实多，诸有利于封疆者，皆不利于此身者也。况图敌之急，敌亦从而间之，是以为边臣甚难。陛下爱臣知臣，臣何必过疑惧，但中有所危，不敢不告。'"③崇祯帝下优诏抚慰袁崇焕，以期毫无后顾之忧经营辽东。

左都督平辽总兵毛文龙，与后金战争颇有战功，开创东江军事重镇，渐为人骄恣，上事浮夸，索饷过多。袁崇焕以巡查名义，于其无备遂矫诏斩之。

---

①清·张廷玉等《明史·袁崇焕传》。

②清·张廷玉等《明史·袁崇焕传》。

③清·张廷玉等《明史·袁崇焕传》。

是年十一月，后金主皇太极举兵数十万分别进占龙井关、大安口。袁崇焕率祖大寿、何可刚入关守卫，所过蓟州、抚宁、永平、迁安、丰润、玉田诸城，皆分兵留守。皇帝朱由检闻知龙颜大悦，下令嘉奖，遂命袁崇焕统领指挥各地援军。旋，遵化、三屯营为后金军攻破，赵率教于遵化中流矢阵亡，巡抚王元雅、总兵朱国彦自尽而死。后金军越过蓟州，直逼京城，袁崇焕忙率兵护卫京师。崇祯帝召见崇焕，赏赐御用酒菜及貂裘慰劳。袁崇焕以兵马长途奔波，疲惫不已，请求入城休整，然遭拒绝，遂驻军城外，与后金军鏖战，互有胜负。袁崇焕令戴承恩于广渠门列阵，祖大寿于南面列阵，王承胤于西北列阵，自于西面列阵以备战。后金骑兵由东南进攻，祖大寿率兵奋战，后金军力战不下撤退。明将刘应国、罗景荣等率兵进行追击，杀伤后金军千余人。袁崇焕又遣任守忠率部以火炮轰击金营，后金军撤退，京都之危遂解。崇祯帝酒食犒赏军队。

后金军入关直逼京城，袁崇焕得知即千里奔袭纾解京师之危，自以为功莫大焉。然朝中诸多大臣认为袁崇焕故意纵清兵入关，纷纷诽谤袁崇焕与后金军阴谋勾结，崇祯帝朱由检亦于此渐生怀疑。旋，后金皇太极设计离间崇祯君臣，传言崇焕与后金有秘密约定。十二月，崇祯帝命厂卫将袁崇焕逮捕下狱。

"魏忠贤遗党王永光、高捷、袁弘勋、史褪辈谋兴大狱，为逆党报仇，见崇焕下吏，遂以擅主和议、专戮大帅二事为两人罪。捷首疏力攻，褪、弘勋继之，必欲并诛龙锡。法司坐崇焕谋叛，龙锡亦论死。三年八月，遂磔崇焕于市，兄弟妻子流三千里，籍其家。"[①]

"明自用兵以来，督师者如熊廷弼、袁崇焕、孙承宗辈，皆以盖世之才，能称其职；而诸将委身许国，效死不屈者亦前后相望。"[②]然三人均死于佞臣昏君之手，故大明当亡，在劫难逃！

至于袁崇焕，于中尤为关键。倘"使督师以前而有督师其人者，则满洲军将不能越辽河一步，使督师以后而能有督师其人者，则满洲军犹不能越榆关一步，故袁督师一日不去，则满洲万不能得志于中国，后金军之处心积虑，以谋督师宜也。而独怪乎明之朝廷自坏长城，为敌复仇，以快群小一日之意见，而与之俱尽，古今冤狱虽多，语其关系之重大，殆未有袁督师若者也。""若夫以一身之言动、进退、生死，关系国家之安危、民族之隆替者，于古未始有之。有之，则袁督师其人也。"[③]然而，袁督师最终同样被"磔于市"，任谁有回天之力挽救大明于将倾？

更为滑天下之大稽者，袁崇焕督辽之功彪炳史册，其被"磔于市"有目共睹，然其究竟"忠""奸"，却至今莫衷一是。"庶知三百年公论不定，一翻明末人当时之记载，愈坠云雾中。论史者将谓今日之人不应妄断古人之狱，惟有求之故纸，凭耳目所及者之言以为信。岂知明季之事，惟耳目相及之人，恩怨是非尤为纠葛。"[④]

噢，原来如此！

---

① 清·张廷玉等《明史·袁崇焕传》。
② 清·汪荣宝《清史讲义选录》。
③ 梁启超《袁督师传》。
④ 清·孟森《明本兵梁廷栋请斩袁崇焕原疏附跋》。

217

第陆章

绝缘功名富贵，一生遁迹闾巷，斐然笑骂成章少小须勤学，文章可立身。满朝朱紫贵，尽是读书人。

自小多才学，平生志气高。别人怀宝剑，我有笔如刀。

朝为田舍郎，暮登天子堂。将相本无种，男儿当自强。

神童衫子短，袖大惹春风。未去朝天子，先来谒相公。

年少初登第，皇都得意回。禹门三级浪，平地一声雷。

一举登科日，双亲未老时。锦衣归故里，端的是男儿。①

"出将入相""名震朝野""衣锦还乡""封妻荫子""光宗耀祖""青史传响"，实乃四海男儿毕生之凤愿。然，"万般皆下品，惟有读书高"，"君看为宰相，必用读书人"，实现凤愿之先决条件乃须科举登第取得功名。

隋唐之前，入仕虽有举荐、察考、征辟、九品中正诸途径，选择范围却过于狭窄，仅局限于豪门望族子弟，庶族寒门后代鲜能受益于斯制。隋代为广揽人才而启科举之制，尤其唐太宗勘定《氏族志》、武则天再改《氏族志》为《姓氏录》之后，强力抑制门阀士族势力，提高寒门庶族社会地位，滥觞于隋的科举取士制度亦日臻完备，遂为寒门后代打开入仕之门。于是乎，天下男儿有四海之志者，尽皆怀揣"达而相天下，穷则善其身"之愿，以孤灯为伴，与典籍为友，孜孜矻矻埋首书斋皓首穷经，以期"萤窗新脱迹，雁塔早题名。玉殿传金榜，君恩赐状头"，博取科举功名后一展"济天下苍生"之志。

然，朝廷科举有期，届次员额有限，而天下士子如过江之鲫，蜂拥一途，故如愿得偿者实为凤毛麟角。遂愿者"春风得意马蹄疾"，之后受命履职，于宦海浮沉中运筹经营"出将入相"之业。而"名落孙山"者，则须黯然归里重整旗鼓，以待来期。更有命途多舛时运不济者，虽不屈不挠"屡败屡战"，却也难逆命运定数，终究与功名无缘。

凡科举不遂士子，或因养家糊口之需或因事亲尽孝之责，于课读之暇不得不躬耕垅亩抑或受聘富家西席，以微薄收入聊以维生。而家道殷实或性格率意者，于失意落魄间看破"红尘"，或游历山川增广见闻，或出入勾栏瓦肆诗文会友。真个是：

……

诗酒琴棋客，风花雪月天。

有名闲富贵，无事散神仙。

道院迎仙客，书堂隐相儒。

庭栽栖凤竹，池养化龙鱼。

春游芳草地，夏赏绿荷池。

秋饮黄花酒，冬吟白雪诗。②

此一类遨游江河湖海之文人，阅历渊博见多识广，且因世态炎凉而愤世嫉俗，于社会

---

① 北宋·汪洙编《神童诗》。

② 北宋·汪洙编《神童诗》。

时弊多有针砭抨击，亦与市井百姓广为接触，遂能以手中之笔搜奇猎艳，创作出被阳春白雪所不齿，而专为下里巴人喜闻乐道之作品。

唐代才子薛渔思因无缘科举功名，以日常积累见闻编撰成宣扬物妖神怪之志怪小说集《河东记》。作品内容虽以谲异怪诞为特点，却能通过神异故事曲折反映现实生活，大胆讽刺皇帝官僚昏聩无知及政治腐败，鞭挞世间图财害命自私残忍恶劣行径，且塑造出聪慧机敏之妇女形象，于人极有教化作用，深得市井平民喜闻乐道。

清代嘉、道年间才子石玉昆，亦因无缘功名而跻身说唱行业，有感百姓喜好而挥洒天赋才华，遂以明代《龙图公案》为蓝本，开讲《忠烈侠义传》，后编著为《三侠五义》公案武侠小说。作品以张扬正义倾吐百姓心声为主题，叙写宋朝包拯得侠客义士帮助，审奇案、平冤狱及侠客义士除暴安良、行侠仗义故事，塑造百姓所渴盼之铁面无私不畏权势清官形象，成为此后朝野官民尽皆百读不厌百闻不烦之经典通俗小说。而其"独于写草野豪杰，辄奕奕有神，间或衬以世态，杂以诙谐，亦每令莽夫分外生色。"[①]《三侠五义》不仅为公案小说之先导，亦为中国小说史侠义派作品之巅峰。

唐人李朝威所著《柳毅传》，描写秀才柳毅赴京应试，途经泾河畔，见一牧羊女悲啼，询知为洞庭龙女三娘，遣嫁泾河小龙，遭受虐待，乃仗义为三娘传送家书，入海会见洞庭龙王。龙女之叔钱塘君惊悉侄女被囚，赶奔泾河，杀死泾河小龙，救回龙女。三娘得救后，深感柳毅传书之义，请叔钱塘君作伐求配。柳毅为避施恩图报之嫌，拒婚而归。三娘矢志不渝，偕其父洞庭君化身渔家父女同柳家邻里相处，与柳毅感情日笃，便以真情相告。柳毅难辞盛情，遂与之订齐眉之约，结为伉俪。

作品既宣扬积善成德知恩图报之美行，亦讴歌矢志不渝纯洁无瑕之爱情，成为瓦肆间巷广为传诵之说唱艺术。

中国文学汉以赋名，唐以诗盛，宋有词声。宋后因蒙元统治，文学一度失去发展方向，散淡文人各以志寻径，自由发凡，遂出现戏曲小说创作大趋势，不特涌现出大量优秀作品，亦为中国乃至世界文学艺术史锤炼造就出一批不朽作家。

关汉卿——普天下郎君领袖　盖世界浪子班头

元杂剧奠基人、中国古代之"莎士比亚"关汉卿[②]，与白朴、马致远、郑光祖并称"元曲四大家"，汉卿名列榜首。其文学成就以杂剧为最，今知有67种，现存16种，尚有数种是否为其所作，无定论。

---

①鲁迅《中国小说史略》。

②关汉卿（1219—1301年），晚号已斋、已斋叟，解州（今山西运城）人，元代杂剧奠基人。

关汉卿生活于宋末元初。其生命历程全过程先是南宋朝廷己日趋腐朽，后为元代政治黑暗腐败，中期亲历蒙元征服南宋之战乱，社会长期动荡不安，令其饱受离乱顿挫之苦，故其剧作能深刻再现社会现实，充满浓郁时代气息。既有于官场黑暗之无情揭露，亦有热情讴歌百姓无奈之反抗，慷慨悲歌，乐观奋争。

元代统治中原之后，虽沿袭封建国家建制，却未废除奴隶制残规陋习，实为千年封建时期之后，奴隶制于中原之短暂复辟，亦为外族治理中原失败之范例。过分盘剥汉人，势必引发民族冲突。故不足百年，蒙元即被汉明所替代。正是基于时而倒流时而集权之历史背景，遂诞生一批由北向南流亡之戏剧家。元代剧作家常年生活于颠沛流亡之中，不特令其社会见闻大为增广，亦使其愈加深入了解下层百姓之苦难生活。故，处于历史大变革时期之元代杂剧文学家，更加接近思想改革之前沿，思想底蕴亦更加深厚。其人生映衬浓郁之时代背景，肩负宣扬反抗精神之历史重任，遂创作出大量具有战斗意义之作品，以之批判元朝腐朽之民族统治，揭露封建官场之黑暗，再现农民水深火热之生存环境。"我皇元初并海宇，而金之遗民若杜散人、白兰谷、关己斋辈，皆不屑仕进，乃嘲弄风月，流连光景。"[1]同时，因封建制度松懈，女性权利始受关注，一些如少妇窦娥、妓女赵盼儿、杜蕊娘、少女王瑞兰、寡妇谭记儿、婢女燕燕等普通妇女，以女性意识觉醒者形象，被投影到杂剧作品之中，成为元杂剧作家宣扬思想解放号召之主人翁。

作为元杂剧奠基人，为淋漓尽致揭露批判黑暗龌龊之社会，替生活于水深火热中之穷困百姓鸣冤伸屈，关汉卿通过作品，将自己塑造成为一个"响当当的铜豌豆"形象。

〔一枝花〕

攀出墙朵朵花，折临路枝枝柳。花攀红蕊嫩，柳折翠条柔，浪子风流。凭着我折柳攀花手，直煞得花残柳败休。半生来折柳攀花，一世里眠花卧柳。

〔梁州〕

我是个普天下郎君领袖，盖世界浪子班头。愿朱颜不改常依旧，花中消遣，酒内忘忧。分茶攧竹，打马藏阄；通五音六律滑熟，甚闲愁到我心头？伴的是银筝女银台前理银筝笑倚银屏，伴的是玉天仙携玉手并玉肩同登玉楼，伴的是金钗客歌金缕捧金樽满泛金瓯。你道我老也，暂休。占排场风月功名首，更玲珑又剔透。我是个锦阵花营都帅头，曾玩府游州。

〔隔尾〕

子弟每是个茅草冈、沙土窝初生的兔羔儿乍向围场上走，我是个经笼罩、受索网苍翎毛老野鸡蹅踏的阵马儿熟。经了些窝弓冷箭镴枪头，不曾落人后。恰不道"人到中年万事休"，我怎肯虚度了春秋。

〔尾〕

我是个蒸不烂、煮不熟、捶不扁、炒不爆、响珰珰一粒铜豌豆，恁子弟每谁教你钻

---

①元·夏庭芝《青楼集·序》。

入他锄不断、斫不下、解不开、顿不脱、慢腾腾千层锦套头？我玩的是梁园月，饮的是东京酒，赏的是洛阳花，攀的是章台柳。我也会围棋、会蹴鞠、会打围、会插科、会歌舞、会吹弹、会咽作、会吟诗、会双陆。你便是落了我牙、歪了我嘴、瘸了我腿、折了我手，天赐与我这几般儿歹症候，尚兀自不肯休！则除是阎王亲自唤，神鬼自来勾。三魂归地府，七魄丧冥幽。天哪！那其间才不向烟花路儿上走！

因此形象之塑造成功，关汉卿被誉"曲家圣人"。作家不仅"生而倜傥，博学能文"。且"滑稽多智，蕴藉风流，为一时之冠"。①其杂剧代表作有《窦娥冤》《救风尘》《望江亭》《拜月亭》《鲁斋郎》《单刀会》《调风月》等。

作为一名批判现实主义剧作家，关汉卿始终将笔触与目光聚焦于劳苦百姓，为之鸣冤，为之呐喊，以大无畏之精神揭露与鞭挞统治之腐败，社会之黑暗，百姓之痛苦。其作品能深刻再现社会现实，充满浓郁时代气息。所反映内容既有皇亲国戚、豪权势要，如葛彪、鲁斋郎之流"动不动挑人眼，剔人骨，剥人皮"之凶横残暴，又有童养媳窦娥、婢女燕燕等底层妇女任由封建礼法蹂躏之悲剧遭遇，生活面十分广阔。其作品主题既无情揭露官场之黑暗龌龊，又热情讴歌百姓之无畏反抗，构成慷慨悲歌、乐观奋争之基调。民妇窦娥、妓女赵盼儿、杜蕊娘、少女王瑞兰、寡妇谭记儿、婢女燕燕等普通妇女，经过作者精心刻画，形象栩栩如生，各具性格特色。其出身微贱、遭遇悲惨之生活经历，正直、善良、聪明、机智之朴素性格，敢于同黑暗势力进行斗争至死不屈之英勇行为，于作者笔下得到充分肯定与赞美。

汉卿杂剧无论题材抑或形式，均广泛而多样。其于悲剧、喜剧，英雄壮烈、恋爱波折、家务纠纷、官场公案无所不包。依据主题剪裁取舍，情节安排紧凑，布局引人入胜，主线清晰，节奏紧凑，人物个性鲜明，有血有肉，成功塑造各种典型人物形象栩栩如生，思想性艺术性达于完美结合，将作者对不幸者之深厚同情不露痕迹地融入艺术形象的言行中。

杂剧创作方面，关汉卿实属一位杰出语言艺术大师。其善于汲取民间生动语言，熔铸精美古典诗词，创造出一种生动流畅、本色当行之语言风格，真正达于"人习其方言，事肖其本色。境无旁溢，语无外假"②之艺术境界。

关剧本色语言风格首先表现于人物语言之性格化，曲白酷肖人物声口，符合人物身份。如《窦娥冤》中窦娥语言之朴素无华，《救风尘》中赵盼儿之利落老辣与宋引章之天真纯朴，《谢天香》中谢天香之温柔软弱，《杜蕊娘智赏金线池》中杜蕊娘之泼辣干练，皆维妙维肖，宛如口出。同为反面人物，《蝴蝶梦》中葛彪语言之粗鲁强横，不脱恶霸凶徒本色；《救风尘》中周舍语言干练利索，极符合其"酒肉场中三十载，花星整照二十年"之老狎客身份；《望江亭》中杨衙内口白粗鄙，有时却附庸风雅，装模作样；《窦娥冤》中张驴儿语言流里流气，切合其流氓无赖性格；《鲁斋郎》中鲁斋郎权势显赫，实为吃人不

①元·熊梦祥撰《析津志辑佚·名宦》。

②明·臧晋叔《元曲选·序》。

吐骨头之贵族官僚，其出言彬彬有礼，甚至略带几分幽默，表面上不瘟不火，然其炙手可热之威势却透出咄咄逼人寒光，更见其性格蛮横冷酷。

语言切合人物身份性格，为关剧艺术描写一大特色，其本色语言风格还表现于作者不务新巧，不事雕琢藻绘，从而创造出富有特色之通俗、流畅、生动语言风格。如《窦娥冤》中之普通说白：

> "婆婆，那张驴儿把毒药放在羊肚儿汤里，实指望药死了你，要霸占我为妻，不想婆婆让与他老子吃，倒把他老子药死了。我怕连累婆婆，屈招了药死公公，今日赴法场典刑。婆婆，此后遇着冬时年节，月一十五，有溕不了的浆水饭，溕半碗儿与我吃，烧不了的纸钱，与窦娥烧一陌儿，则是看你死的孩儿面上。"

如此朴素无华之说白，酷肖封建社会里如窦娥之类小媳妇之声口，几乎看不出一丝加工痕迹，犹如生活本身之自然、贴切、生动。"是时文翰晦盲，不能独振，淹于辞章者久矣。"[1]正是如此平凡不过之话语，鲜血淋漓地揭示出窦娥自幼为童养媳之屈辱地位与悲惨命运。

关汉卿杂剧作品由思想内容大致可分为三类。第一类为歌颂人民反抗斗争、揭露社会黑暗与统治者残暴、反映当时尖锐阶级矛盾之作品。如《窦娥冤》《蝴蝶梦》《鲁斋郎》等，旨在反映百姓斗争精神，控诉社会黑暗。其中最杰出者当属《窦娥冤》，为其悲剧代表作，列入世界大悲剧之列。

第二类主要为描写下层妇女生活与斗争，突出其于斗争过程中之勇敢机智。貌似强大道貌岸然之小人，于聪明对手面前，个个被簸弄得犹如泄气皮球，带有极大喜剧意味。如《救风尘》《望江亭》《金线池》《调风月》《拜月亭》等。其中以《救风尘》最有代表性。该剧描写妓女宋引章与穷秀才安秀实相恋，后贪图财物嫁于富商周舍，结果被朝打暮骂，受尽苦楚。妓女赵盼儿假意拟嫁周舍，设计救出宋引章嫁于安秀实。作品同情社会底层之妓女儒生，揭露官商之虚伪残暴。《望江亭》写杨衙内为夺得谭记儿，向皇帝诬告谭记儿之夫白士中不理政事，皇帝遂赐其势剑金牌取白士中首级。谭记儿假扮渔妇赚走势剑金牌，终使乃夫躲过丧命之祸。作者通过故事情节跌宕起伏，极力赞扬谭记儿之机智勇敢与对爱情之坚贞不渝。

第三类为歌颂历史英雄之杂剧，如《单刀会》《西蜀梦》等。其中以《单刀会》成就为最突出。《单刀会》描写吴国鲁肃为索取荆州设宴邀请关羽，关羽不畏艰险单刀赴会之故事，塑造关羽大义凛然、无所畏惧之英雄形象。剧中通过乔国老与司马徽之口，极力渲染云长之英雄业绩与盖世威风，造成强烈戏剧气氛。

总体而言，关汉卿剧作深刻揭露元代社会之黑暗，为生活于蒙元桎梏下之中原汉族百姓张扬起正义风帆，透出一丝希望之曙光。

---

①元·熊梦祥撰《析津志辑佚·名宦》。

汉卿于散曲创作方面亦有突出成就。其作品主要以描绘都市繁华与艺人生活、羁旅行役与离愁别绪，以及自抒抱负述志遣兴为主。《〔南吕〕一枝花·杭州景》最为典型：

〔套数〕
  普天下锦绣乡，环海内风流地。
  大元朝新附国，亡宋家旧华夷。
  水秀山奇，一到处堪游戏，这答儿忒富贵。
  满城中绣幕风帘，一哄地人烟凑集。

〔梁州〕
  百十里街衢整齐，万余家楼阁参差，并无半答儿闲田地。
  松轩竹径，药圃花蹊，茶园稻陌，竹坞梅溪。
  一陀儿一句诗题，一步儿一扇屏帏。
  西盐场便似一带琼瑶，吴山色千叠翡翠。
  兀良，望钱塘江万顷玻璃。
  更有清溪绿水，画船儿来往游戏。
  浙江亭紧相对，相对着险岭高峰长怪石，堪羡堪题。

〔尾〕
  家家掩映渠流水，楼阁峥嵘出翠微，遥望西湖暮山势。
  看了这壁，觑了那壁，纵有丹青下不得笔。

作品将写景与抒情、描写与议论巧妙结合起来，鲜明之景物与浓烈之感情水乳交融，极具艺术感染力，抒发作者于杭州景色风物之切身感受，渗透其于祖国锦绣河山之深厚感情。

关汉卿散曲作品通俗生动，率真本色，与北宋柳永之《望海潮》词可谓异曲同工。

关汉卿不仅为元杂剧主要创作家，而且为舞台演出具体实践家。为使杂剧艺术不断臻于完善，其常"躬践排场，面敷粉墨。以为我家生活，偶倡优而不辞"。[1]关汉卿与同时代元杂剧著名作家杨显之、梁进之、费君祥，散曲著名作家王和卿及著名女演员朱帘秀等均有交往，其中与杨显之、王和卿尤其亲密。正是由于作为杂剧领袖之身体力行，经作家与演员长期协力进取，杂剧于元代即登上其艺术之巅峰。

元代统治者蒙兀儿人属崛起于蒙古高原之游牧民族，为严格统治中原汉族，其于统御手段实行民族分化政策，将国人分为"蒙古、色目、汉人、南人"四等。汉族含于三等汉人与四等南人中，地位最低。同时，其又按职业将国人分为"官、吏、僧、道、医、工、商、农、儒、丐"十等。其中知识分子地位仅高于乞丐，称"九儒十丐"。如此极力打压知识分子之政策，造成大批汉族知识分子摒弃功名，专意于市井艺术创作，遂有元杂剧之

---

①明·臧懋循《元曲选·序》。

兴起，亦有"杂剧班头"关汉卿之形成。倘若蒙元统治者亦如汉族统治者，刻意于科举取士；关汉卿亦如其他汉族士人，成为正统儒士，终生奔波蹉跎于科举之途，中国文学是否会有"杂剧"勃兴？关汉卿是否仍于中国文学史乃至世界文学史居有一席之地？实难意料！

施耐庵——年荒世乱走天涯　寻得阳山好住家

施耐庵[①]为孔子七十二弟子之一施之常后裔，其先祖于唐末迁徙苏州为家。其父名元德，操舟为业。耐庵自幼聪明好学，13岁入浒墅关私塾就读，博古通今，才华横溢，举凡群经诸子、词章诗歌、天文地理、医卜星象皆有涉猎，且才气过人，事亲至孝，为人仗义。

元延祐元年（1314年），施耐庵考中秀才，泰定元年（1324年）中举人。至顺二年（1331年），与其后为朱元璋军师之刘伯温同榜登进士，是年36岁。旋任浙江钱塘县尹，因替穷人辩冤纠枉，以不合当道权贵而遭上司训斥，遂辞官回归故里。

元至正十三年（1353年），白驹场盐民张士诚等十八名壮士率壮丁起义反元。张士诚敬施耐庵文韬武略，再三邀其为军幕。耐庵遂抱建造"王道乐所"之宏愿欣然前往，为张士诚出谋划策，佐其攻城夺地屡立奇功。张士诚羽翼丰满之后居功自傲，独断专行，亲信佞臣，疏远忠良，于施耐庵之谏劝，置若罔闻概不采纳，致令施耐庵、鲁渊、刘亮、陈基等幕僚大为失望，相继愤然离开平江。与鲁渊、刘亮相别时，施耐庵曾作《新水令•秋江送别》套曲，抒发慷慨悲痛之情：

（新水令）西窗一夜雨蒙蒙，把征人归心打动。五年随断梗，千里逐飘蓬。海上孤鸿，飞倦了这黄云陇。

（驻马听）落尽丹枫，莽莽长江烟水空。别情一种，江郎作赋赋难工，柳丝不为系萍踪，茶铛要煮生花梦，人懵懂，心窝醋味如潮涌。

（沉醉东风）经水驿，三篙波绿，问山程，一骑尘红。恨磨穿玉洗鱼，怕唱澈琼萧凤，尽抱残茗碗诗筒。你向西来我向东，好倩个青山互送。

（折桂令）记当年邂逅相逢。玉树蒹葭，金菊芙蓉，应也声同。花间啸月，竹里吟风。夜听经，趋来鹿洞；朝学书，换去鹅笼。笑煞雕龙，愧煞雕虫。要论交白石三生，要惜别碧海千重。

（沽美酒）到今日，短檠前，倒碧筩；长铗里，掣青锋。更如意敲残王处仲，唾壶痕，

---

①施耐庵（1296—约1371年），名子安（一说名耳），本名彦端，江苏盐城人，元末明初小说家。

击成缝。蜡烛泪，滴来侬。

（太平令）便此后，隔钱塘南北高峰，隔不断别意离踪。长房缩地恐无功，精卫填波何有用？你到那山穷水穷，应翘着首儿望侬，莽关河，有明月相共！

（离亭宴带歇拍煞）说什么草亭南面书城拥，桂堂东角琴弦弄，收拾起剑佩相从。撩乱他落日情，撩乱他浮云意，撩乱他顺风颂。这三千芥子，多做了藏愁孔。便倾尽别宴酒千壶，犹嫌未痛。那堤上柳，赠一枝；井边梧，题一叶；酒中梨，倾一瓮。低徊薜荔墙，惆怅蔷薇栊。待他日鹤书传奉，把两字儿平安，抵黄金万倍重。

此后不久，张士诚身亡国灭。施耐庵遂浪迹天涯，漫游山东、河南等地，替人医病解难。曾与山东郓城教谕刘善本友善，后寓居江阴祝塘财主徐骐家中坐馆。教书之余，与高足罗贯中一起研究《三国演义》《三遂平妖传》等作品创作，搜集、整理北宋末年水泊梁山起义故事，为撰写《江湖豪客传》准备素材。

至正二十七年（1367 年），朱元璋发兵围攻平江，战乱波及江阴。施耐庵为避免麻烦，欲赴"自古昭阳（兴化）好避兵"之兴化隐居著述。兴化地方偏僻，四周环水，交通不便，耐庵特意差人至好友松江同知顾逖处送信求助，并附诗一首：

> 年荒世乱走天涯，寻得阳山好住家。
> 愿辟草莱多种树，莫教李子结如瓜。

顾逖见信即刻回复，邀其来兴化避难。信中亦附答诗一首：

> 君自江南来问津，相送一笑旧同寅。
> 此间不是桃源境，何处桃源好避秦？

施耐庵接信后，将大弟彦明留于苏州原籍，带续弦申氏、二弟彦才及弟子罗贯中，冒险矢石烽烟，渡江北上，先于兴化顾逖家中暂住，而后由顾逖相助，于兴化以东人烟稀少之海滨白驹场购置田地房产，隐居不出，感时政衰败，寄托心意，专心于《江湖豪客传》创作。白驹场为古代两淮盐场之一，亦为元末义军首领张士诚故乡。元至正十三年（1353 年），张士诚即于此地率领"十八条扁担"造反抗元。白驹场环境清幽，清流环抱，荻港萧萧，沙鸟低翔，渔舟缓唱，芦苇茂密，富有浓郁水泊气息。游人至此，顿生仿佛身临梁山水泊之感。

《江湖豪客传》成书后，定名为《水浒传》。水泊梁山一百零八条好汉，其实均为元末起义将领之影子。

明朝建立之初，朱元璋曾下诏书请其出山为新朝做事，皆被施耐庵托词婉拒。

施耐庵不仅为杰出小说家，且为武艺高强见义勇为之豪侠剑客！

明初，施耐庵游历茶山，适逢一恶霸强夺农夫茶园，遂向前阻拦。恶霸见来人理直气壮，只好悄悄溜之大吉。事后，恶霸探知来人住处，花钱雇一帮打手围住施耐庵居所寻衅。施耐庵见此情景，微微冷笑，坦然自若迈出屋门。打手见其赤手空拳，遂一哄而上，手举铁棒挟风朝施耐庵头顶劈来。施耐庵侧身摆头，一个"顺风扯旗"，让过棒锋，双手抓住铁棒，同时飞起右脚，踢中大汉腹部，飞出丈余。施耐庵旋即挥舞铁棒，一阵旋风横地，打手屁滚尿流落荒而逃。

一年元宵，施耐庵上街观花灯，见一恶少于街尾侮辱调戏良家妇女，遂怒从心中起，恶向胆边生，出手将恶少提起举过头顶，如摔死狗般将其摔于地上，恶少吓得磕头求饶，施耐庵方才饶其过错。岂料恶少于翌日纠集一群无赖前来报复。施耐庵不慌不忙找来一根粗绳，命无赖以绳索拴紧自己双腿，然后叫他们用力拉。无赖个个累得脸红脖子粗，施耐庵双脚却如落地生根，纹丝不动。霎时，施耐庵绰过铁棒，一记"乌龙摆尾"，便将身旁大杨树齐腰打断。无赖见其如此功力，方晓得遇上高手，个个叩头认输，夹尾溜走了事。《水浒传》中，施耐庵以此段亲身经历为素材，构成鲁智深大相国寺降伏众泼皮之故事情节。

施耐庵隐居著《水浒》期间，结识许多农夫、盐民，切身感受基层百姓生计维艰，使其捕捉到诸多创作素材。而其时恰值元末农民起义风起云涌，天下英雄起四方，起义将领之英勇壮举遂成为其塑造绿林好汉不可多得之典型事迹。经过艰苦磨砺再创造，施耐庵以惊人艺术才能，栩栩如生淋漓尽致地刻画塑造出梁山一百零八条豪侠之形象。当代阴阳易辨派创始人高煜翔评价水浒传："天翻地覆事，侠肝义胆情，忠义照千秋，热血奇男儿。"

施耐庵隐居白驹场一边讲学一边著书。写到石秀智杀裴如海，头陀敲木鱼一段时，突然想起东林庵所珍藏木鱼木槌，心中疑惑不解，便问主持徐麒："庵中木鱼木槌，何以如宝贝一样珍藏？"徐麒回答："庵里原住一老和尚，念经拜佛用心极诚，一边念经一边敲木鱼。并手指木鱼凹陷道'凡事锲而不舍，金石可镂，锲而舍之，朽木不折。'读书、做学问皆应专心致志，方可有成。"施耐庵听后连连点头称是，谓写书更应有锲而不舍之精神！遂提笔书"耐庵"二字贴于门楣，意为告诫自己务必克服一切困难，专心写好《水浒传》。外人不知其意，遂将其称为"耐庵先生"。久而久之，耐庵自觉此名挺雅致，遂改名为"施耐庵"。

《水浒传》成书后，施耐庵为避明朝征召而潜居淮安定居。明洪武四年（1371年）染病而殁，就地高葬，享年75岁。耐庵殁后数十年，其孙文昱（述元）家道炽盛，遂迁其祖耐庵骨葬于白驹西落湖，并请王道生作《施耐庵墓志》。

施耐庵于小说之外亦精于诗曲，然流传于世者极少。除套曲《秋江送别》外，尚有与顾逖、刘亮赠答诗传世。

> 韬光养晦，一代英才居胜境；
> 激浊扬清，千秋峻笔著奇书。[1]

---

[1] 童斌撰施耐庵纪念馆对联。

《水浒传》不仅为中华民族文学艺术瑰宝，亦为世界文学宝库中之精华。自明嘉靖始迄今，《水浒传》于国内有各种版本53种，国外流传亦颇广。朝鲜、印尼、泰国、马来西亚、新加坡、越南、意大利、法国、俄罗斯、匈牙利、捷克、罗马尼亚等国均有《水浒传》译本，仅美国即有《水浒传》《水浒传选集》《中国古典小说·水浒传》《水浒传词汇》《野猪林》等译本，日本译本多达20余种。国内"施学"研究尤其兴盛，有"中国水浒学会""浙江水浒学会""山东梁山水浒研究会""盐城市水浒学会""大丰市施耐庵研究会"等学术团体专门研究施耐庵与《水浒》，并出版刊物。电视连续剧《水浒传》播出后，观众数以亿计。

> 隔岸白驹迷晓雾，盘球狮子沐晨阳。
> 耐庵泉下泰然卧，评说由人论短长。[1]

日本汉学家盐俗温称："《水浒传》是惊天动地的快文，中国小说之冠冕，是雄飞世界文坛的优秀古典小说"。伦敦大学卢庆滨博士亦曾远涉重洋，不远万里来大丰白驹考察施耐庵。

施耐庵不仅为中国之文学巨匠，亦为世界文坛之名人。

罗贯中——独善其身尽日安 何须千古名不朽

> 滚滚长江东逝水，浪花淘尽英雄。
> 是非成败转头空。
> 青山依旧在，几度夕阳红。
> 白发渔樵江渚上，惯看秋月春风。
> 一壶浊酒喜相逢。
> 古今多少事，都付笑谈中。[2]

这阕《临江仙》词，为明代世宗朝状元杨慎发配云南充军，途经湖北江陵时，见一渔父与一樵夫于江边煮鱼喝酒谈笑风生之情景，感慨而作。词作借叙述历史兴亡抒发人生感慨，豪放中有含蓄，高亢中有深沉。全词基调慷慨悲壮，意味无穷，令人读来荡气回肠，心头平添万千感慨。然其又于苍凉悲壮中营造出淡泊宁静气氛，折射出高远意境与深邃人

---

①张惠仁赞施耐庵墓园诗。

②明·杨慎《临江仙》。

生哲理，试图于历史长河之奔腾沉淀中探索永恒价值，于成败得失间寻求深刻人生情趣，感慨历史兴衰与人生沉浮，情操高洁、胸怀旷达。

《三国演义》作者罗贯中[①]采用该词为著作开篇词，自然是对历史人生生发与杨慎同样感慨之表现。

罗贯中出生于河东太原富商之家，其父为丝绸商人。贯中7岁进私塾学习四书五经，聪慧颖悟，学业优异。14岁时母亲病故，遂辍学随父往来苏州、杭州一带做生意。然贯中于商业不感兴趣，遂投慈溪著名学者赵宝丰门下学习。

元代中期，灭宋战争创伤逐渐平息，社会政治经济及文化重心逐渐由北方转移南方。南宋古都杭州不仅成为人口云集、商业发达之繁华城市，亦成为戏剧演出与"说话"艺术发展之重要中心。因此，北方知识分子、"书会材人"如关汉卿、郑光祖等，先后南迁苏、杭一带定居。受此社会潮流影响，小说兼杂剧作家罗贯中亦由河东迁居杭州。从此"号湖海散人，与人寡合，乐府隐语，极为清新。"[②]贯中所以取号"湖海散人"，即寄寓其漫游江湖、浪迹天涯之意。

元惠宗至正十六年（1356年），农民起义如火如荼已成燎原之势，蒙元统治处于风雨飘摇之中。罗贯中素怀"有志图王"抱负，元末乱局令其顿生英雄用武之念，遂辞别先生赵宝丰，赴农民起义军张士诚幕府作宾。

翌年，张士诚采纳罗贯中建议，设伏击败朱元璋部下康茂才进攻。旋，士诚之弟兵败，为元朝俘虏，张士诚遂于无奈中降元。至正二十三年（1363年），张士诚眼见元朝没落，遂脱离元朝，再次起兵称王。罗贯中及其余幕僚鉴于"树大招风"之故，均建议张士诚暂缓称王，以待时机成熟。然，张士诚刚愎固执，将谋士建议一概未予采纳。罗贯中忖度士诚终究难成大事，遂再次北上，返回太原故居。至正二十六年（1366年），罗贯中辗转南下杭州，开始《三国志通俗演义》写作。时，贯中已逾知天命之年。经过南来北往阅历增长，尤其经从商、求学、幕僚生涯之历练，贯中于历史、人生之认识均已日臻成熟，完全具备创作《三国志通俗演义》之思想、文笔条件。明太祖洪武三年（1370年），《三国志通俗演义》完成12卷。洪武四年之后若干年，全书脱稿。

罗贯中写作《三国志通俗演义》期间，业师施耐庵由苏州迁居兴化，并于洪武三年逝世。疆场创业未遂，业师亦于新朝草创之际弃世，贯中感慨"生不逢时，才郁而不得展，始作《水浒传》，以抒其不平之鸣"。[③]故，贯中于完成《三国志通俗演义》创作之后，遂集中精力研磨加工《水浒传》，力求乃师作品更加完整全美。毫无疑问，千古名著《水浒传》的确为施耐庵、罗贯中师徒联袂而成。"余偶阅一小说序，称施某尝入市肆，细阅故书，于敝褚中得宋张叔夜擒贼招语一通，备悉其一百八人所由起，因润饰成此编。其门人罗本亦效之为《三国

---

①罗贯中（约1330年—约1400年），名本，字贯中，号湖海散人，山西并州太原府人，元末明初小说家。

②明·贾仲明《录鬼簿续编》。

③明·陈继儒《尺蠖斋评释·西晋志传通俗演义·序文》。

志演义》，绝浅陋可也"。①经罗贯中润色扩展，《水浒传》由80回本增至120回本。

罗贯中被称为中国章回小说鼻祖。其章回小说之特色为分章叙事，分回标目，每回故事相对独立，段落整齐，又前后勾连、首尾相接，将全书构成统一整体，目录文字亦相当讲究。《三国志通俗演义》每回标题均为单句七字，而与施耐庵合著《水浒传》每回标题为双句，大致对偶。于分回立目之外，其章回小说又保存宋元话本开头引及开场诗，结尾用散场诗之体制。正文常以"话说"两字起首，往往在情节开展紧要关头煞尾，以一句"欲知后事如何，且听下回分解"之套语，中间又多引诗词曲赋以作场景描写或人物评赞。章回小说体制得以定型，艺术表现亦日趋成熟。其作品之文学特点主要表现于：成书过程从历代集体编著过渡为个人独创；创作意识由借史演义，寓言寄托，至面对现实，关注人生；表现题材由着眼于兴废争战等国家大事，落脚于日常生活、家庭琐事；描写人物自非凡英雄怪杰兼寻常平民百姓；塑造典型以突出人物性格特征而着力并运用多色动感笔触刻画人物个性；情节结构由线性流动而网状交叉；小说语言由半文半白而夹杂口语化、方言化。如此多元艺术表现，足以说明罗贯中章回小说已于中国小说史上取得巨大成就，亦为明代中后期白话短篇小说出现鼎盛局面奠定厚实基础。②

明朝建立后，朱元璋为巩固新朝统治地位，曾令各行省开科取士，且连试三年，以期网络更多新朝亟需人才。然，罗贯中因尝为张士诚幕宾，曾与朱元璋为敌，故不得不忍痛放弃读书人步入官场之绝佳机会。洪武十四年（1382年），罗贯中写出20回本《三遂平妖传》。此后，遂一发不可收，连续创作《残唐五代史演义传》《隋唐志传》等著作。

时，罗贯中已年逾六旬。为使作品付梓问世，其于洪武十三年（1381年）由杭州赴全国出版业中心之一之福建建阳，寻求出版契机。然，鉴于诸多无力克服之困难，其此行目的未能得以实现

罗贯中具备多方面创作才能，亦有乐府隐语与戏曲作品，然以小说成就最为突出，而小说又以《三国志通俗演义》成就最高。全书以宏大结构描绘三国时期复杂政治军事斗争，笔起东汉末年黄巾起义，终于西晋统一中原。作品谴责统治者之残暴与丑恶，反映动乱时代百姓痛苦及于清明政治、仁贤君王之向往，故"拥刘反曹"思想倾向尤其鲜明。

《三国志通俗演义》"文不甚深、言不甚俗"，语言简洁明快而又生动，将历史与文学自然结合，既有现实之深刻描绘，又充满浪漫主义传奇色彩，读来令人如享大餐爱不释手。《三国志通俗演义》现存最早刊本为嘉靖本，最为流行版本为清代毛纶、毛宗岗父子修改本。戏曲作品则有杂剧《赵太祖龙虎风云会》。其杂剧基本思想与《三国志通俗演义》类似，描写君臣之间亲密关系，希望通过"正三纲、谨五常"结束奸雄争霸造成之悲惨社会局面。

罗贯中一生横跨元、明两朝，前半生经历元代后期，后半生度过明朝前期，青壮年时期恰逢新旧朝代更迭。元末社会大动乱，使其目睹现实纷争，对基层百姓苦难深重之生活处境比较了解，对其理想追求亦认识深刻。故其小说创作动机皆因"无过于泄愤一时，取

①明·胡应麟《少室山房笔丛》。
②袁行霈《中国文学史·明代文学》。

快四载"与改变当时话本艺术之弊端，为民众、说话艺人提供方便而喜闻乐道之说话底本。其由社会文学需要出发，对民间流传影响较大之话本小说素材进行搜集、整理、充实，扎实地予以再创作，遂完成几项重大历史题材之文学表现艰巨工程。贯中作品，尤其《三国演义》之出现，标志着中国古代小说已完成"话本"阶段向长篇章回体之过渡，揭开中国小说发展历史之崭新一页。

罗贯中具备如此高超艺术造诣，首先得益于其对历史资料之谙熟、对历史人物了解之深刻。《三国演义》创作中，其注意吸收陈寿《三国志》之长处，取民间话本《说三分》之精华，收集数以百计大小故事，对成百上千帝王将相谋臣武夫之姓名、性格特征，乃至人物社会关系、历史命运、仕途风云皆了如指掌。作者一番广采博纳、熟记活用艰苦功夫，将前后百年历史变革尽收眼底，波诡云谲世纪风云凝于笔端，形成作品气势磅礴一泻千里之势，使人读来荡气回肠胸次激昂。

综合分析贯中作品全貌，其文学创作尤其长于战争描写，仅《三国演义》一部作品，即铺陈部署上百场战役，且各具特色，无一重复。其中场面最宏阔，描写最细腻精彩者，当属"赤壁之战"。是役首要特色为两国开战，三方参与。既有大量军事活动，又有大量外交活动，将三国时期主要谋臣战将皆引入活动之中，奔前忙后各展其能。其次以斗智伐谋推进矛盾发展，不以武力交锋为主。作品描写记叙文战过程远超武战场面。再次为时代特征明显。赤壁战前，中原尚处于群雄割据逐鹿问鼎之乱象，赤壁之战一把火，烧出半个世纪三国鼎立之历史。地理形势为"赤壁之战"又一显著特征。曹操与孙刘联盟之间横亘一条长江，上垂高天，下接厚地，渺乎苍苍，浩乎无际，或大雾迷天，或惊涛拍岸。作战双方围绕长江大做文章，战略战术谋略得失，皆随长江阴晴而变化。然而，矛盾斗争之最终结局却出人意料——强者败，弱者胜，获利最大者为势力最小者。仔细咀嚼回味，整场战争自始至终于文字层面完全运作于作者股掌之中，字里行间无不显示作者驾驭文字之匠心独具。罗贯中不愧为"第一位知名的艺术大师"①。

罗贯中历史小说最突出成就与最吸引读者之处，在于作者善于营造紧张形势，以此为矛盾冲突原动力，展示人物动作行为并推动故事情节发展，塑造出形象丰满光芒四射之典型人物。

> 暗淡了刀光剑影，远去了鼓角铮鸣。
> 眼前飞扬着一个个鲜活的面容。
> 湮没了黄尘古道，荒芜了烽火边城。
> 岁月啊，你带不走那一串串熟悉的姓名。
> 兴亡谁人定啊，盛衰岂无凭。
> 一夜风云散啊，变幻了时空。
> 聚散皆是缘啊，离合总关情。

①《大英百科全书》。

担当生前事啊，何计身后评。

长江有意化作泪，长江有情起歌声。

历史的天空闪烁几颗星，

人间一股英雄气在驰骋纵横！[①]

罗贯中虽然"有志图王"，却因未栖于良木而宏愿化为泡影，亦因此而与科举功名失之交臂。然其因凌云之志难达九霄之后，以如椽之笔塑造之艺术形象，数百年来一直活跃于中国艺术舞台，为中华民族提供享受无尽之精神财富，其勋岂可与汲汲功名同日而语？明惠帝建文二年（1400年），罗贯中病逝于庐陵（今江西吉安）家中，享年70岁。

吴承恩——平生不肯受人怜　喜笑悲歌气傲然

长篇神魔小说《西游记》自刊世之后即风靡朝野，梨园行摘撷精彩处搬上舞台，更令其成为经久不衰之剧目。今日，现代传媒手段已达无所不能地步，《西游记》遂招惹当代影视人更加忙得不亦乐乎。长篇电视连续剧《西游记》一经问世，即成老幼妇孺百看不厌之佳品。

《西游记》作者吴承恩[②]之祖先聚居枞阳（安徽桐城）高甸，故称高甸吴氏，后迁徙淮安府。吴承恩出生时，家况已由学官沦落为商人，且因经营不善而极其清贫。其父吴锐性格乐观旷达，奉行常乐哲学，故为其子取名承恩，字汝忠，实望其能读书做官，上承皇恩，下泽黎民，成为青史留名之忠臣。承恩自幼聪明过人，"性敏而多慧，博极群书，为诗文下笔立成，清雅流丽，有秦少游之风。复善谐谑，所著杂记几种，名震一时。"[③]然其于科考亦极其不顺，屡试不第。嘉靖二十年（1541年）选贡，方补"岁贡生"出任长兴县丞。旋升任河南河阴知县。时河道北徙四十里，承恩一面组织筑堤，一面动员栽植柳树数十万株，耕牧其间，遂成良田。后遇大灾，灾民剥柳皮为食，性命得以保全。百姓庆幸感言："此吴公活我柳也。"旋，吴承恩升任山西潞安通判，百姓泣送，各持千钱百钱馈赠。承恩道："昔刘宠受民一钱，吾不逮宠。"遂取二钱离去。

嘉靖三十五年（1556年），吴承恩任新野知县。《新野县志》称其"赋性明敏，清慎自持，革吏弊，禁游民，修理学校，表扬贞节，刑清政举，吏畏民怀……"其任新野知县两年，不仅德绩兼优，于其民间艺术亦有颇深研究。旋因不堪忍受官场黑暗，愤然辞官，后

---

①王健《历史的天空》（电视连续剧《三国演义》片尾曲）。

②吴承恩（1500—1582年），字汝忠，号射阳山人，淮安山阳（今江苏淮安市）人。

③明·宋祖舜修《天启淮安府志》。

流寓南京，长期靠卖文补贴家用。此段人生经历大转折，有其《大中丞白溪张公归田障词》为证：

> 宦海堪惊，日月风波，浮沉未量。
>
> 叹汗马元功，已尘青简；蹇驴孤馆，未熟黄粱。
>
> 主管篱花，平章溪月，更有谁人话短长？
>
> 从前事，算来无愧，归去何妨？
>
> 东皋云暖茅堂，看鱼出寒罾稻上场。
>
> 有栗里渊明，一床琴酒，成都诸葛，二顷农桑。
>
> 五凤高楼，谁为柱石？大泽深山锁栋梁。
>
> 明朝有，鹤书来到，莫闭山庄。

官场失意，生活困顿，愈加深其于封建科举制度、黑暗社会现实之认识，促使其运用志怪小说形式表达内心不满与愤懑。其自言："虽然吾书名为志怪，盖不专明鬼，实记人间变异，亦微有鉴戒寓焉。"①

神话小说《西游记》以唐代玄奘法师赴天竺学习佛教经历为蓝本，于《大唐西域记》《大唐慈恩寺三藏法师传》等作品基础上，经过整理、构思最终写定。作品借助神话人物抒发作者于现实之不满及改变现实之愿望，折射出作者渴望建立"君贤神明"王道治国政治理想。小说借助唐僧师徒取经路上经历八十一难，折射人间现实社会之龌龊黑暗。小说想象大胆，构思新奇，人物塑造上采用人、神、兽三位一体之塑造方法，创造出孙悟空、猪八戒等不朽艺术形象。全书组织严密，繁而不乱，语言活泼生动且夹杂方言俗语，富于生活气息。作品主题冲淡故事原有宗教色彩，极大地丰富现实内容，情节内容讽刺幽默，呈现出不同于以往取经故事之独特风格。《西游记》问世之意义，重在开辟中国古代神魔长篇章回小说之新门类。作者于书中将善意嘲笑、辛辣讽刺与严肃批判巧妙结合，直接影响明代以降中国讽刺小说之发展。

唐僧取经本为历史实事。唐太宗贞观元年（627年），25岁青年和尚玄奘带一弟子，由大唐京城长安赴天竺（印度）游学。长安至天竺途经中亚、阿富汗、巴基斯坦。唐时西域高昌国（今新疆吐鲁番），居民非常推崇佛教，国王因玄奘来自大唐长安，故愿封其为护国法师，赏赐黄金百两、骏马千匹。随行弟子为之心动，遂留滞高昌，玄奘则贪夜潜逃西去。高昌王感其虔诚，派士兵截堵，赠白马文书，玄奘感激不已，遂面向王宫稽首拜别，骑马而西。玄奘历尽艰难险阻，抵达佛教发源地印度，于此潜心研磨佛家教义十九载，修成正果。贞观十九年（645年），玄奘自印度返回长安，带回佛经657部。此次西天取经，前后历时19年，行程数万里，确为一次传奇式万里长征，故其以功德圆满而生还东土，一时轰动大唐朝野。取经归来之后，玄奘口述西行见闻，由弟子辩机辑录成《大唐西域记》

---

① 明·吴承恩《禹鼎志序》。

12 卷。然此书主要讲述其路上所见各国历史、地理、交通、物产、风俗，未记述传奇故事。后其弟子慧立、彦琮撰成《大唐大慈恩寺三藏法师传》，为玄奘取经经历增添许多神话色彩，唐僧取经故事遂于民间广为流传。南宋有《大唐三藏取经诗话》，金代院本有《唐三藏》《蟠桃会》等，元杂剧有吴昌龄《唐三藏西天取经》、无名氏《二郎神锁齐天大圣》等。此类民间神话故事，遂奠定《西游记》创作之素材基础。吴承恩正是以民间传说、话本、戏曲为蓝本，经演绎渲染艰苦创造，终于完成足令中华民族引为骄傲之伟大文学巨著。

吴承恩幼时即勤奋好学，一目十行，过目成诵。又精于绘画，擅长书法，爱好填词度曲，于围棋亦很精通，且喜收藏名人书画法帖。遂因文才出众而闻名故乡，为人赏识，皆以为其于科举及第"如拾一芥"。勤学之外，承恩犹喜读神仙鬼怪、狐妖猴精之类书籍。

如《百怪录》《酉阳杂俎》等小说野史。五光十色之神话世界，潜移默化中养成其搜奇猎怪之嗜好，且随年龄增长而有增无减。此一爱好于其创作《西游记》影响极大。30 岁后，其搜求之奇闻已"贮满胸中"，且已筹谋创作。50 岁左右，吴承恩创作《西游记》前十几回，旋因故中断多年。承恩晚年辞官离任归回故里，得以最终完成《西游记》创作，历时 7 年。

吴承恩逝世 10 年后，其好友宰相李春芳面对《西游记》书稿，端端正正坐于案前，于首页写下"西游记吴承恩著"几个字，并轻声念明："承恩，汝为'美猴王'，汝为'孙悟空'，汝诚为孙悟空也！"《西游记》遂经其仔细校正，于 1592 年由南京世德堂正式刊印问世。

《西游记》不仅盘踞中国古代浪漫主义长篇小说艺术高峰，且于世界文学史上亦为不可多得之浪漫主义杰作。《美国大百科全书》评价其为"一部具有丰富内容和光辉思想的神话小说"；《法国大百科全书》评价道："全书故事的描写充满幽默和风趣，给读者以浓厚的兴味。"从 19 世纪开始，《西游记》被翻译为日、英、法、德、俄等十来种文字流行于世。

吴承恩虽然科举不顺，仕途蹭蹬，却于文学创作放射出万丈光芒，成功秘诀在于其自幼聪慧，喜读稗官野史、志怪小说之志趣爱好。"余幼年即好奇闻。在童子社学时，每偷市野言稗史，惧为父师诃夺，私求隐处读之。比长好益甚，闻益奇。迨于既壮，旁求曲致，几贮满胸中矣。尝爱唐人如牛奇章、段柯古辈所著传记，善模写物情，每欲作一书对之，懒未暇也。转懒转忘，胸中之贮者消尽。独此十数事，磊块尚存；日与懒战，幸而胜焉，于是吾书始成。因窃自笑，斯盖怪求余，非余求怪也。彼老洪竭泽而渔，积为工课，亦奚取奇情哉？"[①]

"承恩淮海竖儒，蓬茅浪士，倚门骯脏，挟策支离。上不能鸣钟佩玉，纪竹素于麟台；下不能带索披毛，激薪歌于豹谷。月旦虽工，翻淹马枥；春秋已壮，尚泣牛衣。徒夸

---

① 明·吴承恩《禹鼎志序》。

罗鸟之符，误忝屠龙之伎。囊底新编，疏芜自叹；怀中短制，漫灭谁投？真怀下里之羞，诅意当涂之赏。既逢匠石，宁避瑕疵。是用代币帛于承臣，效刍荛于累牍。"①

吴承恩一生创作极其丰富，然缘于家贫，亦无子女，作品多散失。据记载，其有志怪小说集《禹鼎记》已失传，仅能看到一篇自序。承恩外甥孙丘度尝搜集其残存之稿，仅"存十一于千百"，包括诗一卷、散文三卷。后人将其诗文编成《射阳先生存稿》。然其《西游记》中《猴王出世》《三打白骨精》《花果山拥立美猴王》《小圣施威降大圣》等章节内容，分别入选国文基础教育课本。

中国文学史上，尚无一位作家作品如此多地入选国学教材，更无一位作家拥有之观众、读者量能与吴承恩比肩。

吴承恩虽然未能实现乃父"上承皇恩，下泽黎民，成为青史留名之忠臣"之期许，却不仅于蹉跎中完成《西游记》著述，而且晚年家境优裕，得以颐养天年，安享82岁高寿，亦为上苍对其赐予之一种补偿矣。

冯梦龙——人逢喜事精神爽　月到中秋分外明

明神宗朱翊钧万历二年（1574年），冯梦龙②生于南直隶苏州府吴县（今苏州）。冯氏本属三吴名门世家，其兄梦桂擅作画，弟梦雄以诗名，梦龙长于文，兄弟三人合称"吴下三冯"。梦龙出生之际，适逢欧洲文艺复兴运动方兴未艾，与之遥相呼应，数千年之东方文明古国亦涌现出如李贽、顾炎武、黄宗羲之流诸多离经叛道之思想家、艺术家。此辈先哲，见解惊世骇俗，个性特色鲜明，艺术成就卓绝，为中国思想史、文学史增色斐然。受时风影响熏染，冯梦龙亦大胆冲破传统观念，提出："世俗但知理为情之范，孰知情为理之维乎？"③于文学创作强调真挚情感，反对虚伪礼教。

冯梦龙自幼喜好读书，童年与青年时期致力于诵读经史以应科举。其曾于《麟经指月·发凡》中忆道："不佞童年受经，逢人问道，四方之秘笈，尽得疏观；廿载之苦心，亦多研悟。""上下数千年，澜翻廿一史。"然其科举之途则十分坎坷蹉跎，迭次赴试而屡次落第，旋居家潜心著书。闲来浪迹茶坊酒楼，与歌妓侯慧卿热恋，频繁接触苏州下层百姓生活，遂得以广泛猎取民间文学素材，为其创作积累丰富资料。

崇祯三年（1630年），冯梦龙终于得补为贡生，是年57岁。翌年，破例授丹徒训导，

①明·吴承恩《答西玄公启》。

②冯梦龙（1574—1646年），字犹龙、子犹，号龙子犹、墨憨斋主人、顾曲散人、吴下词奴、姑苏词奴、前周柱史等，明代文学家、思想家、戏曲家。

③明·冯梦龙《情史·卷一〈总评〉》。

七年（1634 年）升任福建寿宁知县，4 年后归居故里。梦龙一生素怀经世治国之志，然其推崇李贽"敢倡乱道，惑世诬民"蔑儒思想，不愿受封建道德约束，行为狂放，辄与歌儿妓女厮混，遂遭理学家"品行有污、疏放不羁"诟病。是故，其卸官归家后长期沉沦下层，或以舌耕授徒糊口，或为书贾编辑养家。

冯梦龙晚年，天下局势动荡。崇祯十七年（1644 年）满清入关，明朝实际灭亡。然其"爱国"之心不泯，清兵南下时，其以 70 高龄，亲自奔走反清大业，且刊行《中兴伟略》诸书宣扬复明思想。

冯梦龙青年时即志向高远才华横溢，科举蹭蹬挫折与勾栏瓦肆生活经历，均为其从事文学创作奠定深厚基础，蕴聚成性情冲动。故其于出仕之前既已著作等身，作品总数超过五十种。

冯梦龙以为："日诵《孝经》《论语》，其感人未必如是之捷且深。"[1]而通俗文学作为"民间性情之响""天地间自然之文"，可以"借男女之真情，发名教之伪药"，使"怯者勇、淫者贞、薄者敦、顽钝者汗下"，故其毕生致力于民间文学搜集、整理与创作。由是，其文学创作巅峰之作《喻世明言》（又名《古今小说》）、《警世通言》《醒世恒言》（合称"三言"），无疑成为宋、元、明以来民间通俗文学集大成者。

"三言"小说集相继辑成并刊刻于明代天启年间，每部各辑录小说 40 篇，凡 120 篇。故事约三分之一为宋元话本，三分之二为明代拟话本。内容较多涉猎市民阶层经济活动，表现小生产者间之友谊。亦有宣扬封建伦理纲常、神仙道化之作品，篇幅集中于男女恋爱婚姻。尤其明代拟话本较多反映市民阶层感情意识与道德观念，既具有市民文学色彩，亦表现资本主义萌芽时期社会风貌，具有鲜明时代特色。自艺术角度评价，"三言"与宋元话本类似，情节曲折跌宕，然篇幅较之明显加长，主题思想愈加集中，人情世态描绘尤其丰富，内心刻画亦更加细腻。

总体上，"三言"故事可概括分为真挚爱情、权宦斗争、歌颂友谊。

爱情类以明代拟话本代表作《杜十娘怒沉百宝箱》为最优秀。作品主要描写京城"教坊名姬"杜十娘为摆脱非人境遇，迫切期盼"从良"，故相信纨绔子弟李甲美言，与鸨母机智斗争，终于跳出火坑。然于从良归家途中，李甲竟不敌金钱引诱与个人利害考量，将其转卖富商孙富。十娘愤恨填膺，于痛责李甲之后，抱持宝匣投身滚滚波涛，以青春与生命捍卫纯洁爱情，控诉罪恶社会，抨击传统礼教。《卖油郎独占花魁》描述之爱情故事极富时代特色。卖油郎秦重为花魁娘子莘瑶琴美丽所吸引，倾其辛苦经营所得积蓄，以期一睹芳容。起初，莘瑶琴以其非"有名称的子弟"而"甚是不悦"。秦重则真情相爱，于其格外体贴、诚恳，实为"难得这好人，又忠厚、又老实"。然等级地位观念作祟，使其不愿即刻倾吐衷情。旋，花魁娘子受吴八公子侮辱欺凌，方明白"豪华之辈，酒色之徒"只知"买笑追欢的乐意，那有怜香惜玉的真心"，终于向秦重提出"我要嫁你"，并表示"布衣蔬食，死而无怨"。作者通过生动故事情节，宣扬婚姻爱情之真谛，非于金钱、门弟、

---

①明·冯梦龙《古今小说序》。

等级，而在彼此知心如意，相互尊重。

权宦斗争故事描写统治阶级内部争斗与百姓对统治者罪恶之愤怒谴责。《沈小霞相会出师表》描写沈炼忠言直谏、嫉恶如仇，与权奸严嵩父子及其党羽之间机智斗争，基本情节均有史实依据。小说热情歌颂支援沈炼父子斗争之贾石、冯主事，塑造沈小霞妾闻淑英于危难中协助丈夫机智逃出解差之手掌之见识与才干。《卢太学诗酒傲王侯》写浚县知县汪岑陷害士绅卢柟，以揭示封建官僚阴险残酷之本相。《灌园叟晚逢仙女》写庄稼汉秋先酷爱栽花种果，满园奇花异草，人皆称其"花痴"。恶霸张委拟霸占其花园，趁着酒性任意折损花木，践踏花圃。孰料秋先得花神帮助，落花返枝，更增鲜艳。张委遂诬告其为妖人，形成冤狱。旋，亦仰仗花神力量，恶霸张委得以惩治，秋先洗却冤屈。小说中浪漫主义情节，于揭露批判封建统治者极为深刻，读来令人如饮琼浆，神情爽怡。

歌颂友谊类作品同时亦斥责背信弃义行为。明朝末年，社会政治黑暗风气恶劣，伴随城市工商业繁荣及市民阶层壮大，契约型社会模式成为时代特征。商品经济条件下，诚信作为人们社会交往之基础要素，或为增进友谊之载体，或成鉴别真伪之金石。《施润泽滩阙遇友》即为描写小手工业者之间友谊之精品佳作。嘉靖年间，施复于盛泽镇"开张绸机"，卖绸归来路上捡到六两多银子。起先满心欢喜，算"有了这银子，再添上一张机，一月出得多少绸，有许多利息。……算到七年之外，便有千金之富"。然转念想道："这银两若是富人掉的，譬如牯牛身上拔根毫毛，打甚么紧，落得将来受用……倘然是个小经纪，只有这些本钱，或是与我一般样苦挣过日……这两锭银乃是养命之根，不争失了，就如绝了咽喉之气……"遂毅然将银子退回失主。失主朱恩乃一"蚕桑为业"中小手工业者，对施复拾金不昧行为感激万分。后施复养蚕缺桑叶，至洞庭山购买，于滩阙无意遇上朱恩。朱恩不仅盛情款待，以桑叶接济，且使其免于覆舟危险。作品以"因果报应"说歌颂小手工业者之友谊，于劝人为善颇有教益。揭露、批判朋友间忘恩负义比较深刻之作品有《桂员外穷途忏悔》。作品描写桂富五（后成桂员外）买卖失利，遭债主威迫，拟投水自尽。朋友施济出资相救，得免危难。后桂富五发迹暴富，而施济去世，寡妻严氏携幼儿求救于桂员外，却遭冷遇奚落，严氏怄气而死。作者痛恨桂员外忘恩负义，遂于作品结局以桂员外全家变狗以示惩罚。

"二言"艺术特点突出表现为，主题思想比较集中，情节更为曲折，尤其于人情世态、人物心理活动描绘方面，艺术手法更趋于丰富、细腻。《卖油郎独占花魁》中秦重服侍酒后莘瑶琴之情节，描写尤其典型。瑶琴酒醉归来，不睬秦重，秦重却向丫环要一壶热茶，将阑干上一床大红纻丝绵被轻轻取下，盖于美娘（瑶琴）身上，并"把银灯挑得亮亮的，取了这壶热茶，脱鞋上床，捱在美娘身边，左手抱着茶壶在怀，右手搭在美娘身上，眼也不敢闭一闭"。美娘呕吐，秦重怕污被窝，遂将自己道袍袖子张开，罩于美娘嘴上。

美娘吐毕后，秦重下床，"将道袍轻轻脱下，放在地平之上，摸茶壶还是暖的。斟上一瓯香喷喷的浓茶，递与美娘"。其于莘瑶琴之爱怜、尊重及惊喜惶恐之复杂心情，于作者笔下得以饱满酣畅表现。《杜十娘怒沉百宝箱》中，十娘见李甲由孙富处回来郁郁不乐，遂"抱持公子于怀间，软言抚慰"。当李甲道出其与孙富之卑劣筹划时，十娘"放开两手，冷笑一声道："'为郎君画此计者，此人乃大英雄也，郎君千金之资，既得恢复，而妾归他姓，又不致为行李之累，发乎情，止乎礼，诚两便之策也。那千金在那里？'"十娘突遭情感打击后难以抑止之悲愤及对李甲之决绝心情，同样表现得淋漓尽致。

作为封建时代文学家，冯梦龙之世界观存在明显矛盾。一方面，嘲笑孔夫子，贬斥六经；另一方面，却兢兢业业治经，著有《麟经指月》《春秋衡库》等经学著作。并且称赞孔圣人"删述六经、表章五教，上接文武周公之派，下开百千万世之绪，此乃帝王以后第一代讲学之祖。"①其一方面充分肯定卓文君自择私奔，另一方面却于《寿宁县志》中为节妇立传，认为其清白胡可没也。此种相互矛盾之世界观，正是冯梦龙接受李卓吾与王阳明尖锐对立思想之基础。不过，冯梦龙接受李卓吾与王阳明思想有其阶段性。大体说来，可以其于崇祯三年中副榜贡生为界。其青年与中年时期，受李卓吾影响较大，思想比较进步。晚年则受王阳明影响较大，思想趋于保守。其小说、戏曲、民歌之代表作品，几乎均为 1627 年之前编纂。亦即其作为一位通俗文学大家之地位，于此之前已确立。其意识形态中之进步政治思想及文学主张，亦于此之前即已形成。正如恩格斯评价歌德所言："在他的心中经常进行着天才诗人和法兰克福市议员的谨慎的儿子、可敬的魏玛的枢密顾问之间的斗争；前者厌恶周围环境的鄙俗气，而后者却不得不对这种鄙俗气妥协、迁就。因此，歌德有时非常伟大，有时极为渺小；有时是叛逆的、爱嘲笑、鄙视世界的天才，有时则是谨小慎微、事事知足、胸襟狭隘的庸人。"②这一论断对于后人理解冯梦龙思想之矛盾复杂性亦极具启发意义。

当代楹联家陈志岁评价："古来多有仕途阻艰而旁发显著于文学者，战国的屈原，唐朝的杜甫，皆属斯品；有明之李贽、冯梦龙辈，质不齿屈杜，阻艰宦进而溢臆文学一也。然李贽、梦龙又有区也，李贽僻言乖为，甘居'异端'，梦龙深解'理为情之范''情为理之维'，总在情理上思虑，秉良心行政。"

除"三言"之外，冯梦龙尚著有《智囊》《古今谈概》《情史》"三部曲"系列小说类著作。《智囊》之旨在"益智"，《古今谈概》之旨在"疗腐"，《情史》之旨在"情教"，均表达出冯梦龙于世事之关心。其中，《智囊》为最具社会政治特色与实用价值之故事集。

冯梦龙所以毕生致力于搜集编撰民间故事而成"三言"，在于其认为唯有通俗文学所涵蕴之真挚情感方于民众具有巨大教化作用，作品通俗易懂才具有强烈艺术感染力。"大抵唐人选言，入于文心；宋人通俗，谐于里耳。天下之文心少而里耳多，则小说之资于选言者少，而资于通俗者多。试令说话人当场描写，可喜可愕，可悲可涕，可歌可舞；再欲捉刀，再欲下拜，再欲决脰，再欲捐金；怯者勇，淫者贞，薄者敦，顽钝者汗下。虽小诵《孝经》《论语》，其感人未必如是之捷且深也。噫，不通俗而能之乎？"③文学创作于冯梦龙眼中为"下里巴人"是不喜欢"阳春白雪"的，而"阳春白雪"对"下里巴人"也不具

①明·冯梦龙《皇明大儒王阳明先生出身靖乱录》。

②恩格斯《诗歌和散文中的德国社会主义》。

③明·冯梦龙《古今小说序》。

备教化意义。故"尚理或病于艰深，修词或伤于藻绘，则不足以触里耳，而振恒心"。①唯有通俗作品，方能得到闾里小民之欣赏。

其且于《警世通言序》中举里巷小儿听《三国》故事，用以阐释小说人物形象对现实人物之教化影响："里中儿代庖而创其指，不呼痛，或怪之。曰：'吾顷从玄妙观听《三国志》来，关云长刮骨疗毒，且谈笑自若，我何痛为？'"例子生动说明通俗小说之巨大影响力，的确非《孝经》《论语》等经典所能达到。其解释"三言"之命名为："明者，取其可以导愚也；通者，取其可以适俗也；恒者，习之而不厌，传之而可久。三刻殊名，其义一耳。"②明白昭示著作目的为"导愚""适俗"和"习之不厌，传之可久"。

冯梦龙有30种著作得以传世，为中国文化宝库不朽之珍宝。其中除"三言"外，尚有《新列国志》《增补三遂平妖传》《古今烈女演义》《广笑府》《智囊》《古今谈概》《太平广记钞》《情史》《墨憨斋定本传奇》，及诸多解经、纪史、采风、修志著作。此外，冯梦龙尚曾参与校对精刻《水浒全传》，评纂《古今谭概》《太平广记钞》等，并有笑话集、政论文十余种传世，又撰有研究《春秋》之著作《麟经指月》。

明代文学以小说、戏曲、民间歌曲繁荣为特色。故小说、戏曲领域不乏大家，然于小说、戏曲、民间歌曲三方面均有杰出贡献者，唯冯梦龙一人而已。

蒲松龄——乐观自嘲祭穷神　毕其一生写聊斋

明崇祯十三年（1640年）六月，蒲松龄③诞生于淄川（今山东淄博）蒲家庄。临盆之时，其父梦一偏袒上衣、乳际粘一圆如铜钱药膏之病瘦和尚进屋。而蒲松龄出生后身上亦有"果符墨志"，故其素以"病瘠瞿昙"降生自况。

淄川蒲氏，自元代迁来，原籍何处，文献无征。其远祖蒲鲁浑、蒲居仁曾并任般阳府路总管，名载邑乘。其民族成分以"蒙古、女真、回族、汉人"多说并存，至今尚未定论。《蒲氏族谱》记载，相传蒲姓为元世勋，宁、顺间曾遭"夷族之祸"。刑戮之余，只遗"藐孤"，时方六七岁，匿于外祖杨家，改随母姓，元亡后，始复姓蒲，名璋（即蒲松龄始祖）。其后子孙日繁，所居满井庄因而易名蒲家庄。至明万历间，全县诸生八名补廪者中，其族竟占六人。嗣后科甲相继，称为望族。松龄高祖世广，为族中第一位廪生，才冠当时，后世子孙中于明清两代出进士、举人、贡生、廪生与庠生数十人。

---

①明·冯梦龙《醒世恒言序》。

②明·冯梦龙《醒世恒言序》。

③蒲松龄（1640—1715年）字留仙，一字剑臣，别号柳泉居士，世称聊斋先生，自称异史氏，山东淄博人。

蒲松龄于四兄弟中行三，因家境渐落，不能延师，兄弟四人皆从父课读。松龄天性聪慧，经史过目能了，尤得其父钟爱。

清顺治十四年（1657年），蒲松龄完婚大喜，是年18岁。次年，初应童子试，以县、府、道三榜第一补博士弟子员，文名藉藉诸生间。其制艺《早起》《一勺之多》，大为山东学使施闰章称赏，批语道："首艺空中闻异香，下笔如有神，将一时富贵丑态，毕露于二字之上，直足以维风移俗。次，观书如月，运笔如风，有掉臂游行之乐。"

越岁，博士弟子员蒲松龄踌躇满志，与同窗挚友张笃庆（历友）、李尧臣（希梅）、王鹿瞻等结为"郢中社"。每聚首则放怀吟咏，寄兴唱和，诗成共载一卷。旨在长学问，消躁志，相互切磋，以补文业。

蒲松龄个性耿介，毅力顽强，凡事追求完美，志在必得。其为自己所立座右铭为："有志者，事竟成，破釜沉舟，百二秦关终属楚。苦心人，天不负，卧薪尝胆，三千越甲可吞吴。"然而，蒲松龄之科举之路的确偃蹇，且终老未能遂愿。其19岁应童子试，接连考取县、府、道三榜首，名震一时，补博士弟子员。之后却屡试不第，直至71岁时方成岁贡生。

由于家境贫寒，生活清苦，蒲松龄一生很少赴外地旅游，然其却常赴泉城济南居留，并留下不少文字。其中一首题为《客邸晨炊》：

> 大明湖上就烟霞，茆屋三椽赁作家。
> 粟米汲泉炊白粥，园蔬登俎带黄花。
> 雁荒幸不沟渠转，充腹敢求脍炙嘉。
> 余酒半壶堪数醉，青帘虽近不曾赊。

诗文虽不长，却生动地道明诗人客居明湖，晨曦早炊之景况。尤其"粟米汲泉炊白粥，园蔬登俎带黄花"句，更是详细记述其取泉水熬煮粟米粥，及于案板上切配素食蔬菜之情景，令人颇为回味留恋。

既为生计，亦为科举，蒲松龄岁岁于外游学。先去城西沈家与宁绍道参议沈润之子沈天祥"共灯火"；又应城东李尧臣之邀，于康熙三年春至李家与之"共笔砚"。此间，虽经兄弟析箸之变，然蒲松龄始终未改求学之念。其于李尧臣家读书时，曾"请订一籍，日诵一文焉书之，阅一经焉书之，作一艺、仿一帖焉书之。每晨兴而为之标日焉。庶使一日无功，则愧、则警、则汗涔涔下也。"①兄弟分家之后，蒲松龄"居惟农场老屋三间，旷无四壁，小树丛丛，蓬蒿满之"，尤其弱妻幼子家境窘困，遂不得不违心终止借读生涯。康熙五年（1666年），蒲松龄应邀赴城西王村课蒙，开始其私塾生涯。康熙九年（1670年）秋，为全家五口人（已有二子一女）生计，亦为开阔眼界增长阅历，蒲松龄应聘于同邑进士、江苏宝应县令孙蕙（树百），南下宝应县署作幕宾，帮办文牍。

---

①清·蒲松龄《醒轩日课序》。

宝应乃苏北古邑，隶扬州府辖。由于地处淮河下游并临大运河，当水路之冲，驿站迎送官员供应繁重。且遇连年水灾，土地村舍俱淹，百姓号寒啼饥，流离失所。孙蕙自康熙八年任此灾邑，处境困难，蒲松龄应幕的确为其帮衬不浅。其代孙蕙共拟书启、文告90余篇，大都体现州县官吏维持地方之艰辛与难以强项之困顿处境。灾区惨状、百姓困苦，于松龄笔下得以客观上达，为孙蕙赢得了一定政声。然，代人歌哭终究难圆科举梦，蒲松龄遂决意辞幕，于康熙十年初秋北归回籍。

南游归来后七八年间，为蒲松龄人生道路上最艰难阶段。其矢志凭才智博取功名一展鸿图，却屡屡事与愿违，场场落第，致其感慨万千，心灰意冷。"世上何人解怜才""痛哭遥追阮嗣宗""独向陇头悲燕雀，凭谁为解子云嘲？"作者通过寄情歌赋抒发其壮志难酬且不为世人理解之苦衷，表露其蔑视世俗庸人并以扬雄自比之清高情怀。

松龄于西铺开馆期间，由于馆东乡宦地位条件，更因其诗文广泛传播，声望与交游日渐扩大。其不仅与本邑友人、省内资深名士交好，且受邑侯、宪台之青睐。所交皆于松龄生活、举业、思想乃至创作产生较大影响及作用。

科举无望，难达青云之志，而灾年频仍，缺乏充饥之粮。中年蒲松龄身负重担，于人生道路陡坡上艰难挣扎。

蒲松龄第五次考举人依然名落孙山。因长期专心科举，田地无人打理，财源枯竭，家境陷入极度贫困，年关亦难以渡过。是年除夕，其自叹无奈将笔扬，写下自我调侃之《除日祭穷神文》，读来令人神伤心酸：

穷神，穷神，我与你有何亲？兴腾腾的门儿你不去寻，偏把我门儿进。难道说，这是你的衙门，居住不动身？你就是世袭在此，也该别处权权印。我就是你的贴身家丁，护驾将军，也该放假宽限施施恩。你为何步步把我跟，时时不离身，缥粘胶合，却象个缠热了的情人。

穷神，自从你进我的门，我受尽无限窘，万般不如意，百事不趁心；朋友不上门，居住在闹市无人问。我纵有通天的手段、满腹经纶，腰里无钱难撑棍。你着我包内无丝毫，你着我囊中无半文；你着我断困绝粮，衣服俱当尽；你着我客来难留饭，不觉的遍体生津。人情往往耽误，假装不知不闻。明知债帐是苦海，无奈何，上门打户去求人。开口五分行息，说甚么奉旨三分。到限期，立时要完，不依欠下半文。无奈何，忍气吞声，背地里恨，自沉吟；我想那前辈古人也受贫，你看那乞食的郑元和，休妻的朱买臣，住破窑的吕蒙正，锥刺股的苏秦，我只有他前半截的遭际，那有他后半截的时运？可恨我终身的酸丁，皆被你穷神混。难道说，你奉玉帝敕旨，佛爷的牒文，摆下了穷神阵，把我困。若不然，那膏粱子弟，富贵儿孙，你怎么不敢去近？财神与我有何仇，我与足下有何亲？您二位易地皆然，我全不信。

今日一年尽，明朝是新春。化纸钱、烧金银，莫酒浆，把香焚，我央你离了我的门，不怪你弃旧迎新。

康熙十八年（1679年），蒲松龄已年届"不惑"，应同邑毕家聘请，设帐城西西铺庄。

毕氏乃淄川四世一品"名门望族"，馆东毕际有之父毕自严尝任明崇祯朝户部尚书。毕际有原任江南通州知州，康熙二年罢归，优游林下，诗酒自娱。其与王士禛、高珩等诸多名门多有交往联姻，淄川官吏亦多与攀结。毕家财力富足，居第宏大。除尚书府外，有绰然堂、振衣阁、效樊堂、万卷楼等，第后石隐园方广十亩，厅台廊榭，竹石花树，景色怡人。

蒲松龄为毕家教授八个弟子，还兼职大量应酬文字，并参陪迎送接待，因而博得信赖。其与老少东家融洽相处30年，亦为自己营造出一个读书、应试、著书之安定生活环境。

毕家条件优越待遇丰厚，松龄能于教书、处理杂物之余，得以安心预习举业，以图博得一第。然，其命运不济自为天定，故终身未能如愿中举，遑论进士及第，实为难以弥补之人生憾事。其参加乡试之确切次数与不中原因难以说清，由仅有之二次记载观之，则皆为违犯闱规而遭黜。

首次为康熙二十六年（1687年）秋，是年48岁，因"闱中越幅"①而被黜。其词《大圣乐·闱中越幅被黜，蒙毕八兄关情慰藉，感而有作》称："得意疾书，回头大错，此况何如！觉千飘冷汗沾衣，一缕魂飞出舍，痛痒全无"。可谓将其于考场发现"越幅"后之震惊状态及颓丧心情表露无遗。再次为康熙二十九年（1690年）秋，其是年51岁，因故未获终试而被黜。其词《醉太平·庚午秋闱，二场再黜》称："风粘寒灯，谯楼短更。呻吟直到天明，伴偃强老兵。萧条无成，熬场半生。回头自笑，将孩儿倒绷。"科场两次失败，对其及家庭打击颇大。尽管其不死心，然妻子劝其"君勿须复尔！倘命应通显，今已台阁矣。山林自有乐地，何必以肉鼓吹为快哉！"其虽以为妻言不谬，然每见儿孙赴试，便心生欲念，此情往往见乎其词。

科举梦想破灭，蒲松龄遂倾注心血专于著述。其年轻时即着手《聊斋志异》创作，因故一直断断续续未能结集。设席毕家之后，条件随之好转，有石隐园美景，万卷楼藏书，加之馆东支持，遂集中精力搜集素材构思创作，决心续写完成是部巨著。其潜心著述期间，每临晨携一大瓷缸，中贮苦茗，具烟一包，置行人大道旁，下陈芦衬，坐于上，烟茗置身畔。见行道者过，必强执与语。搜奇说异，随人所知。渴则饮以茗，成则奉以烟。必令畅谈乃已。偶闻一事，归而粉饰之。"子夜荧荧，灯昏欲蕊，萧斋瑟瑟，案冷疑冰"，寒来暑往，日复一日，"集腋成裘""浮白载笔"。蒲松龄如是二十余寒暑，终于完成名垂青史之"孤愤之书"《聊斋志异》。

《聊斋志异》书成后，蒲松龄因家贫无力印行。同乡好友王士禛十分推重蒲松龄，以为奇才，特为《聊斋志异》题诗："姑妄言之姑听之，豆棚瓜架雨如丝。料应厌作人间语，爱听秋坟鬼唱诗。"清乾隆三十一年（1766年），《聊斋志异》方得刊刻行世。后多家竞相翻印，迄今国内外各种版本达30余种。著名版本有青柯亭本、铸雪斋本等，近20个国家有译本出版。全国《聊斋》出版物有100多种，以《聊斋》故事为内容编写的戏剧、电影、电视剧达160多出（部）。

---

①即于考场书卷时，误隔一幅，不相接连。

蒲松龄无疑是一位著作等身之文人。除《聊斋志异》外，尚有大量诗文、戏剧、俚曲以及有关农业、医药方面著述存世。计有文集 13 卷 400 余篇；诗集 6 卷 1000 余首；词 1 卷 100 余阕；戏本 3 出，以及《农桑经》《日用俗字》《省身语录》《药崇书》《伤寒药性赋》《草木传》等多种杂著，总计逾 200 万言。

康熙四十八年（1709 年），蒲松龄于古稀之年结束毕府塾师生涯，撤帐归里。自此心境闲暇，安居斗室，日以抱卷自适，或东阡课农，或时邀五老斗酒相会。

先是，几个稚孙皆以痘殇，令其伤心不已。旋，患难之妻不幸病逝，更使其痛不欲生。哀伤之下，松龄饱含深情地撰写《述刘氏行实》，缅叙妻子美德，又作《悼内》等诗八首以志哀挽。

康熙五十四年（1715 年）春节，邃于易理之蒲松龄自卜不吉。正月初五，率儿孙为父上祭日坟，似冒风寒，医投理气之剂，自是食量尽减。捱至二十二日，竟倚窗危坐而逝，享年 76 岁。

穷秀才蒲松龄出将入相飞黄腾达之梦想终成泡影，遂诞生"写鬼写妖高人一等，刺贪刺虐入骨三分"[1]一代文学巨匠。上苍无疑终属公正。松龄在世时虽穷愁潦倒，未能一住黄金屋，死后却以《聊斋志异》而光芒四射。人生短暂之鸿福与历史永恒之祭享，犹如鱼与熊掌，二者终究不可兼得，能足飨其一者，亦不幸甚乎！

曹雪芹——秦淮旧梦人犹在　燕市悲歌酒易醺

伟大的现实主义小说《红楼梦》，将中国古典小说创作推向了艺术最高峰。作者曹雪芹[2]于小说开篇写道："满纸荒唐言，一把辛酸泪！都云作者痴，谁解其中味？"可谓道尽作者亲身体验之人生跌宕与世态炎凉。

曹雪芹生于世宦之家，先世为"百年望族"之大官僚地主。其曾祖父曹玺曾任江宁织造，曾祖母孙氏为康熙帝保姆，祖父曹寅先为康熙帝伴读、御前侍卫，后亦任江宁织造、兼任两淮巡盐监察御史，极受康熙宠信，曾命其纂刻《全唐诗》《佩文韵府》等书于扬州。康熙六次南巡，其中四次由曹寅负责接驾，并驻跸曹家。康熙五十一年（1712 年），曹寅于扬州任上病危，康熙特命快马送药拯救。曹寅病故，又特命其子曹颙继任江宁织造。康熙五十三年（1714 年），曹颙病故，康熙帝又特命将其胞弟曹荃之子曹頫过继为子，并由其继任织造之职。曹氏祖孙三代四人担任此职长达 60 年之久。织造专为宫廷采办丝织品及各种日用品，官阶虽不高，却为肥缺。一般而言，非皇亲万不能充任。雪

---

①郭沫若先生为蒲氏故居所题联语。

②曹雪芹（约 1715 年—约 1763 年），名沾，字梦阮，号雪芹、芹溪、芹圃，清代著名小说家。

芹自幼于"秦淮风月"之地与"繁华锦绣"之乡长大，生活富贵奢华。

曹雪芹出生三天，适逢久旱甘霖，其父曹頫异常高兴，遂于诗经"既优既渥，既沾既足，生我百谷"中，取"沾"为名，意为细雨溟溟濛濛，水分丰沛足量，滋润大地且沾溉四方，令庄稼蓬勃生长。故"沾"字既取"久旱逢甘霖"之意，又与"世沾皇恩"相连。"雪芹"则出自苏轼诗句："泥芹有宿根，一寸嗟独在；雪芹何时动，春鸠行可脍。"苏轼自注为："蜀八贵芹芽脍，杂鸠肉为之。"泥芹之泥虽污浊，然"雪芹"却出污泥而不染，故东坡常以"芹"自比。

然，"贵不过三代，富难满五轮"。雍正初年，受朝廷内部政治斗争牵连，曹家先后几次宦海风波，遭受一系列打击，"忽喇喇似大厦倾"。曹頫以"行为不端""骚扰驿站"及"亏空"罪名抄没家产，被革职下狱治罪，"枷号"一年有余。曹家从此一蹶不振，日渐衰微，旋举家迁回北京居住。曹氏家世由鲜花着锦之盛，遽然落入凋零衰败之境，从此饱尝人间辛酸。

曹雪芹青少年时"身胖，头广而色黑。性格傲岸，愤世嫉俗，豪放不羁。嗜酒，才气纵横，善谈吐。"[1]经历重大生活转折之后，其深感世态炎凉，更清醒认识到现实社会之龌龊黑暗，遂蔑视权贵，远离官场，以未满弱冠之年，于贫困交加中著述其不朽之作《石头记》（《红楼梦》）。

乾隆九年（1744 年）左右，雪芹经朝考合格，得授顺天府拔贡，曾于右翼宗学任教。

其间，与学生敦敏、敦诚结为莫逆之交。敦氏兄弟为清太祖努尔哈赤第十二子英亲王阿济格五世孙，其父瑚玕曾任理事官。因阿济格早年夺爵，故其后裔远不如其他宗室贵族烜赫。

十一年（1746 年），因其个性爱憎分明，嫉俗愤世，甚至"傲骨狂形"，加之生活所迫，遂离开右翼宗学，结庐西山，于"茅椽蓬牖，瓦灶绳床"窘境下，以血和泪铸就其举世名著。

乾隆十六年（1751 年），曹雪芹于西郊结交私塾先生张宜泉。宜泉家庭多故，父母双亡，兄嫂见弃，亡家剩一身。然嗜吟好饮，坎坷穷愁，孤独愤激，傲骨壮怀，诙谐放达，尤擅诗画，与曹雪芹多有相似之处，故此二人情投意合，常常对酌唱和。

> 君诗曾未等闲吟，破刹今游寄兴深。
> 碑暗定知含雨色，墙颓可见补云阴。
> 蝉鸣荒径遥相唤，蛩唱空厨近自寻。
> 寂寞西郊人到罕，有谁拽杖过烟林。[2]

此诗即为宜泉专门描写与曹雪芹往来之作。

---

①清·裕瑞《枣窗闲笔》。

②清·张宜泉《春柳堂诗稿·〈和曹雪芹西郊信步憩废寺原韵〉》。

移居西郊，雪芹生计愈加穷苦，"举家食粥酒常赊"，其居处亦满径蓬蒿，"有小溪阻路，隔岸望之，土屋四间，斜向西南，筑石为壁，断枝为椽，垣堵不齐，户牖不全，而院落整洁，编篱成锦，蔓植杞藤……"①雪芹长恨半生潦倒，一事无成，故其于贫穷潦倒境遇里，甚觉牢骚抑郁，故不免纵酒狂歌，自寻排遣。挚友敦敏、敦诚兄弟遂常携好酒赴西山探望。然雪芹家贫，无奈之下竟采摘瓜花下酒，此事令敦诚兄弟终生难忘。"瓜花饮酒心头乐""燕市哭歌悲遇合"，"劝君莫弹食客铗，劝君莫叩富儿门"，均指雪芹此时生活。

乾隆二十七年（1762年）一个秋雨淋涔清晨，敦诚赴敦敏寓所槐园拜访乃兄。因时候尚早，主人未出童子未醒，却巧遇曹雪芹，二人便相携去酒肆狂饮。然囊中无银，敦诚遂解下佩刀质酒助兴，雪芹乘醉作歌为谢，敦诚亦作《佩刀质酒歌》答之：

> 秋晓遇雪芹于槐园，风雨淋涔，朝寒袭袂。时主人未出，雪芹酒渴如狂。
> 余因解佩刀沽酒而饮之。雪芹欢甚，作长歌以谢余，余亦作此答之。
>
> 我闻贺鉴湖，不惜金龟掷酒垆。
> 又闻阮遥集，直卸金貂作鲸吸。
> 嗟余本非二子狂，腰间更无黄金珰。
> 秋气酿寒风雨恶，满园榆柳飞苍黄。
> 主人未出童子睡，斝干瓮涩何可当。
> 相逢况是淳于辈，一石差可温枯肠。
> 身外长物亦何有？鸾刀昨夜磨秋霜。
> 且酤满眼作软饱，谁暇齐高分低昂。
> 元忠两褥何妨质，孙济缊袍须先偿。
> 我今此刀空作佩，岂是吕虔遗王祥。
> 欲耕不能买犍犊，杀贼何能临边疆？
> 未若一斗复一斗，令此肝肺生角芒！
> 曹子大笑称快哉，击石作歌声琅琅。
> 知君诗胆昔如铁，堪与刀颖交寒光。
> 我有古剑尚在匣，一条秋水苍波凉。
> 君才抑塞倘欲拔，不妨斫地歌王郎。②

乾隆二十四年（1759年），曹雪芹南游江宁，看望离散族人。其间阅历山川，凭吊旧迹，听话往事，经年未归，挚友敦氏兄弟异常挂怀。翌年重阳节雪芹回京，敦敏"偶过明

君琳养石轩，隔院闻高谈声，疑是曹君；急就相访，惊喜意外！"③遂作《感成长句》以记之：

---

① 清·敦敏《瓶湖懋斋记盛》。
② 清·敦诚《四松堂集·卷上》。
③ 清·敦敏《懋斋诗钞·〈感成长句〉》。

可知野鹤在鸡群，隔院惊呼意倍殷。

雅识我惭褚太傅，高谈君是孟参军。

秦淮旧梦人犹在，燕市悲歌酒易醺。

忽漫相逢频把袂，年来聚散感浮云。

　　曹雪芹晚年虽穷困潦倒而又嗜酒狂放，"补天"之志却从未懈怠。敦诚亦常予安慰："劝君莫弹食客铗，劝君莫叩富儿门。残羹冷炙有德色，不如著书黄叶村。"故此不负所望，专心著书。其隐居西山十余年，以坚韧毅力，将旧作《风月宝鉴》"披阅十载，增删五次"，写成巨著《红楼梦》。乾隆二十七年（1762 年），幼子夭亡，雪芹陷于过度忧伤悲痛，终于卧床不起。是年除夕，因贫病无医而逝。

　　文学巨著《红楼梦》，规模宏大，结构严谨，情节复杂，描写生动，塑造众多具有典型性格之艺术形象，堪称中国古代长篇小说最高峰。全书虽以贾宝玉、林黛玉爱情为线索，以大观园风月繁华为背景，然其真正旨归并非仅此。作者通过对"贾、王、史、薛"四大家族荣哀盛衰之描写，展示了广阔社会生活视野，森罗万象，囊括多姿多彩世俗人情，蕴含一个时代历史容量，实为封建末世之百科全书。

　　右翼宗学总管、乾隆帝堂侄永忠阅《红楼梦》后感叹道："传神文笔足千秋，不是情人不泪流，可恨同时不相识，几回掩卷哭曹侯。"[1]

　　《红楼梦》故事内容横跨清代康熙、雍正、乾隆三朝，即历史上所谓"康乾盛世"，王朝鼎盛背后存在之种种矛盾、隐藏之重重危机，通过作品人物性格、生活及情节发展，得以淋漓尽致表现。

　　康熙末年，诸皇子分朋树党，争权谋位，后以四皇子胤禛夺得帝位，是为雍正皇帝。雍正即位后，立即凶残展开穷治政敌斗争，残酷迫害争夺皇位诸兄弟及异己政治势力。雪芹嗣父曹頫即因皇室派别斗争牵连而罢官、抄家。雪芹即以曹氏宗亲败落、家境变迁为创作素材，创作《红楼梦》。

　　"世人皆醉我独醒"，曹雪芹由人生巅峰跌入低谷之惨痛经历，使其成为污浊社会中一名清醒者。于是，中国文学史上一向毫无地位、备受侮辱损害之妇女，成为其笔下热情讴歌之艺术形象。于是乎，"女儿是水做的骨肉，男人是泥做的骨肉"，"峨冠博带的须眉男子"可鄙，女性则是圣洁高贵的天使。

　　作者寄予妇女深切同情，形成笼罩全书女性颂歌。其形容黛玉为"世外仙姝寂寞林"；赞美薛宝钗为"山中高士晶莹雪"；尤其歌颂湘云"幸生来，英豪阔大宽宏量，从未将儿女私情略萦心上。好一似，霁月光风耀玉堂。"使读者于"浅唱低吟"中深刻感受作品人物之悲剧人生。

　　遗憾的是，作者未能完成作品最终定稿即于贫困潦倒中溘然离世。雪芹开始创作《红楼梦》，年未及弱冠。其前后花十余年工夫，经五次增删修改，30 余岁基本完成。全书除

---

　　①清·永忠《因墨香得观红楼梦小说吊雪芹三绝句》。

少数章回未分定，个别回目须重拟，及几处缺诗待补外，正文部分基本草成。其"虽有志于作百二十回，书未告成即逝矣。诸家所藏抄本八十回书，及八十回书后之目录，率大同小异者，盖因雪芹改《风月宝鉴》数次，始成此书，抄家各朴其所改前后第几次者，分得不同，故今藏稿未能划一耳。"①"嘉庆时，汉军高进士鹗酷嗜此书，续作四十回附于后，自号为红楼外史。光绪初，京朝士大夫尤喜读之，自相矜为红学云。"②乾隆五十六年（1791年），高鹗续写后四十回完成，百二十回活字印本《红楼梦》由萃文书屋刊行问世。高鹗作七绝一首以记之：

> 老去风情减昔年，万花丛里日高眠。
> 昨宵偶抱嫦娥月，悟得光明自在禅。③

曹雪芹素性放达，爱好广泛，对金石、诗书、绘画、园林、中医、织补、工艺、饮食等均有研究。其诗立意新奇，风格近于唐代诗人李贺。友人敦诚称赞："爱君诗笔有奇气，直追昌谷破篱樊。"（《寄怀曹雪芹》）"知君诗胆昔如铁，堪与刀颖交寒光。"（《佩刀质酒歌》）可惜，除《红楼梦》中诗词外，雪芹诗未得以传世，其画则尤喜绘突兀奇峭之石。

> 傲骨如君世已奇，嶙峋更见此支离。
> 醉余奋扫如椽笔，写出胸中块垒时。④

可见，其所以喜画石头，完全为释放胸中郁积之不平之气与如鲠在喉之憋屈块垒。曹雪芹辞世时年48岁，虽然作品未能完成定稿，然作者依然没有忘记作品开头结尾的诗歌照应，遂草草做一了结，提笔写下开篇诗《金陵十二钗》：

> 满纸荒唐言，一把辛酸泪。
> 都云作者痴，谁解其中味。

旋又饱含无奈地写下结尾诗，前后呼应以终全篇：

> 满纸辛酸泪，一把荒唐言！
> 都云其中味，谁解作者痴？

---

①清·裕瑞《枣窗闲笔》。
②清·李放《八旗画录·绘境轩读画记》。
③清·高鹗《重订红楼梦小说既竣题》。
④清·敦敏《题芹圃画石》。

伟大作家于贫困潦倒中创作不朽作品，又于凄凉寂寥中悄然辞世。好友敦诚不胜哀婉，遂含泪作长句以悼之：

> 四十萧然太瘦生，晓风昨日拂铭旌。
> 肠回故垒孤儿泣，泪迸荒天寡妇声。
> 牛鬼遗文悲李贺，鹿车荷锸葬刘伶。
> 故人欲有生刍吊，何处招魂赋楚蘅？
> 开箧犹存冰雪文，故交零落散如云。
> 三年下第曾怜我，一病无医竟负君。
> 邺下才人应有恨，山阳残笛不堪闻。
> 他时瘦马西州路，宿草寒烟对落曛。[1]

幸哉，《红楼梦》因作者之伟大而不朽，曹雪芹以作品之不朽而伟大！

---

[1] 清·敦诚《鹪鹩庵杂记·挽曹雪芹》。

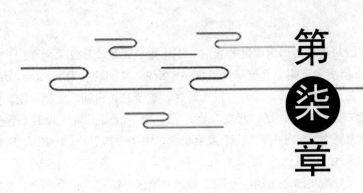

第柒章

深谙治乱之道，胸怀武略文韬，傲然盖世功业

　　中国封建社会历史，自公元前 221 年始皇帝嬴政建立第一个中央专制政权"秦"，至 1912 年满清王朝于宣统皇帝溥仪手中结束，时间跨度为 2132 年，历经秦、西汉、新朝、东汉、三国（魏、蜀、吴）、晋（西晋、东晋）、南朝、北朝、隋、唐、五代、十国、宋（北宋、南宋）、辽、西夏、金、元、明、清诸王朝（其中不含黄巢"大齐"、张献忠"大蜀"、李自成"大顺"及袁世凯"中华帝国"）。2000 余年漫长封建统治过程，共有皇帝 421 位。

　　如此频繁更迭之王朝，开国之君却非豪强即贼寇，扩而广之，将武则天、叶赫那拉等后宫女流亦计算在内，竟难拣出一位出自书斋之文人。原因何在？皆因儒家传统礼法制定者孔夫子早为中国文人定好圭臬，倘有敢越雷池者，将被历史钉于"大逆不道"耻辱柱上，遭千夫所指遗臭万年。"三纲五常"伦理道德框架，规范中国文人处世行为唯求学而优则"仕"，断不可学而优则"王"。故中国文人虽于治国理政情有独钟，却毕生"克己复礼"，忙于寻求"辅佐"对象，几无心存为人"辅佐"之奢望。即使功业权势仅距皇位一步之遥者，亦自然望而却步，不敢问鼎。

　　此或许为中国文人之宿命。2000 多年里，亦曾有不信此"邪"者，欲试"鼎"之轻重，结果无一人可举起放下。

　　隋唐时期群雄之一李密，出身四世三公贵族之家，承袭其父蒲山公爵位，为隋炀帝侍从官。其青少年时，熟读《史记》《汉书》《项羽传》，"趣解雄远，多策略，散家赀养客礼贤不爱藉。以荫为左亲卫府大都督、东宫千牛备身……以蒲鞯乘牛，挂《汉书》一帙角上，行且读。"[1]

　　隋末天下大乱，群雄并起，问鼎中原。李密据瓦岗寨举义，称魏公。遂草《为李密檄洛州文》，历数炀帝十大罪状，率瓦岗军屡败隋军，威震天下。后骄横刚愎，为隋将王世充击败，率残部降唐公李渊，拜光禄卿，封邢国公。因不满所封，旋叛唐自立，为唐将盛彦师斩杀于熊耳山。

　　先时，"密建号登坛，疾风鼓其衣，几仆；及即位，狐鸣于旁，恶之。及将败，巩数有回风发于地，激砂砾上属天，白日为晦；屯营群鼠相衔尾西北度洛，经月不绝。"[2] 上苍以如此预兆警示，李密依然故我，违天意而行，结局如是应在意料之中。

　　唐末曹州冤句（今山东菏泽）人黄巢，出身世代贩盐富商，善骑射击剑。其自幼饱读诗书，笔墨酣畅，以才闻名乡里，五岁时作《题菊花》诗，即显凌云抱负：

> 飒飒西风满院栽，蕊寒香冷蝶难来。
>
> 他年我若为青帝，报与桃花一处开。

　　成年后，黄巢数次应试进士，皆名落孙山，满怀愤恨写下《不第后赋菊》：

---

①唐·魏征等《隋书·李密传》。

②北宋·欧阳修、宋祁《新唐书·李密传》。

待到秋来九月八，我花开后百花杀。

冲天香阵透长安，满城尽带黄金甲。

随之愤然离开长安，继承祖业成为盐帮首领。

唐僖宗乾符元年（874 年），各地水旱灾害频仍，"麦才半收，秋稼几无，冬菜至少"而朝廷"用兵不息，赋敛愈急"，致使"百姓流殍，无处控诉"。

濮阳（今河南濮阳）私盐贩子王仙芝聚众数千，揭竿起义，一时攻州占县，声震中原。

黄巢与子侄辈聚众数千人，响应王仙芝。仙芝为唐擒杀后，黄巢继位义军首领。880 年 12 月，黄巢攻克长安，建立政权，登基称帝，国号"大齐"，建元"金统"。

然，黄巢残暴毒虐，观念狭隘，嗜好滥杀，骄奢淫逸，攻克长安之后不思进取。故，"大齐"政权于动乱飘摇中仅存在三年即为残唐所灭。

清末广西金田人洪秀全，本一饱学儒士，亦因数度科举失意而生愤懑，遂创"拜上帝会"，广招信徒，于 1851 年揭竿反清，建国号"太平天国"，自称天王。1853 年（咸丰三年），太平军定都南京。旋颁布《天朝田亩制度》，并分兵西征、北伐。

太平天国创建之初如燎原烈火，迅即占据长江以南半壁江山。满清朝廷遭此重创，江山岌岌可危，处于风雨飘摇之中。

然，洪秀全与黄巢秉性无异，成事后即骄横跋扈一味享乐，导致内讧连连，自剪羽翼。遂于 1864 年（同治三年）被清朝所灭。

"秀才造反三年不成"，可谓不谬。中国封建文人宿命中无帝王运，即便奋起强争，最终结局亦为徒劳。

故，"克己复礼"安守本分，所以为臣之道也。即便距龙位仅一尺之遥，亦能摒弃欲念不作非分之想，实为中国封建文人最聪明之选择。否则，或将身首异处，或将遗臭万年！

曹操——治世有谋为能臣　乱世无略不英雄

东汉末期，宦官专权，皇权虚弱，为英雄豪强逐鹿中原开创帝业一试锋芒之难得机遇。

"汉末，天下大乱，雄豪并起，而袁绍虎挼四州，强盛莫敌。太祖（曹操）运筹演谋，鞭挞宇内，揽申、商之法术，该韩、白之奇策，官方授材，各因其器，矫情任算，不念旧恶，终能总御皇机，克成洪业者，惟其明略最优也。抑可谓非常之人，超世之杰矣。"[1]

---

①西晋·陈寿《三国志》。

一代枭雄曹操①出身官宦世家，为汉相曹参之后，其父曹嵩为宦官曹腾养子，本姓夏侯，汉灵帝时官至太尉，历侍四代皇帝，朝野咸知其名，桓帝封费亭侯。

曹操年轻时期机智警敏，有随机权衡应变能力，且任性好侠，放荡不羁，不修品行，疏于学业，故时谓其无异才，唯梁国桥玄等名士以非凡之人视之。桥玄尝于曹操道："天下将乱，非命世之才不能济也，能安之者，其在君乎？"南阳何颙亦评价曹操："汉室将亡，安天下者，必此人也！"南阳许劭时以知人著称，曹操遂诣府恳教。许劭指称："君清平之奸贼，乱世之英雄。"曹操遂博览群书，刻意于文韬武略，尤喜兵法，曾抄录古代诸家兵法韬略，注释《孙子兵法》，为其后驰骋疆场纵横捭阖，实现吞吐天地之志奠定稳健基础。

灵帝熹平三年（174年），曹操举为孝廉，入京都洛阳为郎，是年20岁。旋，被任命为洛阳北部尉。洛阳为东汉都城，属皇亲贵戚聚居之地，极难治理。曹操就职伊始，即申明禁令，严肃法纪，造五色大棒十余根，悬于衙门左右，宣告"有犯禁者，皆棒杀之"。宦官蹇硕甚得灵帝宠幸，其叔父蹇图违禁夜行，曹操毫不留情，按律以五色棒将其处死。于是，"京师敛迹，无敢犯者"。

汉灵帝中平元年（184年），钜鹿（今河北省巨鹿县）人张角创立"太平道"教，以"苍天已死，黄天当立，岁在甲子，天下大吉"为口号，发动起义。起义者头缠黄巾，号称"黄巾军"。起义军势如破竹，烧毁官府，杀害吏士，四处劫略，一月内战火遍及全国七州二十八郡。州郡失守、吏士逃亡，震动京都。

东汉朝廷调集各地兵马围剿黄巾军，急需力挽狂澜之领军人才。曹操于是拜骑都尉，受命与北地太守皇甫嵩等合军进攻颍川，并大破黄巾军。自此，曹操以其雄才伟略开始驰骋于东汉政治舞台。

中平五年（188年），前将军董卓进京作乱，废汉少帝而立献帝，自任相国、太师，朝廷权力均为其控制。

董卓恃势倒行逆施残忍暴虐，激起朝野公愤，凡先汉故臣旧将，莫不将欲除之而后快。此情为曹操进入东汉王朝最高核心层创造难得机遇。

为平息董卓之乱，曹操改易姓名逃出京师洛阳（今河南洛阳东），"散家财，合义兵"，号召天下英雄举义讨伐董卓。翌年，各路诸侯建立讨董联盟，共推渤海太守袁绍为盟主，曹操任代理奋武将军。曹操以讨伐董卓为发轫，经20余年惨淡经营，终于形成独占"挟天子以令诸侯"之优势。旋，曹操逐一剪除袁术、袁绍、张绣、马腾、韩遂等军阀豪强，成为雄踞中原之一代枭雄。其时，可与之比权量力一决雌雄之政治军事集团，仅剩偏安江东之孙吴政权与深居西川之蜀汉政权。

此时，天下大势已尽在曹操掌控之中，倘其意欲"代汉自立"，犹如"探囊取物，易如反掌"。然其毕竟雄才伟略，出于长远之计，未敢轻冒天下之大不韪。

---

①曹操（155—220年），字孟德，一名吉利，小字阿瞒，沛国谯县（今安徽亳州）人。东汉末年杰出政治家、军事家、文学家、书法家，三国曹魏政权缔造者。

孙权因畏惧曹操伐吴，曾遣使入贡向曹操称臣，并试探性上表劝曹操取代汉朝自称大魏皇帝。曹操却将孙权来书遍示内外群臣道："是儿欲踞吾著炉火上耶！"其麾下群臣为谋开国殊荣，亦纷纷伺机劝进，均被其严辞封口。其并非无意皇位，而恐引起天下公愤影响千秋大业也。故凡属下劝进，其必以"若天命在吾，吾为周文王矣"为辞推却。是为其子最终可顺利"代汉而立"奠定基础之谋也。

建安二十五年（220年）正月，曹操于洛阳病逝，终年66岁。是年10月，魏王曹丕重演先代"禅让"故事，顺利取代汉朝，自立为皇帝，建国号"魏"，追尊曹操为武皇帝，庙号太祖。曹操终于完成"周文王"之愿。

曹操虽然终于未敢登基称帝，然其毕竟为中国文人中与"皇帝"之尊擦肩而过之顶尖人物。其不特代表文人创造饮马长江问鼎中原之辉煌，且开创光耀后世之"建安文学"时代，使中国文学即使历经战乱亦未停止前进的步伐。

曹操于中国文学之最大功绩，表现于其对"建安文学"所起之建设性作用。"建安文学"能够于长期战乱、社会残破的背景下得以勃兴，与曹操高度重视与全力推动密不可分。由于"魏武以相王之尊，雅爱诗章"①，故建安时期主要作家无不与其建有密切关系。曹丕、曹植为其子，自不多言，即使著名的"建安七子"②及才女蔡琰亦皆托庇于其荫护。毋庸讳言，"建安文学"之"邺下文人集团"，全赖其所创物质条件为基础，得以蓬勃壮大。而此一特殊历史时期文学群体之创作风格，尤其受其影响巨大。

曹操个人文学创作，尤以诗歌最为脍炙人口。其诗歌艺术风格朴实无华、不尚藻饰，以感情深挚、气韵沉雄取胜；艺术情调上则以慷慨悲凉为其特色。虽然慷慨悲凉为建安文学共同基调，然于曹操诗中却表现得最为典型与突出。诗歌体裁上，曹操乐府诗并不照搬汉乐府成规，而于扬弃中多有突破。《薤露行》于是最具代表性：

> 惟汉廿二世，所任诚不良。
> 沐猴而冠带，知小而谋彊。
> 犹豫不敢断，因狩执君王。
> 白虹为贯日，己亦先受殃。
> 贼臣持国柄，杀主灭宇京。
> 荡覆帝基业，宗庙以燔丧。
> 播越西迁移，号泣而且行。
> 瞻彼洛城郭，微子为哀伤。

此类体裁于汉乐府中均为挽歌，曹操却运用旧题抒写全新内容，从而开创以乐府写时

---

① 南朝·梁·刘勰《文心雕龙·时序》

② "建安七子"即建安年间（196—220年）七位文学家之合称，包括：孔融、陈琳、王粲、徐干、阮瑀、应玚、刘桢。七人于建安时期诗、赋、散文方面均有突出贡献。

事之传统。建安作家乃至南北朝、唐、宋诸多诗人长于乐府诗创作,皆为此一传统之继承与发扬。

受文学思想影响,政治家、军事家曹操实为真正的性情中人。其诗歌作品中,既荡漾伟丈夫气吞山河之雄浑气概,又充盈真男儿侠骨柔肠之感伤情怀。

建安十二年(207年),曹操北征乌桓途经东海,面对秋景中波涛汹涌之大海,写下著名组诗《步出夏门行》。其中《观沧海》《龟虽寿》二首,读来尤其使人心潮澎湃豪情万丈:

> 东临碣石,以观沧海。
>
> 水何澹澹,山岛竦峙。
>
> 树木丛生,百草丰茂。
>
> 秋风萧瑟,洪波涌起。
>
> 日月之行,若出其中。
>
> 星汉灿烂,若出其里。
>
> 幸甚至哉,歌以咏志。

(《观沧海》)

时,曹操已五十三岁,而诗中创作意境之高远沉宏,却非盖世英雄定难为之。自然景色、天体运行与诗人胸襟抱负相融合,由笔端自然流出,天、地、人构成一幅谐和雄浑画卷,情、境、意浑然天成,令人渐入物我皆忘之境。

如此海洋般广阔胸襟,既于其政治军事斗争生涯中亦时有展现。与其说作者借海洋之壮阔汹涌以励志,毋宁说此为其内心世界之真实写照,亦为其以抒怀咏志方式舒展开阔生命形态之豪兴。萧瑟秋风中,作者极写大海之汹涌澎湃及浩淼接天,面对山岛高耸挺拔与草木繁盛茂密,不见作者流露丝毫凋衰感伤情调。"日月之行,若出其中;星汉灿烂,若出其里。"诗人通过想象与夸张,展现出一派吞吐宇宙之宏伟气象。如此境界、格调、气势,充分反映出作者"老骥伏枥,志在千里"之"烈士"胸襟。

而《龟虽寿》则尤其凸显诗人自强不息之进取精神与热爱生命之乐观志趣:

> 神龟虽寿,犹有竟时。
>
> 腾蛇乘雾,终为土灰。
>
> 老骥伏枥,志在千里。
>
> 烈士暮年,壮心不已。
>
> 盈缩之期,不但在天。
>
> 养怡之福,可得永年。
>
> 幸甚至哉,歌以咏志。

作品艺术风格朴实无华，格调高远，慷慨激昂，抒发了诗人不甘衰老、不信天命、奋斗不息、对理想追求不止的壮志豪情，既富含事物兴衰哲理，亦闪耀着诗人洞彻人生之智慧。

1700 年之后，新中国缔造者毛泽东游北戴河，面对沧海波涛汹涌，一代伟人心潮澎湃。吟咏曹操《观沧海》，有感于历史沧海桑田，遂寄兴写下《浪淘沙·北戴河》：

> 大雨落幽燕，白浪滔天，秦皇岛外打鱼船。
> 一片汪洋都不见，知向谁边？
> 往事越千年，魏武挥鞭，东临碣石有遗篇。
> 萧瑟秋风今又是，换了人间。

两位时隔近 2000 年之伟人，面对同样景致，以诗歌形式抒发情怀虽有不同，然胸襟气魄则实实难分伯仲。

历史上，陈寿《三国志》以"枭雄"概念载述曹操；罗贯中《三国志演义》则以"奸雄"形象描写曹操；民间戏剧《三国演义》更以"奸臣"脸谱贬损曹操。而毛泽东则以政治家胸襟中肯评价曹操"是了不起的政治家、军事家，也是个了不起的诗人……曹操统一中国北方，创立魏国。他改革了东汉的许多弊政，抑制豪强，发展生产，实行屯田制，还督促开荒，推行法治，提倡节俭，使遭受大破坏的社会开始稳定、恢复、发展。"

诗词歌赋无所不占鳌头之思想家、政治家、军事家曹操，于征战沙场同时，带领东汉末年士人才子，以汉乐府歌辞之古朴风韵张扬起一段高歌政治开明，呼唤国家统一之文学繁荣时代，遂形成于中国文学史上开一代风气之"建安文学"。曹操本人创作之乐府诗，风格苍劲雄浑，气势豪迈恣肆，不仅为建安才子文学创作之圭臬，且一直激荡后世仁人志士之胸怀。特别是其于乐府诗中抒发之悲天悯人情怀，尤其富有人文关怀之魅力。此种情感于再现汉末动乱社会现象之《蒿里行》中尤为突出：

> 关东有义士，兴兵讨群凶。
> 初期会盟津，乃心在咸阳。
> 军合力不齐，踌躇而雁行。
> 势力使人争，嗣还自相戕。
> 淮南弟称号，刻玺于北方。
> 铠甲生虮虱，万姓以死亡。
> 白骨露于野，千里无鸡鸣。
> 生民百遗一，念之断人肠。

汉末皇权式微，政治腐败，乱象丛生，为袁绍、袁术、孙坚等军阀拥兵自强开创了平台。各路豪强借讨伐董卓之机招兵买马，用心全在哄抢汉室地盘。"义士们"互相混战，争权夺利，掠地屠城之结果，造成中原大地白骨盈野、千里无人之惨象。曾经同样饱经乱离之作者，于作品中毫不做作地表现出与草民百姓同样深切之感受。

作为汉末一代杰出政治家，曹操于其乐府诗《苦寒行》中所倾泻之心志，以凄婉无助之意象真切勾勒出当时社会局势之凶险、民生之凋蔽及英雄救世无路之无奈：

> 北上太行山，艰哉何巍巍！
>
> 羊肠坂诘屈，车轮为之摧。
>
> 树木何萧瑟，北风声正悲。
>
> 熊罴对我蹲，虎豹夹路啼。
>
> 溪谷少人民，雪落何霏霏。
>
> 延颈长叹息，远行多所怀。
>
> 我心何怫郁，思欲一东归。
>
> 水深桥梁绝，中路正徘徊……

以诗文所展示才情而论，曹操无疑至今依然雄踞于中国文学史巍巍峰峦之上。

曹操不特为中华民族历史上杰出政治家、军事家、文学家，且为一代鲜为人知之书法家。历史上见过曹操书法作品之人，无不赞其书金花细落，遍地玲珑；荆玉分辉，瑶若璀璨；笔墨雄浑，雄逸绝伦之美。曹操虽善书，然因忙于战事与治国理政，少有闲暇挥毫泼墨，故流传于世之墨迹颇少。

"太祖御军三十余年，手不舍书。昼则讲武策，夜则思经传。登高必赋，及造新诗，被之管弦，皆成乐章。"[1]毋庸置疑，曹操当仁不让为中国文人奋斗历程集大成者，唯一缺憾为略输"问鼎"勇气。倘若其鼓足勇气坐坐"武帝"龙椅，至少可以填补中国文人无开国皇帝之空白矣！

吕端——清词古学儒生业　圆笠方袍释子身

明代思想家李贽撰有自题联一幅："诸葛一生唯谨慎，吕端[2]大事不糊涂"，意在借诸葛亮与吕端为人行事之风格以自勉。1962年9月24日，在中共八届十中全会上，毛泽东主席又将此联赠予叶剑英元帅，赞扬其能于大关节处看清要害，处事能从大局出发，辄于关键时刻发挥出奇作用。

诸葛亮掌军理政之谨慎，史家自来有共识，而吕端"大事不糊涂"，或许知其详者不

---

① 三国·魏·王沈《魏书》。

② 吕端（935—1000年），字易直，幽州安次（今河北廊坊市）人，北宋政治家。

多。查《宋史·吕端传》，方知宋太宗想以吕端为相，持异议者言吕端处事糊涂，不可担此要职。太宗却以为"端小事糊涂，大事不糊涂"。何谓"小事糊涂"？无非是于无关原则大道、唯涉个人利害之处不计小利，有所谓盛德若愚之风。诸如散布流言诋毁吕端人格者，其闻而不慑，泰然回应："吾直道而行，无所愧畏，风波之言不足虑也。"再如，其与名臣寇准同列参知政事之职，且排名于前，其主动提出"请居准下"。旋，吕端升任宰相，"恐准不平，乃请参知政事与宰相分日押班值印，同升政事堂"。此正其"小事糊涂"之处。何谓"大事不糊涂"？即概凡关系朝廷大政方针之时，吕端一贯坚持原则，是非分明，有舍我其谁之概。朝廷欲捕杀叛将李继迁之母，吕端闻知后坚决反对，建议将李母安置好并给予优厚待遇，即使李继迁不降，亦能笼络住其心。宋太宗驾崩，内侍王继恩担心太子赵恒继位妨碍其专权，遂阴与李皇后合谋另立。吕端觉察其奸，将王继恩监禁看管起来，亲自入后宫陈述改立之利害，遂打消皇后废太子之念头。太子继位，垂帘召见群臣，而吕端独不拜。待其命人打开帘子，上殿确认新帝为太子无误后，方退殿下拜。由此可见，其于小事糊涂，有柔，有宽，有退；其于大事不糊涂，有刚，有严，有进。刚柔相济，宽严并用，进退得当，方能有利于大局，干成大事。

吕端祖父吕兖曾为晋朝沧州判官，其父吕琦后晋时官至兵部侍郎。吕端仪表俊秀，处事宽厚忠恕，善交朋友，讲义气，轻钱财，好布施。其20余岁以父荫补官，历任后晋国子主簿、太仆寺丞秘书郎、直弘文馆等职。

960年1月，后周殿前都点检赵匡胤发动"陈桥驿兵变"而"黄袍加身"，改朝换代建立北宋王朝。

赵匡胤以不光彩手段，由北周孤儿寡母手中攫取政权，心中难免有愧。为不引起国内其他势力借机生端，遂采取怀柔政策稳定局面。其不仅善待后周皇族，且将前朝旧臣中凡承认新朝者，一律照单接收任用。故，吕端自然转为新政权官员。

吕端入宋后，先后担任太常丞、浚仪知县、定州同判、成都知府、开封府判官、蔡州知州、开封知县、户部郎中、大理少卿、右谏议大夫等职。

辗转任职期间，吕端处事理政表现出非凡才华，逐渐为宋太宗所赏识。早于吕蒙正为相之时，太宗即有重用吕端之念。"太宗欲相端。或曰：'端为人糊涂。'太宗曰：'端小事糊涂，大事不糊涂。'决意相之。"[1]太宗与重臣商议任用吕端为相时，有人反对重用吕端，理由为吕端处事"糊涂"欠明智。太宗依其多年体察，反驳道："端小事糊涂，大事不糊涂。"其实，此时太宗任用吕端为相之决心已相当坚定。为此，太宗曾作钓鱼诗表明心意，其中有"欲钓金钩深未达，磻溪须部钓鱼人"之句，明白无误告知朝臣，任用吕端为相之事，已无可争议。淳化四年（993年），太宗拜吕端为参知政事。是年底，左谏议大夫寇准亦拜为参知政事。

任宰相之后，吕端办事持重稳当，公道而廉洁，深得朝野好评，太宗所阅奏章多有褒奖吕端之辞。至道元年（995年），吕端年届60岁，由参知政事改任宰相，太宗曾后悔重

---

[1] 元·脱脱、阿鲁图《宋史·吕端传》。

用吕端太晚。

太宗于吕端虽然信任有加，然担心朝廷各方关系难以平衡，尤其恐怕寇准难居吕端之下，从而影响两个肱股之臣和睦秉政，故难免心存忧虑。于是，太宗接受吕端建议，采取临时过渡办法以为权宜之计。遂命时任参知政事寇准与宰相吕端"分日押班知印，同升政事堂"。即让二人隔日轮流执掌相府大计，平起平坐处理政务。太宗则从旁加以观察调度。时，朝中每日接受奏折颇多，朝臣遇事决策时众说纷纭难以形成统一决断，"惟端罕所建明"。经过一段观察之后，太宗从宫内转出御笔戒谕："自今中书事必经吕端详酌，乃得闻奏。"此道谕旨无疑为太宗予吕端更大信任与重用。端深感事已至此，再谦让实为不妥，于处置朝廷大计不利。遂未加推辞欣然从命，履行公事。由是遂成名副其实之当朝宰相。

太宗患病时，内侍王继恩嫉妒太子过人，惧其继位于己不利，遂起歹心邪意，联络参知政事李昌龄、殿前都指挥使李继勋、知制诰胡旦等人合谋另立太子。太宗驾崩，皇后命王继恩召见吕端商议立新君之事。吕端觉察有变故，遂命手下将王继恩锁于自己府中，然后急奔朝廷。皇后因受王继恩等人蛊惑，于皇位继承上已存动摇思想，然碍于吕端威望，不敢擅自而为。遂谓吕端道："皇上驾崩，立太子为当下首务，请宰相定夺。"吕端听罢毫不犹豫地奏道："先帝所以立太子者，即为今日之事，现先帝弃天下而去，绝不可有违先帝之命而做另谋，如此事关社稷前途命运之事，唯先帝之命是遵，请速扶立太子即位！"皇后听吕端语气坚决，毫无转圜余地，遂命太子于福宁庭即皇帝位，是为真宗。宋史载"吕端持重识大体，锁王继恩于阁内而大计以定。真宗即位，掷帘升履，审视然后降拜。其胆略如此，此皆得人之效也。"[1]

太子继位后，首次登殿以垂帘方式接见朝臣。吕端率众臣晋见，见此情景遂立于殿下不拜。皇后询问吕端不拜之故，吕端寻思后回禀："请卷起来帘子，太子坐于正位，令朝臣看清天颜再拜。"皇后遂命太监卷起帘子，让真宗坐上正位。在确认即位者是太子无误后，吕端才率群臣三呼万岁，跪拜新君。

吕端为官坦荡无私，为人襟怀开阔。"端有器量，虽屡经摈退，未尝以得丧介怀，平居不蓄资产。及为相，持重识大体，以清净简易为务。"[2]"宰相肚里能撑船"，即源于朝野赞誉吕端气量之故。据传，吕端为相时曾遭奸臣陷害，被削官还乡为民。接旨后，吕端毫不辩解，遂与书童背上行囊，挑上书籍，离开京城上路归里。甫入家门，适逢家中为小弟设宴摆席，大操大办婚庆喜事，有不少当地官吏豪绅前来赴宴。嘉宾见吕相爷回来，既大礼参拜，又重上厚礼，弄得吕端哭笑不得。见此情景，其只好当众言明真相："吕端已被皇上革职，还乡为民了！"吕端实言出口，官吏与豪绅个个面色突变，目瞪口呆斜眼相视。更有甚者，竟提起所送礼品离座而去。

恰于此时，村外传来马蹄声，鞭声脆震长空。御史钦差骑马径直到吕家门口，下马高呼："吕端接旨！"吕端急率全家老少跪地垂听"旨意"。家人个个心怀忐忑，唯吕端处变

---

[1] 元·脱脱、阿鲁图《宋史全文·卷四》。

[2] 南宋·李焘《续资治通鉴·卷第二十二·宋纪二十二》。

不惊泰然若素。御史宣旨道："着吕端回朝复任宰相，钦此！"

一度散去之官吏与豪绅，闻听吕端官复原职，个个面红耳赤，张目结舌，又拉下脸皮重新回到吕府送礼贺喜。见此，吕端表面无动于衷，心中鄙视至极，然未出一言责备。

吕端一生经历北宋三代帝王，为官40年，为相4年，不傲不贪，两袖清风，亦不与贪官污吏来往，深得百姓称道。故，贪官污吏屡屡想方设法算计陷害之。

一年春日，太宗于御花园摆酒筵，宴请满朝群臣。鼓乐声中文武百官把酒举盏，兴致浓烈。阉宦王继恩欲于太宗面前捉弄吕端，令其难堪。便道："圣上，为助今日酒兴，何不出几个题，叫吕相爷答来？"

太宗倒觉合乎本意，遂唤过吕端道："朕问你，当今何处酒好？"吕端脱口从容笑答："杏花村酒最好。"太宗又问："何以见得？"吕端又答："有唐诗云'借问酒家何处有？牧童遥指杏花村'。""唐时酒价每升银两几何？"太宗追问到此，众人都为吕端捏一把汗，唯恐吕相爷答不出来。吕端却显得轻松坦然，徐徐向太宗沉吟道："唐时酒价每升30钱。"王继恩觉得有缝可钻，乘机进言："启禀圣上，吕端分明有欺圣上，唐宋相隔百年，酒价从何而知？"太宗问道："吕爱卿且说来。"吕端坦然回道："唐时酒价每升30钱，绝无差错。臣记得杜甫有诗云：'速来相见饮一斗，恰有三百青铜钱'。"太宗大喜道："杜工部诗诚可谓一代史书也！吕爱卿亦可谓一代奇才矣！"众人听吕端如此熟读唐诗，对答又如此切题，个个翘起大拇指。然王继恩仍不死心，又出花招，想将吕端灌醉，使其酒后出丑，好让圣上加罪。遂又请圣上为吕端换大酒杯饮酒。太宗依王继恩之言，命吕端换大杯饮之。吕端时已半醉，却不得不遵旨唤道："告官家换大杯饮酒！"话音甫落，王继恩乘机挑唆道："万岁，吕端借酒气诬蔑圣上为官家，还不问罪？"吕端谓太宗道："启禀圣上，为臣既未醉酒，亦未犯上，唯引经据典令圣上心悦一番罢了。"王继恩添油加醋追问吕端："汝称圣上为官家，岂非犯上？"此时，吕端已怒不可遏，手指王继恩道："汝竟不知官家为圣上之称，何颜立于朝堂？"太宗忙道："吕爱卿，快给朕讲来！"吕端遂慢条斯理回道："臣记得《蒋济万机论》有言'三皇官天下，五帝家天下'。三皇五帝皆称官家，吾称圣上为官家，何错之有！"太宗听后点头称是，众人亦十分叹服，纷纷向吕端敬酒称赞："真可谓难不倒之吕相爷！"

吕端于文学方面亦颇有造诣，只可惜传世作品不多，难使后人全面欣赏领略其文才。《送英公大师归终南》庶几可望一解饥渴：

衡岳烟萝紫阁云，名高湖外晚游秦。

清词古学儒生业，圆笠方袍释子身。

竹杖拄归山里寺，篆书留与世间人。

我疑簪组成为缚，空仰吾师去路尘。

"英公大师"为吕端挚友，作者于送别诗中对其学问人品均持肯定态度。一个世俗臣子，一个佛门弟子，二人处世思想虽不同，然基于涵养学识，相互敬仰之真诚情感发于心扉，毫不矫情，且不见哀怨凄恻之惜别悲情。入世与出世者相互间之仰慕与祝愿，实在令俗人艳羡。

"糊涂"宰相吕端，以"糊涂"而为相，以"糊涂"而克敌，大智若愚大智若勇，宦海浮沉 40 载，历任门下侍郎、兵部尚书、加右仆射，为相时虽不长，然功勋卓著，以一代贤相名传青史，卒于太子太保，获赠司空，御赐谥号"正惠"。

其享年虽仅 65 岁，然生前未遭大险，死后备受哀荣，足矣！

李沆——忠良纯厚长者风　清静无为图昭勋

"善战者无赫赫之功，善医者无煌煌之名。"此言用以概括北宋名相李沆[①]生前身后，可谓比较妥帖。

李沆少年好学，器度宏远，于宋太宗太平兴国五年（980 年）举进士甲科。初为将作监丞、通判潭州，旋召直史馆。雍熙三年（986 年），担任知制诰。翌年迁职方员外郎、翰林学士。淳化三年（992 年）拜给事中、参知政事，出知河南府。旋迁礼部侍郎兼太子宾客。真宗即位后，自户部侍郎改中书侍郎，又累加门下侍郎、尚书右仆射、参知政事拜同中书门下平章事，监修国史。

"沆为相，王旦参政事，以西北用兵，或至旰食，旦叹曰：'我辈安能坐致太平，得优游无事耶？'沆曰：'少有忧勤，足为警戒。他日四方宁谧，朝廷未必无事。'后契丹和亲，旦问何如，沆曰：'善则善矣，然边患既息，恐人主渐生侈心耳。'旦未以为然。沆又日取四方水旱盗贼奏之，旦以为细事不足烦上听，沆曰：'人主少年，当使知四方艰难，不然，血气方刚，不留意声色犬马，则土木、甲兵、祷祠之事作矣。吾老，不及见此，此参政他日之忧也。'沆殁后，真宗以契丹既和，西夏纳款，遂封岱祠汾，大营宫观，蒐讲坠典，靡有暇日。旦乃以沆先识之远，叹曰：'李文靖真圣人也。'当时遂谓之'圣相'。"[②]

北宋李沆犹如初唐房玄龄，看似平淡无奇，却为不可或缺之首相。李沆在世时，宋真宗与大臣之间君臣权力保持平衡，遂有英主之名。待李沆病殁，王旦虽亦直明忠谨，然其上未能谏言以纠皇帝之失，下不能置措抑制王钦若、丁谓等一班佞臣，遂致真宗大修宫殿，封神拜鬼。王旦进无计退无据，方服李沆之明。

宰相前辈赵普尝以"半部《论语》治天下"闻名于世，辅佐太祖、太宗、两朝，成为其后为相者楷模。李沆亦常读《论语》不辍。或问其何以独钟《论语》？沆慨然对

---

①李沆（947—1004 年），字太初，洺州肥乡（今属河北）人，北宋著名政治家。

②元·脱脱、阿鲁图《宋史·李沆传》。

之："余为宰相，犹《论语》所言之'节用而爱人，使民以时'，尚未做到。圣人之言，当终生诵读不辍方能自检。"

时契丹侵犯边境，真宗北巡，命李沆留守京城，京城于其治下井然有序。真宗回朝，李沆郊迎，真宗命其坐于己侧，赏赐酒席，慰劳有加。其后，真宗着意拔擢，先升迁门下侍郎，旋任尚书右仆射。

其于任相期间，从不上密折向皇帝言朝臣事。真宗尝问之道："大臣人人均有密奏，爱卿独无，何哉？"李沆回答："臣为宰相，公事皆于朝廷公开奏对，何用密奏？凡密奏，非诬陷他人，即对上献媚，余素恶此法，奈何效仿之？"真宗曾咨询治理国家应以何为先，李沆答曰："'不用浮薄新进喜事之人，此最为先。'问其人，曰：'如梅询、曾致尧等是矣。'"其后，曾致尧以温仲舒副手任陕西安抚使，旋上疏内阁言温仲舒不足以与己共事，轻浮之人遂拍手称快。李沆洞察秋毫，奏明真宗后即刻罢免曾致尧，以他人为温仲舒副职。"帝尝语及唐人树党难制，遂使王室微弱，盖奸邪难辨尔。沆对曰：'佞言似忠，奸言似信，至如卢杞蒙蔽德宗，李勉以为真奸邪是也。'真宗曰：'奸邪之迹，虽曰难辨，然久之自败。'"[1]曾致尧故事足以证明李沆君臣言之不虚。

真宗拟册立刘氏为贵妃，于某日夜派使者持手谕征询李沆意见，沆当使者面以烛火烧掉诏书，并附奏曰："但道臣沆以为不可。"真宗遂打消此一念头。驸马都尉石保吉尝请求担任使相，真宗问于李沆，李沆道："职以任能，爵以赏功。朝廷所以赏赐、加封，均须理由正当，令人信服。石保吉无征战之功，仅以内戚而封高官，恐怕会招来非议。"真宗有意为之，故寻机反复征求其意见，实望有所转圜，然李沆坚持己见毫不松动，石保吉始终未能得此职务。

时西夏党项酋长李继迁叛乱已久，兵马日益强盛，有谋取朔方之意。北宋朝廷困于边境战争，朝野均以为灵州为必争之地，倘若失去，则周边数郡皆难保全。真宗皇帝颇感困惑，一时难辨良莠，遂询问李沆。李沆回禀："继迁不死，灵州非朝廷有也。莫若遣使密召州将，使部分军民空垒而归，如此，则关右之民息肩矣。"[2]因当时众议纷纭莫衷一是，故真宗未即刻接受李沆建议。旋，灵州果陷于西夏李继迁之手，真宗由是愈加器重李沆。

李沆为官正直宽容、行为谨慎、寡言少语、识大体，其处事理政作风亦谨慎严密，不求声誉，遵守法度，不徇私情。为避免徇私枉法，其尝明言告诫左右，无论家人朋友，均不得以私事求之。凡退朝，必于书斋正襟危坐，反躬自省，从不于客厅寝室仰卧思谋公务。其宅第封丘门里与议事大厅门前巷道狭窄，仅能容一辆马车掉头。或言可予略加拓展，沆笑言："居第当传子孙，此为宰相厅事诚隘，为太祝、奉礼厅事已宽矣。"其家堂前小花园破损，妻子告诉下人暂时不要修葺，待李沆发现后主动安排维修时再定。然"沆朝夕见之，经月终不言。妻以语沆，沆曰：'岂可以此动吾一念哉！'家人劝治居第，未尝答。弟维因语次及之，沆曰：'身食厚禄，时有横赐，计囊装亦可以治第，但念内典以此

①元·脱脱、阿鲁图《宋史·李沆传》。
②元·脱脱、阿鲁图《宋史·李沆传》。

世界为缺陷，安得圆满如意，自求称足？今市新宅，须一年缮完，人生朝暮不可保，又岂能久居？巢林一枝，聊自足耳，安事丰屋哉？'"①由是可见其恪尽职守廉洁秉公之作风。

宰相寇准与丁谓私交甚笃，数次推荐丁谓才能，然李沆始终未加任用。寇准问其原因，沆言："'顾其为人，可使之在人上乎？'准曰：'如谓者，相公终能抑之使在人下乎？'沆笑曰：'他日后悔，当思吾言也。'"②李沆死后，寇准屡向真宗皇帝推荐丁谓，终使其得以与己并肩而为宰相。丁谓羽翼丰满后，遂进谗言陷害寇准，将其罢官下狱。寇准于是方如醍醐灌顶，彻底佩服李沆之言。

李沆接待宾客，经常话很少。其同年进士马亮谓其弟李维道"大臣背地皆曰令兄为'无口葫芦'"。李维瞅机会将马亮语转告乃兄。李沆听后道："吾非不知也。然今之朝士得升殿言事，上封论奏，了无壅蔽，多下有司，皆见之矣。若邦国大事，北有契丹，西有夏人，日旰条议所以备御之策，非不详究。荐绅如李宗谔、赵安仁，皆时之英秀，与之谈，犹不能启发吾意。自余通籍之子，坐起拜揖，尚周章失次，即席必自论功最，以希宠奖，此有何策而与之接语哉？苟屈意妄言，即世所谓笼罩。笼罩之事，仆病未能也。"沆又尝言："居重位实无补，惟中外所陈利害，一切报罢之，此少以报国尔。朝廷防制，纤悉备具，或徇所陈请，施行一事，即所伤多矣，陆象先曰'庸人扰之'是已。憸人苟一时之进，岂念厉民耶？"③

"古之欲明明德于天下者，先治其国；欲治其国者，先齐其家；欲齐其家者，先修其身；欲修其身者，先正其心；欲正其心者，先诚其意；欲诚其意者，先致其知，致知在格物。物格而后知至，知至而后意诚，意诚而后心正，心正而后身修，身修而后家齐，家齐而后国治，国治而后天下平。"④李沆为北宋宰相时，虽北有契丹，西有西夏，时有战事发生，然总体上天下尚属太平，故其亦为太平宰相。不过，"创业难，守成更难"，何况北宋江山得来相对较为容易。治国者欲将初创江山治理好，修身齐家当为首务，李沆于是堪称楷模。李沆为官公私分明却又绝非无情之人。较之为官后六亲不认之寡情者，其为极富亲情之人；而较之为官后一心假公济私之贪墨者，其又为铁面无私之人。故，李沆为官一生，身居高位，不特自己赢得生前身后名，亦为子弟处世为官做出楷模，拓开了道路。

作为昆仲之首，李沆不仅对其几个弟弟关爱有加，亦以长兄如父责任对诸弟严加督责，使其个个成人成才，无一溺为纨绔。其中最受其器重者为二弟李维，二人对饮交流较频，于学业处世指点亦多。然兄弟探讨时既不提及朝政，亦不询问家事。李维与乃兄同为进士出身，初为保信军节度推官，宋真宗初登基时献《圣德诗》，经中书考核提拔担任直集贤院，因李沆时任宰相，为回避而改任歙州知州。其履斯任，兴办学校，奖掖后进，逢年过节均行乡射礼。歙州之地一时学风炽烈，民风亦为之一新。直至李沆死后，李维方得进京担任户部员外郎之职。

---

①元·脱脱、阿鲁图《宋史·李沆传》。

②元·脱脱、阿鲁图《宋史·李沆传》。

③元·脱脱、阿鲁图《宋史·李沆传》。

④《礼记·乐记》

契丹求和，李维任贺正旦使持节出使。真宗巡幸西京（长安）时，维回国于行在面见皇帝。其向皇帝备细汇报契丹于朝廷使者之诚意厚待，消除真宗与朝臣对契丹之隔膜，使得双方得以较长时期维持友好关系。其后，每遇契丹使者朝贡，朝廷基本均安排其主持接待。盖因李维智敏勤恳，处世承袭乃兄之风，故以政绩而迁知制诰、翰林学士、中书舍人、学士承旨兼史馆修撰。宋仁宗登基初期，又升迁其为尚书左丞兼侍读学士，参与修订《真宗实录》，旋升任工部尚书。由李维为官作为，即可见李沆于诸昆仲熏陶教化之影响。

真宗景德元年（1004 年）七月，李沆正待上朝时突发疾病，真宗皇帝派太医络绎前去诊治，并亲趋龙辇前往探视。然"死生有命"，御医亦回天乏力。李沆终因积劳过度不治而亡，享年 58 岁。

李沆遽然去世，真宗帝抚灵痛哭，谓在侧大臣泣涕道："沆身为大臣，忠良纯厚，始终如一，孰料竟不能长寿。惜哉，痛哉！"遂追赠李沆为太尉、中书令，御赐谥号"文靖"。并擢拔其弟国子博士李贽为虞部员外郎，光禄寺丞李源为太子中舍，屯田员外郎、直集贤院李维为户部员外郎，其子李宗简为大理评事，外甥苏昂、妻兄之子朱涛为同进士出身。仁宗即位后，下诏李沆于真宗太庙陪祀。

一代贤相福荫子孙，光耀门楣千古流芳。为人臣者，当以李沆为范；为人子者，当以李沆为效；为昆仲者，当以李沆为师！

晏殊——满目山河空念远　落花风雨更伤春

北宋首位抚州籍词人宰相晏殊[①]，5 岁即能诗善文。景德元年（1004 年），江南按抚使张知白以"神童"之名将其荐于朝廷。翌年，晏殊以 14 岁年纪与来自各地千名考生同时入殿参加考试，从容应试，援笔立成，受真宗嘉赏，赐同进士出身。三日后，真宗皇帝于金銮殿亲临进士复试，命晏殊作赋。晏殊阅题后奏道："臣十日前已做过此题，有草稿在，请另选试题。"皇帝非常喜欢其质朴不隐之品行。欧阳修尝于《晏公神道碑铭》中评价晏殊："公世家江西之临川，年始十四，一日起田里，进见天子，时方亲阅天下贡士，会廷中者千余人，与夫宫臣卫官拥立圜视，公不动声色，操笔为文辞，立成以献。天子嘉赏，赐同进士出身。遂登馆阁掌书命，以文章为天下所宗。逮陛下养德东宫，先帝选用臣属，即以公遗陛下。由王官宫臣卒登宰相，凡所以辅道圣德，忧勤国家，有旧有劳，自始至卒五十余年。"

晏殊进士及第，初授秘书省正事，留秘阁读书深造。因其学习勤奋，交游持重，深

---

①晏殊（991—1055 年），字同叔，抚州临川（今江西进贤）人，北宋著名词人、诗人、散文家、政治家。

得直使馆陈彭年器重。

时天下承平无事，朝廷允许百官各择胜景之处宴饮，朝臣士大夫尝各自饮宴欢会，以至市楼酒馆均大设帷帐，为之提供宴饮游乐之便利。时晏殊赤贫，无钱游玩宴饮，遂于家中与兄弟讲习诗书。一日，皇宫欲为太子选讲官，真宗皇帝御点晏殊上任。执政大臣均不解皇上何以选中晏殊，转天上朝复命，皇上顾谓群臣道："近闻馆阁大臣皆嬉游宴饮，终日沉湎其中，唯晏殊昆仲闭门读书，不好此业。如此谨慎忠厚之人，正可教习太子读书。"

晏殊上任后，皇帝当面告知选其为太子侍讲之原因。晏殊回答："为臣并非不喜宴游玩乐，唯家贫穷无钱而已。倘臣有余钱，亦会如他人故事。"语言质朴无华，神态大方坦诚，真宗因此愈加欣赏其诚实，故眷宠日深。

景德三年（1006年），晏殊召试中书，任太常寺奉礼郎。大中祥符元年（1008年），迁任光禄寺丞；次年，召试学士院，为集贤校理；三年，任著作佐郎；七年，随真宗祭祀亳州太清宫，赐绯衣银鱼，诏修宝训，同判太常礼院、太常寺丞。尔后，晏殊历任左正言、直史馆、王府记室参军、尚书户部员外郎、太子舍人，权知制诰，判集贤殿。天禧四年（1020年），为翰林学士、左庶子。其学识渊博，办事干练，真宗每遇疑难事，常以方寸小纸细书向其咨询。其即将自己答奏缜密封呈，多获真宗采纳，被倚为股肱。

乾兴元年（1022年），仁宗继位，年仅12岁，刘太后听政。宰相丁谓、枢密使曹利用欲独揽朝权，文武大臣议论纷纷，束手无策。晏殊提出"垂帘听政"建议，得到众臣支持。为此，迁右谏议大夫兼侍读学士、加给事中，后任礼部侍郎知审官院、郊礼仪仗使、迁枢密副使。旋因违逆刘太后旨意，且于玉清宫怒以朝笏撞折侍从门牙，被御史弹劾。天圣五年（1027年），晏殊以刑部侍郎贬知宣州，后改知应天府。其于应天府任次，极其重视书院发展，大力予以扶持，尝力邀范仲淹赴书院讲学，为朝廷培养大批人才。该书院（又称"睢阳书院"）与白鹿洞、石鼓、岳麓合称宋初四大书院。五代以来，学校屡遭禁废，晏殊开创兴办教育之先河，自应天府书院始。仁宗庆历三年（1043年），晏殊任宰相，偕同枢密副使范仲淹，倡导州、县立学并改革教学内容，官学设教授。"自五代以来，天下学校废，兴学自殊始。"[①]自此，京师至郡县，均设有官学。史称"庆历兴学"。

明道元年（1032年）时，晏殊升任参知政事加尚书左丞。翌年因谏阻太后"服衮冕以谒太庙"，贬知亳州、陈州。五年后召任刑部尚书兼御史中丞，复为三司使。时值党项元昊称帝，建立西夏国，并出兵陕西一带，而宋将屡屡败退。晏殊全面分析当时军事形势，于失利中找原因，针对存在问题奏请仁宗：撤消内臣监军，使军队统帅有权决定军中大事；召募、训练弓箭手，以备作战之用；清理宫中长期积压财物，资助边关军饷；追回被各司侵占物资，充实国库。由此，宋军很快平定西夏进犯。

庆历三年（1043年），吕夷简罢相，晏殊官拜宰相，以枢密使加平章事。入阁伊始，晏殊即着力改造中枢机构，使之面目一新。"及为相，益务进贤材。当公居相府时，

---

①元·脱脱、阿鲁图《宋史·晏殊传》。

范仲淹、韩琦、富弼皆进用，至于台阁，多一时之贤。"①随之，晏殊调整充实谏院，为谏院首择贤达欧阳修，余靖、王素亦同时被召还京师入谏院。蔡襄为此欣然命笔志贺："御笔新除三谏官，士民千口尽相欢。"（《喜欧阳永叔、余安道、王仲仪除谏院》）旋，蔡襄亦以秘书丞升知谏院。

翌年，晏殊以检校太尉刑部尚书同平章事，晋中书门下平章事、集贤殿学士，兼枢密使。庆历四年，因撰修李宸妃墓志等事，遭孙甫、蔡襄弹劾，贬为工部尚书知颍州，后又以礼部、刑部尚书知陈州、许州。60岁时以户部尚书、观文殿大学士知永兴军（今陕西西安）。63岁知河南，迁兵部尚书，封临淄公。64岁因病回京就医，并留任侍经筵，为皇帝讲授经史，其礼仪、随从均与宰相待遇相同。

晏殊为宋代江西籍名人中开风气之先人物，其后之欧阳修、王安石、曾巩、晏几道等，无不深受其影响。其居官凡50年，政治上虽无重大建树，难以跻身历朝名相之列，然其为国蓄才、公忠谋国、知人善任诸举措，于当时北宋社会之稳定发展，意义尤其深远。如范仲淹，倘无晏殊着意奖掖、荐拔，以致曲意回护，恐怕很难成为叱咤风云之历史人物。其身久居要位，却平易近人，唯贤是举。不特范仲淹、孔道辅、王安石等均出其门下，即韩琦、富弼、欧阳修等亦皆经其栽培、荐引而得以重用。其中韩琦连任仁宗、英宗、神宗三朝宰相。晏殊为宰相时，女婿富弼为枢密副使。然殊举贤不避亲，唯才是用，后官拜宰相。

晏殊性格中庸，非不避风险、勇于进取之人，较之欧阳修"果敢之气，刚正之节，至晚而不衰"，自有一定差距。多年宦海风波历练，使其养成处事圆通之习。"庆历新政"时，晏殊已年届知天命，面对汹涌而来之政潮，其思维既不同于弄潮之同龄人范仲淹，亦不同于慷慨激进之晚辈欧阳修。其所以采取折中乃至折节之态度，一则为顾全大局保存元气，一则为友朋后生免遭祸患，三则为全身避祸从容进退而留有余地。其老成谋国及明哲保身之中庸态度，由此可见一斑。

仁宗至和二年（1055年），晏殊病卒于京都开封，享年64岁。仁宗亲往祭奠，追赠其为司空兼侍中，谥"元献"，并亲篆碑辞："旧学之碑"。

从欧阳修挽辞中，既可见晏殊一生德行操守，又可见欧阳修于晏殊终生难以忘却之深厚感情：

> 接物襟怀旷，推贤品藻精。
> 谋猷存二府，台阁遍诸生。
> 常念功臣旧，恩隆衮服荣。
> 春风绿野迥，千两送铭旌。
>
> （《晏元献公挽辞三首之一》）

> 四镇名藩忽十春，归来白首两朝臣。
> 上心方喜亲耆德，物论犹期秉国钧。

①北宋·欧阳修《晏公神道碑铭》。

退食图书盈一室，开樽谈笑列嘉宾。

昔人风采今人少，恸哭何由赎以身。

（《晏元献公挽辞三首之二》）

晏殊于文学创作上成就与贡献颇著，能诗、善词，文章典丽，书法皆工，而以词最为突出，有"宰相词人"之称。"文章赡丽，应用不穷。尤工诗，闲雅有情思。"[1]与北宋前期多数文人作风一样，其诗文词均继承晚唐五代传统，"赡丽"之中寓沉着内容，故不流于轻倩、浮浅，为当时所重。其词吸收南唐"花间派"与冯延巳典雅流丽风格，开创北宋婉约词风。"晏同叔去五代未远，馨烈所扇，得之最先。故左宫右徵，和婉而明丽，为北宋倚声家初祖。"[2]其词语言清丽，声调和谐，写景重其精神，赋于自然物以生命，为其独有特色。名句"无可奈何花落去，似曾相识燕归来"（《浣溪沙》）、"昨夜西风凋碧树。独上高楼，望尽天涯路"（《蝶恋花》）、"念兰堂红烛，心长焰短，向人垂泪"（《撼庭秋》）等，均为流传千古之佳句。

晏殊一生富贵优游，作品多吟成于舞榭歌台、花前月下，而笔调闲婉，理致深蕴，音律谐适，词语雅丽，为当时词坛耆宿，在北宋文坛上享有很高的地位。

相传晏殊有次路过扬州，因困乏而进大明寺歇息。进庙后发现壁上题诗颇多，挺感兴趣。遂找把椅子坐下，命随从为其念墙上题诗，却不许念出题诗人名字与身份。晏殊听了会儿，觉得其中一首诗写得尤其不错，遂问道："何人所作？"随从回答："写诗人名叫王琪。"晏殊遂差人寻找。王琪来后拜见晏殊，二人便海阔天空神聊一气。午餐毕，相偕于庙后花园散步。时适逢晚春，满地落英缤纷。一阵小风吹过，花瓣一团团随风飘舞，煞是好看。此情此景，猛地触动晏殊心事，遂不由得谓王琪道："余每得佳句，即书于墙上，再琢磨下句。然有一句，冥思苦想数载，竟无妙句相配。"

王琪说："请大人不妨说说前句。"

晏殊念了一句："无可奈何花落去。"

王琪听后即刻回道："何不对'似曾相识燕归来？'"

意即天气转暖，燕子又从南方飞回，这些燕子好像去年见过面。

晏殊一听，拍手叫好，连声称"妙"！

于是，晏殊以此两句为主干，填成一首流传千古之新词《浣溪沙》：

一曲新词酒一杯，去年天气旧亭台。

夕阳西下几时回？

无可奈何花落去，似曾相识燕归来。

小园香径独徘徊。

---

[1] 元·脱脱、阿鲁图《宋史·晏殊传》。

[2] 清·冯煦《宋六十一家词选·例言》。

作品写作者于花园饮酒，看到满地落花，心里十分伤感。情调虽显消沉，然情景交融，孕育着深厚悲戚之感。尤其艺术风格和婉明丽，清新含蓄，即景抒情，形象鲜明生动，构成形神兼备之意境。"燕归来"对"花落去"，"似曾相识"对"无可奈何"，工整巧妙，恰到好处。

晏殊一生填词一万余首，大部分散佚，仅存《珠玉词》136首，为《宋六十名家词》之首集。其既为导宋词先路之一代词宗、江西词派领袖，亦为中国诗史上多产诗人。"晏元献公长短句，风流蕴藉，一时莫及，而温润秀洁，亦无其比。"[①]《全宋诗》中收其诗160首、残句59句、存目3首。而《全宋文》中仅存散文53篇。有清人所辑《晏元献遗文》行于世。

因一生显贵，生活优裕，仕途亦较顺遂，生计未遭困窘故，晏殊不识生活之苦，唯知情感之苦。其作品亦多写旖旎风光，欢愉情趣，见不到平民饥寒。晏殊"风骨清羸，不喜食肉，尤嫌肥膻，每读韦应物诗，爱之曰：'全没些脂腻气'"[②]。正是如此优游闲适生活经历，使其愈加留恋现世欢愉，对自然界循环往复规律表现出不愿接受之悲悯情怀。"满目山河空念远，落花风雨更伤春"，面对不以人的意志为转移之自然规律，人类永恒而个人有限之无奈，使以"中庸"为处世圭臬之词人宰相，生发出太多"人生如梦"之遗憾！

无奈！大千世界五彩缤纷万紫千红，其美令人不忍离去。然，任谁皆难免走到人生尽头。故欲使红尘遗憾少一些，唯有延年益寿或及时行乐而已！才子宰相晏同叔得无憾乎？

文彦博——长剑并弹霜气豪　白虹半折秋云高

倘若于中国文坛宦海衮衮诸公碑林中评定"完美"称号，摘取桂冠者非文彦博[③]莫属。

从出身考，文氏一脉自春秋始即为公爵，直至其父。文彦博先祖为春秋时齐国陈公子完，卒谥"敬仲"，后世遂以谥为氏。五代时，彦博曾祖父文崇远为避后晋高祖石敬瑭讳，改其氏为"文"；后汉高祖刘知远称帝后复其旧氏"敬"；北宋太宗时，以避宋翼祖赵敬庙讳，又改为"文"。文彦博世祖数辈受封荫，曾祖父文崇远为燕国公，祖父文锐为周国公。其父文洎"以儒学进，历十三官，所至以强直勤敏、振利攘害，名闻达不可掩。判三司开拆磨勘司，终主客郎中、河东转运使"[④]，封魏国公。由仕途经历观察，文彦博天圣

---

①北宋·王灼《碧鸡漫志·卷二》。

②北宋·吴处厚《青箱杂记·卷五》。

③文彦博（1006—1097年），字宽夫，号伊叟，汾州介休（今山西介休）人，北宋著名政治家、书法家。

④北宋·司马光《文潞公家庙碑记》。

五年（1027 年）考中进士，历仕仁、英、神、哲四帝，出将入相 50 年之久；以宦海浮沉比较，文彦博虽亦曾经历风浪，然均属有惊无险，终于"平安着陆"致仕；倘若论及阳寿，文彦博享年 92 岁，傲居封建以来有稽可考文人阳寿最高峰；论及功业成就，仅成功抵御西夏入侵一项，足以永垂青史。其数世福禄延祚，尤其令人垂涎。所谓"官不过三代，富不过三代"，文氏自曾祖至彦博，尝四代为公，且彦博有八子卅九孙，数人入朝为官，皆历要职。二子出仕江西，荣极一时。

如此煌煌勋望，谁可与之比肩？文彦博一人独占诸项鳌头，于中国历史上绝无仅有，故被史学家称为"宋朝第一名相"。

文彦博"少与张昇、高若讷[①]从颍昌史炤学，炤母异之，曰：'贵人也。'待之甚厚。"[②]文彦博进士及第，先后任翼城知县、绛州通判、监察御史、殿中侍御史。

其遇事沉着、冷静，处理事情果断异常，且多为国家社稷着想。时西部边境常有西夏党项军事，辄有将官临阵先退、望敌不进之状。文彦博上奏朝廷云："此事于太平年间尚属无妨，倘若遇战乱年代，何所济之？平时将权不专、兵法不峻耳。"为宋仁宗所采纳。彦博曾与枢密使庞籍讨论淘汰冗兵减省冗费事，朝中大臣多认为此法不易施行。因朝廷往昔惧怕灾荒年间灾民暴动，故于灾区大规模征兵，以减其势。如若减省冗兵，恐怕所减之人聚为盗贼，危害社会安定。仁宗亦迟疑不决。文彦博决然进言："今公私困竭，正坐兵冗。脱有难，臣请死之。"[③]朝廷最终接纳其意见，未发生任何意外事件。仅此一议，北宋朝廷精兵简政裁军八万，不特于百姓负担有所减轻，亦为舒缓王朝"积贫积弱"窘境节约巨大军事糜费。

旋，文彦博以直使馆任河东转运副使。河东路所管辖的麟州，与西夏相邻，运饷道路迂回绕远且难走。银城河外有唐朝所修故道，废已久无人治理。彦博父亲文洎为转运使时，即拟加以修缮疏通，然未及实施即赍志而殁。文彦博子承父志，上任后亲自带人修复故道，使运饷路途近而好走，遂将大量军需粮草屯于麟州城内。西夏元昊率军进攻，围城十日，见其准备充裕，遂悻然撤去。彦博因此迁天章阁待制、都转运使，连进龙图阁、枢密直学士，知秦州。旋改益州。

庆历七年（1047 年），文彦博任枢密副使。十一月"贝州王则反，明镐讨之，久不克。彦博请行，命为宣抚使"。[④]文彦博至贝州城下，以一部官军猛攻北城，别部则于南城强挖地道，直通城里。闰正月，官军攻入城中，王则被捕，叛乱得以平息。彦博以功升同中书门下平章事、集贤院大学士。

皇祐元年（1049 年）八月，文彦博为昭文馆大学士。三年，因御史唐介揭发其于蜀地任职时为求进贿，曾以奇锦结宫掖。文彦博因此被罢官，为观文殿大学士、知许州，旋改忠武军节度使、知永兴军。至和二年（1055 年）六月，文彦博再任同中书门下平章事、

①均为北宋政治家。张昇后官至参知政事、枢密使，高若讷后官至参知政事。

②元·脱脱、阿鲁图《宋史·卷三百一十三·列传第七十二》。

③元·脱脱、阿鲁图《宋史·卷三百一十三·列传第七十二》。

④元·脱脱、阿鲁图《宋史·卷三百一十三·列传第七十二》。

昭文馆大学士。富弼亦与文彦博同时被委以重任。一时间，满朝士大夫皆以得人为庆。其后，辗转河南府、大名府、太原府等地为地方官。英宗时，文彦博任枢密使。神宗即位，王安石开始变法，文彦博于变法内容存有不同看法，认为其中市易、青苗诸法会伤害农民利益，所以多有评论驳斥。因反对变法之故，文彦博再次改任地方官，旋以太师致仕。

哲宗元祐元年（1086 年）四月，经司马光推荐，朝廷再次启用文彦博出任平章军国重事。五年，以太师充护国军使、山南西道节度使。旋再次致仕赋闲。绍圣四年（1097 年），章惇秉政，以文彦博与司马光曾反对王安石变法为由，将其降为太子太保。

文彦博历事四朝皇帝，出将入相凡 50 年。其虽然执政于国家承平之时，但"公忠直亮，临事果断，皆有大臣之风，……至和以来，建是大计，功成退居，朝野倚重"。[1]因其能够秉公执法，辅助朝政，平雪冤狱，多所建树，处处时时能为百姓着想，故朝野上下对其多加敬畏。尤其任相时，文彦博采取宽柔相济策论，稳妥处理周边关系，声名远播四夷。不仅为北宋王朝赢得相对稳定发展局面，亦使周边少数民族政权因此而对中央王朝恭勤有加。《宋史》记载，"元祐间，契丹使耶律永昌、刘霄来聘，苏轼馆客，与使入觐，望见彦博于殿门外，却立改容曰：'此潞公也邪？'问其年，曰：'何壮也！'轼曰：'使者见其容，未闻其语。其综理庶务，虽精练少年有不如；其贯穿古今，虽专门名家有不逮。'使者拱手曰：'天下异人也。'既归洛，西羌首领温溪心有名马，请于边吏，愿以馈彦博，诏许之。其为外国所敬如此。"

文彦博晚年虽然遭贬，政治上似有失落，然其以九秩高龄与豁达性格，致仕后含饴弄孙颐养天年，晚年岁月尤其怡然自得。"彦博虽穷贵极富，而平居接物谦下，尊德乐善，如恐不及。其在洛也，洛人邵雍、程颢兄弟皆以道自重，宾接之如布衣交。与富弼、司马光等十三人，用白居易九老会故事，置酒赋诗相乐，序齿不序官，为堂，绘像其中，谓之'洛阳耆英会'，好事者莫不慕之。神宗导洛通汴，而主者遏绝洛水，不使入城中，洛人颇患苦之。彦博因中使刘惟简至洛，语其故，惟简以闻。诏令通行如初，遂为洛城无穷之利。"[2]

受先世家学熏陶，文彦博宦海浮沉一生，仅出将入相即达 50 年。其间虽时有波折，然总以有惊无险度过。其毕生勤于笔耕，一刻不失文人本色，诗词文赋著述颇丰。著有《大飨明堂纪要》2 卷、《药准》1 卷，已佚，今存《文潞公集》40 卷，收入《山右丛书》中。诗、词传世较少，且多与政治有关。为后人熟诵者有《双泉》《题榆次县鼓楼》等。

> 长剑并弹霜气豪，白虹半折秋云高。
> 濯缨洗耳更何处，世人回看轻鸿毛。

（《双泉》）

---

① 元·脱脱、阿鲁图《宋史·卷三百一十三·列传第七十二》。

② 元·脱脱、阿鲁图《宋史·文彦博传》。

置向谯楼一任挝，挝多挝少不知他。

如今幸有黄被，努出头来放早衙。

（《题榆次县鼓楼》）

文彦博亦善书法。"苏门四学士"之一黄庭坚尝评价其墨迹："潞公书极似苏灵芝公"，"今观《到洛为儿子赴许昌》帖，笔势清劲，真不愧古人！"

"彦博以王佐之才，克平妖难，致位丞弼，虽以人言去位，而天下之望日隆。及其再相也，乃秉忠竭诚，首议建储，遂绝口不言。至神宗之世，因事自显，人谓彦博不独首建大（阙）为难，而有功不居之为尤难也。彦博出入四世，名倡九牧，神明所相，寿考康宁，近世以来，一人而已。"①

绍圣四年（1097年）文彦博去世，享年92岁。宋徽宗崇宁年间（1102—1106年），蔡京为右相，将文彦博、吕公著、司马光等人称为"元祐党人"，刻元祐党人碑，禁止元祐学术。至北宋末南宋初，文彦博方再被追复太师，谥"忠烈"。

中国文人福、禄、寿能如文彦博者，夫复何求？

韩琦——莫嫌老圃秋容淡　犹有黄花晚节香

"莫嫌老圃秋容淡，犹有黄花晚节香"，是为北宋科举榜眼、三朝宰相韩琦②以"老骥伏枥志在千里，烈士暮年壮心不已"精神激自奋发之名言。

韩琦出身世宦之家，其父韩国华累官至右谏议大夫。韩琦3岁时父母去世，由诸兄扶养，"既长，能自立，有大志气。端重寡言，不好嬉弄。性纯一，无邪曲，学问过人。"

天圣五年（1027年），韩琦于弱冠之年考中进士，名列第二，授将作监丞、通判淄州。旋入直集贤院、监左藏库。景祐元年（1034年）九月，迁开封府推官。二年十二月，迁度支判官，授太常博士。三年八月，拜右司谏。

韩琦担任谏官时，敢于犯颜直谏，诤言谠议，"凡事有不便，未尝不言，每以明得失、正纪纲、亲忠直、远邪佞为急，前后七十余疏"，尤其以宝元元年（1038年）所上《丞弼之任未得其人奏》最为知名。当时灾异频繁发生，流民大批出现，而当朝宰相王随、陈尧佐，参知政事韩亿、石中立却束手无策，"罕所建明"。韩琦连疏四人庸碌无能，痛陈宋朝八十年太平基业，绝不能"坐付庸臣恣其毁坏"，导致四人同日罢职，名闻京华。

①南宋·王称·《东都事略·卷六十七》。

②韩琦（1008－1075年），字稚圭，相州安阳（今河南安阳）人，北宋政治家。

尝严厉抨击当时"货赂公行""因缘请托"的社会风气和"侥幸日滋，赏罚倒置，法律不能惩有罪，爵禄无以劝立功"之官场腐败作风，建议宋仁宗先由朝廷内部"减省浮费""无名者一切罢"。名相王曾称赞其："今言者不激，则多畏顾，何补上德？如君言，可谓切而不迂矣。"

宝元二年（1039年），四川旱灾严重，饥民大增，韩琦被任命为益、利路体量安抚使。抵达四川后，韩琦首先减免赋税，"逐贪残不职吏，汰冗役数百"，然后将当地官府常平仓中粮食全部发放给贫困百姓，又于各地添设稠粥，救活饥民多达190万人，蜀民无不感激其"使者之来，更生我也"。

宋仁宗宝元元年（1038年），西夏国主李元昊称帝，公开与宋朝对抗，与西夏邻界之陕西，形势遂遽然吃紧。时韩琦由四川甫回京城，即刻向朝廷详细剖析陕西边备形势，旋被任命为陕西安抚使。履职伊始，韩琦目睹当地苛捐杂税繁重，百姓非常穷苦，便一律予以免除。康定元年（1040年）正月，元昊大举围攻延州（今陕西延安），守将刘平、石元孙于三川口（今陕西安塞东）兵败被俘，镇守延州将军范雍降职他调，韩琦大胆推荐被诬为"荐引朋党"而遭贬越州之范仲淹。其于上仁宗奏章中陈言："若涉朋比，误国家事，当族。"五月，韩琦与范仲淹一同被任命为陕西经略安抚副使，充当安抚使夏竦副手。韩琦主持泾原路，范仲淹主持鄜延路。旋，三人于西夏用兵策略上意见分歧。韩琦持强硬立场，力主攻策，与夏军决战。认为拖延时日，财政日绌，难以支撑。况且"元昊虽倾国入寇，众不过四五万人，吾逐路重兵自为守，势分力弱，遇敌辄不支。若并出一道，鼓行而前，乘贼骄惰，破之必矣。"范仲淹则力主守议，反对贸然进攻，主张持久防御，以加强军备为前提，乘便击讨，不赞成深入敌境发动进攻战。主帅夏竦则缺乏主见难以定夺，即派韩琦、尹洙赴汴京以攻守二策进呈朝廷，呈请仁宗定夺。仁宗幻想一举解决问题，遂决定采用韩琦攻策，并下诏鄜延、泾原两路会师，定期于庆历元年（1041年）正月进攻，后从范仲淹请求改为春暖出师。

庆历元年（1041年）春，元昊伺机攻宋，先向宋军诈和，被韩琦识破。其谓部下曰："无约而请和者，谋也。"命令诸将严加防守。二月，元昊率10万大军进攻渭州（今甘肃平凉），直逼怀远城（今宁夏固原）。韩琦闻讯，急派大将任福领兵18000人，以桑怿为先锋，前往抵御，进行阻击。行前，韩琦向任福面授机宜，命其率部绕道夏军背后，可战则战，不可战则据险设伏，截其归路。并再三叮嘱："苟违节度，虽有功，亦斩。"任福于张家堡南侥幸打一小胜仗，遂茫然自大贪功轻进。西夏军佯败退走，沿途遗弃不少物资，宋军不知是计，轻装猛追至渭州北边之好水川（今宁夏隆德西）。时，西夏军于好水川置放木盒若干，宋军只听盒内有鸟叫声，不敢轻动。任福到时，命令打开，一百余只鸽子霎时飞跃而出，盘旋于宋军上空。宋军正处惊疑之时，夏军已由四面合围而至。任福率部虽英勇战斗，无奈人马三日乏食，疲惫不堪，终至大败，6000余人阵亡，任福等将校军官数百人亦死于难。韩琦立即下令退军，军行半途，阵亡将士父兄妻子数千人，号泣于马首前，持故衣纸钱招魂而哭诉："汝昔从招讨出征，今招讨归而汝死矣，汝之魂识亦能从招讨以归乎？"当时哀恸之声震天地，韩琦掩泣驻马不能行进。好水川之战，元昊得胜，十分猖狂，使人作诗，投掷宋境，讽刺道："夏竦何曾耸？韩琦未足奇。满川龙虎辈，犹自说兵机。"宋军兵败好水川，虽非韩琦亲自指挥，然贸然出兵，用人不当，琦亦难辞其咎。

战后朝廷追究败军之责，撤去夏竦职务，韩琦降为右司谏、知秦州（今甘肃天水市）；范仲淹降为户部员外郎、知耀州（今陕西耀县）。十月，宋廷分陕西为秦凤、泾原、环庆、鄜延四路，韩琦知秦州，王沿知渭州，范仲淹知庆州，庞籍知延州，并各兼本路马步军都部署、经略安抚缘边招讨使。庆历二年四月，韩琦受任秦州观察使。闰九月，宋军与西夏兵战，再败于定川寨（今宁夏固原西北），大将葛怀敏战死，主持泾原路军务之王沿被降职他调。十一月，朝廷采纳范仲淹建议，韩、范二人屯驻泾州（今甘肃泾川），共守西陲。自好水川败后，韩琦始信服范仲淹守议，两人同心协力，互相声援。因韩、范二人守边时间最长，又名重一时，人心归服，朝廷倚为长城，故天下人称为"韩、范"。边塞传诵"军中有一韩，西夏闻之心骨寒。军中有一范，西夏闻之惊破胆。"

北宋与西夏鏖战西北，虽多次获胜，然损失亦颇巨，人心厌战，民怨沸腾。于是，宋夏之间开始转入旷日持久"庆历议和"，边界形势由是稍趋缓。韩琦、范仲淹于庆历三年（1043年）四月奉调回京，同任枢密副使。时，国子监直讲石介闻言韩、范二人相偕入朝中供职，特意写《庆历圣德诗》以示庆贺。其中称赞韩琦之言为：

> 予早识琦，琦有奇骨。
>
> 其器魁落，岂视店楔。
>
> 其人浑朴，不施剟刷。
>
> 可属大事，敦厚如勃。
>
> 琦汝副衍，知人予哲。

韩琦、范仲淹入朝为执政大臣。一时名士云集，士大夫交口称誉，仁宗亦想励精图治，有所作为，因而特别礼遇韩琦、范仲淹、富弼等人，并催促其尽快草拟救世方案。然，其时元昊以契丹为后援，于宋夏和议中态度强硬，要挟宋朝"岁赐、割地、不称臣、弛盐禁、至京市易、自立年号、更兀卒为吾祖，巨细凡十一事"，宰相晏殊及两府大臣大多厌战，"将一切从之"，遭韩琦坚决反对。三年七月，韩琦上《论备御七事奏》，认为当务之急为："一曰清政本，二曰念边计，三曰擢材贤，四曰备河北，五曰固河东，六曰收民心，七曰营洛邑"。旋又陈述救弊八事，即选将帅、明按察、丰财利、遏侥幸、进能吏、退不才、谨入官、去冗食。面对北宋中期积贫积弱之国势，韩琦提出以整顿吏治、选拔人才为主要内容之改革措施，与是年九月范仲淹《答手诏条陈十事》中所列十项改革方案基本一致，切中时弊。于是，北宋政治改革出现由范仲淹主持，韩琦、富弼等人积极参与之"庆历新政"。

八月，范仲淹任参知政事，富弼为枢密副使，积极推行各项新政措施。是年，陕南大旱，饥民纷纷加入张海、郭邈山等为首之灾民起义。仁宗命韩琦宣抚陕西。韩琦调集西北善于山地作战之官军，迅速平息起义，同时鉴于灾情严重，采取一些果断措施：选派官吏分赴各州县，发放官粮赈济饥民；蠲免各种苛杂赋役；考察官吏，贤能者提升，庸陋者罢免；将军队中老弱不堪征战者淘汰一万余人，以减少用度。四年春，韩琦宣抚陕西返回汴京。五月，上陈西北边防攻守四策，以为"今当以和好为权宜，战守为实务。请缮甲厉兵，营修都城，密定讨伐大计"。

"庆历新政"实施，遭受朝中守旧派官僚激烈反对，且诬告新政官僚结成朋党，欺罔专权。尤其夏竦，因西北战败而衔恨于心，遂施展诡计，陷害富弼。范仲淹不自安，于庆历四年六月以防秋为名，宣抚陕西、河东。八月，富弼宣抚河北。五年正月，新政执行者杜衍、范仲淹、富弼均被贬职出朝。

韩琦为人爽直，对于军政大事，向来"必尽言"，其虽为枢密副使，主管军事，然罢黜大臣事关中书，其亦在所不辞"指陈其实"。范仲淹、富弼遭贬谪，韩琦挺身而出，据理辩析，然毫无结果。三月，韩琦亦因陈述十三条理由，支持尹洙反对修建水洛城而被贬出朝，罢枢密副使，以资政殿学士出知扬州。至此，主持"庆历新政"之主要人物悉数被逐出朝廷。"庆历新政"虽经短暂推行，终以失败告终。

韩琦于地方官任上，治军有方，理民得法，"所至设条教，葺帑廪，治武库，劝农兴学，人人乐其恺悌"。庆历七年（1047 年）五月，韩琦为京西路安抚使，自扬州徙知郓州（今山东东平）。十一月，王则于贝州（今河北清河）发动兵变，后被文彦博、明镐镇压。十二月，韩琦徙知成德军（今河北正定）。八年四月，又移知定州（今河北定州）。定州久为武将镇守，士兵骄横，军纪松弛，韩琦履任后首先大力整顿军队，采取恩威并行办法，对品行恶劣士兵毫不留情予以诛杀，而对以死攻战者则予以重赏。其后，韩琦又研究唐朝名将李靖兵法，仿作方圆锐三阵法，命令将士日夜操练，遂使定州军"精劲冠河朔"。

仁宗皇祐五年（1053 年）正月，韩琦以武康军节度使徙知并州（今山西太原）。时，宦官廖浩然任河东路走马承受，为人贪恣，仗势不法。韩琦上奏，请朝廷将其召回，倘不调走，必依法严惩。仁宗遂令廖回京，并行之以鞭刑。并州所辖地区与契丹接壤，邻边天池庙（今山西宁武西南）、阳武寨（今山西原平西北阳武村）等地，被契丹冒占。韩琦派人与契丹头领据理交涉，收回失地，并立石为界。宋初大将潘美镇守河东时，为防止契丹南下劫掠，命令沿边百姓迁徙内地，致使边塞大片耕地荒废不耕。庆历四年（1044 年），欧阳修奉使河东时，曾建议解除代州（今山西代县）、宁化军（今山西宁武西南宁化堡）、岢岚军（今山西岢岚）、火山军（今山西河曲南）沿边之地禁耕令，以增产粮食，供应边防军需，却为军帅明镐所阻。十余年后，韩琦于至和二年（1055 年）春再次建议，才得以实行，开垦田地 9600 顷。

同年二月，韩琦以疾自请改知相州。嘉祐元年（1056）七月，韩琦被召还为三司使。八月，拜枢密使。三年六月，拜同中书门下平章事、集贤殿大学士。六年闰八月，迁昭文馆大学士、监修国史。

韩琦就职朝廷枢要位置，首遇难题为仁宗建嗣之议。仁宗三个皇子早亡，皇嗣迟迟未定，而自至和三年（1056 年）始，仁宗即时常犯病，一时人心恐慌，议论纷纷。大臣接连上疏，极力劝谏仁宗早立皇嗣以固根本，其中尤以包拯、范镇言辞恳切，然仁宗并未将之放置心上。嘉祐六年（1061年），韩琦再提建储之事，认为"皇嗣者，天下安危之所系。自昔祸乱之起，皆由策不早定"，并与参知政事欧阳修等人再三苦劝，仁宗终于同意立堂兄濮安懿王赵允让之子宗实（赐名赵曙）为皇太子。七年九月，韩琦封仪国公。

嘉祐八年（1063年）三月，宋仁宗病死，赵曙即帝位，是为宋英宗。英宗即位之初，因病由慈圣太后曹氏垂帘听政。皇太后思想守旧，宦官遂不断向太后进谗言，诋毁英宗，致使两宫嫌隙萌生，关系颇为紧张。为调解两宫矛盾，韩琦与欧阳修耗力颇巨。二人一同进见太后，太后呜咽流泪，诉说自己委屈："老身殆无所容，须相公作主！"韩琦道："此病故耳，病已，必不然。子疾，母可不容之乎？"欧阳修亦一道委婉劝谏。英宗则谓韩琦言道："太后待我无恩。"韩琦劝慰道："自古圣帝明王，不为少矣。然独称舜为大孝，岂其余尽不孝耶？父母慈爱而子孝，此常事不足道；惟父母不慈，而子不失孝，乃为可称。但恐陛下事之未至尔，父母岂有不慈者哉。"从此，两宫关系渐渐缓和。治平元年（1064年）五月，英宗病愈，经韩琦反复劝说催促，皇太后撤帘，降手书还政。闰五月，韩琦进右仆射，封魏国公。

韩琦身为宰相，始终以边事为念，曾多次就边防问题向英宗陈说方略，建议于河北、河东、陕西等路"籍民为兵"，以为"义勇"，三丁选一，于手背刺字，农闲练兵，战时防御，既可增强军事力量，亦能减少冗兵军费。

治平三年（1067年）冬，英宗病重，使建嗣问题再度表面化。韩琦进言："陛下久不视朝，愿早建储，以安社稷。"英宗点头同意，遂确立颍王赵顼为皇太子。四年正月，英宗病死，赵顼即位，是为宋神宗。韩琦拜司空兼侍中。

神宗即位不久，御史中丞王陶弹劾韩琦，言其自嘉祐以来，专执国柄，君弱臣强，且"不赴文德殿押班"，专权跋扈。神宗知道王陶诬告，罢其官职，然韩琦亦坚决辞职。神宗挽留不住，命为镇安、武胜军节度使、司徒兼侍中、判相州。韩琦辞退所授两镇，后改为淮南节度使。正当此时，宋守边大将种谔擅自对西夏发起突袭，一举攻占绥州（今陕西绥德），边界气氛骤然紧张，朝廷忧虑。韩琦尚未赴任，旋奉旨改判永兴军（今西安），经略陕西。朝中大臣认为绥州孤绝难守，主张放弃。韩琦坚决反对。一月后，西夏国主李谅祚去世，战事暂告平息。

熙宁元年（1068年）七月，韩琦复判相州。相州任上未满三月，河北地震，黄河决口，大批灾民流离失所。神宗赐手诏予韩琦，命其迁判重灾区大名府（今河北大名），并准其便宜从事。大名之任长达五年，恰逢神宗任用王安石变法，因政见不和，韩琦坚决抵制变法。

熙宁二年（1069年）二月，王安石为参知政事，开始推行变法。九月，颁行"青苗法"。三年二月，韩琦上疏反对青苗法，认为青苗法不论贫富，一律按户等配借青苗钱，上三等户及坊郭大户本是兼并之家，亦可贷予青苗钱，此种措施难以自根本上"抑兼并、济困乏"。神宗阅过韩琦奏疏，一度动摇变法决心，谓执政大臣道："琦真忠臣！虽在外，不忘王室。朕始谓可以利民，今乃害民如此！且坊郭安得青苗，而亦强与之乎？"王安石将韩琦奏疏提交"制置三司条例司"，逐条批驳，公布于天下。旋，韩琦再上疏，申辩愈切，尤于"免役法""市易法"等提出反对意见。针对辽国利用宋与西夏战争及其国内危机时割让领土之要求，韩琦表示应该拒绝辽国无理要求，献策加强防范，增强对辽国军事准备，坚持以武力抗击侵略，洗雪旧耻。"臣今为陛下计，宜遣报使，且言：'向来兴作，乃修备之常，岂有它意。疆土素定，悉如旧境，不可持此造端，以堕累世之好。'可疑之形，如将官之类，因而罢去。益养民爱力，选贤任能，疏远奸谀，进用忠鲠，使天下悦服，边备日充。若其果自败盟，则可一振威武，恢复故疆，摅累朝之宿愤矣。"

韩琦出身榜眼，一生写有大量诗文，多收入《安阳集》行世。有著作《二府忠论》5卷、《谏垣存稿》3卷、《陕西奏议》50卷、《河北奏议》30卷、《杂奏议》30卷、《安阳集》50卷等。

熙宁六年（1073年）二月，韩琦还判相州，第三次为官家乡，终于实现"仕宦至将相，富贵归故乡"之愿望。熙宁八年（1075年）六月，韩琦病逝于相州，享年68岁。神宗为其御撰墓碑："两朝顾命定策元勋"。谥"忠献"，赠尚书令。

韩琦"相三朝，立二帝"，当政十年，与富弼齐名，号称贤相。欧阳修称其"临大事，决大议，垂绅正笏，不动声色，措天下于泰山之安，可谓社稷之臣"。

耶律楚材——横空千里雄西域 江左名山不足夸

"耶律楚材是13世纪中国的一位大政治家和大学者。就他的政治活动而言，在窝阔台时期，他主持大蒙古国对中原地区的治理，使蒙古游牧贵族在适应中原封建文明的道路上大大前进了一步。他以自己积极的活动促使大蒙古国居庸关内外的地方很有特色地联系在一起了。他的事业在他的晚年遭到挫折，但后来又在忽必烈时期得到了恢复和发展。耶律楚材的活动是适应着当时的历史趋势的，因而他在历史上是一位值得肯定的人物。"[1]

耶律楚材[2]生于燕京（今北京），出身契丹贵族家庭，为辽太祖耶律阿保机九世孙、东丹王耶律倍八世孙，其父耶律履为金朝尚书右丞。其名及字均取自《春秋左氏传》中"楚虽有材，晋实用之"典故，蒙古名吾图撒合里，意为"长髯人"。耶律楚材祖上数代仕于金朝，常居燕京。时燕京汉文化基础深厚，耶律氏世代受其熏陶，形成读书知礼家风。耶律楚材秉承家族传统，自幼学习汉籍，精通汉文，年轻时即博及群书，旁通天文、地理、律历、术数及释老医卜之说，下笔为文，若宿构著。

金章宗完颜璟明昌二年（1191年）六月，耶律履去世，耶律楚材时年两岁，随母杨氏定居义州弘政（今辽宁锦州义县）。耶律楚材自幼受母亲严苛教育，12岁入闾山显州书院，13岁习读诗书。

---

①白寿彝《中国通史·第八卷·中古时代·元时期（下册）》。
②耶律楚材（1190—1244年），字晋卿，号玉泉老人，法号湛然居士。契丹族，元代杰出政治家。

金朝规制，宰相之子可受赐省掾之职，耶律楚材坚辞不就，旋参与科举考试。章宗殿试询问关于审案诸事，17名殿试者唯耶律楚材回答为优等，遂被征召授予掾职，后任开州同知。

贞祐二年（1214年），金宣宗南迁汴京，耶律楚材之兄耶律辨才、耶律善才均随行。而耶律楚材留于中都，丞相完颜承晖留守燕京，任命其为左右司员外郎。

成吉思汗十年（1215年），蒙古军攻占燕京，耶律楚材为蒙古统治者俘虏。成吉思汗得知其才华横溢、满腹经纶，遂派人询问治国大计，即以"身长八尺，美髯宏声"博得成吉思汗青睐，被任命为辅臣。后随成吉思汗西征，常晓以征伐、治国、安民之道，屡立奇功，备受器重。"帝每征讨，必命楚材卜，帝亦自灼羊胛，以相符应。指楚材谓太宗曰：'此人天赐我家。尔后军国庶政，当悉委之。'甲申，帝至东印度，驻铁门关，有一角兽，形如鹿而马尾，其色绿，作人言，谓侍卫者曰：'汝主宜早还。'帝以问楚材，对曰：'此瑞兽也，其名角端，能言四方语，好生恶杀，此天降符以告陛下。陛下天之元子，天下之人，皆陛下之子，愿承天心，以全民命。'帝即日班师。"[①]

成吉思汗征服西夏，楚材谏言禁止州郡官吏擅自征伐杀戮，使贪暴之风稍得收敛。

窝阔台即汗位后，耶律楚材倡立朝仪，劝亲王察合台（太宗兄）等人行君臣礼，以尊汗权。从此，耶律楚材日益受到重用，被誉为"社稷之臣"。其执掌中原地区赋税事宜时，建议颁行《便宜一十八事》，设立州郡长官，使军民分治；制定初步法令，反对改汉地为牧场；建立赋税制度，设置燕京等处十路征收课税所。

蒙古建国之初，实行军政合一制度，仅设有万户、千户、百户等统帅军队之长官，尚无治理政事之长官。故其攻下城镇后，不派兵镇守，设官治理，或撤兵弃之，或屠城以绝后患。耶律楚材为改变此状而建议："地方应设官吏统治百姓，另设万户总管军队，使军政相互遏制，防止独断独行。"窝阔台悉数采纳，并于中央设立中书省为最高行政机构。

元太宗窝阔台三年（1231年），耶律楚材任为中书令（宰相）。时"有二道士争长，互立党与，其一诬其仇之党二人为逃军，结中贵及通事杨惟忠，执而虐杀之。楚材按收惟忠。中贵复诉楚材违制，帝怒，系楚材；既而自悔，命释之。楚材不肯解缚，进曰：'臣备位公辅，国政所属。陛下初令系臣，以有罪也，当明示百官，罪在不赦。今释臣，是无罪也，岂宜轻易反覆，如戏小儿？国有大事，何以行焉！'众皆失色。帝曰：'朕虽为帝，宁无过举耶？'乃温言以慰之。楚材因陈时务十策，曰：'信赏罚，正名分，给俸禄，官功臣，考殿最，均科差，选工匠，务农桑，定土贡，制漕运。皆切于时务，悉施行之。'"[②]楚材遂积极恢复文治，逐步实施"以儒治国"方案，并定制度、议礼乐、立宗庙、建宫室、创学校、设科举、拔隐逸、访遗老、举贤良、求方正、劝农桑、抑游惰、省刑罚、薄赋敛、尚名节、斥纵横、去冗员、黜酷吏、崇孝悌、赈困穷。于政治、经济、文化诸方面殚精竭虑，创举颇多。尤其突出者当为实行封建赋税制度，使黄河、长江流域农耕文明得以保护；改革政治体制，使中原朝野儒臣得以提拔重用；反对屠杀无辜生命，

---

①明·宋濂、王祎等《元史·卷一百四十六·列传第三十三》。

②明·宋濂、王祎等《元史·卷一百四十六·列传第三十三》。

使中原及西北百姓免于屠戮；禁止掠民为驱，实行编户制度；反对扑买课税，禁止以权谋私；主张尊孔重教，整理儒家经典。耶律楚材制定实施之一系列新政措施，使新兴蒙古贵族逐渐放弃落后游牧生活方式，采用汉族以儒教为中心之传统思想与制度治理中原，使社会局势由战争不断之乱世转为和平发展之盛世。特别是中原先进封建农业文明之保存与继续发展，为其后忽必烈统一全国建立元朝奠定了基础。

教育上，耶律楚材大力倡导儒学，推崇孔子。其征得太宗同意，修复孔庙，优待孔子后裔，建立国子学，以儒家封建文化教育民众。蒙古灭金国、吐蕃、大理及征伐南宋，元好问、赵复、窦默、王磐等诸多儒生名士得耶律楚材保护并起用，于北方学风之兴盛影响颇巨。特别是随着金朝灭亡，蒙古统治地域日益扩大，国家治理需要大量人才。耶律楚材上奏："制器者必用良工，守成者必用儒臣。"建议恢复科举取士。窝阔台听从其意见，"乃命宣德州宣课使刘中随郡考试，以经义、辞赋、论分为三科，儒人被俘为奴者，亦令就试，其主匿弗遣者死。"[1]蒙古帝国遂于1238年首次开科取士，一次录取4000余人。耶律楚材恢复科举考试，提高了中原儒生地位，为国家发现招揽大量人才，更为忽必烈时期蒙古帝国发展繁荣积蓄了力量，奠定了基础。其中杨奂、张文谦、赵良弼、董文用等人，后来均为忽必烈时代名臣，为完成蒙古统一中原以及蒙古汉化做出巨大贡献。

张文谦任中书左丞时，"建立纲纪，讲明利病，以安国便民为务"，主要参与建立赋税制度。又"以乙未岁户帐为断，奴之未占籍者，归之势家可也，其余良民无为奴之理。议遂定，守以为法。"[2]防止了大量人民沦为家奴之情况出现。王磐入参议行事、翰林学士，面对"宫阙未建，朝仪未立。凡遇称贺，臣属杂至帐殿前"之状，遂上书曰："宜令宣徽院，籍两省而下百官姓名，各依班序，听通事舍人传呼赞引，然后进。于是仪制始定。"且奏谏朝廷裁减机构时不宜罢按察使。又上疏："臣以为有功者，宜加迁散官，或赐王等爵号，如汉、唐封侯之制可也。不宜任以职位。"[3]反对因人设官，有效遏制了贵族因门第轻易入仕之途。

忽必烈征服中原地区后，面临如何治理文化先进地区之问题。耶律楚材上奏："天下虽得之马上，不可以马上治。"其深知统治中原非用中原制度不可，而熟知汉法统治之道者自然皆为汉儒士，遂于得势之时大力保护汉儒士并引荐其进入仕途。元太宗窝阔台二年（1230年），耶律楚材于中原辖区设十路，每路任命正副课税使，皆选拔儒士担任。燕京陈时可、赵肪；宣德刘中、刘桓；西京周立、王贞；太原吕振、刘子振；平阳路杨简、高廷英；真定路王晋、贾从；东平路张瑜、王锐；北京路王德亨、侯显；平州路谷永（女真人）、程泰；济南路田木西、李天翼。由是开创蒙古统治集团大批任用汉人之先河。[4]

窝阔台十三年冬十一月，太宗帝驾崩。皇后乃马真以储嗣问耶律楚材，楚材对曰：'此事非外臣所敢议，且有先帝遗诏，遵之则社稷幸甚。'皇后称制，奥都剌合蛮以贿得执

---

① 明·宋濂、王祎等《元史·卷一百四十六·列传第三十三》。

② 明·宋濂、王祎等《元史·张文谦传》。

③ 明·宋濂、王祎等《元史·王磐传》。

④ 明·宋濂、王祎等《元史·百官志》。

政，大臣悉畏附之，惟惮楚材沮其事，以银五万两赂之。楚材不受。皇后以御宝空纸付奥都剌合蛮，使便宜填行。楚材奏曰：'天下者，先帝之天下，号令自先帝出，今如此，臣不敢奏诏。'寻有旨：奥都剌合蛮奏准事理，令史不书者，断其手。楚材曰：'军国之事，先帝悉委老臣，令史何与焉？若事不合理，死且不避，况断手乎！'因厉声曰：'老臣事太祖、太宗三十余年，不负国家，皇后岂能以无罪杀之。'后虽怒其忤己，亦以先朝勋旧，深加敬惮焉。"①

然自皇后称制后，耶律楚材因屡屡弹劾皇后宠臣奥都剌合蛮而渐失信任，于乃马真三年夏五月抑郁而卒，享年55岁，谥"文正"。

谋国老臣遽然离世，"砥柱中流断，藏舟半夜移"，"忽报台星折，仍结薤露新，斯民感天极，洒泪叫苍旻。"②消息传出，倾国悲哀。"蒙古诸人哭之如丧其亲戚。和林为之罢市，绝音乐者数日。天下士大夫莫不茹泣相吊。"③

"楚材当国日久，得禄分其亲族，未尝私以官。"④其一生崇俭禁奢，从不侈靡浮华。尝随释万松受佛学，一日万松造府，耶律楚材方饭，惟以菜根蘸油盐而已。至其卒，有奸佞谮于后："楚材为宰相二十年，天下贡赋半入其家。"后命中使麻里札覆视之，仅琴阮十余，及古今书画、金石、文字数十卷，无他物。

耶律楚材多才多艺，于文化艺术方面有卓越修养及多种贡献，为中国提出经度概念第一人，编有《西征庚午元历》，且主持修订《大明历》。耶律楚材酷爱文学创作，著有大量诗歌。《湛然居士文集》14卷，收录其诗660余首。其随从成吉思汗、窝阔台远征四方，熟悉边疆风土人情、山川景物，西域奇瑰壮丽风光于其诗中得以生动真实描绘。其西域诗凡50余首，以《西域河中十咏》尤为人所称道：

> 寂寞河中府，连甍及万家。
>
> 葡萄亲酿酒，杷榄看开花。
>
> 饱啖鸡舌肉，分餐马首瓜。
>
> 人生唯口腹，何碍过流沙。
>
> （其一）

> 寂寞河中府，遐荒僻一隅。
>
> 葡萄垂马乳，杷榄灿牛酥。
>
> 酿酒无输课，耕田不纳租。
>
> 西行万余里，谁谓乃良图。
>
> （其三）

---

① 清·柯劭忞《新元史·卷一百二十七·列传第二十》。

② 元·暮之谦《中书耶律公挽词》。

③ 元·宋子贞《中书令耶律公神道碑》。

④ 明·宋濂、王祎等《元史·卷一百四十六·列传第三十三》。

耶律楚材尤其擅写律诗，诗文集中尤多七律。《庚辰西域清明》《阴山》《和移剌继先韵》等，韵律流畅沉稳，风骨雄健豪放，境界开阔，情调苍凉：

清明时节过边城，远客临风几许情。
野鸟间关难解语，山花烂熳不知名。
葡萄酒熟愁肠乱，玛瑙杯寒醉眼明。
遥想故园今好在，梨花深院鹧鸪声。

（《庚辰西域清明》）

八月阴山雪满沙，清光凝目眩生花。
插天绝壁喷晴月，擎海层峦吸翠霞。
松桧丛中疏畎亩，藤萝深处有人家。
横空千里雄西域，江左名山不足夸。

（《阴山》）

旧山盟约已愆期，一梦十年尽觉非。
瀚海路难人去少，天山雪重雁飞稀。
渐惊白发宁辞老，未济苍生曷敢归。
去国迟迟情几许，倚楼空望白云飞。

（《和移剌继先韵》）

耶律楚材亦善填词，且具高超艺术水准。《鹧鸪天·题七真洞》化用黄庭坚诗句表达对世事变迁之感慨，令人读来陡生柔肠寸断之情：

花界倾颓事已迁，浩歌遥望意茫然。
江山王气空千劫，桃李春风又一年。
横翠嶂，架寒烟。
野花平碧怨啼鹃。
不知何限人间梦，并触沈思到酒边？

"已上数作，颇有风味，皆从军西域之作也。"且"中多禅悦之语。其诗亦质率，间有可采者。"[①]耶律楚材于戎马倥偬间创作之诗词，无疑成为后人研究西域历史之重要参考资料。

耶律楚材少年时受金代文化影响至深，赵孟頫扭转金及南宋末年书法流风之前，其书

---

① 清·王士禛《池北偶谈》。

法即具一定代表性。后刻意追求颜真卿、黄庭坚书风，雄放刚健、硬拙挺拔，以端严刚劲著称，有"河朔伟气"，与后来赵孟頫提倡之晋人韵味迥异。《元史》本传称其："善书，晚年所作字画尤劲健，如铸铁所成，刚毅之气，至老不衰。"

纵观耶律楚材一生，其最大成就依然在于政治，突出于其循循善诱蒙古太祖、太宗两位帝王，于蒙元开国之初收敛起草原文明诸多野性，使中原农耕文明避免了一些兵燹涂炭。"蒙古之制，凡攻城而抗拒者屠之。故蒙古入中原所屠名城不可胜计。又金国南迁以后，威令不出国门，故山东、河北盗贼蠡起，其祸比蒙古尤烈……加以蒙古入主中夏，武人专横，其君臣又绝不知有治民之术，若此时无文正人之类，正有不知其何如者。"① 故"耶律楚材以民爱物之心，为直寻枉尺之计，委赘仇邦，行其所学，卒使中原百姓不至践刈于戎狄，皆夫人之力也。传所谓，自贬损以行权者，楚材其庶几欤。"②

元代之后中原地区子民，自当世世代代铭记契丹人耶律楚材之无量功德！

曾国藩——倚天照海花无数　高山流水心自知

19 世纪中国最受人敬仰、最伟大之学者型官员曾国藩③，终生遭际指逆，然乃立德、立功、立言三不朽，成就震古烁今，足为中国有史以来文人之楷模。清朝"中兴景运，群公辈出，十年之间，削平大难，非天生圣相而振兴之，乌能若是邪？然履危濒死屡矣，有百折不挠之志，宏济艰难，虽曰成功者天，抑亦人谋也。赵衰之言曰：'说礼乐，熟诗书，为元帅。'孙叔豹之言曰：'太上立德，次立功，次立言，谓为三不朽。'公独兼之。"④ 清朝国史评价"国藩为人威重，美须髯，目三角有棱。每对客，注视移时不语，见者竦然，退则记其优劣，无或爽者。天性好文，治之终身不厌，有家法而不囿于一师……晚年颇以清静化民，俸入悉以养士。老儒宿学，群归依之。尤知人，善任使，所成就荐拔者，不可胜数。一见辄品目其材，悉当。时举先世耕读之训，教诫其家。遇将卒僚吏若子弟然，故虽严惮之，而乐为之用。居江南久，功德最盛。"⑤

曾国藩出生于晚清普通耕读之家，祖辈以务农为主，生活较为宽裕。兄妹九人，其为长子。祖父曾玉屏虽少文化，然阅历丰富；父亲曾麟书为塾师秀才，二位先辈于伦理

---

① 元·宗仲亨辑录《湛然居士文集·附录·耶律文正公年谱余记》。

② 清·柯劭忞《新元史·卷一百二十七·列传第二十》。

③ 曾国藩（1811—1872 年），初名子城，字伯函，号涤生，湖南长沙府湘乡人，近代政治家、战略家、理学家、文学家。

④ 清·朱孔彰《国朝先正事略续编》。

⑤ 民国·赵尔巽编纂《清史稿·曾国藩传》。

教育影响国藩颇深。曾国藩自幼勤奋好学，6岁入塾读书，8岁读四书、诵五经，14岁能读《周礼》《史记》《文选》。然其天资平常，成就皆赖刻苦勤奋。据传，其少年时夜里于家中课读，一篇文章反复诵读，及至夜深仍然未能熟记。时，一贼人潜伏书房屋檐下，拟待其入睡后行窃。孰料三更已过，国藩仍于灯下苦苦背诵。贼人实在失去耐心，遂跳进屋子谓其曰："如此笨拙读甚书？我仅听几遍即会背！"贼人遂将文章通篇背诵一遍，然后扬长而去。[1]

道光六年（1826年）春，曾国藩应长沙府童子试，名列第七名。十年（1830年），往衡阳唐氏宗祠读书，旋转入湘乡涟滨书院。十二年考取秀才。十四年，入长沙岳麓书院，同年参加湖南乡试，中第三十六名举人，旋赴北京准备会试。十五年会试未中，寓居北京长沙会馆读书。次年恩科会试再次落第，遂返长沙，与同乡刘蓉、郭嵩焘等居于湘乡会馆切磋学问。

十八年（1838年），曾国藩第三次会试，终于金榜题名，殿试位列三甲第四十二名，赐同进士出身，自此步入仕途。初入翰林院，为军机大臣穆彰阿门生。朝考列一等第三名，道光帝亲拔为第二，选为翰林院庶吉士。道光二十三年（1843年）四月，升翰林院侍讲。七月，钦命为四川乡试正考官。回京后充文渊阁校理，再升侍讲学士。与大学士倭仁、徽宁道何桂珍等为密友，互以"实学"相砥砺。旋，同榜进士李文安之子李鸿章入京会试，投其门下受业。二十七年，升任内阁学士加礼部侍郎衔。道光二十九年（1849年），授礼部右侍郎，旋署兵部右侍郎。国藩中进士任京官，十年七迁连跃十级，升至二品官位。

咸丰元年（1851年），洪秀全于广西桂平金田村起事。曾国藩上《敬陈圣德三端预防流弊疏》批评咸丰皇帝。咸丰帝未读完即将奏折掷之于地，且召见军机大臣定其罪状。幸得大学士祁寯藻、季芝昌等苦苦求情，方免陷于不测。国藩知悉后，即上折自责，自此收敛锋芒，不再妄言皇帝短长。翌年，国藩因母丧归籍丁忧守制。时太平天国运动席卷半个中国，清政府调集八旗、绿营官兵镇压，却屡为太平军所败。朝廷遂颁诏各省，号召地方组织团练武装遏制太平军势力发展。

咸丰三年（1853年），曾国藩因势于家乡湖南建立地方团练，称为湘勇。是年八月，曾国藩获准于衡州练兵，"凡枪炮刀锚之模式，帆樯桨橹之位置，无不躬自演试，殚竭思力"[2]，并派人赴广东购买西洋火炮，筹建水师。

咸丰四年（1854年）二月，曾国藩立于道德制高点发表《讨粤匪檄》，痛陈太平天国运动"荼毒生灵"，"举中国数千年礼义人伦诗书典则，一旦扫地荡尽。此岂独我大清之奇变，乃开辟以来名教之奇变，我孔子、孟子之所痛哭于九泉"，"凡读书识字者，又乌可袖手安坐，不思一为之所也"。遂率领湘军倾巢出动，开赴战争前线。命褚汝航为水师总统，塔齐布、罗泽南为陆军先锋，统率17000人，挥师北上。时"贼自江西上窜，再陷九江、安庆。忠源战殁庐州，吴文镕督师黄州亦败死。汉阳失，武昌戒严，贼复乘势扰湖南。国藩锐欲讨贼，率水陆军东下。舟师初出湖，大风，损数十艘。陆师至岳州，前队

---

[1] 清馨著《大清王朝未解之谜大全集》。
[2]《薛福成选集》，上海人民出版社，1987年版。

溃退，引还长沙。贼陷湘潭，邀击靖港，又败，国藩愤投水，幕下士章寿麟掖起之，得不死。"①七月，国藩重整水陆各军，出师攻陷岳州，十月取武昌。咸丰帝大喜过望，令曾国藩署理湖北巡抚。然大学士祁寯藻进言："曾国藩以侍郎在籍，犹匹夫耳，匹夫居闾里，一呼，蹶起从之者万余人，恐非国家福也。"咸丰帝收回成命，仅赏曾国藩兵部侍郎头衔。五年二月，石达开总攻湘军水营，烧毁战船100余艘。曾国藩座船被俘，"文卷册牍俱失"。国藩愤怒至极，拟策马赴敌以死，罗泽南、刘蓉力劝乃止。

咸丰六年（1856年），曾国藩坐困南昌。9月，洪秀全与杨秀清内讧，史称"天京事变"，南昌解围。翌年，其父去世，遂偕弟国华回籍奔丧。旋两次上疏，请求居家终制，获咸丰帝恩准。咸丰八年，部将李续宾、杨岳斌率水陆两军攻陷九江。咸丰下谕曾国藩出办浙江军务。咸丰九年（1859年）十一月，国藩拟四路进兵之策，攻取安庆。然两年之后始陷安庆。咸丰帝谕旨曾国藩督办苏、皖、浙、赣四省军务，其巡抚、提镇以下悉归节制。

同治元年（1862年）正月，曾国藩奉旨任两江总督协办大学士，其弟曾国荃补授浙江按察使。旋，左宗棠率军由江西入浙江，李鸿章率军抵上海，曾国荃率军进驻雨花台，会同彭玉麟水师围攻天京。同治三年（1864年）七月，湘军破太平天国都城天京（南京）。朝廷以"中兴名臣"加曾国藩太子太保、一等勇毅侯爵位。同治四年（1865年），曾国藩选汉唐以来名臣奏疏17篇，编《鸣原堂论文》；主持修葺种山、尊经两书院；收养八百孤寒子弟，以自己养廉银捐款课奖；主持整理《王船山遗书》320卷，交由金陵书局出版。

五年（1866年），曾国藩奉旨以钦差大臣重权身份，督师剿捻，于周口西至漯河建立"沙河百里防线"，企图借此天堑消灭捻军。六年三月，于江南制造总局下设造船所试制船舰，同时拟设译书馆。五月，会同李鸿章将江南制造总局由虹口迁高昌庙，征地扩迁，规制大增。六月，补授体仁阁大学士。七年四月改授武英殿大学士。九月，江南造船厂第一艘轮船驶至江宁，国藩登船试航，取名"恬吉"。

同治七年（1868年），曾国藩改任直隶总督。"九年四月，天津民击杀法领事丰大业，毁教堂，伤教民数十人。通商大臣崇厚议严惩之，民不服。国藩方病目，诏速赴津，乃务持平保和局，杀十七人，又遣戍府县吏。国藩之初至也，津民谓必反崇厚所为，备兵以抗法。然当是时，海内初定，湘军已散遣，天津咫尺京畿，民、教相阋，此小事不足启兵端，而津民争怨之。平生故旧持高论者，日移书谯让，省馆至毁所署楹帖，而国藩深维中外兵势强弱，和战利害，惟自引咎，不一辩也。丁日昌因上奏曰：'自古局外议论，不谅局中艰苦，一唱百和，亦足以荧上听，挠大计。卒之事势决裂，国家受无穷之累，而局外不与其祸，反得力持清议之名，臣实痛之！'"②曾国藩因处理"天津教案"失当，致使全国舆论大哗，遭国人诟骂为"卖国贼"。

时两江总督马新贻为平民张汶祥刺杀，朝廷命曾国藩再任两江总督，前往南京审理该案。翌年，携李鸿章联衔会奏《拟选子弟出洋学艺折》，并领衔上奏，促请尽快落实派遣留学生事宜，并提出于美国设立"中国留学生事务所"。

---

① 《清史稿·曾国藩传》。

② 民国·赵尔巽编纂《清史稿·曾国藩传》。

同治九年二月，曾国藩午后于南京西花圃散步，突发脚麻，次子曾纪泽扶掖回书房，端坐三刻逝世，享年 62 岁。朝廷闻讯，辍朝三日。追赠太傅，谥"文正"，祀京师昭忠、贤良祠。

"国藩事功本于学问，善以礼运。公诚之心，尤足格众。其治军行政，务求蹈实。凡规画天下事，久无不验，世皆称之，至谓汉之诸葛亮、唐之裴度、明之王守仁，殆无以过，何其盛欤！国藩又尝取古今圣哲三十三人，画像赞记，以为师资，其平生志学大端，具见于此。至功成名立，汲汲以荐举人才为己任，疆臣阃帅，几遍海内。以人事君，皆能不负所知。呜呼！中兴以来，一人而已。"[1]

作为近代著名政治家，曾国藩于"康乾盛世"后清王朝之腐败衰落洞若观火，谓"国贫不足患，惟民心涣散，则为患甚大。"对于"士大夫习于优容苟安"，"昌为一种不白不黑、不痛不痒之风"，"痛恨次骨"。认为，"吏治之坏，由于群幕，求吏才以剔幕弊，诚为探源之论"。基于此，遂提出，"行政之要，首在得人"，危急之时需用德器兼备之人，倡廉正之风，行礼治之仁政，反对暴政、扰民，务必严惩贪赃枉法、渔民肥己之官吏。受两次鸦片战争冲击，曾国藩痛恨西方侵略中国，以为卧榻之侧，岂容他人鼾睡。然其亦不盲目排外，尝积极主张学习西方先进科学技术，购买外洋器物，访募覃思之士，智巧之匠，始而演习，继而试造。其兴办"洋务运动"，建造中国第一艘轮船，建立第一所兵工学堂，印刷翻译第一批西方书籍，安排第一批赴美留学生，实为中国近代化建设之开拓者。

文学方面，曾国藩继承桐城派方苞、姚鼐而自立风格，创立晚清古文之"湘乡派"，乃湖湘文化重要代表。其论古文，讲求声调铿锵，以包蕴不尽为能事；所为古文，深宏骏迈，能运以汉赋气象，故有一种雄奇瑰玮之意境，能一振桐城派枯淡之弊，为后世所赞。其虽宗法桐城，然多有变革、发展，特选编《经史百家杂钞》以作为文典范，非桐城所可囿，世称为"湘乡派"。清末民初严复、林纾，乃至谭嗣同、梁启超等，均受其文风影响。有《求阙斋文集》《诗集》《读书录》《日记》《奏议》《家书》《家训》及《经史百家杂钞》《十八家诗钞》等，不下百数十卷，名曰《曾文正公全集》，传于世。另著有《为学之道》《五箴》等著作。其于学术思想，一生奉行程朱理学，然非盲目崇拜。其于政治实践军事斗争中觉悟程朱理学"指示之语，或失于隘"、或"病于琐"、或"偏于静"。遂以宽容学术姿态于程朱理学、陆王心学取其同，避其异，扬其长，兼收并蓄，扬长避短，推进儒学发展。

曾国藩于处世交友之道心得颇深。其交友贵雅量，"推诚守正，委曲含宏，而无私意猜疑之弊"，"凡事不可占人半点便宜，不可轻取人财"；处世则奉行"处此乱世，愈穷愈好"，"总以钱少产薄为妙"；为官尊奉"居官以耐烦为第一要义"，"德以满而损，福以骄而减矣"；为人则须在一"淡"字上着意，"不特富贵功名及身家之顺逆，子姓之旺否悉由天定，即学问德行之成立与否，亦大半关乎天事，一概笑而忘之"，"功不必自己出，名不必自己成"，"功成身退，愈急愈好"。其为人处世格言警句，成为后世官场儒林尽皆

---

①民国·赵尔巽编纂《清史稿·曾国藩传》。

恪遵之圭臬。

曾文正公于后世最具普世价值之贡献，当属其治家方略。其于"和以治家"宗旨下强调"勤以持家"，即克勤克俭、言传身教，且身体力行亲躬实践。受其熏陶，子弟代代相传，沿袭不衰。是以国藩子孙、曾孙，乃至玄孙，科学家、教育家、社会活动家绵延不绝。其于家庭教育则主张"耕读传家"，长幼孝悌乃家祚久运之根本。其总结家庭持久兴旺规律为：官宦之家多纨绔，传一代即萧条；商贾之家多俭朴，可传三代；耕读之家多勤奋，可兴旺五六代；孝悌之家以和治家，往往可绵延十代八代。故其家书家训遂为耕读孝悌之家治家经典。

"谋国之忠，知人之明，自愧不如元辅；同心若金，攻错若石，相期无负平生。"①

"师事近三十年，薪尽火传，筑室忝为门生长；威名震九万里，内安外攘，旷世难逢天下才。"②

世以曾国藩、李鸿章、左宗棠、张之洞并称"晚清四大名臣"。然于立德、立功、立言三不朽者，实唯曾文正公一人耳。

左宗棠——书勋则钟鼎千秋　论治而堂廉一德

中国"五百年以来的第一伟人"③左宗棠④，年轻时自诩为诸葛亮，常以"今亮""小亮"自称。其自知"气质粗驳"，遂以"寡言、养静二条实下功大，强勉用力"。为布衣时，林则徐即闻其名。道光二十九年（1849 年）秋，林则徐于云贵总督任上，因病准奏开缺回乡调治，途经湖南。遍寻左宗棠不得，后终于湖上得见。左宗棠亦早慕林则徐大名，因相见心切，慌忙间落入水中。左宗棠欲行拜谒之礼，林则徐阻拦道："已为落汤鸡，何拘礼节？速去更衣！"二人于舟中促膝推心，相谈达旦。则徐叹道："他日竟吾志者，其唯君乎！"临别，即于舟中手书一联赠宗棠：

> 此地有崇山峻岭，茂林修竹；
> 是能读三坟五典，八索九丘。

---

① 左宗棠挽曾国藩联。
② 李鸿章挽曾国藩联。
③ 梁启超评价左宗棠语。
④ 左宗棠（1812 年 11 月—1885 年 9 月），字季高、朴存，号湘上农人，湖南湘阴人，晚清军事家、政治家、洋务派首领。

左宗棠极为感佩，晚年犹悬此联于斋壁。

少年左宗棠生性颖悟，胸怀大志。5 岁时，随父赴省城长沙读书。道光七年（1827 年）应长沙府试，中第二名。左宗棠治学通达机变，非拘泥攻读儒家经典，于历史、地理、军事、经济、水利等经世致用之学多所涉猎精研，为其入仕后率兵、施政、理财裨益匪浅。

道光十年（1830 年），左宗棠拜访长沙著名务实派官员及经世致用学者贺长龄，贺氏即"以国士见待"。旋入长沙城南书院课读，贺长龄之弟贺熙龄为其师，称其"卓然能自立，叩其学则确然有所得"。次年，入湖南巡抚吴荣光于长沙设立之湘水校经堂。其间学习勤奋刻苦，成绩优异，年考 7 次名列第一。十二年（1832 年），参加长沙乡试，因"搜遗"中第。然其后 6 年，"三试礼部不第，遂绝意仕进，究心舆地、兵法。喜为壮语惊众，名在公卿间。尝以诸葛亮自比，人目其狂也。胡林翼亟称之，谓横览九州，更无才出其右者。年且四十，顾谓所亲曰：'非梦卜夐求，殆无幸矣！'"[①]

咸丰二年（1852 年），太平天国大军围攻长沙，省垣危急，经同乡进士郭嵩焘等人劝勉，左宗棠应湖南巡抚张亮基之聘出山，担任幕宾。左宗棠炮火之下缒绳入城，张亮基大喜过望，遂委其全权筹划军事。因宗棠"昼夜调军食，治文书""区画守具"，太平军围长沙三月不下，遂撤围北去。其一生功名即由此开始。四年，应新任湖南巡抚骆秉章之邀，左宗棠二次入佐湖南巡抚幕府。时，湖南情势岌岌可危，太平军驰骋湘北，长沙外围城池多被占领，湘东、湘南、湘西贫民连连举事，此伏彼起。左宗棠焦思竭虑，日夜策划，辅佐骆秉章"内清四境""外援五省"，苦力支撑危局。同时，革除弊政，开源节流，稳定货币，大力筹措军械、船只等军购。骆秉章对其言听计从，"所行文书画诺，概不检校。"左宗棠出佐湘幕，初露峥嵘，引起朝野关注，朝中江南籍重臣竞相举荐，咸丰皇帝颇为关注。

然，左宗棠天性刚峻、志行忠介，虽功名仅为举人，职务不过幕僚，却自命不凡，刚正不阿。尝因此刚烈个性，险遭不意灾祸。

咸丰九年（1859 年），湖南提督出缺。湖广总督官文推举永州镇总兵樊燮接任。荐折甫达军机处，巡抚骆秉章参折接踵而至。参劾樊燮出行乘轿（清朝制度，为保持强健体魄，武官不能乘轿，只能骑马）、公差私用。

咸丰帝接奏，御批樊燮立即开缺，责骆秉章查实案情。圣旨下，樊燮即由永州奔长沙。骆秉章命其先与左先生沟通，然后再作计较。

樊燮入见宗棠作揖行礼，请先生训话。左宗棠道："武官见我，无论大小，均要请安，汝为何不请安？"

樊燮一介武夫，性格倔强，遂不假思索地道："朝廷体制，无武官见师爷请安之规矩。且我为朝廷正二品官员，更无向举人跪拜之理！"左宗棠本因功名不顺而气短，樊燮此言令其恼羞成怒，遂起身以脚踹樊燮，大骂："王八蛋，滚出去！"官文借此弹劾左宗棠，官司诉至京城。双方各有人脉，进行了一番殊死较量。咸丰帝密谕官文："左某如

---

① 民国·赵尔巽编纂《清史稿·左宗棠传》。

有不法情事，即行就地正法。"①此案来头之大，一时竟无一人敢挺身为左宗棠伸冤。大理寺少卿潘祖荫受郭嵩焘之托，上疏密保左宗棠，以"国家不可一日无湖南，湖南不可一日无左宗棠"之语赞其人才出众。"富贵险中求"，此言不虚。左宗棠之鲁莽，险为之丧命。而潘祖荫一语"四两拨千斤"，不仅化险为夷，且使其因祸得福。咸丰帝决定启用左宗棠，命其"襄办署两江总督曾国藩军务"。

据传樊燮忍辱含垢回恩施故居，于正屋侧面修一间两层楼，将左宗棠骂其"王八蛋，滚出去"刻于木板上，置祖宗神位牌下，名为"洗辱牌"。遂重金聘名师为二子执教，命儿子穿女人衣裤，并立下家规："考秀才进学，脱外女服；中举人，脱内女服；中进士，焚烧洗辱牌，告先人以无罪。"立志使儿子于科举功名超过左宗棠。

二子谨遵父命，于书案上刻"左宗棠可杀"五字，寒窗苦读，闭门不出。长子不幸英年早逝，次子樊增祥则不负其父所望，通过发愤苦读，一路秀才、举人、进士、点翰林，直做到江宁布政使权署两江总督。樊增祥先生一生写诗、填词3万余首，并著有上百万言骈文，仅《樊山文集》即有15册60余卷。不仅遂了乃父夙愿，亦为樊氏祖宗大长脸面。

咸丰十年（1860年），太平军攻破江南大营，左宗棠随钦差大臣、两江总督曾国藩襄办军务。旋，受命回湖南招募乡勇，组成"楚军"，赴江西、安徽与太平军作战。"十年八月，宗棠既成军而东，伪翼王石达开窜四川，诏移师讨蜀。国藩、林翼以江、皖事急，合疏留之。时国藩进兵皖南，驻祁门，伪侍王李世贤、忠王李秀成纠众数十万围祁门。宗棠率楚军道江西，转战而前，遂克德兴、婺源。贼趋浮梁景德镇，断祁门饷道。宗棠还师击之，大战于乐平、鄱阳，僵尸十余万，世贤易服逃，而徽州贼亦遁浙江。自是江、皖军势始振。"②

咸丰十一年（1861年），太平军攻克杭州。"诏授（宗棠）太常寺卿，襄办江南军务，乃率楚军八千人东援浙。朝命国藩节制浙江，国藩荐宗棠足任浙事。左宗棠部将名者，刘典、王开来、王文瑞、王沐，数军单薄，不足资战守；乃奏调蒋益澧于广西，刘培元、魏喻义于湖南，皆未至，而宗棠以数千人策应七百余里，指挥若定，国藩服其整暇。已而壕州陷，复疏荐之，遂授浙江巡抚。"③督办军务。

同治元年（1862年），左宗棠组成中法混合军，称"常捷军"，旋扩充中英混合军，先后攻陷金华、绍兴等地，升闽浙总督。三年三月，克杭州，控制浙江全境。论功，封一等恪靖伯。旋奉命率军入江西、福建追剿太平军李世贤、汪海洋部。

同治五年（1866年），上疏奏请设局监造轮船，获准试行，即于福州马尾择址办船厂，派员出国购买机器、船槽，并创办求是堂艺局（亦称船政学堂），培养造船技术与海军人才。时逢西北事起，旋改任陕甘总督，推荐原江西巡抚沈葆桢任总理船政大臣。一年后，福州船政局（亦称马尾船政局）正式开工，成为中国首个新式造船厂。

---

①清·徐珂《清稗类钞》。

②民国·赵尔巽编纂《清史稿·左宗棠传》。

③民国·赵尔巽编纂《清史稿·左宗棠传》。

同治元年（1862年），陕西、甘肃、宁夏回民以白彦虎、马占鳌、马化龙为首领，趁太平天国及捻军入陕之机，发动大规模起义。同治五年（1866年），回民义军退守甘肃。八年（1869年），左宗棠派刘松山进攻宁夏金积堡，马化龙父子投降后被杀。十年，左宗棠进驻甘肃，河州回军领袖马占鳌投降，被编入清军。同治十二年（1873年），白彦虎率回民义军残部退入新疆。

时，新疆各地豪强趁机割据纷争，天山南北局势混乱。伊斯兰教白山派首领马木提·艾来木占据喀什噶尔称王。旋，柯尔克孜部落头目司迪克联络回族封建主金相印，于混乱中逐马木提·艾来木，夺取喀什噶尔称王。马木提·艾来木致书中亚浩罕汗国，欲借助外部势力驱逐司迪克。司迪克亦遣金相印亲赴浩罕进行联系，欲迎请流亡浩罕之黑山派和卓后裔布素鲁克回喀什噶尔，以对抗白山派和卓马木提·艾来木。浩罕汗国欲转移国内矛盾，遂派军官阿古柏率部"援助"喀什噶尔。阿古柏于同治六年（1867年）建立"洪福汗国"，企图独占新疆。

同治十一年（1872年）七月，左宗棠就阿古柏事上疏"既事关君国，兼涉中外，不能将就了局，且索性干去而已"。同治帝遂命左宗棠为陕甘总督督办新疆军务，做率师收复新疆之准备。

光绪二年（1876年），左宗棠指挥西征军马、步、炮兵百五十余营，开赴新疆。翌年，阿古柏侵略政权灭亡，新疆全境收复。

六年正月，宗棠上书朝廷，力陈新疆设省。然此议因朝中"海防""塞防"之争而搁置。

七年（1881年），左宗棠应诏回京任军机大臣兼总理衙门行走，管理兵部事务。旋，调任两江总督兼南洋通商大臣。

光绪八年（1882年），左宗棠再次奏请新疆建省，提出乘新疆收复伊始及西征大军未撤之威，不失时机建省设县，可顺应民心，利于百废待举，恢复元气。十年（1884年），廷议准其奏，以刘锦棠为巡抚，新疆正式建省。

旋，左宗棠再入京任军机大臣。时值中法战争爆发，左宗棠遂奉旨以钦差大臣身份督办闽海军务，挽救战局。十一月抵达福州，积极布防，组织黑旗军与恪靖定边军取得镇南关大捷，夺取谅山。然战争以《中法新约》签订告终，中国失去于越南之宗主权。时，左宗棠日感体力难支，知不久于世，遂作自挽长联，感铭今生来世之功业志趣：

　　慨此日骑鲸西去，七尺躯委残芳草，满腔血洒向空林。问谁来歌蒿歌薤，鼓琵
　　琶冢畔，挂宝剑枝头，凭吊松楸魂魄，奋激千秋。纵教黄土埋予，应呼雄鬼；倘
　　他年化鹤东归，一瓣香祝成本性，十分月现出金身。愿从此为樵为渔，访鹿友山中，
　　订鸥盟水上，消磨锦绣心肠，逍遥半世。惟恐苍天负我，再作劳人。

光绪十一年（1885年）九月五日，左宗棠病故于福州，享年73岁，朝廷追赠太傅，谥号"文襄"。祀京师昭忠祠、贤良祠，并建专祠于湖南及立功诸省。

光绪帝亲撰《谕赐祭文》以示深切哀悼：

　　大学士左宗棠，学问优长，经济阔远，秉性廉正，莅事忠诚。由举人、兵部郎中带兵剿贼，迭著战功，蒙文宗显皇帝特达之知，擢升卿寺。同治年间，剿平发逆及回、捻各匪，懋建勋劳。穆宗毅皇帝深资倚任，畀以疆寄，浔陟兼圻，授为钦差大臣，督办陕甘军务。运筹决胜，克奏肤功。简任纶扉，优加异数。朕御极后，特命督师出关，肃清边围，底定回疆，厥功尤伟。加恩由一等伯晋为二等侯。宣召来京，管理兵部事务，在军机大臣上行走。并在总理各国事务衙门行走，竭谋赞画，悉协机宜。旋任两江总督，尽心民事，裨益地方，扬历中外，恪矢公忠，洵能终始如一。上年命往福建督办军务，劳瘁不辞。前因患病吁恳开缺，特经赏假，并准其交卸差使，回籍安心调理。方冀医治就痊，长承恩眷，讵意未及就道，遽尔溘逝。披览遗疏，震悼良深！[①]

　　清末中兴"四大名臣"各自功勋显赫，彪炳日月。然，左宗棠独以平定"西北回乱"与收复新疆而名列前茅。是故"综古今论之，邓、马、李、郭中兴帝室，无此战绩；卫、霍、韩、范功高边塞，无此雄威。班定远生入玉门，尚须陈乞；岳忠武痛饮黄龙，徒成虚名。勋名之盛，秦汉以后，谁与比伦？"[②]

　　纵观毕生功业成就，绝代才华自然为其根本，然运气机遇亦尤为重要。"左文襄佐骆文忠，仅一幕职而得行其志，似愈于曾文正之为相；奉命出征，发谋出虑，朝廷亦从不牵制，此老一生际遇，文正不如也。"[③]岂止曾文正公不如，即使李文忠公亦不可与之比肩。

　　曾国藩、李鸿章、左宗棠三人处同一时代，于同一棋局博弈，功业声誉虽相近，然开局结局迥然有殊。论功名，曾、李师生皆为正途进士，而宗棠屡试不第，幸以"赐同进士出身"入仕；论资历，曾国藩36岁为侍郎，李鸿章39岁为巡抚，而左宗棠于知天命之年仍为幕僚，其后则比肩出将入相历任督抚；论名实，曾、李二人以协办大学士称中堂，终老未入军机，故非真宰相，宗棠则以大学士兼军机大臣，乃真宰相也。

　　左文襄公乃上苍特意垂顾之人矣！

　　①民国·赵尔巽编纂《清史稿·左宗棠传》。

　　②清·裴景福《河海昆仑录》。

　　③清·左钦敏《文编续存》。

李鸿章——丈夫只手把吴钩　意气高于百尺楼

"大清帝国中唯一有能耐可和世界列强一争长短之人"[1]李鸿章[2]，被慈禧太后视为"再造玄黄之人"。

李鸿章少年聪慧，6 岁入家馆棣华书屋，先后拜堂伯李仿仙及合肥名士徐子苓为师，攻读经史，国学功底渊博笃实，17 岁中秀才入学。其父李文安与曾国藩同榜进士。李鸿章 20 岁于庐州府学选为优贡，其父望子成龙，函催李鸿章入京，拟参加来年顺天府乡试。李鸿章谨遵父命，毅然北上，并作《入都》诗 10 首，抒怀言志：

> 丈夫只手把吴钩，意气高于百尺楼。
> 一万年来谁著史，三千里外欲封侯。
> 定将捷足随途骥，哪有闲情逐水鸥。
> 笑指卢沟桥畔月，几人从此到瀛洲？
>
> （其一）
>
> 频年伏枥困红尘，悔煞驹光二十春；
> 马足出群休恋栈，燕辞故垒更图新。
> 遍交海内知名士，专访京师有道人；
> 即此可求文字益，胡为抑郁老吾身！
>
> （其二）

其凌云揽月之志，于是已尽显无遗。

其父时任刑部郎中，遂引领其遍访吕贤基、王茂荫、赵畇等安徽籍京官，得同籍京官器重赏识。李鸿章才华横溢器宇轩昂，科场仕途皆顺利。

道光二十四年（1844 年），李鸿章应顺天府乡试，考中举人。旋以年家子身份受业曾国藩门下，讲求经世之学。道光二十七年（1847 年），李鸿章进士及第，列二甲第十三名，朝考后授翰林院庶吉士。与其甲辰乡试、丁未会试两科中，人才济济，多人日后膺任枢臣疆寄，李鸿章与同年始终保持密切关系，为其仕途崛起积累了丰厚的人脉资源。三十

[1] 与之并世之日本首相伊藤博文评价李鸿章语。
[2] 李鸿章（1823 年 2 月—1901 年 11 月），谱名章铜，字渐甫、子黻，号少荃，晚年自号仪叟，别号省心，安徽合肥人，世人尊称李中堂、李合肥，晚清名臣。

年（1850年），翰林院散馆，授翰林院编修，充武英殿编修。任职翰林院期间，其会试主考官潘世恩出身徽商又为苏州世家，太老师翁心存（鸿章业师孙锵鸣之师）于其经世致用思想之形成，启迪发聩颇巨。且潘、翁为苏南豪绅领袖，为其后李鸿章组建淮军崛起江苏，予以鼎力支持。然，最令其庆幸者，当为"乙丙之际"（1845—1846年）会试落榜后，以"年家子"身份投帖拜于湖南大儒曾国藩门下，学习经世之学，遂奠定其终生事业思想之基础。

咸丰元年（1851年），洪秀全起事广西金田。三年，太平军自武汉顺江东下占领安庆，安徽巡抚蒋文庆殉职。咸丰帝诏谕工部侍郎吕贤基"为安徽团练大臣，奏鸿章自助。咸丰三年，庐州陷，鸿章建议先取含山、巢县图规复。巡抚福济授以兵，连克二县，逾年复庐州。累功，用道员，赏花翎。"①

八年，应邀赴江西建昌，入尊师曾国藩幕府，负责起草文书。因生活散漫，晚睡懒起，遭曾国藩训斥，李鸿章"为之悚然"。旋，安徽巡抚翁同书（同治帝、光绪帝之师翁同龢长兄）弃城逃跑，曾国藩起草《参翁同书片》，其中采用李鸿章草稿语"臣职份所在，例应纠参，不敢以翁同书之门第鼎盛瞻顾迁就"（时翁同书之父翁心存正处高位），其才华遂愈为国藩赏识。然李鸿章因此与翁同龢结下不共戴天之仇，日后翁同龢处处刁难北洋水师，乃至甲午战败。十年，李鸿章统带淮扬水师。湘军占领安庆后，曾国藩奏荐其"才堪大用"，命回合肥故里募勇。

同治元年（1862年），李鸿章率十三营淮勇抵达上海，自成一军，称"淮军"。是年，经曾国藩推荐任江苏巡抚，以未届不惑而任封疆。

李鸿章受任之初，形势极为严峻。时上海乃全国最大通商口岸之一，华洋杂处，为江南财富集中之地。淮军抵达，适逢太平军二次大举进攻，能否守住上海并徐图发展，为其所临最大考验。李鸿章牢记恩师"以练兵学战为性命根本，吏治洋务皆置后图"之教诲。时，上海官绅组建"中外会防局"，实望外国雇佣军抵御太平军，故于洋人百般献媚，而于淮军不以为然，"皆笑指为丐"。李鸿章激励将士"军贵能战，待吾破敌慑之"。旋，淮军果于是年独立进行虹桥、北新泾、四江口三次恶战。李鸿章亲临前线，身先士卒指挥战役，成功守住上海，中外人士遂于淮军刮目相看。

李鸿章稳居上海财赋重镇后，遂大力扩军，两年内淮军增至六七万人，悉采用西方新式枪炮，俨然乃新式陆军，成为清军中装备精良、战斗力最强之地方武装。旋，与外国雇佣军组建"常胜军"，合力进攻太平军。此时尤为推重之举，即以上海富绅银两引进西洋设备，创办中国第二个近代军工企业"上海洋枪三局"（第一个为曾国藩于1861年创办之安庆内军械所）。

同治二年，常熟太平军守将骆国忠投降，李鸿章乘机率淮军攻克常熟、太仓、昆山等地。翌年正月兼署五口通商大臣，奏设外国语言文学馆于上海，是为其创办洋务之始。三年，率淮军各部克常州，大肆杀戮太平军，赏骑都尉世职。旋，苏州太平军守将纳王郜永

---

①民国·赵尔巽编纂《清史稿·列传一百九十八·李鸿章传》。

宽发生动摇，与降将程学启秘密接洽献城事宜。郜永宽杀守城主将慕王谭绍光，开城投降。淮军入城，太平军八降王率部屯居半城，不愿剃发解除武装，索要官衔及编制。李鸿章采纳程学启建议，诱杀八降将，并遣散余众。自以为"此事虽太过不仁，然攸关大局，不得不为"。曾国藩接报，赞赏其"殊为眼明手辣"。

时，湘军久攻天京不下，清廷屡诏催李鸿章率淮军会攻。李鸿章虑及染指金陵必以抢功之嫌得罪曾氏。遂先于苏、常按兵不动，继而掉头南下入浙，引发闽浙总督左宗棠以"越境掠功"上奏弹劾。二人由此交恶，成毕生对头冤家。湘军围攻天京地道将成，且朝廷频频诏谕催促，鸿章遂遣刘士奇炮队及刘铭传、潘鼎新、周盛波等二十七营会攻天京。湘军统帅曾国荃以鸿章出兵咨札激示众将："他人至矣，艰苦二年以与人耶？"众将皆曰："愿尽死力！"翌日，湘军攻克天京。曾国藩执鸿章手言道："愚兄弟薄面，赖子保全。"江苏肃清，湘淮将帅均得加官晋爵，李鸿章受封一等肃毅伯，赏戴双眼花翎。

同治四年（1865 年）四月，清军剿捻统帅僧格林沁全军覆没于山东菏泽，同治帝遂"以曾国藩为钦差大臣，督其军。鸿章署两江总督，命率所部驰防豫西，兼备剿京东马贼、甘肃回匪。鸿章言：'兵势不能远分，且筹饷造械，臣离江南，皆无可委托。为今日计，必先图捻而后图回。赴豫之师，必须多练马队，广置车骡，非可猝办。'诏寝其行。时曾国藩督军剿捻久无功，命回两江，而以鸿章署钦差代之，败东捻任柱、赖文光於湖北。"捻军覆灭，清廷开复李鸿章迭次降革处分，赏加太子太保衔，授湖广总督协办大学士。

同治八年（1869 年）二月，李鸿章兼署湖北巡抚。九年，天津发生教案，直隶总督曾国藩处置失当，招致国人诟骂，列强军舰亦麇集大沽口。朝廷密谕李鸿章"酌带各军克日起程赴近畿一带相机驻扎"，接替曾国藩办理天津教案。因成功调解天津教案，遂调任直隶总督兼北洋通商大臣。十年七月，与曾国藩会奏陈兰彬选聪颖子弟赴美国留学。

李鸿章历任两江、湖广、直隶总督，责任愈巨，视野愈阔，综观西方列强之发展，痛感中国积弱不振，原因在于"患贫"，认识到"必先富而后能强"。故其督抚任上，一贯与乃师曾国藩相唱和，将推行洋务"求富致强"树为施政重点。凡督抚一地，皆以创办近代工业为务。江南制造局、苏州机器局、金陵机器局、天津机器局、轮船招商局，以及河北磁州煤铁矿、江西兴国煤矿、湖北广济煤矿、开平矿务局、上海机器织布局、山东峰县煤矿、天津电报总局、唐胥铁路、上海电报总局、津沽铁路、漠河金矿、热河四道沟铜矿、三山铅银矿、上海华盛纺织总厂等一系列军工、民用企业，涉及矿业、铁路、纺织、电信各行业，皆由其创办或扩充。其于经营方略上，亦逐渐由官督商办转向官商合办，客观上极大促进中国资本主义发展，为中国近代化开始之标志。中国近代早期四大军工企业，李鸿章一人创办三个。皆其"中国欲自强，则莫如学习外国利器。欲学习外国利器，则莫如觅制器之器，师其法而不必尽用其人。欲觅制器之器与制器之人，则或专设一科取士，士终身悬以为富贵功名之鹄，则业可成，艺可精，而才亦可集"思想之成果。

天津教案之后不久，李鸿章代表中国与日本签订双方平等互惠之《中日修好条规》。

---

①民国·赵尔巽编纂《清史稿·列传一百九十八·李鸿章传》。

然即于签约过程中，已洞悉日本"日后必为中国肘腋之患"，加之列强威胁一贯来自海上，遂提出"海防论"，积极倡议建立现代化海军。同治十三年（1874 年），李鸿章于海防大筹议中上奏，系统提出定购铁甲舰，组建北、东、南三洋舰队之设想，并辅以沿海陆防，形成中国近代海防战略体系。"其所经画，皆防海交邻大计。思以西国新法导中国以求自强，先急兵备，尤加意育才。初，与国藩合疏选幼童送往美国就学，岁百二十人。期以二十年学成岁归为国效用，乃未及终学而中辍。鸿章争之不能得，随分遣生徒至英、德、法诸国留学。及建海军，将校尽取才诸生中。"①鉴于中法战争后福建船政水师几乎全军覆没之教训，清政府决定"大治水师"，于光绪十一年（1885 年）成立海军衙门，醇亲王总理海军事务，以李鸿章为会办。遂建成亚洲最强大之海上军事力量北洋水师。

为防止日本海上侵略，李鸿章遂筹划旅顺、大沽、威海等海军基地建设，以加强海防。然，清廷文恬武嬉，内耗众生，户部迭次以经费支绌为借口，致使海军基地建设停顿，北洋水师装备陈旧。1894 年 8 月，中日两国因朝鲜问题爆发冲突，北洋舰队与日本海军主力于黄海大东沟附近海域遭遇。战争结局为旅顺、威海等海军基地失守，北洋水师覆灭。

甲午战败，慈禧太后命李鸿章为全权大臣，赴日本议和。其以"争得一分有一分之益"之宗旨，与日方代表反复辩论四轮，终以中国赔款 2 亿 5 千万两白银，割让辽东半岛及台湾澎湖之牺牲，签订中日《马关条约》。

清朝"国家旧制，相权在枢府。鸿章与国藩为相，皆总督兼官，非真相。然中外系望，声出政府上，政府亦倚以为重。"②李鸿章、曾国藩师生，虽为"中兴名臣"，实为江山社稷之柱石，然清廷待其甚不公。清代大学士有宰相之名而无实权，军机大臣虽非宰相而执柄中枢，无宰相之名而有宰相之实。故一身兼大学士与军机大臣者，方为真宰相。曾、李虽功勋盖世名满天下，然终老未入军机，仅以协办大学士虚衔兼总督职运筹帷幄，维持时艰，个中玄机与委屈，实为局外人难以洞彻与承受。尤其李鸿章，历仕咸丰、同治、光绪三朝，前半生为挽救清朝大厦之既倒而拼力打造"中兴名臣"，后半生则为堵塞清廷破屋四处漏风而成"裱糊匠"。

自 1871 年 8 月签订《中日修好条规》始，李鸿章即成职业外交官。凡与外国交涉，慈禧太后离不开李鸿章，外国政府亦仅认可李鸿章。二十年间，其代表中国与各列强签订中英《烟台条约》《展拓香港界址条约》，中法《会议简明条款》，中日《天津条约》《马关条约》，中德《胶澳租借条约》，八国联军《辛丑条约》及《中俄密约》等 30 多个条约。后人"少年不知愁滋味"，皆以条约"割地赔款丧权辱国"而诟骂其为"卖国贼"，然"裱糊匠"内心之委屈又有谁知？李鸿章固非软弱无能之人，何以如此"好欺"？其牺牲个人英名而使国家民族不亡之苦心，唯日月可鉴天地可知。"鸿章长躯疏髯，性恢廓，处荣悴显晦及事之成败，不易常度，时以诙笑解纷难。尤善外交，阴阳开阖，风采凛然。外国与共事者，皆一时伟人。及八国定盟，其使臣大将多后进，视鸿章皆丈人行也，故兵虽胜，未

---

①民国·赵尔巽编纂《清史稿·列传一百九十八·李鸿章传》。

②民国·赵尔巽编纂《清史稿·列传一百九十八·李鸿章传》。

敢轻中国。"① "当戎马压境之际，为忍气吞声之言，旁观者尤为酸心，况鸿章身历其境者！"②慈禧赞其为"再造玄黄"之人；强敌伊藤博文誉其为"大清帝国中唯一有能耐可和世界列强一争长短之人"，皆为由衷感佩之言。

"若以中国之失政而尽归于李鸿章一人，李鸿章一人不足惜，而彼执政误国之枢臣，反得有所诿以辞斧钺，而我四万万人放弃国民之责任者，亦且不复自知其罪也。西报有论者曰：日本非与中国战，实与李鸿章一人战耳。其言虽稍过，然亦近之。不见乎各省大吏，徒知画疆自守，视此事若专为直隶满洲之私事者然，其有筹一饷出一旅以相急难者乎？即有之，亦空言而已。乃至最可笑者，刘公岛降舰之役，当事者致书日军，求放还广丙一船，书中谓此舰系属广东，此次战役，与广东无涉云云。各国闻者，莫不笑之，而不知此语实代表各省疆臣之思想者也。若是乎，日本果真与李鸿章一人战也。以一人而战一国，合肥合肥，虽败亦豪哉！中国俗儒骂李鸿章为秦桧者最多焉。法越中日两役间，此论极盛矣。出于市井野人之口，犹可言也，士君子而为此言，吾无以名之，名之曰狂吠而已。李鸿章之败绩，既已屡见不一见矣。后此内忧外患之风潮，将有甚于李鸿章时代数倍者，乃今也欲求一如李鸿章其人者，亦渺不可复睹焉。念中国之前途，不禁毛发粟起，而未知其所终极也。"③梁公斯言良实也。倘晚清之际无文忠公，孰知中国将为何情状？

光绪二十七年（1901年），李鸿章签订《辛丑条约》归来，因积劳出现大口吐血，"紫黑色，有大块""痰咳不支，饮食不进"，诊断为胃血管破裂。其自知将不久于人世，遂作临终诗一首：

> 劳劳车马未离鞍，临事方知一死难。
> 三百年来伤国步，八千里外吊民残。
> 秋风宝剑孤臣泪，落日旌旗大将坛。
> 海外尘氛犹未息，诸君莫作等闲看。

诗中既有大限将至之悲伤，亦存殚精竭虑之感怀，更有忧患国运民生之期指。耄耋老臣忧国忧民之情跃然纸上，读来令人潸然泪下！

寻，病逝于北京府邸，享年79岁。慈禧闻之泪流满面，喟然感叹道："大局未定，倘有不测，将无人分担矣！"外国公使"闻其薨，咸集吊唁，曰：'公所定约不敢渝。'"④朝廷诏赠太傅，晋封一等侯爵，谥"文忠"，赐白银五千两治丧，于其原籍及立功省建祠10处，京师祠由地方官员定期祭祀。

清代汉族官员京师建祠者仅李文忠公一人耳。朝廷如是优褒，不知可否稍慰少荃九泉之灵？

①民国·赵尔巽编纂《清史稿·列传一百九十八·李鸿章传》。

②清·梁启超《李鸿章传》。

③清·梁启超《李鸿章传》。

④民国·赵尔巽编纂《清史稿·列传一百九十八·李鸿章传》。

第捌章

此君国士无双，遭逢时运不济，卓然焕章其文至圣先师之门徒秉承乃祖遗训，个个皓首穷经寒窗苦读，希冀机遇光顾，实现"朝为少年郎，暮登天子堂"之凤愿，博得个一展抱负光耀门楣。"故君子博学、深谋、修身、端行，以俟其时"。然，时运于人千差万别不尽相同。或顺势而为守株待兔，机遇自然临门；或枕戈待旦伺机而动，机遇绝无遗漏；或无心插柳有意栽花，机遇不期而至。可叹而可悲者，为万事皆备只欠东风，机遇则如入海泥牛，杳无音讯。虽"夫芷兰生于深林，不以无人而不芳。君子之学，非为通也，为穷而不困、忧而意不衰也，知祸福终始而心不惑也。"然"今有其人不遇其时，虽贤，其能行乎？"的确令人顿生"恨铁难为钢"之无奈。

故曰："女以知者为必用邪？王子比干不见剖心乎！女以忠者为必用邪？关龙逢不见刑乎！女以谏者为必用邪？伍子胥不磔姑苏东门外乎！夫遇不遇者，时也；贤不肖者，材也；君子博学深谋不遇时者多矣！"的确，"为不为者，人也；遇不遇者，时也；死生者，命也。"[1]

至圣先师为其徒立圭臬，谆谆教诲"学而优则仕"，却无只言片纸"学而优则君"之说。是故其徒谨遵乃师教导，亦步亦趋不敢越雷池半步，满脑子尽做"奴仆"之想，既无君临天下之胆，亦无吞吐天地之志，执着之念为"良禽择木而栖，良臣择主而事"。殊不知"良禽"的确可以"择木而栖"，"良臣"却难以"择主而事"。有意投靠之"良臣"，"主"不定中意之，无意事之者，强权则可令其改初衷。如此，则何言"良臣择主而事"？

是故，自古及今"有最好的梯子，却找不到可依靠之墙"者，历代均不在少数。虽然统御四海者极力搜贤访能，力图达于"野无遗贤"之境，却又谈何容易？人臣中如管仲之遇齐桓公、魏征之遇唐太宗者，能有几人？

西汉人冯唐，思维敏捷，孝顺父母且忠于职守。尝历仕西汉文帝、景帝、武帝三朝，一直仅任初级侍卫郎官，至老方任中郎署长。武帝即位后四处求贤，虽受人举荐，然冯唐时已年逾九秩，终因年老不得为官，遂郁郁不得志中辞世。

徐渭堪称明代著名文学家、书画家、戏曲家、军事家。其人多才多艺，于诗文、戏剧、书画诸方面均独树一帜，与解缙、杨慎并称"明代三大才子"。曾任兵部左侍郎兼都察院左金都御史胡宗宪幕僚，且助其擒徐海、诱汪直。后因仕途蹭蹬，遂南游金陵，北走上谷，纵观边境阨塞，常慷慨悲歌。晚年生计贫苦，将藏书数千卷变卖殆尽。死时身边唯有一狗与之相伴，床上竟无一席。

"良臣择主而事"，而选择权却不在"良臣"手中。是故，可经天纬地之饱学之士，"虽有国士之力，不能自举其身，非无力也，势不可也。"[2]"所赖君子安贫，达人知命。老当益壮，宁移白首之心？穷且益坚，不坠青云之志。酌贪泉而觉爽，处涸辙以犹欢。"[3]

如此尚可聊度残生，否则皆当于郁闷中憋屈而亡。

---

①战国·荀况《荀子·宥坐篇·第二十八》。

②战国·荀子《荀子·宥坐篇·第二十八》。

③唐·王勃《滕王阁序》。

左思——天意悠悠百世后 留得英名擅八区

"咏古人而己之性情俱见"[1]的左思[2]，早年具强烈用世之心，自认才高志雄，"左眄澄江湘，右盼定羌胡"[3]，希望有所作为。然于魏晋门阀制度压抑下，却终身怀才不遇。

左思家世儒学，出生寒微，其先齐之公族有左右公子，因为氏焉。其父左熹，字彦雍，起于小吏，曾任武帝朝殿中侍御史、太原相、弋阳太守等。左思少时曾学书法鼓琴，皆不成，后因父亲激励，乃发愤勤学。其貌丑口讷，不好交游，但辞藻壮丽，曾用一年时间写成《齐都赋》。晋武帝泰始八年（272 年），其妹左棻被选入宫，遂举家迁居洛阳，授任秘书郎。

晋惠帝时，左思曾一度依附权贵贾谧，成为当时文人集团"二十四友"重要成员，并为秘书监贾谧讲《汉书》。永康元年（300 年），贾谧被诛，左思遂退居宜春里，专心著述。后齐王司马冏召为记室督，辞而未就。

左思济世愿望遭士族制度压抑摧残，遂潜心致力于文史著述，终以诗、赋闻于世。其一生虽然"良图"变成梦想，志向未得伸展，然其并未因此俯首权贵，混迹污淖，终以断绝俗念，"归隐田园"，洁身自好以殁。左思最著名诗作为"咏史诗"，尤其八首五言咏史诗最著名，成为历代传诵之名篇佳什，并奠定了其于中国文学史之地位，亦为其平生思想节操之写照。

> 弱冠弄柔翰，卓荦观群书。
> 着论准《过秦》，作赋拟《子虚》。
> 边城苦鸣镝，羽檄飞京都。
> 虽非甲胄士，畴昔览《穰苴》。
> 长啸激清风，志若无东吴。
> 铅刀贵一割，梦想骋良图。
> 左眄澄江湘，右盼定羌胡。
> 功成不受爵，长揖归田庐。

（《咏史·之一》）

---

①清·沈德潜《古诗源》。

②左思（约 250 年—305 年）字太冲，齐国临淄（今山东淄博）人，西晋著名文学家。

③西晋·左思《咏史·之一》。

郁郁涧底松，离离山上苗。

以彼径寸茎，荫此百尺条。

世胄蹑高位，英俊沉下僚。

地势使之然，由来非一朝。

金张藉旧业，七叶珥汉貂。

冯公岂不伟，白首不见招。

（《咏史·之二》）

左思出身寒门，虽才华横溢，却于门阀制度下屡不得志，只好借诗表述自己抱负及对权贵之蔑视，歌颂隐士之清高。

《咏史》自班固以来，大抵一诗咏一事，于客观事实之复述中略见作者意旨。而左思《咏史》错综史实，融会古今，连类引喻。《咏史》之二中，以"郁郁涧底松，离离山上苗。以彼径寸茎，荫此百尺条"之艺术形象，深刻揭露魏晋以来"世胄蹑高位，英俊沉下僚"之官场畸形；《咏史》之七中，作者借咏古代贤士坎坷遭遇，沉痛指出"何世无奇才，遗之在草泽"。对扼杀人才之黑暗现实进行猛烈抨击。其笔锋之尖锐，于两晋南北朝实不多见。其《咏史》诗尚借咏古人，阐明个人生活态度与志向。声称"贵者虽自贵，视之若埃尘。贱者虽自贱，重之若千钧。"故其"文典以怨，颇为精切，得讽喻之致，"[①]风骨刚健，有建安遗风。"三国之降为西晋，文体大坏，古度古心，不绝于来兹者，非太冲其焉归？"[②]钟嵘称左思《咏史》风格为"左思风力"。"左思风力"于陶渊明创作影响颇巨。其所创造之"涧底松"艺术形象，曾为南朝范云、初唐王勃借用，抒发怀才不遇之苦闷。

"思小学钟、胡书及鼓琴，并不成。雍谓友人曰：'思所晓解，不及我少时。'思遂感激勤学，兼善阴阳之术。貌寝，口讷，而辞藻壮丽。不好交游，惟以闲居为事。造《齐都赋》，一年乃成。"[③]迁居洛阳后，左思"欲赋三都……乃诣著作郎张载，访岷邛之事。遂构思十年，门庭藩溷，皆著笔纸，遇得一句，即便疏之。"[④]左思所以欲赋三都，起因为其读东汉班固《两都赋》、张衡《两京赋》，虽然佩服其文气魄宏大，文辞华丽，分别描摹东京洛阳、西京长安京城气派，然虚而不实、大而无当之弊亦存。左思遂拟依三国魏都邺城、蜀都成都、吴都建业之事实与历史写《三都赋》。为使笔笔有着落，左思收集大量历史、地理、物产、风俗、人情资料，然后闭门谢客，开始苦写。其于舍中院内乃至茅厕，皆置纸笔，偶得佳句，当即录之。十年磨砺，《三都赋》终于成稿。其于"序"中先作如是铺叙：

---

① 南朝·梁·钟嵘《诗品》。

② 明·王夫之《古诗选评》。

③ 唐·房玄龄等《晋书·文苑列传》。

④ 唐·房玄龄等《晋书·文苑列传》。

　　盖诗有六义焉，其二曰赋。杨雄曰：“诗人之赋丽以则。”班固曰：“赋者，古诗之流也。”先王采焉，以观土风。见“绿竹猗猗”于宜，则知卫地淇澳之产；见“在其版屋”，则知秦野西戎之宅。故能居然而辨八方。

　　然相如赋上林而引“卢橘夏熟”，杨雄赋甘泉而陈“玉树青葱”，班固赋西都而叹以出比目，张衡赋西京而述以游海若。假称珍怪，以为润色，若斯之类，匪啻于兹。考之果木，则生非其壤；校之神物，则出非其所。于辞则易为藻饰，于义则虚而无徵。且夫玉卮无当，虽宝非用；侈言无验，虽丽非经。而论者莫不诋讦其研精，作者大抵举为宪章。积习生常，有自来矣。

　　余既思摹二京而赋三都，其山川城邑则稽之地图，其鸟兽草木则验之方志。风谣歌舞，各附其俗；魁梧长者，莫非其旧。何则？发言为诗者，咏其所志也；美物者贵依其本，赞事者宜本其实。匪本匪实，览者奚信？且夫任土作贡，虞书所著；辨物居方，周易所慎。聊举其一隅，摄其体统，归诸诂训焉。

　　然西晋为维护士族集团利益，以“门选”制选择士人，从而造成“上品无寒门，下品无世族”局面。更甚者，一些门第观念极强者，品评文章亦以门第高低决定弃取。

　　《三都赋》写成之时，由于作者名不见经传，故不为文学界推崇。“思自以其作不谢班张，恐以人废言，安定皇甫谧有高誉，思造而示之。谧称善，为其赋序。张载为注《魏都》，刘逵注《吴》《蜀》而序之曰：‘观中古以来为赋者多矣，相如《子虚》擅名于前，班固《两都》理胜其辞，张衡《二京》文过其意。至若此赋，拟议数家，傅辞会义，抑多精致，非夫研核者不能练其旨，非夫博物者不能统其异。世咸贵远而贱近，莫肯用心于明物。斯文吾有异焉，故聊以余思为其引诂，亦犹胡广之于《官箴》，蔡邕之于《典引》也。’陈留卫权又为思赋作《略解》，序曰：‘余观《三都》之赋，言不苟华，必经典要，品物殊类，禀之图籍；辞义瑰玮，良可贵也。有晋征士故太子中庶子安定皇甫谧，西州之逸士，耽籍乐道，高尚其事，览斯文而慷慨，为之都序。中书著作郎安平张载、中书郎济南刘逵，并以经学洽博，才章美茂，咸皆悦玩，为之训诂；其山川土域，草木鸟兽，奇怪珍异，佥皆研精所由，纷散其义矣。余嘉其文，不能默已，聊藉二子之遗忘，又为之《略解》，祗增烦重，览者阙焉。’自是之后，盛重于时，文多不载。司空张华见而叹曰：‘班张之流也。使读之者尽而有余，久而更新。’于是豪贵之家竞相传写，洛阳为之纸贵。”[1]

　　左思于洛阳创作《三都赋》期间，大学者陆机曾来洛阳，亦拟作此赋。当其听说左思正在作时，遂抚掌大笑，给其弟写信道：“此间有伧父，欲作《三都赋》，须其成，当以覆酒瓮耳。”然待左思《三都赋》问世，陆机阅后拍案叫绝，自认为无人可出其右，遂罢了创作念头。

　　左思另有一篇抒情小赋《白发赋》，语言朴实、行文幽默、感情含蓄，与《三都赋》

---

①唐·房玄龄等《晋书·文苑列传》。

完全不同。作者采用头发与人对话之寓言体,尖锐抨击"靡不追荣,贵华贱枯"之社会现实。

星星白发,生于鬓垂。虽非青蝇,秽我光仪。策名观国,以此见疵。将拔将镊,好爵是縻。

白发将拔,愁然自诉:禀命不幸,值君年暮。逼迫秋霜,生而皓素。始览明镜,惕然见恶。朝生昼拔,何罪之故?子观桔柚,一蔚一晔,贵其素华,匪尚绿叶。愿戢子之手,摄子之镊。

咨尔白发,观世之途。靡不追荣,贵华贱枯。赫赫阊阖,蔼蔼紫庐。弱冠来仕,童髫献谟。甘罗乘轸,子奇剖符。英英终贾,高论云衢。拔白就黑,此自在吾。

白发临欲拔,瞑目号呼:何我之冤,何子之误!甘罗自以辩惠见称,不以发黑而名著。贾生自以良才见异,不以乌鬓而后举。闻之先民,国用老成。二老归周,周道肃清。四皓佐汉,汉德光明。何必去我,然后要荣?

咨尔白发,事各有以。尔之所言,非不有理。曩贵者耄,今薄旧齿。皤皤荣期,皓首田里。虽有二毛,河清难俟。随时之变,见叹孔子。

发乃辞尽,誓以固穷。昔临玉颜,今从飞蓬。发肤至昵,尚不克终。聊用拟辞,比之国风。

晋初太康文坛总的创作倾向为,刻意摹仿古人作品,很少结合现实实际;追求辞句华丽与对偶工整,形成绮靡浮泛风尚。左思独树旗帜,以《咏史八首》为代表,发扬建安文学"以情纬文,以文被质"之优秀传统。左思咏史,力矫太康颓靡文风,承继建安雄健骨力,精心选择史实,巧妙融汇情感,借咏史以抒情,借抒情以讥世。不仅突破前人咏史诗限于一事,"堆垛寡变"之局限,且与太康文学刻意摹仿古人之形式主义倾向分庭抗礼。故其诗"文典以怨,颇为精切,得讽喻之致。"[①]诗人于华丽中求朴拙,于浮泛外求深蕴,质朴自然,奔放沉郁,绝少雕镂,创造独特之"左思风力"。

左思《咏史八首》,每首既可完全独立,内在结构又严紧缜密。个人理想抱负之抒发、门阀制度压抑之悲愤、古代先贤报国思想之楷模、甘于孤寂专心著述之情操、英俊人物沉埋下僚之主题,于其作品中既似滔滔江水奔泻翻腾,又似九曲黄河曲折回环,一咏三叹,反复宛转。慷慨悲壮之中,有细腻旖旎;低音纤气之内,又挟滚滚沉雷。后人评价"太冲一代伟人,胸次浩落,洒然流咏。似孟德而加以流丽,仿子建而独能贵简。创成一体,垂示千秋。其雄在才,而其高在志。有其才无其志,语必虚矫;有其志而无其才,音难顿挫。"[②]的确不虚。

于咏史诗及赋之外,左思尚创作有《招隐》诗两首,文笔尤其流丽。其中"非必丝与竹,山水有清音",颇受后人赞赏。《娇女诗》一首,语言朴素,感情真挚,对小女疼爱之情跃然纸上。陶渊明《责子》、杜甫《北征》、李商隐《骄儿诗》等,均受其一定影响。

---

①南朝·梁·钟嵘《诗品》。

②清·陈祚明《采菽堂古诗选·卷十一》。

太安二年（303 年），司马颙麾下大将张方奉命占洛阳，纵兵大掠，挟持晋惠帝及司马颖往长安，左思遂举家迁往冀州。永兴二年（305 年），左思病逝于冀州，享年 55 岁。

骆宾王——胸怀宝剑思存楚　手执金锤许报韩

唐中宗李显嗣圣元年（684 年），皇后武则天废中宗自立，改国号为"周"，改年"天授"。是年九月，皇唐旧臣公侯冢子徐敬业[①]于扬州起兵讨武。骆宾王[②]时为徐府幕僚，任艺文令，掌管文书机要。敬业箭在弦上，遂命骆宾王草拟《代李敬业传檄天下文》：

> 伪临朝武氏者，性非和顺，地实寒微。昔充太宗下陈，曾以更衣入侍。洎乎晚节，秽乱春宫。潜隐先帝之私，阴图后庭之嬖。入门见嫉，蛾眉不肯让人；掩袖工谗，狐媚偏能惑主。践元后于翚翟，陷吾君于聚麀。加以虺蜴为心，豺狼成性，近狎邪僻，残害忠良，杀姊屠兄，弑君鸩母。人神之所同疾，天地之所不容。犹复包藏祸心，窥窃神器。君之爱子，幽之于别宫；贼之宗盟，委之以重任。呜呼！霍子孟之不作，朱虚侯之已亡。燕啄皇孙，知汉祚之将尽；龙漦帝后，识夏庭之遽衰。

> 敬业皇唐旧臣，公侯冢子。奉先帝之成业，荷本朝之厚恩。宋微子之兴悲，良有以也；桓君山之流涕，岂徒然哉！是用气愤风云，志安社稷。因天下之失望，顺宇内之推心，爰举义旗，誓清妖孽。南连百越，北尽三河，铁骑成群，玉轴相接。海陵红粟，仓储之积靡穷；江浦黄旗，匡复之功何远？班声动而北风起，剑气冲而南斗平。喑呜则山岳崩颓，叱咤则风云变色。以此制敌，何敌不摧；以此图功，何功不克！

> 公等或家传汉爵，或地协周亲，或膺重寄于爪牙，或受顾命于宣室。言犹在耳，忠岂忘心？一抔之土未干，六尺之孤何托？倘能转祸为福，送往事居，共立勤王之勋，无废旧君之命，凡诸爵赏，同指山河。若其眷恋穷城，徘徊歧路，坐昧先几之兆，必贻后至之诛。

> 请看今日之域中，竟是谁家之天下！移檄州郡，咸使知闻。

檄文慷慨激昂，气吞山河。武则天读至"一抔之土未干，六尺之孤何托"时，惶然问道："谁为之？"朝臣回奏出自骆宾王之手。武则天喟然感叹："宰相安得失此人？"

---

①徐敬业即李敬业，大唐开国勋臣李勣之孙。李勣原名徐世勣，字懋功。唐高祖李渊赐其姓李，后避太宗李世民讳改名为李勣。

②骆宾王（约 630 年—约 708 年），字观光，生于婺州义乌（今浙江义乌），唐朝著名诗人，"初唐四杰"之一。

骆宾王出身寒门，其始祖为东汉雍临公，自山西骆谷迁至浙江义乌。其父曾任青州博昌县令，死于任所。骆宾王自幼聪慧，号称"神童"。其7岁所作《咏鹅》诗，被历代选为启蒙教材。

> 鹅，鹅，鹅，
> 曲项向天歌。
> 白毛浮绿水，
> 红掌拨清波。

作品以7岁儿童之眼光，看鹅游水嬉戏之神态，极为生动活泼，令人怡然惬意。

骆宾王少善属文，尤妙于五言诗及七言歌行，与王勃、杨炯、卢照邻同列"初唐四杰"。尝作《帝京篇》，为初唐罕有之长篇，当时以为绝唱。其少时有"江南神童""齐鲁才子"之称，然怀才不遇，心境极为悲苦。赴长安参加科举考试，亦名落孙山。其于功名前程一度万念俱灰，尝于兖州过耕读自娱与世无争之隐居生活达12年。

高宗永徽年间（650年-655年），骆宾王曾为道王李元庆府属。道王命其陈述才能，其以耻于自炫而辞不奉命。后拜奉礼郎，为东台详正学士。旋因事被谪，从军西域，久戍边疆。后入蜀，居姚州道大总管李义军幕，平定蛮族叛乱，文檄多出其手。在蜀时，与卢照邻往还唱酬。其遭贬后曾久戍边城，写有不少豪情壮志、见闻亲切之边塞诗。

> 晚风迷朔气，新月照边秋。
> 灶火通军壁，烽烟上戍楼。
>
> （《夕次蒲类率》）

> 平生一顾重，意气溢三军。
> 野日分戈影，天星合剑文。
> 弓弦抱汉月，马足践胡尘。
> 不求生入塞，唯当死报君。
>
> （《从军行》）

> 此地别燕丹，壮士发冲冠。
> 昔时人已没，今日水犹寒。
>
> （《于易水送人》）

> 城上风威冷，江中水气寒。
> 戎衣何日定，歌舞入长安。
>
> （《在军登城楼》）

　　诗人不甘心平庸一生，日暮思念为国杀敌，建立功业，以52岁高龄从军入伍，远涉塞外，其气可直冲云霄，其胆令日月变色。《于易水送人》《在军登城楼》，均寥寥20字，却充盈壮志豪情激荡风云之气，颇见诗人个性风格，为初唐绝句中不可多见之佳作。

　　高宗末，骆宾王由武功主簿调任长安主簿。仪凤三年（678年），骆宾王屈居下僚十余年之后，始升为侍御史。然其"天生一副侠骨，专喜欢管闲事，打抱不平，杀人报仇，革命，帮痴心女子打负心汉。"[1]因其敢抗上司，敢动刀笔，遂为当权者嫉恨。旋因上疏论事触忤武后，遭奸佞之诬，以"贪赃"与"触忤武后"罪收系下狱。骆宾王身陷囹圄，闻蝉鸣声律，观蝉翼震动，遂作名著《在狱咏蝉并序》：

　　　　余禁所禁垣西，是法厅事也，有古槐数株焉。虽生意可知，同殷仲文之古树；而听讼斯在，即周召伯之甘棠，每至夕照低阴，秋蝉疏引，发声幽息，有切尝闻，岂人心异于曩时，将虫响悲于前听？

　　　　嗟乎，声以动容，德以象贤。故洁其身也，禀君子达人之高行；蜕其皮也，有仙都羽化之灵姿。候时而来，顺阴阳之数；应节为变，审藏用之机。有目斯开，不以道昏而昧其视；有翼自薄，不以俗厚而易其真。吟乔树之微风，韵姿天纵；饮高秋之坠露，清畏人知。仆失路艰虞，遭时徽纆。不哀伤而自怨，未摇落而先衰。闻蟪蛄之流声，悟平反之已奏；见螳螂之抱影，怯危机之未安。感而缀诗，贻诸知己。庶情沿物应，哀弱羽之飘零；道寄人知，悯余声之寂寞。非谓文墨，取代幽忧云尔。

　　　　　　　　西陆蝉声唱，南冠客思深。

　　　　　　　　不堪玄鬓影，来对白头吟。

　　　　　　　　露重飞难进，风多响易沉。

　　　　　　　　无人信高洁，谁为表予心。

　　《在狱咏蝉》作于诗人患难之中，以蝉之高洁品行为歌咏主题，以蝉比兴，以蝉寓己，寓情于物，寄托遥深，蝉人浑然一体，抒发了诗人品行高洁却"遭时徽纆"之哀怨悲伤之情，表达了诗人期盼辨明无辜、昭雪沉冤之愿望。全诗情感充沛，取譬明切，用典自然，语意双关，达到物我一体之境界，实为咏物诗中之名作，亦成骆宾王五言诗代表作。

　　自高宗李治始，大唐朝权逐渐为皇后武则天攫取。高宗死后，武则天虽立其子李显为中宗，其实在位不及一年即被废，完全是一个傀儡。骆宾王时为侍御史，为维护李唐社稷而"数上疏言事，得罪贬临海丞，鞅鞅不得志，弃官去。"[2]遂漫游广陵，赋《咏怀》诗以明志：

　　　　　　　　少年识事浅，不知交道难。

　　　　　　　　一言芬若桂，四海臭如兰。

---

①闻一多《宫体诗的自赎》。

②元·辛文房《唐才子传》。

> 宝剑思存楚，金锤许报韩。
>
> 虚心徒有托，循迹谅无端。
>
> 太息关山险，吁嗟岁月阑。
>
> 忘机殊会俗，守拙异怀安。
>
> 阮籍空长啸，刘琨独未欢。
>
> 十步庭芳敛，三秋陇月团。
>
> 槐疏非尽意，松晚夜凌寒。
>
> 悲调弦中急，穷愁醉里宽。
>
> 莫将流水引，空向俗人弹。

骆宾王贬谪临海时，曾赋一首《久客临海有怀》，借景言志，抒发胸中块垒：

> 天涯非日观，地屺望星楼。
>
> 练光摇乱马，剑气上连牛。
>
> 草湿姑苏夕，叶下洞庭秋。
>
> 欲知凄断意，江上涉安流。

嗣圣元年（684 年），武则天又"冷冻"睿宗李旦，旋临朝改制。目睹武则天废帝夺权大开杀戒，及武氏势力横行无忌之行为，宾王心中颇感愤恨，遂携一腔郁闷之气赴扬州，与潜入城中之徐敬业等人聚合密商，筹谋武装讨伐武则天。

九月，徐敬业以"拥戴庐陵王，匡复唐室"为号召，首先占领扬州城，作为起事根据地。讨武军起，徐敬业自任匡复上将、领扬州大都督，委骆宾王为艺文令，受命起草《代李敬业传檄天下文》。讨武檄文义正词严气势磅礴，如长虹凌空，迅雷震宇。徐敬业将檄文传布州县，号召天下勤王。天下反武势力莫不闻檄振臂，奔走相告闻风而动，"旬日间得胜兵十万"。

讨武战争势如破竹，初期进展顺利，迅速拥有扬、楚、润数州之地，朝廷震动。宰相裴炎上疏武则天，劝其交还国柄，还政皇帝。然徐敬业定策为先巩固江南，再图中原，遂坐失良机。武则天乘隙清除朝中反武势力，然后纠集数十万大军围剿夹击徐敬业。

公侯家子徐敬业最终没能斗过巾帼不让须眉之女中豪杰武则天，以兵败垂成落荒而逃。"当敬业之败，与宾王俱逃，捕之不获。将帅虑失大魁，得不测罪。时死者数万人，因求戮类二人者，函首以献。后虽知不死，不敢捕送。故敬业得为衡山僧，年九十余乃卒。宾王亦落发，遍游名山。至灵隐，以周岁卒。"[1] 骆宾王随徐敬业出逃之后，潜居吴中一带，旋出家灵隐寺隐匿为僧。数年后，携壮志未酬之遗恨离开人世，享年 78 岁。

中宗景龙二年（708 年），"宋之问贬还，道出钱塘，游灵隐寺。夜月，行吟长廊下，曰：'鹫岭郁岧峣，龙宫隐寂寥。'未得下联。有老僧燃灯坐禅，问曰：'少年不寐，而吟

---

① 唐·孟棨《本事诗》。

讽甚苦，何耶？'之问曰：'欲题此寺，而思不属。'僧笑曰：'何不道「楼观沧海日，门对浙江潮。」'之问终篇曰：'桂子月中落，天香云外飘。扪萝登塔远，刳木取泉遥。云薄霜初下，冰轻叶未凋。待入天台寺，看余渡石桥。'僧一联，篇中警策也。迟明访之，已不见。老僧即骆宾王也。传闻桴海而去矣。后，中宗诏求其文，得百余篇及诗等十卷，命郗云卿次序之，及《百道判集》一卷，今传于世。"[1]

武则天死后，唐朝进入中兴，安享近40年强盛太平时光。李唐政权终于回归，骆宾王遂成李唐"不废江河万古流"之功臣，其所拟《讨武曌檄》亦成为众口传诵、万古流芳之历史名篇。

宋代，骆宾王成为忠臣义士之楷模，政治地位急剧上升，讨武檄文愈加受到读者青睐，甚至称其"唐之中兴，兴于一檄可也。"赞其"大节高风，瑰材卓行，词华冠代，学业超群。……伟哉器量无双，讵曰文章寡二！"[2]

明末，骆宾王又成挽救国家危难、抵抗外族侵略之忠臣榜样。兵部尚书兼东阁大学士张国维，欲借骆宾王匡扶唐室之忠义志节，激励臣民怀念大明王朝，遂奏请皇帝封骆宾王为"文忠公"，对《讨武曌檄》大加褒扬。

"初唐四杰"以摆脱南北朝颓靡文风而显名于世。"四杰"中骆宾王与卢照邻均擅长七言歌行诗，"富有才情，兼深组织"，"得擅长什之誉。"[3]长篇歌行《帝京篇》当时即为绝唱。《畴昔篇》《艳情代郭氏赠卢照邻》《代女道士王灵妃赠道士李荣》等亦具时代意义。其七言歌行往往以嵚崎磊落气息，驱使富艳瑰丽词华，抒情叙事，间见杂出，形式非常灵活。其五言律诗亦佳作不少。《在狱咏蝉》《送郑少府入辽》等，托物寄兴，感慨深微，格高韵美，词华朗耀，皆属脍炙人口之名篇。

"四杰"之骈文才华艳发、词采赡富，清新俊逸气息寓于其中。无论抒情、说理或叙事，均能运笔如舌，挥洒自如，较之六朝后期堆花俪叶一味追求形式美之文风，全不可同日而语。《代李敬业传檄天下文》为其杰出代表。

骆宾王诗歌作品最早为中宗时郗云卿所辑，共10卷，然已佚失。明、清两朝流行有4卷本、6卷本及10卷本，所收篇目大致相同，均为后人重辑。清人陈熙晋《骆临海集笺注》后出，最为完善。

骆宾王素怀"宝剑思存楚，金锤许报韩"志向，欲为大唐江山社稷洒一腔热血，建功立业。然事不遂愿，纵使其有"国士之力"，但缺乏平台，亦"难以自举其身"。虽曾"仗剑出塞"，亦不过幕僚小吏，只可赋诗发感慨，于愿无补。徐敬业讨武事起，骆宾王终以《讨武曌檄》而显忠臣之志。事虽败，名却成，亦不失为上苍于忠良之顾怜。

骆临海之夙愿，遂也，未遂？

---

① 元·辛文房《唐才子传》。

② 明·胡应麟《补〈唐书〉骆侍御传》。

③ 明·胡震亨《唐音癸签》。

卢照邻——一朝憔悴无气力　曝骸委骨龙门侧

中国古代文学史上"初唐四杰"之一者卢照邻[①]，乃是一个悲剧色彩极浓之文坛人物。史书记载为："照邻，字升之，范阳人。十岁从曹宪、王义方授《苍》《雅》。调邓王府典签，王爱重，谓人曰：'此吾之相如。'调新都尉，病去官，居太白山，得方士玄明膏饵之，会父丧，号呕，丹辄出，由是疾益甚。客东龙门山，布衣藜羹，裴瑾之、韦方质、范履冰等时时供衣药。疾甚，足挛，一手又废，乃去具茨山下，买园数十亩，疏颖水周舍，复豫为墓，偃卧其中。照邻自以当高宗时尚吏，己独儒；武后尚法，己独黄老；后封嵩山，屡聘贤士，己已废。著《五悲文》以自明。病既久，与亲属诀，自沉颖水。"[②]

卢照邻之一生，的确不幸之至，事事时时与愿违辙，个人唯有仰天喟叹之份儿，难有丝毫改变之力。其"时运不济，命途多舛"较之贾谊、王勃有过之而无不及。其出身幽州望族，少年聪慧，博学能文，师从当时大儒曹宪、王义方学习小学及经史，成绩斐然。唐高宗永徽五年（654年），卢照邻即于邓王李元裕府中担任典签，甚受器重，年方18岁。李元裕曾对人称赞："此吾之相如（司马相如）也。"由是可见其名气之盛。邓王李元裕为唐高祖李渊第十七子，亦为当朝皇帝李治叔父，藏书甚丰。卢照邻利用工作之便，得以博览群书，获益不少。

卢照邻为邓王府幕僚9年，潜心披阅历代典藏，可谓踌躇满志心雄万夫，只待君臣风云际会，于仕途纵横捭阖一吐豪气。然，机遇迟迟不肯惠顾学富五车之卢才子。唐高宗龙朔三年（663年），卢照邻已27岁，方奉调任益州新都（今四川成都附近）尉。英俊沉此八品下僚延宕数年，非特未受提拔亦未得以转任，遂无奈悻悻然离开蜀地，去作他求。以邓王之显尊与赏识，加以才堪相如之声望，卢照邻无论如何不至于下岗。然事实最终的确如此，个中就里不得而知。

出川后，卢照邻寓居洛阳，原拟静心创作以待时机，却遭他人犯罪其受株连之横祸，被执下狱，经朋友上下打点多方营救方脱干系。真可谓"福无双降祸不单行"，其于此时又不幸染上风疾。因四肢麻痹行动不便，卢照邻遂避居长安太白山访仙寻道吞服丹药，旋因服丹中毒，病况愈加严重。所幸其与"药王"孙思邈为挚友，故得孙思邈精心调理。然终因"丹毒浸腑，病入膏肓"，"药王"亦回天乏术。卢照邻渴望病体转愈，以余年实现胸中抱负，尝问思邈："高医愈疾，奈何？"孙思邈答："天有四时五行，

---

①卢照邻（约636年—约689年），字升之，号幽忧子，幽州范阳（治今河北省定兴县）人，初唐著名诗人，具体生卒年史无明载。

②北宋·欧阳修、宋祁等《新唐书·卷二百一十四·列传第一百二十六·文艺上·卢照邻条》。

寒暑迭居，和为雨，怒为风，凝为雨霜，张为虹霓，天常数也。人之四肢五藏，一觉一寐，吐纳往来，流为荣卫，章为气色，发为音声，人常数也。阳用其形，阴用其精，天人所同也。"[1]

其后，卢照邻仍试图出山做门客聊以度日，然其病情非但不见好转，且日益严重，双脚萎缩，一只手亦致残废。无奈之下，卢照邻遂由长安太白山转徙东龙门山，旋又迁居阳翟具茨山下，买园数十亩，疏凿颍水，环绕住宅，预筑坟墓，偃卧其中。于此，卢照邻客观梳理自己"时运不济，命途多舛"之机缘为："自以当高宗时尚吏，己独儒；武后尚法，己独黄老；后封嵩山，屡聘贤士，己已废。著《五悲文》以自明。"[2]

长期疾病缠身之痛苦折磨与仕途失意之坎坷顿挫，令其对人生之一切均已心灰意冷。怅然无助之下，卢照邻遂与亲属道别，于满目凄凉中步屈原后尘，投颍水而自尽，终年约 55 岁。

纵观卢照邻才不见用失魂落魄之一生，直令天下文人悲怆叹惋不已。其本"河朔英生，盛年振藻，典签之日，即擅相如之誉，可谓彬彬学士矣。然神情流荡，早瘠伤困，废居太白山中，殆欲采撷若华，曜灵驻节，竟以不堪，自沉颍水，悲夫！壮士激志，而横骨朔野；忿妻感泪，而魂逐飘蓬。若生之死，谓之何哉？生感时尚法，作《五悲文》掎摭其志。"[3]如此多舛人生，不亦悲乎？

与仕途无缘，才人故难于政治有所作为，唯以文学成就传名后世。卢照邻于文学创作领域擅长诗歌与骈文，尤其擅长七言歌行，对推动七言古诗发展颇有贡献。其诗以抒发仕宦不遇、贫病交加之忧愤为主，亦有揭露上层统治者骄奢淫逸，嘲讽其权势荣华不可久恃之作，表现形式以歌行体为佳，意境清迥。"领韵疏拔，时有一往任笔，不拘整对之意。"[4]其七言歌行代表作《长安古意》，诗笔纵横奔放，富丽而不浮艳，为初唐脍炙人口之名篇。其中"得成比目何辞死，愿作鸳鸯不羡仙"乃成千古名句。

> 长安大道连狭斜，青牛白马七香车。
> 玉辇纵横过主第，金鞭络绎向侯家。
> 龙衔宝盖承朝日，凤吐流苏带晚霞。
> 百尺游丝争绕树，一群娇鸟共啼花。
> 游蜂戏蝶千门侧，碧树银台万种色。
> 复道交窗作合欢，双阙连甍垂凤翼。
> 梁家画阁中天起，汉帝金茎云外直。
> 楼前相望不相知，陌上相逢讵相识？
> 借问吹箫向紫烟，曾经学舞度芳年。

---

① 后晋·刘昫等《旧唐书·孙思邈传》。
② 北宋·欧阳修、宋祁等《新唐书·本传》。
③ 明·徐献忠《唐诗品》。
④ 明·胡震亨《唐音癸签》。

得成比目何辞死，愿作鸳鸯不羡仙。

比目鸳鸯真可羡，双去双来君不见？

生憎帐额绣孤鸾，好取门帘帖双燕。

双燕双飞绕画梁，罗帷翠被郁金香。

片片行云着蝉鬓，纤纤初月上鸦黄。

鸦黄粉白车中出，含娇含态情非一。

妖童宝马铁连钱，娼妇盘龙金屈膝。

御史府中乌夜啼，廷尉门前雀欲栖。

隐隐朱城临玉道，遥遥翠幰没金堤。

挟弹飞鹰杜陵北，探丸借客渭桥西。

俱邀侠客芙蓉剑，共宿娼家桃李蹊。

娼家日暮紫罗裙，清歌一啭口氛氲。

北堂夜夜人如月，南陌朝朝骑似云。

南陌北堂连北里，五剧三条控三市。

弱柳青槐拂地垂，佳气红尘暗天起。

汉代金吾千骑来，翡翠屠苏鹦鹉杯。

罗襦宝带为君解，燕歌赵舞为君开。

别有豪华称将相，转日回天不相让。

意气由来排灌夫，专权判不容萧相。

专权意气本豪雄，青虬紫燕坐春风。

自言歌舞长千载，自谓骄奢凌五公。

节物风光不相待，桑田碧海须史改。

昔时金阶白玉堂，即今惟见青松在。

寂寂寥寥扬子居，年年岁岁一床书。

独有南山桂花发，飞来飞去袭人裾。

　　诗人以传统题材写自身感受，以铺陈笔法描绘当时京都长安现实生活场景，流露出于美好生活之热爱与向往之情；书写权贵阶层骄奢淫逸生活及内部倾轧矛盾，深寓讽喻之旨。凡此诸类作品，于鞭挞揭露社会黑暗同时，兼抒作者怀才不遇之寂寥感慨与牢骚不平之气，亦揭示了世事无常、荣华难久之生活哲理。

　　七言歌行《长安古意》感情充沛，力量雄厚。表现手法采用赋法，却并非平均使力铺陈始终，而是鳞次栉比描写重点、细节，回环照应，详略得宜。作品诗韵更迭转换，节奏明快，活力焕发。尤其意换辞联，句式层递，形成一气呵成而又缠绵往复之旋律。前几部分铺陈豪华故多丽句，结尾纵、横对比则转清词，故丝毫不伤于浮艳，且颇具兴义，耐人含咏。总之，《长安古意》"通篇格局雄远，句法奇古，一结更绕神韵。盖当武后朝，淫乱骄奢，风化败坏极矣。卢照邻是诗一篇刺体，曲折尽情，转诵间令人起惩时痛世之想。"①

由是观之，《长安古意》实为"宫体诗的自赎"，"这生龙活虎般腾踔的节奏，首先已够教人如大梦初醒而心花怒放了。然后如云的车骑，载着长安各色人物摇镜头式地一幕幕出现"，"通过'五剧三条'的'弱柳青槐'来'共宿娼家桃李蹊'。诚然，这不是一场美丽的热闹。但这颠狂中有战栗，堕落中有灵性。"②

卢照邻五言律诗同样写得很有特色与新意。

> 虏骑三秋入，关云万里平。
> 雪似胡沙暗，冰如汉月明。
> 高阙银为阙，长城玉作城。
> 节旄零落尽，天子不知名。

（《雨雪曲》）

这首著名边塞诗中，作者将冰雪长城描写成为银和玉之宫殿。而具有嘲讽意味者在于，中原军队正是在这里被漠北游牧骑兵覆没的。诗中恰当保持"省略战争"之手法，然长城肃穆景象背后隐藏着征人大量死亡之残暴事件，长城上空云层看似"平"展，而"平"之另一意义则为"平定"。"节旄"如秋木落叶肃杀零落，征人已悉数阵亡，战旗犹如秋风吹拂之树叶，轻柔缓慢地满地飘零，而沉湎于笙歌燕舞之中的大国皇帝，却并不知晓这些为国捐躯之勇士。战场胶着厮杀之惨烈，征人视死如归之壮烈，伴随秋风萧瑟之肃杀，尤其令人油然顿生悲哀之感！

就文学成就与地位而言，"照邻长于七言歌行，词采富艳，境界开阔，与王勃、杨炯、骆宾王齐名，并称'四杰'。"③文坛习惯"初唐四杰"排列顺序为"王、杨、卢、骆"。故杜甫诗中有"王杨卢骆当时体，轻薄为文哂未休。尔曹身与名俱灭，不废江河万古流。"但后人中有认为"四杰"之中卢照邻成就最高，如此排列有欠公允。清人就此评价道："（照邻）与骆宾王、王勃、杨炯，天下称为'四杰'，而卢居首。诗有奇气，实出陈隋之上。咏史诸作高古，几窥魏晋之藩。七言长篇，颇似子山。七绝则为李、杜所宗者也。"④既是"四杰"之中位列第二之杨炯亦有"吾愧在卢前，耻居王后"⑤之语。故"六朝之为有唐，四杰之力也。中间唯卢升之出入风骚，气格遒古，非三子所可及。盈川'愧在卢前'，非虚语也。"⑥

---

① 明·周珽《唐诗选脉会通评林》。
② 闻一多《唐诗杂论》。
③ 陈伯海《唐诗汇评》。
④ 清·丁仪《诗学渊源》。
⑤ 唐·张《朝野佥载》。
⑥ 刘清·陈仅《竹林答问》。

卢照邻虽然生前仕途失意，生计困顿，身体亦饱受病魔折磨，然其贡献于唐代文学之成就，不特使其名垂千古，亦足以令其欣慰九泉矣。

王之涣——羌笛何须怨杨柳　春风不度玉门关

黄河远上白云间，一片孤城万仞山。

羌笛何须怨杨柳，春风不度玉门关。

（《凉州词其一》）

这首被今人章太炎先生推为"绝句之最"之《出塞》，直至今日仍为中国儿童乳臭未干时首先吟诵之古典诗词。首句"黄河远上白云间"仅七个字，祖国壮丽山河之景色已跃然纸上。其作者王之涣[1]不仅因此闻名当世，亦藉此而流芳千古。

王之涣出身太原王家，为当时望族。其五世祖王隆之为后魏绛州刺史，因此而移家绛州。曾祖王信任隋朝请大夫、著作郎，入唐为安邑县令；祖父表为唐朝散大夫、文安县令；父王昱，曾任鸿胪主簿、浚仪县令。自曾祖至父亲，之涣先辈虽然皆为官，然均为县令类小官。王之涣于昆仲间排行第四，"慷慨有大略，倜傥有异才"[2]，自幼聪颖好学，年龄不足20岁时，即能精研文章，未及壮，便已穷经典之奥。其少年时豪侠义气，放荡不羁，常击剑悲歌。中年之后一改前习，遂虚心求教，专心写诗，旋即精于文章，善于作诗，多引为歌词，十余年间即诗名大振，与王昌龄、高适等相唱和，名动一时。其诗用词十分朴实，然造境极为深远，令人裹身诗中，回味无穷。

作为盛唐著名诗人，王之涣描写西北苍劲风光之诗篇颇具特色。作品篇幅虽小却大气磅礴，意境开阔，热情洋溢，韵调优美，朗朗上口，广为传诵。其仅以二首《凉州词》即与岑参、高适、王昌龄一同，被世人称为我国唐代著名"四大边塞诗人"，足见其个人才力与作品之艺术魅力。

单于北望拂云堆，杀马登坛祭几回。

汉家天子今神武，不肯和亲归去来。

（《凉州词其二》）

---

①王之涣（688—742年），字季凌，并州（山西太原）人，盛唐时期著名诗人。

②唐·靳能《王之涣墓志铭》。

诗歌内容主要反映唐朝与北方少数民族之关系。作者以汉代唐，描写漠北游牧首领赴中原和亲，遭拒绝无功而返之行为与心理活动，从侧面烘托唐朝国势之强盛与大唐天子之神武超绝。通过赞颂唐朝有礼有节处理少数民族关系之举措，充分抒发了作者激越于胸之民族自豪感。

王之涣脍炙人口的《登鹳雀楼》，在中国可谓"皤发垂髫，皆能吟诵"，为诗人赢得了百世流芳之显著地位：

> 白日依山尽，黄河入海流。
>
> 欲穷千里目，更上一层楼。

诗歌开头"白日依山尽，黄河入海流。"对仗纯朴自然，工整流畅，可谓天衣无缝。白日依山，黄河入海，视野开阔，胸怀宽广，诗人于作品之首即表现出不同凡响之气质，暗中写出唯有登临其上纵目望去，眼光与胸襟才会如此高远宽阔。落日衔山，云遮雾障，余晖未尽之"白日"下，黄河宛若一条金色飘带，飞舞于层峦叠嶂之间，在诗人眼前呈现出一幅溢光流彩、金碧交辉之壮丽奇景。白日依山而尽之短暂过程，映衬黄河入海之永恒运动，能够使读者陶醉于大自然充满无限生机之美感中。

然而，诗人并非仅以描摹为能事之俗手丹青，而是兼有哲人气质之思想者。"欲穷千里目，更上一层楼。"语虽平直，却蕴蓄深远，余韵无穷。登高者唯愿其愈高，望远者唯求其更远，此种细腻入微之心理唯有哲人方能赋予其深切感受。

鹳雀楼位于山西省永济市蒲州古城西面黄河东岸，共六层，前对中条山，下临黄河，为唐代河中府著名风景胜地，与武昌黄鹤楼、洞庭岳阳楼、南昌滕王阁齐名，被誉为我国古代四大名楼。沈括于其《梦溪笔谈》中对鹳雀楼扼险而建之体势概括为"河中府鹳雀楼三层，前瞻中条，下瞰大河，唐人留诗者甚多，唯李益、王之涣、畅当三篇，能状其景。"

鹳雀楼始建于北周（557－580年），相传当年时有鹳鹊栖于其上而得名。该楼宋末曾遭水淹没，水退后得以修缮，元初再毁于战火。

古代诗人多有登临赋诗之雅兴。鹳雀楼楼体壮观，结构奇巧，加以风景秀丽之区位优势，唐宋之际文人学士登楼赏景者颇多，并留下许多不朽诗篇。除王之涣外，仅唐代即有畅当、耿沣、马戴、司马札、李益、张乔、吴融等七位诗人曾登楼赋诗。其中以王之涣《登鹳雀楼》流传最广，堪称千古绝唱。

除《登鹳雀楼》《凉州词》二首之外，王之涣尚有离别诗二首：

> 杨柳东风树，青青夹御河。
>
> 近来攀折苦，应为别离多。

（其一）

　　一元更始，春暖花开，万物于春风吹拂下渐次复苏，生机盎然，处处绿色，正宜快乐踏青。而此等季节，也正是古人远行之始。正是因为离别人儿太多，想攀折柳枝送别友人，也不似原先那么容易了。通过寥寥数语，作者即为读者描绘出一幅乐与愁、明与暗之伤春惜春情怀，细致入微，恰扰心房。

> 蓟庭萧瑟故人稀，何处登高且送归。
> 今日暂同芳菊酒，明朝应作断蓬飞。

（其二）

　　王之涣辞官后游历蓟州，意外与携弟子隐居此地之挚友上官致情相逢。两位宦海失意之人相见，感慨世事，唏嘘不尽。然，既是如此邂逅之逢，亦只能相聚一夜，翌日即要分别远行还乡，此情此景能不令人肝肠寸断？宦游人内心积压之悲情自此一显无余。

　　王之涣有传世宴词一首，同样词风清丽，词义深邃：

> 长堤春水绿悠悠，畎入漳河一道流。
> 莫听声声催去棹，桃溪浅处不胜舟。

　　长堤逶迤，水色碧明，东风鼓帆，桃花逐波。作品展示了一幅色调清丽明快之水彩画，然其主题则为"离愁"。

　　诗人以首句试探撩拨读者联想之心弦，一个"绿"字点明"春水"特色，亦暗示诗人一片惜别深情。"畎入漳河一道流"，即凸显诗人视野广阔，寓情于景，以景抒情，仍以春景唤起人们联想。从来人生如梦，胜景不长，盛筵难再，一缕愁思于"离别"时自会油然而起。诗人以"莫听"将难言情感蕴含诗内，情致委婉动人；以"溪浅"反衬离愁之深，通篇不见一个"愁"字，读者却可通过诗中画面，充分领略诗人之满腹愁绪。作品虽然文字短小，却含蓄蕴藉，意境深邃，启迪人思，耐人玩味。

　　不知何故，王之涣未走科举之途，而以门子调补冀州衡水主簿。这对生活于盛唐时期之文人而言，似乎很难理解，其中是否别有隐情，则无资料可稽。任衡水主簿时，王之涣父母均已过世，衡水县令李涤怜其才名身世，遂将三女儿许之为妻。王之涣才高气盛，不愿为衡水主薄之卑职而折腰，适遭小人诬陷攻击，愤然辞官而去，"遂化游青山，灭裂黄绶。夹河数千里，籍其高风；在家十五年，食其旧德。雅谈珪爵，酷嗜闲放。"[①]归家度过15年闲散自由生活后，王之涣经亲朋好友劝解再次入仕，补文安郡文安县尉，不过仍为不起眼之小职。王之涣为官以清白著称，理民以公平为要，颇受当地百姓称道。

　　殊料命途多舛天不假年，其竟于文安县尉职所染病不起，以55岁之寿卒于官舍。

　　王之涣虽然未能以显赫权柄建立不世之功，亦未能留下汗牛充栋之浩繁巨制，然其

---

①唐·靳能《王之涣墓志铭》。

"孝闻于家，义闻于友，慷慨有大略，倜傥有异才"①之品行才华，倘与高适等同期文坛巨匠比较，当之无愧为唐代文人中之"全人"。只可惜，如此才华横溢之人终不见用，苍天亦不假其年寿，卒令其壮年弃世，赍志而没，实在令人扼腕不尽。其文学作品虽然仅流传下六首诗歌，却不特成为中国古典文学宝库之精华，亦为作者本人于古典文学领域树立起一座同侪难以逾越之丰碑，亦足以使人释然欣慰矣！

孟浩然——孤帆远影碧空尽　唯见长江天际流

虽然士人"十年寒窗"目的只为"金榜题名"，然功名成败全在"时也、运也、命也"，并非任一莘莘学子皆能如愿博取功名，成为天子门生，于"兼济天下"中建立殊勋。儒生怀揣拯救天下苍生之拳拳之心，只待"受顾命于宣室"，而"东风"却往往"不与周郎便"，无奈之下，只好携满腹才华与山水田园相语了。

如此背时之士人中，令人叹惋不尽者当属孟浩然②矣。

孟浩然一生经历比较简单。前半生主要居家侍亲读书，以诗自适，曾一度隐居鹿门山。40 岁游京师，应进士不第，返襄阳。居长安时，与张九龄、王维交谊甚笃，有诗名。后漫游吴越，穷极山水，以排遣仕途失意。孟浩然诗与王维齐名，并称"王孟"，以写田园山水诗为主。因其未曾入仕，文坛亦称其为"孟山人"。

出生于盛唐之孟浩然，早年有用世之志，却因政治上困顿失意，以隐士终身。其耿介不随之性格与清白高尚之情操，为同时代人及后世所倾慕。李白称赞其"红颜弃轩冕，白首卧松云""高山安可仰，徒此揖清芬"（《赠孟浩然》）。其余更多赞誉有称其"骨貌淑清，风神散朗；救患释纷，以立义表；灌蔬艺竹，以全高尚。"③或称赞："先生之作遇景入咏，不拘奇抉异，令龌龊束人口者，涵涵然有干霄之兴，若公输氏当巧而不巧者也。北齐萧悫'芙蓉露下落，杨柳月中疏'；先生则有'微云淡河汉，疏雨滴梧桐'。王融'日霁沙屿明，风动甘泉浊'；先生则有'气蒸云梦泽，波撼岳阳城'；何逊之诗句精者有'露湿寒塘草，月映清淮流'；先生则有'荷风送香气，竹露滴清响'。此与古人争胜于毫厘也。"④

孟浩然前期主要写政治诗与边塞游侠诗，后期主要写山水诗，为唐代首位倾力寄情山

①唐·靳能《王之涣墓志铭》。
②孟浩然（689—740 年）讳浩，字浩然，号鹿门处士，以字行，唐代襄州襄阳（今湖北襄阳）人，又称"孟襄阳"，盛唐著名诗人。
③唐·王士源《孟浩然集序》。
④唐·皮日休《郢州孟亭记》。

水之诗人，山水田园诗派代表之一。其诗大部分属于漫游途中描写山水行旅之作，其次为登临游览家乡一带万山、岘山、鹿门山时所写遣兴之作，少数诗篇描写田园村居生活，作品取材地域范围相当广大。

著名田园山水诗人王维与孟浩然同时生活于盛唐时期，二人诗歌创作融陶渊明、谢灵运、谢朓诗歌之长，形成以描写山水田园风光与隐逸生活为主要题材之全新诗歌流派，诗坛称之"王孟诗派"。该流派诗歌创作风格偏重冲淡自然，意境清远，多表现田园逸情。

山水景物为南朝诗歌最重要之题材，经历长期发展，取得显著成就。至盛唐孟浩然寄情田园，山水诗再被提升至新境界，表现于诗中情与景之关系，不仅彼此衬托，且常常水乳交融般密合；由于剔除了一切不必要、不谐调成分，诗歌意境显得愈加单纯明净，结构益加趋于完美。孟浩然寄情山水偏爱水行，"为多山水乐，频作泛舟行。"（《经七里滩》）故其山水诗常写漫游南国水乡所见优美景色及由此引发之情趣。

> 落景余清晖，轻桡弄溪渚。
> 澄明爱水物，临泛何容与。
> 白首垂钓翁，新妆浣纱女。
> 相看似相识，脉脉不得语。
>
> （《耶溪泛舟》）

> 垂钓坐磐石，水清心亦闲。
> 鱼行潭树下，猿挂岛藤间。
> 游女昔解佩，传闻于此山。
> 求之不可得，沿月棹歌还。
>
> （《万山潭作》）

孟浩然山水诗不仅于眼见美景有着真切描写，而且融和诗人新鲜感受与天真遐想。在其眼光中，无论沐浴于夕照清辉中之人物，抑或嬉戏于水下岸边之鱼兽，寓目所见一切，仿佛皆化作会心之亲切微笑。如是诗歌意境，确有晶莹剔透之感。

其山水诗之意境，既可以寓生机于恬静，亦能够以宏丽文笔表现壮伟江山。

> 太虚生月晕，舟子知天风。
> 挂席候明发，渺漫平湖中。
> 中流是匡阜，势压九江雄。
> 黤黕凝黛色，峥嵘当曙空。
> 香炉初上日，瀑布喷成虹。
> 久欲追尚子，况兹怀远公。
> 我来限于役，未暇息微躬。
> 淮海途将半，星霜岁欲穷。

316

寄言岩栖者，毕趣当来同。

（《彭蠡湖中望庐山》）

欣赏孟山人作品，真正犹如琼浆润喉。"襄阳诗如'东旭早光芒，浦禽已惊聒。卧闻鱼浦口，桡声暗相拨，日出气象分，始知江湖阔''太虚生月晕，舟子知天风。挂席候明发，渺漫平湖中。中流见匡阜，势压九江雄。香炉初上日，瀑布喷成虹'，精力浑健，俯视一切，正不可徒以清言目之。"[1]准确道出其意兴勃郁之独有特征。

盛唐著名诗评家殷璠曾用"兴象"一词论诗。在评述孟浩然诗时称之"无论兴象，兼复故实"。[2]所谓"兴象"，即诗人之情感、精神对物象之统摄，使之与诗人心灵颤动融为一体，从而获得生命，具有个性与活力。

八月湖水平，涵虚混太清。
气蒸云梦泽，波撼岳阳城。
欲济无舟楫，端居耻圣明。
坐观垂钓者，徒有羡鱼情。

（《望洞庭湖赠张丞相》）

山暝闻猿愁，沧江急夜流。
风鸣两岸叶，月照一孤舟。
建德非吾土，维扬忆旧游。
还将两行泪，遥寄海西头。

（《宿桐庐江寄广陵旧游》）

移舟泊烟渚，日暮客愁新。
野旷天低树，江清月近人。

（《宿建德江》）

这三首诗均描写江湖水景，然性格各异。《望洞庭湖赠张丞相》作于其应聘入张九龄幕府之时，浩然以此为抱负能够得以一试之机会与发端，遂兴奋写下"感激遂弹冠，安能守固穷"（《书怀贻京邑同好》）、"故人今在位，歧路莫迟回"（《送丁大凤进士赴举呈张九龄》）之类诗句。正因此种昂奋情绪，令其又写下"气蒸云梦泽，波撼岳阳城"如此气势磅礴之名句。《宿桐庐江寄广陵旧游》及《宿建德江》均作于落第后南游吴越之日，前者以风鸣江急之激越动荡之景描写个人内心之悲凉骚动，后者则以野旷江

---

①清·潘德舆《养一斋诗话》。
②唐·殷璠《河岳英灵集》。

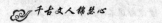

清静景写寂寞游子情怀，神采气韵大相径庭。

本之以"兴"，出之以"象"，突出主要情绪感受而将两者统一起来，构筑起完整意境，确为孟浩然写景诗之重要贡献。

缘于经历简单之故，其诗歌创作题材便觉狭隘，然其善于发掘自然与生活之美，即景会心，写出一时真切感受，常常不乏自然质朴、清幽恬静之怡人之作。故其诗以清旷冲淡为基调，不事雕饰，伫兴造思，富有超妙自得之趣，而不流于寒俭枯瘠。另外，孟襄阳虽为唐山水诗始作俑者，然其才气诗意均不及王维高远，成就自然亦居王维之下。究其原委，与其毕生不仕而心存不甘有关。此情多发之于诗，便令其诗多有寒俭处。而王摩诘一生出仕入仕，几经周折，于世情之变体味颇深。以此情发之于诗，则往往意趣清远，无迹可寻。二者之异同，于此明矣！

不过，孟浩然诗自有其过人处。其诗于淡远处上继陶潜余绪，又不减王维清幽。如"木落雁南渡，北风江上寒"（《早寒江上有怀》）、"风鸣两岸叶，月照一孤舟"（《宿桐庐江寄广陵旧游》）等句，可谓"清空自在，淡然有余"，不愧为山水诗中之佳制。

孟浩然诗歌在语言风格方面，不钩奇抉异而又洗脱凡近，如清人沈德潜《唐诗别裁集》中评价，"语淡而味终不薄"。其诗往往于白描之中见整炼之致，于经纬绵密处却似不经意道出，表现出极高艺术功力。

> 故人具鸡黍，邀我至田家。
> 绿树村边合，青山郭外斜。
> 开轩面场圃，把酒话桑麻。
> 待到重阳日，还来就菊花。

（《过故人庄》）

通篇侃侃叙来，似说家常，与陶渊明《饮酒》诗风格相近。"绿树村边合，青山郭外斜"，画龙点睛地勾勒出一个环抱于青山绿树之中村落之典型环境。

另外，孟浩然在于诗体运用往往突破固有程式之拘限，读来别有滋味。

> 山寺钟鸣昼已昏，渔梁渡头争渡喧。
> 人随沙岸向江村，余亦乘舟归鹿门。
> 鹿门月照开烟树，忽到庞公栖隐处。
> 岩扉松径长寂寥，唯有幽人自来去。

（《夜归鹿门歌》）

在歌行体诗中，通篇仅将夜归行程一路写来，不事铺张。其篇制规模类似近体，且吸收近体诗语言简约之特点，而突出歌行体蝉联句法，读来颇有行云流水之妙。

于意境创造领域，孟浩然诗摆脱盛唐诗应制咏物之狭隘境界，更多抒发个人怀抱，予开元诗坛带来新鲜气息，并博得时人倾慕。李白曾写《赠孟浩然》一诗来礼赞这位孟夫子。

> 吾爱孟夫子，风流天下闻。
> 红颜弃轩冕，白首卧松云。
> 醉月频中圣，迷花不事君。
> 高山安可仰，徒此揖清芬。

挚友王维曾将其像绘制于郢州刺史亭内，后称之为"孟亭"。孟夫子虽然没能入仕而居高位，然生前死后均享有盛名。相比而言，孟浩然较之毕生疲于奔命穷困潦倒之"诗圣"杜甫，境况并非唐代落魄文人最下者。

高适——莫愁前路无知己　天下谁人不识君

大唐帝国为拓土固边曾多次用兵北部与西北边疆。效命疆场之豪迈，激励唐代文人将实现仕途宏愿之目光聚焦于边关烽燧，渴望跃马天山建功立业。故，有唐一代不特诸多文人寄情军旅，实现节度一方之凤愿，且孕育诞生一代杰出边塞诗人，形成光耀古今之边塞诗派。

高适①乃唐代文人中既节度一方军旅，又以边塞诗唱响诗坛滥觞之杰出代表人物。

高适虽然暮年声名比较显赫，然其仕途并非有如想象中顺遂。高适少年孤贫，爱交游，有游侠之风，并以驰骋疆场建功立业自许。二十岁时，其尝赴长安求仕。因处处碰壁遂北上蓟门，漫游燕赵，拟于边塞寻求报国立功机会，却同样未如愿。此后，其于梁宋一带度过十数年"混迹渔樵"贫困流浪生活。此一时期，高适曾与李白、杜甫于齐赵一带饮酒游猎，怀古赋诗。天宝八载（749年），高适已年逾知天命，方经宋州刺史张九皋推荐，举有道科，任封丘尉。

封丘尉任上，因其不甘作"拜迎长官庶""鞭挞黎遮"之小吏，遂于天宝十一载（752年）弃官客居河西，继续寻求进身契机。旋，经河西节度使哥舒翰推荐，掌幕府书记。

高适挂印归田时，曾创作名诗《封丘作》，于中既抒写怀才不遇壮志难酬之忧愤，亦着力鞭挞现实官场之残暴黑暗：

> 我本渔樵孟诸野，一生自是悠悠者。
> 乍可狂歌草泽中，宁堪作吏风尘下？

---

①高适（700—765年），字达夫、仲武，沧州（今河北景县）人，唐代著名边塞诗人。

只言小邑无所为，公门百事皆有期。

拜迎长官心欲碎，鞭挞黎庶令人悲。

归来向家问妻子，举家尽笑今如此。

生事应须南亩田，世情尽付东流水。

梦想旧山安在哉，为衔君命且迟回。

乃知梅福徒为尔，转忆陶潜归去来。

作品通过自述本性不羁縻于物，言及担任小吏之无奈与悲哀，以追述先贤胜事表达不愿与世俗同流合污之意。言辞间忧戚而不绝望，强言放达之中饱含于民间疾苦之眷眷关注之心。

唐玄宗天宝十四载（755 年），范阳、平卢、河东节度使安禄山与平卢兵马使史思明发动"安史之乱"，高适被拜为左拾遗，转监察御史，佐哥舒翰守潼关。潼关失守，高适抓住机会表现政治才能，遂奔赴玄宗行在陈述潼关败亡之前因后果。时，朝野一片混乱，玄宗君臣面对乱局一筹莫展。高适以果敢冷静气质得玄宗注意与赏识，遂连续升迁。先时，玄宗以诸王分镇，高适以为藩镇坐大，必为内乱隐患，尝数次上书直言极谏，奏疏虽未得玄宗采纳，然其见识则吸引了肃宗目光。肃宗即位，适逢永王李璘起兵叛乱，遂立召高适问策。其于江淮局势早已了然于胸，遂断言永王必败，宽慰肃宗不必过于忧虑。肃宗欣赏其才识，命其兼任御史大夫、扬州大都督府长史。旋，擢升淮南节度使，诏与江东节度来瑱率本部兵平江淮之乱。高适再次抓住时机，由文人而为戎帅，负起讨伐李璘、平定江淮重任。出镇淮南之前，高适先联络各路兵力争取支持，招降李璘部下大将，一系列举措谋于事先，遂赢得"义而知变"声誉。

永王兵败之后，太监宰相李辅国对高适敢言直谏非常忌惮，遂于肃宗皇帝御前屡进谗言进行诋毁，肃宗乃罢其节度使职，改任太子少詹事。旋，蜀中发生暴乱，高适受诏出任蜀州刺史，旋迁彭州刺史。其后，梓州副使段子璋反叛，率兵进攻东川节度使李奂，高适率州兵随从西川节度使崔光远围歼段子璋，将其俘而斩之。西川牙将花惊定于段子璋叛乱平息之后，恃勇逞强大掠东蜀，节度使崔光远却无力约束。唐肃宗李亨为此异常震怒，遂罢免崔光远节度使职，以高适接任成都尹、剑南西川节度使。代宗李豫即位后，吐蕃攻陷陇右，并逼近京畿。时，剑南西川节度使高适练兵于蜀，率部于吐蕃南境发动攻势，企图牵制吐蕃。然，原定战略目标不仅未能如期实现，松、维等州反而为吐蕃所陷。由于师出无功，代宗以黄门侍郎严武接替高适。还京之后，高适被任命为刑部侍郎，转散骑常侍，加银青光禄大夫，进封渤海县侯，食邑七百户。

高适由一默默无闻之文士而两任节度使，然其仕途辉煌极其短暂。因秉性刚直敢言时政，朝野忌惮者颇众。即其所谓"极达"时期，亦不断招致谗毁与冷遇。君王求贤并非如标榜所言迫切，尤其于非寻常途径发现之才士，往往新鲜数日即会遭遇冷落。

天宝初期，高适北上蓟门漫游燕赵，曾与李白、杜甫结为好友。三人相从赋诗，并同赴汴州漫游，感情深至"醉眠秋共被，携手日同行"①程度。

"安史之乱"爆发，李白因参与永王李璘造反而被下浔阳狱中。此时，高适已任淮南节度使。李白遂赋诗寄书高适，欲求其出手相救出狱。然，其时高适仕途飞黄腾达，凭政治家之冷静与理性，异常清醒置身皇室父子兄弟政治争权格局之严重后果，倘若一步走错，不特建功立业抱负成空，且将会招致灭顶之灾，故其未予身陷囹圄之老友施以援手。然，此事于身处绝境之李白而言，颇觉高适人情淡薄，怨怼之情自然难免。而于高适而言，则为另一艰难处境。挽救遇难朋友于情于理义不容辞，然李白牵涉案情过于险恶，一旦失误，不特将丢失拼搏半生得来之政治平台，甚至招致脑袋搬家株连九族之祸。权衡利弊，高适遂选择听天由命之途而未施援手。倘客观理智分析，高适选择亦不无道理，然其于朋友薄情寡义之恶名已然负身难辞，何况需要搭救之文友为"诗仙"李白！

高适诗歌创作之优秀作品，大多作于北上蓟门、浪游梁宋时期。其作品题材广泛，内容丰富，现实性较强。而其中成就最高者当属边塞诗。边塞诗代表作《燕歌行》即创作于此一时期之开元二十六年（738 年）：

　　汉家烟尘在东北，汉将辞家破残贼。男儿本自重横行，天子非常赐颜色。摐金伐鼓下榆关，旌旆逶迤碣石间。校尉羽书飞瀚海，单于猎火照狼山。山川萧条极边土，胡骑凭陵杂风雨。战士军前半死生，美人帐下犹歌舞。大漠穷秋塞草腓，孤城落日斗兵稀。身当恩遇常轻敌，力尽关山未解围。铁衣远戍辛勤久，玉箸应啼别离后。少妇城南欲断肠，征人蓟北空回首。边庭飘飖那可度，绝域苍茫更何有？杀气三时作阵云，寒声一夜传刁斗。相看白刃血纷纷，死节从来岂顾勋。君不见沙场征战苦，至今犹忆李将军。

开元二十六年，御史大夫兼河北节度副大使张守珪部将与奚族叛人作战中失败，然"守珪隐其败状，而妄奏克获之功。"②诗人将此次战役与其与蓟门见闻融合一起，以更高艺术概括，表现其于戍边将士之深刻同情，热情讴歌将士英勇爱国之精神，描写战斗之激烈与艰苦，并以"战士军前半死生，美人帐下犹歌舞"如此沉痛诗句，揭露将军与士兵苦乐悬殊之生活及其对卫国战争之不同态度，描绘战局危险与战士思念亲人之复杂心情。"相看白刃血纷纷，死节从来岂顾勋"，于表现战士英勇无私爱国精神同时，亦对张守珪"妄奏克获之功"作出委婉讽刺。作品思想内容极为复杂，然写得宾主有序爱憎分明。作者以"大漠穷秋塞草腓，孤城落日斗兵稀"勾划凄凉场面，用大漠、枯草、孤城、落日作排比，组成富有主观情感之图景，将战士于激烈战斗中不畏牺牲之英勇悲壮烘托得尤为强烈。如此错综交织之诗笔，将荒凉绝漠自然环境、如火如荼战争气氛、士兵复杂变化内心活动等，自然融合一起，形成雄厚深广、悲壮淋漓之艺术风格。

---

①唐·杜甫《与李十二白同寻范十隐居》。
②后晋·刘昫《旧唐书·张守珪传》。

作为盛唐时期"边塞诗派"领军人物，感情深挚、意气骏爽、语言端直、笔力浑厚乃高适诗风基本特点，而"雄浑悲壮"又为其边塞诗最突出特点。少年孤贫、游侠交友、漫游梁宋、躬耕自给之人生经历，加之本人豪爽正直之个性，令其诗作反映生活层面尤其广阔，主题思想亦特别深刻。基于其心理素质粗放、性格率直之特征，令其诗作于表现风格多为直抒胸臆或夹叙夹议，较少使用诗词家惯用之比兴手法。

高适诗歌创作中一贯将注意力集中于人，而较少关注自然景观，令其作品极少单纯写景之作，常于抒情之时伴有写景，故诗景中多有诗人个人主观印记。作者堪称驾驭语言之大师，其作品不论歌行抑或绝句，用词简净，不加雕琢，从技巧上看不出任何刀砍斧凿痕迹，浑如探囊取物信手拈来全不费力，词由意出为一种自然流露，绝不刻意辞彩修饰。如《别董大二首·其一》：

千里黄云白日曛，北风吹雁雪纷纷。
莫愁前路无知己，天下谁人不识君！

及《别董大二首·其二》：

六翮飘飖私自怜，一离京洛十余年。
丈夫贫贱应未足，今日相逢无酒钱。

作者于两首送别诗中，一改唐人送别诗凄清缠绵、低徊流连之气象，为"灞桥柳色"与"渭城风雨"涂上另一种豪放健美色彩。发自肺腑之慷慨悲歌，既表达其于朋友之真诚情谊，亦表现出作者身处逆境而不馁之坚强信念。作品主人公董大即为玄宗时代著名琴客董庭兰，乃当时"高才脱略名与利"之七弦琴音乐大师。盛唐时盛行胡乐，能欣赏七弦琴此类古乐者为数极少，遑论演奏。故唐代著名判官崔珏有诗道：

七条弦上五音寒，此艺知音自古难。
惟有河南房次律①，始终怜得董庭兰。

如此一位绝代音乐圣手，却因"平生不得志"而过着寄人篱下浪迹江湖生活。此时之高适，亦正处于浪迹贫贱境遇中，故"借他人酒杯，浇自己块垒"②，写下此篇送别佳作，于荒寒壮阔环境中与身怀绝技却无人赏识之音乐家依依道别。

落日黄云，大野苍茫，唯北方冬日有此景象。此情此景，若稍加雕琢，即不免斫伤气势，高适于是自为作手。日暮黄昏，且又大雪纷飞，北风狂吹中，唯见遥空断雁，出没寒云，使人难禁日暮天寒、游子何之之感。以才人而沦落至此，几使人无泪可下，亦唯如

①房次律即盛唐宰相房琯。
②南朝·宋·刘义庆《世说新语·任诞》。

此，故知己不能为之甘心。作者以叙景而发内心郁积，虽不涉人事，已使人如置身风雪之中，似闻山巅水涯有壮士长啸。作品抒情言辞之婉转，用心之良苦，友情之深挚，别意之凄酸，于慰藉之中充满信心与力量，故非大家绝无此功力，非知音而绝无此感受。正因其为知音，故语言朴质而豪爽；更因其"同是天涯沦落人"，方以希望为慰藉。

《别董大二首》之所以卓绝，固因高适"多胸臆语，兼有气骨"[1]而为，是以可为志士增色，为游子拭泪！倘非诗人内心郁积喷薄而出，如何能将临别赠语说得如此体贴入微，如此坚定不移？又如何能使如此朴素无华之语言，铸造出这般冰清玉洁醇厚动人之诗情？

永泰元年（765年），高适卒于长安，终年64岁，封渤海县侯，赠礼部尚书，谥号"忠"。

淮南、剑南西川节度使为高适所任最高军事职务，是职乃唐代边塞诗人最理想职位。高适因此成为"有唐以来，诗人之达者，唯而已"[2]之佼佼者。

岑参——山回路转不见君　雪上空留马行处

在中国古代边塞诗人星空，浪漫主义色彩最靓丽之坐标，无疑当属于岑参[3]。而于正途出身之文人行列里，仕途尤其巉岩曲折者，亦非其莫属。

岑参出身高门望族，为显宦之后。曾祖岑文本、伯祖岑长倩、伯父岑羲均以文墨致位宰相。父岑植亦曾仕至晋州刺史。所不幸者，伯父岑羲因连坐太平公主谋逆而遭诛，家道遂逐渐衰落；再不幸者，即为少年失怙，父亲岑植于其10岁时弃世。岑氏一门频遭不幸，生计遂日趋困顿。岑参于无奈之下从兄属学，希冀以自励博取功名。因其"能自砥砺，遍览史籍"，[4]故学业大有长进。

十五岁时，岑参山居嵩颍，刻苦精研，遍读经史，因之奠定扎实学业基础。年20时，岑参至长安，奔走京洛之间，投石高门，献书求仕。然"金尽裘弊，蹇而无成"（《感旧赋》），遂失意而归。旋漫游河朔，并作《感旧赋》，叙述家世沦替及个人坎坷。

天宝三载（744年），岑参进士及第，授右内率府兵曹参军，是年27岁。其后，虽然竭尽全力于仕途求进，并先后两度出塞，却均无理想收获。代宗大历三年（768年），其于年逾知天命之时，终于迎来仕途转机。经剑南西川节度使杜鸿渐引荐，岑参谋得正四品嘉州（今四川乐山市）刺史。然命运再次揶揄了"岑嘉州"。时，蜀中遇乱，道路阻

---

①唐·殷璠《河岳英灵集》。

②后晋·刘昫《旧唐书·高适传》。

③岑参（717—769年），别号岑嘉州，原籍南阳（今属河南新野），迁居江陵，荆州江陵（湖北江陵）人，唐代著名边塞诗人，与高适并称"高岑"。

④唐·杜确《岑嘉州诗集序》。

塞，岑参怀揣敕命却不能赴任。两年后，蜀乱平息，岑参方得以就任。其时，杜鸿渐已于头年请调归京，蜀乱元首崔旰经杜推荐继任剑南西川节度使。故岑参履职仅一年，即被崔旰罢官。卸职之后，岑参拟东归故里，适逢沿途匪乱迭起，遂被迫淹泊戎州（今四川宜宾市）。无奈之下，其再拟借道成都东归，却因"中原多故，卒死于蜀"。^①可见，岑参虽出身高门显宦，且抱负凌云，才绝当世，然运气实在背逆之至矣！其"有怀投笔"却"无路请缨"，诚"非无力也，势不可也"。

天宝年间，岑参为博取功名，曾两度出塞戍边。

首度出塞时间为天宝八载（749 年），是年 33 岁。时东突厥已灭，西突厥纵横西域，常以奇兵骚扰大唐西北疆域。唐玄宗为镇抚西域剪灭西突厥，以名将高仙芝任安西四镇节度使，岑参遂充任节度使幕府掌书记。天宝十载（751 年），高仙芝以中亚石国蔑视唐朝上国为由，诱杀石国国王，石国遂引大食军队于中亚卡特万草原大败唐军，高仙芝因此被调回京都。岑参由是失去建功西域之机缘，亦随高仙芝返回长安。东归之后，岑参无所事事，遂与杜甫、高适等人游历中原，诗词唱和，于文学创作深受启迪。

天宝十三载（754 年），岑参以报国立功迫切之情再次出塞，充任安西北庭（治所在今新疆吉木萨尔县）节度使封常清判官。

天宝后期，唐帝国内政已极腐败，然于安西边塞，兵力依然相当强大。

胡地苜蓿美，轮台征马肥。大夫讨匈奴，前月西出师。
甲兵未得战，降虏来如归。橐驼何连连，穹帐亦累累。
阴山烽火灭，剑水羽书稀。却笑霍嫖姚，区区徒尔为。
西郊候中军，平沙悬落晖。驿马从西来，双节夹路驰。
喜鹊捧金印，蛟龙盘画旗。如公未四十，富贵能及时。
直上排青云，傍看疾若飞。前年斩楼兰，去岁平月支。
天子日殊宠，朝廷方见推。何幸一书生，忽蒙国士知。
侧身佐戎幕，敛衽事边陲。自逐定远侯，亦著短后衣。
近来能走马，不弱并州儿。

（《北庭西郊候封大夫受降回军献上》）

作品客观真实地描写了当时唐军雄壮声威，而如此强大局面一直保持到了"安史之乱"发生。

从此类自叙性作品中可以看出，其两次出塞均怀揣驰骋疆场建功立业之雄心壮志，且于是期望值颇高，只因天不遂人愿，虽"有心杀敌"却"无力回天"。

果然，其命运依然多舛不遂。任封大夫幕僚仅一年，唐平卢、范阳、河东三镇节度使安禄山与平卢兵马使史思明发动"安史之乱"，中原陷于战火之中。为稳定根本，玄宗李

---

①南宋·计有功编撰《唐诗纪事》。

隆基撤回西域主力参与平叛，岑参只得追随封常青再次回长安，东归勤王。

由于流年不利，岑参"马革裹尸""封侯异域"壮志最终未能遂愿。然两度出塞西域，特别是第二次佐幕北庭，却成就了一代著名边塞诗人，亦使唐代边塞诗由此而登上历史巅峰。

岑参边塞诗名作大多成于出塞时期，共达 70 余首。由此，岑参成为盛唐时代边塞诗数量最多、成就最突出人物。作者毕其力于边塞诗创作，缘于其慷慨报国之英雄气概与不畏艰难之乐观精神，故其边塞诗艺术上极富浪漫主义特色。尤其七言歌行，气势雄伟，想象丰富，色彩瑰丽，热情奔放。数年边塞生活，使岑参诗境界开阔、造意新奇之特色进一步发展，雄奇瑰丽之浪漫色彩成其边塞诗之基本色调。通过作品，作者既热情歌颂唐军之勇武与战功，亦委婉揭示战争之残酷与悲壮。

> 君不见，走马川行雪海边，平沙莽莽黄入天。
>
> 轮台九月风夜吼，一川碎石大如斗，随风满地石乱走。
>
> 匈奴草黄马正肥，金山西见烟尘飞，汉家大将西出师。
>
> 将军金甲夜不脱，半夜军行戈相拨，风头如刀面如割。
>
> 马毛带雪汗气蒸，五花连钱旋作冰，幕中草檄砚水凝。
>
> 虏骑闻之应胆慑，料知短兵不敢接，车师西门伫献捷。

（《走马川行奉送封大夫出师西征》）

在诗人笔下，面对大唐帝国伟大力量，任何敌人均不能成为其真正对手。故，其作品基本不直接或正面描写士兵之勇敢牺牲与艰苦战斗，多以描写西域边疆严酷自然环境衬托戍边将士不畏艰险之伟大力量。雪夜风吼、飞沙走石，边疆大漠中令人望而生畏之恶劣气候环境，于诗人印象中却成为衬托英雄气概之壮观景色。西域令人毛骨悚然之严酷环境，通过诗人笔触描绘，变为一种值得欣赏之奇伟美景。倘若没有积极进取之精神与克服困难之勇气，面对如此恶劣之环境条件，则很难产生如此感觉。唯有盛唐边塞诗人，尤其岑参，方能拥有如此开朗豁达之博大胸襟，爆发如此震撼强烈之艺术感受。

作者对鞍马风尘之征战生活与冰天雪地之塞外风光有着长期观察与体验。故其对边防将士勇往直前之战斗精神及转战沙场雪海之壮烈场面，能以切身感受与真挚激情讴歌之。

> 北风卷地白草折，胡天八月即飞雪。
>
> 忽如一夜春风来，千树万树梨花开。
>
> 散入珠帘湿罗幕，狐裘不暖锦衾薄。
>
> 将军角弓不得控，都护铁衣冷难着。
>
> 瀚海阑干百丈冰，愁云惨淡万里凝。
>
> 中军置酒饮归客，胡琴琵琶与羌笛。
>
> 纷纷暮雪下辕门，风掣红旗冻不翻。

325

轮台东门送君去，去时雪满天山路。

山回路转不见君，雪上空留马行处。

（《白雪歌送武判官归京》）

火山云、天山雪、热海蒸腾、瀚海奇寒、狂风卷石、黄沙入天等异域风光，均被融入诗作中。作者叙写祖国西陲壮丽山川，将边疆千变万化景色，生动夸张地予以艺术描绘，给人以春意无边之美感。尤其好奇探胜之思想性格，使其边塞诗愈加显出奇情异采之艺术魅力，真正"以为太白、子美之后一人而已"。[①]

总体看，作者思想情感受立功边塞慷慨豪情支配，以好奇之热情与瑰丽之色彩表现塞外之景，将西北荒漠奇异风光与风物人情，用慷慨豪迈语调与奇特艺术手法生动表现出来，别具一种奇伟壮丽之美，突破以往征戍诗写边地苦寒与士卒劳苦之传统格局，极大地丰富拓宽了边塞诗之描写题材与内容范围。

岑参诗题材尤其广泛，除最出色边塞诗之外，其于出塞前后期尚写有许多感叹身世、赠答朋友、寄情山水之作品。岑参早期诗歌多为写景、抒怀及赠答之作。其山水诗风格清丽俊逸，颇近似谢朓、何逊，然语奇体峻，意境新奇。特别是感伤不遇、嗟叹贫贱之忧愤情绪于作品中有较浓厚表现。

疲马卧长坡，夕阳下通津。

山风吹空林，飒飒如有人。

苍旻霁凉雨，石路无飞尘。

千念集暮节，万籁悲萧辰。

鶗鴂昨夜鸣，蕙草色已陈。

况在远行客，自然多苦辛。

（《暮秋山行》）

五花骢马七香车，云是平阳帝子家。

凤凰城头日欲斜，门前高树鸣春鸦。

汉家鲁元君不闻，今作城西一古坟。

昔来唯有秦王女，独自吹箫乘白云。

（《感遇》）

岑参晚年多感时伤乱，其诗歌也渐趋消沉。入蜀后，山水诗中虽增添有奇壮特色，然隐逸思想于诗中则时有表现。虽然如此，其诗总体上依然"每一篇绝笔，则人人传写，虽

---

① 南宋·陆游《渭南文集·跋岑嘉州诗集》。

闾里士庶，戎夷蛮貊，莫不讽诵吟习焉"。[①]可见，岑参诗歌当时流传之广，不仅雅俗共赏，且受各族人民喜爱。

岑嘉州"才高八斗，学富五车"，正途出身、背景显赫、壮怀出塞，却"时运不济，命途多舛"，终使才子赍志而殁。此种"有怀投笔，无路请缨"之无奈境况，于其未免太刻薄寡情了一点！然而，除却彻底之唯物主义者，何人可与命运比权量力哉？

孟郊——谁言游子寸草心　报得慈母三春晖

唐代著名诗人孟郊[②]，该为任一曾受启蒙教育之孝子熟悉且喜欢，因其孝忱名作《游子吟》千百年来广为传颂，老幼咸知。

孟郊之父孟庭玢曾任昆山尉之类小官吏，郊少年时曾隐居嵩山。贞元七年（791年），孟郊41岁，方于故乡湖州举乡贡，遂赴京应进士试。贞元八年（792年）参加考试，却不幸落第。虽然科举未中，却缘于此次应试得与韩愈、李观结识，于其之后文学创作影响甚大。孟郊"性孤僻寡合，韩愈见以为忘形之。"[③]两人异乎流俗之性格，成为奠定其深交之基石。孟郊年长韩愈17岁，诗作笔力亦足与韩愈匹敌，然其命运坎坷，仕途多蹇，故反因得韩愈褒奖推崇，方得以诗名大振，成为韩愈诗派之名士。

贞元九年（793年），孟郊再应进士试，却再次落第。贞元十二年（796年），孟郊以46岁壮年奉母命第三次应试，终于进士登第，了却金榜题名之愿。中第后，孟郊即兴赋《登科后》以抒胸臆：

> 昔日龌龊不足夸，今朝放荡思无涯。
> 春风得意马蹄疾，一日看尽长安花。

殿试之后，孟郊即刻东归回乡，以告慰母亲。然孟郊中第后，并未旋即授官，直至贞元十七年（801年），51岁之孟郊又奉母命至洛阳应铨选，被选为溧阳（今江苏溧阳市）县尉。翌年赴任，韩愈作《送孟东野序》道："东野之役于江南也，有若不释然者。"残卷为伴数十年，于年逾知天命时方得县尉小职，的确与其夙愿相悖，故其毫无兴致恪尽县尉职责。溧阳城外不远处有一胜地名投金濑，又有故平陵城，林薄蒙翳，下有积水。孟郊不

---

①唐·杜确《岑嘉州诗集序》。

②孟郊（751—814年），字东野，外号"诗囚"，湖州武康（今浙江德清县）人，祖籍平昌（今山东德州临邑县），中唐诗人。

③五代·后晋·刘昫、张昭远《旧唐书·本传》。

计公务繁简，辄往游历。其或坐于水旁，或游于林间，沉思苦吟，徘徊赋诗，以致曹务多废。县令遂禀报上官罚其半俸，并延聘假尉代其行县尉事。孟郊生计无着穷困至极，遂于贞元二十年（804年）辞职。

唐宪宗元和元年（806），河南尹郑余庆委任孟郊为水陆运从事，试协律郎。自此，孟郊定居于洛阳立德坊。是时，其生活方略见富裕，可免于冻饿。旋，又遭丧子之痛。

元和九年（814年），郑余庆为兴元尹，奏孟郊为兴元军参谋，试大理评事。孟郊闻命乃偕妻自洛阳前往赴任，行至阌乡县（今河南灵宝）时得急病暴卒，终年64岁。

孟郊坎壈终生，身后萧条，死后竟连丧资难以筹集，幸赖韩愈、樊宗师等人凑钱100贯为其营葬善后。郑余庆亦遣人送300贯"为遗孀永久之赖"，诗人好友张籍提议私谥其为"贞曜先生"。

孟郊为人耿介倔强，仕历简单。自唐德宗建中元年（780年）至贞元六年（790年），即30岁至40岁期间，其于河南亲眼目睹藩镇之变，且于信州上饶为陆羽新开之山舍题诗，旋于苏州与诗人韦应物唱酬。因生计无着，孟郊由中原而江南，行踪不定，其间唯一可述者即为写诗，其余则乏善可陈。孟郊既不经营产业，亦无缘仕途腾达，清寒终身，故其死后丧事由韩愈等朋友具体操作，郑余庆买棺殓葬，毫不为怪。个人身世遭际，使其诗多写世态炎凉，民间苦难。

孟郊存有诗歌500余首，以短篇五言古诗居多。代表作有《游子吟》《征妇怨》《感怀》《伤春》《结爱》。因其痴迷于诗歌创作，故有"诗囚"之称，又因其与贾岛齐名，时人依二人创作风格称"郊寒岛瘦"。

人们曾将孟郊与韩愈并称"韩孟诗派"，主要原因为二人均尚古好奇，多写古体诗。但孟郊所作，多为句式短截之五言古体，用语刻琢而不尚华丽，擅长寓奇特于古拙，如韩愈所谓"横空盘硬语，妥帖力排奡"（《荐士》）。而韩愈则以七言古体最具特色，气势雄放而怪奇瑰丽。二人诗歌均富有力度，然韩愈之力度属奔放性，孟郊之力度则为内敛性，更多沿袭汉魏六朝五言古诗之传统。"郊为五言诗，自汉李都尉（陵）、苏属国（武）及建安诸子、南朝二谢，郊能兼其体而有之。"[①]因此，与大历、贞元诗人相比，其风格更接近汉、魏风骨；而与其后之韩愈、李贺相比，孟诗则又较多保留有大历、贞元诗风之痕迹。故，孟郊诗歌创作绝非一味模仿汉魏六朝诗风，而是于学习古代诗歌艺术同时，形成个性鲜明之特色。

从诗歌内容评价，孟郊诗作超出大历、贞元时代狭窄题材，涉及领域更为宽泛。虽然由于屡试不第、仕途艰辛、中年丧子等客观原因，造成其诗歌主旋律表现为中下层文士于穷愁困苦之怨怼情绪，然其依然能透过个人命运观测更为广阔之社会生活，并通过诗歌得以充分反映。其作品有揭露针砭社会人际关系丑恶现象者，有尖锐揭示贫富之间不平等者。即如"高堂捶钟饮，到晓闻烹炮"与"霜吹破四壁，苦痛不可逃"（《寒地百姓吟》）之两相对照；"如何织绮素，自着蓝缕衣"（《织妇辞》）之反常现象，皆为此类思

①唐·李翱《荐所知于徐州张仆射书》。

想之表现。孟郊写此类诗歌，常有很深刻心理体验。如"寒者愿为蛾，烧死彼华膏"

（《寒地百姓吟》），实非泛泛记述民间疾苦者可比。应该说，杜甫之后，孟郊再次以诗歌深入揭露了社会中贫富不均、苦乐悬殊之尖锐矛盾。

孟郊诗歌以短篇五古为多，未见律诗创作。其抒情方面作品，语言明白淡素，擅长白描手法，不用典故词藻，既力避平庸浅易，又不蹈袭陈言。《游子吟》为其五言古风最典型之代表：

> 慈母手中线，游子身上衣。
>
> 临行密密缝，意恐迟迟归。
>
> 谁言寸草心，报得三春晖。

作者以平实浅显之语言，将真挚深沉感人至深之母子骨肉深情，直接浸入游子、孝子心坎，令人热泪盈眶，胸次波澜。

家境之贫寒，使孟郊自小即对社会有着深刻观察与体验，蔑视富豪权贵与同情贫苦百姓之性格，于其身表现得尤为泾渭分明。

相传孟郊小时候某年冬天，有钦差大臣来武康县了解民情。县太爷大摆宴席，为钦差大人接风。正当县太爷举杯说"请"，钦差大人点头应酬辰光，身穿破烂绿色衣衫之小孟郊走了进来。县太爷一见很不高兴，眼珠一瞪喝道："去去去，何处而来小叫花子，真令人扫兴。"

小孟郊气愤地顶撞道："家贫人不平，离地三尺有神灵。"

"唷！小叫花子，甭狮子开大口，我倒要考考你。我出上联，你若对得出，就在这里吃饭。若是对不出，我就判你个私闯公堂，打断你的狗腿。"钦差大臣阴阳怪气地说。

"请吧。"小孟郊一点不见害怕。钦差大人自恃才高，又见对方乃一乳臭未干之顽童，便摇头晃脑地吟道："小小青蛙穿绿衣"。

小孟郊见这位钦差大臣身穿大红蟒袍，又见席桌上有一道烧螃蟹，略一沉思，对道："大大螃蟹着红袍"。

钦差一听，气得浑身像筛糠，但因有言在先，又不好发作，便对县官说："给这小儿一个偏席，赏他口饭，看我再和他对。"

这钦差三杯老酒落肚，又神气活现开来。他斜了一眼小孟郊，又阴阳怪气地说："小小猫儿寻食吃"。

小孟郊看着像馋狗啃骨头似的钦差大臣，又看着拍马溜须的县太爷，心想，你们这帮贪官污吏，靠搜刮民脂民膏过着锦衣玉食般生活，还瞧不起辛苦劳作的老百姓，便怒气冲冲地回敬道："大大老鼠偷皇粮"。

钦差大臣、县太爷等人一听吓得目瞪口呆，出了一身冷汗。原来他们吃得正是救灾的银子。所以，只好做贼心虚地让孟郊混了个肚儿圆走人了事。

这种思想品格，于孟郊成熟后之作品中表现得非常明显。

良人昨日去，明月又不圆。

别时各有泪，零落青楼前。

君泪濡罗巾，妾泪满路尘。

罗巾长在手，今得随妾身。

路尘如得风，得上君车轮。

渔阳千里道，近如中门限。

中门逾有时，渔阳长在眼。

生在绿罗下，不识渔阳道。

良人自戍来，夜夜梦中到。

（《征妇怨》）

欲别牵郎衣，郎今到何处？

不恨归来迟，莫向临邛去！

（《古别离》）

　　此类反映和鞭挞现实之作品，犹如杜甫之《三吏》《三别》及《兵车行》，深刻揭露了藩镇割据给社会带来深重灾难之罪恶，同时亦反映了基层百姓无法改变自己命运之疾苦。

　　孟郊诗歌在艺术手法上孜孜追求"钩章棘句，掏擢胃肾"[1]式之险奇艰涩。此种诗歌创作新特点不仅以前不曾有过，即使大历、贞元时期其他诗歌中亦未见用。这不但与其于创作中刻意求工、精思苦吟有关，亦与其心情郁闷、情绪低沉有关。

夜学晓未休，苦吟神鬼愁。

如何不自闲，心与身为仇。

（《夜感自遣》）

　　作者苦苦写诗，必然要道人所未道，故其刻意寻求新词句，用过去诗中少见之僻字险韵与生冷意象。心理压抑与不平，使其所追求之新语言多带有冷涩、荒寞、枯槁之色彩与意味，从而尽可能将内心愁哀刻划得入骨而惊耸人心。为达此目的，其于《秋怀十五首》《石淙十首》中，费尽心思搜肠刮肚地推敲锤炼出了一系列险奇艰涩诗句。如"老虫干铁鸣，惊兽孤玉咆""病骨可剖物，酸呻亦成文。瘦攒如此枯，壮落随西曛""冷露滴梦破，峭风梳骨寒。席上印病文，肠中转愁盘""蜿蜒相缠擘，莘确亦回旋。黑草濯铁发，白苔浮冰钱""劲飙刷幽视，怒水慑馀湍"等。

　　在这些诗中，孟郊精心选用了"剖""梳""印""刷"等令人感到透骨钻心之动词与"峭

――――――――
①唐·韩愈《贞曜先生墓志铭》。

风""老虫""病骨""铁发""怒水""劲飙""黑草""冰钱"等感觉上属于暗、冷、枯、硬之意象相配，构成一组组险怪、生硬、艰涩之句，以传达其心中难言之愤懑愁苦。对于孟郊诗风，历来评价相去甚远。如韩愈、李翱固然对其褒扬有加，而后世如元好问却称其为"诗囚"（《论诗三十首》），苏轼更将其诗譬喻为外壳坚硬而嚼之无味之"空螯"（《读孟郊诗》）。但平心而论，孟郊诗之语言独创性是无可否认的。宋人许顗《彦周诗话》谓其"能杀缚事实，与意义合，最难能之"，就是对其能以强有力语言改造客观事物形态以表现自我心理表示赞赏，这确非易事。

当然，孟郊亦有平易朴素、自然流畅之诗作，然此类诗作于当时并不太引人注目（尽管《游子吟》等诗在后世被广泛传诵），倒是上述风格之诗作，于内容、语言上均显示了元和年间诗歌创作之新变化、新特点。孟郊这种好奇尚险之诗风，到韩愈手中又有进一步发展并蔚为风气。

孟郊与贾岛虽然不是同期诗人，但因二人有着遭际不遇、官职卑微、一生穷困、一生苦吟之诸多共同点，是故后人常将二人相提并论。

孟郊"一生空吟诗，不觉成白头"（《送卢郎中汀》）；贾岛"一日不作诗，心源如废井"（《戏赠友人》）。相传其"二句三年得，一吟双泪流"（魏泰《临汉隐居诗话》）。孟、贾二人均为韩愈诗友，韩愈对其诗均赞赏有加，说孟郊诗"横空盘硬语，妥帖力排奡"（《荐士》），贾岛诗"奸穷怪变得，往往造平淡"（《送无本师归范阳》）。唐末张为《诗人主客图》列孟郊为"清奇僻苦主"，贾岛则为"清奇雅正"升堂七人之一。宋代欧阳修始以两人并举，谓"孟郊、贾岛之徒，又得其悲愁郁堙之气"（《书梅圣俞稿后》），苏轼有"郊寒岛瘦"（《祭柳子玉文》）之论。二家诗"清奇""悲愁"，造语刻炼，白描不用词藻，是共同之处。但孟郊诗以五古为主，不作律诗；贾岛诗以五律为主，古体较少；孟郊对社会生活观察较广，感情较深，有关心国事民生之作品；贾岛则生活较窄，对世事较冷淡，一味枯寂幽峭，情调凄黯，又为不同之处。虽然评家以为"郊岛并称，岛非郊匹，人谓寒瘦，郊并不寒也"[①]，但贾岛于后来之影响则大于孟郊：晚唐五代被诗论家称为"贾岛时代"（闻一多《贾岛》），宋代"九僧""四灵"，明代"竟陵派"，清代"浙派"，以学贾岛成为流派；而学孟郊者仅为个别诗人。

孟郊一生既可怜又可悲。其既为游子又是孝子，却不但无力尽孝，甚至连个人生计亦难以维持！后人之谓"郊寒"，究竟所指为诗"寒"抑或身"寒"更确切？一代诗尊何以死后竟无"葬身"之力？难不成此即身居茅庐心忧天下文人之共同宿命！

---

①清·潘德舆《养一斋诗话》。

秦观——有情芍药含春泪　无力蔷薇卧晚枝

北宋"苏门四学士"中，秦观[1]最受苏轼爱重。盖因其诗、词、文皆工，且"善为乐府，语工而入律，知乐者谓之作家歌，元丰间盛行于淮楚"[2]，当时即负盛名。故北宋以降数百年，秦观始终被视为一流正宗婉约作家。秦观少时聪颖，博览群书，抱负远大，纵游湖州、杭州、润州（今镇江）各地。熙宁元年（1068年），年仅20岁之秦观，目睹人民遭受水灾惨状，创作《浮山堰赋》，为百姓疾苦而发声。其于《赋》首作小引道：

> 梁武帝天监十三年，用魏降人王足计，欲以淮水灌寿阳。乃假太子右卫康绚节，督卒二十万，作浮山堰于钟离，而淮流湍驶漂疾，将合复溃。或曰：淮有蛟龙，喜乘风雨坏岸，其性恶铁。绚以为然，乃引东、西冶铁器数千万斤，益以薪石沉之，犹逾年乃合。堰袤九里，水逆淮而上。所蒙被甚广。魏人患之，果徙寿阳戍，顿八公山，余民分就冈垄。未几，淮暴涨，堰坏，奔于海，有声如雷，水之怪袄，蔽流而下，死者数十万人。初，镇星犯天江而堰实，退舍而坏。呜呼异哉，感而作《浮山堰赋》。

《浮山堰赋》一经传播，即蜚声文坛。

熙宁十年，一代文宗苏轼自密州移知徐州，秦观前往拜谒，写诗道："我独不愿万户侯，惟愿一识苏徐州。"（《别子瞻学士》）次年，秦观应苏轼之请写《黄楼赋》，东坡居士称赞其赋："雄辞杂今古，中有屈、宋姿。"[3]二人初交期间，秦观陪苏轼同游戊烯、吴江、湖州、会稽各地，结下深厚友谊。经苏轼劝说开导，秦观始发愤读书，积极准备科考。然时运不济命途多舛，两度应考均名落孙山。苏轼为之抱屈，并做诗寄信予以劝勉。

元丰七年（1084），苏轼路经江宁时，向因改革失败而退居之前宰相王安石力荐秦观才学，后又致书曰："愿公少借齿牙，使增重于世。"王安石亦赞许秦观诗歌"清新似鲍、谢"。两位文坛前辈之鼓励称许，激励秦观决心再度赴京应试，并于元丰八年（1085年）登第，从而结束举子生涯。考取进士后，秦观初任定海主簿，转蔡州教授。元祐二年（1087年），经苏轼引荐，秦观为太学博士，后迁秘书省正字，兼国史院编修官。七年（1092

---

① 秦观（1049—1100年）字太虚，又字少游，北宋高邮（今江苏高邮市）人，别号邗沟居士、淮海居士，世称"淮海先生"。

② 北宋·叶梦得《避暑录话》。

③ 北宋·苏东坡《太虚以〈黄楼赋〉见寄》。

年），苏轼自扬州召还，进端明殿学士、翰林侍读学士、礼部尚书。时秦观闲居故乡高邮，苏轼遂亲自造府看望。适逢孙觉、王巩亦在高邮，乃相约游东岳庙，载酒论文，吟诗作赋，一时传为佳话。苏轼回京，多次上疏为秦观辩言，遂迁国史院编修，与黄庭坚、晁补之、张耒同时供职史馆，人称"苏门四学士"。

元祐年间，朝政多为旧党操持，然其内部派别斗争异常激烈。蜀党领袖苏轼及其"苏门四学士"，均能出以公心，依民生疾苦与国家利益，对新、旧两党主张给予客观公正评价。秦观先后向朝廷进策论 30 篇，提出解决各种内忧外患之改革方略，对王安石变法作中肯论析，认为新法为救国济民良策，只因执法者矫枉过正，以致产生流弊。旧党领袖司马光执政后尽废新法，秦观认为此为因噎废食之举。其观点于党同伐异激烈政治形势下，显然不合时宜。且因秦观与苏轼之密切关系，使其于派别门户之际，固然无法逃脱中伤与攻讦。

绍圣元年（1094）哲宗亲政，"新党"人士章惇、蔡京上台执政，苏轼、秦观等多名"旧党"遭罢黜。秦观出杭州通判，道贬处州，任监酒税之职，后徙郴州。此后，秦观又先后被移送至横州、雷州编管，不断遭受削职、除名。元符元年（1098 年）秋，再贬海康（雷州）。此为秦观贬谪生涯最后一站。时恩师苏东坡贬谪海南岛昌化军（今海南儋县），遇赦北归途经雷州。两人相见，恍如梦寐。东坡走后，秦观心境始得放松舒缓，遂辄赴乡间体察民生疾苦，观摩当地风俗。一日，秦观眠于雷州海康宫亭庙下，梦一天女持王摩诘画像要其写赞。秦观笃信佛教，遂提笔题道："竺仪华梦，瘴面囚首。口虽不言，十分似九。应笑荫覆大千作狮子吼，不如搏取妙喜似陶家手。"惊寤后，遂将此赞记录下来。其手迹存于雷州天宁寺。[①]元符二年（1099 年）岁暮，秦观身处雷州，自做《挽词》。

元符三年（1100 年）哲宗驾崩，徽宗即位，向太后临朝。政坛局势变动，迁臣多被召回。秦观也复命宣德郎，放还横州。至滕州，病逝于道，享年 51 岁。建炎四年（1130 年），南宋朝廷追赠秦观为"直龙图阁学士"，后世称之为"淮海公"。

秦观与黄庭坚、张耒、晁补之合称"苏门四学士"，因其"有屈、宋之才""鲍、谢清新之致"，故最得苏轼赏识，并自做"月下老"，将爱妹苏小妹嫁与这位名噪一时之大才子。关于秦观与苏小妹之婚姻，坊间为渲染其才情，曾编撰"洞房三难"佳话广为传颂。

说嘉佑年间，秦少游拜访苏轼，为苏小妹聪明漂亮所吸引。苏小妹不但精通诗词歌赋，且于诗词联对、针线女红无一不精，只是受"三苏"光耀影响，传世之作不多，鲜为人知。秦少游对苏小妹一见钟情，决意尽付一生痴情于小妹，以求佳偶天成。"风和雨顺秋方实，郎情妹意渠自成。"介于苏轼穿针引线，二人于深秋帘卷西风、菊绽东篱之际，终于喜结良缘。

聪慧机敏不让须眉之苏小妹，于入洞房时与要少游一比才智高下，既可与心上人切磋诗艺，亦可戏观情郎窘态。于是，小妹入洞房后命丫鬟嫣红将门关上，吟出一下联请少游对上联：

"东厢房，西厢房，旧房新人入洞房，终生伴郎。"

---

①清·潘永因《宋稗类钞》。

秦少游接对后，深为小妹深情所感动，不禁脱口而道：

"南求学，北求学，小学大试授太学，方娶新娘。"

小妹闻听少游吟出上联，知道没有难住情郎，便亲自开门，招呼少游坐于桌前。嫣红上好酒菜，便关上房门悄然离去。少游端起酒杯欲与小妹交杯，小妹轻启朱唇又道："秦郎若要交杯，仍须对我一联，不知愿否？"

少游深知小妹脾性，既有此意，不对不休，遂站起一揖道："请小妹出联。"

"酒过三巡，交杯换杯干杯，杯杯尽在不言中。"

此联意在说酒，实为喻情，妙在意会。若对此联，不仅要工，且须符合此景此意。少游一时才思阻滞，沉思良久，无法妙对。小妹见其不语，亦不去打扰，只用五指于桌面轻叩一下。少游回过神来，看看满桌佳肴，恍然大悟，立时对道：

"菜过五味，形美色美鲜美，美美都在心中留。"

少游以菜喻人，赞不露形，羞得小妹伸过手臂，以袖遮面，喝下沁透心脾之交杯酒。

待嫣红撤下酒席，已月上中天。少游执小妹手，四目相对，喜不自胜。小妹含羞说道："红帏帐前，与郎执手，若要同寝，再对一联。"

少游知道事不过三，何况已对出二联，一股豪气顿生："有劳小妹赐联。"

"小妹虽小，小手小脚小嘴，小巧但不小气，你要小心。"

小妹一口气吐出八个"小"字，机警赞己，傲性微露，少游不由蹙起眉头。然来回踱步，苦吟不出，不禁暗自焦急。小妹见三更鼓罢，月移西楼，亦心生悔意，只是不住地用温情目光注视少游。少游见小妹偷瞧自己，顾盼含情，粉面娇羞，不由心动，随口对道：

"少游年少，少家少室少妻，少见且又少有，愿娶少女。"

于此，一对新人方相拥相携进入帷幔。

"学而优则仕"为天下读书人之夙愿，秦观亦不例外。然秦观于科举之途却屡遭挫折，极其不顺。神宗元丰元年（1078 年）第一次应试，即以满怀期望换来落第命运，遂"杜门却扫，日以诗书自娱。"四年再试，依旧名落孙山。忧愁悲郁之余，遂习时文投献名门，望获举荐。八年（1085 年），第三次应试，终于考取进士。

北宋党派倾轧异常激烈。秦观入仕之际，适逢朋党斗争日益炽烈，遂身不由己陷入政治漩涡，无法自拔。科举登第任定海主簿及蔡州教授时，因亲附苏轼被视为"旧党"，由此党争迫害从未间断。元祐二年（1087 年），苏轼、鲜于侁共以"贤良方正"荐秦观于朝，无奈被人以"莫须有"罪名诬告。元祐五年（1090 年），方由范引纯引荐，得以回京任秘书省正字。旋因"洛党"贾易诋其"不检"而罢正字。政治迫害旋踵，秦观心灰意冷，旋存退隐之意。元祐七年（1092 年），秦观授左宣德郎，又由秘书省正字左迁国史院编修官，参修《神宗实录》，甚得恩宠。数月之间，拔擢连连。此三年亦为秦观仕宦期间最顺遂之时。宦达未久，元祐九年（1094 年）太皇太后高氏崩逝，哲宗亲政。"新党"相继还朝，"旧党"连遭罢黜，秦观开始历时七年之贬谪生涯。秦观先被贬为杭州通判，御史刘拯告其重修《神宗实录》时，随意增损，诋毁先帝。旋于途中改贬处州监酒税。为排遣愁闷，少游常与佛寺僧人谈佛聊禅，并为僧人抄写经文。词作《千秋岁》回忆当年盛会，感慨愁情至深：

水边沙外，城郭春寒退。

花影乱，莺声碎。

飘零疏酒盏，离别宽衣带。

人不见，碧云暮合空相对。

忆昔西池会，鸳鹭同飞盖。

携手处，今谁在？日边清梦断，镜里朱颜改。

春去也，飞红万点愁如海。

无奈，"使者承风望指，伺候过失，既而无所得。则以谒告写佛书为罪，削秩徙郴州。"①秦观因此被贬黜南蛮。此一时之秦观，心情悲怅，早已绝了仕途希冀，遂作《踏莎行》词以释怀。该词于手法虽将《千秋岁》直抒易为比兴，少了"愁如海"之类字眼，然内心深处依然郁结难解。

雾失楼台，月迷津渡，桃源望断无寻处。

可堪孤馆闭春寒，杜鹃声里斜阳暮。

驿寄梅花，鱼传尺素，砌成此恨无重数。

郴江幸自绕郴山，为谁流下潇湘去。

元符元年（1098年），秦观移迁雷州编管。眼望京师越来越远，归乡无期，秦观遂自赋挽词绝念：

婴衅徙穷荒，茹哀与世辞。

官来录我橐，吏来验我尸。

藤束木皮棺，槁葬路傍陂。

家乡在万里，妻子天一涯。

孤魂不敢归，惝惘犹在兹。

昔忝柱下史，通籍黄金闺。

奇祸一朝作，飘零至于斯。

弱孤未堪事，返骨定何时。

修途缭山海，岂免从阇维。

荼毒复荼毒，彼苍那得知。

岁晏瘴江急，鸟兽鸣声悲。

空蒙寒雨零，惨淡阴风吹。

殡宫生苍藓，纸钱挂空枝。

---

① 元·脱脱、阿鲁图撰《宋史·文苑传》。

> 无人设薄莫，谁与饭黄缁。
>
> 亦无挽歌者，空有挽歌辞。

挽词道尽作者心中凄苦，叫人心生悲愤。

少游人生经历波折，其为北宋文坛重要作家，于文学诸领域建树卓著，特别于词学方面，堪为一代宗师。虽然，在秦观现存作品中，词作仅有 3 卷 100 余首，而诗有 14 卷 430 余首，文则达 30 卷共 250 余篇，诗文相加，其篇幅远远超过词若干倍。但其词之创作，的确为"婉约词派"之形成贡献颇丰。"有宋熙、丰间，词学称极盛，苏长公提倡风雅，为一代斗山。黄山谷、秦少游、晁无咎，皆长公之客也。山谷、无咎皆工倚声，体格于长公为近。惟少游自辟蹊径，卓然名家。盖其天分高，故能抽秘骋妍于寻常揉染之外，而其所以契合长公者独深。张文潜赠李德载诗，有云：'秦文倩丽舒桃李。'彼所谓文，固指一切文字而言。若以其词论，直是初日芙蓉，晓风杨柳。倩丽之桃李，容犹当之有愧色焉。王晦叔《碧鸡漫志》云：'黄、晁二家词，皆学坡公，得其七八。'而于少游独称其'俊逸精妙'，与张子野并论，不言其学坡公，可谓知少游者矣。"①

秦观词作擅长描摹清幽冷寂之自然风光，抒发迁客骚人之愤懑与无奈，营造萧瑟凄厉之"有我之境"。代表性作品为其贬谪郴州时所填《踏莎行》，亦堪称其婉约感伤词作之典型代表。

作品深切抒写出词人遭受流放、前途渺茫、孤独寂寞、思念家乡之愁绪。特别最后两句，因景设问，沉痛表达出自己远离朝廷、谪放天涯之无奈与悲愤。秦观病逝之后，苏轼特别将《踏莎行》书于扇上，并题识曰："少游已矣，虽万人何赎！"

秦观一生坎坷，所写诗词，高古沉重，寄托身世，感人至深。特别是"体制淡雅，气骨不衰，清丽中不断意脉，咀嚼无滓，久而知味。"②其生前多宦游谪居，行踪所至多有遗迹。浙江杭州秦观祠、丽水秦观塑像、淮海先生祠、莺花亭、青田秦学士祠、郴州三绝碑、广西横县海棠亭、醉乡亭、淮海堂、淮海书院等，皆其行迹所至之见证。

其于诗文亦为北宋一大家。"当时自以诗文重，今被乐府家推做渠帅，世遂寡称。"③其诗感情深厚，意境悠远，风格独特，在两宋诗坛自成一家。而散文则以政论、哲理、游记、小品文最为出色。熙宁四年，神宗采纳王安石建议，改革科举法，"罢诗赋及明经诸科，专以经义、论策试士。"④为应科举，少游于策论写作穷力而为。尝言"作赋何用好文章，只以智巧钉饾为偶俪而已。若论为文，非可同日语也"。故其策论无论长短，皆刻意谋篇布局，力求结构章法变化万端。其策论行文之特点为文笔犀利、立论高远、说理透

---

①清·况周颐《蕙风词话·卷二》。

②元·张炎《词源·卷下》。

③明·胡应麟《诗薮杂编·卷五》。

④元·脱脱、阿鲁图《宋史·王安石传》。

彻、引古征今、章法严紧，"辞华而气古，事备而意高"，艺术张力极强，富有说服力和感染力。

然元符三年（1100 年）哲宗驾崩，政坛局势变动，迁臣多被召回。秦观亦复命宣德郎，放还横州。是年五月行至滕州，出游光华亭，索水欲饮，水至，笑视而卒。"呜呼！官不过正字，年不登下寿。间关忧患，横得骂诟。窜身瘴海，卒仆荒陋。"[1]一代词宗，命运却如此坎坷曲折，竟于荒蛮之地弃世，令人无限感慨。

---

① 南宋·张文潜《祭秦少游文》。

第玖章

才华超绝同侪，却遭天妒英才，灿然星陨长空健康且长寿，乃成就功名事业之根本。健康而不长寿，事发猝然出乎意料，往往创业未半戛然而止，遗恨千年无可奈何；长寿却不健康，亦哀其不幸徒为伤悲，试以病残羸弱之躯能成何事？然尤令人扼腕莫奈者，为才华绝伦之少年俊杰，辄遇天降横祸而夭折，致使后人唏嘘难已。

虽然"生死途中无老少"，英才早逝却自有"气""数"使然。"气者命也"，命由天定，固难易移；"数者运也"，运随命行，或可稍更。人甫降世，命已前定。毕生食多少、才几何，皆有定数。一世有粮万石，食尽必死；一生有才八斗，用罄必亡。此宿命也。然欲于"定数"之外延年益寿，则须于"运"上做文章。粮可节俭以食，细水长流则可延年；才当限度而用，思如泉涌自然益寿。

由是观之，天才夭折皆因用才过度所致。"江郎才尽"是故无由延宕于世矣。

战国时期秦国贵族后裔"甘罗年十二，事秦相文信侯吕不韦。……秦使张唐往相燕，欲与燕共伐赵以广河间之地。张唐谓文信侯曰：'臣尝为秦昭王伐赵，赵怨臣，曰：「得唐者与百里之地。」今之燕必经赵，臣不可以行。'……甘罗曰：'臣请行之。……今臣生十二岁于兹矣，君其试臣。'……文信侯乃入言之于始皇曰：'昔甘茂之孙甘罗，年少耳，然名家之子孙，诸侯皆闻之。今者张唐欲称疾不肯行，甘罗说而行之。今原先报赵，请许遣之。'始皇召见，使甘罗于赵。

赵襄王郊迎甘罗。甘罗说赵王曰：'王闻燕太子丹入质秦欤？'曰：'闻之。'……'燕太子丹入秦者，燕不欺秦也。张唐相燕者，秦不欺燕也。燕、秦不相欺者，伐赵，危矣。燕、秦不相欺无异故，欲攻赵而广河间。王不如赍臣五城以广河间，请归燕太子，与强赵攻弱燕。'赵王立自割五城以广河间。秦归燕太子。赵攻燕，得上谷三十城，令秦有十一。

甘罗还报秦，乃封甘罗以为上卿，复以始甘茂田宅赐之。

太史公曰：'……甘罗年少，然出一奇计，声称后世。虽非笃行之君子，然亦战国之策士也。方秦之强时，天下尤趋谋诈哉。'[①]

数年之后，甘罗却因偷捏秦王宠妃金莲而被处死。以甘罗之才，何以因"抒胡须"招致身首异处？其恃才傲物、刚愎自负之举，即才尽而愚所致也。其于12岁弱年拜相，身处战国诸侯纷争之世，本可纵横捭阖，建立不世伟业。然英年早逝，所有抱负只能付诸东流。可见，"上帝欲令其灭亡，必先使之疯狂。"天才不善节制，致使才罄命尽，自然为上苍使然。

明时惠来县神泉人苏福天资聪敏，2岁丧父，5岁尚不能言语。某日，见一青蛙翻仰道旁，福惊讶作声："此非出字乎！"闻者大感骇异。其后，出口成章，下笔如有神助，人皆称为神童。尝随母拾穗于田垄，遇北山驿丞，驿丞以"拾穗与神童"句相戏，福随口答"折梅逢驿使"。8岁赋《三十夜月诗》：

日落江城半掩门，城西斜眺已黄昏。

①西汉·司马迁《史记·卷七十一·樗里子甘茂列传·第十一》。

何人伸得披云手，错把青天搁一痕。

描写农历初一与初三月亮形象，"视通万里""思空太极"，直追李白浪漫主义色彩。

明洪武十八年（1385），苏福赴京应童子科，明太祖朱元璋亲自面试，甚为赏识，然因年幼未录用，派林鼎元护送返家，月给廪米。不幸于归途中病故浙江濮州，年仅 14 岁。其诗文大多佚没，遗作仍有《三十夜月诗》《秋风辞》《纨扇行》《遣睡魔》《送林鼎元》传世。

曹操庶子曹冲，少年聪察岐嶷，甚得乃父喜爱。冲年五六岁，智意所及，有若成人。时孙权曾以巨象进贡，曹操欲知其斤数，访之群下，咸莫能出其理。冲曰："置象大船之上，而刻其水痕所至，称物以载之，则校可知矣。"[1]由是轻而易举得知巨象重量。

因其聪慧善良，曹操多次夸耀于群臣，且有废嫡立庶命其继嗣之意。然曹冲未及成年即患疾，留下"曹冲称象"之典病逝，年仅 13 岁。

"木秀于林，风必摧之；堆出于岸，流必湍之；行高于人，众必非之。"[2]"人怕出名猪怕壮"，猪壮将挨宰，人名过噪不仅为世所难容，上帝亦喜招其侍奉左右矣。

是故，常人欲延年，有粮当缓缓食；天才想益寿，才华宜徐徐显。否则，天不假年寿，万事皆成空谈。

贾谊——千古同情长沙傅　空白汨罗步尘埃

唐初四杰之一王勃于其《滕王阁序》中有"时运不济，命途多舛。屈贾谊于长沙，非无圣主；窜梁鸿于海曲，岂乏明时"之句，所言即为少年得志之贾谊，亦曾经有过被贬外放之经历。

贾谊[3]为中国历史上最早显名于政坛、文坛之少年天才。其尝师从荀况之徒张苍，十几岁即以能诗善文而闻名于当地。河南郡守吴公因其少有才名而召致门下，且非常器重之。得贾谊精心辅佐，吴公治理河南郡成绩卓著，社会安定，时评天下第一。汉文帝登基后，听闻河南郡治理有方，擢升河南郡守为廷尉。缘于吴公举荐，汉文帝征召贾谊入宫，委以博士之职。时贾谊年仅 21 岁，于所聘博士中年纪最轻。出任博士期间，凡逢皇帝出题讨论，贾谊每能有精辟见解，应答如流，获得同侪一致赞许。贾谊表现出色，使汉文帝更加欣赏，遂得以破格擢拔，一年之内升任太中大夫。

①三国·蜀·陈寿《三国志·魏书二十·武文世王公传第二十》。

②三国·魏·李康《运命论》。

③贾谊（前 200 年——前 168 年），西汉洛阳人，政治家、文学家。

贾谊初任太中大夫，即为汉文帝出谋划策，成其重要谋臣。文帝元年（前179年），贾谊提议进行礼制改革，上《论定制度兴礼乐疏》，以儒学与五行学说设计一整套汉代礼仪制度，主张"改正朔、易服色、制法度、兴礼乐"，以进一步代替秦制。由于当时文帝甫即位，认为条件尚不成熟，因此未能采纳贾谊建议。

文帝二年（前178年），针对当时"背本趋末"（弃农经商）、"淫侈之风，日日以长"现象，贾谊上《论积贮疏》，提出重农抑商经济政策，主张发展农业生产，加强粮食贮备，预防饥荒。汉文帝采纳其建议，下令鼓励农业生产。《论积贮疏》紧密围绕"积贮"论题，从正反两面论证加强积贮于国计民生之重大意义，对于维护汉朝封建统治，促进当时社会生产，发展经济，巩固国防，安定人民生活，均具积极贡献，客观上符合百姓利益，历史上有其进步意义。贾谊重视发展农业，提倡积贮思想，即使至今，亦仍富借鉴价值。同时，贾谊指出，商人卖奴隶，穷极奢侈，不尊重国家制度，冒犯皇帝尊严，主张俭约，禁奢靡之风。

贾谊才能突出，表现优异，文帝拟进一步提拔其担任公卿之职，却遭绛侯周勃、太尉灌婴、东阳侯张相如、御史大夫冯敬等人嫉妒，此辈诽谤贾谊"年少初学，专欲擅权，纷乱诸事"。汉文帝遂听信谗言疏远贾谊，不再采纳其意见。文帝四年（前176年），贾谊被外放为长沙王太傅。

长沙地处南方，距京师长安数千里之遥。贾谊少年得志，却于仕途青云之时突遭贬谪，心情自然郁闷，情绪一落千丈。长途跋涉途经湘江时，贾谊触景生情，由屈原联想到自己命途多舛，遂写下著名之《吊屈原赋》凭吊屈原，兼而发抒自己怨愤之情。

汉文帝五年（前175年），文帝将蜀郡严道铜山赐予男宠邓通，允许其自行铸钱，"邓氏钱"遂遍布天下；又吴王刘濞开豫章铜山铸钱，"吴钱"亦遍布天下，导致西汉币制混乱。贾谊是年26岁，担任长沙王太傅，于长沙向文帝上《谏铸钱疏》，尖锐指出，私人铸钱遍布天下，于国于民皆有害无利，建议文帝下令禁止。

谪居长沙三年后，汉文帝思念贾谊，遂将其征召入京，并于未央宫祭神之宣室见之。文帝因于鬼神之事有所感触，遂向贾谊询问鬼神原本。贾谊鞭辟入里，详细讲述其中道理，君臣一直谈至深夜，文帝听得入迷，不觉移坐席前。谈论完毕，文帝喟叹道："'吾久不见贾生，自以为过之，今不及也。'乃拜谊为梁怀王太傅。"[①]

中唐诗人李商隐尝为此愤而不平，作《贾生》诗为之叹曰：

> 宣室求贤访逐臣，贾生才调更无伦。
> 可怜夜半虚前席，不问苍生问鬼神。

贾谊再次返回长安，朝廷人事已远非昨日情景。灌婴年老病故，周勃遭冤狱虽遇赦，然被逐回绛县封地，不再过问朝事。虽如此，文帝依然未予贾谊委以重任，仅将其由长沙王太傅更命为梁怀王太傅，只是职所距离朝廷近了些。不过，梁怀王刘揖乃文帝小儿，颇受

---

① 西汉·司马迁《史记·屈原贾谊列传》。

宠爱，亦算文帝对其略显重视而已。

梁怀王封地于梁国（今河南商丘），故此贾谊依然难以陛见文帝，但其仍能"处江湖之远而忧其君"，勤于体察政事，常自居安思危。时，匈奴强盛，辄犯汉朝北部边疆；西汉甫建，法规制度粗疏而不严明；诸侯王有意僭越，占据土地超过古制规定。

汉文帝七年（前173年），淮南王刘长阴谋叛乱，文帝平叛后将其流放蜀郡（今四川中部），刘长于途中畏罪自杀。翌年，文帝又将刘长四个儿子皆封为列侯，贾谊担心文帝接着将其由列侯进封为王，埋下严重政治隐患，遂上呈《陈政事疏》，围绕匈奴侵边、制度疏阔、诸侯王忤逆等问题，积极陈述政见，劝谏文帝。

> ……臣窃惟事势，可为痛哭者一，可为流涕者二，可为长太息者六，若其它背理而伤道者，难遍以疏举。进言者皆曰天下已安已治矣，臣独以为未也。曰安且治者，非愚则谀，皆非事实知治乱之体者也。夫抱火厝之积薪之下而寝其上，火未及燃，因谓之安，方今之势，何以异此！本末舛逆，首尾衡决，国制抢攘，非甚有纪，胡可谓治！……天下之势，方病大瘇。一胫之大几如要，一指之大几如股，平居不可屈信，一二指搐，身虑亡聊。失今不治，必为锢疾，后虽有扁鹊，不能为已。病非徒肿也，又苦蹠戾。元王之子，帝之从弟也；今之王者，从弟之子也。惠王，亲兄子也；今之王者，兄子之子也。亲者或亡分地以安天下，疏者或制大权以逼天子，臣故曰非徒病肿也，又苦蹠戾……。

然文帝对其忠谏并未予以高度重视，贾谊由是时感郁闷沮丧。

汉文帝十一年（前169年），贾谊32岁，随梁怀王入朝陛见文帝。梁怀王刘揖（又名刘胜）不幸坠马而死，贾谊深感自己身为太傅，未完全尽到保护责任，遂自责不已，整日以泪洗面，心情十分忧郁。

梁怀王无子，按例其封国即须撤销。贾谊以为，如此则于整个西汉局势不利。遂建议文帝为梁王立嗣，或以代王刘参迁封梁国，扩大梁国与淮阳国封地，使前者封地北至黄河，后者封地南抵长江，从而连成一片。文帝听从贾谊建议，遂迁淮阳王刘武为梁王，另迁城阳王刘喜为淮南王。汉景帝二年（前155年），御史大夫晁错上疏《削藩策》，提议削弱诸侯王势力、加强中央集权。刘姓宗室诸侯吴王刘濞、楚王刘戊、赵王刘遂、济南王刘辟光、淄川王刘贤、胶西王刘昂、胶东王刘雄渠等，不满朝廷削减其藩国权力，以"清君侧"为名，联兵发动"七王之乱"。西汉朝廷正是依靠梁王刘武之坚决抵御，最终平息叛乱。由是观之，可见贾谊确实具备深谋远虑之治国才干。

然，"木秀于林，风必摧之"。贾谊亦未能摆脱这一劫数，上苍不容如此杰出人才久滞人间，遂将其召回天庭。汉文帝十二年（前168年），贾谊于忧郁悲怆中默默死去，年仅33岁。

贾谊才气绝世，然器宇褊狭，致使其过早弃世。唐宋八大家之苏轼于其有如此评价："贾生，王者之佐，而不能自用其才也。贾生志大而量小，才有余而识不足也。"①而对于贾谊英年早逝，清代著名诗人、散文家袁枚曾喟叹道："生不死，帝必用生；生用其所施，必远过晁、董。而卒之天夺其年，岂非命耶？生自伤为傅无状，哭泣过哀，思文帝之恩，惜梁王之死，盖深于情者也，所以为贤也。"②

二十世纪一代伟人毛泽东颇赏贾谊之才，尤惜其怀才不遇英年早逝，尝赋《七律·咏贾谊》而悼之：

> 少年倜傥廊庙才，壮志未酬事堪哀。
>
> 胸罗文章兵百万，胆照华国树千台。
>
> 雄英无计倾圣主，高节终竟受疑猜。
>
> 千古同惜长沙傅，空白汨罗步尘埃。

贾谊为儒学思想之忠实信徒与发扬光大者。西汉初年，儒生陆贾与叔孙通等人总结秦亡教训，提出以儒家思想治国设想，但未及付诸政治实践。贾谊得以施展才华机遇之后，冲破文帝时道家黄老之学束缚，将儒家学说推向政治前台，制定"仁"与"礼"相结合之政治蓝图，得到汉文帝高度重视，于史册留下深刻影响。贾谊总结秦朝灭亡原因后认为："秦以区区之地，致万乘之势，序八州而朝同列，百有余年矣；然后以六合为家，崤函为宫；一夫作难而七庙隳，身死人手，为天下笑者，何也？仁义不施而攻守之势异也。"③故，倘若欲使汉朝长治久安，必须施仁义、行仁政。贾谊之仁义观带有强烈民本主义色彩，其于强秦灭亡中，深刻透析"民"于国家治乱兴衰中所起作用至关重要。以此民本主义思想为基础，其认为施仁义、行仁政之主要内容即为"爱民"。"故夫民者，弗爱则弗附。"只有与民以福，与民以财，才能深得"民"之拥戴。

贾谊死时虽然年轻，但其于汉朝社会现实已有仔细考察，认为西汉社会情况虽然表面平静，然繁荣景象之后已隐藏种种矛盾与社会危机。农民暴乱、诸侯王割据反叛等状况，已对中央政权构成严重威胁。整个社会以侈靡相竞，以出伦逾等相骄，致使社会风气每况愈下。面对如此上无制度、礼义尽弃、廉丑无界之社会现实，远非黄老之术可以矫正，必须通过改正朔、易服色、定官名、兴礼乐，使"仁"与"礼"成为人人遵循之规范。帝王以"仁"爱民，臣民以"礼"尊君，构建起儒家式"忠君爱民"政治统治模式，方可使江山社稷稳定繁荣，黎民百姓安居乐业。

贾谊治国理政思想之精髓为儒学，然其绝非迂阔腐儒。伴随践行儒家核心思想，贾谊常会根据实际，兼容法家思想。尤其为解决汉朝中央政权与诸侯王之矛盾，贾谊于其思想体系之中，积极吸收法家权势法制思想。认为"仁义"只可施予臣民，而诸侯王拥有强大势力，随时可能反叛中央朝廷，故仅凭仁义恩威显然不够，必须依靠权势法制，方能确保

---

①北宋·苏轼《贾谊论》。

②清·袁枚《读贾子》。

③西汉·贾谊《过秦论》。

江山社稷无虞。"仁义恩厚，此人主之芒刃也；权势法制，此人主之斤斧也。势已定、权已足矣，乃以仁义恩厚因而泽之，故德布而天下有慕志。今诸侯王皆众髋髀也，释斤斧之制，而欲婴以芒刃，臣以为刃不折则缺耳。"[①]

仕途遇挫之后，贾谊遂试探性研究与接受道家哲学观。任长沙王太傅第三年，有鵩鸟（猫头鹰）飞入房间，停于座位之侧。旧时，朝野普遍视猫头鹰为不祥之鸟。贾谊因贬居长沙，该地低洼潮湿，常自哀伤，自以为寿命不长。如今鵩鸟进宅，更令其伤感不已，遂作《鵩鸟赋》抒发忧愤不平情绪：

> 单阏之岁兮，四月孟夏，庚子日斜兮，鵩集予舍。止于坐隅兮，貌甚闲暇。异物来萃兮，私怪其故。发书占之兮，谶言其度，曰："野鸟入室兮，主人将去。"请问于鵩兮："予去何之？吉乎告我，凶言其灾。淹速之度兮，语予其期。"鵩乃叹息，举首奋翼；口不能言，请对以臆：
>
> "万物变化兮，固无休息。斡流而迁兮，或推而还。形气转续兮，变化而嬗。沕穆无穷兮，胡可胜言！祸兮福所倚，福兮祸所伏；忧喜聚门兮，吉凶同域。彼吴强大兮，夫差以败；越栖会稽兮，勾践霸世。斯游遂成兮，卒被五刑；傅说胥靡兮，乃相武丁。
>
> 夫祸之与福兮，何异纠纆；命不可说兮，孰知其极！水激则旱兮，矢激则远；万物回薄兮，振荡相转。云蒸雨降兮，纠错相纷；大钧播物兮，坱圠无垠。天不可与虑兮，道不可预谋；迟速有命兮，焉识其时！
>
> 且夫天地为炉兮，造化为工；阴阳为炭兮，万物为铜。合散消息兮，安有常则？千变万化兮，未始有极，忽然为人兮，何足控抟；化为异物兮，又何足患！小智自私兮，贱彼贵我；达人大观兮，物无不可。贪夫殉财兮，烈士殉名。夸者死权兮，品庶每生。怵迫之徒兮，或趋西东；大人不曲兮，意变齐同。愚士系俗兮，窘若囚拘；至人遗物兮，独与道俱。众人惑惑兮，好恶积亿；真人恬漠兮，独与道息。释智遗形兮，超然自丧；寥廓忽荒兮，与道翱翔。乘流则逝兮，得坻则止；纵躯委命兮，不私与己。其生兮若浮，其死兮若休；澹乎若深渊之静，泛乎若不系之舟。不以生故自宝兮，养空而浮；德人无累兮，知命不忧。细故蒂芥兮，何足以疑！"

作者因物兴感，由感生理，由理见情；且笔力劲健，一气呵成。作品借与鵩鸟问答抒发忧愤不平情绪，并以老庄"齐生死""等祸福"思想自我解脱，情理交融，文笔潇洒，格调深沉。

为给儒家道德论寻找宇宙观基础，贾谊又著述《道德说》，其中不仅借助汉初非常流行之《老子》学说，且自觉吸收其他各家思想，用以充实儒家思想体系。

《道德说》中，贾谊认为阴阳、天地、人与万物皆由德生，而德由道生。道为宇宙万物最终本源，而德则为宇宙万物直接本源。德有六理：道、德、性、神、明、命；德有六

---

① 西汉·贾谊《新书·制不定》

美：有道、有仁、有义、有忠、有信、有密。作者吸取道家思想因素为儒家道德伦常进行形而上之哲学论证，为后来董仲舒全面吸收道家学说以重构儒家思想体系，提供了可供参考之思想基础。

贾谊主要志向抱负在于政治，然因英年早逝原因，显于后世之主要成就仍在文学。《汉书·艺文志》记载有贾谊散文共 58 篇。其作品大体可分为专题政论文、疏牍文与杂论等三类。其政论文虽然为数不多，盖因吸取战国儒、道、法三家思想而又"案之当今之务"，使之具有很强针对性，"经世致用"特色尤其突出。且政论散文说理透辟，逻辑严密，感情充沛，气势非凡，全面阐述深刻政治思想与高瞻远瞩之治国方略，鲜明体现汉初知识分子于大一统封建帝国创始时期，积极用世之人生态度与昂扬向上之精神风貌，标志着中国散文发展之崭新阶段，亦代表了汉初政论散文之最高成就，对后代散文影响颇大。《过秦论》《治安策》与《论积贮疏》，皆为文采斐然脍炙人口之政论佳品。鲁迅先生曾评价贾谊文章"皆为西汉鸿文，沾溉后人，其泽甚远"。[①]

贾谊一生虽然短暂，却为中华文化宝库留下一份珍贵文化遗产。其又为西汉骚体赋代表作家，故亦为汉代骚体赋之发展奠定了坚实基础。

上苍何以既赋予贾谊异乎常人之禀赋，却又不假其年寿，卒令其早年夭折？盖因其毕生才华极早挥霍殆尽，为避免其有朝一日"江郎才尽"失去铅华，徒贻笑后人也。倘若贾谊能享高寿，终不知其历史地位究竟会高于抑或逊于当今！然，如此天才人物过早弃世，毕竟令后人惋惜不已。

阮籍——宁与燕雀翔竹林　不随黄鹄飞苍穹

魏晋时期玄学十分盛行，形成一股强劲"玄风"，不仅一度支配当时思想领域，亦支配士大夫生活态度，形成一种虚无放诞之社会风气。于是，儒林形成诸如"竹林七贤"类行为怪诞之文人群体。七贤之首阮籍[②]，更是饮酒纵放、横决礼俗，为世人所惊讶。受"竹林七贤"影响，两晋一代，特别是元康之世，虚无放诞生活态度与情趣遂成社会风尚，乃至化为单纯追求感官刺激与肉体享乐之放纵。"阮籍嗜酒荒放，露头散发，裸袒箕踞。其后，贵游子弟阮瞻、王澄、谢鲲、胡毋辅之之徒，皆祖述于籍，谓得大道之本，故去巾帻，脱衣服，露丑恶，同禽兽。甚者名之为通，次者名之为达也。"[③]

阮籍之父阮瑀，字元瑜，"建安七子"之一，东汉末年著名诗人、散文家，曾任曹操司

---

① 鲁迅《汉文学史纲要》。
② 阮籍（210—263 年），字嗣宗。陈留尉氏（今属河南）人，魏晋时期诗人、思想家、隐士。
③ 晋·王隐《晋书·阮籍传》。

空军谋祭酒，掌管记室，后为仓曹橼属。阮籍族父阮武，学问渊博，阅世通达。籍兄阮熙曾任武都太守，其子阮咸与阮籍同步竹林。籍三岁丧父，家境清苦，赖母之勤苦维持生计。阮籍天赋秉异，勤学成才，8岁能著文，终日弹琴长啸。其少年时期好学不倦，酷爱研习儒家诗书，以古代贤者为效，不慕荣利富贵，追慕道德高尚，乐天安贫之志趣。且于习文之暇"少年学击剑，妙技过曲城"。其性格孤僻轻荡，外人难揣其终日之所思。年十六时，随阮熙诣东郡，兖州刺史王昶与之见，其"终日不开一言"，昶"自以为不能测"。

曹魏中期，明帝曹叡亡，时司马氏权势日熏，曹魏集团以曹爽为首，司马氏集团以司马懿为首，两大政治集团同时夹辅齐王曹芳，双方明争暗斗，政局波诡云谲。正始三年（242年），太尉蒋济闻阮籍"俊而淑悦，为志高"，遂询于橼属王默，默予确认。旋，蒋济征辟阮籍为橼属。籍闻之，遂草拟《奏记》一封，亲自送达洛阳城外都亭，请吏卒转呈蒋济。《奏记》中称自己"方将耕于东皋之阳，输黍稷之税，以避当涂者之路。负薪疲病，足力不强，补吏之召，非所克堪"，并自谦"无邹卜之德而有其陋，猥烦大礼，何以当之"，婉言予以谢绝。蒋济遣人去迎，不想阮籍已经回去。蒋济非常生气，遂迁怒于王默。

王默惧怕蒋济加罪，遂写信与阮籍乡党亲属一同劝喻，阮籍难再推托，勉强就任，旋即告病辞归。

正始八年（247年），阮籍因病免尚书郎，旋受曹爽征辟，为参军，籍婉言拒绝。正始十年（249年），曹爽为司马懿所杀，司马氏独专朝政，遂杀戮异己，株连者波及朝野。阮籍本于政治上倾向曹魏皇室，于司马氏集团心怀不满，同时亦觉世事难为，遂采取不涉是非、明哲保身态度，或闭门读书，或登山临水，或酣醉不醒，或缄口不言。

正始十年（249年）四月，齐王曹芳改元"嘉平"，阮籍应征为司马懿从事中郎。嘉平三年（251年），司马懿卒，阮籍改任司马师从事中郎。嘉平六年（254年），高贵乡公曹髦即帝位，司马师为笼络人心，大肆封官晋爵，阮籍受赐关内侯、徙官散骑常侍。

正始之后，阮籍与嵇康、山涛、刘伶、王戎、向秀、阮咸诸人，共为"竹林之游"，史称为"竹林七贤"。

时，曹魏政权皆为司马氏所控，面临屠戮株连之剑，士人欲远离政治实难遂愿。故鉴于政治之强权，竹林大部士人无缘深潜山林做超世隐士，遂以"世隐""朝隐"之奇特方式，先后出山为官，实以"退隐""出世"态度避祸。其身虽居庙堂，却标榜心寄山林；其虽肩负官职，却"仕不事事"，遗落世事。阮籍平日或"口出玄远"，借清谈以示远离政治；或酣饮纵放，服食求仙，以荒诞掩饰内心苦闷。

虽如此，司马氏集团依然戒虑重重，屡遣心腹司隶校尉钟会与之谈论时政，籍皆以酣醉之法获免。司马昭亦曾数次与之饮酒品诗，以为试探，其辄以发言玄远、口不臧否人物敷衍之，司马昭遂以为"阮嗣宗至慎"，略去疑心。司马昭欲与阮籍联姻，籍竟大醉60天，使谈婚论嫁之事难以遂行。

正元二年（255年），司马师讨伐丘俭、文钦，因患目病而卒于军中。其弟司马昭继任大将军，录尚书事。阮籍主动请求赴东平任职，然任职仅十余日，即被招回京师洛阳依旧任从事中郎。甘露元年（256年），籍又请任步兵校尉，得司马师恩允。步兵校尉虽为朝廷武职，却不执兵权，亦不似散骑常侍，与皇帝关系亲近，可消除皇帝猜忌。其一生任斯职最久，故后世称之为"阮步兵"。

景元四年（263年）十月，曹魏傀儡皇帝曹奂下诏，加封司马昭晋公，位相国，加九锡。司马昭故作谦让，公卿大臣遂依轨仪"劝进"，"使籍为其辞。籍沉醉忘作，临诣府，使取之，见籍方醉眠。使者以告，籍便书案，使写之，无所改窜。辞甚清壮，为时所重。"[1]司马氏阴谋篡逆，以淫威逼迫士人就范，以示野无遗贤，装饰政治清明，蒙蔽天下视听。故阮籍虽然放浪癫狂、背逆礼法，因无叛逆之状，司马氏亦佯装不见，任其所为而未加追究。

阮籍早年崇尚儒家思想，志在用世，后魏晋禅代政治动乱，其于现实深感失望，遂蔑弃礼法名教，转而以消极隐世为旨趣。另受玄学影响，作《通老论》《达庄论》，成魏晋玄学中坚人物。然阮籍归根结蒂既非纯宗道家，亦非一概排斥儒学。其于《乐论》中，尝充分肯定孔子制礼作乐于"移风易俗"之重要，认为"礼定其象，乐平其心，礼治其外，乐化其内，礼乐正而天下平"。且尤其尊崇儒家伦理孝道。

史书载其"虽不拘礼教，然……性至孝，母终，正与人围棋，对者求止，籍留与决。既而饮酒二斗，举声一号，吐血数升。及将葬，食一蒸肫，饮二斗酒，然后临诀，直言穷矣，举声一号，因又吐血数升，毁瘠骨立，殆致灭性。裴楷往吊之，籍散发箕踞，醉而直视，楷吊唁毕便去。或问楷：'凡吊者，主哭，客乃为礼。籍既不哭，君何为哭？'楷曰：'阮籍既方外之士，故不崇礼典。我俗中之士，故以轨仪自居。'时人叹为两得。"[2]

阮籍辄"终日不开一言"，然喜以目待人。喜者以"青眼"视之，厌者以"白眼"而待。守母丧时，嵇康之兄嵇喜致哀，因在朝为官，属礼法之士，阮籍不顾守丧之礼，以大白眼待之。旋，嵇康提酒携琴而来，阮籍大喜，白眼顷刻转为青眼。由是招致礼法之士疾之若仇。

蔑视礼法于阮籍为平常本趣，外人亦见怪不怪，视若寻常。邻家少妇有美色，当垆沽酒。籍尝诣饮，烂醉如泥时便卧其侧。籍既不自嫌，其夫察之，亦不疑也。闾里一女才色俱佳，未嫁而死。籍不识其父兄，径往哭之，尽哀而还。其外坦荡而内淳至，毫无做作虚情。且其嗜烈酒，善弹琴，喝酒弹琴往往复长啸，得意时忽忘形骸，甚至即刻睡去，实可谓"我今欲眠君且去，明朝有意抱琴来"。其痴狂之态，可见一斑。

阮籍行为不受任何约束，随意而为率性之至。常率意独驾，不由径路，车迹所穷，辄恸哭而反。尝登广武，观楚、汉战场，喟然而叹曰："时无英雄，使竖子成名！"登武牢山，望京邑而叹，于是赋《豪杰诗》。

其尝于苏门山遇孙登，与商略终古及栖神导气之术，登皆不应，籍因长啸而退。至半岭，闻有声若鸾凤之音，响乎岩谷，乃登之啸也。归家之后遂著《大人先生传》。其中论所谓"大人先生"道：

---

①晋·王隐《晋书·阮籍传》。

②晋·王隐《晋书·阮籍传》。

世人所谓君子，唯法是修，唯礼是克。手执珪璧，足履绳墨。行欲为目前检，言欲为无穷则。少称乡闾，长闻邦国。上欲图三公，下不失九州牧。……且汝独不见夫虱之处乎裈中，逃乎深缝，匿乎坏絮，自以为吉宅也。行不敢离缝际，动不敢出裈裆，自以为得绳墨也。……然炎丘火流，焦邑灭都，群虱死于裈中而不能出也。汝君子之处区内，亦何异夫虱之处裈中乎？

以如此调侃戏谑之语言讽刺"天下熙熙，皆为利来"者，实在是唯持天然本色之人可为。凡有一丝红尘杂念者，于斯难有如此感悟。

阮籍最擅属文赋诗，为首个全力创作五言诗之人。其五言《咏怀诗》82首缀连一起，编成一部庞大组诗，完整塑造了悲愤诗人之艺术形象，开后代左思《咏史》组诗、陶渊明《饮酒》组诗之先河。其中最脍炙人口者如：

> 步出上东门，北望首阳岑。
> 下有采薇士，上有嘉树林。
> 良辰在何许？凝霜沾衣襟。
> 寒风振山冈，玄云起重阴。
> 鸣雁飞南征，鶗鴂发哀音。
> 素质游商声，凄怆伤我心。
>
> （九）

> 于心怀寸阴，羲阳将欲冥。
> 挥袂抚长剑，仰观浮云征。
> 云间有玄鹤，抗志扬哀声。
> 一飞冲青天，旷世不再鸣。
> 岂与鹑鷃游，连翩戏中庭。
>
> （二十一）

> 儒者通六艺，立志不可干。
> 违礼不为动，非法不肯言。
> 渴饮清泉流，饥食并一箪。
> 岁时无以祀，衣服常苦寒。
> 屣履咏南风，缊袍笑华轩。
> 信道守诗书，义不受一餐。
> 烈烈褒贬辞，老氏用长叹。
>
> （六十）

349

《咏怀诗》透过比兴、象征、寄托、借古讽今、寄寓情怀等不同写作技法，形成一种"悲愤哀怨，隐晦曲折"诗风。诸篇或隐晦寓意，或直抒心迹，"厥旨渊放，归趣难求"，"忧时悯乱，兴寄无端，而骏放之致，沉挚之词，诚足以睥睨八荒，牢笼万有。"①作品主题所表现之深沉人生悲哀、浓郁哀伤情调、超然生命意识，无不给人以"陶性灵，发幽思"之人生启悟，展现了魏晋之际一代知识分子痛苦、抗争、苦闷、绝望之心路历程，具有深刻思想意义与认识价值。其不仅为五言诗发展奠定了艺术基础，且开创了五言诗创作新境界，以独特艺术风格与美学情调出现于中国诗坛，于后世影响极为深广。晋之左思、张载、陶潜，南北朝之鲍照，北周之庾信，唐之陈子昂、李白等人，五言诗篇皆以抒情言志、反映现实为主旨，无不受到阮籍《咏怀诗》深刻影响。

阮籍作品今存赋6篇、较完整散文9篇、诗90余首。《隋书·经籍志》著录阮籍集13卷，惜已佚。明代曾出现多种辑本，张溥辑《阮步兵集》，收入《汉魏六朝百三家集》中。

景元四年（263年）冬，阮籍于写完《劝进表》之后月余，即病故于家中，享年54岁。

阮籍政治观点倾向曹魏集团，《劝进表》诚其不愿为之事。然迫于司马氏集团之淫威，阮籍为"苟全性命于乱世"而不得已为之。其"应力公卿作'劝进表'，若论于嵇康前，自应杖死。"②懊恼与失落遂折磨其难以自释。

如是观之，《劝进表》既为其生命暂时之保护神，亦为促其生命走向死亡之催命符。一代风流名士，精神与躯体均无法承受如此压力，遂于痛苦、失望、徬徨、苦闷中弃世而去。

"唯大英雄能本色，是真名士自风流。"阮步兵之结局，诚为"真名士"乎？悲哉！

嵇康——越名教而任自然　审贵贱而通物情

魏晋时期"竹林七贤"中另一著名人物为其精神领袖嵇康③。康之先祖本姓奚，世居会稽上虞（今浙江省绍兴市），曾祖为避仇家，迁徙至谯国铚县，改姓嵇。其父嵇昭，字子远，官至督军粮治书侍御史。兄长嵇喜，早年以秀才从军，志在用世，后官至太仆、宗正。

因年少丧父，嵇康由母亲与兄长抚养成人。其幼年聪颖，"家世儒学，少有俊才，旷迈不群，高亮任性，不修名誉，宽简有大量。学不师授，博洽多闻，长而好老、庄之业，恬静

---

①南朝·梁·钟嵘《诗品》。

②宋·叶梦得《避暑录话》。

③嵇康（224—263年），字叔夜，谯国铚县（今安徽濉溪县）人，曹魏时著名思想家、音乐家、文学家。

无欲。"①康"身长七尺八寸。风姿特秀。见者叹曰：'萧萧肃肃，爽朗清举。'或云：
'肃肃如松下风，高而徐引。'山公曰：'嵇叔夜之为人也，岩岩若孤松之独立；其醉也，
傀俄若玉山之将崩。'"②然其虽"容止出众"，却旷达狂放，自由懒散，头面常一月半
载难洗一次，既不喜居家闷养，更厌烦沐浴洗澡。加之幼年丧父，故纵逸来久，情意傲散。

嵇康娶曹操曾孙女长乐亭公主为妻，故属曹魏宗室女婿，曾官至曹魏中散大夫，世
称"嵇中散"。其与长乐亭公主育一儿一女，然于家事不闻不问，钟情于修炼养性服食
内丹之事，辄以弹琴吟诗，自娱自乐。

正始末年，嵇康与阮籍等竹林名士共倡玄学新风，主张"越名教而任自然""审贵
贱而通物情"，遂为"竹林七贤"精神领袖。

嵇康崇尚老庄，尝言："老庄，吾之师也！"讲求养生服食之道，主张"越名教而
任自然"的生活方式。其尤赞美古代隐者达士事迹，向往豁达出世生活，不愿入世为官，
且鄙视追求俗世富贵者。

大将军司马昭欲礼聘其为幕府属官，嵇康遁至河东郡躲避征辟。司隶校尉钟会盛礼
造府拜访，却遭其冷遇。"竹林七贤"密友山涛赴京选官，举荐嵇康代其旧职，嵇康遂
作《与山巨源绝交书》，列举自己有"七不堪""二不可"，坚决拒绝为官：

> 阮嗣宗口不论人过，吾每师之而未能及；至性过人，与物无伤，唯饮酒过差耳。
> 至为礼法之士所绳，疾之如仇，幸赖大将军保持之耳。吾不如嗣宗之资，而有慢
> 弛之阙；又不识人情，暗于机宜；无万石之慎，而有好尽之累。久与事接，疵衅
> 日兴，虽欲无患，其可得乎？又人伦有礼，朝廷有法，自惟至熟，有必不堪者七，
> 甚不可者二：卧喜晚起，而当关呼之不置，一不堪也。抱琴行吟，弋钓草野，而
> 吏卒守之，不得妄动，二不堪也。危坐一时，痹不得摇，性复多虱，把搔无已，
> 而当裹以章服，揖拜上官，三不堪也。

> 素不便书，又不喜作书，而人间多事，堆案盈几，不相酬答，则犯教伤义，
> 欲自勉强，则不能久，四不堪也。不喜吊丧，而人道以此为重，已为未见恕者所怨，
> 至欲见中伤者；虽瞿然自责，然性不可化，欲降心顺俗，则诡故不情，亦终不能
> 获无咎无誉如此，五不堪也。不喜俗人，而当与之共事，或宾客盈坐，鸣声聒耳，
> 嚣尘臭处，千变百伎，在人目前，六不堪也。心不耐烦，而官事鞅掌，机务缠其心，
> 世故烦其虑，七不堪也。又每非汤、武而薄周、孔，在人间不止，此事会显，世
> 教所不容，此甚不可一也。刚肠疾恶，轻肆直言，遇事便发，此甚不可二也。以
> 促中小心之性，统此九患，不有外难，当有内病，宁可久处人间邪？又闻道士遗言，
> 饵术黄精，令人久寿，意甚信之；游山泽，观鱼鸟，心甚乐之；一行作吏，此事便废，
> 安能舍其所乐而从其所惧哉！

---

①清·严可均《全晋文》。
②南朝·宋·刘义庆《世说新语·容止·第十四》。

　　嵇康信奉道教，注重养生，故狂放不羁、随心所欲为其至高追求。然其亦"时运不济、命途多舛"，终日以"养生"为务，却既未怡性，亦未长寿。实为"时也、运也、命也"使然，盖非人力所能逆转。

　　是以《晋书》有载："康尝采药游山泽，会其得意，忽焉忘反。时有樵苏者遇之，咸谓为神。至汲郡山中见孙登，康遂从之游。登沈默自守，无所言说。康临去，登曰：'君性烈而才隽，其能免乎！'康又遇王烈，共入山，烈尝得石髓如饴，即自服半，余半与康，皆凝而为石。又于石室中见一卷素书，遽呼康往取，辄不复见。烈乃叹曰：'叔夜志趣非常而辄不遇，命也！'"①

　　魏晋之时，伴随玄学盛行，养生之学亦大兴。然修道成仙、长生不老与生死有命、富贵在天思想相悖并行。鉴于此，嵇康继承老庄养生思想指陈，道可修而仙不可得，"盈缩之期不但在天，养怡之福可得永年"。倘能"越名教而任自然"，则可如安期、彭祖一样长寿。

　　所谓导养得理须注重兼顾诸多方面。人以神为根本，神灭则形灭。故养生首在形神兼养，重在养神；次须重一功元益，慎一过之害，即勿以益小而不为，勿以过小而为之；再次须戒耽声色，溺滋味。即所谓七情太过，则易夭折。"夫以蕞尔之躯，攻之者非一涂；易竭之身，而内外受敌，身非木石，其能久乎？"又次则须清心寡欲，守一抱真，"蒸以灵芝，润以醴泉，晞以朝阳，绥以五弦"，即可"与羡门比寿，与王乔争年"。如此养生之论，嵇康身体力行，躬身以践。"竹林七贤"之王戎"与康居二十年，未尝见其喜愠之色。"②然百密却有一疏，嵇康后因犯"营内而忘外"一忌，最终受人诬陷而遇害。

　　嵇康诗歌诗体多样，取材广泛，于四言、五言、六言、杂言均有涉猎，以四言诗成就最高。其"四言不为《风》《雅》所羁，直写胸中语，此叔夜高于潘、陆也。"尤其"送人从军诗十八首，以开晋、宋四言之门户。雄辞彩语，错互其间，未令人厌。"③代表作即为《四言赠兄秀才入军诗》十八首：

鸳鸯于飞，肃肃其羽。

朝游高原，夕宿兰渚。

邕邕和鸣，顾眄俦侣。

俛仰慷慨，优游容与。

（之一）

鸳鸯于飞，啸侣命俦。

朝游高原，夕宿中洲。

交颈振翼，容与清流。

①唐·房玄龄等《晋书·卷四十九·列传第十九》。

②南朝·宋·刘义庆《世说新语·容止·第十四》。

③清·何焯《文选评》。

咀嚼兰蕙，俛仰优游。

(之二)

良马既闲，丽服有晖。

左揽繁弱，右接忘归。

风驰电逝，蹑景追飞。

凌厉中原，顾盼生姿。

(之九)

息徒兰圃，秣马华山。

流磻平皋，垂纶长川。

目送归鸿，手挥五弦。

俯仰自得，游心太玄。

嘉彼钓叟，得鱼忘筌。

郢人逝矣，谁与尽言？

(之十四)

　　作品运笔疏朗，色彩鲜明，状物叙事，圆通自如，超尘脱俗，冲怀旷远。通篇皆为描写之辞，刻画禽鸟优游俯仰之状，仿佛徐徐展开画卷，却无一语涉及诗人本意。

　　其四言《幽愤诗》"简约严明，文约易广"，则更能直切表达嵇康清峻刚烈、尚奇好侠之人生态度与艺术风格：

嗟余薄祜，少遭不造。哀茕靡识，越在襁褓。

母兄鞠育，有慈无威。恃爱肆姐，不训不师。

爰及冠带，冯宠自放。抗心希古，任其所尚。

托好老庄，贱物贵身。志在守朴，养素全真。

曰余不敏，好善闇人。子玉之败，屡增惟尘。

大人含弘，藏垢怀耻。民之多僻，政不由己。

惟此褊心，显明臧否。感悟思愆，怛若创痏。

欲寡其过，谤议沸腾。性不伤物，频致怨憎。

昔惭柳惠，今愧孙登。内负宿心，外恧良朋。

仰慕严郑，乐道闲居。与世无营，神气晏如。

咨余不淑，婴累多虞。匪降自天，实由顽疏。

理弊患结，卒致图圄。对答鄙讯，絷此幽阻。

实耻讼免，时不我与。虽曰义直，神辱志沮。

353

澡身沧浪，岂云能补。噰噰鸣雁，奋翼北游。

顺时而动，得意忘忧。嗟我愤叹，曾莫能俦。

事与愿违，遘兹淹留。穷达有命，亦又何求。

古人有言，善莫近名。奉时恭默，咎悔不生。

万石周慎，安亲保荣。世务纷纭，祗搅予情。

安乐必诫，乃终利贞。煌煌灵芝，一年三秀。

余独何为，有志不就。惩难思复，心焉内疚。

庶勖将来，无馨无臭。采薇山阿，散发岩岫。

永啸长吟，颐性养寿。

《幽愤诗》笔势飞动，蕴藉流转，飞动自如，文法高妙，气势昂扬，清丽深刻。"颇似魏文。过为峻切，讦直露才，伤渊雅之致。然托谕清远，良有鉴裁，亦未失高流矣。"①叔夜婞直，所触既形，集中诸篇，多抒感愤，招祸之故，乃亦缘兹。夫尽言刺讥，一览易识，在平时尤不可，况猜忌如仲达父子者哉！"②

嵇康秉直任性，不喜俗人，刚肠疾恶，轻肆直言。"初，康居贫，尝与向秀共锻于大树之下，以自赡给。颍川钟会，贵公子也，精练有才辩，故往造焉。康不为之礼，而锻不辍。良久会去，康谓曰：'何所闻而来？何所见而去？'会曰：'闻所闻而来，见所见而去。'会以此憾之。"③远迈不群藐视世俗之嵇中散，终于因此招来杀身之祸。

钟会身出名门，为曹魏太傅、定陵侯钟繇之子，"敏慧夙成，少有才气"，年少得志，19岁入仕，为秘书郎，三年升为尚书郎，29岁进封关内侯。钟会于长其两岁之嵇康敬佩有加，然嵇康则拒绝与其交往。钟会尝撰《四本论》，欲求嵇康一见，又怕嵇康轻视，情急之中竟"于户外遥掷，便回怠走"。然钟会于心则甚嫉恨嵇康。

嵇康与吕巽、吕安兄弟交往甚笃。吕安之妻徐氏貌美，为兄长吕巽迷奸。事发后，吕安欲诉之于官。嵇康应吕巽之请出面调停，遂使吕氏家丑得以隐匿。然，事平后吕巽却倒打一耙，状告吕安不孝顺，竟然敢挝母亲之面。嵇康闻之拍案而起，愤然疾书《与吕长悌绝交书》，痛骂吕巽一顿，以示自身好恶。吕安入狱，供述事件来龙去脉，自然涉及嵇康调停之事，嵇康亦因受牵连而入狱。钟会终于等到报一箭之仇之机缘，遂"言于元帝曰：'嵇康，卧龙也，不可起。公无忧天下，顾以康为虑耳。'因谮'康欲助毌丘俭，赖山涛不听。昔齐戮华士，鲁诛少正卯，诚以害时乱教，故圣贤去之。康、安等言论放荡，非毁典谟，帝王者所不宜容。宜因衅除之，以淳风俗。'"④

元帝遂听信钟会谗言，将吕安、嵇康一并处以死刑。

---

①南朝·梁·钟嵘《诗品》。

②清·陈祚明《采菽堂古诗选》。

③唐·房玄龄等《晋书·卷四十九·列传第十九》。

④唐·房玄龄等《晋书·卷四十九·列传第十九》。

"初，康尝游于洛西，暮宿华阳亭，引琴而弹。夜分，忽有客诣之，称为古人，与康共谈音律，辞致清辩，因索琴弹之，而为《广陵散》，声调绝伦，遂以授康，仍誓不传人，亦不言其姓字。""康将刑东市，太学生三千人请以为师，弗许。康顾视日影，索琴弹之，曰：'昔袁孝尼尝从吾学《广陵散》，吾每靳固之，《广陵散》于今绝矣！'"[①]嵇康就刑时，年 39 岁。海内之士闻之，莫不痛之悼之。

嵇康虽因蔑视山涛而与之绝交，然其于山巨源之人品极其信任。临死前，其将儿女托付山涛，且谓其子道："巨源在，汝不孤矣。"[②]康遇难之后，山涛待康子犹如己出，直至将其养大成才，丝毫未辜负嵇康重托。

"竹林七贤"中，嵇康为棋琴书画兼通之全才。其于诗文之外，通晓音律，尤爱弹琴，著有音乐理论著作《琴赋》《声无哀乐论》。主张声音本质为"和"，合于天地为音乐至高境界，喜怒哀乐之本质非音乐感情，实为人之情感。音乐作品《长清》《短清》《长侧》《短侧》四首琴曲，被称作"嵇氏四弄"，与东汉蔡邕"蔡氏五弄"合称"九弄"。隋炀帝曾将弹奏"九弄"列为科举取仕之条件。嵇康亦擅长书法，尤工于草书。其墨迹"精光照人，气格凌云"[③]，被列为草书妙品。后人称其书法"如抱琴半醉，酣歌高眠，又若众鸟时集，群乌乍散"[④]。

嵇康诗今存 50 余首，以四言律诗为多。其著作于《隋书·经籍志》著录有集 13 卷，又别有 15 卷本，宋代原集散失，仅存 10 卷本。其中著名诗歌有《杂诗》《幽愤诗》《酒会诗》《叙志诗》《游仙诗》《六言诗》等；文章有《与山巨源绝交书》《与吕长悌绝交书》；赋有《琴赋》《酒赋》《蚕赋》《怀香赋》；论文有《养生论》《释私论》《管蔡论》《明胆论》《声无哀乐论》《答难养生论》等；琴曲有《风入松》《长清》《短清》《长侧》《短侧》等。

"七贤"之中，唯嵇康最重养生，然阮籍 54 岁、山涛 79 岁、向秀 45 岁、刘伶 80 岁、王戎 71 岁、阮咸生卒不详，而嵇康则年仅 39 岁。由是观之，其为阳寿最短者。

"养怡之福"虽然"可得永年"，但"盈缩之期"的确"在天"。身心调理得再好，亦经不住封建专制一把屠刀！

"叔夜志趣非常而辄不遇，命也！"诚哉，斯言！

王勃——自幼空余报国情　毕生难致穷途哭

公元 7 世纪中叶，一个足以诸多方面与贾谊并肩之文坛奇才横空出世。遗憾的是，这

---

①唐·房玄龄等《晋书·卷四十九·列传第十九》。

②唐·房玄龄等《晋书·卷四十三·列传第十三》。

③唐·窦臮、窦蒙《述书赋》。

④明·陶宗仪《书史会要·卷三》。

颗璀璨明星仅于宇宙空间闪烁几束耀眼光芒，即黯然陨落。此即与杨炯、卢照邻、骆宾王并称"初唐四杰"之王勃①。而于"四杰"之中，王勃年纪最轻。

王勃出身儒学世家，自幼聪敏好学，六岁即能著文，文笔流畅，时人赞为"神童"。其"九岁读颜氏《汉书》，撰《指瑕》十卷。十岁包综六经，成乎期月，悬然天得，自符音训。时师百年之学，旬日兼之，昔人千载之机，立谈可见。"②逾十岁后，王勃"尝谓人子不可不知医，时长安曹元有秘术，勃从之游，尽得其要。尝读《易》，夜梦若有告者曰：'《易》有太极，子勉思之。'寤而作《易发挥》数篇，至《晋卦》。"③其于长安随曹元学医时，尝深研《周易》《黄帝内经》《难经》，于"三才六甲之事，明堂玉匮之数"有所知晓。

龙朔三年（663年），王勃自长安返家乡绛州龙门，于是著述《上绛州上官司马书》等文章，积极寻求入仕机会。麟德元年（664年）秋，王勃上书右相、司礼太常伯刘祥道，直陈政见，并表明自己积极用世之决心。刘祥道阅文后对其赞赏有加，曰"此神童也！"16岁时，王勃应幽素科试及第，得授朝散郎，成为朝廷最年少之命官。之后，王勃才思泉涌，笔端生花，撰《乾元殿颂》，通过皇甫常伯献于唐高宗。高宗见颂词绮丽，歌功颂德，词美义壮，仕进之意甚明。旋闻如此妙文乃未及弱冠之神童所为，惊叹为"奇才"。王勃文名因之大振，与杨炯、卢照邻、骆宾王合称"初唐四杰"，并被推为"四杰"之首。

缘于成名出道均早之由，王勃秉承儒学主旨积极入世，凡有声发，即成宏响，朝野上下多闻其才。

然，毕竟年少得志者，如初生牛犊血气方刚。王勃为早遂凤志，却率意恣肆毫无忌惮，全不遵循宦海规则，终于遭致多方妒忌，多舛命运随之接踵而来。

初授朝散郎后，经主考官荐举，王勃旋任沛王府修撰，并赢得沛王李贤欢心。一次，沛王李贤与英王李哲斗鸡，王勃写一篇《檄英王鸡》，讨伐英王斗鸡，以此为沛王助兴：

> 盖闻昴日，著名于列宿，允为阳德之所钟。登天垂象于中孚，实惟翰音之是取。历晦明而喔喔，大能醒我梦魂；遇风雨而胶胶，最足增人情思。处宗窗下，乐兴纵谈；祖逖床前，时为起舞。肖其形以为帻，王朝有报晓之人；节其状以作冠，圣门称好勇之士。秦关早唱，庆公子之安全；齐境长鸣，知群黎之生聚。决疑则荐诸卜，颂赦则设于竿。附刘安之宅以上升，遂成仙种；从宋卿之窠而下视，常伴小儿。惟尔德禽，固非凡鸟。文顶武足，五德见推于田饶；雌霸雄王，二宝呈祥于嬴氏。迈种首云祝祝，化身更号朱朱。苍蝇恶得混其声，螟蚋安能窃其号。即连飞之有势，何断尾之足虞？体介距金，邀荣已极，翼舒爪奋，赴斗奚辞？虽季郈犹吾大夫，而埘桀隐若敌国。两雄不堪并立，一啄何敢自妄？养成于栖息之时，发愤在呼号之际。望之若木，时亦趾举而志扬；应之如神，不觉尻高而首下。于村于店，见异己者即攻；为鹯为鹘，与同类者争胜。爰资枭勇，率逼鹏张。纵众寡各分，誓无毛之不拔；即强弱互异，信有喙之独长。

---

① 王勃（约650年－约676年），字子安，古绛州龙门（今山西河津）人，唐代诗人。
② 唐·杨炯《王勃集序》。
③ 北宋·宋祁、欧阳修等《新唐书·王勃传》。

昂首而来，绝胜鹤立；鼓翅以往，亦类鹏抟。搏击所施，可即用充公膳；翦降略尽，
宁犹容彼盗啼。岂必命付庖厨，不曾魂飞汤火。羽书捷至，惊闻鹅鸭之声；血战功成，
快睹鹰鹯之逐。于焉锡之鸡锌，甘为其口而不羞；行且树乃鸡碑，将味其肋而无弃。
倘违鸡塞之令，立正鸡坊之刑。牝晨而索家者有诛，不复同于虎畜；雌伏而败类
者必杀，定当割以牛刀。此檄。

不料此文传至宫中，高宗览后圣颜不悦，怒而叹道："二王斗鸡，王勃身为博士，
不予劝诫，反作檄文，有意虚构，夸大事态，此类歪才当即刻逐出王府。"于是，王勃
被逐。凭才情与苦心经营打通之仕途，于此毁于一旦。

因作《檄英王鸡》而被逐出沛王府之后，王勃历时三年游览巴蜀山川景物，创作大
量寄情山水之诗文。

咸亨二年（671 年）秋冬，王勃自蜀地返回长安参加科选。其友凌季友时为虢州司法，
言虢州药物丰富，勃知医道识药草，遂为之谋得虢州参军之职。任虢州参军期间，官奴
曹达犯罪求其庇护，王勃先将罪犯藏匿起来，旋因怕走漏风声又将其杀死，遂触犯唐律，
按罪当斩。幸遇大赦而侥幸得免。

仕途与人生接踵遭遇二次打击，王勃仕宦念想彻底绝灭，遂步入最终导致其过早离
开人世之厄运。

王勃之父王福畤时任雍州司功参军，受其子杀死官奴之案牵连，朝廷贬王福畤为交
趾（今越南）县令，远谪南荒之外。此事于王勃之打击，远超自己所受惩罚，直令其思
之锥心啼血。王勃为人虽然放浪不羁，然其立身处世基本原则，却以儒家礼法为标尺。
身为孝子，王勃为自己不慎行为给父亲带来创伤，内心感到强烈羞愧与自责。此种内疚
心情，其尝于《上百里昌言疏》中有痛切表达：

　　　如勃尚何言哉！辱亲可谓深矣。诚宜灰身粉骨，以谢君父。……今大人上延
　　国谴，远宰边邑。出三江而浮五湖，越东瓯而渡南海。嗟乎！此勃之罪也，无所
　　逃于天地之间矣。

遇赦出狱之后，王勃寓居家中赋闲年余，朝廷宣布恢复其旧职。然此时其视宦海为
畏途，已无意仕途进取。上元二年（675 年）秋天，王勃自洛阳出发沿运河南下，于八
月中旬到达淮阴，先后辗转经楚州、入长江、过江宁，于翌年春夏之交抵交趾，探望生
活窘困之父亲。旋，王勃踏上归途，回返中原。时适值夏季，南海风急浪高，王勃不幸
溺水，因惊悸失魄而死，年仅 27 岁。

王勃当仁不让为标准儒学传人，唯因不谙官场规矩及英年早逝缘故，于仕宦之途与
政治作为尚不及贾谊行得远。然其于短暂 27 年生命历程中，凭才情砌就之文学丰碑却绝
不亚于贾谊。

受大唐时期各种思潮交融发展影响，王勃之思想人格亦兼容儒、释、道多种文化因子，但核心思想依然直接继承其祖父王通之儒家思想。王勃主张仁政，渴望功名，希望济世，虽于宦海中几沉几浮，最终难以割舍者，依然为何时济世与如何济世。从人格精神观之，王勃首先为儒家之狂者。其志向高远，勇于进取；才华横溢，文采斐然。同时却处事疏阔，缺少谋略。其次，其亦为傲世独立者。其身秉傲骨，且鄙世傲物，蔑视尘俗。与此同时，王勃又崇信佛教，认为佛教蕴含深刻度世哲理，于社会和谐可发挥巨大作用。

王勃文学主张表现为"立言见志"创作思想及"文章经国之大业"之教化功能。然其作品则呈现出"高情壮思"与"雄笔奇才"相结合之雄壮美、"气凌云汉，字挟风霜"之风格取向及"感序缘情，登离寄赏"之表现方式。造成这种冲突之原因，即其文学思想虽直接继承其祖父王通观点，然于具体文学创作仍然遵循文学发展之基本客观规律。

"初唐四杰"于文学方面贡献颇巨，其创作实践得以扭转唐之前萎靡浮华之宫廷诗歌风气，使诗歌题材自亭台楼阁、风花雪月之狭小邻域扩展至江河山川、边塞大漠之辽阔空间，赋予诗歌以新的生命力。

王勃于诗歌体裁擅长五律、五绝。作为初唐现实主义诗人代表，其诗歌直接继承贞观时期崇儒重儒之精神风尚，又注入崭新时代气息，既壮阔明朗且不失慷慨激越。其五律代表作品《送杜少府之任蜀州》，充分体现了这一文学集团之创作主张：

> 城阙辅三秦，风烟望五津。
> 与君离别意，同是宦游人。
> 海内存知己，天涯若比邻。
> 无为在歧路，儿女共沾巾。

此诗为历代送别诗之名作，诗意旨在慰勉远行者勿于离别之时过于悲哀，应振作精神，昂扬向上。起句严整对仗，三、四句以散调相承，以实转虚，文情跌宕。第三联"海内存知己，天涯若比邻"，奇峰突起，高度概括"友情深厚，江山难阻"之情景，尾联点出"送别"主题。全诗开合顿挫，气脉流通，意境旷达，一扫惜别伤离之低沉气息。送别诗中悲凉凄怆之气，于王勃笔下代之以音调明快爽朗，语言清新高远，内容独树碑石。整首诗气势磅礴、雄浑壮阔，一洗往昔送别诗中悲苦缠绵之态，体现出诗人之高远志向、豁达情趣及旷达胸怀。

于摒弃萎靡浮华宫廷诗歌风气同时，王勃于诗歌描写手法、诗境开拓诸方面亦进行了探索性尝试，并取得显著艺术效果。故其部分送别诗或者优美静谧、隐约迷蒙，或者重在抒发自我身世之悲切之感。总之，无论何种描述，皆能使读者身临其境感同身受，进而与作者同悲喜。

> 乱烟笼碧砌，飞月向南端。
> 寂寞离亭掩，江山此夜寒。

（《江亭夜月送别·其二》）

作品描绘的一幅美丽江边月夜图，画面优美迷蒙，读来令人心醉神迷。

当代著名文学家郑振铎先生论及王勃诗歌于后代之贡献时，满怀激情言道："正如太阳神万千缕的光芒还未走在东方之前，东方是先已布满了黎明女神的玫瑰色的曙光了。"王勃作为盛唐诗歌之黎明女神，的确当之无愧。

王勃文学成就主要表现于骈文，无论数量抑或质量，皆为历代骈文上乘之作，特别是其代表作《滕王阁序》，千百年来直使推崇仰慕者反复咀嚼，味儿难尽品。

作者通过描绘滕王阁雄伟壮丽景象及状写宴会高雅宏大气势，来抒发个人感慨情怀。文章首先交代"故郡""新府"之历史沿革，描述滕王阁"襟三江而带五湖，控蛮荆而引瓯越"之地理位置与周围环境，点明"潦水尽而寒潭清，烟光凝而暮山紫"之时令气候，一句"落霞与孤鹜齐飞，秋水共长天一色"成为千古绝唱。其为自己有缘参加宴会深感荣幸，然面对高官显耀又不免有几分心酸悲怆。通过慨叹自己"不济"之"时运"、"多舛"之"命途"，抒发自己内心深处之郁闷与不平，倾吐"有怀投笔""无路请缨"之报国之情怀与勇往直前之决心。情由景生，写景即为抒情。作品景、情相互渗透，水乳交融，浑然天成，恰似行云流水，挥洒自如，自然流畅。

《滕王阁诗并序》之创作，尝为古今文坛留下"一字千金"之典故及美谈。

相传唐高宗上元二年（675年）重阳节，南昌都督阎伯屿重建滕王阁，大摆宴席，邀请远近文人学士为滕王阁题诗作序。王勃前往交趾探望父亲，恰好路过洪州，自然成其中宾客。宴会中，王勃应主人之请，挥毫写下著名骈文《滕王阁诗并序》：

> 滕王高阁临江渚，佩玉鸣鸾罢歌舞。
> 画栋朝飞南浦云，珠帘暮卷西山雨。
> 闲云潭影日悠悠，物换星移几度秋。
> 阁中帝子今何在？槛外长江__自流。

王勃写《滕王阁诗》时，故意空下一字，然后将序文及诗一并呈上都督阎伯屿，便起身告辞。阎大人看过王勃序文，为其优美文辞及磅礴气势所感染，正待发表溢美之词，却发现后句诗中空了一字，便觉奇怪。旁观文人学士皆纷纷置喙期间，发表各自高见。或言空处必定为"水"字，或言空处应该为"独"字。阎大人听后以为众人全凭胡猜，无论"水""独"，绝非作者原意。遂命人快马追赶王勃，请其将落字补上。来人追上王勃后，其随从传话道："我家公子有言，一字值千金，望阎大人海涵。"来人返回将此话转告阎伯屿，大人心中暗忖："此分明在敲诈本官，可气！"转念又一想，觉得无论如何不能让一字空着，不如且随其愿，本官亦可落个礼贤下士好名声。遂命人备好纹银千两，亲自率众文人学士赴王勃住处求字。王勃接过银子，故作惊讶道："何劳大人下问，晚生岂敢空字？"大家听后只觉不知其意，或问道："那所空之处该当何解？"王勃笑道："空者，'空'也。阁中帝子今何在？槛外长江'空'自流者是也。"大家听后一致称妙，阎大人亦意味深长道："一字千金，不愧为当今奇才。"

王勃赋为初唐赋之重要组成部分，某种意义上标志初唐赋体之繁荣。其骈文继承徐陵、庾信骈文艺术风格，对仗精工，自然而妥帖；音韵谐美，无论押韵抑或句内宫商均有意追求合律；用事贴切，力求典事内容与表达内容相谐调；熟用隔对，将四六句型作为主要句型运用，并巧用长短句之交错变化，同时注以散行之气，使文章于凝炼中见流畅，却又注以清新之风，振以疏荡之气，遂使骈文变繁缛为清丽，改滞涩为流畅，创造出气象高华、神韵灵动之时代风格，使骈文创作跃上崭新台阶。

与初唐同时代其他文人相比，王勃极善于赋中抒发情感，表白心志，表现人品。其赋中多表露急于入世之心理。然当理想受挫、仕途失意时，则于赋中着意表现自己崇高品质及美好人格，抒发心中忧郁愤懑、磊落不平之气。尽管如此，其从未放弃于功名之渴望及对未来之憧憬。王勃赋可以认为是其心理路程之真实反映，是其对理想与功业执著追求之见证。王勃之游宴序寓性情于游宴，具有绘画美，充满豪放壮阔气势；赠序则视野开阔、立足高远、情景交融，文中充满真情实感。

王勃于辞赋文章写作极少使用比喻手法，但其善于议论，哲理深刻。如《滕王阁序》中"天高地迥，觉宇宙之无穷；兴尽悲来，识盈虚之有数。"善于抒情，气盛情深。如《夏日诸公见寻访诗序》中"天地不仁，造化无力。授仆以幽忧孤愤之性，禀仆以耿介不平之气"。善于描写，形象逼真。如《感兴奉送王少府序》中"仆一代丈夫，四海男子，衫襟缓带，拟贮鸣琴，衣袖阔裁，用安书卷"。又善于运用递进与逆接句式。如《越州永兴李明府宅送萧三还齐州序》中"况乎泣穷途于白首，白首非临别之秋；嗟歧路于他乡，他乡岂送归之地"！

虽然王勃个人耻于以文名入仕，但由于仕途跌宕顿挫及天不假年之故，其最终别无选择而以文名于世。

当代伟人毛泽东颇赏识王勃才华，尝以长篇宏论予以评点："这个人高才博学，为文光昌流丽，反映当时封建盛世的社会动态，很可以读。这个人一生倒霉，到处受惩，在赣州几乎死掉一条命。所以他的为文，光昌流丽之外，还有牢愁满腹一方。"并且将王勃与贾谊、王弼、李贺、夏完淳等列于一起评点，不无惋惜地道："都是英俊天才，惜乎死得太早了。"[1]

王翰——长安少年无远图　一生惟羡执金吾

名传青史之唐代边塞诗人中，王翰[2]与岑参一样，均为取得进士功名之"正途"出身。王翰家资富饶，少年时聪颖过人，才智超群，举止豪放，不拘礼节，豪健恃才，倜傥不羁，喜与文人志士结交。唐睿宗景云元年（710年），王翰进士及第，是年23岁，当属

---

① 龚国基：《毛泽东与中国古代诗人的心灵对话》，中央文献出版社，2013年12月。
② 王翰（687—726年），字子羽，唐并州晋阳（今山西太原市）人，唐朝著名诗人。

少年俊才。

中进士后，王翰一直没有机会担任官职，依然闲居于本乡太原。其后曾入阁拜相之张嘉贞时任并州长史，因欣赏王翰才气，对其"礼接甚厚"，王翰颇受感动，常常为张嘉贞撰乐词以叙情，并于席上自唱自舞，神气豪迈，气度不凡。张嘉贞入朝后，接任并州长史之贬相张说亦对王翰推崇备至。在此期间，王翰曾举直言极谏、超拔群类制科，一度被任命为昌乐县尉。

开元九年（721 年），张说入朝升任三品兵部尚书，旋再度高居相位。缘于张说荐引，王翰入朝得授九品秘书正字。旋，张说寻机将其擢为七品通事舍人。三年后，张说又将其提拔为五品驾部员外郎。张说当时不但政治上居宰相之位，且诗文成就颇丰，俨然为文坛一代宗师，尤重词学之士。借助张说汲引，一批文人学士如张九龄、贺知章等常游其门，王翰亦常参与其中，因此得与张九龄等著名诗人结识交往。

王翰家道殷实，性格豪放不羁，为官之后依然"枥多名马，家有妓乐"，"发言立意，自比王侯。颐指侪类，人多嫉之。"[1]因此张说罢相之后，王翰便出为汝州长史，旋改任仙州别驾。即使遭逢如此厄运，王翰抵仙州后，依旧"日聚英豪，从禽击鼓，恣为欢赏"，日与才士豪侠饮乐游畋。于是，又被贬为道州司马，未至道州而卒于途中，年仅 39 岁，属英年早逝之奇才。

王翰仕途不得意，吃亏在于其豪放不羁之性格。而此种性格，却又助其成为名留千古之著名诗人。王翰诗感情奔放，词华流丽，为人所爱。其诗题材大多吟咏沙场少年、玲珑女子以及欢歌饮宴等，表达人生短暂之感叹与及时行乐之旷达情怀。词语似云铺绮丽，霞叠瑰秀；诗音如仙笙瑶瑟，妙不可言。

同王之涣一样，一首《凉州词》不仅使其跻身唐代边塞诗人之列，亦将其推向唐朝诗坛之峰巅，而且作品成为历代传诵之佳品：

葡萄美酒夜光杯，欲饮琵琶马上催。
醉卧沙场君莫笑，古来征战几人回？

（《凉州词》其一）

秦中花鸟已应阑，塞外风沙犹自寒。
夜听胡笳折杨柳，教人意气忆长安。

（《凉州词》其二）

"醉卧沙场君莫笑，古来征战几人回"，所透露之豪迈与悲凉，具有回肠荡气、洗心涤魄之感染力，令人三日犹闻其音。既表现出一种豪纵意兴，亦流露出作者厌战之情绪。

自初唐至开元盛世，唐朝北部、西北部少数民族骚扰中原始终不断，故朝廷须屡遣

①后晋·刘昫等《旧唐书·卷一百九十·中》。

361

军旅前往御敌。军队里除带兵打仗之武官外，亦需一批文官随军掌管文牍事务。如此，则为大批文人创造了赴边塞参战之机会。唐代"边塞诗"之发达，亦即由此而生。杜牧后来有诗句道"唯有凉州歌舞曲，流传天下乐闲人"。可见，以"凉州词"这种新乐府体裁所写之诗篇，不止于王翰，诸如王昌龄、王之涣、高适、岑参等人之"凉州词"，皆为初唐诗坛带来无比振奋之新气象。

王翰亦曾以驾部员外郎身份前往西北前线，其虽未亲自率兵作战，毕竟有着身临战场之经历。"驾部"为专门负责往前线输送马匹与粮草等军需物资之中央部门。员外郎为驾部副职，基本均由文职人员担任，所以有咏史作诗时间与闲情逸致。王翰此首《凉州词》，以即将奔赴战场之将军为主体，描绘出一幅将士视死如归之豪迈场景：将军正在行辕痛饮葡萄美酒，忽接探子报来军情变化，遂来不及将剩余美酒喝完，便于急促琵琶声中披挂上阵。其跨上战马后，对身边僚属们玩笑道，没准儿我是醉倒在了沙场，而不是被敌人打死的。即使如此，你们亦不可取笑我。自古及今，有几位亲临战场之将军能活着回来！作者以如此幽默笔法，描写边将面对生死之态度，"作悲伤语读便浅，作谐谑语读便妙。"[①]的确富有耐人寻味之意境。

王翰"凉州词"与王之涣"凉州词"同负盛名，作品于旷达、豪纵、谐谑背后，均流露出士兵厌战情绪与将军建功之豪迈。

唐人诗歌盛行七言断句，且独占中国古典诗坛鳌头。后人曾尝试于中遴选冠桂者，却各抒己见，莫衷一是。"李于鳞推王昌龄'秦时明月'为压卷。王元美推王翰'葡萄美酒'为压卷。王渔洋则曰：'必求压卷，王维之「渭城」，李白之「白帝」，王昌龄之「奉帚平明」，王之涣之「黄河远上」，其庶几乎！而终唐之世，绝句亦无出四章之右者矣。'"[②]

《饮马长城窟行》为王翰著名歌行体边塞诗：

> 长安少年无远图，一生惟羡执金吾。
>
> 麒麟前殿拜天子，走马西击长城胡。
>
> 胡沙猎猎吹人面，汉房相逢不相见。
>
> 遥闻鼙鼓动地来，传道单于夜犹战。
>
> 此时顾恩宁顾身，为君一行摧万人。
>
> 壮士挥戈回白日，单于溅血染朱轮。
>
> 归来饮马长城窟，长城道傍多白骨。
>
> 问之耆老何代人，云是秦王筑城卒。
>
> 黄昏塞北无人烟，鬼哭啾啾声沸天。
>
> 无罪见诛功不赏，孤魂流落此城边。
>
> 当昔秦王按剑起，诸侯膝行不敢视。

---

① 清·施补华《岘佣说诗》。

② 清·沈德潜《唐诗别裁》。

富国强兵二十年，筑怨兴徭九千里。

秦王筑城何太愚，天实亡秦非北胡。

一朝祸起萧墙内，渭水咸阳不复都。

王翰歌行诗本来风华流丽，此首歌行诗更可看出，作者具有驾驭语言之高超才气与审视历史之独特角度。"归来饮马长城窟，长城道傍多白骨。问之耆老何代人，云是秦王筑城卒……"作者于表达秦始皇累死万民修长城怨气同时，实际寄托着对劳苦百姓之无限同情。

据传，王翰属文字快手，笔头十分利索，很能写，故诗文或失于精雕细琢。张说虽然偏爱王翰，然于其评价亦有此见："王翰之文有如琼林玉斝，虽烂然可珍，而多有玷缺，若能箴其所阙，济其所长，亦一时之秀也。"[1]

令人惋惜的是，如此一位颇负才气之诗人，非但官未做大，即使文学作品亦流传不多，且无专集传世。据《旧唐书·本传》与《新唐书·艺文志》载，王翰有文集10卷，宋代已不传，晁公武、陈振孙二家均未著录。诗作载于《全唐诗》者，亦不过寥寥13首而已。

即使如此，倘于西域月光下饮酒赏月，能有几个男儿不吟诵"葡萄美酒夜光杯，欲饮琵琶马上催。醉卧沙场君莫笑，古来征战几人回"？

王翰，能有一首至今镌刻于大漠戈壁之《凉州词》，足矣！

韩愈——云横秦岭家何在　雪拥蓝关马不前

"文起八代之衰，道济天下之溺，忠犯人主之怒，勇夺三军之帅"[2]，即后世文坛对"唐宋八大家"之首韩愈[3]之褒誉。

唐代宗大历三年（768年），韩愈出生于一个官宦之家，其祖辈均于朝中或地方为官，父韩仲卿，官至秘书郎。韩愈3岁丧父，由兄长韩会抚育，后随韩会贬官至广东。韩会死后，随嫂郑氏颠沛流离，北归河阳，后迁居宣城。其少年聪慧，7岁读书，13岁能文，尝从独孤及、梁肃之徒学习，究心古训，并关心政治，自称"前古之兴亡，未尝不经于心也，

---

①唐·刘肃《大唐新语·卷八》。

②苏轼《潮州韩文公庙碑》。

③韩愈（768—824年），字退之，祖籍昌黎郡（今河北昌黎），生于河阳（今河南孟县），唐代文学家、哲学家、思想家。

当世之得失，未尝不留于意也"，^①由此确定终生抱负。

19岁时，韩愈赴京师长安。时文人作文大多崇尚仿古，"大历、贞元之间，文字多尚古学，效扬雄、董仲舒之述作，而独孤及、梁肃最称渊奥，儒林推重。愈从其徒游，锐意钻仰，欲自振于一代。洎举进士，投文于公卿间，故相郑余庆颇为之延誉，由是知名于时。"^②韩愈与独孤及、梁肃深入交往，锐意钻研，学业于同仁中崭露头角，因此名扬京师。

贞元十二年（796年）七月，受董晋推荐，韩愈出任宣武军节度使观察推官。任观察推官三年，指导李翱^③、张籍^④等学文，且利用一切时机，极力宣传散文革新主张。十五年（799年），董晋逝世，宣武军发生兵变，留后陆长源等被杀，军中大乱。韩愈因随董晋灵柩离境，故得以免祸。旋即应徐泗濠节度使张建封之聘，担任其幕僚。韩愈直爽坦率，操行坚定纯正，从不畏惧回避冗繁。十六年（800年）冬，韩愈第四次参加吏部博学宏词科考试，三次投当权者府邸拜访，均被拒之门外。贞元十七年（801年），通过铨选于秋末任国子监四门博士。冬，晋升监察御史。十九年（803年），关中地区大旱。韩愈查访发现，灾民流离失所，四处乞讨，关中饿殍遍地。目睹严重灾情，其痛心不已。而时任京兆尹李实封锁消息蒙蔽视听，上报朝廷关中粮食丰收，百姓安居乐业。愤怒之下，韩愈上《论天旱人饥状》，却反遭权臣谗害，贬官连州阳山令。两年后离开阳山，任江陵法曹参军。

元和元年（806年）六月，韩愈奉召回长安，授权知国子博士。四年，改授都官员外郎，分司东都兼判祠部。同年冬，降职调为河南令。时魏、郓、幽、镇四镇各设留守藩邸，暗中蓄养兵卒并窝藏逃犯，意图不轨。韩愈拟揭发其叛逆行为，遂部署官吏，先断其与百姓往来，留守官员大惧，遂被迫收手。其后韩愈相继任职方员外郎、国子博士。元和八年（813年）三月，晋升为比部郎中、史馆修撰，奉命修撰《顺宗实录》。旋任考功郎中、知制诰。

元和十年（815年），韩愈晋升为中书舍人。旋，或言其降职江陵掾曹。荆南节度使裴均留其住宿，且礼遇厚重。裴均之子裴锷乃平庸浅陋之人，韩愈留宿裴家时，适逢其归家看望父母，二人相识并有浅谈。故，韩愈于送行文章序中以其字称呼裴锷。此言于朝官中引起较大反响，韩愈因此而改授太子右庶子。

元和九年（814年），淮西节度使吴少阳死，其子元济匿不发丧，伪造少阳表，称病，请朝廷任其为留后。朝廷不许。吴元济遂起步反叛，遣兵焚舞阳、叶县，攻掠鲁山、襄城、阳翟（均属今河南）。宪宗发兵讨伐。时河北藩镇中，成德（今河北正定）王承宗、淄青（今山东益都）李师道均暗中与元济勾结，出面为之请赦。因朝廷不许，李师道遂遣人伪装盗贼，焚烧河阴（今河南荥阳）粮食，企图破坏唐军军需供应。旋派刺客入京刺杀宰相武元衡，砍伤裴度，企图打击主战派。然宪宗不为动摇，以裴度继武元衡为宰相，主持讨伐事宜。

---

①唐·韩愈《与凤翔邢尚书书》。

②五代·后晋·刘昫、张昭远《旧唐书·卷一百六十·列传第一百一十》。

③李翱，西凉王李暠后代。唐朝文学家、哲学家，德宗贞元年间进士。历任国子博士、史馆修撰、考功员外郎、礼部郎中、中书舍人、桂州刺史、山南东道节度使等职。曾师从韩愈学古文。

④张籍，唐代著名诗人，韩愈大弟子，曾任水部员外郎、国子司业。诗歌《秋思》曾入选小学课本。

两方相持数年，相互僵持难决胜负。

十二年（817 年）八月，宰相裴度任淮西宣慰处置使、兼彰义军节度使，聘韩愈为行军司马，赐紫服佩金鱼袋。时，吴元济占据蔡州，唐军久攻不下。韩愈"势审其贼虚实，请节度使裴度曰：'某领精兵千人取元济。'度不听察。居数日，李愬自文城果行，无人，擒贼以献，遂平蔡方，三军之士为先生恨。"[1]唾手可得之功由于裴度犹豫不决而被李愬所得，实在令人遗憾。旋，韩愈再次进言裴度："今藉声势，王承宗可以辞取，不烦兵矣。"[2]裴度接受其建议，写好劝降书信，派人入镇州晓喻王承宗。王承宗慑于朝廷兵威，表示服从朝廷。遂上表献德、棣二州，并遣子入朝为质。

淮西平定，韩愈随裴度回朝，因功授刑部侍郎。因"韩公于碑志之类，最为雄奇。有气力亦甚古。"[3]故，宪宗命其撰写《平淮西碑》。因其亲历淮西战事，撰此碑文自然得心应手。"公退斋戒坐小阁，濡染大笔何淋漓。点窜尧典舜典字，涂改清庙生民诗。"[4]碑文千八百字，如行云流水大江出峡，汪洋恣意，一挥而就。勒碑之时，国人视为奇文争相诵之。清代桐城派大家张裕钊尝赞道："此文自秦后，殆无能为之者，……殆欲度越盛汉，与周人并席矣。"裴度亦因此更得宪宗宠信。真可谓"裴度平淮西，绝世之功也。韩愈《平淮西碑》，绝世之文也。非度之功不足以当愈之文，非愈之文不足以发度之功。"[5]然，出乎意料者为，淮西战乱祸首为吴元济，李愬雪夜入蔡州生擒吴元济实为首功，而韩愈碑文大篇叙述裴度事迹，将平淮西之功一揽子归于裴度，引发李愬等其他将领愤愤不平。李愬部将石忠孝不仅以"长绳百尺拽碑倒，粗沙大石相磨治"，并亲自挥锤将其砸断。而李愬妻本"唐安公主女也，出入禁中，诉愈文不实。帝亦重牾武臣心，诏斫其文，更命翰林学士段文昌为之。"[6]

元和十四年（819 年），宪宗皇帝遣使者赴凤翔迎佛骨，京城一时掀起信佛狂潮。韩愈不顾个人安危，毅然上《论佛骨表》，痛斥佛之不可信，请将佛骨"投诸水火，永绝根本，断天下之疑，绝后代之惑。"宪宗龙颜震怒，欲将其处以极刑。幸宰相裴度及朝中大臣极力说情，乃得免死，贬为潮州刺史。韩愈任潮州刺史八月，驱鳄鱼为民除害，请教师兴办乡校，计庸抵债释放奴隶，率领百姓兴修水利，一时政声卓著。

十五年（820 年）正月，韩愈调任袁州（今江西宜春）刺史。其出任袁州虽不及一年，又因"禁隶"政绩卓显而蜚声朝野。"袁人以男女为隶，过期不赎，则没入之。愈至，悉计庸得赎所没，归之父母七百余人。因与约"禁其为隶。"[7]当地人为感激其善政，建昌黎书院以示纪念。旋，诏内调为国子祭酒。

---

①唐·韩愈《神道碑》。

②唐·韩愈《神道碑》。

③明·李贽纯辑《王弇州先生崇论》。

④唐·李商隐·《平淮西碑》。

⑤南宋·葛立方《韵语阳秋·卷十一》）。

⑥北宋·欧阳修、宋祁等《新唐书·吴元济传》。

⑦五代·后晋·刘昫、张昭远《旧唐书·韩愈传》。

长庆元年（821 年）七月，韩愈转任兵部侍郎。时，镇州（今河北正定）兵变，新任成德节度使田弘正被杀，都知兵马使王廷凑自称留后，向朝廷索求节钺。

二年，朝廷命韩愈为宣慰使，单身匹马冒险赴镇州宣慰乱军，史称"勇夺三军帅"。其不费一兵一卒，化干戈为玉帛，平息镇州之乱，朝廷赦免王庭凑及成德士兵。九月转任吏部侍郎。

长庆三年（823 年）六月，韩愈晋升京兆尹兼御史大夫。旋相继调任兵部侍郎、吏部侍郎。翌年，因病告假，是年十二月病卒于长安，享年 57 岁。赠礼部尚书，谥号"文"。

韩愈主要历史贡献在于文学。其与柳宗元共同倡导中唐时期"古文运动"，主张继承先秦两汉散文传统，反对专讲声律对仗而忽视内容之骈体文，于散文创作方面取得突出成就。杜牧将韩文与杜甫诗并列，称为"杜诗韩笔"，苏轼则誉其为"文起八代之衰"。

韩愈古文众体兼备，举凡政论、表奏、书启、赠序、杂说、人物传记、祭文、墓志乃至传奇，无不擅长，可大致概括为论说与记叙两类。其论说文气势雄浑，结构严谨，逻辑性强，名篇如《谏迎佛骨表》《原道》《原毁》《争臣论》《师说》等；记叙文则爱憎分明，抒情性强，名篇如《送李愿归盘谷序》《送董邵南序》《张中丞传后叙》《祭十二郎文》《柳子厚墓志铭》等。韩文雄奇奔放，风格鲜明，语言独具特色，尤善锤炼词句，推陈出新，许多精辟词语为历代传言。其与创作理论强调文以载道，文道合一，以道为主。

其论说文重在宣扬道统与儒家思想，以明道反映现实，作不平之鸣，而且反流俗传统，行文夹杂强烈感情倾向，最有代表性者为《师说》《马说》。

> 世有伯乐，然后有千里马。千里马常有，而伯乐不常有。故虽有名马，祇辱于奴隶人之手，骈死于槽枥之间，不以千里称也。
>
> 马之千里者，一食或尽粟一石。食马者，不知其能千里而食也。是马也，虽有千里之能，食不饱，力不足，才美不外见，且欲与常马等不可得，安求其能千里也。
>
> 策之不以其道，食之不能尽其材，鸣之而不能通其意，执策而临之，曰："天下无马。"呜呼！其真无马邪？其真不知马也！

（《马说》）

文章以马为喻，谈人才问题，流露出作者愤世嫉俗怀才不遇之感慨与愤懑之情，表达其对封建统治者不能识别人才、重用人才以及埋没人才之强烈愤慨。

韩诗则力求新奇，重气势，有独创之功。其主张以文为诗，将新古文语言、章法、技巧引入诗坛，增强诗歌表达功能，扩大诗之题材领域。韩愈针对大历以来诗人"窃占青山白云，春风芳草以为己有"[1]之浮荡习气，"往往涉于齐梁绮靡婉丽"[2]之诗风，自觉继承发扬李白、杜甫诗歌创作业绩，力图恢复盛唐气象。因此，其诗歌创作勇于创造，

---

[1]唐·皎然《诗式》。

[2]唐·高仲武《中兴间气集》。

大胆革新，另辟蹊径，独树一帜，广泛反映当时现实，成为中唐诗坛著名诗人。其于创作实践上，继承李白之自由豪放与杜甫之体格变化，独立开拓创作道路。

> 山石荦确行径微，黄昏到寺蝙蝠飞。
> 升堂坐阶新雨足，芭蕉叶大栀子肥。
> 僧言古壁佛画好，以火来照所见稀。
> 铺床拂席置羹饭，疏粝亦足饱我饥。
> 夜深静卧百虫绝，清月出岭光入扉。
> 天明独去无道路，出入高下穷烟霏。
> 山红涧碧纷烂漫，时见松枥皆十围。
> 当流赤足蹋涧石，水声激激风吹衣。
> 人生如此自可乐，岂必局束为人靰。
> 嗟哉吾党二三子，安得至老不更归。

（《山石》）

此篇诗体山水游记，按时间顺序记叙游览惠林寺之所见所感，描绘由黄昏而入夜再至黎明之清幽景色，抒发作者不愿为世俗羁绊之心情。记叙时间层次分明，环环相扣，前后照应，耐人寻味。该诗影响深远，极受后人重视。苏轼与友人游南溪，解衣濯足，朗诵《山石》，慨然知其所以乐，因而依照原韵作诗抒怀。且专意写七绝一首：

> 荦确何人似退之，意行无路欲从谁？
> 宿云解驳晨光漏，独见山红涧碧诗。[①]

此诗诗意、词语，皆从《山石》化出。

韩愈作品非常丰富，现存诗文700余篇，其中散文近400篇。其于赋、诗、论、说、传、记、颂、赞、书、序、哀辞、祭文、碑志、状、表、杂文等各种体裁作品，均有卓越成就。门人李汉曾编其遗文为《韩愈集》40卷，今有《韩昌黎集》传世。《全唐诗》编其诗10卷，《全唐诗外编》及《全唐诗续拾》补诗12首。

韩愈亦为唐代重要思想家。于宋儒眼中，孔、孟之下便是韩愈。其于儒学式微，释、道盛行之际，力辟佛、老，致力于复兴儒学，取得重大成功。其所倡导之古文运动，其实即为复兴儒学之重要手段。政治上，韩愈强烈反对藩镇割据。其《平淮西碑》主要倾向即"反对藩镇割据，而歌颂平叛的胜利；赞扬主战派，而批评主和派"，其"反对藩镇割据的坚定立场，不应因为碑文少写了李愬之功便加以贬低"，而且其"反对藩镇割据的主张，还不仅表现在平定淮西的一时一事，在一系列文章里均贯穿这一思想。"[②]

---

①北宋·苏轼《王晋卿所藏着色山二首·其二》。
②杜晓勤《二十世纪隋唐五代文学研究综述·第二节·韩愈研究》。

唐时人称韩愈有史家笔力。其于韦处厚所撰3卷《顺宗实录》基础上，"与修撰左拾遗沈传师，直馆京兆府咸阳县尉宇文籍等，共加采访，并寻检诏敕，修成《顺宗皇帝实录》5卷。削去常事，著其系于政者，比之旧录，十益六七。忠良奸佞，莫不备书，苟关于时，无所不录。"从实录可看出其对宫市之斥责，对盐铁使进奉之批判，对京兆尹李实罪行之揭露。说明表状所言，符合实情。然《实录》送呈后，因"韩愈撰《顺宗实录》"，说禁中事颇切直，内官恶之，二人上前屡言不实"①，受多数朝臣激烈反对，于是"累朝有诏改修"。文宗令路隋等重新改写，几经曲折，终于遵照旨意，将实录中所书德宗、顺宗朝禁中事"详正刊去"。

韩愈更是一位热心教育家，能逆当时潮流，积极指导后进学习，特别重视教育培养后进才俊。"由魏晋氏以下，人益不事师。今之世，不闻有师；有辄哗笑之，以为狂人。独韩愈不顾流俗，犯笑侮，收召后学，作《师说》，因抗颜而为师。"②贞元十八年（802年），韩愈写下名作《师说》，系统提出师道理论。这一理论，不仅对唐代教育，即使时至今日，亦同样具有积极意义。

"韩愈唐之名士，天下望以为相，而竟不用，谈者至今眦为谤。"③然而，东方不亮西方亮，"排斥异端尊孔孟，推原人性胜荀扬。平生胆气尤奇伟，何止文章日月光。"④不论"杜诗韩文""韩柳""唐宋八大家""一代文宗"，抑或文学家、哲学家、思想家、政治家、诗人等桂冠，冠于韩愈名前均属实至名归。

李贺——曲水漂香去不归　梨花落尽成秋苑

唐代诗坛著名"诗鬼"李贺⑤，也是一名短命天才。此位中唐浪漫主义诗人，颇有几点与王勃相似处。其阳寿亦仅短暂27年，却亦为中国古典文学宝库留下丰厚艺术遗产。

李贺祖籍陇西，自称"陇西长吉"，出身于破落贵族之家。其远祖为唐高祖李渊叔父李亮（大郑王）。由于出身非李氏嫡系，加之武则天执政时大肆杀戮高祖子孙，至李贺父亲李晋肃时，其族早已世远名微，家道中落，隐沦昌谷。李贺自述家境时道："我在山上舍，一亩嵩硗田。夜雨叫租吏，春声暗交关。"（《送韦仁实兄弟入关》）

---

① 五代·后晋·刘昫、张昭远《旧唐书·卷一百六十·列传第一百一十》。

② 唐·柳宗元《答韦中立论师道书》。

③ 明·李贽《藏书·卷十二》。

④ 南宋·徐钧《韩愈》。

⑤ 李贺（790—816年），字长吉，河南福昌人（今河南宜阳县），唐代著名诗人，世称李长吉、鬼才、诗鬼。

父亲李晋肃，早年受雇为"边上从事"。大历三年（768年）去蜀任职，曾与表兄杜甫相遇于公安。其后宦海蹭蹬，漂泊一生。贞元年间，李贺出生，晋肃稍得升迁，任陕县令，旋老病而死。老父病故，李贺兄弟二人生计无着，遂外出谋生，欲饱肌腹。"欲将千里别，特此易斗粟"（《勉爱行二首送小季之庐山》），凄凉之状，于此可见。

李贺自幼体形细瘦，通眉长爪，长相极有特点。其才思聪颖，7岁能诗，15岁即以工乐府诗与先辈李益齐名。元和三、四年（808—809年）间，文坛领袖韩愈居洛阳，李贺是年20岁，尝前去造府拜访。数日后，韩愈携学生皇甫湜曾一同回访。此时，韩愈年届40岁，任都官员外郎分司东都兼判祠部，已成文坛宗师。皇甫湜亦为东都判官，以文名于世，且二人均为正途进士出身。由此可知，李贺当时声望已斐然文坛。

其实，李贺与韩愈、皇甫湜之忘年交，自有其历史渊源。李贺7岁时即以长短句名动京师。时韩愈与皇甫湜于其文学造诣颇为欣赏，却亦颇觉纳闷奇怪，何以至今不闻其人！二人遂相互推测："其若为古人，则吾等抑或孤陋寡闻不知其人。倘若为今人，则吾辈岂有不知之理。"旋，适逢故人与李贺之父李瑨肃相识，遂以李贺之状告韩愈、皇甫湜，老先生遂骑马专程赴李府造访。二人见李贺不过总角荷衣之孩童，疑其绝非以长短句名动京师之李贺，遂命其当面即兴赋诗一首。李贺不但善于诗词，且擅长"疾书"，遂欣然承命，操觚染翰，旁若无人，援笔辄就《高轩过》一诗：

> 华裾织翠青如葱，金环压辔摇玲珑。
> 马蹄隐耳声隆隆，入门下马气如虹。
> 云是东京才子，文章巨公。
> 二十八宿罗心胸，元精耿耿贯当中。
> 殿前作赋声磨空，笔补造化天无功。
> 庞眉书客感秋蓬，谁知死草生华风。
> 我今垂翅附冥鸿，他日不羞蛇作龙。

韩愈、皇甫湜二公亲眼目睹之后，不觉大惊，遂以所乘之马命联镳而还所居，并亲为之束发。

年稍长，李贺居崇义里，与出身官宦且均为进士之王参元、杨敬之、权璩、崔植等为密友，常偕同出游，白日骑驴觅句，暮则探囊整理，焚膏继晷，十分刻苦。李商隐作《李贺小传》云："恒从小奚奴，骑巨驴，背一古锦囊，遇有所得，即书投囊中，及暮归，太夫人使婢受囊出之，所见书多，辄曰：'是儿要当呕出心乃已耳！'"

李贺一心向往功名，但却命里注定与科举无缘，即使其不过早离世，亦不可能考取进士。18岁左右，李贺即已诗名远播域内，又最先为当时名公巨卿韩愈、皇甫湜所知。其本可早登科第，振兴家声，但"年未弱冠"即遭父丧。时子孙服丧守制，务必以三年全期为限。故直至元和五年（810年），韩愈方与李贺书，劝其举进士。是年初冬，李贺21岁，参加房式主持、韩愈参与组织河南府试，并一举获隽，年底即赴长安应进士举。无奈"阊阖未开逢猰犬，那知坚都相草草"。（《仁和里杂叙皇甫湜》）妒才者放出流言，谓李贺父名"晋肃"，"晋"与"进"同音，犯"嫌名"，李贺应避父讳不举进士。尽管韩愈作《讳辨》"质之于律""稽之于典"为其辩解，李贺终于未能应试。无奈之下，其不得不愤然离开试院。

未能参加进士考试，于李贺打击甚重，曾为此写下不少抒愤之诗。缘于其为李唐宗室后裔，又有韩愈为之推奖，元和六年（811 年）五月，李贺又返回长安。经宗人推荐考核后，以父荫得官，得授九品小官奉礼郎，从此"牢落长安"长达 3 年。由于身体等方面原因，李贺任奉礼郎 3 年后，不得不强撑病躯返回昌谷故居，整理所存诗作。其居长安期间，虽心情"憔悴如刍狗"，但其耳闻目睹朝野许多奇闻异事，结交一批志同道合朋友，于当时社会状况产生深刻认识，生活阅历大长，知识领域亦得以拓宽。个人生活虽极不如意，理想抱负亦无缘实现，李贺却创作出一系列反映现实、鞭挞黑暗之诗篇，于诗歌创作获得巨大丰收。而此类作品"命辞、命意、命题皆深刺当世之弊，切中当世之隐"[1]，成为李贺诗歌重要组成部分。

正是因为仕途失意之原因，李贺只能将全部精力用于诗歌创作，故其诗歌内容形成充满深沉苦闷之特点。其大多数作品产生于此一时期，从而奠定其中唐诗坛乃至整个唐代文坛之杰出地位。

元和十一年（816 年），一生体弱多病，郁郁不得志之"诗鬼"李贺，以 27 岁青春年华撒手西游。其死前曾将诗作分为四编，授其友沈子明。死后 15 年，沈子明将其整理付梓，并嘱杜牧为之作序。

李贺是中唐至晚唐诗风转变期之杰出代表作家。其作品大多为慨叹生不逢时与内心苦闷，抒发对理想抱负之追求。于当时藩镇割据、宦官专权、百姓所受残酷剥削均有反映。

其尤喜欢驰骋于神话故事、鬼魅世界，以大胆、诡异之想象力，构造出波谲云诡、迷离惝恍之艺术境界，抒发好景不长、时光易逝之感伤情绪。故后人评价唐人诗认为："太白仙才，长吉鬼才。"[2]

诗歌创作上，李贺与李白、李商隐三人并称唐代"三李"。其诗受楚辞、古乐府、齐梁宫体、李杜、韩愈等多方面影响，经自己熔铸、苦吟，形成非常独特之风格。李诗最大艺术特色，在于想象丰富奇特、语言瑰丽奇峭。作品中，作者上访天河、游月宫；下论古今、探鬼魅，想象神奇瑰丽、旖旎绚烂。刻意锤炼语言，造语奇隽，凝练峭拔，色彩浓丽，为李贺创作过程中最用力之处。其笔下颇多精警、奇峭而有独创性之语句。如"羲和敲日玻璃声"（《秦王饮酒》）、"银浦流云学水声"（《天上谣》）、"玉轮轧露湿团光"（《梦天》）等匪夷所思之奇语，比比皆是。可以说，尚"奇"为长吉所处时代、特别为其良师益友韩愈所代表之"韩孟诗派"共同之追求。然，长吉亦有不少明快易懂作品，如《勉爱行》《感讽五首》《京城》《嘲少年》等。与"诗仙"李白、"诗圣"杜甫、"诗豪"刘禹锡、"诗魔"白居易一样，李贺被诗坛誉为"诗鬼"，实属理所当然，实至名归。

---

① 清·姚文燮《昌谷诗注序》。
② 元·马端临编撰《文献通考》。

　　李贺诗另一大特点体现为较多地写古体与乐府诗，很少写当时流行之近体诗。其于乐府诗之继承与创新方面，一度做出杰出贡献，借古寓今，或讽或叹，灵活多变，焕然有新意，于同时代"元（稹）白（居易）"、"张（籍）王（建）"两派乐府外，别开境界，独树一帜。"大历以后，解乐府遗法者，惟李贺一人。设色浓妙，而词旨多寓篇外。刻于撰语，浑于用意。"①李商隐、温庭筠之古诗，皆承袭李贺开辟之道路。尤其温庭筠，自李贺乐府中汲取养分，而成就却与乃"师"不相上下。"唐人乐府，首推李、杜，而李奉礼、温助教（即温庭筠），尤益另炷瓣香。"②宋人贺铸、周邦彦、刘克庄、谢翱、文天祥，元人萨都剌、杨维桢，明人汤显祖，清人曹雪芹、黎简、姚燮等，皆受李贺诗深刻影响。

> 黑云压城城欲摧，甲光向日金鳞开。
> 角声满天秋色里，塞上燕脂凝夜紫。
> 半卷红旗临易水，霜重鼓寒声不起。
> 报君黄金台上意，提携玉龙为君死。

（《雁门太守行》）

　　杜牧于《李长吉歌诗叙》中赞其诗作为"骚之苗裔"。王船山评价："长吉于讽刺，直以声情动今古"，"真与供奉（李白）为敌。"③

　　由于过分雕琢求奇，李贺有些作品语意晦涩、堆砌词藻，艺术形象欠完整，情思脉络欠连贯。于肯定其艺术成就同时，杜牧亦曾含蓄批评道："贺能探寻前事，所以深叹恨古今未尝道者，如《金铜仙人辞汉歌》《还自会稽歌》，求取情状，离绝远去笔墨畦径间，亦殊不能知之。"而"长吉穿幽入仄，惨淡经营，都在修辞设色，举凡谋篇命意，均落第二义。"④仕进无路，体弱多病，令李贺异常痛苦。人生前景黯淡，令其犹如屈原，整日闷思苦想，天上地下生前死后，始终无法走出这一怪圈。尽管其属于青年诗人，然其诗想象力丰富，意境诡异华丽，常用险韵奇字，风格与唐朝其他诗人迥然不同。著名作品《神弦曲》《雁门太守行》等，"依约楚辞，而意取幽奥，辞取环奇。"⑤明显承袭屈原《楚辞》中《山鬼》《国殇》之传统。

> 茂陵刘郎秋风客，夜闻马嘶晓无迹。
> 画栏桂树悬秋香，三十六宫土花碧。
> 魏官牵车指千里，东关酸风射眸子。

---

① 清·毛先舒《诗辨坻》。

② 清·薛雪《一瓢诗话》。

③ 清·王夫子《唐诗评选》。

④ 钱钟书《谈艺录》。

⑤ 清·沈德潜《唐诗别裁集》。

空将汉月出宫门，忆君清泪如铅水。

衰兰送客咸阳道，天若有情天亦老。

携盘独出月荒凉，渭城已远波声小。

(《金铜仙人辞汉歌》)

一代伟人毛泽东对"诗鬼"李贺之诗歌亦极推崇。其与陈毅元帅探讨诗词时曾说："李贺的诗很值得一读，不知你有兴趣否？"(《致陈毅》)且在其七律《人民解放军占领南京》中，一字不改地引用了"天若有情天亦老"句。

李贺具有现实主义风格之作品，能够客观反映贫民艰苦生活，流露作者对劳苦百姓深切同情及对统治阶级之无情鞭挞。

采玉采玉须水碧，琢作步摇徒好色。

老夫饥寒龙为愁，蓝溪水气无清白。

夜雨冈头食蓁子，杜鹃口血老夫泪。

蓝溪之水厌生人，身死千年恨溪水。

斜山柏风雨如啸，泉脚挂绳青袅袅。

村寒白屋念娇婴，古台石磴悬肠草。

(《老夫采玉歌》)

李贺为继屈原、李白之后，中国文学史上又一位颇享盛誉之积极浪漫主义诗人。其诗对统治者之昏庸、腐朽及藩镇割据之黑暗现实，多所针砭挞伐；对下层人民之哀怨、痛苦亦多有同情，政治上具有进步倾向。艺术风格方面，其诗调高气峻，或如云崩雪涌，奇峭浪漫；或如明霞秀月，清丽璀璨。于想象奇特、构思精巧、语言精辟等方面极富独创性，在中唐诗坛别树一帜，有开拓之功。

只可惜"诗鬼"李贺阳寿太短！

李商隐——嗟余听鼓应官去　走马兰台类转蓬

李商隐[①]虽然与大唐皇族同宗，但其一门于仕途则波折顿挫，几乎无一人顺遂。其高

[①]李商隐(约813年—约858年)，字义山，号玉溪生，又号樊南生，原籍怀州河内(今河南沁阳)，祖辈迁荥阳(今河南荥阳市)，唐代著名诗人。

祖李涉曾任美原县（今陕西富平县）令，亦为其终生最高官职；曾祖父李叔恒，19岁登科进士，位终安阳令；祖父李俌，位终邢州录事参军；父亲李嗣曾任获嘉县令。李商隐3岁随父赴浙江任所。然不到10岁，父亲即病逝于任所，少年李商隐只得随母还乡，过起艰苦清贫生活。李商隐为家中长子，父亲去世，其自然背负起撑持门户之责任。故其少年时曾"佣书贩春"，贴补家用。李商隐"五岁诵经书，七岁弄笔砚"，回乡后曾师从一位精通五经与小学之堂叔受经习文。商隐之启蒙源自乃父，然其成学则完全有赖于这位曾上过太学，却终身隐居之同族叔父。其不仅于经学、小学、古文、书法均有造诣，且对商隐非常器重。受其熏陶影响，李商隐"能为古文，不喜偶对"，16岁时即作《才论》《圣论》，赢得时任天平军节度使令狐楚赏识。

　　虽然李商隐多次于诗歌文章中申明自己皇族宗室身份，却并未因此为自己带来任何实际利益。

　　大和三年（829年），李商隐移家洛阳，结识白居易、令狐楚等前辈。时"令狐楚镇河阳，以所业文干之，年才及弱冠。楚以其少俊，深礼之，令与诸子游。"[1]令狐楚欣赏李商隐文才，对其十分器重，允其与子令狐绹等交游，亲自授以今体（骈俪）章奏之学，并"岁给资装，令随计上都"。后又聘其入幕为巡官，曾先后随往郓州、太原等地。商隐一面积极应试，一面努力学文，虽于科举一再失败，但写作则完成由散文向骈文之转变。此后，其少有散文创作。对于这位恩师，李商隐曾于《谢书》中深表感激之情：

> 微意何曾有一毫，空携笔砚奉龙韬。
>
> 自蒙夜半传书后，不羡王祥有佩刀。

　　文宗大和七年（833年），令狐楚调任京职，商隐离太原返乡。此后，曾于王屋山学道二三年，道家思想遂于其创作产生一定影响。

　　开成二年（837年），经令狐绹延誉，李商隐"方登进士第，释褐秘书省校书郎，调补弘农尉。会昌二年，又以书判拔萃。"[2]

　　幼年环境与所受学业使李商隐世界观基本属于儒家体系，故其人生态度为积极入世，渴望有所作为。其善独立思考，对"学道必求古，为文必有师法"之说持异议，甚而萌生"孔氏于道德仁义外有何物"之大胆想法。诗歌创作上，初醉心于李贺奇崛幽峭风格及南朝轻倩流丽诗体。待屡试不第被人谮毁，遭际人生道路崎岖不平之时，其诗遂以愤懑不平之气，对现实社会以某些批判。大和九年（835年），"甘露之变"[3]以血淋淋之现实打开其眼界，使其思想与创作皆上"新楼"。《有感二首》《重有感》等诗，于腐朽政

---

①后晋·刘昫等《旧唐书·卷一百九十下·列传第一百四十》。

②后晋·刘昫等《旧唐书·卷一百九十下·列传第一百四十》。

　③唐大和九年（835年），唐文宗不甘为宦官控制，与宰相李训、凤翔节度使郑注等策划诛杀宦官，夺回皇权。文宗以观露为名，欲骗杀宦官头目仇士良，为其发觉。双方遂发生激战，宰相李训、王涯等朝廷重臣殒命，家人株连灭门达1000余人。史称"甘露之变"。

治之批判已相当深刻有力。

> 九服归元化，三灵叶睿图。
>
> 如何本初辈，自取屈牦诛。
>
> 有甚当车泣，因劳下殿趋。
>
> 何成奏云物，直是灭萑苻。
>
> 证逮符书密，辞连性命俱。
>
> 竟缘尊汉相，不早辨胡雏。
>
> 鬼箓分朝部，军烽照上都。
>
> 敢云堪恸哭，未免怨洪炉。

（《有感二首·其一·乙卯年有感丙辰年诗成二诗纪甘露之变》）

> 玉帐牙旗得上游，安危须共主君忧。
>
> 窦融表已来关右，陶侃军宜次石头。
>
> 岂有蛟龙愁失水，更无鹰隼与高秋！
>
> 昼号夜哭兼幽显，早晚星关雪涕收？

（《重有感》）

作品隐晦地表达作者对"甘露之变"后国家政治形势之看法。诗中对刘从谏上表之事予以肯定，主张各地武装力量进兵京城，铲除阉党，恢复皇帝自由，为朝廷分忧。体现了作者关注国家命运之精神与强烈正义感。全诗议论深刻，爱憎分明，用典工切，造语精严，虚词运用巧妙，文势变化跌宕。李商隐考中进士之年令狐楚病逝。参与料理令狐楚丧事后不久，应泾原节度使王茂元聘请，李商隐去泾州（今甘肃泾川县）为王幕僚。王茂元亦重商隐才华，遂以女妻之。然，此桩婚姻却将其拖入"牛李党争"①政治漩涡之尴尬处境。王茂元与李德裕交好，被视为"李党"成员；而令狐楚父子属于"牛党"。商隐为王茂元乘龙快婿，遂被解读为背叛恩师令狐楚，旋为此付出惨重代价。开成三年（838年）春，李商隐参加授官考试，结果于复审中被除名。翌年，再次参加授官考试，顺利通过授秘书省校书郎。旋，调任弘农（今河南灵宝）县尉。县尉品级虽与校书郎相仿，然远离权力中心，遂使其后发展颇受影响。

任弘农县尉时，李商隐因替死囚减刑（"活狱"）而受上司陕虢观察使孙简责难，令其非常屈辱，难以忍受，终以请长假方式辞职。幸孙简奉调，继任姚合极力斡旋缓和，勉强得以留职。

_____

①唐代统治中后期以牛僧孺、李宗闵等为领袖之"牛党"，与以李德裕、郑覃等为领袖之"李党"之间的争斗。斗争起自唐宪宗，终于唐宣宗，持续近40年，最终以牛党获胜结束。唐文宗有"去河北贼易，去朝中朋党难"之叹。

武宗会昌二年（842 年），李商隐再回秘书省任正字，品阶虽低于校书郎，然毕竟为一新起点，且唐代普遍以任京职为重，不仅易于升迁，且秘书省较易为高层关注。时宰相李德裕获武宗充分信任，被授予全权处理朝政之托。商隐于是积极支持李德裕政治主张，踌躇满志期待"天将降大任于斯人"。然，命运再次揶揄这位踌躇满志之才子。重入秘书省不足一年，其母去世。按制，商隐离职回籍守孝三年，遂失去跻身权力阶层最佳时机。其守制之期，恰与李德裕执政最辉煌时期，故此次变故于商隐政治生涯以致命打击。旋，武宗驾崩，李德裕政治集团骤然失势，商隐已再难寻觅政治知音。三年（843年），岳父王茂元于讨伐刘稹叛乱时病故，无疑使其处境愈加雪上加霜。闲居期间，李商隐将亲属墓葬迁回故乡家族墓园，且为调整心态，淡化政治生涯之兴趣与期待，又适时从事农耕，"渴然有农夫望岁之志"，模仿陶渊明风格写作田园诗歌。

唐武宗去世后，经过一系列宫廷斗争，宣宗李忱即位。宣宗不仅反对武宗基本治国政策，且尤其厌恶李德裕。故大唐朝廷遂经历一轮新的政治清洗，曾权倾一时之宰相李德裕及其支持者迅速被排挤出权力中心。在宣宗支持下，以白敏中为首之牛党新势力逐渐占据朝廷中枢。李商隐因支持李德裕政治纲领及被令狐绹等人视为背叛，无由分享牛党胜利之果实，故为仕途不得志而郁郁寡欢。大中元年（847 年），桂管观察使郑亚邀其赴桂林任职。自大和三年（829 年）受聘于天平军节度使令狐楚为始，李商隐于近 20 年间，多次进入地方官僚机构任幕僚角色，其为幕僚经历较任职朝廷时间更长。难以预料的是，李商隐应聘为郑亚幕僚却成为其仕途末路。"会给事中郑亚廉察桂州，请为观察判官、检校水部员外郎。大中初，白敏中执政，令狐绹在内署，共排李德裕逐之。亚坐德裕党，亦贬循州刺史。商隐随亚在岭表累载。"[1]之后 10 年，幕府生涯逐渐耗尽其所有政治热情。

桂林距京城约 5000 里，郑亚南迁任职属牛党清洗政敌之列。于桂林不足一年，郑亚再次被贬为循州刺史，商隐随之失去工作。大中二年（848 年）秋，李商隐回到京城长安。穷困潦倒之际，无奈写信给已进入权力核心之故友令狐绹，但遭拒绝。旋通过考试被授盩厔县尉。10 年之后，李商隐辗转返回圆之起点。

任盩厔县尉时间不长，李商隐被调回京城。此时情景，又与大中元年其供职秘书省之情形基本相似，官职低微，前途渺茫。落寞之余，总在期盼发生变化。大中三年（849 年）九月，武宁军节度使卢弘止邀请其赴徐州任幕僚。卢弘止极喜商隐，亦望其有出头之日，故对其奖掖有加。然追随卢弘止仅一年，卢弘止即病故于任所，商隐不得不再次另谋生路。更加不幸之事在于，妻子王氏旋于是年春夏间病逝。王氏出身高门望族，心性贤淑，夫妻情感甚笃。多年来，商隐奔波于仕途蹉跎，王氏尽心照料家庭，二人长期聚少离多。故念及于妻之情感亏欠，商隐已于官场人生心灰意懒。

是年秋，柳仲郢为西川节度使，遂邀商隐赴四川佐幕，任参军之职。赴任途中，李商隐于散关遇雪。白雪皑皑，山川一色，商隐愈加思念弃世之亡妻。遂即景吟咏《悼伤后赴东蜀辟至散关遇雪》：

---

① 后晋·刘昫等《旧唐书·卷一百九十下·列传第一百四十》。

剑外从军远，无家与寄衣。

散关三尺雪，回梦旧鸳机。

　　作品描写诗人客居异乡之寂寞及深切思念亡妻之情，无家而作有家之想，倾注血泪，伉俪情深见于笔端，令人不忍卒读。

　　四川梓州幕府生活四年，李商隐于郁郁寡欢间一度钟情于佛学，频繁与当地僧人交往，并捐钱刊印佛经，乃至想过出家为僧。梓幕生活为李商隐宦游生涯中最平淡稳定时期，其已再无心力追求仕途之成功矣。

　　大中九年（855 年），柳仲郢调回京城任职。出于照顾，安排李商隐任盐铁推官，该职虽然品阶低，待遇却较丰厚。李商隐于此履任近 3 年。"大中末，仲郢坐专杀左迁，商隐废罢。"①罢职后，李商隐回到郑州闲居。

　　因处于牛李党争夹缝之中，李商隐一生备受排挤，颇不得志，波折顿挫，抑郁寡欢。

　　为缓解与令狐兄弟之间嫌隙，李商隐曾专程造府拜访令狐绹，适逢令狐绹外出。商隐思及对方于己因误解而冷遇之凄凉，感慨之余，遂题诗于令狐绹厅堂壁上：

曾共山翁把酒时，霜天白菊绕阶墀。

十年泉下无人问，九日樽前有所思。

不学汉臣栽苜蓿，空教楚客咏江蓠。

郎君官贵施行马，东阁无因再得窥。

（《九日》）

　　作品委婉讽刺令狐绹忘记旧日友情。令狐绹回归读诗，惭愧而惆怅，遂令人将厅堂门上锁，终生不开。②

　　宣宗大中末年（约 858 年），商隐于郑州病故，享年约 45 岁。

　　李商隐一生仕途坎坷，心中抱负无法实现，遂借诗歌排遣心中郁闷与不平，七言律诗颇受杜甫诗风影响。其诗歌成就最高者为近体诗，尤其七言律绝，成为继杜甫之后唐代七律发展史上第二座里程碑。"商隐能为古文，不喜偶对。从事令狐楚幕。楚能章奏，遂以其道授商隐，自是始为今体章奏。博学强记，下笔不能自休，尤善为诔奠之辞。与太原温庭筠、南郡段成式齐名，时号'三十六'。文思清丽，庭筠过之。而俱无持操，恃才诡激，为当涂者所薄。名宦不进，坎壈终身。"③

　　商隐律诗继承杜甫七律锤炼谨严、沉郁顿挫特色，又融合齐梁诗浓艳色彩、李贺幻

---

①后晋·刘昫等《旧唐书·卷一百九十下·列传第一百四十》。

②五代·孙光宪《北梦琐言》。

③后晋·刘昫等《旧唐书·卷一百九十下·列传第一百四十》。

想象征手法，形成深情绵邈、绮丽精工之独特风格。《重过圣女祠》借爱情遇合，于写景中融合比兴象征，寄寓困顿失意身世之感：

> 白石岩扉碧藓滋，上清沦谪得归迟。
> 一春梦雨常飘瓦，尽日灵风不满旗。
> 萼绿华来无定所，杜兰香去未移时。
> 玉郎会此通仙籍，忆向天阶问紫芝。

《春雨》则将李贺古体诗奇艳风格移入律诗，语言绮丽而对仗工整，音律圆美婉转，意象极美：

> 怅卧新春白袷衣，白门寥落意多违。
> 红楼隔雨相望冷，珠箔飘灯独自归。
> 远路应悲春晼晚，残宵犹得梦依稀。
> 玉珰缄札何由达，万里云罗一雁飞。

作为怀揣济世之志之封建文人，商隐曾创作大量政治诗。其早期政治诗指陈时局，语气严厉悲愤，又含自我期许意味，很能反映其当时心态。大和九年（835年）"甘露之变"，其目睹朝官大量被杀、宦官擅权之血腥黑暗政局，思想与创作均发生明显转变，遂写大量批判黑暗现实之政治诗，表达对时局之看法，愤怒声讨权宦罪行，称颂敢于反对宦官专权之将领，热切盼望铲除宦官、恢复皇帝权力。此类作品除《重有感》之外，有意效法杜甫《北征》而作之长篇政治诗《行次西郊一百韵》亦最具代表性。

李商隐政治诗多半为借古讽今之咏史诗，借以批判统治者之荒淫、愚昧与无能，意在提醒晚唐统治者接受前车之鉴。《马嵬二首》对唐玄宗身为皇帝而众叛亲离，竟无能保护宠妃之可悲结局，进行辛辣讽刺与嘲弄，含蓄深沉，意在言外。

> 海外徒闻更九州，他生未卜此生休。
> 空闻虎旅传宵柝，无复鸡人报晓筹。
> 此日六军同驻马，当时七夕笑牵牛。
> 如何四纪为天子，不及卢家有莫愁。

（《马嵬·其二》）

其咏史诗成功之处，在于注意构思凝练、取材精当，巧妙地将历史与现实融为一体，或用假想之辞创作出带有虚构色彩之场景，突破史实局限，更深刻地揭示讽刺对象之本质；或抓住具有典型意义之细节微物，深入开掘，使之具有更高概括性与典型性。同时，能将个人感情与议论自然地寓含于鲜明形象之中，具有浓郁抒情色彩及深长情韵，达到寓意深刻、形象鲜明、情味隽永之和谐统一，增强咏史诗之艺术表现力。

　　商隐诗歌有广泛师承。悲怆哀怨情思与香草美人之寄托手法源于屈原；意旨遥深、归趣难求之风格与阮籍相通；忧国忧民精神与沉郁顿挫风格源自杜甫；齐梁诗歌之精工艳丽及李贺诗歌之幽约奇丽象征手法、创作风格均于其影响颇巨。其长篇古体雄放奇崛又近于韩愈；语言清新流丽、纯用白描，又脱胎于六朝民歌。商隐诗所以能自成一家，根本在于其善熔百家所长于一炉。

　　李商隐以无题为名之爱情诗，形象朦胧、旨意隐秘，最为人所传诵。诗人与其相爱者心心相印而无缘久处之惆怅情怀，屈沉下僚、受制于人之愁闷与不满，均通过朦胧隐秘之意象得以抒发。

> 相见时难别亦难，东风无力百花残。
> 春蚕到死丝方尽，蜡炬成灰泪始干。
> 晓镜但愁云鬓改，夜吟应觉月光寒。
> 蓬山此去无多路，青鸟殷勤为探看。

（《无题》）

　　作品描写一对恋人于暮春时节之离别之恨、相思之苦，及别后细致入微之关怀体贴之情，表现真挚爱情之珍贵难得及人们对爱情之坚贞不渝，典型反映出士大夫之隐秘爱情生活与心理感受。然"《无题》之中，有确有寄托者，来是空言去绝踪之类是也；有戏为艳体者，'近知名阿侯'之类是也；有实属狎邪者，'昨夜星辰昨夜风'之类是也；有失去本题者，'万里风波一叶舟'之类是也。有与《无题》相连，误合为一者，'幽人不倦赏'之类是也。其摘首二字为题，如《碧城》《锦瑟》诸篇，亦同此类。一概以美人香草解之，殊乖本旨。"①

　　商隐诗歌能于晚唐独树一帜，在其心灵善感，一往情深。其大量作品表现晚唐士人伤感哀苦之情绪，及其于爱情之执著，开创诗歌新风格、新境界。其诗构思新奇，风格秾丽，尤其爱情诗与无题诗缠绵悱恻，为人传诵。晚唐诗歌于前辈光芒照耀下，凸显大不如前之趋势，李商隐旋将唐诗推向又一高峰，实为晚唐诗坛挽颓势者。"宋人七绝，大概学杜甫者什六七，学李商隐者什三四。"②杜牧与之齐名，两人并称"小李杜"；又与李贺、李白合称"三李"；与温庭筠合称"温李"；又因其诗文与同期之段成式、温庭筠风格相近，且三人于家族均排行十六，故并称为"三十六体"。

　　清代孙洙编选《唐诗三百首》，收李商隐诗作 32 首，数量仅次于杜甫（38 首），居第二位。而王维入选 29 首、李白入选 27 首。该唐诗选本家喻户晓，由此可见李商隐于普通民众中之巨大影响。

　　李商隐以 45 岁终寿，为中国文坛留下大量脍炙人口之诗文作品。虽然其政治抱负未得伸展，然文学成就则足以使其于历史星河中永远闪烁璀璨光芒。

---

①清·纪晓岚等《四库总目提要》。
②清·叶燮《原诗》。

第拾章

才可经营天下，心则恪守中庸，晏然宦海浮沉周朝伊始，周公旦为维护宗周统治，于意识形态领域"绌殷命，袭淮夷，归在丰，作《周官》。兴正礼乐，度制于是改，而民和睦，颂声兴。"①其将上古至殷商之礼乐进行整理、改造，将饮食、起居、祭祀、丧葬等社会生活内容皆纳入"礼"之范畴，形成系统化社会典章制度，借以约束臣民行为规范。

孔子尤其景仰周公所创礼乐文化，以为"礼"超越行政法律，于人如伦理道德，可达内在约束之效。是故，"君子博学于文，约之以礼，亦可以弗畔矣夫！"②孔子认为最理想社会状态当为"礼治"社会。因为"道之以政，齐之以刑，民免而无耻；道之以德，齐之以礼，有耻且格。"③法治具有强制性，非依靠权力则难施行，子民服从法制亦为被迫。礼治则不同，其靠臣民自发自觉履行，故其不似法治难以控制，不会因过于松弛而难以维持稳定，亦不至过于强硬造成严刑峻法与专制独裁。礼治可维持社会基础稳固，即使遭遇天灾战乱，亦不至动摇国家根本。反之，倘礼乐崩坏，必然导致天下大乱。故执政者须著力礼乐教化，江山社稷方可长治久安。而"礼"之实质在"让"。"让"可使社会各方关系融洽，国家自然安定。"让"之反面为"争"，"争"必然导致崇尚权力，于是社会自然不稳定。"君子无所争，必也射乎！揖让而升，下而饮，其争也君子。"④"让"与"不争"之巅峰目的为"和"，"礼之用，和为贵。先王之道斯为美，小大由之。有所不行，知和而和，不以礼节之，亦不可行也。"⑤

是故，周末王室式微，诸侯割据兼并问鼎中原，全因"礼崩乐坏"人心不"和"。孔子于是疾首痛心，著《春秋》而呼吁"克己复礼"。

西汉王朝甫立，典章制度百废待兴。其时，功臣多为随高祖起自阡陌之草莽，言行举止散漫无状，君臣之间无所约束，凡事皆不成体统。汉高祖虽厌恶，然无可奈何。博士叔孙通上书自荐："夫儒者难与进取，可与守成。臣愿征鲁诸生，与臣弟子共起朝仪。"⑥遂为西汉制定规范礼仪，朝野咸习而遵之，社会政治秩序肃然成风。其后历朝历代均仿而效之，得以绵延封建史两千年而不悖。

"礼乐"既成，君臣纲常遂定，庙堂江湖皆有规矩。故凡谨遵中庸之道，一贯谨言慎行，存临深履薄之心，持"克己复礼"之念者，不特于宦海浮沉中可功成名就全身而终，亦可名垂史册福泽子孙。

倘若一时言行不慎抑或私欲扰乱心智，即使时刻循规蹈矩，亦将使毕生修炼功败垂成。

清康熙朝大学士兼礼部尚书张英，为一代鸿儒，毕生以"礼""让"修身、齐家、治国。故能于宦海浮沉中稳居宰相之位，家族子弟亦孝悌敦睦，人才济济。

---

① 西汉·司马迁《史记·周本纪》。

② 孔子《论语·雍也》。

③ 孔子《论语·为政》。

④ 孔子《论语·八佾》。

⑤ 孔子《论语·学而》。

⑥ 西汉·司马迁《史记·叔孙通传》。

据《桐城县志》记载，张英族人与邻居吴氏因宅基争执，两家宅地皆为祖业，因时间久远而难断归属，又因事涉当朝宰相，官府亦不愿沾惹是非。张家遂飞书京城，企图以势"摆平"吴家。岂料张英回信仅复打油诗一首："千里修书只为墙，让他三尺又何妨。万里长城今犹在，不见当年秦始皇。"家人即刻将垣墙拆让三尺。吴家有感于是，亦将自家围墙后退三尺。两家争端迅即平息，且形成一条六尺之巷。

及至张廷玉入仕，其谨遵乃父教诲，遂于仕途一帆风顺，连仕康熙、雍正、乾隆三朝，历经"康乾盛世"，且为中流砥柱，为有清一代唯一配享太庙之汉大臣。然其晚年渐生私念居功自傲，致使乾隆龙心不悦，遂褫夺其配享太庙殊荣。

而不尊宦海规矩如李白、柳永、杜牧之流，则无缘宦海仕途，乃至穷愁潦倒，实为符合官场运行规律之结果。

倘若半生恪遵职守，勤勉恭谨，而待功成名就之时疏于自警，抑或骄纵跋扈忘乎所以，非但难保福禄名节，甚至招来身首异处殃及子孙之祸。

纲常伦理之首为"君为臣纲"。故，唯有始终谨遵为臣之道者，方可"赢得生前身后名"。否则，一生辛劳将会悉数付之东流。

后世为政者，当以功德圆满之先贤为楷模，谨效慎仿，庶几可保宦海放舟始终无虞。

山涛——身心已逐竹林游　为国搜贤事却优

山巨源本为"竹林七贤"中显名最晚者，然却享年最高，禄位最盛。山涛[1]父亲山曜，尝官至宛句县令。其早年丧亲，家中贫困，少年时即有器量，卓尔不群。喜好《庄子》《老子》，常隐居乡里，掩饰志向才能。初与嵇康、吕安为友，旋遇阮籍，辄聚竹林交游，志趣契合，为莫逆之交。

"山公与嵇、阮一面，契若金兰。山妻韩氏觉公与二人异于常交问公，公曰：'我当年可以为友者唯此二生耳。'妻曰：'负羁之妻亦亲观狐、赵意欲窥之，可乎？'他日二人来，妻劝公止之宿，具酒肉。夜穿墉以视之，达旦忘反。公入曰：'二人何如？'妻曰：'君才致殊不如，正当以识度相友耳。'公曰：'伊辈亦常以我度为胜。'"[2]

由此记载可知，嵇康、阮籍才智情趣远高于山涛，然所以成为莫逆者，在山涛以气度宽宏而得嵇、阮信赖。

山涛有志用世，然处于魏晋之际，宫廷权争波诡云谲，故迟迟不得契机。时司马懿、曹爽争权激烈，涛乃隐身不问事务。山涛尝"与石鉴共宿，涛夜起蹴鉴曰：'今为何等时

---

①山涛（205—283年），字巨源。河内郡怀县（今河南武陟）人，曹魏西晋时期名士、政治家。
②南朝·宋·刘义庆《世说新语·贤媛第十九》。

而眠邪！知太傅卧何意？'鉴曰：'宰相三不朝，与尺一令归第，卿何虑也！'涛曰：'咄！石生无事马蹄间邪！'投传而去。未二年，果有曹爽之事，遂隐身不交世务。"[1]司马师执政后，山涛欲倾心依附。其祖姑山氏为司马懿夫人张春华之母，故得以出入宫闱，常见司马师。司马师遂命司隶校尉举山涛为茂才，初任郡里主簿、功曹及上计掾，旋举为孝廉，州府征辟为河南从事。又授任郎中，旋转骠骑将军王昶从事中郎。时山涛年已四十。虽如是，亦遭嵇康鄙薄，寄《与山巨源绝交书》与之绝交。

散骑常侍裴秀与黄门侍郎钟会居势争权，产生激烈矛盾，山涛居中平心调处，二人各得其所，遂化解仇隙，感佩山涛。

山涛任从事中郎日久，拜赵国相，迁尚书吏部郎。先，司马昭写信与涛道："足下在事清明，雅操迈时。念多所乏，今致钱二十万、谷二百斛。"[2]旋拜赵国相，再迁为尚书吏部郎。

景元五年（264年），钟会于蜀作乱，司马昭拟率兵亲征。时曹魏宗室皆居于邺，昭谓山涛曰："西偏吾自了之，后事深以委卿。"诚心委托山涛监视诸位宗室动静，以本职行军司马，拨给亲兵五百镇守邺。"咸熙初，封新沓子。转相国左长史，典统别营。时帝以涛乡闾宿望，命太子拜之。帝以齐王攸继景帝后，素又重攸，尝问裴秀曰：'大将军开建未遂，吾但承奉后事耳。故立攸，将归功于兄，何如？'秀以为不可，又以问涛。涛对曰：'废长立少，违礼不祥。国之安危，恒必由之。'太子位于是乃定。太子亲拜谢涛。"[3]

咸熙二年十二月（265年2月），司马炎受禅即位，建立西晋，任命山涛代理大鸿胪，护送陈留王曹奂返回邺城。

泰始初，山涛加奉车都尉，进爵新沓伯。及羊祜执政，时人欲陷害裴秀，涛厉言正色保护裴秀，由是失权臣意，出为冀州刺史，加宁远将军。冀州风俗鄙薄，无推贤荐才之风。山涛鉴别选拔隐逸之士，合访贤人，或表彰或任命30余人，后皆显名于当世。斯地百姓士人皆仰慕推崇之，当地风俗为之一变。

山涛于冀州刺史任内政声卓著，遂转任北中郎将，督邺城守事。旋入为侍中，迁尚书、太子少傅、左仆射等。后以母老辞职，晋武帝司马炎不允，下诏曰："君虽乃心在于色养，然职有上下，且夕不废医药，且当割情，以隆在公。"然山涛求退心切，表疏上呈数十道，方得武帝恩准，并授议郎衔允其返回府第。武帝因山涛清贫俭约，无法供养家人，特别供给每日膳食，加赐床帐被褥。皇帝如此礼遇大臣，当时无人能与之比肩。

晋武帝司马炎对山涛极其信任，尝命其任太常卿，山涛以身体有疾而坚辞不就，又适逢母丧，遂归乡里居丧守制。时涛已年逾耳顺，居丧过礼，负土成坟，手植松柏。武帝心念山涛，遂下诏曰："吾所共致化者，官人之职是也。方今风欲陵迟，人心进动，宜崇明好恶，镇以退让。山太常虽尚居谅暗，情在难夺，方今务殷，何得遂其志邪！其以涛为吏

---

①唐·房玄龄等《晋书·卷四十三·列传第十三》。
②唐·房玄龄等《晋书·卷四十三·列传第十三·山涛传》。
③唐·房玄龄等《晋书·卷四十三·列传第十三·山涛传》。

部尚书。"①山涛仍以丧病推辞，章表恳切。然此时适逢武帝皇后杨艳去世，山涛出于君臣之礼，遂勉强扶持返还洛阳。

回到京师，山涛迫于诏命，振作精神履任新职，为武帝负责铨选官员。其前后选举，周遍内外，而并得其才。

咸宁初，山涛又转太子少傅，加散骑常侍；旋除尚书仆射，加侍中，领吏部。山涛上表陈情，又以老疾固辞。章表数十上，久不摄职，受左丞白褒奏疏诘难。武帝为之辩解曰："涛以病自闻，但不听之耳。使涛坐执铨衡则可，何必上下邪！不得有所问。"山涛甚觉不安，遂上表谢道："古之王道，正直而已。陛下不可以一老臣为加曲私，臣亦何必屡陈日月。乞如所表，以章典刑。"武帝亦再下手诏安慰："白褒奏君甚妄，所以不即推，直不喜凶赫耳。君之明度，岂当介意邪！便当摄职，令断章表也。"山涛志必欲退，因发从弟妇丧，辄还外舍。武帝又下诏："山仆射近日暂出，遂以微苦未还，岂吾侧席之意。其遣丞掾奉诏谕旨，若体力故未平康者，便以舆车舆还寺舍。"②如此三番，山涛未能辞职，只得服从圣意主持吏部事务。

山涛再居选职十有余年，每一官缺，辄启拟数人，诏旨有所向，然后显奏，随帝意所欲为先。故帝之所用，或非举首，众情不察，以涛轻重任意。或谮之于帝，武帝遂手诏戒涛曰："夫用人惟才，不遗疏远单贱，天下便化矣。"而山涛行之若素，未见改变。一年之后，众臣始明山涛选官皆秉公为之，绝无私情，议论逐渐消匿。山涛所奏甄拔人物，提前一律列表造册，时称《山公启事》。③

山涛酒量超人，饮酒过八斗方醉。武帝欲试其酒量，准备八斗酒命山涛喝，却于暗地往酒瓮增添若干。然山涛喝至八斗，戛然而止，多一口不再喝。

山涛晚年于朝为官，时值杨皇后亲党专政。其不愿用杨氏外戚，多次讽谏武帝，然武帝虽领悟其意而终究不能改正。山涛年迈病重，上疏告退："臣年垂八十，救命旦夕，若有毫末之益，岂遗力于圣时，迫以老耄，不复任事。今四海休息，天下思化，从而静之，百姓自正。但当崇风尚教以敦之耳，陛下亦复何事。臣耳目聋瞑，不能自励。君臣父子，其间无文，是以直陈愚情，乞听所请。"遂摘下官帽，赤脚徒步送还印绶。

武帝下诏不许："天下事广，加吴土初平，凡百草创，当共尽意化之。君不深识往心而以小疾求退，岂所望于君邪！朕犹侧席，未得垂拱，君亦何得高尚其事乎！当崇至公，勿复为虚饰之烦。"山涛再苦表请退，武帝诏又不许。尚书令卫瓘上奏弹劾山涛："涛以微苦，久不视职。手诏频烦，犹未顺旨。参议以为无专节之尚，违在公之义。若实沈笃，亦不宜居位。可免涛官。"武帝下诏责备瓘道："涛以德素为朝之望，而常深退让，至于恳切。故比有诏，欲必夺其志，以匡辅不逮。主者既不思明诏旨，而反深加诋案。亏崇贤之风，以重吾不德，何以示远近邪！"④山涛不得已，又就职理事。

①唐·房玄龄等《晋书·卷四十三·列传第十三·山涛传》。

②唐·房玄龄等《晋书·卷四十三·列传第十三·山涛传》。

③唐·房玄龄等《晋书·卷四十三·列传第十三·山涛传》。

④唐·房玄龄等《晋书·卷四十三·列传第十三·山涛传》。

太康三年（282年），武帝再拜山涛为司徒，涛坚意辞让。武帝遂下诏曰："郡年耆德茂，朝之硕老，是以授君台辅之位。而远崇克让，至于反覆，良用于邑。君当终始朝政，翼辅朕躬。"山涛亦上表再谢："臣事天朝三十余年，卒无毫厘以崇大化。陛下私臣无已，猥授三司。臣闻德薄位高，力少任重，上有折足之凶，下有庙门之咎，愿陛下垂累世之恩，乞臣骸骨。"武帝又诏曰："君翼赞朝政，保乂皇家，匡佐之勋，朕所倚赖。司徒之职，实掌帮教，故用敬授，以答群望。岂宜冲让以自抑损邪！"①遂下令不准山涛再上辞职章表，使者捧印绶交还山涛。时涛已卧病床，再拜谢恩道："垂没之人，岂可污官府乎！"遂卧病乘车归家。

太康四年（283年），山涛病故府中，享年79岁。武帝下诏赐棺木朝服各一具、衣一套、钱五十万、布百匹，以供丧事之用，策命追赠司徒蜡印紫绶及新沓伯蜡印青朱绶，以太牢礼仪祭祀，谥号"康"。将要下葬，又赐钱四十万、布百匹。司徒左长史范晷等上奏道："山涛旧宅第仅有屋十间，然其子孙众多，容纳不下。"武帝遂为山涛家建新宅。

山涛为官，富贵不忘其本，荣华不改其色。其闲游竹林时，家徒四壁，瓮无余粮。妻子韩氏勤俭持家贤淑本分，清贫度日毫无怨言，与山涛感情甚笃。一日，山涛谓韩氏道："娘子暂且忍忍眼下饥寒，我日后定当位列三公，只是不知届时娘子是否做得来三公夫人？"待其显贵后，仍保持正派节俭作风。其爵位虽如同千乘之君，却始终不养婢妾，俸禄赏赐，亦皆散于亲戚故人。

陈郡人袁毅曾为鬲令，性贪而行污，以贿赂公卿而求美誉。尝馈赠山涛蚕丝百斤，山涛不意因拒绝接受而别于他人，遂收下藏于阁楼。后袁毅事发，槛车送至京师廷尉受审，凡受贿之人均被检举。山涛取出蚕丝交付办案官吏，丝上积满尘土，封条印章未动。

山公因朝望而受武帝垂顾，年逾七十犹知管时任。和峤、裴楷、王济等贵胜年少相偕为之歌功颂德。遂有人十著衙阁柱之上题词道："阁东有大牛，和峤鞅，裴楷秋，王济剔嬲不得休。"②

> 君王祖述竹林风，竹叶纷纷插满宫。
> 祸乱古今惟晋酷，是非忧乐一山公。③

"竹林七贤"会竹林，游山川，吟风颂月，鄙视俗流，于时遂成风尚，然于世明哲保身，殊少贡献。唯山涛怀济世之志，积极入世经济天下，用心良苦，收获颇丰。其仕宦于魏晋乱世，周旋于宫闱波诡云谲之间，与时俯仰为国搜贤，使士人俊才得以蹑足庙堂，展怀顾念天下苍生，其功殊伟！"山涛谢世而晋无贤臣"，诚非无稽之谈。

后世士人将其与阮籍、嵇康之流作比，诟病者颇多，盖囿于"名节"二字矣。然其

---

①唐·房玄龄等《晋书·卷四十三·列传第十三·山涛传》。
②南朝·宋·刘义庆《世说新语·政事第三》。
③南宋·陈普《陈普诗选·咏史下·山涛》。

身心已逐竹林游，为国搜贤事却忧。

持正拟官觇上意，事君可作不忠谋。①

"忠君""爱民"孰是孰非，孰重孰轻？二者宁毋得兼乎！士人之虚名空节与百姓之饱暖饥寒，孰先孰后？名士不食人间烟火乎！举贤良、选公正岂为"不忠"？遗贤遇山涛得以荐拔，庶黎得良吏而获身安。山巨源以一人"名节"取国泰民安，余为之赞！

贺知章——惟有门前镜湖水　春风不改旧时波

天宝三年（744年），大唐玄宗朝太子宾客、银青光禄大夫兼正授秘书监贺知章②，以86岁耄耋之年辞官告老返乡。因顽童不识其为何方神圣，故作《回乡偶书》以自嘲：

少小离家老大回，乡音无改鬓毛衰。

儿童相见不相识，笑问客从何处来。

贺知章于武则天证圣元年（695年）赴京应科举，天宝三年（744年）方致仕归乡，其间距其离乡已届50载。人生易老，世事沧桑，无限感慨系于心头。《回乡偶书》之"偶"，自非诗作得之偶然，而为源自生活发于心底之诗情。

年轻时即离家远行，如今已成耄耋方致仕归里，浓浓乡音依然如旧，两鬓毛发已然稀疏斑白。村口戏耍之孩童不识余为谁，友善地笑问余为何方来客。诗人置身于故乡熟悉而陌生之环境，一路迤逦行来，心情颇不平静：当年离家，风华正茂；今日返归，鬓毛疏落，不禁感慨系之。

诗人进入家门，与亲朋阔谈数十年沧桑变化，方知家乡人事已远非当年旧貌，于叹息久客伤老之余，难免发出人事无常之慨叹，遂再咏一首《回乡偶书》忆旧：

离别家乡岁月多，近来人事半消磨。

惟有门前镜湖水，春风不改旧时波。

阔别故乡时日弥久，其间因关山阻隔而音讯断绝，归来后方晓得家乡人事已远非当

---

①南宋·徐钧《山涛》。

②贺知章（659—744年），字季真，号石窗，晚年号四明狂客，唐代越州永兴（今浙江萧山）人，盛唐前期著名诗人。

年。唯有门前镜湖碧水，于春风吹拂下，依然如故漾着清波。诗歌感情自然、逼真，语言声韵仿佛由肺腑自然流出，朴实无华，毫不雕琢，不知不觉中将读者引入感时意境。

《回乡偶书》二首，千百年来始终为归乡游子尤喜吟咏之佳句。作者贺知章至今之所以能使童叟皆知，亦得益于斯矣。

贺知章别一首广为后人传诵称道之七言绝句为《咏柳》：

> 碧玉妆成一树高，万条垂下绿丝绦。
>
> 不知细叶谁裁出？二月春风似剪刀。

作者以拟人手法刻画春天之美好与大自然之工巧，新颖别致，将春风孕育万物之天工形象地展示于读者面前，烘托出春季无限之美感。作品结构独具匠心，语言晓畅华美，"赋物入妙，语意温柔。"[①]

《旧唐书》载："贺知章，会稽永兴人（今浙江萧山），太子洗马德仁之族孙也。少以文词知名，举进士。初授国子四门博士，又迁太常博士，皆陆象先在中书引荐也。开元十年，兵部尚书张说为丽正殿修书使，奏请知章及秘书员外监徐坚、监察御史赵冬曦皆入书院，同撰《六典》及《文纂》等，累年，书竟不就。后转太常少卿，十三年，迁礼部侍郎，加集贤院学士，又充皇太子侍读。是岁，玄宗封东岳，有诏应行从群臣，并留于谷口，上独与宰臣及外坛行事官登于岳上斋宫之所。初，上以灵山清洁，不欲喧繁，召知章讲定仪注，因奏曰：'昊天上帝君位，五方诸帝臣位，帝号虽同，而君臣异位。陛下享君位于山上，群臣祀臣位于山下，诚足垂范来叶，为变礼之大者也。然礼成于三献，亚终合于一处。'上曰：'朕正欲如是，故问卿耳。'于是敕：'三献于山上行事，五方帝及诸神座于下坛行事。'俄属惠文太子薨，有诏礼部选挽郎，知章取舍非允，为门荫子弟喧诉盈庭。知章于是以梯登墙，首出决事，时人咸嗤之，由是改授工部侍郎，兼秘书监同正员，依旧充集贤院学士。俄迁太子宾客、银青光禄大夫兼正授秘书监。

知章性放旷，善谈笑，当时贤达皆倾慕之。工部尚书陆象先，即知章之族姑子也，与知章甚相亲善。象先常谓人曰：'贺兄言论倜傥，真可谓风流之士。吾与子弟离阔，都不思之，一日不见贺兄，则鄙吝生矣。'知章晚年尤加纵诞，无复规俭，自号'四明狂客'，又称'秘书外监'，遨游里巷。醉后属词，动成卷轴，文不加点，咸有可观。又善草隶书，好事者供其笺翰，每纸不过数十字，共传宝之。

时有吴郡张旭，亦与知章相善。旭善草书，而好酒，每醉后号呼狂走，索笔挥洒，变化无穷，若有神助，时人号为张颠。

天宝三载，知章因病恍惚，乃上疏请度为道士，求还乡里，乃舍本乡宅为观。上许之，仍拜其子典设郎曾为会稽郡司马，仍令侍养。御制诗以赠行，皇太子以下咸就执别。至乡无几寿终，年八十六。"[②]

---

①清·黄叔灿《唐诗笺注》。

②后晋·刘昫《旧唐书·卷一九〇·贺知章传》。

由史书记载可见，贺知章实于科举正途取得功名。其金榜题名时间为武后证圣元年（695 年），是年 36 岁。如此年龄于博取功名士子而言，既不算年轻亦不算年老，属既无由兴奋亦不至沮丧之年龄。然于仕途拓展而言，毕竟略显迟暮。是时，主人抑或已失去某种最佳机遇。然，"塞翁失马焉知非福"，此年龄亦为人生阅历比较成熟阶段。抑或正是基于如此缘故，纵观其宦海生平，于几乎无一人难免贬谪挫折之封建官场，贺知章却能一路蹒跚，时有升迁而直至致仕。且当时文人年寿普遍不长，其能独享 86 岁高龄，成为福禄寿兼得之老翁，实为令人艳羡之生命历程。

志传记载贺知章"生性旷达豪放，善谈笑，风流潇洒，为时人所倾慕"。贺知章首次品读李白诗文，即赞誉其为"谪仙人也"，后竟与之成为忘年之交，并将其引荐于唐玄宗而为官。

贺知章亦为修道之人，且其所修为"真"道，即不可打诳语。其初识李白时，已官居高位，诗文亦蜚声文坛，不至于言不由衷过度夸饰褒扬初出茅庐之李白，故其于李白之赞叹实为内心真情。由其后李白文学成就与学人研究李白诗歌之结论观之，贺知章诚为独具"超感"能力之非凡之人。故其与李白虽年岁、地位、声望悬殊颇大，却能一见如故成为好友，自然属于情理中事。得与贺知章交往且成知己，就李白而言，亦为其人生之大幸。时，能于李白成名之前慧眼识其诗才超群者，贺知章为第一位。

贺知章晚年性格放荡不羁，自称"四明狂客"，又因其诗歌豪迈旷放，人称"诗狂"。

其与李白共同偏好为嗜酒如命，均享有"酒仙"之名。李适之、李琎、崔宗之、苏晋、张旭、焦遂等名士，常与贺知章饮酒赋诗，时人称之谓"醉八仙"。现实主义大诗人杜甫于其著名诗篇《醉中八仙歌》中，将贺知章列为第一个歌颂对象，"知章骑马似乘船，眼花落井水底眠。"言其醉酒之后骑于马上前俯后仰，犹如波涛汹涌中驾舟而行，待醉眼昏花跌入井底，索性就于井底和衣而眠。常人即便酩酊大醉烂如稀泥，冷水一喷亦会自然醒来，然其喝醉落入井里犹鼾声如雷，故为名符其实之头号"酒仙"。

虽然其以诗名显世，却未留下丰富作品供后人研究了解其修炼细节。其作品仅存二十首，其中诗歌十九题，断句一则。然由其所遗七首祭神乐章详加考究，则足以表明其不特为虔诚严肃之修炼者，且于修炼理论之钻研已达相当境界。而其最终弃官归隐且成为名符其实之道士，即为其多年修炼道心精坚之明证。

贺知章致仕之前得大病一场，经月卧床不起，已然不醒人事。然上苍欲召唤宦海游子魂归故里，遂令其死里逃生，缓过神来。知章遂上表奏明皇上，请求恩准其回乡为道士，并请赐周宫湖数顷为放生池。唐明皇准其所求，并同意其捐赠会稽宅院以为道观，御赐"千秋"为观名。离京之际，明皇下诏于京城东门设立帐幕，命百官为之饯行，且亲笔赋诗为之送行。明皇于序言中写道："天宝二年，太子宾客贺知章……志期入道。朕以其年在迟暮，用循挂冠之事，俾遂赤松之游。正月五日，将归会稽。遂饯东路，…乃赋诗赠行。"唐明皇《送贺知章归四明》诗共二首。其一道：

遗荣期入道，辞老竟抽簪。

> 岂不惜贤达，其如高尚心。
>
> 褒中得秘要，方外散幽襟。
>
> 独有青门饯，群僚怅别深。

盖因君臣情深之故，一首难以尽抒胸臆，意犹未尽间遂赋第二首：

> 筵开百壶饯，诏许二疏归。
>
> 仙记题金篆，朝章拔羽衣。
>
> 悄然承睿藻，行路满光辉。

盛唐时代，任谁倘看淡红尘转而入道，实为极平常事。然由皇帝亲自召集百官为之饯行，且赋诗相赠以壮行色，实非平常事一件，乃文人历史上千古奇观矣。

回山阴五云门外"道士庄"后，贺知章栖于"千秋观"，并新建"一曲亭"自娱。其惯于醉辄属籍，常与张旭、李白饮酒赋诗，切磋诗艺，时称"醉中八仙"，又与包融、张旭、张若虚等结为"吴中四士"。李白有《送贺宾客归越寺》云："镜湖流水漾清波，狂客归舟逸兴多，山阴道士如相见，应写黄庭换白鹅。"为世传诵。

诗人之所以皈依道家，并于致仕归老后将故里旧宅捐为道观，尚有一段逸闻传世。

据言，贺知章于西京宣平坊有所宅院，对面有一小板门，常见一老人乘驴出入其间。积五六年，视老人颜色衣服如故，亦不见家属。询问里巷，皆云为西市卖钱贯王老，更无他业。察其非凡也，常因暇日造之。老人迎接甚恭谨，唯有童子为所使耳。贺知章问其业，老人随意回答。因与往来，渐加礼敬，言论渐密，遂云善黄白之术。贺素信重，愿接事之。后与夫人持一明珠，自云在乡日得此珠，保惜多时，特上老人，求说道法。老人即以明珠付童子，令市饼来。童子以珠易得三十余胡饼，遂延贺。贺私念宝珠特以轻用，意甚不快。老人曰："夫道者可以心得，岂在力争；悭惜未止，术无由成。当须深山穷谷，勤求致之，非市朝所授也。"贺意颇悟，谢之而去。数日失老人所在。贺因求致仕，入道还乡。[1]

贺知章不仅诗文精佳，且书法品位颇高，尤擅草隶，为"当世称重"，每纸不过数十字，被当时书法爱好者视为珍品。"凡人家厅馆好墙壁及屏障，忽忘机兴发，落笔数行，如虫篆飞走，虽古之张（芝）、索（靖）不如也。好事者供其笺翰，共传宝之"[2]。可惜其墨迹留传极少，现存尚有绍兴城东南宛委山南坡飞来石上之《龙瑞宫记》石刻与流传入日本之《孝经》草书。《孝经》全卷纵笔如飞，一气呵成，龙蛇飞舞，神采奕奕。略取隶意，融入章草，以求高古。既有唐人严谨作风，兼具晋人流润飞扬风姿，于晚唐及宋人书风影响巨大。

其草隶书法造诣与特点，正如窦臮所言，"湖山降祉，狂客风流，落笔精绝，芳词寡

---

①唐·皇甫氏著《原化记》。

②南宋·施宿《嘉泰会稽志》

俦，如春林之绚采，实一望而写忧。"①窦蒙评注言贺知章"每兴酣命笔，好书大字，或三百言，或五百言，诗笔惟命……忽有好处，与造化相争，非人工所到也。"②窦氏兄弟评唐名家书多讥贬，惟推崇贺知章"与造化相争，非人工所到"，可知贺知章当时书法之声誉。

然，睿智者亦难免犯懵懂。据载，贺知章致仕临行时，与唐玄宗挥泪辞别。君臣相惜，玄宗感慨万端，遂问其是否尚有所求。贺知章道："臣知章有一犬子，尚未有定名，若陛下赐名，实老臣归乡之荣也。"玄宗道："信乃道之核心，孚者，信也。卿之子宜名为孚。"知章拜谢受命。

旋，贺知章不觉大悟，自忖道："皇上取笑余矣。余为吴地人，'孚'乃'爪'字下面加'子'也。皇上为吾儿取名'孚'，岂非称吾儿'爪子'哉？"思罢会意而笑。玄宗与贺知章实为君臣，更兼好友，二人终老未曾发生龃龉，堪称君臣相处之楷模。一代帝王如此戏谑耄耋"酒仙"，于肃杀官场平添一段趣闻轶事！

为关切贺知章归乡之后生计，玄宗"仍拜其子典设郎曾子为朝散大夫，本郡司马，以伸侍养。知章以羸老乘舆而往，到会稽无几老终。"③讣告传入京师，玄宗率群臣默哀悼之。十余年之后，"肃宗以侍读之旧，乾元元年十一月诏曰：故越州千秋观道士贺知章，器识夷淡，襟怀和雅，神清志逸，学富才雄，挺会稽之美箭，蕴昆冈之良玉。故飞名仙省，侍讲龙楼，常静默以养闲，因谈谐而讽谏。以暮齿辞禄，再见款诚，愿追二老之踪，克遂四明之客。允叶初志，脱落朝衣，驾青牛而不还，狎白衣而长往。丹壑非昔，人琴两亡，惟旧之怀，有深追悼，宜加缛礼，式展哀荣。可赠礼部尚书。"④

贺知章中年登第，官至尚书；宦海一生，未遭险恶；致仕养老，孝子侍奉；九秩高寿，始得千古；新旧《唐书》，均列其传。贺知章一生可谓荣膺文人数顶桂冠，且名垂后世，千年不衰。

"贺道士"不虚此生矣！

裴度——刺史莫辞迎候远　相公新破蔡州回

唐宪宗元和十年（815年），唐都长安发生震动朝野之"刺武案"。时任宰相武元衡因铁腕平叛而被藩镇刺客暗杀。宪宗遂命御史中丞、刑部侍郎裴度⑤出任宰相，将武元衡削

①唐·窦臮《述书赋》。
②唐·窦蒙《述书赋注》。
③后晋·刘昫《旧唐书·卷一九〇·贺知章传》。
④后晋·刘昫《旧唐书·卷一九〇·贺知章传》。
⑤裴度（765—839年），字中立，河东闻喜（今山西闻喜）人，唐代文学家、政治家。

藩统一方略继续贯彻下去。

裴度出身世宦名族"河东裴氏"之东眷裴氏。祖父裴有邻，曾任濮州濮阳县令；父亲裴溆，曾任河南府渑池县丞。

贞元五年（789年），裴度中进士科，旋于八年登博学宏辞科，参与德宗李适于殿廷亲自诏试之贤良方正、直言极谏科考试。因应对策问成绩优等，被委任为河阴县尉，数年后晋升监察御史。旋因密章奏论德宗宠臣时措语直切，引起德宗不悦，遂被调出朝廷任河南府功曹。元和六年（811年），裴度以司封员外郎职务掌管拟制诏令，不久转任本司郎中。翌年，魏博节度使田季安去世，其子田怀谏年幼不能管理军政，府营军官拥立魏博军衙内兵马使田弘正担任留后。田弘正安排心腹前往朝廷，奏请魏博遵守朝廷法令，由朝廷委任魏博官吏，向朝廷缴纳法定赋税。宪宗遣裴度出使魏州，宣布解说朝廷旨意。田弘正任留后之时，其先任僭伪不守礼法而侈奢浮华，享用车辆、服饰、住房均逾规制，政务厅楼阁尤为宽敞。田弘正避忌，仍起居原采访使官厅。裴度遂于居所墙壁写下题文，记述田弘正谦卑奉法，魏博人十分感激。田弘正又请裴度遍行魏博所属各郡，传达宪宗诏书旨意，魏博人出城至郊外迎接，倍感欣悦。出使魏博回朝后，宪宗任命裴度为中书舍人，元和九年（814年）十月改任御史中丞，倾力支持宪宗与武元衡削藩。

元和十年（815年）五月，讨伐藩镇吴元济之诸路军事均无进展，裴度遂以中丞身份兼刑部侍郎，受命赴蔡州行营宣慰，了解军情，向诸将传达朝廷旨意。回朝后，向宪宗详细描述淮西现状。宪宗询问各将才干，裴度回奏："据臣观察，李光颜深明大义，能干勇为，终将有所成就。"宪宗遂依裴度所言，任命李光颜总统各路兵马。旋，大破淮西军于陈州溵水县西南之时曲。消息传来，宪宗由是佩服裴度知人善用能力。

是年六月，成德节度使王承宗、平卢淄青节度使李师道派刺客刺杀宰相武元衡，并一同刺杀裴度。武元衡遇害，裴度亦伤首。三日后，宪宗下诏委任裴度为门下侍郎、同中书门下平章事，遂代武元衡为相。

裴度虽出身河东裴氏望族，其实家境并不优越，且少时曾遭贫寒。其所以能摆脱厄运，举进士而入相，建功立业名传青史，有许多关于其通过行善积德改变命运之传说。

据传，裴度未登第前，穷困潦倒衣食不周，未见过人奇才异禀。当年客居洛中，尝骑一头跛驴进皇城，刚走上天津桥，见两位老人倚桥柱对谈。其一曰："蔡州用兵日久，官府征发戍卒令百姓苦不堪言，不知何日方能平定？"言讫，忽见裴度，遂吃惊张皇而去。度之仆人携书囊随其后，彼此距离略远。仆人闻一老人道："适才忧虑蔡州战事难平，盖因以待此人为将矣。"仆人将此事告诉主人。裴度道："其见吾潦倒落魄，特以言戏弄尔。"然，其后平定淮西吴元济之乱者，正为裴度。

另一则传闻道，其寄居长安等待科考时，尝入香山寺闲游，见该寺主持一行禅师替人相面。待众香客散尽后，裴度凑上前去请教前程。一行禅师熟视良久道："相公天生异相，眼光外浮，纵纹入口，乃乞食街头饥饿而死之相，今生毕竟与功名无缘。以老衲之见，相公可断科举之念矣！"裴度闻听非常伤心，整日垂头丧气，读书亦无精打采。

数日后，裴度再游香山寺，见一妇人跪于佛像前喃喃祈祷，祷告完毕即匆匆离去。

裴度见案桌上有一包袱，解开一看，皆为贵重物品，翠玉带一条、犀角带二条。裴度放眼环顾，殿内再无他人，遂暗自思忖，此物必为适才妇人之物。遂席地坐于殿外石阶等待失主，直至天晚，未见有人寻找失物。

翌日，裴度于天色微明即赶往香山寺等待失主。须臾，见一妇人满头大汗气喘吁吁进入佛殿，扫视案桌一遍之后，不禁放声悲哭。裴度上前询问，妇人哭诉道："家父罹患重病，为救父亲家中薄产已然当尽。前日请得一名医，病情已略显起色。昨日去亲戚家借得宝物若干，拟典押借款以充药费。进城行经此香山寺，顺便入寺祈祷，不料心急匆忙，至典当行才发现宝物遗失。倘若没有钱，家父必定性命难保，且家中尚有年迈老母与弟妹待养，不知今后日子如何才能过下去！"言罢，复痛哭不止。裴度核实失物后，将其如数奉还，妇人拜谢而去。

裴度将出山门时，恰遇一行禅师迎面而来。二人擦肩而过数步，一行禅师却唤裴度转身，谓其道："公子今日容颜变化极大，蛇入口而为玉带纹。此容貌将来必有无量福报，抑或出将入相亦未必不可！公子必定积了大阴德。"

裴度怕一行禅师讽刺，答道："大师相面为何前后矛盾？"

一行禅师道："七尺身躯不如一尺脸，一尺脸不如三寸鼻，三寸鼻不如一点心！"

裴度笑道："人心如何相？"

禅师回道："欲知天上意，须于云中取；要知心内事，须辨眼中神。公子积了阴德，目光不浮，紫气贯睛，口角纹长过陂池部位，且胡须均匀变美。汝脸部面相已明显改变，必定享受极贵福禄无疑！"

是年，裴度果然金榜题名高中进士。

裴度入阁为相之机缘与过程，亦极富戏剧与宿命性。

出使蔡州回朝后，裴度向朝廷呈奏攻取叛贼书状。成德（今河北正定）节度使王承宗、淄青（今山东益都）节度使李师道与淮西彰义节度使吴元济勾结反叛。宰相武元衡极力主张讨伐，建议皇帝削弱藩镇权力。叛贼遂遣刺客于早朝途中将武元衡刺杀。时，裴度亦遭刺客连袭三剑。然，吉人自有天相。刺客第一剑砍断其鞋带，第二剑刺中其背部，却只划破内衣，第三剑轻微刺伤头部，恰巧其戴着毡帽，故剑伤不深。叛贼追杀裴度，随从王义抓住叛贼呼救，裴度于仓促间跌落沟壑中，刺客以为裴度已死，遂舍离而去。

宪宗称裴度能脱险，皆为天意！遂任命其为宰相、淮西招讨使，负责平定淮西内乱，并晋封"晋国公"。

"安史之乱"使各地军阀于平乱中坐大，形成藩镇割据局势。宪宗即位，此状已延续百余年。为巩固中央集权，宪宗遂立志削平藩镇，以稳社稷。其先后讨平成都刘辟、镇江李琦叛乱，并直接委任节度使，以改变地方拥立主帅之旧例。平定淮西彰义节度使吴元济，则为削藩成败之关键。彰义节度使领有申（今河南信阳）、光（今河南潢川）、蔡（今河南汝南）三州，原任节度使为吴少阳。元和九年（814年）吴少阳死，子吴元济密不发丧，未经奏报朝廷，便自领军务，旋派兵四出抄掠。翌年，宪宗削去元济官爵，调集大军讨伐。因统帅不得力，战事极不顺利。

裴度本为朝中力主削藩、平定割据之代表人物。元和七年（812年），其以知制诰身份，成功安抚河北魏博镇田兴（弘正）势力，使之归顺朝廷，得到宪宗嘉奖，拜中书舍人。元和十年（815年）五月，因讨吴战事不利，宪宗命其以御史中丞身份赴蔡州行营宣慰。回朝后，裴度详细述说淮西状况，并推荐忠武节度使李光颜为统兵，旋大破吴元济于陈州时曲。

元和十二年（817年）八月，裴度受命以门下侍郎、同平章事、蔡州刺史，充彰义军节度，申、光、蔡观察使，仍充淮西宣慰招讨处置使，前往淮西。临行前，裴度誓言："主忧臣辱，义在必死。贼灭，则朝天有日；贼在，则归阙无期。"①宪宗亲至通化门送行，并赐以犀带，行元帅事。

十月，裴度指挥唐邓节度使李愬雪夜袭蔡州，破悬瓠城，擒吴元济。申州、光州随之平定。十一月，宪宗受降，斩吴元济。淮西战事终告结束。

宪宗为嘉奖裴度，诏加金紫光禄大夫、弘文馆大学士，赐勋上柱国，封晋国公，食邑三千户，复知政事。又诏刑部侍郎韩愈撰《平淮西碑》以示纪念。其中颂裴度功勋"凡此蔡功，惟断乃成。"淮西平定，山东、河北诸藩镇受到极大震慑。

裴度于宪宗朝为相，直言极谏，抑制宦官中使干政，维护宰相、朝臣政治权力，遂使三省得以发挥正常作用。

宦官专权为唐后期政治腐败重要内容。其跋扈之甚，令皇帝、朝臣谋图铲除而不能。裴度秉公执政，不避权贵，尝有效削弱抑制宦官势力。元和九年（814年）十月，五坊小使至下邽县，县令裴寰嫉其凶暴，于公馆按律接待之外，一无曲奉。小使怒，诬告裴寰。

宪宗偏袒宦官，欲以大不敬罪元重处裴寰。宰相武元衡谏，宪宗不听。时裴度任御史中丞，极论"忧惜陛下百姓"之县令岂能加罪，终使裴寰以无罪获释。元和十三年九月，五坊使杨朝汶妄捕系人，迫以拷捶，责其息钱，遂转相诬引，所系近千人。朝议裴度追劾此事。时，朝廷正用兵山东讨伐李师道，宪宗欲袒护杨朝汶，竟谓裴度道："姑与卿论用兵事，此小事朕自处之"。裴度道："兵事不理，止乱山东，中人横暴，将乱都下。"因裴度固不退让，宪宗不得不赐杨朝汶死，并释放所有被拘系者。

唐朝后期，朝官结为朋党，相互援济之情严重，然裴度将延揽人才视为宰相职责，不拉帮结派，坚持唯才是荐。其为将相20余年，经其荐引之李德裕、李宗闵、韩愈、李光颜、李朔等，非名将即名臣，均为超卓俊才。

观其一生所以由乖蹇而显达，且享年高秩，福荫子孙，皆缘于其心存善念乐于济困而厚积阴德所致。

宪宗元和年间，有湖纠者新任湖州录事参军，尚未赴任即遭强盗掠去钱物、委任状。遂于京城收购旧衣换钱度日，夜晚宿于裴宅侧旁旅店。某日裴度休假，穿便衣散步进入旅店，遂与湖纠对坐聊天，了解其情况。湖纠道："某之遭遇，他人不忍听矣。"言罢即哭。裴度觉其可怜，遂详细询问其遭遇。湖纠道："吾于京城任职数年，甫授湖州录事参军，即遭强盗抢劫，仅剩一条性命。尤为令人痛心者，为未婚妻被郡牧抢去献于宰相裴度。"

---

①后晋·刘煦《旧唐书·裴度传》。

裴度问："未婚妻姓甚名谁？"答道："姓某字黄娥。"度遂谓湖䲡道："余为裴度亲信官员，可为汝查访。"然湖䲡非常后悔，暗忖倘亲信回告裴度，必定带来灾祸。故彻夜未眠。翌日傍晚，一红衣公差来旅店谓其道，裴度宰相命其过府一叙。湖䲡心怀忐忑来到裴度客厅，趴于地上直冒冷汗。主人命其坐下，湖䲡偷眼观看，见正是昨日聊天之人，遂再三叩头表示谢罪。裴度道："昨日闻听不幸，心中甚为同情，今日可弥补汝之遭遇矣。"命人将重新任命职务之凭证交与湖䲡，道："黄娥亦可即刻随你一同赴任所。"特意派人将其送回旅店，并赠送衣服行李及一千贯钱以为川资。

宪宗之后，裴度又仕穆宗、敬宗、文宗三朝，当时有"勋高中夏，声播外夷"之盛名。然，因宦官当道掣肘，其虽有"将相全才"，却不得全力施展，故于功业无特大作为。晚年，为避宦官当政，裴度退居东都洛阳，立第于集贤里，与诗人白居易、刘禹锡酬宴终日，高歌放言，以诗酒琴书自乐，不问政事。文宗开成四年（839 年），裴度因病逝于东都，册赠太傅。

裴度有五子。长子裴识，以荫授上柱国，袭晋国公，宣宗时官至检校户部尚书。其余四子亦皆声名显赫，多有作为，"兄弟并列方镇，时人荣之"。

裴度由一个书生凭辞章辩才、对答策问考中制科，数年之间，几经浮沉，获得接近皇帝之职。适逢时局艰难困苦，而能奋发奏召决策机要，亲身广行讨伐逆贼，成为人们崇仰之大唐中兴名臣。其身材不过中等，然风神俊爽、文采出众，应口答对雄辩有力，观者听者为之震动。时，凡出使边地持节使臣，东夷、南蛮、西戎、北狄君长必定问裴度年岁几何，形貌与谁相似，天子是否重用等。其威名远播于外，流传于俗众，中原、异邦均畏惧钦服。进调朝廷后，又以一身维系国家安危，居中枢左右时局达 20 年。凡国事窘促须委任将相，不论贤士抑或政敌，无不首推裴度。其为士大夫爱戴推重之情形及从容处变之韬略，虽王导、谢安之流亦难望其项背。史家于其功德褒扬赞誉颇多。誉其"出入中外，以身系国之安危，时之轻重者二十年"，"威望德业，侔于郭子仪"。并赞其"以人臣事君，唯忠与义，大则以訏谟排祸难，小则以说正匡过失，内不虑身计，外不恤人言"，"诚社稷之良臣，股肱之贤相"[1]。

裴度于文学亦颇有成就。其文学观点为"文之异，在气格之高下，思致之浅深，不在磔裂章句，䠞废声韵"，主张"不诡其词而词自丽，不异其理而理自新"[2]，于当时古文写作追求奇诡之倾向，具有补偏救弊意义。其晚年留守东都，筑绿野堂，与白居易、刘禹锡等名士唱酬甚密，成为洛阳文事活动中心人物，于洛阳文人活动起到凝聚作用。作为一名位高权重之文人翘楚，其于文士亦多所提掖，时人莫不敬重。后人评论称："晋公文字世不传，晚年与刘、白放浪绿野桥，多为唱和。间见人文集，语多质直浑厚，计应似其为人，如'灰心缘忍事，霜鬓为论兵'之句，可谓深婉。"[3]

---

①后晋·刘昫《旧唐书·裴度传》。

②唐·裴度《寄李翱书》。

③北宋·蔡居厚《蔡宽夫诗话》。

其传世作品有《宋史·艺文志》录《裴度集》2卷；《全唐文》存其文2卷，主要为律赋与奏疏碑铭；《全唐诗》存其诗1卷；《分门纂类唐歌诗》残本有其诗歌1首。

元和四年（809年），裴度曾为武侯祠作《汉丞相诸葛武侯祠堂碑》（又名《蜀丞相诸葛亮武侯祠堂碑铭》），书丹者为柳公绰，刻工为鲁建，该碑有"三绝"之誉。明代四川巡抚荣华于碑正面题跋，称裴文柳书"诚二绝也"，堪与诸葛功德"相与垂于不朽"。其后，世人习称其为"三绝碑"。

裴度"事四朝以全德始终"，"其威誉德业比郭汾阳"。[①]其一生成就，裴度曾自赞道："尔身不长，尔貌不扬。胡为将？胡为相？一片灵台，丹青莫状。"如是自况，不亦有庖丁"提刀而立，为之四顾，为之踌躇满志，善刀而藏之"之快意乎！

白居易——浮云不系名居易　造化无为字乐天

离离原上草，一岁一枯荣。

野火烧不尽，春风吹又生。

远芳侵古道，晴翠接荒城。

又送王孙去，萋萋满别情。

白居易[②]《赋得古原草送别》，可谓人人耳熟能详唐诗佳品。据载，居易16岁时自江南入长安，携带诗文谒见当时大名士顾况。顾况看完名字，开玩笑道："长安米贵，居大不易。"然其翻开诗卷，当读至"野火烧不尽，春风吹又生"时，不禁连声赞赏道："有才如此，居亦何难！"[③]

唐代宗大历七年（772年）正月，白居易出生于河南新郑"世敦儒业"中小官僚家庭，祖父时任河南巩县令。775年，河北魏博镇节度使田承嗣悍然引兵攻陷相州（今河南安阳市），代宗命成德节度使李宝臣、淄青节度使李正己、幽州节度使朱滔等八道兵马会攻田承嗣，白居易家乡遂陷于战火之中。旋，淄青节度使李正己借平叛之机割据河南十余州，战争绵延数年不停。其间，祖父病卒于长安。旋，祖母亦病故，家道遂遭困厄。德宗建中元年（780年），父亲白季庚由宋州司户参军授徐州彭城县令，又因协助徐州刺史李洧守城有功而升任徐州别驾。为躲避徐州战乱，白季庚将家眷送往宿州符离安居，白居易于

---

①北宋·欧阳修、宋祁等《新唐书·本传》。

②白居易（772—846年），字乐天，晚年又号香山居士，祖籍山西太原，后迁华州下邽（今陕西渭南市下邽镇）。

③南宋·尤袤《全唐诗话》。

符离度过童年时光。

白居易自 3 岁起遭遇战火，11 岁起又因战乱颠沛流离，少年生活除于符离期间较为平定之外，其余时间均处于迁徙奔波中。然，其出身"世敦儒业"之家，自幼聪慧过人，受家学影响，读书十分刻苦，常常口生疮手出茧，年纪轻轻便头发全白。

贞元十六年（800 年），白居易进士及第。翌年，与著名诗人元稹同举书判拔萃科，遂结为莫逆之交。旋授秘书省校书郎。元和元年（806 年），白居易撰《策林》75 篇，登"才识兼茂明于体用科"，授盩厔县尉。二年，回朝任翰林学士，次年任左拾遗。四年，与元稹、李绅等倡导新乐府运动。五年，改京兆府户曹参军，仍充翰林学士，草拟诏书，参与国政。因不畏权贵近臣，直言上书论事，招致权贵切齿变色。元和六年，母亲因患神经失常病于赏花时不慎溺水身亡，白居易按守制规矩回故乡守孝。三年服孝结束后返回长安，被任命为左赞善大夫。

元和十年（815 年）六月，宰相武元衡与御史中丞裴度遭人暗杀，武元衡因伤势过重当场毙命，裴度身负重伤。面临如此大事，宦官掌权集团与旧官僚集团居然态度镇静，毫无深究严查之议。白居易激于义愤，上书力主严缉凶手，以肃法纪。然，掌权者却以其为东宫官，抢于谏官之前议论朝政属僭越行为，将其贬谪为江州刺史。恰遇此时，中书侍郎王涯落井下石，上疏奏谏其母赏花时落井溺亡，而居易于守制期间常写赏花诗，有伤人伦孝道，不配治郡。朝廷遂再贬其为江州司马。贬官江州予白居易打击相当沉重，自称为"面上灭除忧喜色，胸中消尽是非心。"（《咏怀》）贬谪江州三年后，居易经朝中好友中书侍郎同中书门下平章事崔群举荐，升任忠州刺史。

十五年（820 年），宪宗李纯遭毒暴死长安，皇三子遂王李恒继位，是为穆宗。穆宗喜爱乐天才华，遂将其召回长安，先后任司门员外郎、主客郎中知制诰、朝散大夫、上柱国，又转中书舍人等，正式著五品绯色朝服。然，时宦官与朝臣之间争权夺利，明争暗斗，朝政混乱莫名，穆宗又荒怠朝政，不听劝谏。白居易遂于长庆二年（822 年）极力请求外放，旋被任命为杭州刺史。杭州在职期间，白居易见周围农田常受旱灾威胁，历任官吏却不肯利用西湖水灌田。居易遂排除重重阻力与非议，发动民工加高湖堤，修筑堤坝水闸，增加湖水容量，解决钱塘（今杭州）、盐官（今海宁）之间数十万亩农田灌溉之虞。同时立下规矩，西湖大小水闸、斗门于农田歇灌时需及时封闭，倘发现漏水之处，及时予以修补。为保证政策之延续性，居易作《钱塘湖石记》，将治理湖水之政策、方式与注意事项，刻石置于湖边，供后人知晓，于其后杭州治理湖水产生极大影响。杭州刺史离任时，白居易将一笔官俸留于州库之中作为基金，以供后来治理杭州官员于公务周转之资，事后再补回原数。此笔基金一直运作至黄巢之乱，黄巢乱军抵达杭州，文书多被焚烧散失，基金亦不知去向。

杭州刺史 3 年任满，白居易受命转任苏州刺史。翌年，居易因病去职，遂与刘禹锡相伴游览于扬州、楚州一带。

白居易晚年仕途比较顺遂，几乎一年一迁或一变，然因仕意衰退，作为不大。其于文宗大和元年（827 年）返回长安任秘书监，配紫金鱼袋，换穿紫色朝服（三品以上官员所用服色）；翌年转任刑部侍郎，封男爵，食邑晋阳县；大和三年（829 年）春，居易因病改授太子宾客分司，回洛阳履道里；旋任河南尹，两年后因病免河南尹，再任太子宾客分司；大和八年（835 年），被任命为同州刺史，辞不赴任，改任太子少傅分司东都，封冯翊县侯，仍留洛阳；武宗会昌元年（841 年），因风疾罢太子少傅，停俸；翌年，以刑部尚书致仕，领取半俸。会昌六年（846 年）八月去世，赠尚书右仆射，享年 75 岁。

白居易的一生，以 44 岁被贬江州司马为界，可分为前后两期。前期为兼济天下时期，后期属独善其身时期。

李白、杜甫、白居易乃中国文学史三大著名诗人，后人敬杜甫为"诗圣"，尊李白为"诗仙"，称白居易则为"诗魔"，日本学界称其为"诗神"。其实，李、杜二人"诗仙""诗圣"桂冠皆为后人所赐，而白居易则早于唐代即被称呼为"诗仙"，且为唐宣宗御封。

白居易病故之后，宣宗作《吊白居易》悼之：

> 缀玉联珠六十年，谁教冥路作诗仙？
> 浮云不系名居易，造化无为字乐天。
> 童子解吟长恨曲，胡儿能唱琵琶篇。
> 文章已满行人耳，一度思卿一怆然。

一代帝王于诗中不特直接封其为"诗仙"，且于其诗才几达推崇备至之境，实为千古文人一大殊荣。

然，白居易优秀作品基本均出自其政治上遭贬之前或遭贬期间。故此时作品多以关心民生疾苦为主题。《观刈麦》于其中最具代表性：

> 田家少闲月，五月人倍忙。夜来南风起，小麦覆陇黄。
> 妇姑荷箪食，童稚携壶浆。相随饷田去，丁壮在南冈。
> 足蒸暑土气，背灼炎天光。力尽不知热，但惜夏日长。
> 复有贫妇人，抱子在其旁。右手秉遗穗，左臂悬敝筐。
> 听其相顾言，闻者为悲伤。家田输税尽，拾此充饥肠。
> 今我何功德，曾不事农桑。吏禄三百石，岁晏有余粮。
> 念此私自愧，尽日不能忘。

作品创作于居易任周至县尉时，因有感当地百姓劳动艰苦、生活贫困而为。作品对繁重租税乃造成人民贫困之源提出指责，对自己无功无德不劳而丰衣足食深感愧疚，表现出封建官吏之良心与人道主义精神。作品题目虽为《观刈麦》，而画面实际出现者除刈麦者外，尚有拾麦者，作者关切之情恰恰偏重于后者。二者眼前贫富苦乐程度虽然不同，然其命运却紧密联系。今日凄凉可怜之拾麦穗者，乃昨日辛劳忙碌之刈麦者；今日辛劳忙碌之刈麦者，明日亦可能沦落为凄凉可怜之拾麦者！繁重捐税一日不去，老百姓永远摆脱不了破产命运。故作者在尖锐抨击赋税制度残虐害民之时，亦于劳动人民蒙受苦难寄寓深切同情。时白居易甫逾而立之年，正处于奋发有为之际，故其诗歌确能反映穷苦百姓思想情绪，呼出劳动人民企盼温饱之声音。

白居易居长安时，亲眼目睹苛捐杂税与宫使欺压盘剥百姓之弊政，自内心深处对此十分愤慨。曾有感于斯而作《卖炭翁》，大胆揭露"宫市"罪恶，将封建统治者贪婪暴虐面目，以独具特色之诗歌形式反映揭露无遗：

> 卖炭翁，伐薪烧炭南山中。
>
> 满面尘灰烟火色，两鬓苍苍十指黑。
>
> 卖炭得钱何所营？身上衣裳口中食。
>
> 可怜身上衣正单，心忧炭贱愿天寒。
>
> 夜来城外一尺雪，晓驾炭车辗冰辙。
>
> 牛困人饥日已高，市南门外泥中歇。
>
> 翩翩两骑来是谁？黄衣使者白衫儿。
>
> 手把文书口称敕，回车叱牛牵向北。
>
> 一车炭，千余斤，宫使驱将惜不得。
>
> 半匹红绡一丈绫，系向牛头充炭直。

作品通过卖炭翁悲惨遭遇，深刻揭露"宫市"欺民本质，对统治者掠夺盘剥人民之罪行给予有力鞭挞与抨击，深刻讽刺社会现实之腐败暴虐，表达出作者对下层劳动人民之深切同情。

作品为小型叙事诗，作者以白描手法，成功塑造卖炭老翁令人同情之感人形象。"满面尘灰烟火色，两鬓苍苍十指黑。"肖像描写仅仅十四字，不仅准确表现出卖炭翁之职业与年龄特征，且使读者透过形象感知其辛酸劳作与痛苦生活——长期受烟火熏烤使皮肤变色，终日扒摸木炭将十指沾黑，而"两鬓苍苍"却表现出卖炭翁凄楚境况与年龄衰老。如此年龄尚拼死拼活苦干，不过因"身上衣裳口中食"而挣薄钱勉强度日罢了。"可怜身上衣正单""夜来城外一尺雪"，作者旋以对照手法来表现卖炭翁之困苦生活。"心忧炭贱愿天寒"，乃更深入一层之心理刻划。一般人于衣单不能御寒时，总想天气暖和，易于度日。然卖炭翁却于"衣正单"时"愿天寒"。个中缘由在于，一怕天气暖炭卖不掉，衣食无所出；二愿天气寒冷，炭可卖好价钱。深刻表现出其于"卖炭得钱"之殷切期望，反映出卖炭翁的悲惨生活境遇。且如此铺叙可使下文"一车炭，重千余斤，宫使驱将惜不得"，显得愈加有力量，从而激起读者对"黄衣使者白衫儿"狐假虎威为虎作伥之痛恨。"公诗以六义为主，不赏艰难。每成篇，必令其家老妪读之，问解则录。后人评白诗'如山东父老课农桑，言言皆实'者也。鸡林国行贾售于其国相，率篇百金，伪者即能辨之。"[1]

元和元年（806 年），作者于杨贵妃死后 50 年写下著名长篇叙事诗《长恨歌》。作品以"长恨"为中心，生动描绘唐玄宗、杨贵妃缠绵悱恻之爱情故事及悲剧结局。其中

---

①元·辛文房《唐才子传》。

相当复杂之情节，仅以数句精练之语即予交代清楚，而笔触着力于情感之渲染。诗人由反思角度道出造成悲剧之原因，然于悲剧主人公则寄予深刻同情与无限惋惜。作品叙述婉转细腻，不失雍容华贵，毫无半点纤巧之病。玄宗与贵妃爱情结局本为悲剧，然作者以生花妙笔将浪漫与古典自然融汇，既超然物外又置身情中，勾勒出生死缠绵之情感典型，读来令人荡气回肠心生哀怨，实不愧为爱情诗之千古绝唱。

被贬江州司马时，诗人曾偶遇流落江湖之长安倡女，因有感其遭遇而写下《琵琶行》名作。其于《序》中叙述道：

> 元和十年，予左迁九江郡司马。明年秋，送客湓浦口，闻舟中夜弹琵琶者，听其音，铮铮然有京都声。问其人，本长安倡女。尝学琵琶于穆、曹二善才，年长色衰，委身为贾人妇。遂命酒，使快弹数曲。曲罢悯然，自叙少小时欢乐事，今漂沦憔悴，转徙于江湖间。予出官二年，恬然自安，感斯人言，是夕始觉有迁谪意。因为长句，歌以赠之，凡六百一十二言，命曰《琵琶行》。

《琵琶行》与《长恨歌》乃白居易最成功、影响力最久远之杰作，其艺术表现突出特点为抒情因素之强化。与此前之叙事诗相比，《琵琶行》与《长恨歌》虽亦通过叙述、描写表现事件，然却将事件过程简洁至不能再简，仅以一个中心事件与两三个主要人物结构全篇。诸如颇具戏剧性之"马嵬事变"，作者寥寥数笔即将之带过，而于最便于抒情之人物心理描写与环境气氛渲染，则泼墨如雨，务求尽情。即如《琵琶行》，虽于乐声摹写及人物遭遇之叙述着墨较多，然亦以情将声与事紧密联结一起，声随情起，情随事迁，使诗歌进程始终伴随动人心魄之情感力量。

作者于抒情尚表现于以精选意象营造恰当氛围，着力烘托诗歌绝妙意境。《长恨歌》中"行宫见月伤心色，夜雨闻铃肠断声"，《琵琶行》中"枫叶荻花秋瑟瑟""别时茫茫江浸月"等诗句，或将凄冷月色、淅沥夜雨、断肠铃声组合成令人销魂之场景，或以瑟瑟枫叶、摇曳荻花与茫茫江月构成哀凉孤寂画面。其中透露之凄楚、感伤、怅惘意绪为诗中人物、事件统统染色，亦使读者面临如此意境、氛围而心灵摇荡，不能自己。特别"同是天涯沦落人，相逢何必曾相识"句，千百年来一直为人们信手拈来表情达意之佳句。

白居易为中唐时期影响极大之著名诗人，其于文学创作积极倡导新乐府运动，主张"文章合为时而著，歌诗合为事而作"，写下不少感叹时世、反映人民疾苦之诗篇，于后世影响颇为深远，乃我国古代文学史上相当重要之诗人。居易诗歌主张诗歌创作，以突出强调与全力表现作品通俗性、写实性为主旨，于中国诗史占有重要地位。尝明确阐释其创作宗旨为："仆志在兼济，行在独善。奉而始终之则为道，言而发明之则为诗。谓之讽谕诗，兼济之志也；谓之闲适诗，独善之义也。"[①]由是观之，居易尝将诗歌作品划分为讽喻、闲适、感伤、杂律四类，前二类体现其"奉而始终之"之兼济、独善之道，故最受重视。而其诗歌主张，亦重在早期讽谕诗创作而言，最大特点为重写实、尚通俗。强调讽喻倾

---

① 唐·白居易《与元九书》。

向乃："今褒贬之文无核实，则惩劝之道缺矣；美刺之诗不稽政，则补察之义废矣。……俾辞赋合炯戒讽喻者，虽质虽野，采而奖之。"①诗之功能乃惩恶劝善，补察时政，诗之手段乃美刺褒贬，炯戒讽喻。故其主张："立采诗之官，开讽刺之道，察其得失之政，通其上下之情。"②居易诟病脱离内容单纯追求"宫律高"与"文字奇"，尤其反对齐梁以降"嘲风月，弄花草"之艳丽诗风。居易尝于《新乐府序》中明确指出，作诗标准为："其辞质而径，欲见之者易谕也；其言直而切，欲闻之者深诫也；其事核而实，使采之者传信也；其体顺而肆，可以播于乐章歌曲也。"③"质而径""直而切""核而实""顺而肆"，分别强调语言须质朴通俗，议论须直白显露，写事须绝假纯真，形式须流利畅达，具有歌谣色彩。即诗歌必须既写得真实可信，又浅显易懂，且便于入乐歌唱，方为达于极致。

有赖于如此创作特点，其诗于当时即流传朝野，影响广泛。上自宫廷，下至民间，处处皆吟乐天诗，其声名乃至远播西域、朝鲜、日本。白居易诗尤其于后世文学影响巨大，不仅黄遵宪等大家受其诗启示，即于日本亦尤为影响深远。日本人心中，白居易方为中国唐代诗歌之风云人物。"昔建安才子，始定霸于曹、刘；永明辞宗，先让功于沈、谢。元和主盟，微之、乐天而已。臣观元之制策，白之奏议，极文章之壶奥，尽治乱之根荄。非徒谣颂之片言，盘盂之小说。就文观行，居易为优，放心于自得之场，置器于必安之地，优游卒岁，不亦贤乎。"④

诗歌之外，白居易于词亦有涉猎，且以风格明丽见长，极有特色，为后世词人所推崇。三首《忆江南》，即可领略乐天词清丽明快之风格：

一

江南好，风景旧曾谙；
日出江花红胜火，春来江水绿如蓝。
能不忆江南！

二

江南忆，最忆是杭州；
山寺月中寻桂子，郡亭枕上看潮头。
何日更重游！

三

江南忆，其次忆吴宫；

---

①唐·白居易《六十八·议文章》。
②唐·白居易《六十九·采诗》。
③唐·白居易《新乐府序》。
④后晋·刘昫《旧唐书·白居易传》。

吴酒一杯春竹叶，吴娃双舞醉芙蓉。

早晚得相逢！

作品为诗人于苏州刺史任所离职返回洛阳后所作。乐天早年避乱江南，尝寄居苏、杭二州。晚年又先后担任杭、苏刺史多年。江南山水草木于其留下极深印象，苏杭百姓亦与之结下深挚情谊，直至晚年卸任返回北方之后，斯情依然缱绻萦回，令乐天眷恋不已。作者以如此情怀描写江南，焉能不情深意长追忆无限。如此深情作品，不仅表达诗人于江南河山之偏爱，亦于其后文人词之蓬勃发展产生积极作用。

感情生活方面，白居易亦属性情中纯情之人。其善交友，乐助人，喜豪饮，多风流。然，恰于个人婚姻却遭受难以承受之挫折。

11 岁时，白居易因避家乡战乱，随母携家迁至父亲白季庚任官所在地徐州符离。生活于斯，居易与小其 4 岁之邻居女子湘灵相识。湘灵眉清目秀活泼可爱，且具音律天赋，二人遂成朝夕不离青梅竹马之玩伴。白居易 19 岁、湘灵 15 岁时，二人情窦初开，遂生恋情。然，二人相处 17 年，相恋 8 年，感情笃厚难移，最终却因门户差别而为白母无情拆散。居易于斯痛彻心扉，其后不再寻觅情感寄托，直至 37 岁时，迫于母亲以死相逼，无奈与同僚杨汝士之妹完婚，而湘灵则终生未婚。有情人未能终成眷属之悲剧，令"风流名士"终老备受情感煎熬，不亦悲乎！

官场浮沉、生活磨砺、情感挫折，形成白居易多元化世界观，其后期思想综合儒、佛、道三家，而以儒家思想主导。孟子所谓"达则兼济天下，穷则独善其身"乃其终生遵循信条。其"兼济"之志，以儒家仁政为主，亦包括黄老之说、管萧之术与申韩之法；其"独善"之心，则吸取老庄知足、齐物、逍遥观念与佛家"解脱"思想。

密友元稹去世后，白居易曾为元稹撰写墓志铭，元家付白居易润笔六七十万钱，其悉数布施于洛阳香山寺。可见，其早年儒家蓬勃向上入世思想，于晚年已为佛家出世思想所替代。

然，总括而言，居易一生命运于中国古代文人层当属上乘。其中虽不乏违意之处，却于屡遭贬谪后仍以刑部尚书致仕；感情上虽未如愿与湘灵结为连理，却常有舞女歌妓相伴慰藉；诗名鹊起当代且远播后世海外；全身而终享年 75 岁等。如此人生，为历代文人雅士可望而不可及，亦属凤毛麟角。既如此，乐天该当十二分满足矣！

吕蒙正——昔作儒生谒贡闱　今提相印出黄扉

中国文人历来偏好创作才子佳人题材作品，以表现文人成名成家之波折浪漫经历。由作品体裁审视，有才子佳人小说、才子佳人剧本、才子佳人故事等。究其原因，依然为"书中自有黄金屋，书中自有颜如玉"及"学而优则仕"观念使然。此类题材作品，无论体裁如何，其中男主人公必为落魄秀才，而女主人公则非遭贬高官千金，即为家有牛马满圈良田千顷之员外闺秀。落魄秀才除"才高八斗"外，大都"眉清目秀面如傅粉"，待字千金不特"沉鱼落雁闭月羞花"，且个个"学富五车"。作品尚有一共同点，即无论才子遭受多大挫折，佳人使出如何高招，其爱情故事均会以喜剧形式圆满结束，皆大欢喜。

民间传说与戏剧舞台上，吕蒙正①亦为故事颇多之才子。元朝人创作有关吕蒙正趣闻轶事剧本尤多，《吕蒙正赶斋》《彩楼记》《吕蒙正风雪破窑记》皆以其为主人公。

据传，吕蒙正少年父母双亡，家境十分贫寒，靠卖字作诗为生。一日，吕蒙正路经赵员外府门外，见一群文人墨客正装腔作势高谈阔论。一打听，方知员外年过半百喜得贵子，高兴非凡，遂以重金聘请文人墨客作楹联。一帮儒生搜尽枯肠，苦思冥想，却凑不出一副令赵员外满意之对联。突然，工部侍郎之子倪兴官大呼一声"有了"，便得意地提笔写下一联，贴于赵府门楣之上：子当承父业；臣必报君恩。

众儒生一见，急忙奉承，赵员外亦觉遂意，称赞不已。岂料，正于一旁凑热闹之吕蒙正见之，不禁大笑道："如此对联贴于员外门楣，竟不怕贻笑大方？"倪兴官见一位粗布蓝衫穷士耻笑自己，遂蛮横呵斥道："滚开，汝有何资格评高论低！"众儒生亦发出一阵狂笑。吕蒙正面对讥笑侮辱，不以为然，朗声吟道：

> 举目纷纷笑我穷，我穷不与别人同。
> 腰间拔出龙泉剑，斩断穷根永不穷。

倪兴官一听吕蒙正出口不凡，立刻改换笑脸，拉住吕蒙正问："汝且言本联错在何处？倘若说不出理由，吾必上衙门告你侮辱斯文！"吕蒙正推开倪兴官理直气壮地道："汝想告我？我还要告你呢！此联不但文墨拙劣，且有灭族之祸。"赵员外一听，大吃一惊，忙躬身问道："客官请道出事由。"吕蒙正哈哈大笑道："此联颠倒人伦，目无君父。岂能臣在君上，子在父前？"众人一听，面面相觑，无言以对。赵员外觉得吕蒙正言之有理，遂请其另作一联，以光耀门楣。吕蒙正见员外谦恭有加盛情难却，遂温言指点道："不必重写，仅将联中词语稍作倒置变动，改为'君恩臣必报，父业子当承'即可"。

赵员外见吕蒙正才思敏捷，年少有为，有心再试其才学，遂以自己年庚出一"未老思阁老"上联，要吕蒙正对下联。吕蒙正斜视倪兴官一眼，微微一笑答道"无才做秀才"。赵员外一听，满口称赞，打算将女儿黛菊许配吕蒙正为妻。此时，倪兴官醋意大发，恶狠狠吟出一句上联道"牛头焉会生龙角？"吕蒙正毫不示弱对道"狗嘴何曾出象牙？"。倪兴官恼羞成怒，遂恶意相向道："一介寒儒，妄想攀龙攀凤攀丹桂"；吕蒙正看到员外客堂正中一尊佛像，即景生情对以下联："三尊宝像，岸然坐鳌坐象坐莲花"。倪兴官本诗才平庸，于是无言以对，虽气得七窍生烟，亦只好灰溜溜鼠窜而去。赵员外见吕

---

① 吕蒙正（944—1011 年），字圣功，河南洛阳人，北宋著名政治家。

蒙正才华横溢，心中暗暗叫绝称妙，当即命婢女去闺房传话小姐，告知已为其择得佳偶。

黛菊小姐自小聪明，能诗善词，才貌双全。听婢女传话，亦向乃父禀明心意，言自己亦有一联，倘吕蒙正能对出下联，方可议婚。遂令丫环递出上联："因荷而得藕"；吕蒙正见小姐所出乃是一副谐音联，遂提笔一挥而就，属出下联："有杏不须梅"。上联"荷"谐"何"、"藕"谐"偶"；下联"杏"谐"幸"、"梅"谐"媒"。小姐见对得工整，比喻得当，不禁嫣然一笑，默许了婚事。婚后，小两口志趣相投，相亲相爱，形影不离。吕蒙正得妻子黛菊辅助，功课日进，遂拟赴京赶考。

结果，吕蒙正京试误期，盘缠用尽，贫愁潦倒，困于京师。一日，京城内热闹非凡，传言为刘宰相之女抛绣球招婿。刘宰相之女月娥，年方二九，聪明俊俏，琴棋书画样样皆能。常言道"一家女百家求"，宰相有女如此，自然不愁无人迎娶。然媒人踏断门槛，求亲者非皇亲国戚即官宦子弟，宰相却为此伤透脑筋，唯恐答应这家得罪那家，只得张榜以"抛彩球"招亲。

刘宰相将此议告之女儿，月娥小姐却伤心啼哭道："彩球不长眼睛，倘被泼皮无赖接着岂不断送女儿终身？"宰相道："老夫一言既出，驷马难追，岂有变更之理？"小姐无奈，遂要求父亲于榜上再加一条："抛球之日，须准时入场，若过时辰，面罚对课。"宰相不明女儿之意，小姐道："有此一条，纨绔子弟、绣花草包、不学无术之辈定然早早进场；饱学才子才敢姗姗来迟……"宰相听罢甚觉有理，遂答应女儿要求。

是日，吕蒙正闲来无事，亦前去凑热闹。彩楼门外守卫见其衣衫褴褛，上前拦住道："进场时辰已过，要面罚对课，你能行吗？"吕蒙正哈哈大笑道："人才不可看貌相，海水不可用斗量。"守卫哑口无言，遂将其带至彩楼下见刘小姐。此时，月娥正端坐于彩楼上，闻道有前来对课者，撩起珠帘仔细一瞧，见楼下公子虽衣衫褴褛，却五官端正器宇轩昂，双眼炯炯有神，颇有几分书生气。月娥心中暗喜，命贴身丫环梅香前去问过姓名年龄，便出一上联递出："黑白未分，此去不知南北"；吕蒙正看过小姐上联，挥舞讨饭棍随声对出下联："青黄不接，特来讨点东西"。丫环又递来小姐上联"荷叶鱼儿伞"；吕蒙正应对下联"花絮虱儿窝"。

刘小姐听了吕蒙正对句，甚觉满意，平仄对仗讲究，然略欠高雅，便又出一上联："一杆银枪，能挡雄兵百万"；吕蒙正一边吟哦，一边整整衣冠，笑着对出下联："半段竹竿，驱走恶狗千条"。刘小姐暗暗思忖，此人果然才华出众，连续三课皆对答如流，只可惜张口不离破烂、乞讨，不禁又好笑，又生气。梅香有心成全吕蒙正，遂谓小姐道："相公穷途落魄，苦在其中，对课自然含有苦味。"旋凑于小姐耳边悄言数句，月娥脸上顿时露出笑容，遂再出一条上联："十字街头叫老爷，老爷老爷老老爷"；吕蒙正眼睛一亮，脱口对出下联："金銮殿上喊万岁，万岁万岁万万岁"。

瞬时，刘小姐笑逐颜开，撩起珠帘，手捧彩球来到台前，有意将绣球抛向此位无意求亲者。吕蒙正眼快手疾，撩起破棉袍，一把接住彩球，遂成一段美好姻缘。

坊间尚流传有吕蒙正讽刺势利亲邻之故事。言其金榜题名得授高官后回乡省亲，先前嫌贫爱富之邻居亲戚，纷纷携礼前来恭贺巴结。见此情景，吕蒙正百感交集，遂拱手言道："诸位乡亲请先于中堂就座,酒足饭饱之后进吾书斋一观。"饭后,客人陆续入其书房。吕蒙正笑着道："晚生草就一联,呈请诸位一阅。"众人仔细一瞧,见纸上对联写道:

旧岁饥荒,柴米无依靠,走出十字街头,赊不得,借不得,许多内亲外戚,袖手旁观,无人雪中送炭;

今科侥幸,吃穿有指望,夺取五经魁首,姓亦扬,名亦扬,不论王五马六,踵门庆贺,尽来锦上添花。

来客看罢,羞得无地自容。稍坐片刻便个个灰溜溜走出吕府。

吕蒙正祖父吕梦奇,曾任户部侍郎;父亲吕龟图,曾任起居郎。宋太宗太平兴国二年(977年),吕蒙正科举擢进士第一,高中状元郎,授将作监丞,通判升州。皇帝为新科状元写诗赐宴,即自其为始且形成定例。自宋太宗端拱元年(988年)起,吕蒙正多年担任宰相,为中国封建历史上第一位书生宰相、第一位状元宰相。按常理,吕蒙正出身如此家庭,不该家境贫寒。究其原因,为其父"龟图多内宠,与妻刘氏不睦,并蒙正出之,颇沦踬窘乏。"①据此看来,元人话本中将其写成落魄书生并非毫无根据。

就品行而言,吕蒙正为人宽厚质朴,素有重望,以正道自持,遇事敢言。其为官最大优点为心胸宽广,"不喜记人过。初参知政事入朝堂,有朝士于帘内指之曰:'是小子亦参政耶?'蒙正佯为不闻而过之。其同列怒,令诘其官位姓名,蒙正遽止之。罢朝,同列犹不能平,悔不穷问。蒙正曰:'一知其姓名,则终身不能复忘,固不如无知也。不问之何损。'"②

或检举揭发蔡州知州张绅贪赃枉法,吕蒙正即将其免职。朝臣或谓太宗道:"绅家富,不至此,特蒙正贫时勾索不如意,今报之尔。"此事无法辩清,蒙正对此未做任何解释,太宗遂恢复张绅官职。旋,"考课院得绅实状,复黜为绛州团练副使。"③太宗方才醒悟,吕蒙正实际被冤枉。及至吕蒙正再度为相时,太宗谓其曰:"张绅果然为贪污受贿之徒。"吕蒙正仅言:"臣知之矣。"既不为自己辩解,亦不谢皇上还其清白,确有宠辱不惊之气度。

前宰相卢多孙一登相位,其子卢雍一入仕即授水部员外郎,朝廷并将此作为惯例沿袭下来。吕蒙正为相后,按例其子亦可就任员外郎,然其上奏推辞道:"臣初为进士,仅为九品京官。况天下有才能而终老林泉,毕生不得俸禄者多矣。今臣子乳臭未干,即受如此恩宠,余诚恐其遭阴损。望陛下以初仕之位任之。"此后,凡宰相之子初授九品亦成制度。

有一大臣极喜收藏古镜,言收藏古镜中有能照两百里远者,欲将此镜奉送蒙正寻求升官。吕蒙正笑谓:"吾面不过食碟大,岂需远照两百里之镜?"闻者均惊叹佩服。或向其献古砚一方,当场打开,呵气即可研墨。蒙正观之不屑一顾,言道:"即便

---

①元·脱脱、阿鲁图《宋史·吕蒙正传》。

②北宋·司马光《涑水见闻》。

③元·脱脱、阿鲁图《宋史·吕蒙正传》。

每日呵气一石，亦不过值几文钱罢了。"献砚者十分沮丧。从此，再无"热脸蹭冷屁股"之人自讨无趣。

吕蒙正尝与其子对谈。其子言朝臣非议父亲，职权多被同僚瓜分。蒙正笑谓道："余何才之有，皇上擢拔余，仅因为父善于用人罢了。余为宰相，人若不尽其才，即为宰相失职之故！"

同窗好友温仲舒与吕蒙正同年中举，因于任上犯案，被贬多年。蒙正任宰相后，怜惜其才能，遂向皇上举荐。温仲舒得势后，为显示自己，常于皇上面前贬低蒙正，甚至于吕蒙正触逆"龙鳞"时，竟然落井下石，时人均鄙夷之。旋，吕蒙正再次夸赞温仲舒才能，太宗谓其道："卿辄于仲舒称赞，然其常于朕前贬汝矣。"蒙正笑道："陛下以蒙正居相位，即以吾善知他人之长，并使之各得其职之故也。至于他人如何评价臣，则非宰相之责也。"太宗听后愈加敬重其品行。

吕蒙正不善拍马逢迎，却敢于"批逆鳞"。一年正月十五赏灯，皇上大宴群臣。酒兴正浓时太宗道："正当五代之际，天下生灵涂炭，哀鸿遍野，周太祖自邺城南归，其时无论官宦百姓，无不惨遭虏掠。城野大火漫燃，天上彗星划过，看者无不心惊肉跳，以为天下再无太平之日。朕自当政以来，日理万机，从不敢懈怠，常想天下百姓，以至方有今日昌盛景象。由此观之，天下或大乱或大治，皆为人之所为，诚非天意也！"众臣莫不赞美皇上英明。唯吕蒙正谓太宗道："皇上于是设宴，百官莫不云集于此。放眼望去，满城灯火辉煌，确实一片繁荣景象。臣不久前曾游城外，离城不数里即见面露饥色之民，甚至有饿殍弃于道侧。由此可见，天下并非吾等眼前之景象。愿陛下不特能见眼前繁荣，亦能思虑远处百姓疾苦，方为天下苍生之幸事！"太宗听后一时黯然失色，群臣亦不敢出声。须臾，太宗转怒为喜道："朕得蒙正犹如唐太宗之得魏征，倘若臣子均能如此提醒朕，以不忘天下苍生为念，社稷岂有不富强之埋，百姓岂有个舒心之生计。"

蒙正无论官居何职，能常以贫贱时感悟激励警醒，丝毫不敢懈怠或忘乎所以。真宗能成为一代明君，极大程度上得益于其有如此举贤思齐之老师。宋真宗为太子时，太子师吕蒙正尝作《寒窑赋》，以亲身经历感染训诫太子：

> ……昔时，余在洛阳，日投僧院，夜宿寒窑。布衣不能遮其体，淡粥不能充其饥。
> 上人憎，下人厌，皆言余之贱也。余曰：非吾贱也，乃时也运也命也。余及第登科，官至极品，位列三公，有挞百僚之杖，有斩鄙吝之剑，出则壮士执鞭，入则佳人捧袂，思衣则有绫罗锦缎，思食则有山珍海味，上人宠，下人拥，人皆仰慕，皆言余之贵也。余曰：非吾贵也，乃时也运也命也。盖人生在世，富贵不可捧，贫贱不可欺。此乃天地循环，终而复始者也……

文章以其由凄惨至富贵之经历，引述大量历史事实，说明大千世界人生命运之起落：

> ……满腹经纶白发不第，才疏学浅少年登科，有先富而后贫，有先贫而后富，蛟龙未遇潜身于鱼虾之间，君子失时拱手于小人之下，天不得时日月无光，地不

得时草木不长，水不得时风浪不平，人不得时利运不通……

天地循环周而复始，故人必须坦然面对人生坦途与坎坷。

真宗为太子时涉世不深，阅历浅薄，故十分狂傲。乃师一篇《寒窑赋》，令其颇受感动，由此日益谦虚谨慎，终于成为一代明君。

吕氏一门自吕端始，仅北宋一朝即辈出三代五宰相（吕端、吕蒙正、吕夷简、吕公著、吕大防），达官显贵数十位。故其品行亦或为吕氏家教家风使然，终于成就其为一代名相、贤相。尤其吕氏家仆富弼，亦深受是风熏陶，竟成北宋著名宰相。

蒙正有七子，从简、惟简、承简、行简、务简、居简、知简，均为官。仅一子因触犯权贵，被刺配江州，流落永修县。后世尚有南宋"五吕先生"等理学大贤。其家族人才辈出，代代不乏。

"善恶有报"，吕氏家族如此兴盛，当为代代行善积德之回报矣！

寇准——遥望碧天净如扫　堪惜流年谢芳草

宋代真宗朝宰相寇准[1]，属古代文人中舞台形象比较丰富、民间故事传说比较多者，传统剧目中一贯戏称其为"寇老西儿"。

寇准出身名门望族，远祖苏岔生曾于西周武王时任司寇，因屡建大功，赐以官职为姓。其古籍太原太谷昌平乡，战国以降，世事沧海桑田，乃祖初移居冯翊，后迁至华州下邽。后世所以称寇准"寇老西儿"者，盖因是故。其父寇湘"博古嗜学，有文章名。晋开运中登甲科，冠多士。后应辟为魏王记室终焉。"[2]因屡建功勋，受封为燕、陈、晋三国公，追赠太师尚书令。

不幸，乃父于太宗开宝三年（970年）罹病弃逝，寇准9岁失怙，家境由此陷入窘境，名门望族之后顿时沦为贫寒"草民"，唯赖母亲织布度日。然，寇母极重儿子学业，每晚必边纺纱边督促寇准苦读。准不负母望，十年寒窗，进京应试得中进士。喜报传来，母亲却罹患重病，临终前绘画一幅交由寇准养母刘妈，遗嘱其妥善收存，倘日后寇准忘本，可将此画示之。其后，寇准仕途得意，一路晋升位至宰相。真宗大中祥符四年（1011年），寇准50寿辰，拟大摆筵席延请戏班庆贺。刘妈以为时机成熟，遂将寇母之画交予寇准。寇准展开一看，原为一幅《寒窗课子图》，画上题诗一首：

---

①寇准（961—1023年），字平仲，华州下邽（今陕西渭南）人，北宋政治家、诗人。

②北宋·孙忭《寇准碑》。

孤灯课读苦含辛，望尔修身为万民。

勤俭家风慈母训，他年富贵莫忘贫。

目睹慈母遗作，寇准羞愧满面潸然泪下。遂撤去寿筵，辞退戏班，从此专心政务，终成一代贤臣。此为后话。

寇准自幼天资聪明，且勤奋好学，年14岁即创作不少优秀诗篇，15岁而精习《春秋》。

太平兴国五年（980年），寇准考中进士，是年19岁。初，太宗选取进士，辄于殿前平台亲躬提问，年龄偏轻者往往不予录用。知此内情者建议寇准增报年龄，以免仅因年轻而落第。寇准不以为然，道："吾有志仕途，欲以所学报效社稷，岂可存侥幸而欺瞒陛下？"殿试张榜，果以考绩优异中第。初授大理评事，旋迁归州巴东知县，届满改任成安知县。其后辗转升任盐铁判官、尚书虞部郎中、枢密直学士等职。历任同知枢密院事、参知政事。后两度入相，一任枢密使，出为使相。

端拱二年（989年），寇准曾奏事殿中，大胆进谏。因忠言逆耳，太宗不愿接纳，遂愤然离开龙座，欲退朝回内宫。寇准抢上前去，扯住太宗衣角，劝其重新落座，允其将话讲完。太宗无奈，终于接纳其进言。事后，太宗十分赞赏寇准，尝谓左右曰："朕得寇准，犹如唐太宗得魏徵尔。"

寇准于太宗朝群臣中，素以刚直足智著名。淳化初年（990年），朝廷处理两桩受贿案。王淮赃钱以千万计，情节严重，因其为参知政事王沔之弟，仅作杖一百、降职处分，旋即恢复原职；祖吉情节较轻，却被处以死刑。"宋以忠厚开国，凡罪罚悉从轻减，独于治赃吏最严。盖宋祖亲见五代时贪吏恣横，民不聊生，故御极之后，用重法治之，所以塞浊乱之源也。"[1]倘治贪之法因私纵弛，于吏治极为不利。

寇准知此皆因参知政事王沔从中斡旋，故心中忿忿不平。翌年春天，京畿遭遇旱灾，太宗召集近臣询问时政得失。群臣多以为由天数所致，寇准则道："'《洪范》天人之际，应若影响，大旱之证，盖刑有所不平也。'太宗怒，起入禁中。顷之，召准问所以不平状，准曰：'愿召二府至，臣即言之。'有诏召二府入，准乃言曰：'顷者祖吉、王淮皆侮法受赇，吉赃少乃伏诛，淮以参政沔之弟，盗主守财至千万，止杖，仍复其官，非不平而何？'太宗以问沔，沔顿首谢，于是切责沔，而知准为可用矣。即拜准左谏议大夫、枢密副使，改同知院事。"[2]寇准自此直接参预北宋朝廷军国大事。

担任枢密副使后，寇准与知院张逊常常政见相左，辄于太宗御座前发生争执。某日，寇准与温仲舒相偕外出，于道逢一疯癫者，仰其马首高呼"万岁"。判左金吾王宾向与张逊交好，张逊遂嗾使其单独上奏，将此事禀告太宗。王宾言之凿凿，措辞疾厉，寇准亦引温仲舒佐证。双方于太宗前相互指责对方短处，一时闹得不可开交。太宗生气非常，遂以贬谪处罚二人，寇准免枢密副使，外任青州知府。

---

①清·赵翼《廿二史札记·宋初严惩赃吏》。

②元·脱脱、阿鲁图《宋史·寇准传》。

然，此时太宗已极倚重寇准，故其贬谪青州后，太宗整日闷闷不乐，常于左右询问其在青州情况。翌年，寇准即被召回京师，拜参知政事。至道元年（995年），再加给事中。

初，太祖驾崩后，其子德昭因年幼而未能继位，太宗以皇弟身份践祚，且太祖之死朝野一直传有"烛影斧声"之谜，即太宗有杀兄夺位之嫌。故太宗虽在位日久，却一直未立皇储，因其始终困扰于传位于己子抑或太祖之子两难境地。时，朝臣惧怕惹火烧身，均讳言立储一事。唯大臣冯拯曾上疏请立皇储，却被太宗贬谪岭南。从此，朝野上下再无议论立储之人。

寇准自青州还朝，入见太宗。太宗时正患足疾，亲自脱去鞋袜命其查看。然后深情问道："卿回京何以如此缓慢？"遂向寇准询问立皇太子事宜："'朕诸子孰可以付神器者？'准曰：'陛下为天下择君，谋及妇人、中官，不可也；谋及近臣，不可也；唯陛下择所以副天下望者。'帝俯首久之，屏左右曰：'襄王可乎？'准曰：'知子莫若父，圣虑既以为可，愿即决定。'帝遂以襄王为开封尹，改封寿王，于是立为皇太子。"[1]太宗立储之难终于化解。

太宗与太子拜谒祖庙归来，京城百姓拥挤于道侧，喜气洋洋争睹太子天颜，有人甚至惊呼"少年天子"。太宗听后心内极不舒服，问寇准："人心归向太子，朕将至何位置？"寇准连连拜贺道："百姓拥戴太子，足见陛下选择皇储深得人心，此乃皇上之福，社稷之福也。"太宗恍然大悟，赏寇准对饮，大醉而罢。自此，太宗愈加倚重寇准。时，南蛮以通天犀角进献太宗，太宗令匠作府加工成两条犀带，一条自用，一条赐予寇准。

至道三年（997年），太宗驾崩，太子赵恒继位，是为宋真宗，寇准时任工部侍郎。因立储之情，真宗极欲命寇准为宰相，然担心其性格刚直，难于独担朝纲。时，辽国乘宋主新立，遂频繁骚扰边境，边境告急频频不断。咸平二年（999年），辽军大败宋军于高阳关，俘并、代都部署康保裔，大掠而还。六年（1003年），辽军再侵高阳关，宋军副都部署王继忠被俘降辽。接连两次战场失利，令北宋朝廷极为震惊。

景德元年（1004年），边境告急文书报称，辽军即将大规模入侵北疆。是年六月，参知政事毕士安向真宗推荐寇准为相。毕士安奏道："寇准天资忠义，能断大事；志身殉国，秉道嫉邪。眼下北强入侵，唯有寇准可以御敌保国。"八月，寇准与毕士安同日拜相。寇准以集贤殿大学士官职排名参知政事毕士安之下。九月，辽圣宗耶律隆绪与其母萧太后，率20万大军自幽州出发，浩浩荡荡，向南推进。辽军先以威虏军攻定州，为宋兵阻击，遂将兵锋转向东南。当辽军南下，"急书一夕五至"之时，北宋朝臣大多惊惶恐惧。参知政事王钦若为江南人，主张速速迁都金陵。枢密副使陈尧叟为四川人，提议迁都成都。二人均主张以躲避之法应付辽国入侵。真宗本无抗敌决心，见朝臣御辽无计，终日惶恐不安。重臣之中，唯寇准与毕士安坚决主张抵抗，真宗问其守战之计，寇准佯装不知迁都之议为王钦若、陈尧叟所奏，遂当二人之面谓真宗："替陛下筹划迁都之计者谁？其罪当诛。当今陛下神明威武，武将文臣处朝和睦，倘若陛下御驾亲征，契丹自然闻风而逃。或出奇兵扰乱敌之部署，坚守阵地消磨敌之士气，使敌困乏疲惫，我自以逸待劳，天朝定有

---

[1] 元·脱脱、阿鲁图《宋史·寇准传》。

必胜把握。何以抛弃太庙太社，远涉楚、蜀边远蛮荒之地？至关键处在于人心不能崩溃，否则契丹乘势而入，江山社稷岂能保全？"寇准意见不特得以阻止王钦若等南方大臣迁都避敌主张，亦使真宗抵抗决心得以坚定。为防止王钦若影响真宗，寇准将其由真宗身边调至天雄军前线防辽。

辽朝大兵压境，寇准一面与避敌派斗争，一面积极备战御敌。其遣人赴河北，将优秀农民青年组织起来，加以训练以为民兵。旋颁令规定：河北民兵杀敌，所在官军应给以声援；民兵杀敌立功者，依样给予奖赏。且派人携带钱物慰劳河北驻军，出军费银30万两，由河北转运使收购军粮，充实军资。为鼓舞士气争取更大胜利，寇准极力劝慰真宗渡过黄河，亲临前线。受其鼓舞，真宗命雍王留守京师，自己由寇准等陪侍起驾北上。御驾缓慢行至韦城，边关告急战报如雪片似飞来，报称辽军势如破竹日益逼近。臣僚中又有人提出暂迁金陵以避敌锋，真宗征辽决心开始动摇。寇准及时提醒真宗，大敌压境四方危机，目前只可进尺、不可退寸。进则士气倍增，退则万众瓦解。真宗车驾终于北行抵达澶州。

黄河经澶州流过，遂一分为二。辽军抵达北城附近，真宗不敢过河，只愿驻扎南城。寇准力请渡河，然真宗始终犹豫不决。寇准谓殿前都指挥高琼道："太尉承蒙国家厚恩，今日打算有所报答乎？"高琼回禀："臣为军人，愿以死殉国。"寇准遂谓真宗奏道："陛下倘以臣言不足凭信，可问高琼。"不待真宗开口，高琼便道："寇准之言甚为在理。随军将士父母妻子均于京师，无人愿抛弃家小而迁徙江南。"旋，高琼请真宗立即动身渡河，并令卫士将真宗车驾转向北城行进。黄龙旗出现于澶州北城楼时，城下兵民立即欢声雷动，气势百倍。真宗象征性巡视北城后，仍回南城行宫，留寇准于北城负责指挥作战。真宗数次派人探视寇准举动，回报说寇准与知制诰杨亿于城楼喝酒下棋，十分镇定。寇准如此胸有成竹，稳如泰山，真宗恐慌情绪略有消除。其后宰相范仲淹评价"寇莱公澶渊之役，而能左右天子，不动如山，天下谓之大忠。"实为不谬！

辽军虽然号称20万，却为孤军深入，供给线长，粮草不继。加之宋朝各地军民英勇抗敌，辽军开始节节失利。尤其真宗亲临北城时，辽军先锋萧挞览于澶州城下被宋将张环以床子弩射杀，使契丹军心极受影响。辽国太后萧绰见战场形势于辽不利，遂命大丞相耶律隆运向北宋议和。宋真宗本无抗敌决心，离京亲征时，已派议和使节曹利用赴契丹军营刺探虚实。契丹所提议和条件为，要求宋"归还"后周世宗北伐所夺"关南之地"。宋朝条件为，只要辽国退兵，可每年输辽银、绢，但不答应领土要求。

寇准始终反对议和，主张乘势出兵、收复失地。时，主战派将领宁边军都部署杨之也，已夺取幽燕数州。然真宗倾心议和，致使妥协派气焰嚣张。其群起攻击寇准拥兵自重，甚至诬其图谋不轨。寇准遭遇毁谤，被迫放弃主战态度。于是，经妥协派策划，宋辽双方于是年十二月依宋方条件订立和约。此即历史上著名之"澶渊之盟"。

"澶渊之盟"后，契丹不敢再发动大规模入侵，宋辽边境干戈宁息，贸易繁荣，人民生活安定。由积极抗敌至"澶渊之盟"，寇准为北宋王朝赢得了稳定发展之空间与时间。然于"澶渊之盟"功过，朝野评价并不一致。以王钦若等人为首之南方官僚认为，宋辽之间订立"澶渊之盟"，并不意味宋王朝于是役中占据上风，反而有损上国尊严。南方官僚遂形成合力，伺机攻讦寇准。"一日会朝，准先退，帝目送之，钦若因进曰：'陛下敬寇准，为其有社稷功邪？'帝曰：'然。'钦若曰：'澶渊之役，陛下不以为耻，而谓准有社稷功，何也？'帝愕然曰：'何故？'钦若曰：'城下之盟，《春秋》耻之。澶渊之举，是城下之盟也。以万乘之贵而为城下之盟，其何耻如之！'帝愀然为之不悦。"[①]自此，真宗对寇准逐渐冷淡起来。

寇准做宰相，选拔人才不讲门第，喜欢进用出身贫寒而有真才之人。御史台为专门批评朝政得失之机构，每当御史台官员出缺，其即选平日具有批评精神之人充任。长此以往，寇准遂成为王钦若等人眼中钉。受王钦若之流攻讦打击，寇准于景德三年（1006 年）二月，被免去相职，贬为陕州知州。离开东京，寇准多年辗转河南、陕西等地为地方官。

天禧三年（1019 年），形势发生变化。时任参知政事丁谓主动邀请寇准回朝再任宰相。丁谓者，小人也。其为人虚伪，善于逢迎，为官刻薄，阴狠歹毒。早年为图升迁，以此手腕博得寇准赏识，寇准曾于时任宰相李沆面前数次举荐，然李沆对丁谓认识深刻，故始终未用。李沆去世当年，寇准经毕士安举荐担任宰相，遂极力提携丁谓。寇准遭贬后，丁谓又与王钦若沆瀣一气狼狈为奸，于背地里对其恩师落井下石。此时，丁谓请寇准回朝任宰相，乃别有一番用心。其时，无论资历声望，丁谓实在不够宰相资格，故其以参知政事名义请寇准回朝为相，意在假寇准资望为自己造势。局外人对此一目了然，寇准门生曾恳切劝阻寇准，以称病不去为上策，而再入中书为相属下策。然寇准不听劝阻，终于应邀赴京上任。

为将寇准拉为同党，丁谓极尽谦卑诌媚之能事。一次宴会，寇准胡须沾上菜汤，丁谓马上起身为寇准擦须，结果遭寇准当场训斥，谓其此举有失大臣之体。丁谓恼羞成怒，发誓伺机报复寇准，以解心头之恨。

真宗后期患风湿症，刘皇后参预朝政，凡事皆问丁谓。丁谓误国，寇准、王旦、向敏中等元老重臣均上奏，建议选择正大光明大臣辅佐太子监国。寇准特别指出："丁谓、钱惟演实为奸佞之人，不足以辅佐少主。"其真正目的则在反对皇后干政与丁谓专权。真宗意识到丁谓专权之严重后果，批准寇准等人上奏。寇准命知制诰杨亿秘密起草太子监国诏旨，并拟与杨亿一起辅政。不料，此议被杨亿妻弟张演酒后泄漏，刘皇后先下手为强，罢寇准为太子太傅，封莱国公。关键时刻，素与丁谓私怨颇深之太监周怀政联络同党，企图发动政变，拟斩杀丁谓，恢复寇准宰相之职，尊真宗为太上皇，拥立皇太子即位。无独有偶，此事又被客省使杨崇勋出卖。丁谓连夜化装乘牛车赴曹利用处，派兵包围周怀政住处，怀政被俘后自杀。丁谓欲乘机置寇准于死地，遂诬告寇准参与密谋。最终，寇准虽躲过死罪，却再次罢相，被逐出京城。

寇准遭贬离开京城，朝臣惧怕丁谓报复，多数不敢前去送行，唯王曙以"朋友之义"为其饯行。参知政事李迪愤懑异常，公然宣布与丁谓不共戴天，甚至持手板击打丁谓。李迪面奏皇帝痛斥丁谓奸邪，力诉寇准之蒙冤。然，受寇准欣赏举荐而青云直上之丁谓，几经风波后根基逐渐牢固，加之高居相位，其势已难以撼动。旋，丁谓得皇后倚重，权

---

①元·脱脱、阿鲁图《宋史·寇准传》。

势炽烈如焰，遂将其恩师一贬再贬，直至贬谪南部海滨雷州。

乾兴元年（1022年），寇准含冤负屈离开道州赴雷州。初至，竟无栖身之所。赖当地官员百姓素来仰慕寇准为人，主动为其盖房，寇准起居方得以稳定下来。寇准于雷州任上，除少数政务外，大部时间读经释书，闲暇时写字、会友。每逢客至，则笑脸相迎，毫无权贵高官之态。其尚指导当地居民学习中州音，传授农耕种植技术，开渠引水灌溉良田，并向百姓解说天文地理，力辟邪说，并修建真武堂，收徒习文学艺，传播中原文化，对雷州开化起到拓荒作用。

仁宗天圣元年（1023年），寇准于雷州任所忧病交加，卧倒在床，于是年九月病故于竹榻上。寇准于病中回首往事，感慨万端，曾赋《病中诗》一首：

> 多病将经年，逢迎故不能。
>
> 书惟看药录，客只待医僧。
>
> 壮志销如雪，幽怀冷似冰。
>
> 郡斋风雨后，无睡对青灯。

孤寂、冷清、惆怅、无奈，为作者此情此景之真实心境。不知"寇老西儿"此时是否能想起李沆于其之忠告！

寇准客死雷州，妻子宋氏奏乞归葬故里，仁宗准奏。然因所拨费用有限，灵柩运至中途川资告罄，只得寄埋洛阳巩县。明道二年（1033年）十一月，宋仁宗为其昭雪，归葬下邽。敕令恢复太子太傅、莱国公之封，赠中书令，御赐谥号"忠愍"。皇祐元年（1049年），仁宗又令翰林学士孙抃为寇准撰写《莱国寇忠愍公旌忠之碑》，并亲笔为碑首篆书"旌忠"二字。

寇准从小异常聪明，七岁随父登华山即留下"只有天在上，更无山与齐。举头红日近，俯首白云低"诗句。成名后，寇准与宋初山林诗人潘阆、魏野、"九僧"等为友，诗风近似，被列入晚唐派。其五律如《冬夜旅思》之类，情思凄婉，很有贾岛诗风味。其七言绝句意新语工，最有韵味，如"萧萧远树疏林外，一半秋山带夕阳"（《书河上亭壁》），"日暮长廊闻燕语，轻寒微雨麦秋时"（《夏日》）等，情景交融，清丽深婉，皆属值得玩索之佳作。寇准不是词家，然偶有所作，亦颇可读。《全宋词》共辑其词4首。

寇准年轻时曾于一首抒怀诗中写道："到海只十里，过山应万重。"此言不幸一语成谶。其最终以62岁终寿，客死雷州东南门至海岸仅十里远之寓所，而此地的确远离家乡万里，岂非天意早有安排？

范仲淹——先天下之忧而忧　后天下之乐而乐

宋太宗端拱二年（989 年）八月，范仲淹①生于武宁军（治所徐州）节度掌书记官舍，百日时随家人徙至无锡望亭（今属苏州市）。父亲范墉曾任武宁军节度掌书记，990 年病逝。母亲谢氏贫困无依，遂携两岁范仲淹改嫁山东淄州长山县河南村朱文翰。范仲淹亦改从其姓，取名朱说，于朱家长大成人。

范仲淹自小读书十分刻苦。朱家为长山富户，家有私塾。然其为励志，常去附近长白山醴泉寺寄宿读书。晨夕之间，就读讽诵，给僧人留下深刻印象。其时，范仲淹生活极其艰苦，日煮稠粥一碗，凉后划为四块，早晚各取两块，拌几根腌菜，调于醋汁，吃完继续读书。后世即有划粥割齑之美誉。然其于如此清苦生活毫不介意，以全部精力于典籍中寻找快慰。

逾三年，长山书籍已渐不能供其披览。后范仲淹得知其家世之密，遂脱离朱家，自树门户，立志待将来卓然立业，再接母归养。于是，匆匆收拾衣物，佩带琴剑，不顾朱家与母亲阻拦，泪眼辞母，离开长山，徒步远学。

真宗大中祥符四年（1011 年），范仲淹进入睢阳应天府书院，是年 23 岁。应天府书院为宋代四大著名书院之一，故其十分珍惜崭新学习环境，昼夜不息勤奋攻读，自春至夏，经秋历冬，别人看花赏月，其唯于六经中寻乐。数年之后，范仲淹于儒家经典诸如《诗经》《尚书》《易经》《礼记》《春秋》等书主旨，已然堪称大通。吟诗作文，亦慨然以天下为己任。对于此段生活，范仲淹于寄晏殊《睢阳学舍抒怀》诗中有所表白：

> 白云无赖帝乡遥，汉苑谁人奏洞箫？
>
> 多难未应歌凤鸟，薄才犹可赋鹪鹩。
>
> 瓢思颜子心还乐，琴遇钟期恨即销。
>
> 但使斯文天未丧，涧松何必怨山苗。

宋真宗素来迷信道教。大中祥符七年（1014 年），真宗率领百官赴亳州（今安徽亳州市）朝拜太清宫。车马浩浩荡荡途经南京（今河南商丘市），倾城为之轰动，人们争先恐后希冀一睹天颜，惟独范仲淹不为所动，闭门不出，埋头读书。

大中祥符七年（1014 年）秋，范仲淹进士及第。初为广德军司理参军，从九品。旋调任集庆军节度推官，从八品。此时，其将母亲接来赡养，并正式恢复范姓，改名仲淹，字

---

①范仲淹（989—1052 年），字希文，原名朱说，北宋政治家、文学家、军事家。

希文。

天禧五年（1021年），范仲淹调泰州海陵西溪镇，作盐仓监官。仓官既属闲差，西溪又濒临黄海，乍听风浪呼啸，时闻野鹤长唳，荒远之景迥然异于内地。初临此地，不免略觉惆怅，遂暂以疏懒饮宴度日。有《西溪书事》为证：

> 卑牺曾未托梧椅，敢议雄心万里途！
> 蒙叟自当齐黑白，于牟何必怨江湖。
> 秋天响亮频闻鹤，夜海瞳眬每见珠，
> 一醉一吟疏懒甚，溪人能信解嘲无？

然其很快发现，此地可为之事甚多。海堤多年失修，已坍圮不堪，不仅盐场亭灶失去屏障，且农田民宅屡受海涛威胁。倘遇大海潮汐，泰州城瞬间汪洋成灾，成千上万灾民即会流离失所。官府盐产租赋，亦将蒙受巨大损失。为此，仲淹上书江淮漕运张纶，痛陈海堤利害，建议于通州、泰州、楚州、海州沿海，重修一道坚固捍海堤堰。张纶慨然表示赞同，并奏准朝廷，调范仲淹作兴化（今江苏省兴化市）县令，全面负责治堰。

天圣二年（1024年）秋，兴化县令范仲淹率领数万民夫，奔赴海滨。旋，绵延数百里悠远长堤，凝然横亘于黄海滩头，盐场、农田从此均获保障。灾民扶老携幼，陆续返回家园。兴化百姓为铭记范仲淹功绩，遂将海堰称为"范公堤"，兴化县不少灾民竟改姓为范。

仁宗天圣四年（1026年），范仲淹母亲谢氏病故。仲淹含泪服丧，回南京（今河南省商丘市）居住。时任南京留守晏殊，知其通晓经学，尤长《易经》，故约其协助书院山长戚氏主持应天府学教务。仲淹慨然领命，并将青年才俊富弼推荐于晏殊。接手教务之后，范仲淹制定一套作息时刻表，按时训导诸生读书，夜晚亲自深入宿舍检查责罚偷闲嗜睡生员。每为诸生命题作赋，其必先作一篇，以衡定试题难度与着笔重点。应天府书院学风日新，声名鹊起，四方前来就读与专意向范仲淹问业之人，络绎而至。仲淹不但诲而不倦热诚接待迢迢学子，并以薄俸供其食宿，遂致家境窘迫不堪。一次，有位游学乞讨之孙秀才，前来拜谒范公，仲淹即刻资助其一千文钱。翌年，孙秀才又来拜谒范公，范仲淹一边送钱，一边问其为何匆匆奔讨，不坐下来静心读书。秀才悲戚地道："家有老母，难以赡养。倘每日有一百文固定收入，则足够使用。"范仲淹谓其道："听语气，汝不像乞客。待余助汝于本校谋个职事，一月可得三千文，赡养老人。如此这般，汝能安心治学否？"孙秀才大喜拜命。从此，其师从范仲淹攻读《春秋》。待仲淹离开南京后，孙秀才方辞去职事。

十年之后，朝野上下盛传有位德高望重学者，于泰山广聚生徒，教授《春秋》，姓孙名复，山东名儒徂徕先生石介，亦师事之。此位学者，即为当年奔乞求学之孙秀才。范仲淹感慨喟叹："贫困乃难以克服之灾难。倘若孙复一直乞讨至老，如此杰出人才岂不湮没沉沦。"

天圣六年（1028年），范仲淹服丧期满归京。经晏殊推荐，荣升负责皇家图书典籍校勘与整理之秘阁校理。秘阁设于京师宫城崇文殿中，不特可以经常面见皇帝，且能耳闻不少朝廷机密。于一般宋代官僚而言，此乃难得之腾达捷径。

耿介忠直为范仲淹入仕用世之圭臬。其任职秘阁虽位卑言轻，却从不敢以位卑而忘忧国。其一旦了解到朝廷某些内幕，即可不顾朝政险恶而大胆介入。仁宗皇帝年已二十，朝廷军政大事依然为六旬老妪刘太后把持。花甲寿诞之际，太后命仁宗率百官于前殿叩头庆寿。范仲淹以为，家礼国礼不宜混淆，混则有损君主尊严，应予制止。遂上疏请予改正。晏殊得知仲淹之为，大为恐慌，匆匆将其唤去，责备其如此轻狂，竟不怕连累举主乎？范仲淹素来敬重晏殊，此次却寸步不让，沉脸抗言道："余正为受您荐举，方常忧不能尽职，徒令难堪，岂料今日因正直议论而获罪于您。"一席话，说得晏殊无言答对。回到家中，范仲淹又写信给晏殊，详细申辩，并索性再上一章，干脆请刘太后撤帘罢政，将大权交还仁宗。朝廷于此默不作答，却降下诏令，贬范仲淹离京，调赴河中府（今山西永济县）任通判。秘阁僚友送其至城外，举酒饯别赞道："范君此行，可谓光耀至极矣！"三年之后，刘太后驾崩，仁宗将范仲淹召回京师，派做专门评议朝事之言官右司谏。获得言官身份，其于上书言事愈加无所畏惧。

明道二年（1033年），京东、江淮一带大旱，又闹蝗灾。为安定民心，范仲淹奏请仁宗迅即派人前去救灾，仁宗未予理会。遂质问仁宗："倘宫廷之中停食半日，陛下该当如何？"仁宗惊然惭悟，遂派其前去赈灾。范仲淹归来时，带回几把灾民充饥之野草，呈于仁宗与后苑宫眷。

时，宰相吕夷简专权，与阎文应之流沆瀣一气，拟借仁宗家务纠纷废黜郭皇后。仁宗堕入杨美人、尚美人情网，终于决定降诏废后，并根据吕夷简预谋，明令禁止百官参议此事。范仲淹悉知宫廷家务纠纷背后藏有深刻复杂之政治角逐。然其依然不畏荆棘，与御史台官孔道辅等人径趋垂拱殿，求见仁宗面谈。伏阁吁请多时无人理睬，司门官又将殿门砰然掩闭。范仲淹等人手执铜环，叩击金扉，隔门高呼质问："皇后被废，为何不听台谏入言！"叩陛无望之下，众人于钢虎畔议定一策，拟于明日早朝之后，将百官统统留下，当众与吕相辩论。次日凌晨，妻子李氏牵拽范仲淹衣服，再三劝戒其勿去招惹祸机。仲淹却头亦不回出门而去。刚走到待漏院等候上朝，忽听降诏传呼，贬其远放江外，任睦州（今浙江建德市）知州。旋，朝廷派人至其家，催促其即刻离京。此次遭贬，至城郊送别者已不甚多，然仍有人举酒赞许道："范君此行，愈为光耀！"离开谏职赴浙江途中，范仲淹心中并无悔恨，唯略觉不平而已。或笑其颇似屈原之不幸，仲淹却以为自己犹如孟轲。

数年之后，范仲淹由睦州移知苏州。旋因治水有功，调回京师，封天章阁待制知开封府。身居首都最高行政长官，范仲淹于京城大力整顿官僚机构，剔除弊政，为时数月，开封府即"肃然称治"。

景祐三年（1036年），范仲淹绘制"百官图"呈献仁宗，以图中开列众官调升情况，对朝廷用人制度提出尖锐批评，责备宰相吕夷简广开后门，滥用私人，朝政腐败不堪。仁宗是年虽已27岁，然吕夷简老谋深算技高一筹，反诬范仲淹勾结朋党离间君臣。仁宗难辨真伪，范仲淹遂再次败北。仁宗褫夺其待制职衔，贬为饶州知州，且差点再贬岭南。

台官韩渎趋炎附势为迎合宰相意旨，将范仲淹同党写成一榜，张挂于朝堂。余靖、尹洙、欧阳修等，皆因替范仲淹鸣而被流放边远僻地。自此，朝中正臣夺气，直士咋舌。

三度遭贬，都门外为之饯行者已寥寥无几。然，仍有正直如王质者扶病载酒而来，并称许："范君此行，尤为光耀！"范仲淹听罢大笑道："仲淹前后已三'光'，下次如再送我，请备整羊一只，以为祭品矣！"

饶州位于鄱阳湖畔，自开封走水路至少须经十几州。除扬州外，一路之上竟无人出门接待。因已习惯于自京师贬作地方官，故范仲淹于此并不介意。面对世态炎凉，其于饶州官舍捻着花白胡须吟道："三出青城鬓如丝，斋中萧洒过禅师""世间荣辱何须道，塞上衰翁也自知！"范仲淹自幼多病，后来又患肺疾。旋，妻子李氏又病死饶州。时，诗友梅尧臣于附近为县令，尝作《灵乌赋》寄之，并忠告其将之前朝中直言均作乌鸦叫抛于脑后，今后务必拴紧舌头，锁住嘴唇，除吃喝之外，只管翱翔高飞。范仲淹立即亦作《灵乌赋》一首禀复。坦言直陈，无论人们如何厌恶乌鸦哑哑之声，吾却宁鸣而死，不默而生！

时势造英雄，是金子总会发光。仁宗宝元元年（1038年），一直奉宋为正朔之党项族首领李元昊，突然另建西夏国，自称皇帝，并调集十万军马，侵袭宋朝延州（今陕西延安附近）等地。面对西夏突然挑衅，大宋朝野措手不及，朝臣为主攻、主守吵成一团，仁宗亦举棋不定，莫衷一是。边境状况尤为狼狈不堪。因三十余年无战事，宋朝边防不修，士卒未经战阵，加之边将范雍无能，延州北部数百里边塞，大多为西夏军洗劫或夺去。仁宗与吕夷简商议决定，派夏竦任陕西前线主帅；又采纳时任副帅韩琦意见，调范仲淹为陕西经略安抚招讨副使；旋将尹洙亦调至西线。

时，范仲淹已年逾五旬，先被恢复天章阁待制职衔，旋封龙图阁直学士。进京陛辞之后，范仲淹即刻挂帅赶赴延州前线。初至延州，范仲淹便全面检阅军旅，对军队切实进行裁汰与改编，并于当地居民间选录精壮民兵予以补充；再由士兵或低级军官中提拔一批猛将，然后对军队进行严格军事训练。防御工事方面，仲淹采纳种世衡建议，先于延北筑城，旋于宋夏交战地带构筑堡寨。为稳定人心，范仲淹对沿边少数民族居民诚心团结，慷慨优惠，严立赏罚公约。如此，鹿延、环庆、泾原等路边防线，渐渐屹立起一道坚固屏障。庆历二年（1042年）三月，范仲淹密令长子纯佑与蕃将赵明，率兵偷袭西夏军，夺回庆州西北马铺寨。其本人随后引军出发，于接近西夏军防地处动工筑城。仅十天时间，一座揳入宋夏夹界间之孤城修建完毕。西夏不甘失利，派兵来攻，却发现宋军以该城为中心，已构成堡寨呼应之坚固战略体系。

夏去秋来，为严密防务，范仲淹隔时便赴大顺城等处踏勘。范老夫子年逾知天命，满头白发于朔风中摇曳，望眼天空南飞之大雁，心中顿生无尽感慨。深夜失眠，遂挑灯填充著名词作《渔家傲》：

> 塞下秋来风景异，衡阳雁去无留意。
>
> 四面边声连角起，千嶂里，长烟落日孤城闭。
>
> 浊酒一杯家万里，燕然未勒归无计。
>
> 羌管悠悠霜满地，人不寐，将军白发征夫泪。

　　于是，范仲淹认真检阅延州军队，淘汰一批怯懦无能之将校，选拔一批历经战火考验之干才。旋，裁汰军中老弱，选择 18000 名合格士兵，将其分为 6 部，每一将领统率 3000 人，分别予以训练。此种战术，彻底改变过去兵将不相识之状况，临战时根据敌军多寡，调遣各部轮流出阵抗敌，以逸待劳，取胜把握陡增。经过如此整顿，西北军中涌现出诸多如狄青、种世衡之类有勇有谋之将领，且训练出一批强悍敢战之士兵，直至北宋末年，西北军仍为宋朝战斗力最强之劲旅。

　　经范仲淹、韩琦等人苦心惨淡经营，宋朝西部边境局势大为改观。时，西夏国内出现重重危机，军队将领间亦矛盾加剧。至庆历二年之后，西夏向宋朝投诚之人已陆续不断。

　　宋夏两国百姓，均希望尽快停止军事行动。双方议和使节开始秘密往返于兴庆府（今银川市）与汴梁之间。庆历四年（1044 年），宋夏双方正式达成和议，重新恢复和平，西北局势得以转危为安。

　　自李元昊叛宋起，宋军边防开支遂突然膨胀。政府为扩大收入，不得不增加百姓负担。于是，包括京城附近在内，各地反抗朝廷之暴动与骚乱纷然而起。为稳定政局，仁宗皇帝于庆历三四年间（1043—1044 年），陆续将西线三名统帅夏竦、韩琦、范仲淹调回京师，分别任命为枢密使、枢密副使。旋又扩大言官编制，亲自任命欧阳修、余靖、王素、蔡襄为言官，号称"四谏"。经"四谏"奏谏，仁宗先以略无军功撤掉夏竦之职，旋以专权弄政撤去吕夷简宰相职，分别以杜衍与富弼代之。旋又驱逐副宰相王举正，以范仲淹代之。

　　庆历三年（1043 年）九月，仁宗连日催促范仲淹等人拿出措施，改变局面。范仲淹、富弼、韩琦等，认真总结从政以来酝酿已久之改革思想，连夜起草改革方案，迅速呈上著名新政纲领《答手诏条陈十事》，提出明黜陟、抑侥幸、精贡举、择长官、均公田、厚农桑、修武备、推恩信、重命令、减徭役等十项改革主张。

　　于是，北宋历史上轰动一时之"庆历新政"，于范仲淹领导下拉开序幕。新政实施短短几个月，政治局面焕然一新：官僚机构开始精简；以往凭家势做官之子弟受到重重限制；有特殊才干之官员得以破格提拔；科举中突出实用议论文考核；全国普遍办起各级学校。

　　然，改革向广度与深度推进，大批守旧派官僚利益被触犯，遂以御史台官员为先锋，向改革派发起反扑。庆历四年（1044 年），台官声称破获一起谋逆大案，案情直接涉及石介与富弼。而此案纯为夏竦一手炮制。其自撤去枢密使职、并被石介斥为"奸魅"时起，便秘密买通婢女临摹石介手迹，然后伪造一封石介等人弑君谋逆信件。

　　此案一兴，蜚语四起，攻击改革言论涌自四面八方，连昔日赞成改革之大臣，亦于范仲淹等人落井下石，并通过台官制造新冤案，企图将在京革新人物一网打尽。

　　庆历五年（1045 年）初，仁宗皇帝终于在保守派围攻下完全退缩，一改慷慨激昂励精图治态度，下诏废弃一切改革措施，范仲淹与富弼被撤去军政要职。实行仅一年有余之各项新政，先后纷纷取缔。京师内外达官贵人及其子弟，依旧歌舞喧天。范仲淹革除弊政之苦心孤诣，转瞬间付之流水。仲淹被调作邠州（今陕西彬县一带）知州，旋调邓州（今河南邓州市）知州。富弼贬至青州，欧阳修贬去滁州（今安徽省滁县），滕宗谅贬在岳州（今湖南省岳阳），尹洙则流窜筠州（今江西省高安），并备受凌辱。

其著名散文《岳阳楼记》，即遭贬之后为滕宗谅重修岳阳楼而作：

> 庆历四年春，滕子京谪守巴陵郡。越明年，政通人和，百废具兴。乃重修岳阳楼，增其旧制，刻唐贤今人诗赋于其上。属予作文以记之。
>
> 予观夫巴陵胜状，在洞庭一湖。衔远山，吞长江，浩浩汤汤，横无际涯；朝晖夕阴，气象万千。此则岳阳楼之大观也。前人之述备矣。然则北通巫峡，南极潇湘，迁客骚人，多会于此，览物之情，得无异乎？
>
> 若夫淫雨霏霏，连月不开，阴风怒号，浊浪排空；日星隐曜，山岳潜形；商旅不行，樯倾楫摧；薄暮冥冥，虎啸猿啼。登斯楼也，则有去国怀乡，忧谗畏讥，满目萧然，感极而悲者矣。
>
> 至若春和景明，波澜不惊，上下天光，一碧万顷；沙鸥翔集，锦鳞游泳；岸芷汀兰，郁郁青青。而或长烟一空，皓月千里，浮光跃金，静影沉璧，渔歌互答，此乐何极！登斯楼也，则有心旷神怡，宠辱皆忘，把酒临风，其喜洋洋者矣。
>
> 嗟夫！予尝求古仁人之心，或异二者之为，何哉？不以物喜，不以己悲。居庙堂之高则忧其民；处江湖之远则忧其君。是进亦忧，退亦忧。然则何时而乐耶？其必曰"先天下之忧而忧，后天下之乐而乐"乎。噫！微斯人，吾谁与归？
>
> 时六年九月十五日。

历代文人多游岳阳楼，其中记岳阳楼者亦颇多，然唯有范仲淹《岳阳楼记》最为脍炙人口，历经千年而不衰。《岳阳楼记》创作之时，作者正处于遭贬境地，政治失意、抱负湮灭、人生落魄，苦闷心境迸发悲喜灵光，景物令人喜忧，天下令人喜忧。然，以天下为己任之政治家，个人喜忧与天下喜忧紧密相连，是故"进亦忧，退亦忧"，唯有"先天下之忧而忧，后天下之乐而乐"，方能令文人之政治情怀、社会责任寻到归宿。如此襟怀，足为之楷模。

皇佑元年（1049年），范仲淹再调苏州知州。其于苏州出资购买良田千亩，令其弟访贤人经营，收入分文不取，设立公积金，于范氏远祖后代子孙义赠口粮，对婚丧嫁娶者亦予资助（官员除外），此一善举感动天下，全国范姓人氏视范仲淹为圣贤而敬之。

皇佑三年（1051年），范仲淹又移任青州。此地冬季严寒，遂令其疾病愈加严重。皇佑四年（1052年），朝廷再调其任颍州。其时，因病情加重，身体已异常羸弱。然其坚持扶疾上任，未至，溘然长逝于徐州，享年64岁。

范仲淹病故噩耗传开，朝野上下一致哀痛。西夏、甘、凉诸地少数民族百姓，亦成百成千聚众举哀，连日斋戒。凡其从政之地，百姓纷纷为之建祠画像，垂泪悼念。"高平（范仲淹）一生粹然无疵，而导横渠以入圣人之室，尤为有功。"[1]此言不虚也。

---

[1] 清·全祖望《宋元学案·序录》。

范仲淹文学素养颇高，于散文、诗歌、词赋均有名篇传世。著名散文《岳阳楼记》之外，词作《渔家傲》《苏幕遮》等，苍凉豪放、感情强烈、脍炙人口，为历代所传诵。大文豪欧阳修曾称《渔家傲》"穷塞主词"。著作有《范文正公集》。范仲淹尚有弹琴雅好。"范文正公喜弹琴，然平日只弹《履霜》一曲，时人谓之范履霜。"[1]

吕中评价："先儒论宋朝人物，以范仲淹为第一。"王安石《祭范颍州文》中称范仲淹为"一世之师"。朱熹评说："范文正杰出之才""本朝道学之盛……亦有其渐，自范文正以来已有好议论，如山东有孙明复，徂徕有石守道，湖州有胡安定，到后来遂有周子、程子、张子出。"

更为耀目者为，仁宗皇帝闻听范仲淹死讯，同样难过万分，遂追赠范公为兵部尚书，并亲书褒贤碑文，热情饱满，词语生动，钦命文学泰斗欧阳修撰写，两年方成。

其次子范纯仁，亦曾入阁为相。父子宰相方为最荣耀之处。

足矣，文正公！微斯人，吾谁与归？

包拯——恪守清心为治本　秉持直道是身谋

宋初龙图阁直学士庐州太守刘筠，作风干练务实，尝数次担任科举会试主考官。其取士原则一贯重视选拔经世治国人才，并不一味钟情文人雅士。故凡其主持会试，均侧重策论质量，其次评判诗词歌赋优劣。天圣五年（1027 年），刘筠最后一次主持会试。北宋著名政治家韩琦、文彦博、包拯[2]、赵概、吴奎、陈旭等，均于此次科举同登金榜，日后均曾位至权要，执掌国命，成为政绩卓著政治家。北宋著名"嘉祐盛世"，即以斯辈为中坚而开创。

包拯出身于庐阳官宦之家。祖父包士通虽为平民百姓，以读书耕田持家，而乃父包令仪则于太平兴国八年中进士，后官至刑部侍郎，尝与文彦博之父文洎并肩供职阁中，遂结为世交。故包拯与文彦博为"方业进士，相友甚厚"，后来并结为儿女亲家。其父致仕返回原籍，赠太保；母亲宣氏，赠冯翊郡太夫人。包拯昆仲三人，长兄包莹、二兄包颖均早前去世，故庐阳包氏赖其一人传宗接代。因家境殷实，家学渊源，包拯自幼受到良好传统教育及家学熏陶。

包拯 27 岁进士及第。按宋律，进士及第即可授官。故朝廷初授其大理评事，未赴任。旋改授建昌（今江西永修）知县。因其孝忱至深，信守圣人"父母在，不远游"教诲，

---

①南宋·陆游《老学庵笔记》。

②包拯（999—1062 年），字希仁，庐州合肥（今安徽合肥）人，北宋著名政治家，善断狱案，世称"包青天"。

直至景祐三年（1036年），精心侍奉父母亡故之后，方正式出任天长（今安徽天长）知县，时年37岁，而同榜进士文彦博等已青云直上身居高位。

包拯于京城等待授职时，栖身城内小客栈，于守灯苦读中写下一首言志抒怀五律《书端州郡斋壁》：

> 清心为治本，直道是身谋。
>
> 秀干终成栋，精钢不作钩。
>
> 仓充鼠雀喜，草尽狐兔愁。
>
> 史册有遗训，毋贻来者羞。

在即将步入仕途前夕，包拯已于诗中亮明立志清正廉洁之心志。

天长县令任上，包拯曾审过两桩牛案，使其声名大振。

包拯知天长，适逢春耕时节。即于其履任前一天，东村农民王某与张某同耕田里，休息时坐于田岸边闲聊，两头牛于坡上吃草。一会儿，两头牛抵起角来，二人未当一回事，竟立于一边看热闹。岂知王某之牛将张某之牛不幸抵死。二位邻里世交遂反目为仇，张某将王某告至县衙，要其赔牛。时任县令审案时反复思忖：判赔，王某吃亏；判不赔，张某吃亏。左思右想，无法将案子判得公平，只得暂将二人收监候判。

翌日包公上任，闻听监中两个农民骂官，遂提将出来审问。知道事情原委后，包拯笑语相劝："汝二人本同村好友，只因漫不经心而使耕牛抵角死亡，致使反目成仇，委实不该。今本官劝你们言归于好。"说罢，提笔写下四行字："二牛抵角，不死即活；活牛同耕，死牛同剥。"两位农民听完判决，均以为判决公平，遂谢过包公，携手走出公堂。

岂料此二位刚走，又来一人报案。

原告刘全，为西村农民。言其早晨欲牵牛下地耕作，至牛圈时发现其大黄牛满口鲜血淋淋，舌头不知给谁割掉。心疼之余，急来县衙报案。

包拯看完状子，心里暗自思忖：此事定为刘全仇人所为。便谓刘全道："看来，此牛已无法活长，干脆将其宰杀售肉，县衙资助你一些银两，可再买一头耕牛。"刘全感激不尽，挥泪而去。

刘全走后，包公当即张贴一张禁杀耕牛布告："本县晓谕黎民百姓，为确保春耕春种，严禁私自宰杀耕牛。如有病牛，须请牛医诊治。诊治无效，先报呈县衙，经查验后，方可宰杀。未经查验，擅自杀牛者，一律严惩不贷。如有举报擅杀耕牛情事者，官府赏银三百贯。此布。"

翌日，刘全邻居李安前来报案，告发刘全擅自宰杀耕牛。

包拯想：村中人必定知道刘全宰杀为一残废牛，而李安自称为刘全邻居，明知杀残废牛而来告状，岂不是诬诌好人？此人肯定与刘全有仇。且刘全先前亦曾告诉包公，李安与其有仇。看来，此人必定为偷割牛舌之人。包拯一拍惊堂木，命衙役将李安按翻在地，仔细鞠审。禁不得公堂威严，李安乖乖供认自己割牛舌又诬告之罪状。

旋，包拯升任端州（今广东省肇庆市）知州。端砚为朝廷钦定贡品，与湖笔、徽墨、宣纸一道，并称"文房四宝"中绝品。其前历任端州知州，均于上贡朝廷端砚数额之外，动辄多加数倍，以为贿赂京官之用。包拯于斯任上一改历来陋习，于贡品之外决不多收一方，即连其平日公堂所用端砚，亦于离任时造册上交。包拯卸任离开端州时，舟船行至羚羊峡口遇大风雨，其于下舱查勘时发现舱里私藏一块端砚，为当地百姓感其为官清正而私置于此。包拯一言不发，随手将其丢入江心。民间传说，该处"砚洲岛"即为当年包公掷砚遗迹，下游之"黄布沙"，为包端砚黄布漂流至此而得名。

皇祐二年（1050年），包拯升任天章阁待制，担任谏官。上任伊始，其即以唐代著名谏官魏徵为师，精心选定魏徵三篇奏议，用蝇头小楷誊抄一遍，呈奏仁宗为座右铭，希望皇帝能够从中吸取经验教训，时刻警惕，时刻以国家大事为重。请求仁宗虚心纳谏，分辨是非，慎勿"先入为主"，偏听偏信，务必爱惜人才，除去苛刻，严正刑禁，禁止妖言邪说，切忌随意大兴土木。其于谏官任上对朝政所发奏谏，朝廷多采纳施行，使仁宗于许多重大决策时得以避免严重失误。包拯个人对其谏官经历所作客观总结为"披肝沥胆，冒犯威严，不知忌讳，不避怨仇"。

是年九月，中原地区大涝之后天气放晴，仁宗皇帝认定此为吉兆，除于京城举行祭祀天地盛典外，并下诏大赦天下，文武百官每人晋升一级官职。包拯对仁宗此举提出异议，认为罪犯服刑本是对其罪行给予之正当惩罚，何以因洪水退去而减罚？官员晋升自有考核机制，恣意随便升迁，对政绩卓著官员显然不公。以国之名器轻率予人，其后何人可为朝廷勤勉分忧？仁宗拗不过，只好罢议。

仁宗宠妃张美人伯父张尧佐，才干平庸，却凭张美人缘故而官运亨通。起初，张尧佐被委任为"三司使"，包拯曾上疏仁宗极力反对。然仁宗不但不接受其谏议，反而加封张尧佐为节度使。包拯痛心异常，继续上谏，坚持怒责张尧佐，仁宗仍然置若罔闻，旋又加封张尧佐出任宣徽南院使。包拯第三次向皇帝进谏，痛加陈词，甚至于朝堂之上与仁宗当面争辩，终于迫使皇帝罢免张尧佐宣徽南院使之职。

"三司使"张方平利用手中权力，假公济私。一次，东京城商人刘保衡开酒坊，经营不善，欠官府小麦折合现钱一百余万贯，一时无力偿还。张方平遂下令刘保衡变卖家产抵偿欠债。同时又趁人之危，以极低价格买下刘保衡家产。包拯获悉之后，大为震怒，认为张方平身为朝廷命官，利用职权巧取豪夺，罪不容恕，遂上书皇帝，参劾张方平，终于使其罢官免职。

对无行文人，包拯同样毫不留情。北宋名诗人宋祁于四川为官时生活奢靡，每餐必不少于三十六味菜，其中荤菜十二味、素菜十二味、半荤半素十二味。且蓄养三十二名侍女，分别为其摇扇、捶背、敲脚。其下榻之床边，每夜须有一名丫环通宵守候。宋祁并十分好色，稍有姿色之良家少女，一旦为其属意，必定千方百计纳为小妾。如此道德败坏、丑闻频发之人，却屡屡受到朝廷重用。此事被包拯知悉后，多次上疏皇帝，同样使其受到罢官惩罚。

淮南转运使张可久，利用职权贩卖私盐万余斤，属严重违法。案情揭发后，张可久被送交大理寺审理。按法例，贩卖私盐之罪行轻重，当依查获私盐数量而定。张可久阴险狡猾，每次贩卖私盐，数量虽多，但转手迅速，从来不留仓储，故真正查获数量并不多。

大理寺判刑时亦无计可施。包拯认为无须过分拘泥成法，其身为转运使，竟然目无法纪，公然贩卖私盐，其罪不同于一般百姓，必须重判。张可久最终被处以流放边远荒蛮之地。

嘉祐二年（1057年），包拯权知开封府，成为北宋都城开封府最高行政长官。开封知府位置重要，以往一般皆由亲王、朝臣兼任。京城居君侧，皇权可随意干预地方事务，且皇亲国戚咸聚于此，平日仗势欺人，无理可讲。北宋开国以来百年间，历任开封知府者竟达180余人，平均每任知府任期不过半年。然包拯权知开封府后，秉公理政，铁面无私，虽得罪不少皇亲国戚，却无人敢于直面挑衅。是故"拯立朝刚毅，贵戚宦官为之敛手，闻者皆惮之。人以包拯笑比黄河清。童稚妇女，亦知其名，呼曰'包待制'。京师为之语曰：'关节不到，有阎罗包老。'旧制，凡讼诉不得径造庭下。拯开正门，使得至前陈曲直，吏不敢欺。"①

仁宗年间，陈州大旱，发生饥荒，灾民背井离乡，饿殍遍野。户部尚书范仲淹上殿奏本，保举龙图阁大学士兼开封府尹包拯赴陈州粜米赈灾。

其先，朝廷已派两位官员赴陈州办理赈济事宜，因二人为当朝权贵刘侍郎子、婿，故于陈州放赈时借机贪赃枉法，鱼肉百姓，且打死饥民李大胆，搞得陈州怨声载道，民不聊生。刘侍郎素知包拯清正，铁面无私，惧其至陈州后于子、婿不利，遂黄夜造访包府，虚意规劝包拯："陈州饥民多亡命之徒，包大人此番出赈，定要当心。"刘侍郎本意原为吓退包拯，令其辞去陈州放赈公务。岂料包拯严正回敬道："为国效劳，为民解难，乃我辈本分，何惧之有？"见劝阻无效，刘侍郎便改口说情："包大人此去陈州，望于犬子、贱婿略加照应。"包拯答道："余自心中有数，感谢侍郎直言相告，他日倘有甚事，定当派人言知，以为回报。"

将近陈州地面，包拯易服先行，吩咐贴身差人王朝随后赶来。包拯一副乡民打扮，混入饥民之中，来到衙门购买赈米。只见刘侍郎子、婿二人高踞公案之后，督促差役粜米。名为粜米、实为盘剥，其于米中掺入大量泥沙，提高价格，克扣斤两，使饥民不堪其苦，稍有微词者，便以棍棒相加。包拯实在看不下去，高声断喝："尔等身为朝廷命官，竟敢如此荼毒百姓，天理何存？"那二人见一黑脸饥民竟敢当众揭其短，不由怒从心中起，恶向胆边生，厉声喝道："住口，先前有李大胆，今天又来个黑大头，吾将令汝与之同样下场。"遂吩咐差役将包拯吊于树上。

此时，王朝手持金牌，背插宝剑及时赶到，见钦差包拯正被吊于树上，急忙跪步上前，为其松绑。两贪官方知"黑大头"乃铁面无私之包大人，忙上前恭请包拯坐上公案。包拯一拍惊堂木喝道："尔等贪赃枉法，荼毒饥民，吾不但亲眼所见，且亲身经历，尔辈枉法之徒尚有何话可说！"两个贪官连连磕头求饶，谢罪认错。包拯命二人当即写下伏罪状，并签字画押，随即拜发奏折，以六百里加急报送朝廷，请予批准斩首。

赈灾贪墨案处理完毕后，包拯于陈州按法粜米，从水深火热中解救大批饥民。旋，于当地大刀阔斧整顿吏治，使蓄积待发之饥民暴乱得以及时遏制，陈州社会复趋于安定平稳。

包拯自37岁正式出仕，共历27载仕宦生涯，其间虽亦难免遭贬，然其为官一贯秉持恪

---

① 元·脱脱、阿鲁图《宋史·包拯传》

勤恪谨作风，故毕生有惊无险。曾累迁监察御史，历任三司户部判官，京东、陕西、河北路转运使，入朝任三司户部副使，改知谏院，移知瀛、扬诸州，再召入朝，授龙图阁直学士、权知开封府、权御史中丞、三司使等职。嘉裕六年（1061 年），卒于枢密副使任所，享年 64 岁，谥号"孝肃"。

包拯留世著作有《包拯集》，又名《包孝肃公奏议》，为后人搜集整理行刊于世，收入《四库全书》，囊括其一生所有奏折、陈表，为研究包拯及宋代历史重要文献，历朝均有翻刻本出版行世，深受后世研究者重视。

欧阳修——平芜尽处是春山　行人更在春山外

北宋文坛领袖、散文奠基人欧阳修[①]，于中国封建文人中以文章人品论，可谓"完人"。

欧阳修四岁丧父，随叔父居湖北随州长大。其幼年家贫无资，母亲郑氏以芦苇于沙地写字、画画，教其识字。即长，日益喜书如命，常自城南李家借书抄读。因天资聪颖，加之刻苦勤奋，往往书不待抄完，已能成诵；少年习作诗赋文章，文笔老练，有如成人。叔父由此已觉家族振兴有望，尝谓其母言："嫂无以家贫子幼为念，此奇儿也！不唯起家以大吾门，他日必名重当世。"十岁时，欧阳修由李家得唐《昌黎先生文集》6 卷，甚爱其文，遂昼夜诵读，手不释卷，为其日后振臂北宋诗文革新运动奠定扎实基础。因其求学期间多诵古人篇章，故"下笔出人意表"，早年即以诗文名世。

宋仁宗天圣八年（1030 年），欧阳修进士及第，授西京留守推官。此时，与大词人梅尧臣、尹洙结为至交，相互切磋诗文。景佑元年（1034 年）召试学士院，授任宣德郎，充馆阁校勘。旋任镇南军节度掌书记、馆言事。三年，范仲淹上章批评时政，被贬饶州。欧阳修为其辩护，亦被贬为夷陵（今湖北宜昌）县令。康定元年（1040 年），奉召回京，复任馆阁校勘，编修崇文总目，后知谏院。

庆历三年（1043 年），欧阳修任右正言、知制诰。旋，范仲淹、韩琦、富弼等人推行"庆历新政"，欧阳修亦参与其事，提出改革吏治、军事、贡举法等主张。庆历五年，"新政"流产，杜衍、范仲淹、韩琦、富弼等革新名臣相继被排挤出朝，欧阳修慷慨上书为之分辩，被贬为滁州（今安徽滁州）太守。

欧阳修知滁州，前后计约两年四个月。时虽不长，却对滁州影响极其深远。虽由其传世作品中似乎见其一味寄情山水饮酒作乐，实际上其依然遭贬未曾忘忧国。在滁州，欧阳修于政事实行"宽简"之策，办事遵循人情事理，不求博取声誉，唯以诸事妥帖为要。

---

①欧阳修（1007—1072 年），字永叔，号醉翁，又号六一居士，庐陵（今永丰）沙溪人，北宋卓越文学家、史学家。

此亦为其毕生从政之风格。包拯之后，欧阳修亦曾权知开封府，与前任"铁面老包"为政威严刻刑作风不同，其乃秉持"宽简"之策，处事苟柔不形于色，亦将开封府治理得井井有条。清时，有一官员出任开封知府，曾将欧阳修与包拯比较，于府衙东西两侧各树一座牌坊，一边写"包严"，另一边则写"欧宽"。此外，欧阳修尝设法筹资维修损毁严重之滁州城垣，使之愈加坚固壮观。旋于城郊辟建练兵场，专以训练民兵，绥靖地方治安，使滁州之民得以安居乐业。

知滁第二年夏，欧阳修偶然发现丰山脚下幽谷中一眼泉水，经实地查勘后，其"俯仰左右，顾而乐之，于是疏泉凿石，辟地以为亭"①，因爱其山势回环，遂于美景胜地修好泉眼，并建一亭。清泉取名"幽谷泉"，亭子取名"丰乐亭"，并亲自撰文作记。旋于附近建"醒心亭"，特请曾巩作《醒心亭记》。

滁州多山，环境优美。欧阳修时常闲游山水，并与琅琊寺智仙和尚结为好友。为便于游览，智仙和尚带人于山腰特意搭建一座亭子。亭子建成之日，欧阳修前去祝贺，为之取名为"醉翁亭"，并即兴写下千古传诵散文名篇《醉翁亭记》：

> 环滁皆山也。其西南诸峰，林壑尤美。望之蔚然而深秀者，琅琊也。山行六七里，渐闻水声潺潺，而泻出于两峰之间者，酿泉也。峰回路转，有亭翼然临于泉上者，醉翁亭也。作亭者谁？山之僧曰智仙也。名之者谁？太守自谓也。太守与客来饮于此，饮少辄醉，而年又最高，故自号曰醉翁也。醉翁之意不在酒，在乎山水之间也。山水之乐，得之心而寓之酒也。

> 若夫日出而林霏开，云归而岩穴暝，晦明变化者，山间之朝暮也。野芳发而幽香，佳木秀而繁阴，风霜高洁，水落而石出者，山间之四时也。朝而往，暮而归，四时之景不同，而乐亦无穷也。

> 至于负者歌于途，行者休于树，前者呼，后者应，伛偻提携，往来而不绝者，滁人游也。临溪而渔，溪深而鱼肥；酿泉为酒，泉香而酒洌；山肴野蔌，杂然而前陈者，太守宴也。宴酣之乐，非丝非竹，射者中，弈者胜，觥筹交错，起坐而喧哗者，众宾欢也。苍颜白发，颓然乎其间者，太守醉也。

> 已而夕阳在山，人影散乱，太守归而宾客从也。树林阴翳，鸣声上下，游人去而禽鸟乐也。然而禽鸟知山林之乐，而不知人之乐；人知从太守游而乐，而不知太守之乐其乐也。醉能同其乐，醒能述以文者，太守也。太守谓谁？庐陵欧阳修也。

此文起初开头为"环滁四面皆山，东有乌龙山，西有大丰山，南有花山，北有白米山，其西南诸山，林壑尤美。"文章写成后，欧阳修张贴于城门，征求修改意见。起初众人只有赞扬，无人提出改动建议。后来，有位樵夫看后评价开头太啰嗦，遂约欧阳修至琅琊山南门俯瞰山势。欧阳修经樵夫详尽指点，便恍然大悟，遂提笔将开头一串文字换成"环滁皆山也。其西南诸峰，林壑尤美"。寥寥几字改动，使文章含义倍增，文字愈加精炼。

---

①北宋·欧阳修《与韩忠献王书》。

　　东晋以前，琅琊山本无名，当地人称其主峰为摩陀岭。西晋末年，琅琊王司马睿因避乱尝驻跸于此。旋，司马睿即位东晋元帝，此山借其驻跸之光，得名"琅琊"。然，无论司马睿为帝期间乃至整个东晋时代，琅琊山无甚变化，依然为一片沉寂山岭。唐大历六年（771 年），滁州刺史李幼卿尝于此兴建宝应寺（今之琅琊寺），方打破琅琊山亘古沉寂，渐为外人所知。然，真正使琅琊山声名鹊起者，乃欧阳修《醉翁亭记》之功劳。

　　《醉翁亭记》乃登临游览之作。作者于琅琊山水及游人心境之描述，徐徐写来，委婉曲折，言辞优美，风格清新，情景交融，摇曳多姿，充分体现出从容宽厚、真率自然之艺术个性。作者"记山水，却纯述圣宋功德；记功德，却又纯写徘徊山水。寻之不得其迹，曰：只是不把圣宋功德看得奇怪，不把徘徊山水看得游戏。此所谓心地淳厚，学问真到文字也。"[①]

　　庆历八年（1048 年）正月，朝廷诏欧阳修徙知扬州。

　　滁州虽为欧阳修贬谪地，且居此时间亦不长，然"醉翁"尝于斯留下诸多美好回忆。无论功业千秋、文学创作，抑或山水怡情，滁州山水为其历史地位与人格形象涂有璀璨靓丽色彩。扬州各方面固然胜于滁州，然其留恋滁州之情绝非扬州可比。一首《别滁》，将其内心款曲表现得一览无余：

　　　　花光浓烂柳轻明，酌酒花前送我行。

　　　　我亦且如常日醉，莫教弦管作离声。

　　皇佑元年（1049 年），欧阳修再次奉诏回朝，先后任翰林学士、史馆修撰等职。至和元年（1054 年），与宋祁同修《新唐书》，又自修《五代史记》（即《新五代史》）。嘉祐二年（公元 1057 年）二月，其以翰林学士身份主持进士考试，提倡平实文风，录取苏轼、苏辙、曾巩等人，为北宋文风转变发掘出天才资源。嘉祐三年六月庚戌，欧阳修以翰林学士身份兼龙图阁学士权知开封府。五年，拜枢密副使。次年任参知政事。旋，相继出任刑部尚书、兵部尚书等职。英宗治平二年（1065 年），"醉翁"上表请求外任，不准。之后数年间，因遭遇蒋之奇等人诬谤，尝多次请求致仕，均未获仁宗允准。

　　神宗熙宁二年（1069 年），王安石实行新法。欧阳修于"青苗法"有所批评，且拒绝执行。三年，除检校太保宣徽南院使等职，因坚持不受，遂改知蔡州（今河南汝南县）。

　　是年，以"藏书一万卷，藏金石文一千卷，有琴一张，有棋一局，而常置酒一壶，吾老于其间，是为六一"[②]而改号"六一居士"。四年六月，以太子少师身份致仕。居颍州（今安徽省阜阳市）。五年闰七月（1072 年 9 月），欧阳修卒于颍州，享年 65 岁，谥"文忠"。

　　欧阳修前期政治思想主要反映中小地主阶级利益，对当时经济、政治及军事等方面严重危机认识比较清醒。主张除积弊、行宽简、务农节用，与范仲淹等共谋革新。晚年，随政治地位提高与年岁渐长，思想渐趋保守，对王安石部分新法有所抵制与讥评，然指

---

①清·金圣叹《天下才子必读书·卷十三》。

②南宋·朱熹《三朝名臣言行录》。

责较中肯客观，未存偏见与私念。

作为宋代诗文革新运动领袖人物，其文论与创作实绩，于当世及后代均有很大影响。

宋初，社会环境暂时承平，浮华纂组且无社会意义之"西昆体"诗赋充斥文坛，曾风靡一时。欧阳修自幼喜读韩愈文集，于文学观点上师承之，一力主张文章须明道致用。为矫正西昆体流弊，欧阳修大力提倡简而有法与流畅自然之文风，反对浮靡雕琢与怪僻晦涩之气。且其个人创作实绩造诣颇高，足以引领当时文风改革之方向。出仕后，尝亲自校订韩愈文章，并刊行天下，故其为文主张曾受尹洙、梅尧臣、苏舜钦等人热烈赞同。旋，其于知贡举（主管考试进士）时，又鼓励考生写作质朴晓畅之古文，凡内容空洞，华而不实，或以奇诡取胜之作，概在摒黜之列。同时，又着意提拔、培养王安石、曾巩、苏轼、苏辙等一代新进文学才俊。北宋诗文革新运动之所以能够取得胜利，首功非"醉翁太守"欧阳修莫属。

欧阳修尝替人写《相州昼锦堂记》，其中有"仕宦至将相，富贵归故乡"之句。交稿之后又再三推敲，觉有不妥，遂派人骑快马将稿子追回，修改后再送上。来人接过改稿草草一读，甚是奇怪，觉与原稿无异。仔细研读后发现，全文仅将"仕宦至将相，富贵归故乡"改成了"仕宦而至将相，富贵而归故乡"，快马追回仅为两个"而"字。然反复吟诵后，方体味个中妙处，不仅语气舒缓，音节和谐，且语言抑扬顿挫，富有音乐美。①

供职翰林院时，欧阳修尝与同院三位下属出游，见路旁一狗被奔马踩死，遂提议每人分别以言叙此事。一人率先说道："有黄犬卧于道，马惊，奔逸而来，蹄而死之"；另一人接着说："有黄犬卧于通衢，逸马蹄而杀之"；第三人道："有犬卧于通衢，卧犬遭马蹄而毙。"欧阳修听后均不满意，笑道："倘如此修史，一万卷亦写不完。"三人连忙请教。欧阳修道："'逸马杀犬于道'，六字足矣！"三人听后，深为欧文简洁折服。

缘于政治地位与散文创作成就之共同作用，欧阳修于宋代之地位颇似唐代韩愈，"天下翕然师尊之"②。王安石、曾巩、苏洵、苏轼、苏辙等散文大家，均受其散文创作平易风格影响巨大。其所开创之一代文风，尤其经苏轼散文创作实践后，愈加成为后世散文家推崇效仿之经典。古典散文创作"唐宋八大家"，北宋独占六家，而欧阳修又为六人之首，其余五人则均为其受业高足，"醉翁"乃名符其实文学泰斗矣。直到元、明、清各代，散文创作莫不以其文风为圭臬。

文学创作成就上，欧阳修以散文为最高。苏轼评价其文："论大道似韩愈，论本似陆贽，纪事似司马迁，诗赋似李白"③。欧阳修虽素慕韩愈文章深厚雄博、汪洋恣肆，却并不亦步亦趋，僵化模拟。

其一生著散文500余篇，各体兼备，有政论文、史论文、记事文、抒情文与笔记文等。作品内容充实，气势旺盛，深入浅出，精炼流畅，叙事说理，娓娓动听，抒情写景，引人入胜，寓奇于平，一新文坛面目。特别是其政论作品，如《本论》《原弊》《与高司谏书》《朋

---

① 清·李宗孔《宋稗类钞》。

② 北宋·苏轼《六一居士集叙》。

③ 北宋·苏轼《六一居士集序》。

党论》《新五代史·伶官传序》等，均恪守自己"明道""致用"主张，紧密联系时政斗争，指摘时弊，思想尖锐，语言明快，表现出匡时救世之博大胸怀。而其抒情、叙事散文亦大都情景交融，摇曳多姿。无论悼念亡友，抑或追怀往事，皆情深意挚，极为动人。游记散文则言辞优美，风格清新。

诗歌创作方面，欧阳修诗于艺术上亦受韩愈影响颇深，喜欢模仿韩愈想象奇特之诗风；叙事作品则风格接近杜甫，沉郁顿挫，笔墨淋漓，将叙事、议论、抒情结为一体；描述性作品却接近浪漫诗人李白，雄奇变幻，气势豪放。

宋初词坛，欧阳修亦占有重要位置，其词作内容多与"花间派"相近，主要内容亦为恋情相思、离情别绪、酣饮醉歌、惜春赏花之类，且善于以清新疏淡笔触描写景物。

庭院深深深几许，杨柳堆烟，帘幕无重数。
玉勒雕鞍游冶处，楼高不见章台路。
雨横风狂三月暮，门掩黄昏，无计留春住。
泪眼问花花不语，乱红飞过秋千去。

（《蝶恋花》）

候馆梅残，溪桥柳细，草薰风暖摇征辔。
离愁渐远渐无穷，迢迢不断如春水。
寸寸柔肠，盈盈粉泪，楼高莫近危阑倚。
平芜尽处是春山，行人更在春山外。

（《踏莎行》）

画阁归来春又晚，燕子双飞，柳软桃花浅。
细雨满天风满院，愁眉敛尽无人见。
独倚阑干心绪乱，芳草芊绵，尚忆江南岸。
风月无情人暗换，旧游如梦空肠断。

（《蝶恋花》）

莺啼绿树声早，槛外残红未扫。
露点真珠遍芳草，正帘帏清晓。
秋千宅院悄悄，又是清明过了。
燕蝶轻狂，柳丝撩乱，春心多少。

（《洞天春》）

诗文之外，欧阳修书法亦著称于世，其书法受颜真卿影响较深。宋代理学大师朱熹评价："欧阳公作字如其为人，外若优游，中实刚劲。""醉翁"亦为开宋代笔记文创作先声之人。《归田录》《笔说》《试笔》等，均为笔记文佳作。其笔记文章不拘一格，生动活泼，富有情趣，并常能于描摹细节中刻画人物。

欧阳修更为中国应用文体奠基人，且一生著述颇丰。《欧阳修全集》收其文章 2651 篇，应用文即占 2619 篇。其不仅于应用文写作颇有建树，且对应用文理论贡献颇大。

主张应用文写作必须真实，一是为应用，二是为传于后世，三是宜简洁质朴。"典诰誓命之文，纯深简质"①应为应用文创作之圭臬。因此，欧阳修提倡朝廷诏书应"复古朴之美，不必雕刻之华"②，铭应"言简而著"。

"醉翁"欧阳修一生著述繁富，成绩斐然。除文学外，经学研究《诗》《易》《春秋》，能不拘守前人之说，有独到见解；金石学为开辟之功，尝编辑与整理周代至隋唐金石器物、铭文碑刻上千，并撰写成《集古录跋尾》10 卷 400 余篇，简称《集古录》，为今存最早金石学著作；其史学成就尤伟，除参与修定《新唐书》250 卷外，又自撰《五代史记》（又称《新五代史》），总结五代兴亡历史经验，意在警诫后世君臣引以为鉴。

张浚——好山如画能留客　宝鼎藏丹不计春

南宋抗金名将张浚③ 4 岁即成孤儿，然其行直视端，不说诳言，熟人知为大器。其父张咸，元丰二年（1079 年）进士，历任州县属官。绍圣元年（1094 年），举贤良方正直言极谏科，授剑南西川节度判官厅公事。浚母计氏 25 岁守寡，品德高尚，为人厚道，治家有方。父母劝其改嫁，誓死不应，决心育儿成人，继承父业，为国效力。张浚启蒙读书时，计氏即教读父亲生前所写文章，讲其父为官刚正故事；写字时，计氏于侧纠正姿势；用饭时，教导其粒粒皆辛苦之理。得益于母亲栽培，张浚坐有坐相，立有立相，礼仪周到，落落大方。

宋徽宗政和八年（1118 年），张浚高中进士，北宋末官至太常寺主簿。

1126 年汴京陷落，张浚闻道高宗于应天府（今河南商丘）即位，遂驰往，除枢密院编修官，改虞部郎，擢殿中侍御史。其时，张浚进言"中原天下之根本，愿下诏葺东京、关陕、襄邓以待巡幸"。④是议悖忤宰相黄潜善意，遂除集英殿修撰、知兴元府。未行，擢礼部侍郎，高宗召谕曰："卿知无不言，言无不尽，朕将有为，正如欲一飞冲天而无羽

---

① 北宋·欧阳修《正史类·新五代史》。

② 北宋·欧阳修《论李淑奸邪札子》。

③ 张浚（1097—1164 年），字德远，汉州绵竹（今四川绵竹）人，南宋政治家、军事家。

④ 元·脱脱、阿鲁图《宋史·张浚传》。

翼，卿勉留辅朕。"①除御营使司参赞军事。金兵南侵，高宗退避东南，后军统制韩世忠部下逼逐谏臣坠水死，张浚奏夺韩世忠观察使，上下始知有国法，遂迁侍御史。建炎三年（1129年），金军数百骑突袭"行在"扬州，高宗仓惶出逃，张浚、吕颐浩追随渡江，中书侍郎朱胜非任节制平江府（今苏州）、秀州（今浙江嘉兴）军马，张浚任同节制军马，驻守平江抗金。旋，朱胜非召赴行在杭州，留张浚驻守平江。是年三月，杭州发生苗傅、刘正彦兵变，高宗被迫退位，3岁皇子赵旉被立为帝，孟太后垂帘听政。张浚遂于平江组织张俊、刘光世、韩世忠等所部勤王。四月，"苗、刘兵变"平定，高宗复位，张浚升任知枢密院事。

五月，张浚任川陕宣抚处置使，设司于兴元府，旋调整西北各路军事长官。时曲端于陕西抗金，然其专横跋扈，尝拟杀节制陕西六路军马王庶。南宋朝廷以御营使司提举一行事务召曲端，而其拒不奉诏。同年十二月，张浚任命曲端为处置使司都统制、威武大将军，企图借助曲端抗金之声威，树起西北抗金大旗。

建炎四年（1130年）正月，张浚命曲端率军救援陕州李彦仙部，曲端却拒不出兵，以致陕州陷于金人之手。

张浚经营川陕以来，军民极受鼓舞，使金军主将完颜娄室"所下陕西城邑，辄叛"，不得不请求增兵。完颜宗翰（粘罕）亦认为宋"陕西五路兵力雄劲，当并力攻取"。建炎四年（1130年）七月，金国以皇子、左副元帅完颜宗辅（讹里朵）为陕西前线主帅，命江淮战场主将完颜宗弼（兀术）"以精兵二万先往洛阳"，准备"以八月往陕西"，与张浚争夺陕西。

宋高宗"以敌萃兵淮上，命（张）浚出兵，分道由同州（今陕西大荔）、鄜（今富县）、延（今延安）以捣其虚"，企图予敌重创，遏制金军继续渡江南犯。建炎四年八月，张浚移檄金左副元帅宗辅，问兴师犯宋之罪。同时，派权永兴军路经略使吴玠攻取永兴军（今陕西西安），环庆经略使赵哲收复鄜延诸郡。于是，张浚调集熙河经略使刘锡、秦凤经略使孙渥、泾原经略使刘锜、永兴军经略使吴玠、环庆经略使赵哲，各率所部东进。金左副元帅完颜宗辅将完颜宗弼所部2万人马调入关中防御。九月下旬，张浚集合五路宋军，骑兵6万、步军12万，号称40万，以刘锡任都统制，进抵富平（今富平北），金主帅宗辅以宗弼与娄室所部分为左、右两翼，与宋军决战。是役，"泾原帅刘锜率将士先薄虏阵，自辰至未，杀获颇众"，而金军左翼主帅宗弼陷重围中，韩常流矢中目，怒拔去其矢，血淋漓，以土塞创，跃马奋呼搏战，遂解围，与宗弼俱出重围。宗弼左翼军已却，娄室以右翼军力战，自日中至于日暮，凡六合战。然于决定胜负之关键时刻，环庆经略使赵哲擅离所部，率先逃跑，宋军相继溃退。"富平之战"为宋金两军大兵团决战，宋军虽然战败，然将金军主力调离江淮战场之目的已达，相对减轻金军于江淮地区之压力。

"富平之战"失败后，张浚退向兴州（今陕西略阳），命刘子羽去秦州，召集败散宋军达10万人。旋于金军进攻下退往阆州（今四川苍溪）。张浚命王庶为兴元知府，汇聚溃军、义军2万人。吴玠亦收兵保和尚原，且于绍兴元年（1131年）五月大败宗弼所部。

①元·脱脱、阿鲁图《宋史·张浚传》。

绍兴二年（1132年），张浚被授检校少保、定国军节度使。同年九月，南宋任命王似为川陕宣抚处置副使；十二月，又加任卢法原为宣抚处置副使。张浚因不满朝廷安排，被罢宣抚处置使，仍任知枢密事。绍兴三年（1133年）五月，诏令张浚回朝。翌年三月，因台谏攻击，张浚罢知枢密院事，以提举洞霄宫、福州居住。九月，伪齐与金军渡淮南犯，张浚再次被起用为知枢密院事。旋升任右相兼枢密院事、都督诸路军马，奉诏"暂往江上措置边防……西连陇蜀，北泊江淮，既加督护之权，悉在指挥之域，"①全面负起抗金重任。

绍兴六年（1136年）正月，张浚视师荆襄，命韩世忠自承（今江苏高邮）、楚以图淮阳（今江苏邳县）；刘光世进屯合肥，张俊进驻盱眙，以杨沂中为张俊部后翼；岳飞进驻襄阳，准备北伐中原，摆出对金进攻态势，军心振奋。韩世忠首先自楚州攻淮阳，张俊于五月间进驻盱眙，刘光世于七月收复寿春府（今安徽凤台），岳飞于八月攻占蔡州（今河南汝南）、卢氏（今属河南）等地。因张浚力请，高宗于九月初御驾亲临建康，张浚亦赶往镇江督师，以鼓舞北伐军斗志。伪齐南犯军队纷纷退回淮北。

翌年三月，刘光世因骄惰怯敌被罢军职，以其部将王德任左护军都统制，郦琼任副都统制，以兵部尚书、都督府参谋军事吕祉节制。郦琼不服王德居其上，多次申述不被重视。八月，郦琼杀吕祉等，裹胁4万人叛变投齐。九月，张浚以处置不当遭罢相，提举宫观，后贬居永州（今属湖南）。北伐抗金之大好形势因而受挫，降金求和势力抬头。

绍兴八年（1138年）三月，秦桧任右相兼枢密使，主持降金求和活动。同年末，金以原伪齐辖区划归南宋，以换取南宋臣属。绍兴九年正月，宋高宗以宋金和议大赦，张浚恢复提举宫观。二月，出任福州知州、福建路安抚大使。绍兴十一年（1141年）十一月，宋金订立"绍兴和议"。同月，授张浚检校太傅、崇信军节度使、万寿观使闲差，次年封和国公。绍兴十六年（1146年）七月，张浚上奏备战抗金，奸相秦桧大怒，遂被罢去检校少傅、节度使、国公官爵，唯保留文阶官特进，以提举宫观，贬往连州居住。

张浚离京赴连州，随身仅带数箱旧物。秦桧党羽遂诬告其中均为张浚与蜀地旧部往来策划谋反之书信。高宗遂派人抄来于朝堂之上打开。内以书籍为主，破旧衣服塞充其间，虽有书信若干，皆为忧国爱君之语。高宗大感意外异常感动，未曾想张浚竟然一贫如此，遂派使者追送三百两金。使臣出发后，秦桧党羽又于外宣称高宗将赐张浚死，以期引起张浚反应错误，促其自杀或反叛。消息传至连州，左右抱头痛哭。张浚道："余之罪过固然当死，故如外界传言，以死谢罪陛下与社稷，亦为所以，何故哭之！"遂又问使者为谁，回答为殿帅杨存中之子。张浚又道："余不须死矣，存中乃余故部，倘朝廷果赐余死，必另派他人。"旋使者至，宣读皇帝圣旨，张浚得赏金三百两。

绍兴二十五年（1155年）十月，奸相秦桧死，张浚被重新起用，恢复观文殿大学士职衔、国公爵位，任判洪州（今江西南昌）。旋因母死守丧，奉柩归葬西川。行至江陵时，复上奏高宗，谏言备战抗金。时秦桧党羽万俟卨、汤思退任宰相，向以议和相唱随。高宗阅过张浚奏章后，谓汤思退道："张浚用兵，不独朕知之，天下皆知之，如富平之

①元·脱脱、阿鲁图《宋史·张浚传》。

败，淮西之师，其效可见矣。今复用兵，极为生事。"[1]从而否决张浚建议。翌年十月，张浚再次遭贬，谪往永州居住。

绍兴三十一年（1161 年）正月，金军南犯迫于眉睫，高宗遂放宽张浚居住地点之限制，旋起用任判潭州，复改判建康府。时，"采石之战"结束，金帝完颜亮为部下所杀，两淮金军开始退兵。翌年五月，高宗任命张浚专一措置两淮事务兼两淮及沿江军马，全面负责江淮防务。

宋高宗退位后，孝宗即位召浚入见，于其尊重有加，推诚宽慰道："久闻公名，今朝廷所恃唯公。"赐坐降问，浚从容言："人主之学，以心为本，一心合天，何事不济？所谓天者，天下之公理而已。必兢业自持，使清明在躬，则赏罚举措，无有不当，人心自归，敌仇自服。"[2]孝宗悚然曰："当不忘公言。"孝宗隆兴元年（1163 年）正月，张浚升任枢密使、都督江淮东西路军马，封魏国公。孝宗指示张浚"当先图两城（虹县、灵璧），边患既纾，弊以次革"。四月，张浚命李显忠、邵宏渊出兵北伐，接连攻占灵璧、虹县，旋渡江移驻盱眙督战。宿州收复后，李显忠被任为淮南、京畿、京东、河北招讨使，邵宏渊为副使，张浚遂准备整军收复中原。旋，宋金双方展开"符离之战"，金军攻击猛烈，而邵宏渊坐视不战，其子率部逃窜，李显忠被迫退兵，导致"符离之战"宋军溃败。此役失败，朝中主和派势力随即抬头，张浚虽升任右相、枢密使、都督江淮东西路，然秦桧党羽汤思退亦被任为左相兼枢密使，故议和活动遂再次展开。

隆兴二年（1164 年）三月，张浚奉诏视师淮上，"遍行两淮，筑治城垒"，积极部署抗金措施。然因主和派作祟，张浚于四月被召回朝，江淮都督府亦被罢置。受太上皇宋高宗干预，左相汤思退加紧进行降金乞和活动。张浚知抗金无望，即求致仕，遂被罢相，授少师、保信军节度使、判福州。张浚辞新命，恳求致仕，改授醴泉观使闲差。张浚再次上奏："君臣之义，无所逃于天地之间。吾荷两朝厚恩，久尸重任，今虽去国，犹日望上心感悟，苟有所见，安忍弗言。上如欲复用浚，浚当即日就道，不敢以老病为辞。如若等言，是诚何心哉！"[3]闻者耸然。

张浚行次余干（今江西余干县）时，突然患病，遂手书遗言付与二子："吾尝相国，不能恢复中原，雪祖宗之耻，即死，不当葬我先人墓左，葬我衡山下足矣。"[4]同年八月，张浚病死，享年 67 岁。死讯传入朝廷，孝宗震悼不已，遂辍朝示哀，赠太保衔，旋加赠太师。乾道五年（1169 年），谥"忠献"。

作为南宋初年一度"总中外之任"之主战派领袖，张浚虽然作战能力一般，然其颇有知人善任大帅气魄。尝极力提拔吴玠、刘锜、杨沂中、虞允文等抗金名将及杨万里等文官。南宋以降，后人于其褒贬参半。褒者将其誉为"王导""诸葛"再世，与岳飞并列，称为"抗金英雄"。而贬者则以"富平之战"与"隆兴北伐"为例，谓其"无分毫之功，

---

① 北宋·宋敏求《春潮退朝录》。

② 元·脱脱、阿鲁图《宋史·张浚传》。

③ 元·脱脱、阿鲁图《宋史·张浚传》。

④ 元·脱脱、阿鲁图《宋史·张浚传》。

有邱山之过"，"一生无功可纪，而罪不胜书。"然客观公允而论，"富平之战"张浚虽有急功近利之嫌，然斯役几乎击败金军主力；"隆兴北伐"时，张浚已耄耋将死，力不从心，导致失败过错不在其具体部署失误，而在于其未将总帅职位让于虞允文等年轻人物。

作为文人进士出身之一代武将，张浚学术造诣亦很精深，其于《易经》之研究尤为见著，有《易解》及《杂说》十卷，《书》《诗》《礼》《春秋》《中庸》亦各有解，文集十卷，奏议二十卷。近人辑有《张魏公集》。

"儒者之于国家，能养其正直之气，则足以正君心，一众志，攘凶逆，处忧患，盖无往而不自得焉。若张浚者，可谓善养其气者矣。观其初讨张邦昌之议，平苗、刘之乱，其才识固有非偷懦之所敢望。及其攘却勍敌，招降剧盗，能使将帅用命，所向如志。远人伺其用舍为进退，天下占其出处为安危，岂非卓然所谓人豪者欤！"①张浚可谓自科举取士以来，文人"出将入相"凤愿之真正遂愿者。虽然其经历亦非一帆风顺，功业亦褒贬参差，然其总体形象依然为后世文人入仕从政之楷模，当属毋庸置疑。岳飞之孙岳珂不仅有《张忠献时义诚力二帖》颂扬其功勋，且直接给予"出入将相，垂四十年，忠义勋名，为中兴第一"②之高度评价。即是曾受张浚当面指责之南宋宰相、理学家真德秀，亦依然于其《题隐者苏翁事迹》中对张浚赞誉有加：

> 魏公孤忠如孔明，赤手能支天柱倾。
> 苏公高节如子陵，寸胶解使黄河清。
> 等是世间少不得，问津耦耕各其适。
> 后人未可轻雌黄，两翁之心秋月白。

张浚个人亦有《登道观》一诗明志：

> 苍髯野褐予甚古，萝月桂风谁为贫。
> 当户蛟龙森汉柏，隔江鸡犬隐秦人。
> 好山如画能留客，宝鼎藏丹不计春。
> 更上高亭问玄鹤，莫教诗眼有纤尘。

与张浚并称南宋中兴贤相赵鼎评价"浚有补天浴日之功，陛下有砺山带河之誓，君臣相信，古今无二。"

时势造英雄，成就张浚者，乃南宋特殊时势也。

后人于张浚功过虽有褒贬，然其自逝世后依然享尽哀荣。宋孝宗为其举行国葬，辍视朝两日，谥国家最高荣誉"忠献"。理宗又以张浚、赵鼎为宰相典范，并将张浚列为宋朝昭勋阁二十四人之一，图功臣神像于昭勋阁，并建"进德堂""张浚祠"以为纪念。

---

① 元·脱脱、阿鲁图《宋史·张浚传》。

② 南宋·岳珂《桯史》。

元朝光禄大夫赵世延曾捐俸于张浚故乡四川绵竹修建书院，朝廷以张浚自号"紫岩先生"下诏赐名"紫岩书院"。明洪武年曾诏以历代名臣从祀帝王庙，礼官奏张浚与周公旦、太公望、张良、诸葛亮、房玄龄等36人，并将张浚事迹载入《永乐大典》国朝忠臣传。嘉靖年间，明世宗下诏修复张浚父子坟墓，敕建"张浚祠""南轩书院"，并御书匾额。清顺治朝时，亦将张浚等41位历代功臣从祀帝王庙。

文人至此，夙愿已遂；人臣至此，哀荣尽备矣！

杨士奇——君恩追忆不胜哀　老泪干枯病骨摧

明代有"三杨"，三人均历仕永乐、洪熙、宣德、正统四朝，先后位至台阁重臣，正统时皆加大学士衔辅政。又，"三杨"创"台阁体"诗文，歌功颂德，粉饰现实，追求雅正，垄断明代文坛。"三杨"者，杨士奇①、杨荣、杨溥是也。时人咸称杨士奇有学行，杨荣有才识，杨溥有雅操。又以居所，称杨士奇为"西杨"、荣为"东杨"、溥为"南杨"。"三杨"之首、"西杨"杨士奇以华盖殿大学士兼兵部尚书，历五朝，入内阁为辅臣40余年，任首辅21年。

杨士奇少年时期经历不甚平坦，一岁时丧父，母改嫁德安同知罗性，士奇遂改姓罗。年关罗氏祭祖，杨士奇自做土像祭祀杨氏祖先，罗性赞扬其有志气，遂恢复其宗姓。旋，罗性因得罪权贵戍边陕西去世，杨士奇与母回德安，一边授馆一边侍母，尝游走于荆楚。

"建文初，集诸儒修《太祖实录》，杨士奇已用荐征授教授当行，王叔英复以史才荐。遂召入翰林，充编纂官。寻命吏部考第史馆诸儒。尚书张紞得士奇策，曰：'此非经生言也。'奏第一。授吴王府审理副，仍供馆职。"②

成祖朱棣即位，改杨士奇为翰林院编修。旋，入内阁，参与负责机务。数月后，晋升侍讲。永乐二年，选拔宫僚，杨士奇为左中允，三年后再升为左谕德。杨士奇为官谨慎，归家从不言公事。其于殿前侍奉成祖，举止恭慎，善于对答，谈事有灼见。人有过失，杨士奇竭力为之撝覆。时广东布政使徐奇统领西南，赠特产予内廷官员，或以馈赠名单呈皇帝，其中独无杨士奇之名，成祖召见询问，杨士奇道："奇赴广时，群臣作诗文赠行，臣适病弗预，以故独不及。今受否未可知，且物微，当无他意。"成祖遂命焚毁名单。

永乐六年（1408年），明成祖北巡，命杨士奇、蹇义、黄淮留守京城辅佐太子监国。"太子喜文辞，赞善王汝玉以诗法进。杨士奇曰：'殿下当留意《六经》，暇则观两汉

---

①杨士奇（1366—1444年），名寓，字士奇，号东里，江西泰和（今江西泰和县）人。

②清·张廷玉等《明史·卷一四八·杨士奇传》。

诏令。诗小技，不足为也。'"①太子以其言为善，遂致力于研习经文。"初，帝起兵时，汉王数力战有功。帝许以事成立为太子。既而不得立，怨望。帝又怜赵王年少，宠异之。由是两王合而间太子，帝颇心动。九年还南京，召杨士奇问监国状。杨士奇以孝敬对，且曰：'殿下天资高，即有过必知，知必改，存心爱人，决不负陛下托。'帝悦。"②汉王朱高煦因靖难之役战功卓著，且有成祖当时承诺，故觊觎帝位虎视眈眈。杨士奇周旋于宫廷争斗暗流中，竭尽全力维护太子，恪尽职守履行辅佐责任。

永乐十二年（1414 年），朱棣率兵北征残元，杨士奇仍留任辅佐太子监国。时朱高煦始不断谮言太子。成祖北征归还，太子迎驾迟缓，故将东宫大臣黄淮等人下狱问罪。杨士奇之后赶到，被宥免罪。成祖召问太子迎驾来迟原因，杨士奇顿首道："太子孝敬如初。

凡所稽迟，皆臣等罪。"朱棣稍微听闻汉王夺嫡打算及其不轨行径，先问尚书蹇义，蹇义未答，遂再问杨士奇，答道："臣与义俱侍东宫，外人无敢为臣两人言汉王事者。然汉王两遣就藩，皆不肯行。今知陛下将徙都，辄请留守南京。惟陛下熟察其意。"③朱棣听闻后默然不语。数日之后，朱棣悉知汉王作为，遂削撤汉王护卫营，并安置其赴藩国乐安。翌年，杨士奇晋升翰林学士兼任旧职；十七年，改为左春坊大学士，兼任翰林学士；十八年，因辅导太子失职被连坐，下锦衣卫狱，十天后即被释放。

仁宗朱高炽即位，升杨士奇礼部侍郎兼华盖殿大学士。仁宗于内阁视事，蹇义、夏原吉奏事未退，遥见杨士奇至，遂语两人道："新华盖学士来，必有谠言，试共听之。"杨士奇果然进言道："恩诏减岁供甫下二日，惜薪司传旨征枣八十万斤，与前诏戾。"仁宗听后，立即下诏减免一半。时成祖朱棣甫驾崩，仁宗服制二十七日期满，大臣吕震上疏请穿吉服。杨士奇则称不可，吕震随即高声厉叱杨士奇。尚书蹇义见此，兼顾两人观点进言。次日，朱高炽仍然素冠麻衣上朝，廷臣中唯杨士奇与英国公张辅服制如初。罢朝，仁宗谓左右道："（先帝）梓宫在殡，易服岂臣子所忍言，士奇执是也。"旋，晋升杨士奇为少保，与杨荣、金幼孜共赐"绳愆纠缪"银章，又晋升少傅。

杨士奇尝为太子师，且每遇犯难时皆为太子纾围，故仁宗继位后时时袒护士奇。尚书李庆尝上疏，建议发军伍余马给有关部门之各官吏，然后每年课征马驹。杨士奇反对道："朝廷选贤授官，乃使牧马，是贵畜而贱士也，何以示天下后世。"然仁宗却批准李庆建议，时朝廷寂然。杨士奇再次上言力劝，仁宗仍不改旨。罢朝，皇帝驾临思善门，召见士奇道："朕向者岂真忘之。闻吕震、李庆辈皆不喜卿，朕念卿孤立，恐为所伤，不欲因卿言罢耳，今有辞矣。"遂于袖中取出陕西按察使陈智所呈"养马不便"疏，命其草敕执行，杨士奇顿首谢恩。

仁宗继位之际，群臣于朝堂商议元旦事宜，吕震建议用乐，杨士奇与黄淮上疏劝阻，仁宗不听。旋，士奇再次上奏，于宫中候至深夜，仁宗终于准奏。逾日，仁宗召对士奇道："震每事误朕，非卿等言，悔无及。"遂命士奇兼任兵部尚书，同食内阁、翰林院、

---

① 清·张廷玉等《明史·卷一四八·杨士奇传》。

② 清·张廷玉等《明史·卷一四八·杨士奇传》。

③ 清·张廷玉等《明史·卷一四八·杨士奇传》。

兵部三份俸禄，士奇辞兵部尚书俸禄未受。

仁宗为太子监国时，即仇恨御史舒仲成，登基后欲治其罪。杨士奇谏阻："陛下即位后，曾下诏忤旨之人皆得免罪，倘治舒仲成罪，则诏书无信，众臣将因此恐惧。皇上何不效仿汉景帝对待卫绾故事？"仁宗遂消此念。或言大理寺卿虞谦言事不密，仁宗大怒，降其一级。杨士奇为之鸣白，虞谦得以恢复原级。旋，大理寺少卿弋谦因言得罪。杨士奇称："谦应诏陈言。若加之罪，则群臣自此结舌矣。"仁宗因此立升弋谦为副都御史，且下敕引过自咎。

时，有大臣上书歌颂太平盛世，明仁宗将其书示于朝臣，群臣皆以为然。独士奇称："'陛下虽泽被天下，然流徙尚未归，疮痍尚未复，民尚艰食。更休息数年，庶几太平可期。'帝曰：'然。'因顾蹇义等曰：'朕待卿等以至诚，望匡弼。惟士奇曾五上章，卿等皆无一言。岂果朝无阙政，天下太平耶？'"[1]群臣听后深感惭愧。仁宗遂赐杨士奇玺书以表彰其贤德忠贞。旋，命修《明太宗实录》，士奇与黄淮、金幼孜、杨溥俱充总裁官。

旋，仁宗病笃，召杨士奇与蹇义、黄淮、杨荣至思善门，命士奇书遗敕召太子朱瞻基至南京。

宣宗即位，杨士奇任总裁修撰《明仁宗实录》。宣德元年（1426 年），汉王朱高煦起兵谋反，宣宗亲征平定叛乱。部队归还抵达献县单家桥，户部侍郎陈山迎谒，并上言汉、赵二王沆瀣一气，请宣宗乘势袭彰德（今河南安阳），逮捕赵王朱高燧。杨荣支持陈山主张，然遭士奇反对。杨士奇称："'事当有实，天地鬼神可欺乎？'荣厉声曰：'汝欲挠大计耶！今逆党言赵实与谋，何谓无辞？'士奇曰：'太宗皇帝三子，今上惟两叔父。有罪者不可赦，其无罪者宜厚待之，疑则防之，使无虞而已。何遽加兵，伤皇祖在天意乎？'时惟杨溥与士奇合。将入谏，荣先入，士奇继之，阍者不纳。寻召义、原吉入。二人以士奇言白帝。……帝初无罪赵意，移兵事得寝。比还京，帝思士奇言，谓曰：'今议者多言赵王事，奈何？'士奇曰：'赵最亲，陛下当保全之，毋惑群言。'帝曰：'吾欲封群臣章示王，令自处何如？'士奇曰：'善，更得一玺书幸甚。'于是发使奉书至赵。赵王得书大喜。泣曰：'吾生矣。'即上表谢，且献护卫，言者始息。帝待赵王日益亲而薄陈山。谓士奇曰：'赵王所以全，卿力也。'"[2]

先，成祖攻占交阯（越南），设置交阯布政使司治理该地，然交阯屡屡叛变。朝廷屡次发兵征讨均为其所败。宣宗时，交阯黎利遣使伪请立陈氏后人。宣宗亦厌恶兵战，拟准其请。英国公张辅、户部尚书蹇义等大臣以下数人，皆称赐其无名，反示弱于天下。宣宗召见士奇、杨荣商议，二人力言称："陛下恤民命以绥荒服，不为无名。汉弃珠厓，前史以为美谈，不为示弱，许之，便。"宣宗遂下令选择使者出使交阯，蹇义推荐善于口辩之伏伯安。杨士奇表示："善于言辞之人不忠信，虽然交阯为蛮貊之邦，亦不可派遣如此之人。伏伯安乃一小人，出使交阯必然辱国。"宣宗深然其言，遂改择他人。从此，明朝放弃交阯并罢兵，每年节省军费百万两。

---

①清·张廷玉等《明史·卷一四八·杨士奇传》。

②明·张廷玉等《明史·卷一四八·杨士奇传》。

宣德五年（1430 年），宣宗奉侍皇太后谒陵，召见英国公张辅、尚书蹇义及杨士奇、杨荣、金幼孜、杨溥，太后于行殿中接见并慰劳众臣。宣宗谓杨士奇道："太后为朕言，先帝在青宫，惟卿不惮触忤，先帝能从，以不败事。又诲朕当受直言。"士奇对曰："此皇太后盛德之言，愿陛下念之。"

时，杨士奇已老有疾，上朝均迟，无法论奏。宣宗尝微服私访，某夜访问士奇家。杨士奇仓猝迎接，顿首道："陛下奈何以社稷宗庙之身自轻？"宣宗道："朕唯欲与汝商讨政事，故黄夜造府拜访。"逾数日，宫中捕获二盗且有异谋。宣宗召见杨士奇称："今而后知卿之爱朕也。"时，各地屡遭水旱灾害，宣宗召杨士奇讨论下诏宽恤免灾租税事。杨士奇遂请奏免除百姓所欠薪鱼钱、减官田租赋、免除粮税、清理冤假积案、裁汰工役等，使百姓获益。两年后，宣宗又谓杨士奇："恤民诏下已久，今更有可恤者乎？"杨士奇对曰："前诏减官田租，户部征如故。"宣宗极不悦，道："今首行之，废格者论如法。"杨士奇遂复请抚逃民，察墨吏，举文学武勇之士，令极刑家子孙皆得仕进。又请廷臣三品以上及二司官，各举所知，备方面郡守选。宣宗逐项批准士奇所请。名臣于谦、周忱、况钟等人，均为此时所荐脱颖而出。

宣宗励精图治，杨士奇等内阁廷臣同心辅佐，海内号为治平。宣宗尚模仿古代君臣豫游，每逢年初，均赐百官十日假期。皇帝赴西苑万岁山郊游，诸学士均随侍左右，进行赋诗唱和。朝廷内阁大臣相处融洽、风气为正。宣宗即位时，内阁臣宰共七人，后陈山、张瑛改任他职，黄淮以疾致仕，内阁宰辅仅有杨士奇、杨荣、杨溥三人。杨荣为人果毅敢为，且屡次跟随成祖北征，熟知边疆将领与敌情事务，然颇喜接受馈遗，边将每年皆送良马予杨荣。宣宗知晓后问杨士奇。杨士奇称："荣晓畅边务，臣等不及，不宜以小眚介意。"宣宗笑道："荣尝短卿及原吉，卿乃为之辩耶？"杨士奇回答："愿陛下以曲容臣者容荣。"其后，此话传入杨荣耳中，荣深感惭愧之至，二人遂相处甚欢。宣宗因此于士奇愈加亲厚，所赐珍果、牢醴、金绮衣、币、书器多不胜数。

宣德十年（1436 年），宣宗驾崩，英宗朱祁镇即位，年仅 9 岁，军政皆由张太皇太后控驭。太皇太后命各部议案均先经内阁三杨咨议，方可进行裁决。杨士奇首推训练士卒坚守边疆，并设置南京参赞机务大臣，分遣文武镇抚江西、湖广、河南、山东等地，并罢免侦事校尉。又请减免租税，并慎刑牢狱，严格官员考核机制。是议均得太皇太后恩准施行。正统初年朝政清明，均为三杨辅佐之功。正统三年（1438 年），《明宣宗实录》制成，杨士奇晋少师。次年，乞求致仕，未予批准。旋，英宗下敕，命杨士奇归省墓。

时，中官王振受宠于英宗，逐渐干预外廷政事，并诱导英宗乱加大臣之罪。杨荣不久去世，杨士奇、杨溥日益孤立。次年，英宗大兴兵马征讨麓川，藏帑金数万。再一年，太皇太后去世，王振势力日益坐大，始于朝廷大作威福，百官若有不满者，均遭逮捕下狱。廷臣中人人自危，杨士奇亦无力制止。

杨士奇子杨稷，自幼娇惯，为人傲横，尝因施暴杀人。御史相继弹劾杨士奇，朝廷商议不予加法。其后，有人再次告发杨稷横虐数十件事，士奇无奈，以老疾告辞。英宗唯恐伤害杨士奇，下诏安慰。士奇感恩哭泣，不久忧虑不起。

正统九年（1444 年），杨士奇病故于家中，享年 79 岁。赠太师，谥"文贞"。

杨士奇于"三杨"中以"学行"见长，先后担任《明太祖实录》《明仁宗实录》《明宣宗实录》总裁。成祖即位后主修《明实录·太宗文皇帝实录》。正统六年（1441 年），尝与马愉、曹鼐等人编成《文渊阁书目》，著录图书 7297 部，大多不著撰著人姓氏。书分 39 类，编 20 号，每号分数橱，以千字文排次。另著有《三朝圣谕录》3 卷、《奏对录》《历代名臣奏议》《周易直指》10 卷、《西巡扈从纪行录》1 卷、《北京纪行录》2 卷、《东里集》25 卷、诗 3 卷。

文人一生境况如杨士奇者，可谓足矣！

沈德潜——玉皇案吏今烟客　天子门生更故人

中国封建王朝科举取士以来，沈德潜[①]一身兼备数个第一：进士及第年龄最大者——67 岁；儒林众生享年最高者——97 岁；大器晚成而仕途坦荡如砥者——仕宦 20 余载未遇点滴风浪；未历封疆而位极人臣者——太子太傅、太师；仕宦不离帝王左右圣眷优渥者——天子门生、乾隆故人……

沈德潜早年家贫，23 岁时继承父业，以授徒教馆为生，历 40 余年教馆生涯。虽处境欠佳，然其从未弃学，于奔波生计之余勤奋课读，16 岁前已通读《左传》《韩非子》《尉缭子》。早年师从叶燮学诗，曾自谓深得叶燮诗学大义，所谓"不止得皮、得骨，直已得髓"，其自负可见一斑。

沈德潜自幼热衷功名，然虽满腹才学，竟科举屡试不中。康熙三十三年（1694 年）录为长洲邑庠生，其后 40 年间，依然屡试落第。故其 40 岁作《寓中遇母难日》自表：

> 真觉光阴如过客，可堪四十竟无闻。
> 中宵孤馆听残雨，远道佳人合暮云。

凄清之意与不甘寂寞之情溢于言表。

雍正十二年（1734 年）应博学鸿词科考试，为朝廷斥贬，且诗作遭禁。其自 22 岁首度参加乡试，共应科举考试 17 次，终于乾隆四年（1739 年）方中进士第，时年 67 岁。沈德潜从此跻身官宦，备享乾隆荣宠。乾隆七年（1742 年），授翰林院编修，次年迁左中允。累迁侍读、左庶子、侍讲学士，充日讲起居注官。乾隆十二年（1747 年），命在上书房行走，又擢礼部侍郎。乾隆十三年（1748 年），充会试副考官，以原衔食俸。乾隆十六年（1751 年），加礼部尚书衔。其间曾为父母乞诰命，乾隆给三代封典，并赐诗，其中有云："我爱沈德

---

①沈德潜（1673—1769 年），字确士，号归愚，江南长洲（今江苏苏州）人，清代著名诗人。

潜，淳风挹古福。"侍郎钱陈群于侧唱和曰："帝爱沈潜德，我羡归愚归。"赐诗与和诗中巧妙地嵌入沈德潜名"德潜"、号"归愚"，一时传为艺林盛事。其得圣眷优渥如是，乾隆怕朝臣议论，谓老臣解释道："沈德潜诚实谨厚，且怜其晚遇，是以稠叠加恩，以励老成积学之士，初不因进诗而优擢也。"①70岁时，乾隆皇帝召之讨论历代诗源，其博古通今，对答如流，天子大为赏识，称之为"江南老名士"。

俗语"寿则多辱"，然于沈德潜则例外，其恰为"寿则多荣"。沈氏上溯五代不仕，父母早逝，衣食不周，科举蹭蹬由青丝至白发，流年皆不利，连考17次而均落孙山之后。其可贵之处在于痴心不改，"还思假我年，勿使终无闻。"因锲而不舍，终于金石可镂，于67岁高龄一举夺魁，点中翰林院庶吉士。真可谓"功夫不负有心人"。

晚年沈德潜运气如日中天，"一朝得中龙虎榜，十年身到凤凰栖"。乾隆皇帝自称爱才如子，眼见"沈老"白发苍苍，怜才之心顿起，遂挽其手，穿行于翰林院，共相唱和。夏日，二人唱和《消夏诗十首》，冬天，两人围炉对话，切磋诗艺。圣眷如此优渥，直使沈氏祖坟青烟缭绕不已！

乾隆赐予沈德潜极高礼遇，官职由少詹事升詹事，再升值书房副总裁，80余岁致仕，封其礼部尚书衔，九秩高龄晋阶太子太傅、太子太师；乾隆帝多次下江南，几乎每次均由其陪护，君臣诗词唱和，其乐融融。"十三年，德潜以齿衰病噎乞休，命以原衔食俸，仍在上书房行走。十四年，复乞归，命原品休致，仍令校御制诗集毕乃行。谕曰：'朕于德潜，以诗始，以诗终。'且令有所著作，许寄京呈览。赐以人葠，赋诗宠其行。德潜归，进所著《归愚集》，上亲为制序，称其诗伯仲高、王，高、王者谓高启、王士祯也。十六年，上南巡，命在籍食俸。是冬，德潜诣京师祝皇太后六十万寿。十七年正月，上召赐曲宴，赋雪狮与联句。又以德潜年八十，赐额曰'鹤性松身'，并赍藏佛、冠服。德潜归，复进西湖志纂，上题三绝句代序……二十六年，复诣京师祝皇太后七十万寿，进历代圣母图册。入朝赐杖，上命集文武大臣七十以上者为九老，凡三班，德潜为致仕九老首。命游香山，图形内府。"②

1751年，乾隆再次游幸江南，德潜趋至清江浦迎驾，乾隆帝特赐诗曰："玉皇案吏今烟客，天子门生更故人。"此可谓人臣殊荣达于极致矣，文人达此境遇，不特绝无仅有，亦为空前绝后。

沈德潜辞官归里后，屋居木渎山塘街，著书作述，并任苏州紫阳书院主讲，以诗文启迪后生，颇得赞誉。后获特许，于苏州沧浪亭北可园西侧建生祠。乾隆三十四年（1769年），沈德潜卒于苏州故居，享年97岁，赠太子太师，祀贤良祠，谥"文悫"。乾隆帝赋御制诗为其悼挽，以钱（陈群）、沈二人并称"东南二老"，极一时之荣。

然，皇权之下，做"门生"尚可，真为"故人"则谈何容易！先期，沈德潜著《归愚诗文钞》，乾隆帝不仅为其作序，且赐"御制诗"数十首，诗中将其比作李（白）、杜（甫）、高（启）、王（士祯）。然而德潜致仕后编"盛世颂歌"《国朝诗别裁》，

---

①民国·赵尔巽编纂《清史稿·沈德潜传》。
②民国·赵尔巽编纂《清史稿·沈德潜传》。

再呈天子御览赐序，却不料马屁拍到马腿上，引得乾隆大骂"谦益诸人为明朝达官，而复事本朝，草昧缔构，一时权宜。要其人不得为忠孝，其诗自在，听之可也，选以冠本朝诸人则不可。钱名世者，皇考所谓'名教罪人'，更不宜入选。慎郡王，朕之叔父也，朕尚不忍名之。德潜岂宜直书其名？至世次前后倒置，益不可枚举。"①称其"老而耄荒"，并命内廷翰林重为校定。前明重臣钱谦益投归满清，已为清臣，实为"自己人"。却不料乾隆敬英雄而鄙叛徒，德潜周旋皇帝左右20余载，竟然连乾隆如是脾性未能准确把握，却将钱谦益列为集中之首，难怪乾隆大为光火。

乾隆四十三年（1778年），江苏东台县发生徐述夔诗案。已故举人徐述夔所著《一柱楼集》诗词，集中有"明朝期振翮，一举去清都"句，为人告发称其悖逆朝廷，遂引发一场文字狱。"上览集前有德潜所为传，称其品行文章皆可为法，上不怿。下大学士九卿议，夺德潜赠官，罢祠削谥，仆其墓碑。"②乾隆甚至恼羞成怒，大骂德潜"昧良负恩""卑污无耻"。沈氏生前所有荣华顷刻之间化为泡影。

其实，乾隆如此光火，乃"醉翁之意不在酒，在乎山水之间也"。沈德潜进士及第之后所以如此好运，唯一凭借即为长于赋诗，及低调且善于迎合圣意之老道功夫。乾隆喜好附庸风雅，常作诗示臣，然毕竟才思灵感欠佳，故留德潜于身边为其修改润色御制诗。帝王碍于脸面与尊严，自然不愿外人知晓个中就里，老名士沈德潜自然亦不敢贸然捋虎须而招祸，故其十数年伴君如伴虎，小心翼翼，如履薄冰，如临深渊，生前未透露半点"为皇帝改文章"之得意，由此挣来日益隆盛之功名利禄，死后谥美号，立祠堂祭祀。然老名士之虚荣心并不愿就此冷却，其生前虽无胆张扬，却于遗稿中留下表明自家荣耀之明确痕迹。孰知老名士想传之后世者，恰为老皇帝所格外忌惮者。德潜死后，乾隆借故由沈家骗来遗稿披览，老名士之隐私遂露出内馅儿。乾隆愤恨之余，时刻寻茬欲出此恶气。徐述夔《一柱楼诗集》案，恰为乾隆"瞌睡"时送来适宜的"枕头"。

自严格意义平心而论，沈德潜并非成就卓著之官僚，诗人、文学家方为其本色身份。

沈德潜年轻时曾受业于叶燮，其诗论于一定程度上受叶燮影响，然未能继承叶燮理论之积极因素。其论诗宗旨，主要见于所著《说诗晬语》及所编《古诗源》《唐诗别裁集》《明诗别裁集》《国朝诗别裁集》（后名《清诗别裁集》）等书之序与凡例。强调诗为帝王社稷服务："诗之为道，可以理性情，善伦物，感鬼神，设教邦国，应对诸侯，用如此其重也。"③且提倡"温柔敦厚，斯为极则"，崇奉儒家传统"诗教"。

艺术风格上，沈德潜讲究"格调"，故其诗论一般称为"格调说"。所谓"格调"，本意指诗歌之格律、声调，亦指由此所表现之高华雄壮、富于变化诸美感。其说本于明代七子，故沈氏于明诗推崇七子而排斥公安、竟陵，论诗歌体格则宗唐而黜宋。其所谓"格"，即诗"不能竟越三唐之格"，"诗至有唐，菁华极盛，体制大备"，而"宋元流于卑靡"④。

---

① 民国·赵尔巽编纂《清史稿·沈德潜传》。

② 民国·赵尔巽编纂《清史稿·沈德潜传》。

③ 清·沈德潜《说诗晬语·卷上》。

④ 清·沈德潜《唐诗别裁集·凡例》。

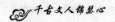

其实质与明代前后七子相似，主张扬唐而抑宋。所谓"调"，即强调音律之重要，"诗以声为用者也，其微妙在抑扬抗坠之间。读者静气按节，密咏恬吟，觉前人声中难写，响外别传之妙，一齐俱出。朱子云：'讽咏以昌之，涵濡以体之。'真得读诗趣味。"[①]

沈德潜存诗 2300 余首，多为歌功颂德应景之作。如《观刈稻有述》之类反映天灾为患、民生涂炭之作较少：

> 今夏江北旱，千里成焦土。
> 莨稗不结实，村落虚烟火。
> 天都遭大水，裂土腾长蛟。
> 井邑半湮没，云何应征徭？

其著作除上述各选本外，尚有《沈归愚诗文全集》73 卷，内容包括《归愚诗钞》20 卷、《诗钞馀集》10 卷、《诗馀》1 卷、《归愚文钞》20 卷、《文钞馀集》8 卷、《矢音集》4 卷、《归田集》3 卷、《八秩寿序寿诗》1 卷、《说诗晬语》2 卷、《浙江通省志图说》1 卷、《黄山游草》1 卷、《台山游草》1 卷、《南巡诗》1 卷、《沈德潜自订年谱》1 卷等。

沈德潜享年 97 岁，实为人所艳羡仰慕。然，亦幸其死得"早"。否则，乾隆皇帝雷霆震怒时，株连九族之厄运不定亦将落于老名士头上。老名士沈德潜好运当头，竟连死亦死得其时。幸哉！

---

①清·沈德潜《唐诗别裁集·凡例》。

第拾壹章

生前或有建树，古来人称佞宰，纷然后世褒贬拾壹名教弟子自幼饱读圣贤之书，向以忠君爱民为入仕初衷与行世准则。故凡士人步入仕途，莫不以成就一世忠臣良吏名传青史自许。然，官场自为名利场，其间明争暗斗尔虞我诈无时不在。故，官场无疑犹如一口大染缸，无论何等品行人才，一入名利场即如白布投入染缸，不由自主被染成五颜六色。

其中大部分虽历经反复煮染，却能始终谨记圣贤教诲，恪守名教圭臬，洁身自好出污泥而不染，秉持儒家修身、齐家、治国、平天下中庸之道，终成忠臣良吏楷模，青史留名后世敬仰。

而修身不正、意志薄弱、心胸褊狭、私欲膨胀者，则难以抵御名利诱惑与私欲作祟，辄于名利之前抛却圣贤教诲与名教圭臬，乃至为人良知，一任私欲膨胀，翻手为云覆手为雨，施尽阴损奸佞手段，已期达到不可告人目的。斯类奸佞宵小之徒，虽可凭藉一时得志而蒙蔽圣听谗毁忠良，然一片浮云终究难以遮蔽日月，日出云散冰雪消融，天地本色必然尽显于世。时光荏苒斗转星移，奸臣面目终有曝光之日。届时，其必将被钉于历史耻辱柱，遗臭万年遭千古唾骂。

北宋末年进士张邦昌历经徽宗、钦宗两朝，因善阿谀奉承而官运亨通，历任尚书右丞、左丞、中书侍郎、少宰、太宰兼门下侍郎，钦宗即位又官拜副宰相，成为朝廷中枢权倾内外的人物。

宣和七年（1125 年）十月，金兵分两路进攻北宋，邦昌身为朝廷重臣却畏敌如虎，深惧战争误其前程，故力主议和。钦宗遣皇弟康王赵构与邦昌同赴金营，被金人以人质扣押。邦昌遂奴颜婢膝委屈求全，应允金人割地要求令金兵暂时撤退。钦宗则以张邦昌退敌有功，竟擢升其为宰相。

靖康元年（1126 年）八月，金兵再次大举南侵，于次年正月攻破宋朝都城开封，徽宗、钦宗成为俘虏被掳入金营，邦昌则为金人百依百顺，甘愿卖国求荣。故金人扶持其建立伪楚政权，并推举其为大楚傀儡皇帝。高宗于南京应天府即位后，张邦昌因遭国人诟骂与攻击而难以维持局面，其任伪职仅 33 天而瞒天过海再次归宋，以甜言蜜语极力讨好高宗，不特保全身家性命，且被拜为太保、奉国军节度使，封同安郡王。旋，李纲等大臣揭露其降金真相，力谏高宗严惩之，高宗遂颁诏命其自裁。

明代胡惟庸，早年追随朱元璋起兵，历任元帅府奏差、宁国主簿、知县、吉安通判、湖广佥事、太常少卿、太常卿等职。洪武三年（1370 年），拜中书省参知政事。旋由李善长推荐而任右丞相、左丞相，位居百官之首。"帝以惟庸为才，宠任之。惟庸亦自励，尝以曲谨当上意，宠遇日盛，独相数岁，生杀黜陟，或不奏径行。内外诸司上封事，必先取阅，害己者，辄匿不以闻。四方躁进之徒及功臣武夫失职者，争走其门，馈遗金帛、名马、玩好，不可胜数。大将军徐达深疾其奸，从容言于帝。惟庸遂诱达阍者福寿以图达，为福寿所发。御史中丞刘基亦尝言其短。久之基病，帝遣惟庸挟医视，遂以毒中之。基死，益无所忌。与太师李善长相结，以兄女妻其从子佑。学士吴伯宗劾惟庸，几得危祸。

自是，势益炽。其定远旧宅井中，忽生石笋，出水数尺，谀者争引符瑞，又言其祖父三世冢上，皆夜有火光烛天。惟庸益喜自负，有异谋矣。"①

随着权势不断增大，胡惟庸日益骄横跋扈：擅自裁决官员生杀升降；先阅内外诸司奏章，于己不利者，辄匿不报。各地喜好钻营、热衷仕进之徒与功臣武夫失职者，争走其门，馈送金帛、名马、玩物不可胜数；学士吴伯宗因弹劾其而险遭大祸；拉拢钦犯吉安侯陆仲亨、平凉侯费聚，令其收集军马，以图谋反；勾结中丞涂节、御史大夫陈宁，令陈宁坐中书省阅天下兵马籍。

旋，胡惟庸之子驰马于市，坠死于车下，惟庸杀挽车者。太祖朱元璋大怒，令其抵死，不许以金帛偿其家之请。洪武十三年（1380年）正月，胡惟庸与御史大夫陈宁、中丞涂节密谋起兵造反，明太祖遂以"枉法诬贤""蠹害政治"等罪名，将胡惟庸和涂节、陈宁等先后处死。

胡惟庸死后，其谋反"罪状"陆续遭揭发：有派林贤下海招倭；遣封绩称臣于元嗣君，约其出兵为外应；令李存义、杨文裕说李善长谋逆；毒死刘基；收纳亡命等谋逆罪行。朱元璋大怒，为肃清"逆党"，株连杀戮者达三万余人，并做《昭示奸党录》布告天下，告诫臣下，切以胡惟庸为鉴。并严格规定嗣君不得再立丞相，臣下敢有奏请立者，处以重刑。

大周武则天时著名奸臣酷吏来俊臣，自幼即诡谲奸诈、反复无常、凶险邪恶。"逮则天以女主临朝，大臣未附；委政狱吏，剪除宗枝。于是来俊臣、索元礼……之属，纷纷而出。然后起告密之刑，制罗织之狱，生人屏息，莫能自固。至于怀忠蹈义，连颈就戮者，不可胜言。武后因之坐移唐鼎，天网一举，而卒笼八荒；酷之为用，斯害也已。遂使酷吏之党，横噬于朝，制公卿之死命，擅王者之威力。贵从其欲，毒侈其心，天诛发于唇吻，国柄秉于掌握。凶憨之士，荣而慕之，身赴鼎镬，死而无悔。若是者，何哉？要时希旨，见利忘义也！"②

来俊臣即因告密而获武则天信任，先后任侍御史、左台御史中丞、司仆少卿。其为官贪赃枉法，横行无忌，尝设推事院，搜罗无赖专事告密，大兴刑狱。其刑讯逼供之残酷，令人发指耸人听闻。"俊臣鞫囚，不问轻重皆注醯于鼻，掘地为牢，或寝以匽溺，或绝其粮，囚至啮衣絮以食，大抵非死终不得出。每赦令下，必先杀重囚乃宣诏。又作大枷，各为号：一、定百脉，二、喘不得，三、突地吼，四、著即臣，五、失魂胆，六、实同反，七、反是实，八、死猪愁，九、求即死，十、求破家。后以铁为冒头，被枷者宛转地上，少迁而绝。凡囚至，先布械于前示囚，莫不震惧，皆自诬服。"③

然，善恶终有报，多行不义必自毙。来俊臣为虎作伥得意忘形，"知群臣不敢斥己，乃有异图，常自比石勒，欲告皇嗣及庐陵王与南北衙谋反，因得骋志。遂忠发其谋。初，俊臣屡掎摭诸武、太平公主、张昌宗等过咎，后不发。至是诸武怨，共证其罪。"④"丁卯，昭德、俊臣同弃市，时人无不痛昭德而快俊臣。仇家争啖俊臣之肉，斯须而尽，抉眼剥面，

———————————

①清·张廷玉等《明史·胡惟庸传》。

②后晋·刘昫等《旧唐书·列传第一百三十六·酷吏下》。

③北宋·欧阳修、宋祁等《新唐书·列传第一百三十六·酷吏》。

④北宋·欧阳修、宋祁等《新唐书·列传第一百三十六·酷吏》。

披腹出心，腾蹋成泥。太后知天下恶之，乃下制数其罪恶，且曰：'宜加赤族之诛，以雪苍生之愤，可准法籍没其家。'士民皆相贺于路曰：'自今眠者背始帖席矣。'"①

由是观之，奸佞虽于得势时颐指气使不可一世，然其恶贯满盈之时，恶行必然昭彰于天下。届时，其荣华尊享皆成过眼云烟，尘埃落尽时，徒为青史留一奸臣记载，供后人鞭挞唾弃。

王钦若——龙带晚烟归洞府　雁拖秋色入衡阳

后人惯以"忠""奸"论古人，依据为盖棺论定后之功过是非。何以不于当世明其"忠""奸"，即时陟罚臧否，好使忠臣多任事奸臣少做恶？难矣！岂不知忠臣耿介正直，往往难容于时，而奸臣乖巧机变，从来蒙蔽思聪。况大奸似忠、大诈似真，故其用世时反能得雨乘风，左右逢源。名教弟子，自幼得圣人真谛，理应为"忠"而舍生取义杀身成仁，却也时有奸臣现身，令名教圣贤蒙羞，实为君子不取也。

北宋时期江南进士出身首位宰相王钦若②，即为令后人"忠""奸"难辨之文人。

"王钦若……父仲华，侍祖郁官鄂州。会江水暴至，徙家黄鹤楼，汉阳人望见楼上若有光景，是夕，钦若生。钦若早孤，郁爱之。太宗伐太原时，钦若才十八，作《平晋赋论》献行在。郁为濠州判官，将死，告家人曰：'吾历官逾五十年，慎于用刑，活人多矣，后必有兴者，其在吾孙乎！'

王钦若擢进士甲科，为亳州防御推官，迁秘书省秘书郎，监庐州税。改太常丞、判三司理欠凭由司。时毋宾古为度支判官，尝言曰：'天下逋负，自五代迄今，理督未已，民病几不能胜矣。仆将启蠲之。'钦若一夕命吏勾校成数，翌日上之。真宗大惊曰：'先帝顾不知邪？'钦若徐曰：'先帝固知之，殆留与陛下收人心尔。'即日放逋负一千余万，释系囚三千余人。帝益器重钦若，召试学士院，拜右正言、知制诰，召为翰林学士。蜀寇王均始平，为西川安抚使。所至问系囚，自死罪以下第降之，凡列便宜，多所施行。还，授左谏议大夫、参知政事，以郊祀恩，加给事中。"③

由《宋史》记载看，王钦若出生时不仅有异兆，且为祥瑞之兆，而养父祖郁亦为心地善良官员。受家风影响，王钦若本不该成阴鸷奸佞之徒。从其沉着诱导真宗释放数千囚犯行为观之，其本当属宽厚善良之人。

大概源自真宗器重寇准、仁宗垂顾寇准、寇准与王钦若同朝为官却于重大问题往往见

---

①北宋·司马光《资治通鉴·卷二〇六·唐纪二十二》。
②王钦若（962—1025年），字定国，临江军新喻（今江西新余）人。
③元·脱脱、阿鲁图《宋史·王钦若传》。

解相左缘故，《宋史》将寇准奉为忠臣，钦若自然即属奸臣。故，《宋史》于其评价贬多于褒。

《宋史·王钦若传》将其定位为"奸邪险伪"之人，并举出几项实例来佐证。

一谓其投机取巧，贪天功为己有。举例为其建议真宗减免北宋开国以来百姓因穷困而拖欠官府一千余万担钱粮，释放因此而被下狱之数千名囚犯。二谓其迎合帝意，蒙蔽圣听，搞荒诞无稽迷信活动。举例为真宗曾梦见神人谓其道："（吾）赐（汝）天书于泰山。"真宗将此事暗中告知王钦若。大中祥符初年，王钦若担任泰山封禅经度制置使兼判兖州时，为迎合帝意，伪造天书，通过朝廷中官奉献真宗。三谓其挑拨离间，谗语伤人，打击政敌。举例为真宗景德元年（1004 年）契丹南侵，深入至澶州，宋朝君臣惊惶失措。王钦若身为参知政事，为避契丹锋芒，却主张迁都金陵（今南京）。四谓其金蝉脱壳，嫁祸于人。举例为真宗咸平年间王钦若为科举主考官，考生临津任懿为录取开后门，间接通过与王交好之僧人惠秦搭桥引线，奉送三百五十两银票与钦若，终于撮成其事。五谓其揽功诿过，欺世盗名。举例为其将编纂《册府元龟》头功据为己有。

其实，《宋史》如此评价不仅欠客观，且举例亦有失公允。

"投机取巧，贪天功为己有"之说首先失之偏颇。《宋史》前面对王钦若出生异兆、祖郁预言之交代，实际上已为之做出肯定。而为证明其"投机"，又将钦若善举说成假意，实在有些牵强。"迎合帝意"虽然难免献媚，然真宗既然"暗"告之，为臣子者又岂能不明圣意？"迁都"之议亦不足证明王钦若畏敌，实属"南""北"籍大臣各有私情罢了。"科考开后门"亦难以服人，因作弊一事为钦若家人私自所为，王钦若本人根本不知情。至于"揽功诿过"罪名，则更属于"欲加之罪"。《册府元龟》本属王钦若领衔编纂，成书后钦若将名讳列于编纂者之首，又有何错？

寇准、王钦若均曾任北宋宰相，二人为政时均有殊功。然《宋史》于二人评价悬殊太大，源于南北势力集团之间长期斗争。

唐、宋两朝统治者均为北方人，南方由其最终通过武力征服，而唐、宋数次政治改革领导者皆为南方人。故，北人始终蔑视南人，而南人亦始终为争取"合法地位"积极展开斗争。

唐宋之际，南方社会经济与文化迅速发展，造成中国封建社会经济地理与文化地理根本改观，同时为南北中国政治力量对比带来深刻变化，从而使地主阶级统治集团内部矛盾冲突表现出鲜明南北分野特色；中国封建社会政治、经济、文化中心先由西北移向中原，再由中原移向南方，如此循序渐进发展，包含极为复杂之内容。大体上，五代之前，因南方较为落后，故其基本上接受北方影响；五代之后，由于南方经济文化迅速发展，相互影响之趋势遂出现逆转，南方开始更多影响北方。此一进步，意味着北方地主阶级集团之传统优势地位，首先为政治优势地位之丧失，而北方地主阶级集团实难轻易接受如此变化。

故，多数北方人士于南方政治势力之崛起采取一致敌对态度。面对北人抵制，南人亦不甘妄自菲薄。双方自各个角度、利用各种手段展开攻击，其势头之猛烈、目标之明确、阵线之清晰，前所未有。[1]

---

[1] 任爽《唐宋之际统治集团内部矛盾的地域特征》，《历史研究》1987 年第 2 期。

　　唐代后期之"永贞革新运动"，为南方人争取全国政治地位之初次尝试，革新派主要人物"二王"（王叔文、王伾）为南方人；北宋"王安石变法"，改革派核心人物王安石、吕惠卿、章惇、曾布等亦为南方人，而反对派中坚人物如司马光、文彦博、吕诲、程颢等，则属纯粹北方人。

　　北宋时期北人排挤南人有其传统继承，且始作俑者为太祖赵匡胤。"太祖尝有言：'不用南人为相'。"①实录、国史中亦有类似记载。真宗即位后，有意任用临江军人王钦若为宰相，大臣王旦即以"祖宗朝未有南人当国者"为理由大加阻挠。直至王旦死后，王钦若方于北宋政治舞台大显身手。其尝牢骚满腹道："为王公迟我十年作宰相！"②王旦于北宋朝以识人善任著称，尚需搜寻"公议"之类理由搪塞舆论，实为不敢过分露骨排斥南人。寇准则公开以北人自居，排斥南人肆无忌惮。抚州人晏殊，七岁以神童举荐。真宗召其与进士千余人并试廷中，晏殊神气不慑，援笔立成。真宗嘉赏，赐同进士出身。寇准不悦，谏道："殊江外人！"真宗亦颇觉过分，反驳道："张九龄非江外人耶？"③临江军人萧贯（新喻人）科举应当取为状元。然寇准以为："南方下国，不宜冠多士。"结果北人蔡齐夺魁。寇准出院，居然谓同僚夸耀："又与中原夺得一状元！"④此类状况，使得在朝南人如履薄冰战战兢兢，始终存有"弱羽惊弦势未安"⑤之惆怅。然，南方政治势力之发展，并非统治者个人意愿所能阻止。自真宗破例以王钦若为相，其后北宋居相位者54人，其中南人29，超过半数。与唐代宰相南人仅占十分之一相比，已不可同日而语矣。

　　"不用南人为相"，"南人不得坐吾此堂"，为宋太祖赵匡胤遗训。据此典则，王旦阻挠南人王钦若入相当国；寇准以北人自居，打开窗户说亮话，"南方下国"之人，"不宜冠多士"。倘欲入阁拜相，自然尤其不能允许。最终，王钦若冲破"门户之见"，攀登相位，成为北宋首位南方文人宰相。

　　另外一个佐证王钦若为奸臣之依据，谓其为"五鬼"之一，且为"五鬼"之首。所谓"五鬼"，即以王钦若为核心人物之五人小集团，成员为王钦若、丁谓、林特、陈彭年、刘承珪。

　　丁谓，字谓之，长洲（今苏州）人，淳化进士，"机敏有智谋，险狡过人。"⑥大中祥符初年与王钦若迎合真宗意，大搞封禅，大造宫观。天禧四年，排挤寇准，升任同中书门下平章事，封晋国公。仁宗即位，丁谓勾结大监雷见恭，排斥异己，独揽朝政，后劣迹败露，贬崖州、光州而死；林特，字士奇，闽南顺昌人。少时颖悟，十岁为文，有顷而成。

　　①北宋·无名氏《道山清话》。

　　②元·脱脱、阿鲁图《宋史·王旦传》。

　　③元·脱脱、阿鲁图《宋史·晏殊传》。

　　④北宋·江休复《江邻几杂志》。

　　⑤北宋·魏泰《东轩笔录》。

　　⑥元·脱脱、阿鲁图《宋史·丁谓传》。

然其"天性邪险，善附会"①，故丁谓视其为左右手。仁宗时，为刑部尚书、翰林侍读学士。丁谓被贬，林特亦落职知许州；陈彭年，字永年，南城人，宋太宗雍熙年间进士。幼嗜学，博闻强记，曾师余铉为文，颇有文名。后依附王钦若、丁谓，官至兵部侍郎；刘承珪，字大方，山阳人。此人精敏能干，好儒学，喜藏书。大中祥符初年，泰山封禅礼成，以安远节度使观察留后致仕。

"五鬼"中丁谓、林特的确属于奸臣，因其二人劣迹斑斑。其余三人似无泾渭分明之劣迹。又五人之中仅山阳人刘承珪籍贯属北属南存异外，其余四人均为南人。如此，以此为据言王钦若为奸臣，是否亦因南北"门户之见"？

倘若抛开见仁见智之南北门户之见，自小处实处观王钦若，所得答案抑或更加客观公正。

王钦若中进士后曾为亳州判官、监会亭仓。一年天久雨，谷难干，仓司以百姓送来米谷不干为由拒绝收纳。四乡百姓远道送粮，因候收粮盘缠用完，焦虑万分。钦若了解此情后，令仓司全部收下。为使湿谷不致霉烂变质，钦若将其另放一处，并奏请朝廷同意，凡来仓要粮者，不分先后，一列先支湿谷。真宗见疏大喜，言其有相才，改判三司。

大中祥符年间，王钦若失帝眷出判杭州时，见一老尉，苍颜华发，面有戚色。王钦若问及其履历，方知为与己同榜进士，遂恻然同情，专门为此上奏朝廷，使其晋升为京官。该同年感慨万千，遂以诗谢王钦若：

> 当年同试大明宫，文字虽同命不同。
> 我作尉曹君作相，东风原没两般风。

宋仁宗即位后，王钦若以刑部尚书知江宁府。某次途经杭州，曾专程拜访隐居西湖孤山之诗人林逋（人称和靖先生）。临别，林以诗送之曰：

> 虎牙熊轼隐铃斋，棠树阴阴长碧苔。
> 丞相望崇宾谒少，清谈应喜道人来。

由王钦若领衔编纂之《册府元龟》，共1000卷31部1116门，总字数约超《太平御览》一倍，凡940余万字，于《四库全书》中仅次于《佩文韵府》，为第二部大书。该书编纂目的为"欲载历代事实，为将来典法，使开卷者动有资益"，编纂特点为所采资料不改旧文，不恰时原文下加注，资料范围均源自正经正史，每部前有总序，每门前有小序，言简意赅，有助于使用本书。该书材料丰富，引文整篇整段，自上古至五代，按人事人物，分门编纂，以年代为序，凡君臣善迹、奸佞劣行、礼乐沿革、法令宽猛、官师议论、学士名行等，无不具备，可谓概括全部十七史。而其所收史书均为北宋之前古本，可用来补史校史。历代史家做研究时，利用此书者甚多。

---

①元·脱脱、阿鲁图《宋史·林特传》。

　　"《真宗实录》成，进司徒，以郊祀恩，封冀国公。知邵武军吴植病，求外徙，因殿中丞余谔以黄金遗钦若，未至，而植复遣牙吏至钦若第问之。钦若执以送官，植、谔皆坐贬。初，钦若安抚西川，植为新繁县尉，尝荐举之。至是，亦当以失举坐罪，诏勿问。兼译经使，始赴传法院，感疾亟归。帝临问，赐白金五千两。既卒，赠太师、中书令，谥文穆，录亲属及所亲信二十余人。国朝以来宰相恤恩，未有钦若比者。"[①]

　　王钦若或"忠"或"奸"，或"人"或"鬼"，惟苍天可为之定断！

章惇——负岩直下视南岳　回首局曲犹平川

　　男人年轻时，可能大部分都想有一段出奇的艳遇，或英雄救美得投桃报李；或巧遇大家闺秀一见钟情；要么干脆碰到蒲松龄笔下的狐仙，来一个"牡丹花下死，做鬼也风流"。不过想归想，能遂愿的恐怕没几个。像章惇[②]那样日后成为进士、宰相，年轻时曾在牡丹丛里滚了一遭的男人，实打实地真不多。

　　章惇长得英俊倜傥、容貌俏丽、风度翩翩。赶考到达京城的当天晚上，闲来无事的章惇一个人在街上闲游，忽然看见好几顶富丽堂皇的轿子，随从和侍卫穿得很漂亮，最后一辆轿子里有个妇人，长得非常漂亮，是盯着他看，而且故意挑逗。章惇魂都快出窍了，一直跟着轿子。那位妇人很大胆地让他坐进轿子，一起被抬进一座豪门里。大院相当豪华气派，但显得很神秘清净。

　　当晚，章惇就和妇人睡在一起了。这位妇人不但自己服侍章惇，还介绍了很多和她一样的美貌女子与其纵情淫乐。章惇问她们的具体情况，女人都不告诉他。

　　一连数日，女人们折腾完，便将其锁在屋里不让出来，把章惇折腾得精疲力竭。这时候，章惇才感到莫名之惧怕。

　　后来，一位岁数较大的姬妾问他怎么来这里的，并告诉他主人有很多妻子，均不能生孩子，故允许她们勾搭年轻英俊男人与之同房，指望能怀孕。但是，日子久了则会毙命，已经死了好几个。

　　章惇很害怕，问怎么才能逃脱。这位姬妾说，看你的长相，不是庸碌无为之人，一定能够解脱。主人明天一早上朝，五更时候我给你换套男仆衣服，混在仆人中间出去不会有危险。章惇依其计策，最终逃了出去。

　　章氏家族乃福建浦城地位显赫之官宦世家，六世祖章仔钧于南唐朝立志竭忠，功勋

---

　　①元·脱脱、阿鲁图《宋史·王钦若传》。

　　②章惇（1035—1105年），字子厚，号大涤翁，自谓"墨禅"，浦城（今福建省浦城县）人，北宋政治家、军事家、改革家、书法家、诗人。

卓著，官至金紫光禄大夫、上柱国，封武宁郡开国伯，忠宪王，宋朝追封为琅琊王。入宋后，高祖父章仁彻，官至参知政事、尚书右仆射、观文殿学士；曾祖父章文谷官至工部侍郎，赠太子太保，其弟章文炎，封太师，楚国公，鲁国公；祖父章佺，封太师、冀国公；族伯父章得象，庆历新政时宰相；父亲章俞，官至银青光禄大夫；生母杨氏，封燕国夫人；堂兄章楶，官至副宰相，北宋名将，平夏城之战击败西夏主力30余万，威震西北；堂侄章衡，宝文阁待制、集贤院学士，曾出使辽国，以文韬武略出众受辽国厚待。

族内历朝进士及第者屡屡不绝。自祖父至其子，章门四代进士及第者计：曾祖父章文谷、祖父章佺、族伯父章得象，族兄章楶、族侄章衡、章惇及长子章择、次子章持、三子章授、四子章援。其中状元四人：章文谷、章楶、章衡、章援。

章惇少喜修养，服气辟谷，飘然有仙风道骨。其性格豪爽、真率，相貌俊美，才智出众。长成后学问广博精深，善于作诗著文，精书法，才识超人。与同宗章楶以名望显著缙绅间，称之于一时。族伯父章得象奇其风骨，以为日后必贵。

嘉祐二年（1057年），章惇首度参加科举考试，虽高中进士，然其侄章衡考中状元，惇耻于名列其下，遂公开放弃进士，并违抗皇命拒不受敕，愤然弃敕诰于地回家。嘉祐四年再次参加科举考试，高中进士甲科方才适意。初授商洛（陕西省商洛市）县令、雄武军（甘肃省天水市秦州区）节度推官。

英宗治平三年（1066年），章惇受欧阳修赏识推荐，召试馆职，虽考试合格，但遭知制诰王陶攻击而未任馆职，改任武进（江苏省常州武进区）知县。

熙宁二年（1069年），经龙图阁直学士李承之推荐，王安石于变法时令章惇入集贤院，为编修三司条例官，加集贤校理、中书检正，参与制定新法，监修国史，编撰实录。同年三月，章惇奉命相度渝州（今重庆）夷事并相度夔州路差役事务。改任检正中书户房公事。旋往邠州（今陕西省彬县）调查处理案件，沿途了解陕西推行雇役新法情况。提出采取粮价低时官府大量收购以备用，边境无事时将军队移往丰收地区就粮以解决军需，得神宗采纳。1072年，章惇开梅山，经制南、北江，为湖南、湖北察访使。其间，章惇籍户搜田，贷给牛种，设立郡县，妥善调整朝廷与少数民族关系，平定懿、洽等州民变。因此累迁如京副使，同修起居注、知制诰、判军器监等职。熙宁六年（1073年），于荆湖北路建立屯田务，尝命为泾原路经略安抚使、高阳关路安抚使，由判军器监、知制诰再兼直学士院。

受神宗愈益赏识，章惇旋任三司使。遂提出："天下财赋汗漫，无以察其耗登之数，请选置才士，删修为册，每年校其增亏，以考验诸路当职之官。"于是设置三司会计司，将天下户口、人丁、场务、坑冶、房园、租额、年课之类，重新登记，使有无相通，以省察国家大计。

熙宁九年（1076年），峡州（湖北宜昌）、辰州（湖南沅陵）、沅州（湖南芷江）发生骚乱，朝廷改任章惇为荆湖北路首府荆南（湖北荆州）知府兼提举本路兵马巡检。诏令章惇亲自前往辰州、沅州，进行"安抚叛蛮"，章惇"受命即倍道疾驰，道中坠马伤足"。

"叛蛮"平息后，遂设置沅、诚二州。旋母死，章惇辞官服丧守制。三年丧满服除，历任判三馆秘阁、知审官院兼翰林学士。

1080年，章惇任右谏议大夫、参知政事。时父章俞侵占百姓沈立田地，沈立拦路向章惇告状，章惇却将其逮至开封府。章惇因此二罪遭罢免，先知蔡州，旋任陈州知州，改定州（河北）知州兼定州路安抚使。1082年，章惇奉召任门下侍郎，为副相之首。

元丰八年（1085年）神宗病危，有人企图策立神宗二弟雍王赵颢或四弟曹王赵頵。章惇与宰相王珪等宰执决议立神宗长子赵佣为皇太子。章惇将此议书于纸上，王珪于御榻前请旨，得神宗点头首肯，遂立赵佣（赵煦）为哲宗，请神宗母、皇太后高氏垂帘听政，章惇任知枢密院事。

元祐元年（1086年），司马光欲割地与西夏求和，朝内守旧派皆支持。章惇大怒，上奏谓议者可斩，均为鼠目寸光不逞之徒。甚至弹劾司马光村夫子、无能为。时高太后垂帘听政，以司马光为门下侍郎、宰相，全部罢废新法，举朝无敢言者。章惇独自上疏，逐条分析免役、差役二法之利弊，驳司马光于免役法之攻击，并与之帘前争论。因话语有欠恭敬，宣仁后大怒，刘挚、苏辙、王觌、朱光庭、王岩叟、孙升等亦接踵进言攻击，章惇遂被贬出朝廷，任汝州知州，旋提举洞霄宫（杭州市道教宫观）。不久遭父丧，遂守制。然守旧派攻击始终未止，"元祐更化"时再贬岭南。

元祐八年（1093年），哲宗亲政，改元绍圣，启用章惇为相。章惇东山再起后，恢复熙宁免役、青苗等法，置市易务。旋追究司马光割地之罪，夺其追封，劝谏哲宗下诏掘墓鞭尸，以朋党罪名驱逐保守党大臣，株连甚众。又派吕升卿赴岭南访察，将流放者悉数杀死。因孟皇后为元祐时宣仁后所立，劝哲宗废孟后，改立刘贤妃为后。旋以元祐之初老奸擅国，绝夏人岁赐之故组织力量征服西夏。

元符三年（1100年），哲宗驾崩，年25，无子，亦未立储。事出意外，宰相章惇与众宰执亦未及商议皇位继承之事。皇太后哭谕宰相章惇等：邦家不幸，大行皇帝无子，天下事须早定。章惇厉声对曰："在礼律当立同母弟简王。"向太后提出立端王，枢密使曾布立即附和："章惇未尝与臣等商议，如皇太后圣谕极当。"其余朝臣纷纷附和。章惇再次说："以年则申王长，以礼律则同母弟简王当立。端王轻佻，不可君天下。"曾布厉声曰："章惇听皇太后处分。"向太后遂于曾布等人支持下，拥立端王赵佶为帝，是为宋徽宗。

元符三年（1100年）甲申，徽宗任命章惇为山陵使，以为特进、封申国公。惇请求去职，徽宗不允。途中突遇大雨，哲宗灵车陷于泥水坑，逾一宿方脱泥淖。言官弹劾章惇不恭。惇五次上表请求罢政事，诏答不允，遂径自出居僧舍。徽宗谓辅臣曰："朕待章惇无微不至，君臣之义已达极致，其请知越州，准奏。"台谏丰稷、陈师锡、陈瓘等屡劾章惇，遂罢为特进，知越州。陈瓘等以为责轻，攻之不已。李清臣、曾布、蔡卞、蔡京等亦随声附和，章惇被贬为武昌军节度副使，潭州安置。旋右正言任伯雨八次上奏章，弹劾章惇追废宣仁后，于是再贬雷州司户参军。旋改为舒州（安徽安庆市）团练副使、睦州（浙江淳安县）居住。二年后，移越州（浙江绍兴市），又移湖州。章惇之子章援刺血上书，徽宗颇称其孝，有怜惜之意。

徽宗崇宁四年（1105年），章惇去世，享年71岁，葬于浙江长兴。大观三年（1109年），徽宗复其特进、申国公。政和三年（1113年），追赠观文殿大学士、太师，追封魏国公。绍兴初年，高宗采纳任伯雨谏章，追贬章惇昭化军节度副使，子孙不得仕于朝。

章惇一生几起几落，历经宦海浮沉。《宋史》最终将其列入"奸臣传"，"罪状"为"尽复熙丰旧法，黜逐元祐朝臣；肆开边隙，诋诬宣仁后。"

其实，从史实考察，这一定论未必客观公允，也可能进言其为"奸臣"者恰恰是奸臣。"熙丰旧法"对错本就属于见智见仁范畴；"黜逐元祐朝臣"亦不外乎门户之见；"肆开边隙"开疆拓土有何错误？"诋诬宣仁后"属皇家权争。据此而定其为"奸臣"，谁还是忠臣？

随手拈来章惇为官为人之实例，其"忠""奸"自明矣！

"惇豪俊、美姿容、为人庄重、声如洪钟、博学善文。"①这是《宋史》对章惇的概括，而又定性为"奸臣"，是否能自圆其说？

章惇为人刚直、知人善任。其独自为相七年之久，权倾朝野，然从不利用宰相权力随意任用私人。"方子厚当轴，士大夫喜诋诃其失，然自今观之，爱惜名器，坚守法度，诸子虽擢第，仕不过筦库州县，岂不贤哉！"②其四子皆中进士，唯四子章援尝授校书郎外，余则均选任为州县官，无一人达显贵。故凡私人请托入官者，一律罢去。其治理湖南三年，招降少数民族首领数十人，设四十余州、四府。即使回朝之后，仍陆续设置新化、安化、卢阳、黔阳、麻阳诸县及镇、寨若干。又修建广西融江至湖南诚州道路，增置浔江军事堡垒。

有宋一代，文武兼备如章惇者屈指可数几位？由其佐助哲宗发动之征服西夏战役，打败曾经侵扰北宋西北边境多年劲敌，收复元祐年间割让之横山诸多要塞，其功勋彪炳史册。1098年，章惇命章楶为泾原路经略安抚使，率军8万击败西夏军队10万人。随之在征服之地兴建平夏城、灵平砦、西安州、天都寨。然后攻取洪州、宥州、会州、盐州、兰州、横山等地。西夏军进攻平夏城，宋军俘敌3万余人。征服西夏战役共击败重创夏军30余万人，擒获西夏骁将嵬名阿埋，获牛羊不下10万。夏主震骇，宋夏和谈，西夏臣服。

元符二年（1099年），章惇命王赡进攻吐蕃，王赡攻取邈川（今青海民和县）、宗哥城（今青海乐都县），吐蕃首领瞎征自青唐脱身来降。不久，宋军攻取安儿城（今青海平安县），吐蕃宗哥酉舍钦脚求内附，钦彪阿成、隆赞、辖戬投降。宋军到达青唐（今青海西宁），心牟钦毡投降。不久，吐蕃主陇拶投降，吐蕃诸部归附。

如此高超的军事才能及政治建树，在国体"积贫积弱"之北宋，能有几人做到！

章惇为人多谋善断，尤于政治特别敏锐，对新法和王安石深信不疑，更对哲宗忠心耿耿，堪为哲宗朝复兴重臣。虽然打压守旧派之举难免显得心胸狭窄心狠手辣，仇恨之心过于重。但政治斗争之波诡云谲险象环生，岂能以一般人情常理来评断？旧派收拾新派从来都是毫不留情的。

实际上，章惇做人为官不但果敢任事，而且公道善良。"子厚奇伟绝世，自是一代异人。

①元·脱脱、阿鲁图《宋史·章惇传》
②南宋·李纲《书章子厚事》。

至于功名将相，乃其余事。"①神宗用兵陕西失利，下令斩杀一名漕官。翌日，神宗问宰相蔡确道："昨日下旨处斩漕官，是否已斩讫？"蔡确道："正拟奏请陛下。"神宗道："难道诏旨不妥？"蔡确说："自太祖开国以来，本朝尚无诛杀文官之先例，臣等不愿陛下开启此端。"神宗沉默良久道："将其刺面发配偏远险恶之地。"时章惇为门下侍郎，遂奏道："与其发配，何如杀之。"神宗问道："为何？"章惇说："士可杀不可辱。"神宗声色俱厉说："朕一件快意事竟难为耶！"章惇说："如此快意事，不做得也罢了。"

"苏章关系"也是时人喜苏恶章造成后人诟病章惇之一个原因。苏轼小章惇一岁，很年轻时二人相结交，遂成莫逆。一次两人相偕旅行，到达仙游潭，下临绝壁万仞，岸很狭窄，横木架桥。章惇推苏轼过潭书壁，苏轼不敢过去。章惇平步而过，用索挂着树，蹑之上下，神色不动，用漆墨濡笔大书石壁："章惇、苏轼来游。"苏轼拍着章惇肩膀道："子厚必能杀人！"章惇问："何以见得？"苏轼说："身家性命且不顾者，岂惧杀人？"

"乌台诗案"苏轼被捕下狱，命将不测。一日，宰相王珪面见神宗，奏陈："苏轼于陛下有不臣之意。"神宗改容道："苏轼固然有罪，但于朕尚不敢如此，爱卿如何得知？"王珪言苏轼曾作《桧》诗："根至九泉无曲处，岁寒唯有蛰龙知。"龙本翱翔于天宇，苏轼却要九泉之下求蛰龙，岂非诅咒皇上，要谋逆吗？章惇适于君侧，遂辩解道：龙并非专指人君，大臣亦可被称为龙。神宗很赞同章惇观点，道："诸葛孔明被人称作'卧龙'，东汉颍川有'荀氏八龙'，岂非皆人君？苏轼咏叹桧树，与朕何干？汝断章取义，妄加评论，意欲何为？"

退朝后，章惇问王珪："相公何以如此，欲灭苏轼满门吗？"王珪说："此为舒亶所言。"章惇道："舒亶之言值得相公如此取信，其唾液亦可食矣！"

时人王巩评价："章子厚为苏子瞻辩'此心惟有蛰龙知'诗意云'龙者非独人君，人臣皆可以言龙也'，此语足以为苏子辩诬，远小人之谤，释人君之惑。此事犹可见章子厚亦非仅行险心狠之小人，与苏子尚有故交在也。"②

二人结怨，根子还在气质不同。章惇属政治家文人，而苏轼则是文人政治家。章惇为政治目标可以果敢武断不择手段，苏轼于政治则义愤情理憨厚幼稚。"熙宁新政"肇始，急先锋章惇需要来自好友至交之支持，而苏轼恰恰站到对立面，与守旧派沆瀣一气，对新政指责不休，章惇岂有不恼之理？宏伟政治抱负因"变法"失败而化为泡影，章惇只要东山再起，收拾旧派人物当属自然，更何况章惇乃一仇恨心很重之人，苏轼岂能躲过？

1094年章惇为相，便开始收拾57岁之苏轼，先贬其到岭南。岭南彼时为蛮荒之地，瘴气盛行，语言殊异，尚无人贬谪到此。苏轼在惠州曾作诗"为报诗人春睡足，道人轻打五更钟。"此诗传到首都，章惇一看苏轼活得挺舒服，于是再将其贬到了海南。

章惇的确"仇恨心很重"，下手绝不留情。不过，章惇在徽宗时也被贬到了雷州，岂非报应？

其实，苏章二人此桩情感公案，苏轼自己早已给出了结论。哲宗死，新皇太后摄政，

---

① 北宋·苏轼《致子厚宫使札》。
② 北宋·王巩《闻见近录》。

赦免元祐大臣，苏轼被批准返回大陆。很快，宋徽宗即位，章惇失势被贬到雷州。苏轼北归，一路受到朋友、后进的热情款待。但路经靖江时，章惇之子章援没来。当年章援状元登第，苏东坡为主考官，章援当为苏轼门生。因父辈恩怨之故，章援担心苏轼以其父之道报复自己，于是给苏东坡写了一封信，很委婉地说辅佐君王者，一言之微足以决定他人命运。苏轼给章援回信道："某与丞相定交四十余年，虽中间出处稍异，交情固无增损也。

闻其高年寄迹海隅，此怀可知。但以往者更说何益？惟论其未然者而已……"

当事人既如此说，后人还争什么呢？

章惇"能诗善书"，其书法造诣极其高超，本人亦相当自负，故自谓"墨禅"。后人评价："近百年来，书法家中惟有章惇能表达笔意，虽然精巧方面不如唐人，但笔势上超过了唐人，意境在初唐四大家中的褚遂良、薛稷之上，暮年愈妙，神采像王羲之。"[1] "章子厚《草堂寺题记》用卧笔，间作渴笔游丝法，亦遒劲。"[2] 其存世书迹有《草堂寺题记》石刻、《会稽尊候帖》，《会稽帖》为台北故宫博物院收藏。

蔡京——玉殿五回命为相　彤庭几度宣白麻

宋代书法"苏、黄、米、蔡"四大家之一蔡京[3]，亦为历史形象褒贬不一之著名文人。

神宗熙宁三年（1070年），蔡京高登进士第，初授钱塘尉、舒州推官，累迁至起居郎。曾受遣出使辽国，归来后被任命为中书舍人。时其弟蔡卞已为中书舍人，按北宋规定，父子兄弟同朝为官要以先后为序。蔡卞资历虽居其兄之上，然按律请求排位于蔡京之后。兄弟二人同时负责书写诏命，自古以来较为少见，故北宋朝廷以此为荣，臣僚之间亦多以此自励。旋，蔡京改任龙图阁待制，知开封府。

元丰八年（1085年），群臣议立新君，蔡京附会蔡确，拟加害王珪[4]并贪定策之功，未果。司马光掌权，限期各地五天内恢复差役法，臣僚均担心过于急迫实难施行，唯蔡京雷厉风行如约落实，使其辖区雇役悉数改为差役，无一人违犯。司马光于其处事作风赞誉有加："倘人人奉法如君，何虑诸法不得通行！"旋因台谏弹劾其怀奸邪、坏法度，遂调知成德军，改知瀛州、成都。谏官范祖禹再上书弹劾蔡京不可用，于是改为江、淮、荆、浙发运使，旋改知扬州。后历经郓州、永兴军之任后，蔡京迁为龙图阁直学士，再知成都。

绍圣初年（1094年），蔡京返回朝廷，任代理户部尚书。时"熙宁革新"派中坚人

---

①北宋·黄伯思《东观余论》。

②明·赵顺《石墨镌华》。

③蔡京（1047－1126年），字元长，兴化仙游（今福建仙游）人，北宋政治家、书法家。

④王珪、蔡确均时为宰相。

物章惇执政，又拟改变役法，遂设机构进行讨论，然新策久不能决。蔡京遂建言章惇："即以熙宁役法实行，何以再论踟蹰不前？"章惇遂决定采用雇役法。对于差役、雇役两法，以司马光为代表之保守派与以章惇为代表之革新派之间，观念态度截然不同，而蔡京于十年间再历此事，左右逢源易如反掌，其奸猾权变可见一斑。

元符三年（1100 年），哲宗赵煦驾崩，端王赵佶登基，是为宋徽宗。"徽宗即位，罢为端明、龙图两学士，知太原，皇太后命帝留京毕史事。逾数月，谏官陈瓘论其交通近侍，瓘坐斥，京亦出知江宁，颇怏怏，迁延不之官。御史陈次升、龚夫、陈师锡交论其恶，夺职，提举洞霄宫，居杭州。"[1]

时权宦童贯任皇宫供奉官，赴三吴之地访求名家书画及奇巧之物，下榻杭州数月。蔡京借机日夜陪伴极力巴结，凡蔡京所画屏幛、扇带诸物，童贯每日输入宫中，并加附自己评论，引导徽宗皇帝留意蔡京。太学博士范致虚向与左街道录徐知常友好，知常认为符水出入元符后殿，为某种预兆，预示朝廷将有变故。范致虚遂进而交结之，言其平日志向，唯蔡京为相方可遂愿。旋，嫔妃、宦官皆为蔡京唱赞。范致虚旋升为右正言，起用蔡京为定州知州。

崇宁元年（1102 年），调蔡京知大名府。时宰相韩忠彦与曾布不和，谋划荐举蔡京以自助，遂再任蔡京为学士承旨。徽宗有意修饰熙、丰政事，起居舍人邓洵武偏袒蔡京，做《爱莫助之图》献徽宗，徽宗遂决意重用蔡京。旋，韩忠彦罢相，蔡京为尚书左丞，并取代曾布为右仆射。"制下之日，赐坐延和殿，命之曰：'神宗创法立制，先帝继之，两遭变更，国是未定。朕欲上述父兄之志，卿何以教之？'京顿首谢，愿尽死。二年正月，进左仆射。"[2]

蔡京由放逐大臣而被重新起用，天下人拭目以待，冀其有所作为。而蔡京则暗暗假托"绍述"名义，掌握大权，钳制天子，以条例司故事，于尚书省设讲议司，自任提举，以其党羽吴居厚、王汉之等 10 余人为僚属，凡重大国事如宗室、冗官、国用、商旅、盐泽、赋调、尹牧，每事由三人负责，所有决策，均出自讲议司。旋，采用冯澥、钱遹建议，废元祐皇后，罢科举法，令州县皆仿照太学三舍法考试选官，又于汴京城南建辟雍，为太学之外学，以安置各地学者；推行方田法，江、淮七路茶叶由国家垄断专卖；改变盐钞法，凡旧盐钞皆废止，富商大贾数十万缗旧盐钞，一朝化为乌有，成为乞丐，甚者竟赴水或上吊。淮东提点刑狱章縡见此情景，遂上书言改盐钞法坑害百姓，蔡京大怒，免其官。旋铸当十大钱，陷害章縡兄弟。御史沈畸等因办案不合蔡京意，有六人被捕或削官。陈瓘之子陈正汇因上书触犯蔡京，被处黥刑流放海岛。

为报答当年引荐之功并与之携手把持朝政，蔡京提拔权宦童贯领节度使职。此例一开，其后杨戬、蓝从熙、谭稹、梁师成等阉宦沿袭而为节度使。凡内侍升迁，均依外官之例归吏部，北宋祖宗法度自此荡然无存。旋控制兵权，建澶、郑、曹、拱州为四辅，每辅屯兵 2 万，以其姻亲及亲信宋乔年、胡师文为郡守。原禁军巡夜打更每月给钱五百，蔡京

---

①元·脱脱、阿鲁图《宋史·蔡京传》。

②元·脱脱、阿鲁图《宋史·蔡京传》。

为收买人心，执国柄即增加10倍。其于相位擅作威福，朝廷内外无人敢有异议。

蔡京不特将北宋朝权尽入其彀，而其于资财亦贪婪无度。旋，其于仆射俸禄之外，首创司空寄禄钱，如粟、豆、柴草及侍从口粮均照旧赏赐予。时，俸禄寄钱均以折支发放，唯其皆以实物配给。为蒙蔽视听，仅以熟状上奏施行，徽宗全然不知实情。

"时元祐群臣贬窜死徙略尽，京犹未慊意，命等其罪状，首以司马光，目曰奸党，刻石文德殿门，又自书为大碑，遍班郡国。初，元符末以日食求言，言者多及熙宁、绍圣之政，则又籍范柔中以下为邪等凡名在两籍者三百九人，皆锢其子孙，不得官京师及近畿。

五年，进司空、开府仪同三司、安远军节度使，改封魏国。"①

"五年正月，彗出西方，其长竟天。帝以言者毁党碑，凡其所建置，一切罢之。京免为开府仪同三司、中太乙宫使。其党阴援于上，大观元年，复拜左仆射。以南丹纳土，躐拜太尉，受八宝，拜太师。"②至此，蔡京已位极人臣。

大观三年（1109年），蔡京遭台谏官相继弹劾，于是辞官退休，仅负责编修《哲宗实录》，改封楚国公，逢初一、十五日朝拜皇上。太学生陈朝老上疏追究蔡京渎上帝、罔君父、结奥援、轻爵禄、广费用、变法度、妄制作、喜导谀、钳台谏、炽亲党、长奔兢、崇释老、穷土木、矜远略等十四大罪状，请旨将其流放远方，以御魑魅。陈朝老书一出现，士人争相抄写，作为实录。四年五月，彗星又于奎宿、娄宿间出现。御史张克公议论蔡京辅政八年，权震海内，其罪有：轻易赏赐以蠹国用；凭借爵禄以市私恩；役使工匠修缮舍第；动用漕船运送花石，名为祝圣而修塔，使临平山壮美；借口灌田而决水，以符合"兴化"预言，法名"退送"，门号"朝京"；方田法骚扰安居乐业之百姓；牢狱中羁縻诸多流放犯人。论其不轨不忠，共数十事。先时，御史中丞石公弼、侍御史毛注多次弹劾蔡京，未允奏。张克公弹劾后，徽宗贬蔡京为太子少保，杭州居住。

政和二年（1112年），徽宗复召蔡京回京师，仍为宰相，改封鲁国公，三日坐堂办理政事一次。蔡京离朝时，中外学官多以时政为题考试。提举淮西学士苏木或谋求进取，遂献议搜取五年考题进行询问比较，以观人心向背，有30余人因此获罪。旋，蔡京改定北宋官名，以仆射为太、少宰，自称公相，总治尚书、中书、门下三省。追封王安石、蔡确皆为王，三省官吏不再定额，以致五品阶官成百，且有一身兼领十余种俸禄者。侍御史黄葆光上疏弹劾，即刻流放昭州。

蔡京擅权可谓"一人得道鸡犬升天"。其子蔡攸、蔡绦、蔡祗，孙子蔡行，皆位至大学士，相当执政。徽宗曾七造其府，赏赐不计其数，并允其以家礼陪侍饮酒。其仆役有居高位者，陪嫁婢女有受封夫人者。其"睥睨社稷，内怀不道，效王莽自立为司空，效曹操自立为魏国公，视祖宗为无物，玩陛下如婴儿，专以绍述熙丰之说为自谋之计。京不孝挟持人主，下以谤讪诋诬天下。大臣保家族不敢议，小臣护寸禄不敢言。颠倒纪纲，恣意妄作，自古人臣之奸，未有如京今日之甚者。"③长此以往，公论渐渐于其不利，徽宗亦日渐疏远。

---

①元·脱脱、阿鲁图《宋史·蔡京传》。

②元·脱脱、阿鲁图《宋史·蔡京传》。

③北宋·方轸《论蔡京疏》。

宣和二年（1120年），宋徽宗令其致仕回籍。六年（1124年），蔡京凭借朱勔势力，四度入阁为相。然其时老眼昏花力不胜事，政事均由其幼子蔡绦处理，凡蔡京所批，皆为蔡绦所做，并替蔡京上奏。蔡绦每次上朝，侍从以下皆拱手相迎，低声耳语。堂吏数十人，怀抱案卷尾随其后。蔡绦遂恣意为奸，窃弄威权，借机擢妻兄韩木吕为户部侍郎。宰相白时中、李邦彦唯奉行文书而已，长子蔡攸辄与其父意见相左，遂上疏揭发蔡绦不能胜任其职。徽宗大怒，旋贬韩木吕谪黄州，褫夺蔡绦侍读职，毁赐出身诏令，降诏蔡京辞职。

"章惇、蔡京为政，欲殄灭元祐善类，正士禁锢者三十年，以致靖康之祸。"[1]靖康元年（1126年），金军南下，徽宗禅位于钦宗。边事日紧，蔡京举家南下，逃避战乱。天下士人以蔡京为六贼之首，侍御史孙觌等上书极力陈述其奸恶。钦宗降旨蔡京以秘书监管南京，旋连贬崇信、庆远军节度副使，衡州居住，又迁韶、儋二州。行至潭州，因花钱无人愿卖食物，终于饿毙于潭州崇教寺，终年81岁。

蔡京赴儋州贬所时携有大量金钱，因其作恶多端招致百姓反感，沿途以钱买不到东西。"道中市食饮之物，皆不肯售，至于辱骂，无所不至。遂穷饿而死。"[2]其不由感慨道："京失人心，何至于此。"且于潭州（今湖南长沙）赋诗一首：

> 八十一年往事，三千里外无家。
>
> 孤身骨肉各天涯，遥望神州泪下。
>
> 金殿五曾拜相，玉堂十度宣麻。
>
> 追思往日谩繁华，到此翻成梦话。

作者于诗中将自己一生荣华富贵追行回忆，充满感伤之情。

蔡京虽然天资凶狠狡诈，通过舞弄权术，以智慧控制别人，专门窥伺人主之意以求固位专宠，然其超群之才华能力却不容置疑。神宗熙宁末年，王安石尝与京弟蔡卞议论："天下无可用之才，不知将来孰可继余执掌国柄？"并屈指自语："犬子王元泽可算一人。贤兄（蔡京）如何？"可见蔡京之才即使王安石亦认可无疑。

蔡京先后四次任宰相，前后掌权共达17年之久，为历史公认之"贪渎最严重权相"。其不仅为权力欲极强人物，亦为一治国理政才能极高之行政官僚。其专权时期虽劣迹昭著，成就亦同样彰显昭著。

其劣政主要在于设应奉局与造作局，大兴花石岗之役；建延福宫、艮岳，耗费巨万；设西城括田所，大肆搜刮民田；为弥补财政亏空，尽改盐茶法，铸当十大钱，以致币制混乱，民怨沸腾，时称"六大贼首"。

然，产生如此劣政之祸根则在于宋徽宗赵佶。"楚王好细腰，宫女皆饿死。"徽宗于政治极端腐败，于起居则骄奢淫逸，挥霍无度，其最大嗜好为酷爱花石。初，蔡京取

---

①南宋·洪迈《容斋随笔》。

②南宋·王明清《挥麈后录》。

江浙花石进呈，旋规模越来越大，故设苏杭应奉局，专门索求奇花异石，运往东京开封。运送花石船只，十艘编为一纲，自江南至开封，沿淮、汴而上，舳舻相接，络绎不绝，故称"花石纲"。据《二十四史·宋史》记载：百姓服花石纲之役，中产人家破产，以卖儿鬻女支付服役费。凿山运石，对役夫十分苛刻。造成江南一带民不聊生之惨状。

然蔡京当政时期，社会救助制度推行力度极大，为中国古代历史所罕见。由其主导推行之居养院、安济坊、漏泽园等制度，成为北宋救济制度发展之高峰，不仅中国历史上具有空前意义，即使元明清三代亦无法与其比肩。蔡京无疑为中国社会救济活动规模化、制度化之奠基者。"宋财赋之入比唐增倍，熙丰以后又增数倍，而蔡京变钞法，以后比熙宁又再倍矣。"①北宋朝廷于蔡京为相时期府库充盈，太平天下绵延近 20 年，徽宗可以安享骄奢淫逸生活，当与蔡京经济治世之才密不可分。

蔡京亦为王安石变法坚决拥护者与得力干将。有神宗支持，王安石变法得以顺利推行，青苗法、募役法、方田均税法、农田水利法、保甲法等一一面世，北宋面临种种危机得以缓解。新法推行后，社会矛盾得以缓和，政府收入有所增加，全国各地兴修水利工程一万余处，农业生产长足发展。

神宗死后，司马光出任宰相，尽复旧人旧法，对新人新法一概排除，蔡京亦为受打击对象。

元祐八年（1093 年）哲宗亲政，任命变法者章惇为相，蔡京回都城任户部尚书。时，"章惇复变役法，置司讲议，久不决。"②蔡京主动积极配合，协助章惇解决问题。王安石去世 8 年后，蔡京仍继续宣传王安石新法，成为其遗志之继承者。

蔡京艺术天赋极高，素有才子之称，其于书法、诗词、散文诸艺术领域均有辉煌表现。书法尤其见长，跻身于北宋苏、黄、米、蔡四大家之中。蔡京书法初师蔡襄、徐季海，旋改学沈传师、欧阳询，又改学"二王"，博采诸家众长，自成一体。"其字严而不拘，逸而不外规矩，正书如冠剑大人，议于庙堂之上；行书如贵胄公子，意气赫奕，光彩射人；大字冠绝古今，鲜有俦匹。"③其书笔法姿媚，字势豪健，痛快沉着，独具风格，为海内所崇尚。存世书迹有《草堂诗题记》《节夫帖》《宫使帖》等。

其于文史领域建树亦颇丰。南宋王明清《挥尘集》收录其《保和殿曲宴记》《太清楼侍宴记》《延福宫曲宴记》各一卷。其孙蔡微自云："当其父祖富贵鼎盛时，悉贮于隆儒亨会阁。此百分之一二焉。国祸家艰之后，散落人间，不知其几也。"④可见，蔡京著述绝不止如此。

其另有书法专著《宣和书谱》二十卷，记宋徽宗时内府所藏名家法帖，首列帝王诸书为一卷，次列篆隶为一卷，次列正书为四卷，再次列行书为六卷，又次列草书为七卷，末列分书为一卷，后附制诰。所记书家近二百，上起汉、魏，下迄赵宋。

---

①南宋·叶适《淮西论铁钱五事状》。

②明·周瑛、黄仲昭、蔡金耀《重刊兴化府志》。

③元·陶家仪《书史会要》。

④南宋·王明清《挥尘集余话·卷一》。

蔡京，蔡元长！忠邪，奸邪？以前人褒贬而观之，余未敢擅自断言。

秦桧——千年功名史评说 一朝流言奈我何

中国历史上铁定大奸臣非南宋宰相秦桧[1]莫属。后世虽有学者根据深入研究其生平历程，尝为其有过几句公道话，然欲为其作翻案之想，可能性依然如登天之难，盖因其奸臣形象早于岳飞遇害后，即被钉于历史耻辱柱上，遭朝野唾弃。人们于其之憎恶，竟达至以姓秦为耻，以姓岳为荣之地步。自其后，秦、岳两姓即成世仇，既不愿同朝为官，亦不甘同桌用餐。清代乾隆朝状元秦大士与诗友游西湖，至岳王庙前见铁铸秦桧夫妇跪像，颇觉无颜，遂吟出"人自宋后少名桧，我到坟前愧姓秦"联语以解嘲。

秦桧生于黄州，长于常州，后徙居江宁，遂为江宁人。父亲秦敏学曾任玉山（今江西玉山县）、古县（今广西永福县）县令，家境虽不显达，亦不贫寒。早年秦桧曾为私塾先生，靠微薄束脩维持家境。然其自幼抱负高远，于如此蛰伏待命生活处境从未满足，故尝作诗"若得水田三百亩，这番不做猢狲王"[2]自况。

政和五年（1115年），秦桧进士及第，补为密州教授。旋中词学兼茂科，任太学学正。宋钦宗时，历任左司谏、御史中丞。

靖康元年（1126年），金兵包围北宋京师汴京（今河南开封市），然后遣使臣向南宋索求太原、中山、河间三镇。时，秦桧上书言兵机四事："一言金人要请无伏，乞止许燕山一路；二言金人狡诈，守御不可缓；三乞集百官详议，择其当者载之誓书；四乞馆金使于外，不可令入门及引上殿。"[3]

宋钦宗非但未予答复秦桧建言，反命其为职方员外郎，旋改为干当公事，隶属河北割地使张邦昌。秦桧以为此职专为割地求和，有违自己主张，三上奏折请求辞职。然宋钦宗为息兵求和，拟割让太原、中山、河间三镇，遂派秦桧、程瑀为割地使，护送肃王赵枢出使金营。金朝扣留赵枢为质，约定割地议和后释放，秦桧等人行至燕京而返。经御史中丞李回、翰林承旨吴开推荐，秦桧被任命为殿中侍御史，旋升为左司谏。金兵坚持割地方能退兵，否则将进取汴京。十一月，钦宗于延和殿召百官商议对策，范宗尹等70人同意割地，秦桧等36入否定割地。旋，秦桧升任御史中丞。

靖康元年（1126年）闰十一月，汴京失守，钦宗奉表投降，被拘于金营。靖康二年（1127年）二月，金废钦宗为庶人。宋使莫俦、吴开自金营归来，传金元帅要求推立异姓为帝

---

①秦桧（1090－1155年），字会之，江宁（今江苏南京）人，南宋政治家、著名奸臣。

②明·郎瑛《七修类稿·辩证八·嘲学究》。

③元·脱脱、阿鲁图《宋史·奸臣传·秦桧传》。

方可退兵。留守王时雍召百官共议立张邦昌，监察御史马伸主张共进议状，保存赵氏江山。秦桧表示支持，遂写议状，上书金帅乞立赵氏为帝，被拘押于金营。三月，张邦昌被立为伪楚皇帝，定都金陵。四月，秦桧随徽、钦二帝拘往北方，经燕山，转至韩州。张邦昌遣人送书，请金朝放回孙傅、张叔夜及秦桧，金不许。

靖康二年（1127年）五月，康王赵构于应天府（今商丘）即位，建立南宋，是为宋高宗。徽宗得悉新帝即位消息，遂致书金帅粘罕，约定和议，命秦桧加工润色。秦桧以厚礼贿赂粘罕，金太宗完颜晟遂将秦桧赐与其弟挞懒（完颜昌）。

宋高宗建炎四年（1130年），挞懒率兵进攻山阳（今江苏淮安），秦桧随军同行。十月，秦桧携家眷离开金营，取道涟水军水砦，返回南宋行都临安（今杭州）。秦桧归宋后，自称杀死监视金兵，夺小船逃回。朝臣于此说多持怀疑态度，宰相范宗尹、枢密使李回与秦桧私交甚笃，故竭力保荐其忠心。

秦桧返朝入对，提出"如欲天下无事，南自南，北自北"之南北分治方略，并呈上草拟之和议书。高宗以为秦桧忠心可嘉，遂任命其为礼部尚书。绍兴元年（1131年）二月，秦桧升任参知政事。宰相范宗尹建议讨论徽宗崇宁、大观以来朝廷滥赏之事，秦桧极力赞成，然遭高宗坚决反对，秦桧遂附和高宗，并以此为由竭力排挤范宗尹。七月，范宗尹罢相。秦桧扬言："余有二策，可耸动天下。"或问其何以不言，秦桧道："朝廷现无宰相，言而无用，无法执行。"八月，秦桧升任右仆射、同中书门下平章事、兼知枢密院事，首次拜相。九月，吕颐浩二度拜相，与秦桧共掌朝政。秦桧密谋夺吕颐浩权，遂命其党羽散布舆论："周宣王修内政、攘外敌，故能中兴，今二相应分管内政外政，方可保社稷无虞。"高宗遂诏命吕颐浩于镇江建造都督府，专管军旅。秦桧坐镇中枢，专管政务。

绍兴二年（1132年）五月，秦桧奏请设修政局，自为提举，与参知政事翟汝文同领政务。随后，秦桧弹劾翟汝文擅自处置堂吏，高宗罢翟汝文官。秦桧党羽刘一止、曾统建议无设立修政局之必要，秦桧不听。旋，或议论废罢修政局，刘、曾二人一改初衷，均上疏附和秦桧。七月，朝廷最终废除修政局。时吕颐浩自镇江都督府还朝，以朱胜非为助，任命黄龟年为殿中侍御史、刘棐为右司谏，谋划驱逐秦桧出朝。黄龟年弹劾秦桧专主和议，破坏恢复，结党专权，并将其比作王莽、董卓。秦桧亦擢用胡安国、张焘、程瑀等名人，委以要职，以图排挤吕颐浩。

吕颐浩访参知政事席益请求对策，席益献策将秦桧及其党羽比为朋党，首先除掉党魁胡安国。时朝廷诏命朱胜非为同都督，给事中胡安国上书言其不可用，朝廷遂改命朱胜非为醴泉观察使兼侍读，胡安国遂请求辞职，秦桧挽留再三，未果。旋，秦桧党羽张焘、胡世将、吴表臣等，皆被罢出尚书省。

八月，高宗"召兵部侍郎兼直学士院綦崈礼入对，出桧所献二策，大略欲以河北人还金，中原人还刘豫，如斯而已。帝谓崈礼曰：'桧言「南人归南，北人归北」，朕北人，将安归？又桧言「臣为相数日，可以使耸动天下」，今无闻。'崈礼请御笔付院。帝即索纸笔书付崈礼。崈礼退，未至院，而麻制已成。翼日，制责桧曰：'自诡得权而举事，当耸动于四方；逮兹居位以陈谋，首建明于二策。罔烛厥理，殊乖素期，念方委听之专，更责寅恭之效。而乃凭恃其党，排摈所憎。岂实汝心，殆为众误。顾窃弄于威柄，虑或长于奸朋。'桧既免，帝乃谕朝廷终不复用，仍榜朝堂，桧入相凡一年。"①

绍兴五年（1135 年），金太宗去世，挞懒主政，宋金终成和议。二月，秦桧复官为资政殿学士。六月，拜为观文殿学士、知温州。绍兴六年（1136 年）七月，秦桧改知绍兴府，旋被任命为醴泉观察使兼侍读、行宫留守，并暂去尚书省、枢密院参议政事。绍兴七年（1137 年）正月，赴金问安使何藓出使金国返回，向朝廷告知徽宗及显肃皇后死讯，高宗重礼发丧，是日任命秦桧为枢密使。四月，高宗命王伦出使金国，迎奉徽宗梓宫。是年八月，原隶属刘光世所部统制官郦琼、王世忠、靳赛等发动叛乱，杀死监军吕祉等人，率领四万余人并裹胁百姓十余万投降金人扶持之傀儡伪齐政权，史称"淮西兵变"。此次兵变造成严重后果，不仅使南宋与金人、伪齐之军事前沿江淮重地突然处于防卫空虚状态，且成为后来南宋与金朝战略态势变化之重大转折点。宰相张浚因此引咎辞职，高宗询问可代替之人，张浚不答，又问秦桧如何，张浚回答其昏暗无能。于是，高宗任命赵鼎为相。然，仅仅半年之后，秦桧依然被任命为右仆射、同中书门下平章事，二次拜相。

绍兴八年（1138 年）五月，金国再次派遣使者至临安议和。高宗担忧太后年事已高，遂喻示秦桧，不惜屈己称臣，希望和议速成。秦桧以言考验高宗再三，确认其决心已定，遂奏请若要议和，只与自己商议，不许群臣干预。十月，赵鼎因立嗣事件罢相，秦桧独揽大权，决意议和。十一月，高宗降诏，传达金朝允宋廷屈己议和之意，百官多以为金国之言不可信。秦桧擢升中书舍人勾龙如渊为御史中丞，排挤朝中议论不合之人。吕本中、张九成、冯时行、胡铨等皆被贬出朝廷。十二月，金朝遣张通古、萧哲出使南宋，国书名为"诏谕江南"，秦桧怀疑为封册文书，遂与金使磋商，改江南为宋、诏谕为国信。张通古、萧哲等"既入境，接伴使范同再拜问金主起居，军民见者，往往流涕。过平江，守臣向子諲不拜，乞致仕。"②金使行至泗州，要求所过州县均以臣礼相迎、高宗以客礼相待，态度极其傲慢。京、淮宣抚处置使韩世忠多次上疏，愿效力死战，高宗不准。金使抵达高宗行都，通告宋廷先归还河南，册封高宗为帝，再从缓商议余事。

"桧至是欲上行屈己之礼，帝曰：'朕嗣守太祖、太宗基业，岂可受金人封册。'会三衙帅杨沂中、解潜、韩世良相率见桧曰：'军民汹汹，若之何？'退，又白之台谏。于是勾龙如渊、李谊数见桧议国书事，如渊谓得其书纳之禁中，则礼不行而事定。给事中楼炤亦举'谅阴三年不言'事以告桧，于是定桧摄冢宰受书之议。帝亦切责王伦，伦谕金使，金使亦惧而从。帝命桧即馆中见哲等受其书。金使欲百官备礼，桧使省吏朝服导从，以书纳禁中……以参知政事李光素有时望，俾押和议榜以镇浮言。又降御札赐三大将。"③

绍兴九年（1139 年）正月，和议已成，遂大赦天下。高宗虽听从秦桧议和，然亦怀疑金人有诈，故未曾放松边备。三月，金人归还河南、陕西旧地。张浚上奏，要以石晋、刘豫为戒；徐俯、连南夫、岳飞亦借贺表进行讽谏；汪应辰、樊光远、韩纨、毛叔庆、

---

①清·毕沅《续资治通鉴·卷一十一·宋纪·卷一一十》。

②元·脱脱、阿鲁图《宋史·卷四七三》。

③元·脱脱、阿鲁图《宋史·卷四七三》。

张行成等均谓金人居心叵测，和议难以长久，皆被秦桧罢黜。

是年七月，兀术以谋反罪诛灭金将宗磐与挞懒，拘王伦于中山府。韩世忠请求趁机攻辽，秦桧以《春秋》不伐丧为借口反对，高宗亦不赞成，出兵一事遂作罢。

绍兴十年（1140年）五月，金人背盟，分四路入侵，河南、陕西等地相继沦陷，高宗下诏列举兀术罪状。"御史中丞王次翁奏曰：'前日国是，初无主议。事有小变，则更用他相，后来者未必贤，而排黜异党，纷纷累月不能定，愿陛下以为至戒。'帝深然之。桧力排群言，始终以和议自任，而次翁谓无主议者，专为桧地也。于是桧位复安，据之凡十八年，公论不能撼摇矣。"[1]

绍兴十年（1140年）六月，秦桧上奏，和议已变，支持讨伐辽国，然终未实行。闰六月，秦桧指使王次翁散布谣言，原宰相赵鼎被贬兴化军，旋流放潮州。时，宋军诸路战线捷报不断：张浚攻克亳州，王胜攻克海州，岳飞败兀术于郾城。八月，秦桧力主和议，罢黜反对和议之喻樗、陈刚中等七人。九月，高宗派起居舍人李易晓谕韩世忠罢兵，诸路将帅均被召回，蔡州、郑州、淮宁府等地再次落入金人之手。绍兴十一年（1141年）二月，兀术再次南下，宋将邵隆、王德等连战皆捷，收复商州、庐州等地。三月，秦桧传谕张浚、杨沂中、刘锜班师，濠州失陷，金兵北还。四月，秦桧密奏高宗"论功行赏"，收回诸将兵权，韩世忠、张浚、岳飞相继回朝，分别被任命为枢密使及枢密副使，高宗撤掉三个宣抚司。六月，秦桧进封为庆国公。七月，《徽宗实录》修成，升少保，加封冀国公。九月，兀术有求和之意，秦桧上奏朝廷，遣刘光远、曹勋出使金国，商议以淮水为界，宋割唐、邓二州。十月，秦桧授意谏官万俟卨弹劾岳飞，张俊亦诬告岳飞部将张宪谋反，岳飞父子遂被押送大理寺。十一月，金帅兀术派萧毅等至临安，宋金签订"绍兴和议"。十二月，因岳飞于议和、立嗣诸事均与自己意见相左，秦桧遂诬告岳飞尝言己与太祖均于30岁任节度使，谩侮先皇，意图谋反，又以受诏不救淮西等罪名，将岳飞赐死狱中。

十四年（1144年），秦桧兴文字狱，因言获罪者有黄龟年、白锷、张伯麟、解潜、辛永宗等；赵鼎、李光均被再次流放海岛；因立嗣之争罢免吴表臣、苏符等七人。是年，台州曾惇献诗，称秦桧为"圣相"。秦桧下令禁止野史，由其子秦熺任秘书少监，负责撰修国史，并焚毁自罢相以来涉及自己之所有诏书、奏章。十月，打击理学，禁止程颐、张载等理学家著作传播于世。

绍兴十五年（1145年）四月，高宗赏赐秦桧府第。六月，高宗躬临秦桧府邸，于其家眷加封官职。七月，秦桧欲禁私史，进言私史害正道。十月，高宗赐秦桧"一德格天"御笔匾额。十六年（1146年）正月，秦桧建家庙。三月，高宗赐以祭器，帝王赐将相祭器即始于秦桧。五月，有彗星出现，高宗诏命百官直言劝谏，张浚上疏进言朝廷形势严峻，需早作预备。秦桧大怒，削其兵权，贬流连州。十七年（1147年），改封秦桧为益国公。十二月，进士施锷上文歌颂时政，永免其文解，颂咏献媚之人自此日益增多。十九年（1149年），高宗命人为秦桧制画像，并亲自作赞。二十年（1150年）五月，汤思退奏请将秦桧忠于赵宋事迹交付史馆。六月，汪大圭、惠俊、刘纪中等，因诽谤秦桧而获罪。其时，

---

[1] 元·脱脱、阿鲁图《宋史·卷四七三》。

秦桧病重，高宗准其乘轿上朝，免朝拜礼。二十二年（1152年），秦桧以诽谤朝政罪兴王庶二子、叶三省、杨炜、袁敏求四大狱案。二十三年，秦桧奏请高宗自台州谢伋家收回綦崇礼所受圣旨（第一次罢相圣旨），欲毁灭一应于己不利之证据。是年，进士黄友龙毁谤秦桧，被处以黥刑，发配岭南；内侍裴咏因指斥秦桧，编管琼州。二十四年（1154年）三月，秦桧孙子秦埙以殿试第三被任为实录院修撰，宰相子孙同领史职，亦自此始。二十五年（1155年）二月，诏媚者奏请秦桧乘金银车、设益国府官署、加九锡，秦桧泰然受之。十月二十一日，因病情加剧，高宗亲往探视，秦桧已无一语，仅流泪而已。高宗遂命沈虚中草拟秦桧父子致仕制书。二十二日，高宗加封秦桧为建康郡王，进秦熺为少师，皆致仕。当晚，秦桧去世，终年66岁，追赠申王，谥号忠献。

秦桧"两据相位者，凡十九年，劫制君父，包藏祸心，倡和误国，忘仇斁伦。……桧立久任之说，士淹滞失职，有十年不解者。附己者立与擢用。自其独相，至死之日，易执政二十八人，皆世无一誉。……桧阴险如崖阱，深阻竟叵测。……晚年残忍尤甚，数兴大狱，而又喜谀佞，不避形迹。"[1]"桧自得政以来，动兴大狱，胁制天下。岳飞狱死，桧势焰愈炽。贤士大夫，时系诏狱，死、徙相继，天下冤之。又置察事卒数百游市间，闻言其奸者，即送大理狱杀之。"[2]

开禧二年（1206年），宋宁宗下诏韩侂胄出兵北伐，四月，追夺秦桧王爵，改谥谬丑。

嘉定元年（1208年），史弥远掌权，积极奉行降金乞和政策，又恢复秦桧申王爵位及忠献谥号。

韩侂胄——欲将血汗寄山河　去洒东山一抔土

南宋宁宗朝宰相韩侂胄[3]乃北宋名相韩琦曾孙，其曾祖尝与欧阳修、范仲淹同朝，并为"庆历新政"强力推行者。按理，其深受家风家学影响熏陶，该当成为人品学问俱佳之名臣。然，令人遗憾者为，其虽为南宋宰相，却与乃祖韩琦于历史地位、评价存在天壤之别。而其入仕，非出于科举正途，仅靠恩荫步入仕途，故其涵养人品多纨绔习气而少儒士宽仁。

侂胄之父韩诚尝官至宝宁军承宣使，其母为宋高宗吴皇后之妹，侄孙女为宋宁宗恭淑皇后。故，侂胄不特为显宦之后，亦为毋庸置疑之外戚。侂胄入仕起点即高，其后仕途顺遂平步青云，实非依恃文章才学，全赖恩荫私情而已。孝宗淳熙末年（1189年），

---

①元·脱脱、阿鲁图《宋史·四百七十三·秦桧传·结语评价》。

②元·马端临《文献通考·一百六十七·刑考六·刑制》。

③韩侂胄（1152—1207），字节夫，相州安阳（今河南安阳）人，南宋权相。

韩侂胄年方37岁，即荣任汝州防御使知阁门事。

绍熙五年（1194年），光宗赵惇病危，知枢密院事赵汝愚欲拥立皇子嘉王为帝。然，如此关乎社稷进退之大事，依规须征得太皇太后、高宗宪圣慈烈皇后懿旨方可实施，否则即存谋逆之嫌，一旦失误即有株连九族之虞。时，吴太皇太后深居慈福宫，唯可接近太皇太后之人请命方较妥当。左司郎中徐谊献策道："'自古人臣为忠则忠，为奸则奸，忠奸杂而能济者，未之有也。公内虽心惕，外欲坐观，非杂之谓欤？国家安危，在此一举。'

汝愚问策安出，谊曰：'此大事，非宪圣太后命不可。而知阁门事韩侂胄，宪圣之戚也，同里蔡必胜与侂胄同在阁门，可因必胜招之。'"①如此，赵汝愚心中最合适人选便为韩侂胄。因宪圣慈烈皇后不仅为侂胄亲大姨，慈福宫内侍张宗尹亦与侂胄素来友好，且于斡旋宫内事务极其老辣娴熟。侂胄此时职位偏低，尚不敢怠慢枢密使差遣，故接差后即迅速入慈福宫拜请张宗尹，将此议奏与太后。太后闻听之后却道："孝宗皇帝不允，岂可言他！"翌日，韩侂胄再入慈福宫劝太后，仍未获命。正当其徘徊于宫门口无计可施之际，适逢重华宫提举关礼由此经过，问其缘故。侂胄起先未敢据实以告，关礼却指天发誓道："公尽可直言勿讳，余可效力则效力，倘不可效力亦绝不外传！"侂胄遂将赵汝愚之计备细告之。关礼当即入慈福宫，叩拜太后，未曾开口泪已先流。太后忙问道："爱卿何以如此？"关礼遂哭诉道："方今圣上有疾，朝内空虚，留丞相已去，足以依靠者唯赵知院。今赵知院欲定大计苦无太皇太后旨意，恐怕赵知院亦将去朝请归。"太后闻听大惊道："知院本与宗室同姓，岂可如平常人？"关礼又道："赵知院尚未请去，唯欲仰恃太皇太后。倘太皇太后今日不许大计，其计无所出，唯请去而已，天下将如之何，望太后慎思之。"关礼之言触动太皇太后神经，遂命关礼传旨韩侂胄转告赵汝愚，翌日将上朝垂帘颁旨。时，夕阳西下，薄暮依稀，赵汝愚马不停蹄地命殿帅郭果招集所部兵士，于黄夜分别守卫南北内宫。

翌日，宪圣太皇太后按丧次垂帘，令宰臣传旨，命嘉王赵扩即位称帝，是为宁宗，改元"庆元"。

宁宗称帝后，韩侂胄以定策拥王之功，期冀得居高位，然赵汝愚却道："余为宋皇宗室，君乃后族至戚，拥王定策自为份内事，何以言功？惟爪牙之臣图谋推恩请赏。"遂进郭果为节钺，迁韩侂胄宜州观察使。侂胄因此于赵汝愚心存怨恨。其往宜州赴任，尤其一腔不满，满腹怨气。然其凭借传导诏旨之功，已然得到宁宗宠信，旋迁枢密院都承旨，专门负责传达诏令，遂以出入后宫之便利，于宁宗御前时常搬弄是非，略逞威风，极为受用。韩侂胄之所为，被焕章阁待制、南京鸿庆宫提举朱熹觉出苗头，遂献策赵汝愚，于韩侂胄先以重赏酬其劳，而后逐渐疏远之，否则将为其所害。赵汝愚听罢微微含笑，并未将此话置之于心。

时，右正言黄度拟上书弹劾韩侂胄，结果消息泄露，反为韩侂胄怂恿宁宗将其斥去。朱熹即刻启奏宁宗，言侂胄奸不可用。侂胄大怒，命优人乔装峨冠阔袖大儒，于宁宗前嬉戏取乐，朱熹深感受辱，遂辞官而去。吏部侍郎、焕章阁待制彭龟年请宁宗明鉴忠奸，

---

① 元·脱脱、阿鲁图《宋史·韩侂胄传》。

逐韩侂胄以留朱熹，亦为韩侂胄陷害谪贬。旋，韩侂胄又进保宁军承宣使，提举佑神观，开始独断朝纲，为所欲为。庆元元年（1195年）二月，韩侂胄大权独揽，始着手报当年赵汝愚抑其恩赏之仇。知阁门事刘强，平日颇以诗文自负，凡事皆欲涉足，而赵汝愚欲立嘉王之事偏未与其计议，故内心常怀怨愤，日窥机变欲一泄其愤。其窥知韩侂胄意欲置赵汝愚死地，遂于中挑唆道："赵相欲独领拥策大功，提举不特无望节度使，唯恐难免岭海之行。"侂胄闻之愕然，问计将何处。刘强进言："唯合谏可用。"韩侂胄急不可耐，再问："如何得其方便？"刘强神秘献计道："御笔批出即可。"韩侂胄茅塞顿开，立即以"内批"任命刘德秀为监察御史，杨大法为殿中侍御史，罢吴猎监察御史，以刘三杰代任。自此，韩侂胄党羽充斥朝廷，拥塞上听，而赵汝愚势力逐渐削弱。为将赵汝愚彻底逐出朝廷，韩侂胄又向左丞相京锐求计。京锐道："赵汝愚乃皇族宗室，诬以谋危社稷则可。"韩侂胄依计命右正言李沐上奏宁宗，言赵汝愚以同姓居相位，将于宗庙社稷不利。李沐昔日尝有求于赵汝愚，结果遭其拒绝，遂心生忌恨，故于宁宗御前极尽危言蛊惑。宁宗阅罢奏折，迅即下诏罢免赵汝愚宰相，贬谪永州。

韩侂胄其初求见赵汝愚时曾得徐谊大力举荐，今赵汝愚被罢相，侂胄惧怕徐谊于朝堂翻检旧账，使赵汝愚东山再起。遂寻其瑕疵，将徐谊一并逐出朝廷。然，如此部署亦难使其解除后顾之忧，遂索性密谕衡州守臣钱鍪，命其将赵汝愚截杀于衡州。赵汝愚途经衡州，因一路颠簸动荡，加之骤易水土，遂大病不起。钱鍪借机百般刁难煎迫，汝愚终于暴病身亡。赵汝愚死后，京镗任右相，韩侂胄旋拜少傅，封豫国公。同年，侂胄再迁少师，封平原郡，进太傅，加开府仪同三司，仕途一路青云。

开禧元年（1205年），陈白强、邓友龙等多次"请命"，韩侂胄升任平章军国事，三日一朝，位列丞相之上，尚书、门下、中书三省官印均收入府第内，且常伪作御笔，无论官吏陟黜任免乃至国家大政方针，从不上奏宁宗，朝纲独断一意孤行，满朝文武敢怒而不敢言。

韩、京总揽朝政之后，开始制造"庆元党禁"，严厉打击理学，展开两宋历史二次政治文化大清剿。朝中与韩、京沆瀣一气之反道学官员，纷纷指责朱熹道学为伪学。右正言刘德秀上书，指责道学为"依正以行邪，假义以干利"，"如饮狂药，如中毒饵"，"口道先王语，而行如市人所不为。"又道："孝宗锐意恢复，首务覈实，凡虚伪之徒言行相违者，未尝不深知其奸。臣愿陛下以孝宗为法，考核真伪，以辨邪正。"[1]次年八月，太常少卿胡纮上书奏本："比年以来，伪学猖獗，图为不轨，摇动上皇（光宗），诋毁圣德。"大理寺司直邵褒然上言"三十年来，伪学显行。场屋之权，尽归其党。"宁宗下诏："伪学之党，勿除在内差遣。"十二月，监察御史沈继祖弹劾朱熹言行不一，实例为"朱熹尝引诱两尼姑为妾，外出为官讲学均带于身边"。并指责朱熹于长沙藏匿朝廷赦书不执行，致使多人无辜被判徒刑；知漳州，请行经界，引起骚乱；任浙东提举，向朝廷索要大量赈济钱米却未济灾民，皆分发门徒；霸占他人产业盖屋，并将业主治罪；发掘崇安弓手坟墓用以葬母；开门授徒，专收富家子弟，多要束修，加收受各处贿赂，年得钱数万等。

---

① 清·毕沅《续资治通鉴·卷二九》。

廉洁、宽恕、修身、齐家、治民，均《中庸》《大学》中语，而朱熹借以欺骗世人，此岂非大奸大憨？

如此超出道学范围之攻讦弹劾，宁宗不加详辨，竟下旨朱熹落职，其门徒蔡元定送道州编管。朱熹因此而被迫上表认罪："草茅贱士，章句腐儒，唯知伪学之传，岂适明时之用。"笼统承认"私敌人之财"，"纳其尼女"等等，决心"深省昨非，细寻今是"，以表改过之心。

1197年，叶翥知贡举，与刘德秀等上疏，请将道学家"语录"之类全部销毁。凡考卷讲到程朱义理，一律不取。儒学六经及《论语》《孟子》《大学》《中庸》，均为"世之大禁"。一时"士之以儒名者，无所容其身"。

是年六月，朝散大夫刘三杰上书："朱熹专于谋利，借《大学》《中庸》作文饰，对其叩一拜即以为颜（回）、闵（子骞）；得其一言，即以为孔孟之道。得利越多，益肆无忌惮，其时尚无朝臣为其后盾。后周必大为右相，欲夺左相王淮之权，则嗾使道学之徒颠倒黑白，排挤王淮。后留正来，复以道学者为心腹。至于赵汝愚，素怀不轨之心。道学门徒知其用心，遂垂涎利禄，甘为鹰犬，故妄藉此谋利。前之伪学，至此已为逆党。""其习伪犹深，附逆顽固者，自知罪不容诛。其余能革心易虑者，不必皆废斥，可命其去伪从正。"[1]十二月，知绵州王沇上书，请置"伪学之籍"。宁宗下诏，订立"伪学逆党籍"。宰执四人：赵汝愚、留正、王蔺、周必大；待制以上朱熹、彭龟年、薛叔似等十三人；余官刘光祖、叶适等三十一人；武臣与士人十一人，共五十九人。凡与党人有牵连者，皆不得任官职，亦不得应科举。

经"庆元党禁"之祸，程朱理学于南宋遭受毁灭性打击。

韩侂胄当政时最为称道者，当属其为洗刷国耻、收复失地而亲自主持发动之"开禧北伐"。为统一朝野于北伐意义之认识，侂胄首先采取崇仰岳飞、贬损秦桧之策略。嘉泰四年（1204年），宁宗追封岳飞为鄂王，给予政治上极高地位，以此激励支持抗战派将士。开禧二年（1206年），宁宗、韩侂胄削去秦桧王爵，并将其谥号改为"缪丑"。此举一时传诵，大快人心。韩侂胄于秦桧之贬抑，实为对投降、妥协势力之沉重打击。崇岳贬秦，为北上抗战作出舆论准备。其次则为重新起用光宗朝被排斥主战官员。陈贾任兵部侍郎；吴曦任四川宣抚副使；辛弃疾家居赋闲，亦出知绍兴府兼浙东安抚使。

开禧元年（1205年），韩侂胄加封平章军国事，总揽军政大权，下令各军密作行军准备，出朝廷封桩库金万两作军需。命吴曦练兵西蜀，赵淳、皇甫斌准备出兵取唐邓，殿前副都指挥使郭倪指挥渡淮。

翌年四月，郭倪派武义大夫毕再遇、镇江都统陈孝庆定期进兵，夺取泗州。金兵闭城备战。毕再遇提前一日出兵，出其不意，攻其不备，陈孝庆领兵假攻西城，金兵败溃。

初战告捷，韩侂胄大喜。五月，宁宗正式下诏，出兵北伐。

宋军四道并进，总指挥郭倪攻宿州（安徽宿州）；大将李爽攻寿州（安徽凤台）；皇甫斌攻唐州（河南唐河）；大将王大节攻蔡州（河南汝南）。然，此役结果出乎意料，

---

①元·无名氏《宋史全文·卷三十·宋宁宗三》。

北伐四路兵马竟相继失败，且败况极惨。金军遂分九路渡过淮河，一连攻陷十余州，再度抵达长江北岸之真州（江苏仪征），扬言将造舰渡江，南宋朝野上下一片震恐。

北伐总指挥郭倪向以诸葛孔明自居，以为可于轻松谈笑间建立震动天地之奇功。待全军崩溃，其竟无能控制残兵败将，任其狼狈逃命。郭倪自知死罪难逃，不禁泫然泪下。

韩侂胄因出兵无功，罢免军事指挥苏师旦与邓友龙，以丘崈为两淮宣抚使。丘崈赴任伊始，于战略部署采取守势，接连遭失败，遂与金军秘密谈和。如此，北伐兵东、西两线均按兵不动，韩侂胄立即处于孤立。金人随即兵分九路，大举南下，开始全面反攻，战线波及整个宋金边界。宋朝连连败退，形势颇为不利，朝廷大震，议和呼声再次高涨。韩侂胄见宋军接连失利，遂罢免丘崈，改命张岩督视江淮兵马，旋遣使臣方信孺赴开封向金人请和。金国开出议和条件为"若称臣，以江淮之间取中划界。若称子，以长江为界。斩元谋奸臣，函首以献，增加岁币，出犒师银，方可议和。"韩侂胄大怒，欲以社稷为孤注，再用兵。

正当韩侂胄筹画再战时，一场巨大阴谋正于宫廷中酝酿着。朝中主降派大臣以礼部侍郎史弥远为代表，大肆活动诋毁韩侂胄；后宫国戚亦与朝臣互为表里遥相呼应。宁宗皇后杨氏怀恨韩侂胄当年反对立其为后，而其政治立场亦与乃兄杨次山相同，主张妥协、投降。史弥远遂秘密上书，请杀韩侂胄。杨后嗾使皇子询上书，言韩侂胄再启兵端，于国家不利，宁宗未予采纳。杨后、杨次山、史弥远遂秘密勾结，指使中军统制、权管殿前司公事夏震等，于韩侂胄上朝时突然袭击，将其截至玉津园夹墙内害死，事后方奏报宁宗。旋，投降派遵照金朝无理要求，将韩侂胄、苏师旦头颅割下，遣使臣王柟送至金国首都中都（北京），悬挂街头，且悉数接受金朝提出增岁币为三十万、犒师银三百万两条件。双方订立《嘉定和议》屈辱条约，金军方自侵占地撤回。

韩侂胄虽因北伐而为南宋君臣杀害，然金人却颇佩服其气节。"韩侂胄函首才至虏界，虏之台谏义章言侂胄忠于其国，缪于其身，封为忠缪侯。"[①]

南宋朝廷以一朝重臣之头颅，换取屈辱之《嘉定和议》，国体蒙羞大矣。时人曾有诗专讽此事：

> 自古和戎有大权，未闻函首可安边。
> 生灵肝脑空涂地，祖父冤仇共戴天。
> 晁错已诛终叛汉，于期未遣尚存燕。
> 庙堂自谓万全策，却恐防边未必然。[②]

"开禧北伐"所以失败，其实与理学门徒作梗关联密切。韩侂胄出兵伐金，政治思想准备比较充分，然军事准备却极不足。南宋自符离败后，将士多年未经阵战，如坚持抗战之将领辛弃疾，抗金投宋43年，其时已达65岁高龄。韩侂胄推荐其师陈自强作相，引用旧日僚属苏师旦为枢密院都承旨，辅佐指挥军事。此举实为高级军事指挥人才缺乏

---

①南宋·张端义《贵耳集》。
②南宋·周密《齐东野语》。

之无奈之举。决策出兵前，宁宗、韩侂胄曾解除"伪学逆党籍"，重新任用一批在籍道学官员，争取其同仇敌忾一致对外，然其中某些人囿于集团仇恨，并不真诚合作。如薛叔、许及之、丘崈、程松等军事人才，对朝廷所命军事职务坚辞不受。将帅乏人，确为导致北伐失败重要因素。

至于韩侂胄或忠或奸之争，实际上一直以来尚无盖棺定论，总处于或忠或奸之分辨中，智仁之见，莫衷一是。评价其奸舆论所以占上风，根子植于道学。虽然北伐开始时，宁宗、韩侂胄已解除"伪学逆党籍"，然此后中国意识形态主导地位均为理学思想所占据，倘欲使其为曾镇压理学之韩侂胄做出客观评价，亦为极难措置之事。

只可惜，名相韩琦曾孙韩侂胄，虽高登相位，却未能为祖上名望锦上添花！

史弥远——前身元是觉阇黎　业障纷华总不迷

以国力"积贫积弱"而著称中国封建史上之宋王朝，自太祖赵匡胤960年立国，至帝昺赵昺1279年亡国，前后共历319年。两宋以"靖康之耻"（1127年）为界，分"南""北"宋。亦或为"积贫积弱"痼疾使然，两宋既为忠臣迭现时代，亦为奸臣层出时代。虽然如王钦若、章惇、韩侂胄之数，后人于其"忠""奸"尚存仁智之见，然"忠""奸"分野明确之阵容，却实为其他王朝难以攀比。且，以如此阵容"彰显"于史册之良莠诸臣，皆为正途进士出身之科举翘楚。由是，不能不使人于儒学教化之功与中国文人品行之染色体产生疑惑。倘若再将二者细做比较，则南宋之忠臣如陆秀夫、文天祥之辈，犹壮烈于北宋之吕端、包拯、范仲淹等人；而南宋之奸臣如秦桧、贾似道、史弥远[①]之流，则更卑劣于北宋之蔡京、丁谓之徒。

史弥远生于宋孝宗隆兴二年（1164年），其父史浩是年58岁，任孝宗朝参知政事。史浩39岁方中进士，入仕后因佐孝宗有功而仕途顺遂。宣和六年（1125年），史浩父亲逝世，财物尽为金人所掠，家境日处贫困。史浩19岁时为遂母亲心愿，携母投靠宁波天童街亲友钱氏，隐居天童寺侧鄞峰读书，自号"真隐居士"。时，天童寺主持宏智正觉禅师倡导"默照禅"，弘扬曹洞宗风，并建禅堂，扩大山门，筑宝阁，奉千佛，使天童禅寺得以中兴，遂成当时禅学中心，宏智正觉亦被人称为"天童和尚"。正觉说法文采丰富，常常出口即为优美诗句，如"风月寒清过渡头，夜船拨转琉璃地，冻鸡未报家林晓，隐隐行人过雪山。"语句中往往清空灵动，既富禅家理趣，亦具超远意境。史浩深受感染，诗业日进，遂与宏智正觉成为莫逆。

相传史浩为相时，一次与宏智正觉闲聊，曾开玩笑说道："和尚与我孰好？"正觉

---

①史弥远（1164—1233年），字同叔，明州鄞县（今浙江宁波市）人，南宋权臣。

见眼前史浩"绮罗烂盈，粉黛列环"，遂漫不经心地道："丞相富贵好，老僧何敢比也。"旋又自省道："此一念差，终当堕落泥滓。"事隔数年后，史浩坐于客厅，俨然见正觉突然走入堂中，却不见其近前，遂派人诣寺察看。须臾，去人返回报说正觉长老圆寂，史浩甚觉奇怪。约一杯茶工夫，家仆来报夫人生一男婴。史浩默然，心想此为正觉转世，遂为儿子取小名觉圆。待其稍长，又取名弥远。故有人作诗曰："前身元是觉阇黎，业障纷华总不迷。到此更须睁只眼，好将慧力运金鎞。"

史弥远先以父荫补承事郎，淳熙十四年（1187年）进士及第。然其早期仕途并不顺遂，曾历大理司直、枢密院编修官、秘书少监、起居郎等职。光宗时仅至太常寺主簿，旋即归里为父史浩守丧。庆元二年（1196年）丧满除服，出任大理司直（八品）。开禧元年（1205年）初，升至六品司封郎中。自是年五月韩侂胄任平章军国事始受重用，史弥远开始步入坦途，于不足两年时间里，先后受封男爵，升为礼部侍郎兼刑部侍郎（三品）。

仕途平步青云，使史弥远政治野心迅速膨胀。开禧三年二月，宋军西线主帅吴曦叛变降金，消息传至南宋首都临安，宋朝君臣对战胜金军收复中原渐失信心，韩侂胄之威望亦因此严重受挫。六月，南宋遣使与金议和，金方提出以韩侂胄首级为议和前提。史弥远遂"乃建去凶之策，其议甚秘，人无知者"[1]，决心设法杀死韩侂胄，取而代之。为确保阴谋得逞，史弥远决定绕过宋宁宗，由其与杨皇后伪造宁宗御批密旨。时参知政事钱象祖、李壁皆为韩侂胄党羽，见密旨信以为真，转而投靠史弥远。史弥远派权主管殿前司公事夏震伺机杀死韩侂胄。夏震"初闻欲诛韩（侂胄），有难色，及视御批，则曰：'君命也，震当效死。'"[2]十一月初，夏震于玉津园槌杀韩侂胄，史弥远函其首送金请和。因杀死韩侂胄属于伪造密旨，史弥远未敢公开居此为首功，故仅微升礼部尚书，然朝廷实权已尽于其掌控之中。嘉定元年（1208年）正月，史弥远升知枢密院事，六月兼参知政事，旋再升为右丞相。十一月，因母丧丁忧。翌年五月，史弥远起复为右丞相，由此为始，其不仅独相宁宗赵扩17年，且独相擅权长达26年。

嘉定元年（1208年）三月，史弥远恢复秦桧申王爵位及忠献谥号，并积极奉行降金乞和政策。九月签订宋金和议，史称"嘉定和议"。金宋叔侄之国由此改为伯侄之国，岁币由20万增为30万，另加"犒军银"300万两。宋金议和史上如此屈辱之和议，引发朝野不满。理学大师、太学博士真德秀（端平二年三月曾升任参知政事）当即上奏抨击："金人欲多岁币之数，而吾亦曰可增；金人欲得奸臣（韩侂胄）之首，而吾亦曰可与；至于往来之称谓、犒军之金帛，根括归明流徙之民，皆承之唯谨，得无兹媟我乎？……今日寻盟于虏，……抑将听命于敌而图苟安之计乎？"[3]

嘉定十三年（1220年），皇太子赵旼去世，宁宗不得不再次考虑国本大计。然其膝下再无子，遂于次年四月选15岁以上太祖十世孙入宫学习，意在遴选合适皇位继承人。先是史弥远知南渡时曾有不少皇室子弟流落浙西，遂遣余天赐寻找流落该地之皇室后裔。

---

① 无名氏撰《两朝纲目备要·卷十·开禧三年十一月乙亥》。

② 无名氏撰《两朝纲目备要·卷十·开禧三年十一月乙亥》。

③ 元·脱脱、阿鲁图《宋史·真德秀传》。

余天赐领回两位气度不凡相貌富贵之皇室子弟，史弥远遂辄于宁宗前为二人美言。嘉定十四年（1221年），宁宗立其中年长者赵贵和为皇子，改名赵竑，为沂王子嗣。次年，赵竑进封济国公，娶太皇太后吴氏侄孙女为夫人。史弥远知悉皇子喜欢弹琴，遂送上一名擅长琴艺之美人做眼线。

与此同时，其于另一宗室子弟赵与莒（赵昀）进行缜密考察，发现赵与莒为人乖巧、品行端正、思虑缜密，尤其对自己毕恭毕敬，故于赵与莒十分满意，以为日后君臣必能合作愉快。嘉定十六年（1223年），史弥远收买国子学录郑清之为赵与莒老师，对其进行精心培养。为达废立目的，史弥远不时于宁宗前诽谤赵竑，以图废之而另立宗室赵与莒为帝。旋，弥远提议推荐赵与莒再为沂王后，宁宗采纳其谏，赐字贵诚，改名赵昀，授秉义郎。

皇子赵竑性格秉直，缺乏心机而不知韬晦，对史弥远所送美人又十分宠昵，尝当其面大骂史弥远擅权跋扈，并于几案之上写下："弥远当决配八千里"，意欲即位后将其流放新州（今广东新兴）或恩州（今广东阳江）。美人以此密报史弥远，促使弥远废赵竑立赵昀之决心日益坚定。

十七年八月，宁宗病死。史弥远派人"夜召昀入宫，后尚未知也。弥远遣后兄子谷及石，以废立事白后，后不可，曰：'皇子先帝所立，岂敢擅变。'是夜，凡七往反，后终不听。"[1] 然杨谷等明禀杨太后，史弥远已命殿帅夏震派兵看守皇宫及赵竑，倘不立赵昀为帝，"祸变必生，则杨氏无噍类矣。"杨皇后权衡利害关系后，被迫同意。史弥远遂伪造宁宗遗诏，"矫诏废竑为济王，立昀为皇子，即帝位"[2]，是为宋理宗。"宝庆元年（1225年）正月，湖州人潘壬等谋立济王赵竑未遂，史弥远派人逼竑自缢，诡称病死。"[3]

史弥远于宁宗、理宗两朝独揽朝纲，擅权26年，于金人一贯采取屈服妥协政策，对内则疯狂掠夺。为弥补议和所生经济亏空，弥远曾大量印造新会子，不以金、银、铜钱兑换，只以新会子兑换旧会子，且将旧会子折价一半，致使会子充斥，币值跌落，物价飞涨，民不聊生。嘉定用兵，朝廷发行纸币达一亿四千万贯。至绍定五年（1232年），会子流通量总计二亿二千九百余万贯，其滥发与贬值已达极端严重境地。然，此时南宋已处于风雨飘摇之中，国家财政徘徊于破产边缘，不得不饮鸩止渴，依靠滥发会子以救一时之急。

降金乞和行为使南宋政治经济面临严峻危机，朝野军民十分不满。不特如罗日愿、杨明、张兴、华岳等主战派军官，曾多次密谋刺杀奸相史弥远，即使文臣中如著名理学家真德秀、魏了翁等人亦愤慨难抑，纷纷上奏指斥其为政劣迹。为巩固擅权地位，史弥远接受理学人士刘爚"荐引诸贤"之建议，将韩侂胄执政时指斥理学为伪学、罢逐理学家等做法予以纠正，去伪学禁，赠朱熹、复赵汝愚、吕祖谦等人官职，召林大中、楼钥等故老15人入朝，特赐朱熹、周敦颐、程颢、程颐、张载等人文、元、纯、正、明谥号，一时颇受朝野好评，遂得理学人士积极拥戴，旋拜为少保。通过如此举措，理学借史弥

---

① 元·脱脱、阿鲁图《宋史·史弥远传》。

② 元·脱脱、阿鲁图《宋史·史弥远传》。

③ 元·脱脱、阿鲁图《宋史·恭圣仁烈杨皇后传》。

远之力得以倡导，地位亦得以极大提高，而史弥远则借理学家之吹捧与策划，为改善其形象赢得足以混淆视听之浓厚油彩。虽然真德秀、魏了翁依然对史弥远深为不满，被先后以"谤讪""诬诋"罪名落职闲居，然史弥远为改善其形象，仍继续推行扶持理学措施，重用或起用理学派人士，并追赠朱熹为"太师"，封"信国公"爵位，表彰其《四书集注》。同时，史弥远尚追赐岳飞"忠武"谥号，企图以此掩盖自己奸臣面目。

史弥远专权 26 年，朝廷所有人才进退、政事行止均出其意，故朝野"皆言相不言君"，不特宁宗习惯于权臣鼻息下做 17 年木雕菩萨，无所作为而"垂拱仰成"，即是理宗，亦同样乖乖做 9 年真正傀儡皇帝。绍定六年（1233 年）十月，史弥远于病入膏肓卧榻不起时，方将其党羽郑清之升为右丞相，其独相 26 年之专权历史宣告结束。然，此时朝政大权仍由其控制，遂越级提拔史氏家族成员至要害职位，其侄史嵩之数月内即由大理寺卿升为京湖安抚制置使。有朝臣上书指斥史弥远专政误国，理宗仍恩宠不衰，先后晋封其为太师。旋，史弥远以病危致仕，理宗特授其两镇节度使，封会稽郡王，数日后去世，追封卫王，谥"忠献"，赐号与秦桧"忠献"谥号完全相同。理宗下诏"姑置卫王事"，不许朝臣揭露其过失。

端平二年（1235 年）七月，著名文学家刘克庄上奏理宗，公开将史弥远列为秦桧一类"小人"，指出"柄臣浊乱天下久矣，……柄臣与其徒皆攫取陛下之富贵而去，而独留其大敝极坏之朝纲。……小人恃智巧，君子恃天理，人心之正，而天与人又有时而不然，桧十九年、弥远二十六年而衍七十日，光（指司马光）九月，君子之难取必十大如此。"

然，因史弥远专权时曾大力倡导理学，且理学于史弥远死后不久即被确定为南宋官方统治思想，故宋末及元理学人士于其心存感激，不加贬谪。元代理学人士参与修撰之《宋史》，史弥远不仅未被列入《奸臣传》，且于《史弥远传》中竭力为其进行粉饰。诸如阴谋杀害韩侂胄被写为侠肝义胆；违反宁宗遗志非法扶立理宗亦成名正言顺之举；至于降金乞和则只字未提。对其罪恶，仅于传末以"废济王，非宁宗意。……擅权用事，专任憸壬，……用李知孝、梁成大等以为鹰犬，于是一时君子贬窜斥逐，不遗余力云"数句贬语以终篇。

史弥远专政 26 年，对内以巩固权势、对外以苟且偷安为其执政宗旨，南宋朝廷于中原大局风云变幻消极被动，苟且偷安醉生梦死，将国家命运注入一纸和议，故使其日益堕入衰落。史弥远专政年代较秦桧长，擅权程度于韩侂胄有过之而无不及，然其生前公开反对者远较秦、韩为少，其身后亦未如秦、韩被载入《奸臣传》。究其原因，除得益于理学家为其粉饰之外，主要在于其权相专政之手法几达炉火纯青。其既不似韩侂胄专权赤裸裸，亦较秦桧更狡黠阴鸷，除遍用私人外，擅以爵禄笼络天下之士，"外示涵洪而阴掩其迹，内用牢笼而微见其机。"[1]其肆毒程度亦较秦、韩为轻，诸如残害善类之事，皆暗示台谏爪牙为之，很少亲力亲为，故大都做得不落痕迹。

及至史弥远死后，南宋君臣方发现，与韩侂胄相比较，弥远之流毒更深、为害更烈。或打比方谓韩侂胄专政"天下之势，如人少壮而得疾，其疗之也易为功"；史弥远专政

---

①元·脱脱、阿鲁图《宋史·列传·卷一百六十》。

26 年间"天下之势，如人垂老而得疾，故其疗之也难为功。"[1]韩侂胄与史弥远前后折腾近 40 年，终于将南宋后期推向不可逆转之颓势。

贾似道——紫者当头要紫浓　头红项阔阴阳翅

世界上第一部蟋蟀研究专著名为《促织经》，其作者贾似道[2]于《宋史》中被列入《奸臣传》。

"贾似道字师宪，台州人，制置使涉之子也。少落魄，为游博，不事操行。以父荫补嘉兴司仓。会其姊入宫，有宠于理宗，为贵妃，遂诏赴廷对，妃于内中奉汤药以给之。擢太常丞、军器监。益恃宠不检，日纵游诸妓家，至夜即燕游湖上不反。理宗尝夜凭高，望西湖中灯火异常时，语左右曰：'此必似道也。'明日询之果然，使京尹史岩之戒敕之。岩之曰：'似道虽有少年气习，然其材可大用也。'寻出知澧州。"[3]

贾似道之父贾涉为南宋著名军事将领，自幼慷慨有大志，颇有谋略。曾受任于淮东处置山东忠义军归降事宜，以怀柔之策使李全等反金武装归为朝廷所用，山东十余州遂相继降宋，致使金军六七年间不敢窥视淮东。

其生母胡氏为贾涉小妾。贾涉死时，贾似道年仅 11 岁。端平元年（1234 年），似道以父荫补嘉兴司仓、籍田令。嘉熙二年（1238 年），贾似道登进士第。时，其姐已为宋理宗贵妃，遂擢为太常丞、军器监。京兆尹史岩之言其材可大用，旋升知澧州。淳祐元年（1241 年），改湖广统领，始领军事。三年，加户部侍郎。五年，以宝章阁直学士为沿江制置副使，知江州兼江南西路安抚使，再迁京湖制置使兼知江陵府。九年，加宝文阁学士、京湖安抚制置大使。十年，以端明殿学士移镇两淮。宝祐二年（1254 年），加同知枢密院事、临海郡开国公。四年，加参知政事。五年，加知枢密院事。六年，改两淮宣抚大使。理宗以"师臣"相称，百官皆称其为"周公"。

纵而观之，贾似道 25 岁中进士第，43 岁荣膺宰相，可谓仕途得意平步青云。其出道 18 年即位极人臣，除才情过人之外，外戚身份最为不可或缺之因素。似道一生虽主要担负护边、屯垦、招徕之责，然其依恃国舅身份左右朝局，往往得心应手游刃有余。

理宗绍定五年（1232 年），蒙古提议"联蒙灭金"，南宋朝廷遂与蒙古结盟。"端平初，孟珙帅师会大元兵共灭金，约以陈、蔡为界。师未还而用赵范谋，发兵据肴、函，绝河津，取中原地，大元兵击败之，范仅以数千人遁归。追兵至，问曰：'何为而败盟也？'遂纵

---

①黎东方《细说宋朝》。

②贾似道（1213—1275 年），字师宪，号悦生、秋壑，浙江天台屯桥松溪人，南宋权臣。

③元·脱脱、阿鲁图《宋史·奸臣传·贾似道传》。

攻淮、汉，自是兵端大启。"①

蒙元占据中原后本就觊觎江南，碍于金朝阻隔，难顾首尾，故提议结盟，共同灭金。灭金之后倘若双方信守盟约，蒙古征服南宋战事可晚爆发若干年。然，南宋于灭金后采纳淮东安抚副使赵范建议，首先违盟，遂与蒙古苦于无由发兵南宋以口实。于是，宋蒙战争迅即拉开帷幕。

天庆初年（1259 年），蒙古宪宗皇帝蒙哥亲自率兵征蜀。忽必烈时以皇弟身份率兵进攻鄂州，元帅兀良哈由云南入交趾（今越南），自邕州蹂广西，破湖南，传檄数宋背盟之罪。宋理宗恐惧莫名，遂命赵葵军信州，御广兵；以贾似道军汉阳，援鄂州，并于军中拜贾似道为右丞相。十月，鄂东南陬为蒙古兵攻破，宋军集中兵力将城修复，旋再遭强攻，幸赖守将高达率诸将力战，蒙古兵方未能破城而入。其时，贾似道由汉阳进入鄂州督师。十一月，蒙古兵攻城愈急，鄂州城中死伤者已达 13000 人。似道眼见情势危急，秘密派遣宋京赴蒙古军中请称臣，输岁币纳贡，未被忽必烈接受。时，适逢元宪宗蒙哥于钓鱼山晏驾，合州守将王坚立刻派阮思聪跋山涉水入鄂州，将情况及时报告贾似道。似道遂再遣宋京赴蒙古军营议岁币。因蒙哥去世，忽必烈必须罢兵返回争夺帝位，遂答应贾似道撤兵议和。元兵拔砦北撤，留张杰、阎旺以偏师防备宋兵追袭。翌年正月，贾似道率兵进击元余部，张杰于新生矶架浮桥率部北撤。似道用刘整计策，攻断浮梁，杀死大元负责殿后士兵 170 人。遂上书理宗，连奏"捷报"称："诸路大捷，鄂围始解，汇汉肃清。宗社危而复安，实万世无疆之福。"理宗皇帝受贾似道蒙骗，以其于南宋有再造之功，赐卫国公、少师、右丞相，召入朝。

之后，理宗罢免丞相丁大全，贾似道得以专权。先时，将军曹士雄、向士璧于军营尝"无礼"于似道，似道专权后即向理宗谗谮之，称其尝于军中贪污盗取官钱，二人均遭流放。

为提高威势，贾似道嗾使同党编辑《福华编》，粉饰歌颂其抗蒙"英勇事迹"。

理宗为嘉勉贾似道护国功勋，于西湖为其专造一座庄园，取名"后乐园"。园内奇花异草、穷极奢华、占尽胜景，厅堂内悬挂北宋范仲淹《岳阳楼记》名句"先天下之忧而忧，后天下之乐而乐"条幅。贾府与皇宫隔湖相对，晨闻朝钟响，丞相方下湖。船系于粗缆绳上，绳端连大绞盘，行走不必划桨撑篙，十余壮夫拼命推绞盘，船行如飞，顷刻便至宫前。朝中正直干臣被其驱逐净尽之后，朝政均由其大小门客处理，自己竟日于园中享乐。娼妓、尼姑、旧宫女均为欢宴嘉宾，日夜喝酒淫戏，以斗蟋蟀为乐事。时朝野有"朝中无宰相，湖上有平章"之戏言。

咸淳五年（1269 年），贾似道为测试其于朝中地位而上疏度宗，言年事已高，需返乡受福。度宗为不失"中兴名臣"，下旨准其六日上朝一次，可免陛见朝礼。

因独断朝纲日久，贾似道权势熏天，可呼风唤雨为所欲为。其发现奴婢私下恋爱，可随意处死；闻听姬妾赞美游人，遂立即杀头示儆；倘有人作诗讽刺其作为，便即刻逮捕下狱，充军远方。"其母胡氏薨，以天子卤簿葬之，起坟拟山陵，百官奉襄事，立大

---

①元·脱脱、阿鲁图《宋史·奸臣传·贾似道传》。

雨中，终日无敢易位。"①

如此专横残暴、草菅人命，最终遭杖毙于道之结果，实为其必然报应。否则，天理何在？

明人所撰《绿衣人传》虽为志怪小说类文笔，然所载发生于贾似道身上情事，当属确凿无疑：

> 天水赵源，早丧父母，未有妻室。延佑间，游学至于钱塘，侨居西湖葛岭之上，其侧即宋贾秋壑旧宅也。源独居无聊，尝日晚徙倚门外，见一女子，从东来，绿衣双鬟，年可十五六，虽不盛妆浓饰，而姿色过人，源注目久之。明日出门，又见，如此凡数度，日晚辄来。源戏问之曰："家居何处，暮暮来此？"女笑而拜曰："儿家与君为邻，君自不识耳。"源试挑之，女欣然而应，因遂留宿，甚相亲昵。明旦，辞去，夜则复来。如此凡月余，情爱甚至。源问其姓氏居址，女曰："君但得美妇而已，何用强知。"问之不已，则曰："儿常衣绿，但呼我为绿衣人可矣。"终不告以居址所在。源意其为巨室妾媵，夜出私奔，或恐事迹彰闻，故不肯言耳，信之不疑，宠念转密。
>
> 一夕，源被酒，戏指其衣曰："此真可谓'绿兮衣兮，绿衣黄裳者也。'"女有惭色，数夕不至。及再来，源叩之，乃曰："本欲相与偕老，奈何以婢妾待之，令人恒怩而不安，故数日不敢侍君之侧。然君已知矣，今不复隐，请得备言之。儿与君，旧相识也，今非至情相感，莫能及此。"源问其故，女惨然曰："得无相难乎？儿实非今世人，亦非有祸于君者，盖冥数当然，夙缘未尽耳。"源大惊曰："愿闻其详。"女曰："儿故宋秋壑平章之侍女也。本临安良家子，少善弈棋，年十五，以棋童入侍，每秋壑朝回，宴坐半闲堂，必召儿侍弈，备见宠爱。是时君为其家苍头，职主煎茶，每因供进茶瓯，得至后堂。君时年少，美姿容，儿见而慕之，尝以绣罗钱箧，乘暗投君。君亦以玳瑁脂盒为赠，彼此虽各有意，而内外严密，莫能得其便。后为同辈所觉，谮于秋壑，遂与君同赐死于西湖断桥之下。君今已再世为人，而儿犹在鬼箓，得非命欤？"言讫，呜咽泣下。源亦为之动容。久之，乃曰："审若是，则吾与汝乃累世因缘也，当更加亲爱，以偿畴昔之愿。"自是遂留宿源舍，不复更去。源素不善弈，教之弈，尽传其妙，凡平日以棋称者，皆不能敌也。
>
> 每说秋壑旧事，其所目击者，历历甚详。尝言：秋壑一日倚楼闲望，诸姬皆侍，适二人乌巾素服，乘小舟由湖登岸。一姬曰："美哉，二少年！"秋壑曰："汝愿事之耶？当令纳聘。"姬笑而无言。逾时，令人捧一盒，呼诸姬至前曰："适为某姬纳聘。"启视之，则姬之首也，诸姬皆战栗而退。又尝贩盐数百艘至都市货之。太学有诗曰：
>
> 昨夜江头涌碧波，满船都载相公醝；
>
> 虽然要做调羹用，未必调羹用许多！

---

① 元·脱脱、阿鲁图《宋史·奸臣传·贾似道传》。

秋壑闻之，遂以士人付狱，论以诽谤罪。又尝于浙西行公田法，民受其苦，或题诗于路左云：

襄阳累岁困孤城，蓁养湖山不出征。

不识咽喉形势地，公田枉自害苍生。

秋壑见之，捕得，遭远窜。又尝斋云水千人，其数已足，末有一道士，衣裾褴褛，至门求斋。主者以数足，不肯引入，道士坚求不去，不得已于门侧斋焉。斋罢，覆其钵于案而去，众悉力举之，不动。启于秋壑，自往举之，乃有诗二句云："得好休时便好休，收花结子在漳州。"始知真仙降临而不识也。然终不喻"漳州"之意，嗟乎！孰知有漳州木棉庵之厄也！又尝有艄人泊舟苏堤，时方盛暑，卧于舟尾，终夜不寐，见三人长不盈尺，集于沙际，一曰："张公至矣，如之奈何？"一曰："贾平章非仁者，决不相恕！"一曰："我则已矣，公等及见其败也！"相与哭入水中。次日，渔者张公获一鳖，径二尺余，纳之府第。不三年而祸作。盖物亦先知，数而不可逃也。源曰："吾今日与汝相遇，抑岂非数乎？"女曰："是诚不妄矣！"源曰："汝之精气，能久存于世耶？"女曰："数至则散矣。"源曰："然则何时？"女曰："三年耳。"源固未之信。

及期，卧病不起。源为之迎医，女不欲，曰："襄固已与君言矣，因缘之契，夫妇之情，尽于此矣。"即以手握源臂，而与之诀曰："儿以幽阴之质，得事君子，荷蒙不弃，周旋许时。往者一念之私，俱陷不测之祸，然而海枯石烂，此恨难消，地老天荒，此情不泯！今幸得续前生之好，践往世之盟，三载于兹，志愿已足，请从此辞，毋更以为念也！"言讫，面壁而卧，呼之不应矣。源大伤恸，为治棺椁而殓之。将葬，怪其柩甚轻，启而视之，惟衣衾钗珥在耳。乃虚葬于北山之麓。源感其情，不复再娶，投灵隐寺出家为僧，终其身云。①

贾似道才气颇高，能诗善文，著述颇丰，然大部散佚。今存仅《悦生堂随钞》及《促织经》，佚诗佚文亦有数十篇。其虽于政不通，祸国乱民，却精于斗蟋蟀，更专门著有《促织经》，人称"贾虫"。该书共二卷，分论赋、论形、论色、决胜、论养、论斗、论病等，详尽论述蟋蟀习性，为世界上第一部蟋蟀研究专著。

仅看看《促织论》中《蟋蟀论》，即可知贾似道于蟋蟀喜欢程度及其研究蟋蟀之精深：

序属三秋，时维七月，禀受肃杀之气，化为促织之虫。述其奥妙之玄机，乃作今时之赌赛。千般调养，皆遵昔日之规模；数句言辞，可教后来之子弟。盆须用古，器必要精。如遇天炎，常把窝儿水浴；若交秋冷，速将盆底泥填。下盆须食白花草，则泥泻出；然后必飨黄米饭，可长精神。食不宜多，休要缺水。嚼牙狭食，暂喂带血蚊虫；内热慵鸣，聊食豆芽尖叶。落胎粪结，必吃虾婆；失脚头昏，川芎茶浴。如若咬伤，速用童便、蚯蚓粪调和，点其疮口，禁齿，须将牵草用苍蝇头血染成，如是良医。敌疲体与水，斗处切傍饥。游栅沿墙，藏之暗所。隔盆鸣叫，速使相离。

---

①明·瞿祐《剪灯新话·绿衣人传》。

每至未中，便当下食；但临子丑，且听呼雌。浑身好似一团花，红铃难托；遍体却如三段锦，白肋无成。腿长有胜无输，身狭少赢多败。头粗难壮，何人与我敢争锋？牙细翅宽，必定知他难受口。麻头、秀项、销金翅，名播他乡；虾脊、蛾身、橄榄形，声扬别郡。尾短终无力，牙长必有功。看来有妙必藏，莫与他人频睹矣。黑白多输，青黄多胜。狭长有失，区阔迷痴。尾焦便可弃之，毋为后悔；铃脱休寻争斗，免使嗟吁。是虫也，白露旺生，寒露渐绝。草土中则软，砖石内则刚。背阴必娇，向阳必劣。深砖厚石，其色青黄；浅草薄泥，其颜黑白。若爱其才，必相其色。得之于心，用之于手。虽以微虫，慎勿轻视。然赌赛有千般之变化，调理有万种之功夫。未尽片言，再词于后。

《又论》：

蟋蟀者，秋虫也，名促织，亦名孙旺，虎丘人曰趋织者。昔日无名氏曾作《育养蟋蟀调理方》一篇，子弟一生所爱其物，亦作《论生化之原》，相虫儿之风鉴，故作是言也。夫促织者，草土中虫之变化，或隔数年，放于土中，生小化大。白露旺生，寒露暂绝。草土中必嫩，砖石中必刚。浅草薄土，其色黑白；厚砖深坑，其色赤黄。背阴必娇，向阳必劣。白不如黑，黑不如赤，赤不如黄，黄不如青。赤小黑大可对，黄大白小是亏。赤黄色者，更生得头大、项肥、腿长、身阔者，皆可观也；黑白更若头尖、项细、脚小、体轻，皆不中也。既爱其才，必相其色。作诗一首，断句三思。形相绝好者，可胜言哉！其余歹者，皆不足观也。

贾似道亦为道行精湛眼光敏锐之艺术鉴赏家，尝令人临摹王羲之《兰亭序》，复制四版姜夔及任希夷真迹，模仿技术足以乱真。其家所收善本图书达千余部，聚敛奇珍异宝、书法名画无数。今尚存世之古代书画绝迹如《王羲之快雪时晴帖》《展子虔游春图》《欧阳询行书千字文卷》《赵昌蛱蝶图》《崔白寒雀图》等，均为其藏物。

德祐元年（1275年），贾似道率精兵13万出师应战元军于丁家洲（今安徽铜陵东北江中），大败，乘单舟逃奔扬州。群臣请诛，乃贬为高州团练副使，循州安置。行至漳州木棉庵，为监押使臣会稽县尉郑虎臣所杀。是年62岁。

严嵩——为相而怙宠擅权 文章乃独为迥出

《明史》将严嵩①列为明代六大奸臣之一，谓其"惟一意媚上，窃权罔利"，妒贤嫉能、

————————————
① 严嵩（1480—1567年）字惟中，号勉庵、介溪、分宜等，江西分宜人，明朝权臣。

诌媚阿谀、卖国求荣、以图高官。加之民间戏曲作品渲染，严嵩之奸臣形象遂于民间留下深刻烙印。

严嵩自幼聪颖好学，其父热衷功名醉心权力，然久考不中无缘仕途，遂将期许寄予儿子身上，悉心予以栽培教导。严嵩 5 岁于严氏祠堂启蒙，9 岁入县学，10 岁试拔擢超群，19 岁中举。弘治十八年（1505 年），严嵩 25 岁考中乙丑科进士，终于完成父亲心愿。先选为庶吉士，后授予翰林院编修。正值雄心壮志之时，严嵩得大病而退官回籍。正德二年（1507）"以病请归，于分宜钤山隐居课读"。[①]其退官十年间，适逢宦官刘瑾权倾天下之时。

正德七年（1512 年），袁州（今江西宜春）知府姚汀开局修志，延聘严嵩为总纂。旋，姚汀以事去职。翌年，徐琏继任知府，即飞函请严嵩任总纂继续编纂府志。九年（1514 年），《正德袁州府志》编成，是年为甲戌年，故称之为"甲戌志"。旋，刘瑾与其党羽被灭，严嵩北上顺天，正式复官。此后十有余年，严嵩先后于北京、南京翰林院任职。

明世宗沉迷道教，好长生不老之术，于政事漠不关心，故朝中事务皆交由朝臣处理。礼部尚书夏言得世宗宠信，又为严嵩同乡，嵩遂竭力讨其欢心，遂因得攀夏言高枝，时来运转，仕途一路顺遂，数月之内升南京翰林院侍读、署掌院事、国子监祭酒。

嘉靖十一年（1532 年），严嵩升南京礼部尚书，两年后改南京吏部尚书。十五年（1536年），赴京朝觐考察，为世宗所留，任礼部尚书兼翰林院学士。世宗重视仪礼，故礼部尚书于部院大臣中地位尤其显赫，为步入内阁之阶梯。世宗忙于与辅臣及礼部尚书制定礼乐，一日数次召见，君臣接触日益频繁，有时至夜分始退。严嵩住城西四里外，乘车驱隶弗及，往往单骑疾驰。十七年，或上疏请献皇帝庙号称宗，以入太庙。朝中大臣欲加阻止，严嵩亦持是议。世宗怒，著《明堂或问》，严厉质问群臣。严嵩尽改前说，且"条划礼仪甚备"，献皇帝入庙称宗之争以世宗遂愿而终。

首辅夏言平日自视甚高，反对世宗沉迷道教，渐不为世宗所喜。一日，世宗赐沉香水叶冠予夏言、严嵩等大臣。严嵩每出朝皆戴此冠，且特以轻纱笼住以示郑重。而夏言从不戴此冠上朝陛见。世宗见状，越喜严嵩而嫌夏言。嘉靖二十一年（1542 年），首辅夏言革职闲住，严嵩加少保、太子太保、礼部尚书兼武英殿大学士入阁，仍掌礼部事。

夏言被罢相，严嵩于朝中为所欲为，大权独揽。吏部尚书许赞、礼部尚书张璧虽与严嵩一同参与机务，然世宗遇事唯召严嵩问计。嘉靖二十三年（1544 年），鞑靼（蒙古）入侵河套[②]，陕西总督曾铣发兵夺回失地，并上呈奏疏，建议从府谷黄甫至定边修筑一段边墙，再水陆并进，逼鞑靼退兵。夏言向朝廷举荐曾铣，并与之商议讨伐计划。世宗决心驱逐鞑靼，全面控制河套，并褒扬曾铣。严嵩买通皇帝近侍，称其"轻启边衅"，并指使边将仇鸾诬称曾铣掩败不报，克扣军饷，贿赂前首辅夏言。严嵩更谓世宗言道，夏、曾二人意欲夺回河套，实为别有用意，世宗果然信之。旋，许赞以老病去职，张璧去世，世宗再度起用夏言。夏言此番深知严嵩为人，处处小心防范。严嵩表面于夏言谦恭有加，

①清·张廷玉等《明史·严嵩传》。

②今宁夏回族自治区与内蒙古自治区境内贺兰山以东，狼山、大青山以南地区。

然怀恨于心，如鲠在喉。世宗崇道斋醮，追求长生，严嵩极力献媚奉迎，殚精竭虑在所不惜。于是，营建斋宫秘殿并时而兴。严嵩于各地设工场二三十处，役匠数万人，岁费二三百万。经费不敷，乃令臣民献助，献助不已，复行开纳，劳民伤财，百姓不堪其重。时，明王朝太仓岁入仅二百万两，而斋宫秘殿营建，岁费竟至二三百万。斋醮祷祀，需撰青词。严嵩又因善写青词而得宠。其任首辅，日侍世宗左右，醮祀青词，非嵩无当帝意者。为撰写好青词，严嵩倾注极大精力，时常废寝忘食。庚戌之变时，俺答兵包围北京，并于城郊大肆杀掠，严嵩竟不顾国家安危，专心致志于撰写青词。左谕德赵贞吉提出抗敌之策，奉敕谕军前谒见严嵩，嵩竟以撰青词无暇而不见。"青词宰相"之称由是而生。

为仇鸾诬陷迷惑，世宗于二十七年（1548年）三月杀曾铣，妻子流放两千里，夏言亦因此下狱。旋，严嵩利用传言，使世宗"得知"夏言毁谤自己。是年十月，夏言被斩首，其亲信或贬或罚，作鸟兽散，严嵩从此擅专朝政，然其与仇鸾亦发生激烈矛盾。仇鸾曾被曾铣弹劾，逮捕下狱。其于狱中时，尝与严嵩约为父子，请严嵩子严世蕃为其起草弹劾曾铣之奏疏。曾铣被杀，仇鸾有宠，因不甘心为严嵩掣肘，遂上密疏，揭发严嵩父子所行事，引起世宗重视。严嵩于是遭遇冷淡，大臣入值，有四次未曾被宣召，随其他阁臣入西苑时，亦为卫士拦阻。严嵩回至宅中，与子世蕃相对而泣。所幸仇鸾不久病重，陆炳乘机刺探仇鸾不轨行为禀报世宗。世宗即刻收回仇鸾印信，使其忧惧而死。皇帝与首辅间之芥蒂自然消除。

严嵩相继除去政敌夏言、仇鸾，朝中一时无与匹敌。然其深知世宗猜忌心理颇重，为保住权位，对凡弹劾其之官僚皆施以残酷迫害，轻者去之，重者致死。

严嵩独揽朝纲，权势熏天，朝臣多郁闷塞胸。嘉靖三十二年（1553年），锦衣卫沈炼上疏，罗列严嵩纳贿鬻官、沽恩结客、妒贤嫉能、阴制谏官、擅宠害政等十条罪状。严嵩由此大恨，反诬沈炼于茌平、清丰知县任上犯有过失，实欲借建言得罪，受小处分，博取清名。世宗听信其言，谪发沈炼至口外保安（今河北涿鹿）为民。沈炼于塞外仍以詈骂严嵩父子为常，嵩闻之大恨。严世蕃遂嘱咐新任巡按御史路楷、宣大总督杨顺合计除沈，且许以厚报："若除吾疡，大者侯，小者卿。"[1]时，适逢白莲教徒阎浩等被捕，招供人名甚多。杨、路遂列沈炼名字于其中，经兵部题覆（六部向皇帝进呈的一种公务文书），沈炼被杀。

旋，兵部武选司员外郎杨继盛上疏论严嵩十罪、五奸。以贪贿纳奸、结党营私、打击异己等罪弹劾严嵩。其疏将北边安危与严嵩擅权联系一起，且言去春雷久不发，主大臣专政；去冬日下色赤，主下有叛臣。此议正合世宗心意。然其又于奏疏结尾处写道："愿陛下听臣之言，察嵩之奸，或召问裕、景二王，或询诸阁臣，重则置宪，轻则勒致仕。"未料此言竟触犯天颜。世宗听信道家言，根本不愿见二王，且藩王不当过问政事为祖法，杨继盛要朕询问二王用意何在？"嵩见召问二王语，喜谓可指此为罪，密构于帝。帝益大怒。"[2]遂将杨继盛送镇抚司拷讯，旋与都御史张经、李天宠一并处斩。

---

① 明·冯梦龙《情史》。

② 清·张廷玉等《明史·严嵩传》。

严嵩进入内阁成为首辅后，面对日渐恶化政局，于世宗所为不加劝谏约束，反而顺水推舟任其为所欲为，日益讨得皇帝恩宠，受赐"忠勤敏达"银印。旋，擢拔其子严世蕃为工部侍郎协助掌权，并收买世宗左右宦官，随时汇报皇帝日常起居饮食及一举一动。朝臣遂称其父子为"大丞相""小丞相"。

嘉靖三十二年（1553年），适逢裕王朱载垕（后登基为穆宗）、景王朱载圳婚事，诏于各府举行婚礼。此举虽为先年亲王旧例，然此时世宗未立皇储，故严嵩以为不可。遂上本奏道："臣等思得府第浅窄，出府未免与外人易于相接，在亲王则可。今日事体不同，臣等再三计之，实有未安。"应该"俱留在内成婚，亦于保护为便。"根本原因则是"储贰名分未正，而又出居于外，虽应得者亦怀危疑。府第连接，仅隔一墙。从人众多，情各为主，易生嫌隙。此在二王不可不虑者也。先朝有太后在上，有中官、东宫，体势增重，主上尊安。今列后不在，至亲惟有二王，却俱出外，此在圣躬不可不虑者也。"一年以后，严嵩又进言："自古帝王莫不以豫建太子为首务。臣叩奏密对，屡以为请，圣衷渊邃，久未施行。中外臣民引颈颙望，谓此大事，置而不讲，臣等何以辞其责！请及开岁之首则告举行。"①

严嵩父子权倾天下20年，"政以贿成，官以赂授"，朝野怨声载道。科举为朝廷选材之正途，然每一开选，视官之高下而低昂其值，及遇升迁，则视缺之美恶而上下其价。如七品州判，售银300两，六品通判售银500两。刑部主事项治元，用银13000即转任吏部稽勋主事；贡士潘鸿业用银2200两，受任临清知州。武官中指挥售银300两，都指挥700两。夺职总兵官李凤鸣出银2000两，起补蓟州总兵；老废总兵官郭琮出银3000两，使督漕运。

南京御史王宗茂上疏弹劾严嵩"久持国柄，作福作威，薄海内外，罔不怨恨。如吏、兵二部，每选请属二十人，人索贿数百金，任自择善地，致文武将吏尽出其门"。"往岁遭人论劾，潜输家资南返，辇载珍宝，不可胜计，金银人物，多高二、三尺者，下至溺器，亦金银为之。""广市良田，遍于江西数郡。又于府地之后积石为大坎，实以金银珍玩，为子孙百世计。"②刑部主事张翀上疏："户部岁发边饷，本以赡军，自嵩辅政，朝出度支之门，暮入奸臣之府。输边者四，馈嵩者六。臣每过长安街，见嵩门下无非边镇使人。未见其父，先馈其子。未见其子，先馈家人。家人严年，富已逾数十万，嵩家可知。私藏充溢，半属军储。边卒冻馁，不保朝夕。"③

嘉靖四十一年（1562年），山东道士蓝道行以善于扶乩闻名于燕京，宰辅徐阶将蓝道行推荐与世宗。一日，蓝道行扶乩时称"今日有奸臣奏事"，恰逢严嵩路过。世宗于严嵩父子早已日久生厌，闻听蓝道行之语，顾思朝臣之弹劾，遂判严世蕃斩首，严嵩没收家产，削官还乡。因恶名昭著，严嵩归乡之后衣食无着，寄食于墓舍。隆庆元年（1567年），严嵩于贫病交加与举国一片唾骂声中去世，年87岁。死后既无棺木下葬，亦无人前去吊唁。

---

① 清·张廷玉等《明史·严嵩传》。

② 清·张廷玉等《明史·王宗茂传》。

③ 清·张廷玉等《明史·张翀传》。

"嵩虽怙宠擅权，其诗在流辈之中，乃独为迥出。"[①]严嵩虽然为政奸佞，然其文学成就却相当丰厚，传世文集有《钤山堂集》《钤山诗选》《直庐稿》《直庐稿续》《南还稿》《留院逸稿》《南宫奏议》《历官表奏》《嘉靖奏对录》等数十种，共计200余万字，其中诗作达1300余首。

其书法造诣亦颇高，传世书法作品大体可分为榜书、碑文、印文、卷轴四大类。天津蓟县"独乐寺"、山海关"天下第一关"、山东曲阜"圣府"等匾额，俱出自严嵩之手。其书体方严浑阔，笔力雄奇博大，字体丰伟而不板滞，笔势强健而不笨拙，历史与艺术价值极高。"孔雀虽有毒，不掩其文章。"一代奸相严嵩以擅权乱政遗臭万年，然其文学遗产依然于后世存有诸多可取之处。对其为人为政，固不可一言以蔽之，宜以智仁之见去恶扬善，庶几可资今人以鉴。

洪承畴——辅国堪称真学士　爱民即是大英雄

洪承畴[②]母亲傅氏出身书香门第，知书达理，教子极严。承畴自幼聪明好学，受母亲教导攻读诗书，7岁入本村溪溢馆受启蒙教育。8岁时，外公傅员外去世，承畴随母送殡，司仪索取祭文，承畴步入灵堂，面外公灵位恭敬跪拜行礼，且振振有词诵道：

> 神风呼请上大人，子孙跪拜孔乙己，
>
> 金银纸钱化三千，猪头礼品乃小生。

祭词套用《三字经》句，虽无惊人之处，却足见承畴思绪之敏捷。

洪承畴早年丧父，童年家境捉襟见肘，11岁即辍学操持家计。其母善做豆腐干，洪承畴每日清晨走村串户叫卖。时，西轩长房才子洪启胤于水沟馆办村学，洪承畴叫卖豆干之余，常于学馆外听课。一日，数名学生围拢前来买豆腐干，洪承畴央其多买一块，学生愁眉苦脸道，对子尚未对出，不敢延误。洪承畴遂以一副对子换买一块豆腐干为价，帮其对对，学生回馆皆能如期完成对对作业。某日，洪启胤先生出题现场对对，学生只好以实情相告。洪先生即刻命学生将洪承畴唤来学馆。洪启胤见洪承畴聪明伶俐，知其因家境困顿而无力继续念书，即生怜才之念。先生欲试其才思，遂指案几之上砚台出一上联："砚台长长，能赋诗文百篇"，要洪承畴对。洪承畴看着卖剩之豆腐干，瞬间回道："豆腐方方，犹似玉印一章。"洪启胤听罢极为高兴，又出一上联："白豆腐，豆腐白，

---

①清·纪昀等《四库总目提要·集部·别集类存目》。

②洪承畴(1593—1665年)，字彦演，号亨九，福建泉州南安人，明末清初著名政治家、军事家。

做人清正博学学李白。"洪承畴知先生以豆腐为题，意在应以砚台做答，遂脱口道出："黑砚台，砚台黑，为官铁骨叮当当包黑。"先生听后顿觉洪承畴不仅天分极高，且抱负非凡，遂劝洪承畴母将洪承畴送入学馆上学，并答应不收学费。承畴由是得以进学馆受教，颇得先生器重。洪启胤曾于承畴文中批下"家驹千里，国石万钧"评语。承畴自此成其得意门生。承畴在馆学习用功，如饥似渴博览群书，先生所藏《史记》《资治通鉴》《三国志》《孙子兵法》等书，均被其借来认真研读，治国平天下之志，于此已尽显无遗。水沟馆读书五年后，洪承畴转赴泉州城北学馆课读。

神宗万历四十三年（1615 年），洪承畴赴省参加乙卯科乡试，中第十九名举人，是年 23 岁。翌年，赴京会试，连捷登科，为丙辰科殿试二甲第十四名，赐进士出身。

洪承畴进士及第，初授刑部江西清吏司主事，历员外郎、郎中等职，先后于刑部任事六年。熹宗天启二年（1622 年）擢升浙江提学佥事，以才高识士，所选人才皆俊奇而为朝廷所器重，两年后升迁两浙承宣布政左参议。天启七年（1627 年），洪承畴升陕西督道参议。思宗崇祯元年（1628 年）七月，陕北地区爆发农民起义。明廷令三边总督杨鹤"剿抚兼施、以抚为主"。二年，农民军王左桂、苗美率兵进攻韩城。总督杨鹤手中无将，情急之下，令时为参政之洪承畴领兵出战。承畴率兵斩敌三百，解韩城之围，顿时名声大噪。西北农民起义之爆发，为洪承畴于疆场大显身手开创难得机遇。崇祯三年（1630 年）六月，洪承畴任延绥巡抚，为三边总督杨鹤手下干将。然杨鹤行事逆"剿抚兼施、以抚为主"原旨，一意剿匪杀降，绝无招抚，被其所杀降寇多达数万。四年，杨鹤为此罢官入狱。

"崇祯初，流贼大起，明庄烈帝以承畴能军，迁延绥巡抚、陕西三边总督，屡击斩贼渠，加太子太保、兵部尚书，兼督河南、山、陕、川、湖军务。"[①]承畴继任陕西三边总督，遂易杨鹤"边剿边抚（诱降）"策略为"全力清剿""以剿坚抚，先剿后抚"方针，集中兵力进攻陕西农民起义军。

五年春，农民军向庆阳突围，承畴亲赴前线指挥会战。双方于西澳激战数十次，民军损失惨重，首领杜三、杨老柴被斩杀。翌年冬，民军转至明军力量薄弱之豫西楚北，以郧阳为中心，分部来往穿插于豫楚川陕之间，实施游击性质流动作战。洪承畴为改变被动局面，以重兵包围义军中心地区，采取重点进攻。高迎祥义军接连败于确山、朱仙镇（今河南开封市西南）等地，被迫转入西部山区。明廷为改变"事权不一、相互观望"被动局面，改用"集中兵力，全面围剿"方针。

崇祯七年（1634 年）十二月，思宗朱由检撤掉围剿败将陈奇瑜，以功加洪承畴太子太保、兵部尚书衔，总督河南、山西、陕西、湖广、四川五省军务。承畴遂成明廷镇压农民起义之主要军事统帅。时，陕西聚集农民起义军 20 余万，以闯王高迎祥及其部属李自成力量最为强大。洪承畴调动官军入陕，重点组织围攻，命总兵贺人龙、左光先出兵夹击，义军突围东走，转进灵宝、汜水（均在河南）。八年一月，洪承畴率主力出潼关，于河南信阳大会诸将，拟对起义军实行大规模军事围剿。然清军适于此时入边，破昌平等 16 城，思宗朱由检急调卢象升率军驰援，中原压力减轻。张献忠乘机复起，联合罗汝

---

①民国·赵尔巽主编《清史稿·卷二百三十七·列传二十四》。

才等部 20 余万，沿江东进，分散活动于蕲州、霍山一带。

崇祯十年（1637 年），思宗朱由检再命熊文灿为五省总督，增派禁军 1200 人，重新组织围剿。李自成进军四川，一度破城十余座，并攻克甘肃宁州、羌州，入七盘关。然其返陕时，于洮河一带遭洪承畴及孙传庭军袭击，败走岷州。与此同时，张献忠于南阳亦为左良玉军击败，负伤退谷城。熊文灿遂改围剿为招抚。刘国能、张天琳、张献忠、罗汝才等义军首领先后降明或就抚。李自成率残部活动于川陕边境山区。十二年十月，李自成部于流窜途中为洪承畴麾下总兵马科、左光先领兵截击。义军回师转东，洪承畴又令曹变蛟潼关设伏邀击，李自成大败，仅余 18 骑走入陕南商洛山中，陕西农民起义陷入低潮。

崇祯十一年（1638 年）九月，清军两路南下，京师戒严。明朝内外受敌，无奈之际遂将西线主帅洪承畴与孙传庭东调，命其率军入卫京师。是年秋，皇太极领兵攻占义州，遂以此为基地，对锦州展开围攻战。明朝亦极力加强山海关与锦州之防守。崇祯十二年初，洪承畴调任蓟辽总督，领陕西兵东来，与山海关马科、宁远吴三桂两镇合兵。锦州有松山、杏山、塔山三城，相为犄角。翌年冬，清军攻锦州及宁远，洪承畴派兵出援，败于塔山、杏山。十四年春，为挽救辽东危局，明廷遣洪承畴率宣府总兵杨国柱、大同总兵王朴、密云总兵唐通、蓟州总兵白广恩、玉田总兵曹变蛟、山海关总兵马科、前屯卫总兵王廷臣、宁远总兵吴三桂等八总兵，领精锐步兵 13 万、骑兵 4 万来援，集结宁远，与清兵会战。三月，皇太极发重兵对锦州采取长期围困，势在必克。洪承畴主张徐徐逼近锦州，步步立营，且战且守，勿轻浪战。然兵部尚书陈新甲促战，崇祯帝亦望持重，洪承畴遂拟定速战速决方针。八月，皇太极知明援兵已到，亲率大军自盛京奔袭赴援，驻扎于松山、杏山之间，命济尔哈朗军攻锦州外城，截断松、杏间明军联系，切断明军粮道，断绝洪承畴归路。洪承畴主张决一死战，而各部总兵主张南撤，遂集议背山突围。然，清军发动总攻，十余万明军顷刻土崩瓦解，作鸟兽散。

翌年一月，洪承畴闻朝廷援军已至，遂派 6000 人马出城夜袭，又为清军所败。清军旋围困松山达半年之久，城中粮食殆尽，副将夏承德愿以子夏舒为人质，叩请清军约降。三月，清军应邀夜攻，松山城破，蓟辽总督洪承畴、巡抚邱民仰被俘，总兵曹变蛟等将领被杀。锦州守将祖大寿走出内城，率众出降。塔山、杏山相继落入清军之手，明军锦宁防线遂彻底崩溃。

洪承畴被俘后，绝食数日，拒不降清。所有能与之对话之故旧前去劝降，均被大骂而回。皇太极仍不放弃，特命最受宠信之吏部尚书范文程前去劝降，探其是否果真宁死不屈。洪承畴见范文程大肆咆哮，文程则百般忍耐，只字不提招降事，通过与其谈古论今观察言态变化。盘桓间，梁上一粒灰尘落于承畴衣襟，洪承畴却"屡拂拭之"。文程告辞出来，回奏清太宗皇太极："承畴不死矣。其于敝袍犹爱惜若此，况其身耶？"皇太极接受范文程、张存仁等人建议，于洪承畴备加关照，恩遇礼厚，意在逐渐感化。待时机成熟，"上自临视，解所御貂裘衣之曰：'先生得无寒乎？'承畴瞠视久，叹曰：'真命世之主也！'乃叩头请降。"[1]皇太极大喜，道："朕今获一导者，安得不乐！"洪承畴随即剃发易服，

---

①民国·赵尔巽主编《清史稿·卷二百三十七·列传二十四》。

归顺满清。太宗命其隶镶黄旗汉军，表面虽于其恩礼有加，实际上并未放松对其防范。终皇太极一朝，除咨询外，洪承畴未任具体官职。

清顺治元年（1644 年、明崇祯十七年）四月，洪承畴随睿亲王多尔衮率军 10 万大举南下攻明，军至辽河，得悉李自成大顺军已攻占北京，明思宗朱由检自缢，遂用洪承畴之谋，"出其不意，从蓟州、密云近京处，疾行而进"，大顺军无力抵挡，弃城而遁，清军占领北京。

满清兵入关后，顺治帝对洪承畴十分器重，以洪承畴仕明时职衔任命其为太子太保、兵部尚书兼都察院右都御史，入内院佐理军务，授秘书院大学士，成为清朝首位汉人宰相。顺治二年（1645 年）五月，多铎率师攻占南京，多尔衮下"剃头令"，激起江南人民反抗。危难之中，多尔衮派洪承畴取代多铎，敕赐便宜行事。四年，洪承畴因父丧，回乡守制。五年四月奉召返京，再次入内院佐理机务。摄政王多尔衮对其慰劳备至，宠信有加，一连数日召见垂询各省应兴应革之事，所有建议，无不采纳。

顺治八年（1651 年）闰二月，洪承畴兼管都察院左都御史事，甄别诸御史为六等，或升或降、或转或调，得罪一批朝官。御史张宣等弹劾洪承畴与尚书陈之遴屡集议火神庙密谋反叛，又未请旨私送其母回闽。洪承畴辩白："'火神庙集议即为甄别御史差等，非有他故；送母未先请旨，自甘服罪。'上谕：'以庙议事，不必悬揣；为亲甘罪，情有可原。着仍留任，以观后效。'"[1]

十年，孙可望、李定国率数十万农民起义军归附明宗室桂王朱由榔，于云、贵之地再张抗清复明大旗。是年五月，清廷加封内翰林弘文院大学士、兵部尚书兼都察院右副都御史、佐理机务、兼任《大清太宗实录》总裁官洪承畴为"太保兼太子太师，经略湖广、广东、广西、云南、贵州五省，总督军务兼理粮饷"，"吏、兵二部不得掣肘，户部不得稽迟"，事后报闻，率兵赴云、贵平息反清武装。时年，承畴已 61 岁，临行前，顺治帝设宴饯行，赐宝马、宝刀。顺治十二年（1655 年）五月，孙可望攻岳州（今湖南岳阳），为洪承畴设伏所败，撤回贵州。十四年，残明桂王永历政权内讧，孙可望、李定国皆于内战中失败，穷蹙请降。

顺治十六年（1659 年）正月，清军攻陷昆明，云南平定。洪承畴上疏：云南地方险远，少数民族众多，不易治理，须留兵驻镇。顺治帝遂以吴三桂为平西王留驻昆明。旋上疏请发内帑赈济贫民，暂缓追剿逃亡缅甸之桂王余部，使云贵地区社会秩序于战乱之后渐趋安定，生产开始恢复。八月，洪承畴因年老体衰、目疾加剧，请求回京。翌年正月，奉旨解任回京调理。

十八年正月，顺治死，子玄烨（康熙）嗣位。时洪承畴业已 69 岁，仍任大学士，颇感孤独，于五月疏乞休致。朝廷几经争论，康熙授以三等阿达哈番母（轻车都尉）世袭。康熙四年（1665 年）二月十八日，洪承畴卒于都门私邸，享年 73 岁，康熙恩赐祭奠如制，谥"文襄"。

洪承畴为明清之际重要历史人物，亦属存重大争议之历史人物。其为明朝重臣，以镇压农民起义有功，官至三边总督、蓟辽总督。然于松锦战役受兵部尚书陈新甲掣肘，

---

①民国·赵尔巽主编《清史稿·卷二百三十七·列传二十四》。

未能实现战略思路，导致战役失败，自身亦为清军所俘。清太祖极力劝降，洪承畴审时度势，终于降清，又为满清重臣。清朝入关统一中国过程中，其参与中央佐理机务，出谋划策，于百姓颇多庇佑。招抚江南之策，使江南百姓免于涂炭。

清军入关伊始，洪承畴建议多尔衮：“我兵之强，流寇可一战而除，今宜先遣官宣布王令，示以此行特期于灭贼，不屠人民，不焚庐舍，不掠财物之意。仍布告各府县，开门归降，官则加升，军民秋毫无犯。若抗拒不服，城下之日，官吏悉诛，百姓仍予安全。有首倡内应者，破格封赏。此要务也。”多尔衮采纳其建议，于山海关击败李自成农民军后，即向明朝官民发布出师告示，故大军所过州县及沿边将吏皆开门款附，收到极大政治效果，百姓亦免于涂炭。清军占领江南，洪承畴采取以抚为主、以剿为辅策略及一系列减轻百姓负担、刺激经济发展措施，尽量避免过多武装冲突与流血事件，为促使国家迅速统一与安定社会秩序起到积极作用。

清王朝入关定都北京后，洪承畴建议清廷采纳诸多明朝典章制度，完善清王朝国家机器，献计甚多，大多为顺治帝采纳推行。特别建议统治集团“习汉文，晓汉语”，了解汉人礼俗，倡导儒家学说，逐渐淡化满汉之间畛域，为保护传承中原文化有着无可替代之意义。遗憾之处在于，乾隆皇帝熟稔汉家文化之后，反将洪承畴打入“贰臣”之列。

洪承畴为明朝大臣时，深受崇祯皇帝宠幸，尝于厅堂挂一对联：“君恩深似海，臣节重如山。”松山战役失败后，洪承畴降清，汉族士人遂将对联各加一字：“君恩深似海矣！臣节重如山乎？”

果如是乎？胸中委屈恐怕唯有长眠九泉之洪承畴自己最为清楚！

和——五十年前梦幻真　今朝撒手谢红尘

清代乾隆朝巨贪和珅[①]，一生备受天子恩宠。据野史载，个中缘由为乾隆龙潜府邸时，一次于后宫偶遇年羹尧之妹年贵妃，顷刻被皇娘美貌打动，遂上前蒙住贵妃眼睛调戏。贵妃以为宫女戏耍，拿起梳子往后一挥，右臂贴近弘历前额。弘历顺手握其玉臂，贵妃回头见是风流偶傥之太子，遂就势倒在弘历怀中。此情恰为弘历母后及随行宫女看见。皇后想，此事一旦传出，不仅有损皇家名声，且会直接影响儿子弘历继承皇位。为“杀一儆百，以绝后患”，皇后背着雍正帝，赐年贵妃三尺白绫自尽。待弘历闻讯赶来时，贵妃已自缢气绝身亡。弘历怀抱年妃捶胸顿足，贵妃贴身宫女上前跪道：“贵妃自缢前托奴婢转告太子，20年后在人间与太子再相见。”弘历听后，愈加悲痛，抚着贵妃脸道：“年

---

①和珅（1750年5月—1799年2月），钮祜禄氏，原名善保，字致斋，自号嘉乐堂、十笏园、绿野亭主人，满洲正红旗二甲喇人。

妃，倘果有缘分，20年后相见；倘此生不能相见，来生一定相见。相见时以此为记。"言罢，咬破中指，于贵妃额头点一朱砂记。20年后，乾隆第一次见和珅，见其长相酷似贵妃，且额头有一红记。乾隆问和珅家里可有姐妹乎？和珅答家中唯有兄弟二人，弟弟名和琳。失望之余，乾隆随口问和珅年纪，却令皇上大为震惊，和珅恰生于年妃香陨之年。更巧之处在于，和珅额头红记与当年自己点于年妃额头之朱砂记位置、形状、颜色均皆相似。乾隆遂认定和珅即年贵妃转世，故将其留于身边朝夕相伴，以解思念年妃之苦，并将应予年妃之恩宠加倍给予和珅。和珅虽不明此意，然其善于曲意迎奉，讨好皇上，故官运亨通位极人臣。

和珅之父常保为福建副都统。和珅三岁时，母亲因难产去世，临终产下弟弟和琳，九岁时父亲亦因病去世，幸得家丁与父亲偏房呵护，和珅、和琳兄弟方免于被逐出家门。稍长，和珅考入咸安宫①。其聪明伶俐刻苦好学，精通满、汉、蒙、藏四种语言，更通读四书五经，遂深得老师吴省钦、吴省兰兄弟喜爱。故至其入值军机后，乾隆曾赞道："去岁用兵之际，所有指示机宜，每兼用清、汉文，此分颁给达赖喇嘛及传谕廓尔喀敕书，并兼用蒙古、西番字。臣工中通晓西番字者殊难其人，唯和珅承旨书谕，俱能办理秩如，勤劳书旨，见称能事。"②

乾隆三十三年（1768年），和珅18岁，娶直隶总督冯英廉之孙女冯氏为妻。

乾隆三十四年（1769年），和珅参加己丑年科举，名落孙山，遂以文生员承袭三等轻车都尉。乾隆三十七年（1772年），十月，授三等侍卫。翌年，为乾隆仪仗队侍从，是年23岁。旋，就任管库大臣。其勤朴管理布库，令布帛存量大增，且从中彻悟理财之道，深得乾隆皇帝赏识。四十年（1775年），"直乾清门，擢御前侍卫，兼副都统。次年，遂授户部侍郎，命为军机大臣，兼内务府大臣，骎骎乡用。又兼步军统领，充崇文门税务监督，总理行营事务。四十五年，命偕侍郎喀凝阿往云南按总督李侍尧贪私事。侍尧号才臣，帝所倚任。和珅至，鞫其仆，得侍尧婪索状，论重辟，奏云南吏治废弛，府州县多亏帑，亟宜清厘。上欲用和珅为总督，嫌于事出所按劾，乃以福康安代之。命回京，未至，擢户部尚书、议政大臣。及复命，面陈云南盐务、钱法、边事，多称上意，并允行。授御前大臣兼都统。赐婚其子丰绅殷德为和孝公主额驸，待年行婚礼。又授领侍卫内大臣，充四库全书馆正总裁，兼理藩院尚书事，宠任冠朝列矣。"③

和珅初为官时，精明强干，为官清廉，通过果断处理李侍尧案而巩固个人地位，使得乾隆帝于其宠信有加，并将幼女十公主嫁于其长子丰绅殷德。如是，则和珅不仅大权在握，且一跃而为皇亲国戚。其任侍郎后，笔帖式安明送礼，望能升为司务，和珅未接受其贿赂，仍向尚书丰升额举荐安明就任司务。安明十分高兴，遂送一颗玉，和珅依然婉拒未收。旋，安明接家信，报父丧。按清朝规制，双亲过世，子须回家守丧三年。安明甫任新职，不想回家守丧，故将此事隐瞒下来。旋为尚书丰升额查出，遂联同权臣永贵一同弹劾和珅包庇安明。孰料和珅早于永贵之子伊江阿处得知消息，连忙写奏折两份，

①清内务府于宫内为三旗子弟及景山官学中优秀者开设之官学。
②乾隆注《平定廓尔喀十五功臣图赞》。
③民国·赵尔巽主编《清史稿·卷三百十九·列传一百六·和珅传》。

一份送交军机处，一份留存。次日，永贵上奏指和珅包庇安明，和珅亦上奏折言安明违制，是为不孝。自己失察，亦应处罚。永贵大惊，忙指责和珅徇私舞弊，弃属下于不顾，有违人伦，理应处罚。乾隆帝却道已收军机处呈交和珅弹劾安明奏折，证明和珅并非蓄意包庇安明，实为安明蒙蔽，遂将安明凌迟处死，全家籍没。和珅则因失察降两级留用。

然，随着权力增长，其私欲亦日益膨胀，遂利用职务之便，结党营私，聚敛钱财，打击政敌。

和珅贪墨始于处理云南总督李侍尧贪贿案。其物欲甚强，大肆贪墨尚嫌不足，又亲自经营工商业，开设当铺75间，设大小银号300余间，且与英国东印度公司、广东十三行有商业往来。

乾隆四十五年（1780年）正月，大学士兼云贵总督李侍尧涉嫌贪污，乾隆下御旨命和珅与刑部侍郎喀宁阿远赴云南查办。起初，查勘甚是维艰，案件毫无进展。旋，和珅拘审李侍尧管家赵一恒，加以严刑逼供。一恒奈不住痛楚，遂将侍尧贪墨事和盘托出。和珅即以赵一恒口供威慑侍尧属下高官，命其出面指控侍尧罪状，李侍尧被判斩监候。案件审结后，李侍尧及其党羽财产均为和珅私吞，和珅初尝敛财滋味。四月，长子丰绅殷德被乾隆指为十公主额驸，领受乾隆赏赐黄金，古董等，百官亦接踵争相巴结，和珅贪墨之心由是大起。

乾隆四十七年（1782年），"御史钱沣劾山东巡抚国泰、布政使于易简贪纵营私，命和珅偕都御史刘墉按鞫，沣从往。和珅阴袒国泰，即至，盘库，令抽视银数十封无缺，即起还行馆。沣请封库，明日尽发视库银，得借市银充抵状，国泰等罪皆鞫实。会加恩中外大臣，加太子太保，充经筵讲官。四十八年，赐双眼花翎，充国史馆正总裁、文渊阁提举阁事、清字经馆总裁。四十九年（1784年），甘肃石峰堡爆发回民起义，和珅奉旨随阿桂赴甘平叛，回朝后以承旨论功，再予轻车都尉世职，并前职授一等男爵。调吏部尚书、协办大学士，管理户部如故。"[1]

和珅少年得意，又加乾隆百般荣宠，朝臣多有妒忌。安明案发，文官遂轮番弹劾，令其滋生仇恨之念。四十五年（1780年），和珅任四库全书馆正总裁，遂大兴文字狱，将弹劾其之文人派一律诬为"私藏逆书""禁逆不力"。或指陈作者作品"多含反意""诋讪怨望"，存谋反之状，以为打击罪证。"时总裁八人，尚书彭元瑞独任校勘，敕编石经考文提要，事竣，元瑞被优叙。和珅嫉之，毁元瑞所编不善，且言非天子不考文。上曰：'书为御定，何得目为私书耶？'和珅乃使人撰考文提要举正以攻之，冒为己作进上，訾提要不便士子，请销毁，上不许。馆臣疏请颁行，为和珅所阻，中止，复私使人磨碑字，凡从古者尽改之。"[2]

和珅曾本兼清朝数十个官职：封一等忠襄公、文华殿大学士，其职务主要包括内阁首席大学士、领班军机大臣、吏部尚书、户部尚书、刑部尚书、理藩院尚书，尚兼任内务府总管、翰林院掌院学士、《四库全书》总纂官、领侍卫内大臣、步军统领等数十个

---

①民国·赵尔巽主编《清史稿·卷三百十九·列传一百六·和珅传》。

②民国·赵尔巽主编《清史稿·卷三百十九·列传一百六·和珅传》。

清朝中央政府的关键要职。

伴随权势增长，和珅逐渐打击异己势力，开始觊觎独揽朝纲。

和珅入翰林院任满掌院学士，与汉掌院学士嵇璜共同掌管翰林院。然嵇璜年老力衰，翰林院事务皆为和珅独揽，由是控制科举，肆意纳贿，秀才、举人、进士具以"价高者得"。为垄断朝廷士子，和珅规定，凡新中进士必先经其核勘，不遂意者皆予除名，遂使乾隆末期士子"几出和门"。

乾隆四十三年（1778 年）七月，和珅弹劾阿桂之子阿迪斯贪赃枉法，逮解京城审问。经严刑逼供，得其贪污金银八箱。乾隆帝见之大怒，下令发配阿迪斯充军伊犁，其父阿桂连坐，降二级留任。经阿迪斯事件后，和珅陷害武官近半数。旋又爆发黄枚案。黄枚为阿桂义子，其少年天资聪颖，弱冠即高中进士，分发浙江省平阳知县。浙江学政窦光鼐告发黄枚贪赃枉法，黄枚反告窦光鼐"刑逼书吏、恐吓生监、勒写亲供状。"窦光鼐欲以死相谏，和珅亦上奏乾隆黄枚贪污，并称阿桂有意包庇。乾隆下令彻查，结果查抄黄枚家财高达十二万两，贪污证据确凿，遂就地正法。大学士和珅、学政窦光鼐举报有功各升一级，领班军机大臣阿桂连坐。然，是时阿桂领军于外争战，于国家有功，不予追究。

"内阁学士尹壮图疏论各省库藏空虚，上为动色，和珅请即命壮图往勘各省库，以侍郎庆成监之。庆成每至一省辄掣肘，待挪移既足，然后启椟，迄无亏绌，壮图以妄言坐黜。"①

武英殿大学士兼军机大臣福康安与其有隙，和珅遂刻意搜集其于吉林、广东各处贪赃证据，以待时机。乾隆五十一年（1786 年），台湾发生林爽文事件②，和珅遂向乾隆帝进谗言，命福康安为主将、海兰察为副将，率绿营兵 8000 人征服林爽文 50 万大军。同年十二月，福康安抵台湾与林爽文交战，和珅党羽柴大纪故意拖延军机，福康安杀柴大纪，以故费时一年又四个月方平定林爽文事件。

乾隆四十六年（1781 年）三月，甘肃河州（今临夏）循化厅（今青海循化县）撒拉人苏四十三，因不满甘肃官员贪污舞弊，判案偏袒，率伊斯兰教哲合忍耶教众起义，杀死河州知府杨士玑，直取首府兰州。是时兰州城仅有守兵 800，一经交战即损 300。乾隆皇帝接报惟恐兰州不保，遂命尚书和珅为钦差赴甘肃，命军机大臣阿桂督师，速调陕西、四川等地援军合计十数万军队入甘围剿。大军抵达兰州，乾隆撤办陕甘总督勒尔谨，以李侍尧接任。追剿起义军过程中，海兰察部诸将不服和珅调遣，致令总兵图钦保困死山中。五月，清兵包围义军据点华林山，放火焚烧华林寺，起义军皆葬身火海，苏四十三于混乱中被杀，起义历时 70 余日终告失败。和珅因指挥失误导致总兵图钦保战死，受停职处分。

和珅经近 20 年惨淡经营，至乾隆四十九年（1784 年）已成可与阿桂之武官派、刘墉之御史派、钱沣之反对派抗衡之朝中四大势力之一。和珅不急于与之决高下，而先将触角伸向商人与犯罪集团，迫其臣服，掳掠财物，为政治斗争决战积累庞大财富。"和珅柄政久，善伺高宗意，因以弄窃作威福，不附己者，伺隙激上怒陷之；纳贿者则为周旋，或故缓其事，以俟上怒之霁。大僚恃为奥援，剥削其下以供所欲。盐政、河工素利薮，

① 民国·赵尔巽主编《清史稿·卷三百十九·列传一百六·和珅传》。
② 台湾汉族、高山族人民为反对清朝压迫，由林爽文领导的大规模农民起义。

以征求无厌日益敝。"①四十九年（1784年）正月，乾隆帝第六次南巡。和珅下令各府进献资金，国库未耗一钱即完成南巡准备。是故，乾隆命和珅立于己侧，以显其功绩。

乾隆五十三年（1788年），和珅击败朝中反对势力，实现大权独揽。五十五年（1790年），又创立议罪银制度，官员犯罪可以交纳银两免罪，所收银两入内务府库，供乾隆运用。

嘉庆元年（1796年），福康安于镇压苗民起义时死去。翌年十月，领班军机大臣阿桂去世，朝中仅剩刘墉、董诰暗中掣肘和珅。乾隆帝已入垂暮，上朝时命和珅立于太上皇与嘉庆之侧，唯和珅能解乾隆之意。满朝文武三跪九叩，和珅等同摄政。文武上奏，其以"听取"太上皇圣旨下判断，把持朝政。故时称"二皇帝"。嘉庆坐于一旁，实如木偶。

四年（1799年）正月，太上皇乾隆驾崩。旋"诸劾和珅者比于操、莽。直隶布政使吴熊光旧直军机，上因其入觐，问曰：'人言和珅有异志，有诸？'熊光曰：'凡怀不轨者，必收人心，和珅则满、汉几无归附者，即使中怀不轨，谁肯从之？'上曰：'然则治之得无太急？'熊光曰：'不速治其罪，无识之徒观望贪缘，别滋事端。发之速，是义之尽；收之速，是仁之至。'"正月十三，嘉庆帝宣布和珅二十大罪。"朕于乾隆六十年九月初三日，蒙皇考册封皇太子，尚未宣布，和珅于初二日在朕前先递如意，以拥戴自居，大罪一。骑马直进圆明园左门，过正大光明殿，至寿山口，大罪二。乘椅桥入大内，肩舆直入神武门，大罪三。取出宫女子为次妻，大罪四。于各路军报任意压搁，有心欺蔽，大罪五。皇考圣躬不豫，和珅毫无忧戚，谈笑如常，大罪六。皇考力疾批答章奏，字迹间有未真，和珅辄谓不如撕去另拟，大罪七。兼管户部报销，竟将户部事务一人把持，变更成例，不许部臣参议，大罪八。上年奎舒奏循化、贵德二僜贼番肆劫青海，和珅驳回原折，隐匿不办，大罪九。皇考升遐后，朕谕蒙古王公未出痘者不必来京，和珅擅令已、未出痘者俱不必来，大罪十。大学士苏凌阿重听衰迈，因与其弟和琳姻亲，隐匿不奏；侍郎吴省兰、李潢，太仆寺卿李光云在其家教读，保列卿阶，兼任学政，大罪十一。军机处记名人员任意撤去，大罪十二。所钞家产，楠木房屋僭侈逾制，仿照宁寿宫制度，园寓点缀与圆明园蓬岛、瑶台无异，大罪十三。蓟州坟茔设享殿，置隧道，居民称和陵，大罪十四。所藏珍珠手串二百余，多于大内数倍，大珠大于御用冠顶，大罪十五。宝石顶非所应用，乃有数十，整块大宝石不计其数，胜于大内，大罪十六。藏银、衣服数逾千万，大罪十七。夹墙藏金二万六千余两，私库藏金六千余两，地窖埋银三百余万两，大罪十八。通州、蓟州当铺、钱店资本十余万，与民争利，大罪十九。家奴刘全家产至二十余万，并有大珍珠手串，大罪二十。……上既诛和珅，宣谕廷臣：'凡为和珅荐举及奔走其门者，悉不深究，勉其悛改，咸与自新。'有言和珅家产尚有隐匿者，亦斥不问。和珅在位时，令奏事者具副本送军机处；呈进方物，必先关白，擅自准驳，遇不全纳者悉入私家。步军统领巡捕营在和珅私宅供役者千余人，又令各部以年老平庸之员保送御史。至是，悉革其弊。吏、户两部成例为和珅所变更者，诸臣奏请次第修正。初，乾隆中命和珅改入正黄旗，及得罪，仍隶正红旗。子丰绅殷德，尚固伦和孝公主，累擢都统兼护军统领、内务府大臣。和珅伏法，廷臣议夺爵职。诏以公主故，留袭伯爵。寻以籍没家产，正珠朝珠非臣下所应有，鞫家人，言和珅时于灯下悬挂，临镜自语。仁宗怒，褫丰绅殷

---

①民国·赵尔巽主编《清史稿·卷三百十九·列传一百六·和珅传》。

德伯爵，仍袭旧职三等轻车都尉。"①

嘉庆帝下旨和珅革职下狱，籍没家产。其所聚敛黄金、白银、古玩、珍宝等财富，约值八至十一亿两白银，超过清朝15年财政收入总和。

嘉庆四年正月十五日，正值元宵佳节。时，和珅身陷囹圄，自然想到往年家中元宵，自己于众人侍奉下悠然自得尽情享乐之情景，遂提笔作《上元夜狱中对月两首》：

> 夜色明如许，嗟令困不伸。
>
> 百年原是梦，廿载枉劳神。
>
> 室暗难挨晓，墙高不见春。
>
> 星辰环冷月，缧绁泣孤臣。
>
> 对景伤前事，怀才误此身。
>
> 余生料无几，空负九重仁。

（其一）

> 今夕是何夕，元宵又一春。
>
> 可怜此月夜，分外照愁人。
>
> 思与更俱永，恩随节共新。
>
> 圣明幽隐烛，缧绁有孤臣。

（其二）

可以得知，和珅已预感自己余生不长，末日将临，伤感前事，发出几声悲鸣。

正月十八日，乾隆帝驾崩十五天，嘉庆帝"赏赐"白绫一条，令其自尽。和珅手执白绫，自知大限已至，遂于绝望中提笔写下一首绝命诗：

> 五十年来梦幻真，今朝撒手谢红尘。
>
> 他日水泛含龙日，留取香烟是后身。

赋诗完毕，和珅拿起白绫悬梁自尽，终年50岁。

和珅死时甚感委屈，觉得自己今日结局全因"怀才误此身"，表现出一种"落花流水春去也"之无奈悲情。其至死依然执迷不悟，未能彻悟何以如此下场之奥秘。

呜呼，满腹才华、一表人才和中堂，虽金山银海富可敌国有何用，可有一毫带入坟墓？独揽政柄权倾朝野有何益，三尺白绫足以命其魂归九泉！人生一世，四品京堂既足以光宗耀祖，亦使生计无忧甘之如饴，何必劳形费神为两代帝王"打工"？汝以为乾隆昏聩乎？其命尔于飘然中旋陪其玩耍，旋为其 子聚财攒钱，何处昏又何处聩？汝以为嘉庆稚嫩乎？其于太上皇驾崩仅15天，即将汝"洗劫"一空命丧黄泉，即足见其城府矣！

"出水才见两腿泥"。卸妆后方明白，弱智者竟然是自己。悲夫！

---

①民国·赵尔巽主编《清史稿·卷三百十九·列传一百六·和珅传》。

第拾贰章

气格超迈巾帼，才情不让须眉，婉然歌诗清扬中国封建宗法制度下，社会治理人际结构尤其强调血缘关系，而夫妇关系为血缘关系之基础，故"三纲五常"中"夫为妻纲"一论，既严格规范女人处世为人之圭臬，亦实为"三纲"之嚆矢，从而架起纯粹男权社会之建构。"三纲者，何谓也。谓君臣、父子、夫妇也。君臣父子夫妇六人也，所以称三纲何？一阴一阳谓之道。阳得阴而成，阴得阳而序，刚柔相配，故六人为三纲云云。六纪者，为三纲之纪者也。师长，君臣之纪也。诸父兄弟，父子之纪也。诸舅朋友，夫妇之纪也。"①是故，南宋大理学家朱熹道："盖闻人之大伦，夫妇居一，三纲之首，理可不废。"②于伦理层面将"夫为妻纲"列为大伦之首，遂成后世难以撼动移位之圭臬。

以此圭臬为桎梏，中国女子唯有勤俭持家相夫教子之责任，而无闻问世事置喙社会之职分，故言"女子无才便是德"。女子"无才"便能恪守圭臬，以数尺厅堂厨房为天地，安分守己操持家务，绝不至有"失德"之举。能谨遵妇道者，方为"有德"。倘若女子"有才"，则必不"安分"，或恃才傲物不甘寂寞，定然生出有悖纲常之事端，此则为"无德"。

缘于此，中国古代固然鲜有女才子自然显世。然，驭世者唯有面临外力威胁时，则辄以"无德"女子"和亲"而纾缓社稷之危。于是乎，"无德"弱女子即成为"无能丈夫"手中棋子，以柔弱身躯牺牲爱情乃至性命扛起"扶江山于既倒"之重任，则令须眉男儿羞愧难当无地自容。

首位肩负如此重任者当属西汉"和亲"使者细君公主。汉武帝时，为联合西域乌孙、月氏等游牧部族共同抗击匈奴,遣张骞率使团携厚礼出使西域。张骞返回长安后上疏武帝："乌孙能东居故地，则汉遣公主为夫人，结为昆弟，共距匈奴，不足破也。"武帝遂于元封六年（前105年）遣江都王刘建之女细君为公主，远嫁乌孙昆莫为妻。"公主至其国，自治宫室居，岁时一再与昆莫会，置酒饮食，以币、帛赐王左右贵人。昆莫年老，言语不通，公主悲愁，自为作歌曰：'吾家嫁我兮天一方，远托异国兮乌孙王。穹庐为室兮旃为墙，以肉为食兮酪为浆。居常土思兮心内伤，愿为黄鹄兮归故乡。'天子闻而怜之，间岁遣使者持帷帐锦绣给遗焉。"③不难想见，一位年不足二十之贵族女子，远嫁天边，与亲人远隔千山万水，其度日如年之孤独寂寞，实令常人难以承受。太初四年（前101年），细君公主于五年间先后侍奉猎骄靡、军须靡父子二人为妻后，终于因郁闷而死。

刘细君死后，汉武帝为巩固与乌孙联盟，再遣楚王刘戊孙女刘解忧为公主，继细君之后嫁于乌孙昆莫军须靡。

解忧公主远嫁西域生活五十余年，先后嫁于军须靡、翁归靡、及军须靡与胡妻所生之子泥靡为妻。甘露初年（前53年），解忧公主上书汉宣帝"年老思故乡，愿得骸骨归汉地"。情词哀切，宣帝为之动容，遂遣使将其接回长安，赐予田宅奴婢，奉献之仪如公主，以酬劳其为国所做贡献。

解忧公主与翁归靡"生三男两女：长男曰元贵靡；次曰万年，为莎车王；次曰大乐，

---

①东汉·班固《白虎通·三纲六纪》。

②南宋·朱熹《朱文公文集·卷一百》。

③东汉·班固《汉书·西域传》。

为左大将；长女弟史为龟兹王绛宾妻；小女素光为若呼翕侯妻。"①元贵靡后被立为大国王。其子女均为维护西汉与乌孙关系发挥出巨大作用。尤其解忧侍女冯嫽，于解忧公主回朝后继续留驻乌孙，为稳定西域局势做出积极努力。

西汉后期，南匈奴屡屡骚扰北部边境，边塞百姓几无宁日。朝廷遂拟下嫁汉公主"和亲"以笼络之。中国古代四大美女之一王昭君，出身南郡秭归（今湖北兴山县）平民之家，于汉元帝时以民间女子身份选入掖庭，入宫数年而未得皇上宠幸，内心常怀悲伤哀怨之情。

汉元帝竟宁元年（前33年）正月，匈奴单于呼韩邪来朝，请求娶汉家宫女为妻，元帝遂将昭君赐与呼韩邪单于。昭君出塞仅三年，二人生育一子，呼韩邪即于建始二年（前31年）去世。王昭君因不谙塞外习俗，遂上书汉成帝，请求返回中原。而匈奴俗规"父子同穹庐卧。父死，妻其后母；兄弟死，尽妻其妻。无冠带之节，阙庭之礼。"②故，汉成帝未允其请，命其复嫁呼韩邪之子复株累单于。昭君与之生活十一年，生儿女。复株累去世后，昭君再次"奉敕从胡俗"，三嫁复株累长子。其时昭君33岁，正值绚烂盛年，终因不堪忍受委屈而服毒自尽。

昭君出塞，虽然个人受尽委屈，然其忍辱含垢规劝匈奴单于息战求和，且以中原文化熏陶匈奴，使得汉匈两族团结和睦，国泰民安，"是时边城晏闭，牛马布野，三世无犬吠之警，黎庶忘干戈之役。"③其与呼韩邪所生之子长成后受封为日逐王，为汉匈间开创60年无战事之和平局面。

由是观之，女子作为"男人"棋子，虽可为男人不可为之事，然其作为却并非自愿，实出无奈也。倘国家局势不至万不得已，须眉男儿断不至以"无德"女子纾难遮羞。

是故，女子于男权社会，除以献身可博青史一顾之外，唯有贞烈守节方可赢得树碑立传，名扬后世殊荣。倘欲凭才学跻身儒林文苑，则不特应具离经叛道勇气，亦应身怀超绝男儿才华方可。否则，默默无闻、寂寂无声即为其前定之宿命。

卓文君——平生愿得一心人　矢志白头不相离

中国古代四大才女、蜀中四大才女之一卓文君，④姿色娇美，精通音律，善弹琴，少有文名。卓氏祖居赵国，都城邯郸为当时著名冶铁中心，卓家以冶铁致富。秦始皇灭

---

① 东汉·班固《汉书·西域传》。

② 东汉·班固《汉书·匈奴传》。

③ 东汉·班固《汉书·匈奴传赞》。

④ 卓文君（前175年—前121年），原名文后，西汉临邛（今四川邛崃）人，原籍河北邯郸，西汉著名才女。

赵国之际，强迫赵国富户迁移川陕诸地。卓氏遂辗转迁至蜀地边僻小邑临邛定居，仍以冶铁为业。汉代"文景之治"时期，卓氏家传至文君之父卓王孙一代，其时社会安定，卓氏经营得法，遂成巨富，有良田千顷，华堂绮院，高车驷马，金银珠宝，古董珍玩，不可胜数。

卓王孙有爱女文君，貌美有才气，善鼓琴，好音律，17岁新寡家居。

蜀郡成都有一才子名司马相如，字长卿。少时好读书，学击剑，故自名"犬子"。学业有成后，司马犬子羡慕战国时赵相蔺相如之为人，遂更名"相如"。司马相如先以钱捐得郎官，事孝景帝为武骑常侍，然此职务非其所好。相如偏爱著文作赋，而汉景帝则偏偏不好辞赋，是故相如英雄无用武之地，终日郁闷。时，适逢梁孝王来朝陛见，齐人邹阳、淮阴枚乘、吴庄忌夫子等游说之士随其左右，相如与之相见之后非常惬意，遂以身体不适为由辞职，追随梁孝王来到梁国。梁孝王令相如与诸生游士同舍居住。数年后，司马相如以游两地所感著《子虚赋》，呈献梁孝王。

旋，梁孝王病卒，相如回成都故居。其时司马相如家贫，尚无足以谋生之职业。

时任临邛县令王吉素与司马相如交好，遂去信相邀："长卿久宦游不遂，而来过我。"相如遂赴临邛，先居住于客馆。县令王吉为抬高相如身价，表面伪装对其相当恭敬，每日亲自前往客馆拜访。相如起初接见王吉，渐渐开始称病谢客，仅打发从者出来告白，王吉愈益谨肃。"临邛中多富人，而卓王孙家僮八百人，程郑亦数百人，二人乃相谓曰：'令有贵客，为具召之。'并召令。令既至，卓氏客以百数。至日中，谒司马长卿，长卿谢病不能往，临邛令不敢尝食，自往迎相如。相如不得已，强往，一坐尽倾。酒酣，临邛令前奏琴曰：'窃闻长卿好之，愿以自娱。'相如辞谢，为鼓一再行。是时卓王孙有女文君新寡，好音，故相如缪与令相重，而以琴心挑之。相如之临邛，从车骑，雍容闲雅甚都。及饮卓氏，弄琴，文君窃从户窥之，心悦而好之，恐不得当也。"[①]

卓文君久仰相如文采，遂从屏风外窥视相如，司马相如佯作不知，刻意弹奏一曲《凤求凰》，倾吐爱慕之情。

> 有一美人兮，见之不忘。
>
> 一日不见兮，思之如狂。
>
> 凤飞翱翔兮，四海求凰。
>
> 无奈佳人兮，不在东墙。
>
> 将琴代语兮，聊写衷肠。
>
> 何时见许兮，慰我彷徨。
>
> 愿言配德兮，携手相将。
>
> 不得于飞兮，使我沦亡。

（其一）

---

①西汉·司马迁《史记·卷一百一十七·司马相如列传》。

凤兮凤兮归故乡，遨游四海求其凰。

时未遇兮无所将，何悟今兮升斯堂！

有艳淑女在闺房，室迩人遐毒我肠。

何缘交颈为鸳鸯，胡颉颃兮共翱翔！

凰兮凰兮从我栖，得托孳尾永为妃。

交情通意心和谐，中夜相从知者谁？

双翼俱起翻高飞，无感我思使余悲。

（其二）

"凤求凰"通体比兴，包含求偶激情之热烈，亦象征男女主人公理想非凡、旨趣高尚、知音默契等丰富意蕴。歌词言浅意深，音节浏亮，感情奔放而深挚缠绵，将骚体之旖旎绵邈与汉代民歌之清新明快融于一炉，情真意切，缠绵悱恻。

卓文君领会司马相如琴意，不由为其气派、风度、才情吸引，遂产生敬慕之情。宴会完毕，相如重金赏赐文君侍者，托其转达倾慕之情。

卓文君接相如情书情火燃烧，即于当夜逃出家门，委身相如私奔成都。

卓王孙闻听爱女与人私奔，恼羞成怒道："女至不材，我不忍杀，不分一钱也。"家人朋友劝慰王孙，王孙始终不听。

司马相如家徒四壁一贫如洗，卓文君久居成都，生活极不快乐，遂规劝司马相如："长卿第俱如临邛，从昆弟假贷犹足为生，何至自苦如此！"①相如遂尽卖其车骑，与卓文君相偕迁回临邛。

为求生计，二人于卓王孙宅邸附近买一酒舍，遂为酤酒生意。卓文君不慕虚荣，当垆卖酒，掌管店务；司马相如亦不自卑羞愧，著犊鼻裈，与保庸杂作，涤器于市中。才子佳人为爱情大胆挑战世俗，小酒店遂远近闻名门庭若市。

卓王孙闻道有辱家门之女当街酤酒，深以为耻，因此杜门不出。昆弟诸公劝解王孙道："汝仅一男两女，所不足者非财也。今文君已失身于司马长卿，长卿虽然一时不愿外游求官，家境固然清寒，然其人材足依也，且其又为县令贵客，无必要使其如此难堪！"卓王孙不得已，遂分予文君家僮百人，钱百万，及其嫁时衣被财物。卓文君乃与相如归成都，置买田宅，过起富足安逸生活。

时，汉武帝刘彻久居深宫颇觉无趣，辄赴上林苑游乐。其雅好文学辞赋，东方朔、吾丘寿王随侍左右，吟诗作赋，因与同乐。一日，汉武帝偶读《子虚赋》，为其华美文辞与磅礴气势所倾倒，喟然叹息道："'朕独不得与此人同时哉！'得意曰：'臣邑人司马相如自言为此赋。'上惊，乃召问相如。相如曰：'有是。然此乃诸侯之事，未足观也。请为天子游猎赋，赋成奏之。'"翌日，汉武帝带司马相如等于上林苑游猎。归来后，司马相如挥洒巨笔，"以'子虚'，虚言也，为楚称；'乌有先生'者，乌有此

①西汉·司马迁《史记·卷一百一十七·司马相如列传》。

事也，为齐难；'无是公'者，无是人也，明天子之义。故空藉此三人为辞，以推天子诸侯之苑囿。"①写出著名《上林赋》，呈献于汉武帝。武帝读后十分满意，遂封司马相如为郎官。

司马相如被封为郎，为京师灯红酒绿所迷，产生纳茂陵女子为妾之念，遂逐渐冷淡卓文君，竟至断绝音讯。卓文君于成都倚门翘望，日夜思念山水阻隔之郎君，却见丈夫情书日少，遂写《白头吟》诗寄给相如，表露思念之情：

> 皑如山上雪，皎若云间月。
>
> 闻君有两意，故来相决绝。
>
> 今日斗酒会，明旦沟水头。
>
> 躞蹀御沟上，沟水东西流。
>
> 凄凄复凄凄，嫁娶不须啼。
>
> 愿得一人心，白头不相离。
>
> 竹竿何袅袅，鱼尾何簁簁。
>
> 男儿重意气，何用钱刀为。

岂料相如此时"移情别恋"，早已忘却千里之外牵挂情郎之娇妻，更不念昔日患难与共情深意笃之岁月，仅给文君寄出十三字短信一封："一二三四五六七八九十百千万"。

卓文君读后，发现一行数字中唯独少了"亿"字。"无忆"，岂不暗示夫君已彻底忘却以往之回忆？文君心凉如水，泪流满面，遂含悲回寄一封《怨郎诗》：

> 一别之后，二地相悬。
>
> 只道是三四月，又谁知五六年。
>
> 七弦琴无心弹，八行书无可传。
>
> 九曲连环从中折断，十里长亭望眼欲穿。
>
> 百思想，千系念，万般无奈把君怨。
>
> 万语千言说不完，百无聊赖十倚栏。
>
> 重九登高看孤雁，八月中秋月圆人不圆。
>
> 七月半，秉烛烧香问苍天。
>
> 六月伏天，人人摇扇我心寒。
>
> 五月石榴似火红，偏遭阵阵冷雨浇花端。
>
> 四月枇杷未黄，我欲对镜心意乱。
>
> 急匆匆，三月桃花随水转；飘零零，二月风筝线儿断。
>
> 噫，郎呀郎，恨不得下一世，你为女来我做男。

旋，文君又作《诀别书》二首寄司马相如：

---

① 西汉·司马迁《史记·卷一百一十七·司马相如列传》。

春华竞芳，五色凌素。

琴尚在御，而新声代故！

锦水有鸯，汉宫有木，彼物而新。

嗟世之人兮，瞀于淫而不悟！

（其一）

朱弦断，明镜缺。

朝露晞，芳时歇。

白头吟，伤离别。

努力加餐勿念妾。

锦水汤汤，与君长诀！

（其二）

　　司马相如看完妻子来信，不禁惊叹妻子才华横溢。遥想昔日夫妻恩爱之情，羞愧万分，遂放弃遗妻纳妾之念。

　　建元六年（前135年），武帝任命相如为中郎将，令持节出使，拢络西南夷。相如抵达蜀郡，蜀人皆以迎接相如为荣。旋，有人上书武帝，举报司马相如使蜀时曾受当地官吏贿赂。武帝信之，遂罢其官职。岁余，又被重新启用，仍为郎官。时，司马相如家中富有，乐得清闲，遂迁居茂陵，与文君相偕唱和，过起悠闲自在生活，直至白头。

　　司马相如与卓文君大胆奔放之爱情故事，两千年来为追求爱情自由之有情人所艳羡向往，后人且根据其爱情故事，编成曲谱《凤求凰》，千古传唱，以解相思之念：

相遇是缘，相思渐缠，相见却难。

山高路远，惟有千里共婵娟。

因不满，鸯梦成空泛。

故摄形相，托鸿雁，快捎传。

喜开封，捧玉照，细端详。

但见樱唇红，柳眉黛，星眸水汪汪，情深意更长。

无限爱慕怎生诉？

款款东南望，一曲凤求凰。

　　蜀郡才女卓文君，虽然金榜无名庙堂无位，然其绝世才华与张扬个性，同样为之于情感世界赢得一席之地，得以流芳千古！

班昭——一编汉史何须续　女戒人间自可传

班昭^①出身儒学世家，父亲班彪才学人品闻名朝野，受家风影响熏陶，班昭禀赋天成学问广博。14 岁时，班昭嫁同郡人曹世叔为妻。世叔性格活泼外向，班昭则温柔细腻，夫妻二人颇能相互迁就，生活和谐美满。然丈夫不幸英年早逝，班昭清守妇规，举止合乎礼仪，气节品行为时人称道。

班氏家学渊源，班昭尤擅文采。其毕生突出功绩为继承父兄遗愿，整理完成史籍《汉书》。《汉书》为续《史记》之历史巨著，中国第一部纪传体断代史，凡 100 篇，计 120 卷。

《史记》因司马迁去世而记事止于西汉武帝大初年间。后虽有史家补写，然班彪认为"多鄙俗，不足以踵其书"。遂收集史料撰写《后传》60 余篇，意在补齐"太初以后，阙而不录"部分，然未及完成即因病辞世。

其子班固继父志，整理乃父遗稿，叹其"所续前史未详"，遂着手编写一部始于高祖创业，终至王莽覆亡之《汉书》。旋，班固为人告发，因"私改国史"被捕入狱。其弟班超获悉，赶赴洛阳上书明帝，幸被召见，班固因而得以免罪，并召为兰台令史。

班固经 20 余年艰苦耕耘，至汉和帝永元元年（89 年），巨著即将完成。时，适逢匈奴犯境，班固奉命从大将军窦宪北击匈奴，为中护军。后窦宪因擅权被杀，班固受牵连，死于狱中。《汉书》未成，稿本散乱。

汉和帝知班昭为博古通今、学识过人之巾帼奇才，遂召之与马续至皇室东观藏书阁续修《汉书》。昭为继父兄遗志，欣然奉召。其于藏书阁经年累月孜孜不倦阅读大量史籍，整理、核校父兄遗留之散乱篇章，并于原稿基础上补写《异姓诸侯王表》《诸侯王表》《高惠高后文功臣表》《景武昭宣元成功臣表》《外戚恩泽侯表》《百官公卿表》《古今人表》及《天文志》等八表。《汉书》历经 40 年编撰，终告完成。《汉书》虽先后经四人手撰，读来却"后先媲美，如出一手"，十分和谐。

《汉书》问世，读者多不通晓，班昭即教授大儒马融等诵读，使之得以广泛传播。

汉和帝深喜班昭德才，多次召其入宫，令皇后及诸嫔妃拜之为师，学习儒家经典、天文、数学，足使班昭声名大震，遂以学识品德赢得"曹大家"尊称。

汉和帝永元十二年（100 年），班昭胞兄、西域都护定远侯班超久居偏远异地，年迈思念故土，上书朝廷请求回国。班昭为求班超回长安颐养天年，上疏和帝：

---

①班昭（约 45 年—约 117 年），又名姬，字惠班，扶风安陵（今陕西咸阳）人，东汉女史学家、文学家。

妾同产兄西域都护定远侯超，幸得以微功特蒙重赏，爵列通侯，位二千石。天恩殊绝，诚非小臣所当被蒙。超之始出，志捐躯命，冀立微功，以自陈效。会陈睦之变，道路隔绝，超以一身转侧绝域，晓譬诸国，因其兵众，每有攻战，辄为先登，身被金夷。不避死亡。赖蒙陛下神灵，且得延命沙漠，至今积三十年。骨肉生离，不复相识。所与相随时人士众，皆已物故。超年最长，今且七十。衰老被病，头发无黑，两手不仁。耳目不聪明，扶杖乃能行。虽欲竭尽其力，以报塞天恩，迫于岁暮，犬马齿索。蛮夷之性，悖逆侮老，而超旦暮入地，久不见代，恐开奸宄之源，生逆乱之心。而卿大夫咸怀一切，莫肯远虑。如有卒暴，超之气力不能从心，便为上损国家累世之功，下弃忠臣竭力之用，诚可痛也。故超万里归诚，自陈苦急，延颈逾望，三年于今，未蒙省录。

妾窃闻古者十五受兵，六十还之，亦有休息不任职也。缘陛下以至孝理天下，得万国之欢心，不遣小国之臣，况超得备侯伯之位，故敢触死为超求哀，丐超余年。一得生还，复见阙庭，使国永无劳远之虑，西域无仓卒之忧，超得长蒙文王葬骨之恩，子方哀老之惠。《诗》云：'民亦劳止，汔可小康，惠此中国，以绥四方。'超有书与妾生诀，恐不复相见。妾诚伤超以壮年竭忠孝于沙漠，疲老则便捐死于旷野，诚可哀怜。如不蒙救护，超后有一旦之变，冀幸超家得蒙赵母、卫姬先请之贷。妾愚戆不知大义，触犯忌讳。[①]

奏章送上，和帝览后感动非常，遂遣戊己校尉任尚出任西域都护，班超得以告老返乡。

邓太后临朝称制，班昭曾以师傅之尊参与政事。

"永初中，太后兄大将军邓骘以母忧，上书乞身，太后不欲许，以问昭。

昭因上疏曰：'伏惟皇太后陛下，躬盛德之美，隆唐、虞之政，辟四门而开四聪，采狂夫之瞽言，纳刍荛之谋虑。妾昭得以愚朽，身当盛明，敢不披露肝胆，以效万一！妾闻谦让之风，德莫大焉，故典坟述美，神祇降福。昔夷、齐去国，天下服其廉高；太伯违邠，孔子称为三让。所以光昭令德，扬名于后世者也。《论语》曰：'能以礼让为国，于从政乎何有！'由是言之，推让之诚，其致远矣。今四舅深执忠孝，引身自退，而以方垂未静，拒而不许；如后有毫毛加于今日，诚恐推让之名不可再得。缘见逮及，故敢昧死竭其愚情。自知言不足采，以示虫蚁之赤心。'

太后从而许之。于是骘等各还里第焉。"[②]

永初七年（113年）正月，班昭之子曹成出任陈留郡长垣长（今河南长垣县）。班昭随子乘车由都城洛阳赴长垣，途经偃师、巩义、荥阳、新乡、原武、阳武、平丘。沿途历史先贤之典故迭次浮现脑海，孔子当年被误认为阳虎遭围困，子路治蒲有功却被冤杀，卫国大夫蘧伯玉德行高尚而受尊等，及涌入眼帘之田园、农舍、村夫、城墟，使其触景生情，

---

①南朝·宋·范晔《后汉书·卷八十四·列女传·第七十四》。

②南朝·宋·范晔《后汉书·卷八十四·列女传·第七十四》。

浮想联翩。遂以一路见闻与感受为素材，仿照其父班彪之《北征赋》写成《东征赋》：

> 惟永初之有七兮，余随子乎东征。时孟春之吉日兮，撰良辰而将行。乃举趾而升舆兮，夕予宿乎偃师。遂去故而就新兮，志怆恨而怀悲！
>
> 明发曙而不寐兮，心迟迟而有违。酌醴酒以弛念兮，喟抑情而自非。谅不登樔而椓蠡兮，得不陈力而相追。且从众而就列兮，听天命之所归。遵通衢之大道兮，求捷径欲从谁？乃遂往而徂逝兮，聊游目而遨魂！
>
> 历七邑而观览兮，遭巩县之多艰。望河洛之交流兮，看成皋之旋门。既免脱于峻崄兮，历荥阳而过卷。食原武之息足，宿阳武之桑间。涉封丘而践路兮，慕京师而窃叹！小人性之怀土兮，自书传而有焉。
>
> 遂进道而少前兮，得平丘之北边。入匡郭而追远兮，念夫子之厄勤。彼衰乱之无道兮，乃困畏乎圣人。怅容与而久驻兮，忘日夕而将昏。到长垣之境界，察农野之居民。睹蒲城之丘墟兮，生荆棘之榛榛。惕觉寤而顾问兮，想子路之威神。卫人嘉其勇义兮，讫于今而称云。蘧氏在城之东南兮，民亦尚其丘坟。唯令德为不朽兮，身既没而名存。
>
> 惟经典之所美兮，贵道德与仁贤。吴札称多君子兮，其言信而有徵。后衰微而遭患兮，遂陵迟而不兴。知性命之在天，由力行而近仁。勉仰高而蹈景兮，尽忠恕而与人。好正直而不回兮，精诚通于明神。庶灵祇之鉴照兮，佑贞良而辅信。
>
> 乱曰：君子之思，必成文兮。盍各言志，慕古人兮。先君行止，则有作兮。虽其不敏，敢不法兮。贵贱贫富，不可求兮。正身履道，以俟时兮。修短之运，愚智同兮。靖恭委命，唯吉凶兮。敬慎无怠，思嗛约兮。清静少欲，师公绰兮。

较之《北征赋》，《东征赋》于感情描写更为细腻，作者将内心矛盾与苦闷曲折而真实地反映出来，强自开解而又无可奈何，低徊往复，又具古淡文风。

班昭晚年身患疾病，而家中女子正当出嫁年龄，遂担心其不谙妇道礼仪，"但伤诸女方当适人，而不渐训诲，不闻妇礼，惧失容它门，取耻宗族。吾今疾在沈滞，性命无常，念汝曹如此，每用惆怅。间作《女诫》七章，愿诸女各写一通，庶有补益，裨助汝身。去矣，其勖勉之！"[①]

《女诫》为天下女子系统提出"三从之道"与"四德之仪"，对妇德、妇言、妇容、妇功尝做具体阐释，明确强调男尊女卑。班昭以为，女人应明确卑微地位，清醒性别角色，自觉承担劳作，操持家务，侍奉丈夫。特别强调女子必须绝对顺从丈夫、公婆。由其倡导之女性观，成为中国古代妇女之行为准则。作为"女四书"之一，《女诫》思想严格禁锢女性自由，影响中国历史一千余年。

班昭不仅为史学翘楚，亦为杰出文学家。其文史成就除编撰《汉书》之外，尚著有赋、颂、铭、诔、书、论等文章16篇，辑成《大家集》3卷，可惜大都失传，现仅存世《东

---

①东汉·班昭《女诫》。

征赋》《女诫》等 7 篇。

"昭年七十余卒，皇太后素服举哀，使者监护丧事。"[①]

"东观续史，赋颂并娴。"[②]班昭作为中国古代第一位女史学家、文学家，"曹大家"自然名留青史，光照人间。

蔡文姬——十八拍茹休愤切　须知薄命是佳人

蔡文姬[③]之父蔡邕，为著名文学家、书法家、音乐家，东汉末年众所公认之文坛领袖。其文学造诣与影响曾吸引杨赐、玉灿、马月碑等一代鸿儒及文武兼资之一代雄霸曹操经常出入蔡府，纵横捭阖阔论古今。其书法艺术尝令梁武帝赞不绝口："蔡邕书，骨气洞达，爽爽如有神力。"书艺整饬而不刻板，静穆而有生气。《嘉平石经》《曹娥碑》均为其所书，章法自然，笔力劲健，结字跌宕有致，无求妍美之意，而具古朴天真之趣。

蔡文姬生长于如此家庭，自幼耳濡目染，既博学能文，又善诗赋，兼长辩才与音律亦为自然，其童年生活幸福美满。16 岁时，蔡文姬嫁于河东世族子弟、大学子卫仲道为妻。婚后夫妇相敬如宾恩爱非常，男欢女爱诗文唱和。可惜好景不长，婚后不足一年，卫仲道因咯血而死。文姬未曾为卫家生下子嗣，卫家人又嫌其克死丈夫，才高气傲之文姬遂不顾父亲反对，毅然回到娘家。

董卓掌权时，慕名强召蔡邕。蔡邕被迫前往，任为祭酒，甚得董卓敬重。旋，举为高第，三日之内，历任侍御史、治书御史、尚书。又出任巴郡太守，被留为侍中。后拜左中郎将，随献帝迁都长安，封高阳乡侯。董卓被诛杀后，蔡邕因于王允座上感叹其遭遇而被下狱，不久死于狱中。蔡氏遭此变故，家势一落千丈。

汉献帝兴平二年（195 年），南匈奴趁关中混乱之机，越境劫掠汉地。蔡文姬裹胁于流民之中，匈奴掳而入漠北，被左贤王纳为王妃。文姬居南匈奴 12 年，为左贤王育有二子，并学会吹奏匈奴乐器"胡笳"及一些异族语言。

建安十三年（208 年），曹操"挟天子以令诸侯"统一北方之后，念及昔日好友蔡邕无子嗣，即派周近为持节使者，携带黄金千两，白璧一双，赴南匈奴赎回文姬。文姬托付侍女侍琴留下照顾其二子，自己单人毅然归汉。时文姬年已 31 岁。是年，爆发"赤壁之战"。

---

①南朝·宋·范晔《后汉书·卷八十四·列女传·第七十四》。

②清·赵傅《后汉列女颂（并序）》。

③蔡文姬（生卒年不详），名琰，陈留郡圉（今河南杞县南）人，东汉末年著名文学家、音乐演奏家。

　　蔡文姬归汉后，曹操命其嫁于屯田校尉董祀为妻。时董祀正值鼎盛年华，生得一表人才，通书史，谙音律，自视甚高，而"半老徐娘"文姬已先嫁二夫，又饱经离乱忧伤，时常神思恍惚，董祀自然心存不足之感，然迫于丞相授意难以推却，只好接纳。故二人婚初生活并不十分和谐。

　　翌年，董祀"犯法当死，文姬诣曹操请之。时公卿名士及远方使驿坐者满堂，操谓宾客曰：'蔡伯喈之女在外，今为诸君见之。'及文姬进，蓬首徒行，叩头请罪，音辞清辩，旨甚酸哀，众皆为改容。操曰：'诚实相矜，然文状已去，奈何？'文姬曰：'明公厩马万匹，虎士成林，何惜疾足一骑，而不济垂死之命乎！'操感其言，乃追原祀罪。时且寒，赐以头巾履袜。"①

　　曹操一面念及昔日与蔡邕交情，兼及蔡文姬悲惨身世，倘若处死董祀，文姬势难自存，遂宽宥赦免董祀。此后，董祀感念妻子恩德，对文姬重新审度，夫妻双双看透世事，遂溯洛水而上，择风景秀丽林木繁茂山麓而居。若干年后，曹操狩猎路经斯地，曾专意造府探视，并嘱其不遗余力继续整理、续写其父书籍、遗著，直至终老。蔡文姬与董祀生有一儿一女，女儿嫁于司马懿之子司马师为妻。

　　蔡文姬为董祀求情而董祀未归之时，"操因问曰：'闻夫人家先多坟籍，犹能忆识之不？'文姬曰：'昔亡父赐书四千许卷，流离涂炭，罔有存者。今所诵忆，裁四百余篇耳。'操曰：'今当使十吏就夫人写之。'文姬曰：'妾闻男女之别，礼不亲授。乞给纸笔，真草唯命。'于是缮书送之，文无遗误。"②由是，蔡邕散轶之400余篇作品遂得以传世。曹操、文姬是举，于中国文学实为功德无量。

　　蔡文姬一生三嫁，命运坎坷，自归汉嫁董祀，方得安度半生。观其身世、才学、命运之一生，的确可以概括为："伊大宗之令女，禀神惠之自然；在华年之二八，披邓林之曜鲜。明六列之尚致，服女史之语言；参过庭之明训，才朗悟而通云。当三春之嘉月，时将归于所天；曳丹罗之轻裳，戴金翠之华钿。羡荣根之所茂，哀寒霜之已繁；岂偕老之可期，庶尽欢于余年。"③

　　蔡文姬归汉回到洛阳，常于泪眼中回首往事，无限伤悲。遂将曲折经历与辛酸人生融于文学作品之中，创作惊世之作《悲愤诗》二首与《胡笳十八拍》长篇。

　　《悲愤诗》之一为中国诗史上第一首自传体五言长篇叙事诗。作者以质朴无华之笔触，描绘东汉末年社会生活画面，对乱世鞭挞控诉，于命运悲叹哀婉。基于作者亲身经历与切肤之痛，作品饱含血泪，令人肝肠寸断：

> 汉季失权柄，董卓乱天常。志欲图篡弑，先害诸贤良。逼迫迁旧邦，拥主以自强。
>
> 海内兴义师，欲共讨不祥。卓众来东下，金甲耀日光。平土人脆弱，来兵皆胡羌。
>
> 猎野围城邑，所向悉破亡。斩截无孑遗，尸骸相撑拒。马边悬男头，马后载妇女。

---

① 南朝·宋·范晔《后汉书·卷八十四·列女传·第七十四》。

② 南朝·宋·范晔《后汉书·卷八十四·列女传·第七十四》。

③ 三国·魏·丁廙《蔡伯喈女赋》。

长驱西入关，迥路险且阻。还顾邈冥冥，肝胆为烂腐。所略有万计，不得令屯聚。
或有骨肉俱，欲言不敢语。失意几微间，辄言弊降虏。要当以亭刃，我曹不活汝。
岂敢惜性命，不堪其詈骂。或便加棰杖，毒痛参并下。旦则号泣行，夜则悲吟坐。
欲死不能得，欲生无一可。彼苍者何辜，乃遭此厄祸。边荒与华异，人俗少义理。
处所多霜雪，胡风春夏起。翩翩吹我衣，肃肃入我耳。感时念父母，哀叹无穷已。
有客从外来，闻之常欢喜。迎问其消息，辄复非乡里。邂逅徼时愿，骨肉来迎己。
己得自解免，当复弃儿子。天属缀人心，念别无会期。存亡永乖隔，不忍与之辞。
儿前抱我颈，问母欲何之。人言母当去，岂复有还时。阿母常仁恻，今何更不慈。
我尚未成人，奈何不顾思。见此崩五内，恍惚生狂痴。号泣手抚摩，当发复回疑。
兼有同时辈，相送告离别。慕我独得归，哀叫声摧裂。马为立踟蹰，车为不转辙。
观者皆嘘唏，行路亦呜咽。去去割情恋，遄征日遐迈。悠悠三千里，何时复交会。
念我出腹子，胸臆为摧败。既至家人尽，又复无中外。城郭为山林，庭宇生荆艾。
白骨不知谁，纵横莫覆盖。出门无人声，豺狼号且吠。茕茕对孤景，怛咤靡肝肺。
登高远眺望，魂神忽飞逝。奄若寿命尽，傍人相宽大。为复强视息，虽生何聊赖。
托命于新人，竭心自勖励。流离成鄙贱，常恐复捐废。人生几何时，怀忧终年岁。

作品以情纬事，侧重描写乱离之状，抒发感伤之情，为中国古典诗歌史上第一首文人创作自传体长篇叙事诗。历代文坛于之评价颇高："文姬才欲压文君，《悲愤》长篇洵大文。老杜固宗曹七步，瓣香可也及钗裙。"[1]认为蔡文姬不特才华压倒汉代才女卓文君，且于建安曹植及唐代杜甫五言叙事诗影响颇深。

蔡文姬博学多才，音乐天赋自小过人。6岁时，文姬听父亲于大厅中弹琴，隔墙即能听出父亲琴弦弹断第一根。其父惊讶之余，故意将第四根弦弄断，居然又被其指出。长大后，文姬更是琴艺超人。北掳之后，文姬于胡地日夜思念故土，归汉后即参考胡人声调，结合自己悲惨经历，创作中国古乐府琴曲歌辞《胡笳十八拍》。

《胡笳十八拍》为骚体诗。作者采用民间歌谣形式，吸取流行于西域之胡笳声律，一反温柔敦厚封建传统，情发如山洪，一泻千里。其感情之奔放、想象之大胆、语言之炽热、形式之新颖，令人耳目一新，为屈原《离骚》以降最值得欣赏之长篇抒情诗：

我生之初尚无为，我生之后汉祚衰。天不仁兮降乱离，地不仁兮使我逢此时。
干戈日寻兮道路危，民卒流亡兮共哀悲。烟尘蔽野兮胡虏盛，志意乖兮节义亏。
对殊俗兮非我宜，遭恶辱兮当告谁？笳一会兮琴一拍，心愤怨兮无人知。
戎羯逼我兮为室家，将我行兮向天涯。云山万重兮归路遐，疾风千里兮扬尘沙。
人多暴猛兮如虺蛇，控弦被甲兮为骄奢。两拍张弦兮弦欲绝，志摧心折兮自悲嗟。
越汉国兮入胡城，亡家失身兮不如无生。毡裘为裳兮骨肉震惊，羯羶为味兮

---

[1] 清·张玉谷《古诗赏析》。

枉过我情。鞶鼓喧兮从夜达明，胡风浩浩兮暗塞营。伤今感昔兮三拍成，衔悲畜恨兮何时平。

无日无夜兮不思我乡土，禀气含生兮莫过我最苦。天灾国乱兮人无主，唯我薄命兮没戎虏。殊俗心异兮身难处，嗜欲不同兮谁可与语！寻思涉历兮多艰阻，四拍成兮益凄楚。

雁南征兮欲寄边声，雁北归兮为得汉音。雁飞高兮邈难寻，空断肠兮思愔愔。攒眉向月兮抚雅琴，五拍泠泠兮意弥深。

冰霜凛凛兮身苦寒，饥对肉酪兮不能餐。夜闻陇水兮声呜咽，朝见长城兮路杳漫。追思往日兮行李难，六拍悲来兮欲罢弹。

日暮风悲兮边声四起，不知愁心兮说向谁是！原野萧条兮烽戍万里，俗贱老弱兮少壮为美。逐有水草兮安家葺垒，牛羊满野兮聚如蜂蚁。草尽水竭兮羊马皆徙，七拍流恨兮恶居于此。

为天有眼兮何不见我独漂流？为神有灵兮何事处我天南海北头？我不负天兮天何配我殊匹？我不负神兮神何殛我越荒州？制兹八拍兮拟排忧，何知曲成兮心转愁。

天无涯兮地无边，我心愁兮亦复然。人生倏忽兮如白驹之过隙，然不得欢乐兮当我之盛年。怨兮欲问天，天苍苍兮上无缘。举头仰望兮空云烟，九拍怀情兮谁与传？

城头烽火不曾灭，疆场征战何时歇？杀气朝朝冲塞门，胡风夜夜吹边月。故乡隔兮音尘绝，哭无声兮气将咽。一生辛苦兮缘别离，十拍悲深兮泪成血。

我非食生而恶死，不能捐身兮心有以。生仍冀得兮归桑梓，死当埋骨兮长已矣。日居月诸兮在戎垒，胡人宠我兮有二子。鞠之育之兮不羞耻，愍之念之兮生长边鄙。十有一拍兮因兹起，哀响缠绵兮彻心髓。

东风应律兮暖气多，知是汉家天子兮布阳和。羌胡蹈舞兮共讴歌，两国交欢兮罢兵戈。忽遇汉使兮称近诏，遗千金兮赎妾身。喜得生还兮逢圣君，嗟别稚子兮会无因。十有二拍兮哀乐均，去住两情兮难具陈。

不谓残生兮却得旋归，抚抱胡儿兮泣下沾衣。汉使迎我兮四牡，胡儿号兮谁得知？与我生死兮逢此时，愁为子兮日无光辉，焉得羽翼兮将汝归。一步一远兮足难移，魂消影绝兮恩爱遗。十有三拍兮弦急调悲，肝肠搅刺兮人莫我知。

身归国兮儿莫之随，心悬悬兮长如饥。四时万物兮有盛衰，唯我愁苦兮不暂移。山高地阔兮见汝无期，更深夜阑兮梦汝来斯。梦中执手兮一喜一悲，觉后痛吾心兮无休歇时。十有四拍兮涕泪交垂，河水东流兮心是思。

十五拍兮节调促，气填胸兮谁识曲？处穹庐兮偶殊俗。愿得归来兮天从欲，再还汉国兮欢心足。心有怀兮愁转深，日月无私兮曾不照临。子母分离兮意难怪，同天隔越兮如商参，生死不相知兮何处寻！

十六拍兮思茫茫，我与儿兮各一方。日东月西兮徒相望，不得相随兮空断肠。对萱草兮忧不忘，弹鸣琴兮情何伤！今别子兮归故乡，旧怨平兮新怨长！泣血仰头兮诉苍苍，胡为生兮独罹此殃！

十七拍兮心鼻酸，关山阻修兮行路难。去时怀土兮心无绪，来时别儿兮思漫漫。塞上黄蒿兮枝枯叶干，沙场白骨兮刀痕箭瘢。风霜凛凛兮春夏寒，人马饥豗兮筋力单。岂知重得兮入长安，叹息欲绝兮泪阑干。

胡笳本自出胡中，缘琴翻出音律同。十八拍兮曲虽终，响有余兮思无穷。是知丝竹微妙兮均造化之功，哀乐各随人心兮有变则通。胡与汉兮异域殊风，天与地隔兮子西母东。苦我怨气兮浩于长空，六合虽广兮受之应不容！

《胡笳十八拍》为感人肺腑之千古绝唱。作者以时代大动乱为背景，描绘汉末社会由于宦官、外戚、军阀相继把持朝政，农民起义、军阀混战、胡虏强盛、外族入侵、烽火遍野、民卒流亡。时，长城黄河遍地狼烟，真可谓：

> 关东有义士，兴兵讨群凶。
> 初期会盟津，乃心在咸阳。
> 军合力不齐，踌躇而雁行。
> 势利使人争，嗣还自相戕。
> 淮南弟称号，刻玺于北方。
> 铠甲生虮虱，万姓以死亡。
> 白骨露于野，千里无鸡鸣。
> 生民百遗一，念之断人肠。[1]

作者于斯被掳，"一生辛苦兮缘别离，"强留南匈奴12年，生活与精神均承受巨大痛苦，常人难以忍受。"胡风浩浩""冰霜凛凛""原野萧条""流水呜咽"之异域环境；"毡裘为裳兮骨肉震惊""羯膻为味兮枉遏我情"之异方殊俗，使其感受到"殊俗心异兮身难处，嗜欲不同兮谁可与语"之极大痛苦。

作品既体现了蔡文姬多舛之命途，亦反映其绝世之才华。其着力于主人公艺术形象塑造，带有强烈主观抒情色彩。被掳西去、胡地生子、别儿归国、重入长安，无不以深情唱叹出之。其感情，往往随叙事进程突然而来，忽然而去，跳荡变化，匪夷所思，令人甫临沧海，复造瑶池。"天不仁兮降乱离，地不仁兮使我逢此时。""为天有眼兮何不见我独漂流？为神有灵兮何事处我海北天南头？我不负天兮天何配我殊匹？我不负神兮神何殛我越荒州？"作者将天、神直接送上天理良心之被告席，真实深刻地反映出"天无涯兮地无边，我心愁兮亦复然""苦我怨气兮浩于长空"之悲怆心情。

《胡笳十八拍》于东京洛阳一经传诵，如平湖巨浪，文坛震撼。时"东京风格颓下，蔡文姬才气英英。读《胡笳吟》，可令惊蓬坐振，沙砾自飞，真是激烈人怀抱。"[2]

---

①东汉·曹操《蒿里行》。
②明·陆时雍《诗镜总论》。

"端操有踪，幽闲有容。区明风烈，昭我管彤。"①乱世才女蔡文姬，一生频遭女人不幸。然"不幸"砥砺其意志，塑造其品格，成就其人生。倘无"不幸"，千古绝唱《胡笳吟》将自何出？后人更无缘品尝如此摄人魂魄之血泪大餐矣！

上官婉儿——有心志逐深山静　难违途随曲涧迷

有"巾帼宰相"名之唐代女才子上官婉儿②，出身名门望族，自幼聪慧伶俐能诗善文。然，因祖父上官仪获罪被杀，家势遽然中落，旋随母郑氏入内庭为奴婢。

上官婉儿远祖上官桀为西汉武帝时左将军、安阳侯，上官桀之子上官安为车骑将军、桑乐侯，上官安之女为汉昭帝皇后。其高祖父上官贤官至北周幽州太守，曾祖父上官弘任隋朝江都宫福监，祖父上官仪为唐高宗宰相。

唐高宗麟德元年（664 年），上官仪受高宗旨意起草废武则天诏书，因事不密，与子上官庭芝同为武则天所杀。时上官婉儿甫降人世，遂与母亲郑氏同被配没掖廷为奴。委身掖廷期间，上官婉儿得其母精心培养，熟读诗书，吟诗著文，且明达吏事，聪敏异常。

高宗仪凤二年（677 年），皇后武则天召见上官婉儿，当场出题考校。上官婉儿文不加点，须臾而成，且文意通畅，词藻华丽，语言优美，犹如宿构而成。武则天见状大悦，即令免其奴婢身份，命掌管宫中诏命。婉儿是年 14 岁。

天授元年（690 年）武则天称帝后，诏敕多出其手，时称"内舍人"。旋，"婉儿忤旨当诛，则天惜其才不杀，但黥其面而已。自圣历已后，百司表奏，多令参决。"③经此宫廷风波，上官婉儿遂愈益精心伺奉，曲意迎合，更得武则天欢心。自通天元年（696 年）起，则天帝命其处理百司奏表，参决政务，权势日盛。

"初，婉儿在孕时，其母梦人遗己大秤，占者曰：'当生贵子，而秉国权衡。'既生女，闻者嗤其无效，及婉儿专秉内政，果如占者之言。"④上官婉儿凭才学由宫廷奴婢而傲立朝堂，令满朝须眉仰其鼻息望而生畏，果然应验其母梦境。

中宗神龙元年（705 年），宰相张柬之等大臣发动"神龙政变"，武则天被迫退位，唐中宗李显复辟，令上官婉儿专掌起草诏令，深被信任，旋拜为昭容，封其母郑氏为沛国夫人。

---

①南朝·宋·范晔《后汉书·卷八十四·列女传·第七十四》。

②上官婉儿（663—710 年），复姓上官，小字婉儿，又称上官昭容，祖籍陇西上邽（今甘肃天水市），唐代女官、诗人、皇妃。

③后晋·刘昫《旧唐书·列传第一·后妃上》。

④后晋·刘昫《旧唐书·列传第一·后妃上》。

上官婉儿与中宗韦皇后、安乐公主亦多往来，屡次劝说韦皇后行武则天故事。韦皇后遂上表请求规定士民一律为被父亲休弃之母亲服丧三年，又请求规定天下百姓23岁方为成丁，年59即免除劳役，以期收取人心民望，皆得中宗恩准。上官婉儿祖父一案亦于是平反，中宗追赠上官仪为中书令、秦州都督、楚国公，追赠上官庭芝黄门侍郎、岐州刺史、天水郡公。

连受则天、中宗两朝圣眷，上官婉儿开始不甘寂寞，遂于朝内培植私人结党揽权，意欲把持朝政。其先与武则天之侄武三思淫乱，将其引荐于韦皇后，任为宰相。二人联袂秉政，每下制敕，多因事推尊武后而排抑李皇家族。中宗李显遂渐与武三思商议政事，而宰相张柬之等人从此受武三思遏制。旋，武三思依恃韦皇后及安乐公主支持，相继设计贬杀张柬之、桓彦范、敬晖、袁恕己与崔玄暐等五位忠臣，权倾人主，不可一世。

中宗李显于上官婉儿居地穿池筑岩，穷极雕饰，常引大臣宴乐其中。时，宫禁宽疏，允许宫内官员任意出入。上官婉儿遂与宫官于宫外购筑宅第，常与之交接往来。后与吏部侍郎崔湜于外宅私通，并延引其为知政事。旋，崔湜主持铨选多有违失，遭御史弹劾，以罪贬外州司马。上官婉儿与安乐公主审理其案，仍官复原职。"景龙政变"时为李重俊杀。

中宗第三子李重俊于神龙二年立为皇太子，因非韦后所生，颇受韦后猜忌。时韦后之女安乐公主欲为皇太女，亦视其为眼中钉，重俊太子地位愈加危险。为遏止祸起宫闱，上官婉儿曾四次进谏中宗，反对立安乐公主为皇太女。其间谏诤方式由检举揭发而辞官不做，再削发为尼，最终以死相谏，均未得中宗准许。

神龙三年（707年）七月，李重俊率李多祚、李承况、独孤祎之等人，矫制发左右羽林兵300余人发动兵变，先于府邸杀死武三思、武崇训及其党羽十余人。旋派李千里分兵把守宫城诸门，自率兵自肃章门斩关而入，"扣阁索婉儿。婉儿大言曰：'观其此意，即当次索皇后以及大家。'帝与后遂激怒，并将婉儿登玄武门楼以避兵锋，俄而事定。"[1]上官婉儿临危不乱沉着应变，令右羽林大将军刘景仁率飞骑2000余人，屯太极殿前闭门自守。形势逆转，兵变士兵临阵倒戈，斩李多祚及李承况等于楼下，余党溃散。政变失败后，李重俊带下属奔终南山而去，于雩县西十余里为左右所杀。

景龙四年（710年），太平公主势力日盛，上官婉儿遂依附之。六月，中宗李显突然驾崩，韦皇后以党羽族人控制台阁政职、内外兵马及中央禁军，朝政大权尽落韦氏之手。上官婉儿与太平公主起草遗诏，立李重茂为皇太子，李旦辅政，韦皇后为皇太后摄政，以平衡各方势力。然宰相宗楚客、韦温更改诏书，劝韦后效仿武则天。临淄王李隆基得悉消息，遂与太平公主商议先下手为强。七月二十一日，李隆基发动"唐隆之变"，以禁军攻入宫中，杀死韦后、安乐公主及其党羽，拥立其父李旦为帝。上官婉儿执烛率宫人迎驾，且将所拟遗诏示于李隆基。然李隆基不为所感，杀上官婉儿于旗下。

上官婉儿秉执朝政期间，于文学尤为重视，辄谏言规劝中宗广置昭文馆学士，盛引当朝词学之臣，数赐游宴，赋诗唱和。每遇游宴，婉儿皆代中宗皇帝、韦皇后及长宁、安乐二位公主作答，数首并作，辞甚绮丽，时人咸讽诵之。朝臣之作，中宗命婉儿评定，

---

①后晋·刘昫《旧唐书·列传第一·后妃上》。

503

名列前茅者，赏赐金爵，贵重无比。时朝廷内外，吟诗作赋靡然成风。上官婉儿尤酷爱藏书，多达万余卷，均以香薰之。百年之后，其书流落民间，依然芳香扑鼻，且无虫蛀。

上官婉儿以聪慧善文为武则天重用，掌管宫中制诰多年，有"巾帼宰相"之名。中宗时封为昭容，权势更盛，以皇妃身份掌管内廷外朝政令文告，于政坛、文坛均处显要地位。尝上书扩建书馆，增设学士，主持文坛风雅，代朝廷品评天下诗文，一时词臣多集其门。于诗歌创作同时，婉儿通过选用人才、品评诗文等文学活动，倡导并转移一代文风，成为中宗朝文坛之标志与引领者，对文学繁荣及诗歌艺术水平提升具有重要作用。"至幽求英俊，郁兴辞藻，国有好文之士，朝无不学之臣，二十年间，野无遗逸，此其力也。"[1]

其以一介女流而影响一代文风，于中国古代文学史上绝无仅有。

上官婉儿诗歌创作方面继承发展其祖父上官仪文风，重视诗之形式技巧，于声辞之美尤为看重，擅长体现事物图貌之细腻、精巧。中宗年间，因其政治地位影响，"绮错婉媚"诗风逐渐影响宫廷诗人乃至其他士人之创作方向，"上官体"亦成为上流社会创作主流。而"尤以中宗复位以后，迭次赐宴赋诗，皆以婉儿为词宗，品第群臣所赋，要以采丽与否为取舍之权衡，于是朝廷益靡然成风。"[2]

时人评价上官婉儿"敏识聆听，探微镜理，开卷海纳，宛若前闻，摇笔云飞，成同宿构，古者有女史记功书过，复有女尚书决事言阀，昭容两朝兼美，一日万机，顾问不遗，应接如意，虽汉称班媛，晋誉左嫔，文章之道不殊，辅佐之功则异。""独使温柔之教，渐于生人，风雅之声，流于来叶。非夫玄黄毓粹，贞明助思，众妙扶识，群灵挟志，诞异人之资，授兴王之瑞，其孰能臻斯懿乎？"[3]

上官仪祖孙二人创立"上官体"，下开大历诗风，直至晚唐仍为唐诗发展之雅体，可谓贡献颇巨。尤其"婉儿承其祖，与诸学士争务华藻，沈、宋应制之作多经婉儿评定，当时以此相慕，遂成风俗，故律诗之成，上官祖孙功尤多也"。[4]

上官婉儿自己尤擅五言律诗创作。现存诗作中最为人称道者，当为其抒怀之作《彩书怨》：

> 叶下洞庭初，思君万里馀。
> 露浓香被冷，月落锦屏虚。
> 欲奏江南曲，贪封蓟北书。
> 书中无别意，惟怅久离居。

诗歌以景托情，借景抒情。天气之萧瑟，情怀之惆怅，浑融一体，曲尽缠绵，一改

---

① 唐·武平一《景龙文馆记》。
② 王梦鸥《初唐诗学著述考》。
③ 唐·张说《唐昭容上官氏文集序》。
④ 谢无量《诗学指南》。

初唐诗坛"六朝趣味"之风，格外脱俗清雅。明代文学家钟惺赞曰"能得如此一气之清老，便不必奇思佳句偶！此唐人所以力追声格之妙也。既无此高浑，却复铲削精彩，难乎其为诗矣！"

上官婉儿特别于开拓唐代园林山水诗题材方面多有贡献，"才思鲜艳，笔气舒爽，有名士之风"①。代表作如《游长宁公主流杯池》25首，突破以往写景状物之宫廷诗歌形式，寓情于景，却更具自然山水味：

> 策杖临霞岫，危步下霜蹊。
> 志逐深山静，途随曲涧迷。
> 渐觉心神逸，俄看云雾低。
> 莫怪人题树，只为赏幽栖。

(其十三)

作品无论韵律，抑或蕴含诗人之志趣喜好、自然神韵，均与王维《终南别业》"中岁颇好道，晚家南山陲。兴来每独往，胜事空自知。行到水穷处，坐看云起时。偶然值林叟，谈笑无还期"有异曲同工之妙，可谓直接为盛唐田园山水诗派导夫先路之作。

开元初年，唐明皇李隆基命人收集上官婉儿诗作，将其编成文集20卷，令宰相张说作序，可惜此集今佚。《全唐诗》仅收其遗诗32首。

上官婉儿才华诗文不让须眉，其人品功过亦颇具争议。或赞其文才，或批其淫媚；极度推崇者有之，轻贱鄙视者亦有之。然其与武则天长达27年之君臣相处，更为后人津津乐道。新、旧唐书虽多载其奉承权贵、淫乱宫闱、操纵政治、控制朝纲之事，然与其同时代文人如张说、武平一等，则于其人其事评价颇高。而至近代以来，愈发为学者推崇。

> 汉家婕妤唐昭容，工诗能赋千载同。
> 自言才艺是天真，不服丈夫胜妇人。②

上官婉儿不愧为一千古难觅之英奇女子！

---

①清·陆昶《历朝名媛诗词》。
②唐·吕温《上官昭容书楼歌》。

薛涛——谁怜不得登山去　可惜寒芳色似金

薛涛[1]本为长安良家女，父亲薛郧，因官寓蜀而卒，自此家贫，薛涛沦落为官中乐妓。薛涛一生颇带传奇色彩。其16岁入乐籍，与节度使韦皋、大诗人元稹有过恋情。后脱乐籍，然终身未嫁。因才名与刘采春、鱼玄机、李冶并称唐朝四大女诗人，又与卓文君、花蕊夫人、黄娥并称蜀中四大才女。

薛涛聪慧过人，其父薛郧于朝廷为官，学识渊博，将独生女儿视为掌上明珠，亲手课教诗书经史，故薛涛自幼能诗善对。年8岁时，父亲薛郧指井边梧桐而吟："庭除一古桐，耸干入云中"，涛应声而续："枝迎南北鸟，叶送往来风。"时人称之为"小才女"。

薛涛父薛郧为人正直，敢言不讳，遭当朝权贵嫉恨。唐德宗建中二年（781年），薛郧被贬谪四川，遂携家人跋山涉水，远徙成都。居蜀中数年，薛郧奉命出使南诏，不幸沾染瘴疠而命丧黄泉，薛涛时年仅14岁，母女生活即刻陷入困境。无奈于生计所迫，薛涛遂凭借"容姿既丽"且"通音律、善辩慧、工诗赋"，而入乐籍。

唐时，科举取士已为正途，官员多为科举出身，诗词文章无所不通。乐伎倘要赢得士大夫青睐，独以美貌取悦显然不足，才艺、辞令、见识、风度，皆为不可或缺之条件。身寄勾栏瓦肆，薛涛得以与白居易、张籍、王建、刘禹锡、杜牧、张祜等诗坛领袖相唱和，使其才艺闻名遐迩。有关薛涛才情轶事，宋人野史亦有记载："贞元、元和之时，黎州刺史某人，曾举《千字文》令。令格为取《千字文》一句，句中须带有禽鱼鸟兽之名。此黎州刺史示令：'有虞陶唐'，误以'虞'为'鱼'。众宴客忍笑不罚。至酒令巡至薛涛，涛应令云：'佐时阿衡'黎州刺史云此四字无鱼鸟，命罚薛涛酒。薛涛从容哂笑道：'「衡」字尚有小鱼子，使君「有虞陶唐」，都无一鱼。'宾客遂大笑。"[2]诗人王建曾作《寄蜀中薛涛校书》赞其才华：

> 万里桥边女校书，枇杷花里闭门居。
>
> 扫眉才子知多少，管领春风总不知。

由此可见，其于晚唐诗坛之地位的确不容置疑。

薛涛虽为女性，且落入乐籍，然自尊极强心性颇高。乐妓虽然难免侑酒赋诗，为士大夫及文人骚客助兴，然其自持"出淤泥而不染，濯清涟而不妖，中通外直，不蔓不枝"

---

①薛涛（770年—832年），字宏度，陕西长安人，唐代女诗人。

②北宋·王谠《唐语林》。

之独立人格，亭亭玉立于男性世界。《酬人雨后玩竹》最能体现其追求清俊高洁情感之特征：

> 南天春雨时，那鉴雪霜姿。
> 众类亦云茂，虚心能自持。
> 多留晋贤醉，早伴舜妃悲。
> 晚岁君能赏，苍苍劲节奇。

作品托物言志，以描绘竹子虚心劲节奇姿，寄托非凡情志与品格。

置身乐籍本非薛涛自愿，实为生计所迫。其虽为女儿身却抱负甚远，周旋于"才子"阵中固然痛苦，然其一如伟丈夫自许，以"修身、齐家、治国、平天下"陶冶自身，期冀兼济天下，有所作为。故于文人骚客轻佻狎妓行为甚为鄙视：

> 二月杨花轻复微，春风摇荡惹人衣。
> 他家本是无情物，一向南飞又北飞。

（《柳絮咏》）

诗人以柳絮自喻，明言其于所处环境之悲愤。人们历来以水性杨花形容女性作风轻浮，更何况一乐伎，于世人眼中犹如"轻复微"之柳絮，随风东西，命运始终操于人手。作者渴望身心自由与人格独立，故以自然物之高洁品质喻言个人清俊脱俗气质。诗歌格调高雅，词句清丽，襟怀广阔，超凡脱俗，为时人及后世称美。晚唐张为作《诗人主客图》，将其列为"清奇雅正"类。

贞元元年（785 年），中书令韦皋出任剑南西川节度使。某日，节度使府宴客，薛涛应邀赴宴。韦皋命其即席赋诗，薛涛从容提笔，立就《谒巫山庙》：

> 乱猿啼处访高唐，路入烟霞草木香。
> 山色未能忘宋玉，水声犹是哭襄王。
> 朝朝夜夜阳台下，为雨为云楚国亡。
> 惆怅庙前多少柳，春来空斗画眉长。

韦皋看罢，拍案叫绝。倘非亲见，绝不敢相信作品出自年仅 16 岁小女子之手。此诗令薛涛顷刻声名鹊起。此后，帅府每有盛宴，薛涛为侍宴之不二人选，且受韦皋青睐而为其身边红人。

出入帅府日久，韦皋命其参与案牍之务。薛涛所拟公文，非特富于文采，且细致认真，绝少出错。既如此，韦皋仍觉其大材小用，遂突发奇想，上疏朝廷为薛涛请授"校书郎"。"校书郎"专司公文撰写与典校藏书，官阶虽仅为从九品，然门槛极高，按例非进士出身资格不可担当此任。大诗人白居易、王昌龄、李商隐、杜牧入仕之初，皆由斯职起步。

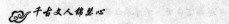

不仅唐王朝，前朝历史亦无女子担任"校书郎"。

受韦皋恩宠，薛涛一时红得发紫，不免恃宠而骄。赴川官员为求见韦皋，多走薛涛后门，纷纷送礼行贿。然薛涛"性亦狂逸"，见馈均受，之后却一文不留，悉数上缴。虽如此，因动静过大而令韦皋不满。韦皋遂于一怒之下，下令将其发配松州（今四川省松潘县），以示惩罚。

松州地处西南边陲，人烟稀少，兵荒马乱。薛涛遭罚行于荒凉孤寂之途，内心异常恐惧，于己轻率张扬之举始有悔意。遂将羁旅感触诉诸笔端，写下悲切动人之《十离诗》寄韦皋：

驯扰朱门四五年，毛香足净主人怜。

近缘咬著亲知客，不得红丝毯上眠。

（其一：犬离主）

越管宣毫始称情，红笺纸上撒花琼。

都缘用久锋头尽，不得羲之手里擎。

（其二：笔离手）

雪耳红毛浅碧蹄，追风曾到日东西。

为惊玉貌郎君坠，不得华轩更一嘶。

（其三：马离厩）

陇西独自一孤身，飞去飞来上锦茵。

都缘出语无方便，不得笼中再唤人。

（其四：鹦鹉离笼）

出入朱门未忍抛，主人常爱语交交。

衔泥秽污珊瑚枕，不得梁间更垒巢。

（其五：燕离巢）

皎洁圆明内外通，清光似照水晶宫。

只缘一点玷相秽，不得终宵在掌中。

（其六：珠离掌）

跳跃深池四五秋，常摇朱尾弄纶钩。

无端摆断芙蓉朵，不得清波更一游。

（其七：鱼离池）

爪利如锋眼似铃，平原捉兔称高情。
无端窜向青云外，不得君王臂上擎。

（其八：鹰离鞴）

蓊郁新栽四五行，常将劲节负秋霜。
为缘春笋钻墙破，不得垂阴覆玉堂。

（其九：竹离亭）

铸泻黄金镜始开，初生三五月徘徊。
为遭无限尘蒙蔽，不得华堂上玉台。

（其十：镜离台）

《十离诗》"有引躬自责者，有归咎他人者，有拟议情好者，有直陈过端者，有微寄讽刺者，皆情到至处，一往而就，非才人女人不能。"[1]诗人通过"闻道边城苦，而今到始知。却将门下曲，唱与陇头儿"之真切感受，以朴素且"哀而不怨，怒而不伤"之语言，精到之白描手法，真实记录生平遭际，曲折委婉地反映世态人情与时代风貌，透露出封建时代女性之无限哀怨与隐忍。

韦皋展读《十离诗》，铁骨瞬间化为柔肠，遂一纸命令将薛涛召回成都。经历此次磨难，薛涛于自身地位价值遂生正确认识，故归来不久即脱去乐籍，成为自由身。旋寓居成都西郊浣花溪畔，于院内种满枇杷花，终日赏花赋诗，散淡清闲度日。是年 20 岁。

薛涛赋闲期间作品"有讽喻而不露，得诗人之妙"。唐顺宗永贞元年（805 年）八月，西川节度使韦皋病故，心腹刘辟未经朝廷下旨即自立为留后。时宪宗李纯刚刚即位，遂暂时采取安抚手段。刘辟以为宪宗皇帝年轻好欺，遂于翌年正月悍然叛乱，出兵进攻东川。元和元年（806 年）正月，宪宗命左神策行营节度使高崇文、神再如迅即平定叛乱。薛涛半生饱尝颠沛流离之苦，闻悉高崇文讨平叛乱，遂写《贼平后上高相公》贺诗，赞颂其平叛功德无量，日月皆要借其生辉：

惊看天地白荒荒，瞥见青山旧夕阳。
始信大威能照映，由来日月借生光。

唐文宗大和五年（831 年），兵部侍郎李德裕遭李宗闵谗毁，远充剑南西川节度使。"德裕至镇，作筹边楼，图蜀地形，南入南诏，西达吐蕃。日召老于军旅、习边事者，虽走卒蛮夷无所间，访以山川、城邑、道路险易，广狭远近。未逾月，皆若身尝

---

①明·钟惺《名媛诗归》。

509

涉历。"①且于任内收复吐蕃占据之维州城，西川形势安定祥和。大和六年（832年）十一月，李德裕调任离蜀，边疆纠纷随之又起。时薛涛已年逾花甲，因感慨时事，遂于是年秋写下气势雄浑、"直高中唐一格"之《筹边楼》诗，告戒诸将切勿急功近利，贪图边功，应绥靖地方，民族和睦，百姓方可安居乐业：

> 平临云鸟八窗秋，壮压西川十四州。
> 诸将莫贪羌族马，最高层处见边头。

作品"寄托深远，有'鲁嫠不恤纬，漆室女坐啸'之思，非寻常裙屐所及，宜其名重一时。"②明人钟惺于《名媛诗归》中赞誉其"教戒诸将，何等心眼，洪度岂直女子哉，固一代之雄也！"

与同为蜀中女才子之西汉才女卓文君一样，薛涛亦有一段令其刻骨铭心之爱情，只是结局与卓文君大相径庭，直令其晚年沉湎于往昔缠绵回忆中，孤影自怜，境况极其恓惶寂寞。

元和四年（809年）三月，诗人元稹以监察御史身份奉命出使地方。其久闻薛涛芳名，甫抵蜀地，即特约薛涛于梓州相见。薛涛一见元稹，即为年轻诗人俊朗外貌与出色才情所倾倒，爱情之火如烈焰般燃烧。遂如飞蛾扑火，义无反顾地投身爱情烈焰之中。一夜床笫狂欢，翌日即满怀真情写下《池上双鸟》：

> 双栖绿池上，朝暮共飞还。
> 更忆将雏日，同心莲叶间。

迟来之爱情令薛涛感受到从未有过之幸福，二人白昼流连于锦江青川，夜里诗词唱和床笫情欢，情投意合如胶似漆。然，如此快活时日仅仅只有三个月。是年7月，元稹调离川地，任职洛阳。

忍痛分别之后，一对有情人劳燕分飞，两情远隔，唯有诗文能够寄托相思之情。薛涛遂迷上写诗信笺，因嫌纸幅太大，即改造制作工艺，将纸染为桃红色，裁成适合书写情书诗文之精巧窄笺，人称"薛涛笺"。

自古才子多情花心，佳人则专心痴情。元稹以智与之相交，薛涛则以心与之相爱，故思念元稹之情刻骨铭心。斗转星移，其朝思暮想元稹之痴情，渐渐化为满怀幽怨与渴盼，遂汇聚为流传千古之名诗《春望词》四首：

> 花开不同赏，花落不同悲。

---

① 北宋·司马光《资治通鉴·唐纪·六十》。
② 清·纪昀等《四库全书总目》。

欲问相思处，花开花落时。

（其一）

揽草结同心，将以遗知音。
春愁正断绝，春鸟复哀吟。

（其二）

风光日将老，佳期犹渺渺。
不结同心人，空结同心草。

（其三）

那堪花满枝，翻作两相思。
玉箸垂朝镜，春风知不知。

（其四）

岁月风华正茂、仕途如日中天之才子元稹，从此没有再回到薛涛身边。才女薛涛未因失恋而寻死觅活，其于冷静沉思后坦然褪去红裙，换上一袭灰色道袍，告别炽烈人生而走向淡然。人生垂暮之际，薛涛厌倦世间繁华与喧嚣，遂离开浣花溪，移居碧鸡坊，筑起一座吟诗楼，独自度过最后时光。

大和六年（832 年）夏，一代才女薛涛于安详中辞世，享年 62 岁。前任宰相段文昌亲手为之题写墓志铭，墓碑镌刻"西川女校书薛涛洪度之墓"。

薛涛一生作诗 500 余首，然大多散失，仅 90 余首流传至今。

贞节坊前与名教簿上或许不见薛涛之名，然中国古代诗史却因薛涛而增辉！不亦幸甚至哉乎？

鱼玄机——人生易求无价宝　才女难得有心郎

"西京咸宜观女道士鱼玄机[①]，字幼微，长安倡家女也。色既倾国，思乃入神。喜读书属文，尤致意于一吟一咏。破瓜之岁，志慕清虚。咸通初，遂从冠帔于咸

[①] 鱼玄机（844—871 年），一名鱼幼微，字蕙兰，长安（今陕西西安）人，唐代著名女诗人。

宜，而风月赏玩之佳句，往往播于士林。然蕙兰弱质，不能自持，复为豪侠所调，乃从游处焉。于是风流之士，争修饰以求狎，或载酒诣之者，必鸣琴赋诗，间以谑浪，懵学辈自视缺然。其诗有'绮陌春望远，瑶徽秋兴多'，又'殷勤不得语，红泪一双流'，又'焚香登玉坛，端简礼金阙'，又云：'云情自郁争因梦，仙貌长芳又胜花。'此数联为绝矣。一女僮曰绿翘，亦明慧有色。忽一日，机为邻院所邀，将行，诫翘曰：'吾出，若有客，但云在某处。'机为女伴所留，追暮方归院。绿翘迎门曰：'适某客来，知练师不在，不舍辔而去矣。'客乃机素相暱者，意翘与之私。及夜，张灯扃户，乃命翘入卧内讯之。翘曰：'自执巾盥数年，实自检御，不令有似是之过，致忤尊意。且某客至款扉，翘隔阖报云：「练师不在。」客无言策马而去。若云情爱，不蓄于胸襟有年矣，幸练师无疑。'机愈怒，裸而笞百数，但言无之。既委顿，请杯水酹地曰：'练师欲求三清长生之道，而未能忘解佩荐枕之欢，反以沈猜，厚诬贞正，翘今必毙于毒手矣，无天则无所诉，若有，谁能抑我强魂？誓不蠢蠢于冥冥之中，纵尔淫佚。'言讫，绝于地。机恐，乃坎后庭瘗之，自谓人无知者，时咸通戊子春正月也。有问翘者，则曰：'春雨霁逃矣。'客有宴于机室者，因溲于后庭，当瘗上，见青蝇数十集于地，驱去复来，详视之，如有血痕且腥。客既出，窃语其仆。仆归，复语其兄。其兄为府街卒，尝求全于机，机不顾，卒深衔之。闻此，遂至观门觇伺，见偶语者，乃讶不睹绿翘之出入。街卒复呼数卒，携锸具，突入玄机院发之，而绿翘貌如生。卒遂录玄机京兆，府吏诘之辞伏，而朝士多为言者。府乃表列上，至秋竟戮之。"[1]

由是文观之，才女鱼玄机实为一淫乱祸首、残暴狂虐之徒。

鱼玄机姿色倾国，天性聪慧，才思敏捷，好读书，喜属文。唐会昌四年（844 年），生于长安城郊落拓士人之家，起名鱼幼微。其父饱读诗书，却一生功名未成，唯将满腔心血倾注于独生女幼微身上，对其刻意调教。幼微 5 岁迁下邽就学，其时已能背诵数百首著名诗章，7 岁始作文赋诗。10 岁，幼微重返出生地鄠杜（鄠县与杜陵）。11 岁时，幼微诗文习作已广为长安文人传诵，人称"诗童"。旋，幼微丧父，遂与母居平康里，为青楼娼家做针线维持生计。

幼微才学名满京华，大诗人温庭筠专程慕名访之。时鱼幼微未满 13 岁，生得活泼灵秀，纤眉大眼，肌肤白嫩，俨然一派小美人风韵。温庭筠油然而生怜爱之情，遂请幼微即兴赋诗一首，以探其才情。幼微落落大方毫不矫情，请大诗人出题。温庭筠以来时途中柳絮飞舞拂人面颊之景，写下"江边柳"三字为题。幼微以手托腮，略作沉思即提笔立就：

> 翠色连荒岸，烟姿入远楼。
> 影铺春水面，花落钓人头。
> 根老藏鱼窟，枝底系客舟。

---

[1] 唐·皇甫枚《三水小牍》。

萧萧风雨夜，惊梦复添愁。

温庭筠反复吟读，无论遣词用语平仄音韵，抑或意境诗情，皆属难得一见之上乘之作。遂为小姑娘之才华卓绝惊叹不已。从此，温庭筠常出入鱼家，指点幼微诗作，以师生父女之谊相处。

其后，二人辄于庭院月下吟诗作对，诗词唱和。鱼幼微尝作《卖残牡丹》赠温庭筠求和：

> 临风兴叹落花频，芳意潜消又一春。
> 应为价高人不问，却缘香甚蝶难亲。
> 红英只称生宫里，翠叶那堪染路尘。
> 及至移根上林苑，王孙方恨买无因。

小小女子即有"如此语，岂但寄托，渐说向忿恨上去。千古有情人，所托非偶，便有不能自持以正意，此岂其人之罪哉？亦有使之者矣！"[1]鱼玄机之才，由是可见一斑。

大诗人温庭筠即以《题鄠杜郊居》作答：

> 槿篱芳援近樵家，垄麦青青一径斜。
> 寂寞游人寒食后，夜来风雨送梨花。

温庭筠字飞卿，才情非凡却面貌奇丑，时人称之"温钟馗"。鉴于年龄悬殊，亦因自惭形秽，温庭筠虽十分怜爱幼微，却未尝存非分之念。然幼微情窦初开，暗将春心系情尊师。旋，温庭筠应邀远去襄阳任刺史徐简幕僚，离开长安。秋凉叶落时节，幼微思念远方故人，朦胧于心之情愫，于苦苦思念中涌动萌发，遂写下五言律诗《遥寄飞卿》：

> 阶砌乱蛩鸣，庭柯烟雾清。
> 月中邻乐响，楼上远日明。
> 枕簟凉风著，瑶琴寄恨生。
> 稽君懒书礼，底物慰秋情？

此为其首度借诗句遮掩，吐露寂寞相思心声之作。然转眼秋去冬来，梧桐叶落，冬夜萧索，幼微不见雁传回音，又写《冬夜寄温飞卿》寄托相思之情：

> 苦思搜诗灯下吟，不眠长夜怕寒衾。

---

①明·钟惺《名媛诗归》。

<blockquote>
满庭木叶愁风起，透幌纱窗惜月沈。

疏散未闻终随愿，盛衰空见本来心。
</blockquote>

幽栖莫定梧桐树，暮雀啾啾空绕林。

少女如泣如诉之幽怨，温庭筠心明如镜，然其思前想后，始终未亵渎"神圣"二字。

唐懿宗咸通元年（860年），温庭筠重返长安，两年不见，幼微已为亭亭玉立明艳照人之及笄少女，二人依旧以师生关系相往来。一日无事，师生相偕赴城南崇贞观游览，适逢新科进士争相于观壁题诗留名，个个春风满面意气风发，令女才子幼微羡慕不已，遂满怀感慨悄悄题七绝一首于壁：

<blockquote>
云峰满月放春晴，历历银钩指下生。

自恨罗衣掩诗句，举头空羡榜中名。
</blockquote>

诗句气势雄浑，势吞山河，只恨身为女儿，空有满腹才情，却无缘与须眉男儿一争长短！"其志意激切，使为一男子，必有用之才。"[1]数日后，江陵名门贵公子李亿来长安，因祖荫获左补阙官职。闲来无聊，遂携友游览崇贞观，无意间读到幼微题诗，心中大为仰慕，唯愿一睹奇女子风采。

李亿与温庭筠于襄阳刺史幕中曾有一段文字交往，其就任后拜访京城亲朋故旧，于温府案几见一幅六言诗笺，字迹娟秀意境清丽，令其目光一亮：

<blockquote>
红桃处处春色，碧柳家家月明。

楼上新妆侍夜，闺中独坐含情。

芙蓉月下鱼戏，螮蛛天边雀声。

人世悲欢一梦，如何得作双成？
</blockquote>

诗句清丽明快，诗中人儿幽情缠绵，使得李亿为之怦然心动。得悉作者即为题诗崇贞观之奇女子鱼幼微后，李公子心中愈加激动。李亿是年22岁，官至左补阙，可谓前途无量，人又生得端正健壮，性情温和，恰与幼微为天设地造一对情侣。温庭筠遂于中撮合，李亿一乘花轿将幼微迎进林亭别墅。林亭位于长安城西，依山傍水，林木茂密，鸟语花香，二人男欢女爱，沉醉于新婚温柔乡里，乐不思蜀。

李亿原配夫人裴氏，见丈夫去京多时不还，遂接踵催促。李亿无奈，遂东下江陵将夫人接来京师。幼微通情达理，写《江陵愁望寄子安》诗送别李郎：

<blockquote>
枫叶千枝复万枝，江桥掩映暮帆迟。
</blockquote>

---

① 元·辛文房《唐才子传》。

忆君心似西江水，日夜东流无歇时。

长安至江陵，山河重叠，李亿出仕首次归家，宴客祭祖一应事务耽搁数月。幼微独守空房，自红枫秋月直至春花渐落，才见良人携发妻返回长安。尽管一路上李亿赔尽小心，劝导妻子裴氏接受幼微为偏房，然裴氏出身名门心高气傲，始终不肯点头。一进林亭别墅，裴氏即喝令随身侍女将幼微按翻在地，以藤条毒打，逐出家门。旋，逼迫李亿一纸休书将鱼幼微扫地出门。李亿深爱幼微，不忍将其抛弃，遂暗里遣人出资修葺曲江咸宜观，将幼微悄悄送入观内，改名玄机，并嘱其暂时隐忍，以待重逢。风华绝代才情似锦之鱼玄机，岂甘孤伴青灯做一世道姑？长夜无眠，寂寞难熬，玄机于云房中思念李亿，遂以泪水和墨写下《寄子安》：

> 醉别千卮不浣愁，离肠百结解无由。
> 蕙兰销歇归春圃，杨柳东西绊客舟。
> 聚散已悲云不定，恩情须学水长流。
> 有花时节知难遇，来肯厌厌醉玉楼。

李亿养玄机于咸宜观，原意伺机幽会以求两全，无奈裴氏管束极严，其势力遍布京华，李亿岂敢轻举妄动？玄机朝思暮想，却了无李郎音讯，唯将痴情寄付诗中，又写《寄李子安》以抒衷曲：

> 饮冰食檗志无功，晋水壶关在梦中。
> 秦镜欲分愁堕鹊，舜琴将弄怨飞鸿。
> 井边桐叶鸣秋雨，窗下银灯暗晓风。
> 书信茫茫何处问，持竿尽日碧江空。

唐朝道教盛行，著名道观多成游览胜地与交际场所，诸多才色稍佳女道士皆成交际花。"时京师诸宫宇女郎，皆清俊济楚，簪星曳月，惟以吟咏自遣，玄机杰出，多见酬酢。"[①]然，咸宜观一清道姑品性严谨，恪守清规，是故观中客人甚少。玄机每写成诗，却无法捎与李郎，只将诗笺抛入曲江，任凭幽情随水空流。

三年时光默然流走，一清道姑年老力绝，溘然长逝，另一道姑彩羽竟与来观修补壁画之画师私奔。咸宜观中，遂仅剩玄机茕茕孑立形影相吊。时，玄机得悉李郎早已携带娇妻远赴扬州任官去矣。晴空霹雳五雷轰顶，玄机空将一腔情意付之东流。痛不欲生之下，玄机一改洁身自爱，索性放纵不羁，深夜秉烛，写下《赠邻女》诗：

---

①元·辛文房《唐才子传》。

羞日遮罗袖，愁春懒起妆。

易求无价宝，难得有心郎。

枕上潜垂泪，花间暗断肠。

自能窥宋玉，何必恨王昌。

该诗不啻为其人生分水岭。此前，幼微为秀外慧中、痴情万缕之贤淑才女；此后，玄机看破人间真情，纵情极欲，成为放荡冶艳女人。其于咸宜观陆续收养贫家幼女，名为弟子，实则侍女，开始悠游闲荡。又于观外贴出"鱼玄机诗文候教"红纸告示作艳帜，消息传遍长安，文人雅士、风流公子，纷纷前往咸宜观拜访玄机，谈诗论文，聊天调笑，玄机艳名闻名遐迩。咸宜观中，玄机陪客人品茶论道，煮酒谈心；兴致所至，游山玩水，好不开心；遇有英俊可意者，遂留宿观中，男女偷欢。玄机此时生活，真个是：

闲散身无事，风光独自游。

断云江上月，解缆海中舟。

琴弄萧梁寺，诗吟庾亮楼。

丛篁堪作伴，片石好为俦。

燕雀徒为贵，金银志不求。

满怀春绿酒，对月夜窗幽。

绕砌澄清沼，抽簪映细流。

卧床书册遍，半醉起梳头。

（《道怀诗》）

玄机此时芳龄20出头，少女之妩媚与少妇之风韵兼而有之，加才华横溢风情万种，文人骚客行商坐贾纷纷拜倒于其石榴裙下。其间，与其保持稳定床笫私情者，有落第书生左名扬、丝绸富商李近仁及著名乐师陈韪。

乐师陈韪情意缠绵，撩动玄机情火燃烧，初次谋面即令其辗转反侧，一夜未眠。翌日，玄机茶饭无心，终于情思迷离中摊开彩笺，写下露骨情诗：

恨寄朱弦上，含情意不任。

早知云雨会，未起蕙兰心。

灼灼桃兼李，无妨国士寻。

苍苍松与桂，仍羡世人钦。

月色苔阶净，歌声竹院深。

门前红叶地，不扫待知音。

也正缘于陈韪这段孽缘，令鱼玄机走上不归路，年纪轻轻即告别红尘，命赴黄泉。

与陈韪如胶似漆3年后，玄机疑其贴身侍婢绿翘与陈韪有染，不慎将其杖毙。惊惧之余，玄机趁夜深人静，将绿翘尸体埋于后院紫藤花下，后为嫖客发现报官。

咸通十二年（871年），京兆尹温璋判鱼玄机斩立决，是年27岁。一代才女，因淫荡妒忌葬送了卿卿性命，实在令后世须眉扼腕！

鱼玄机性聪慧，有才思，好读书，尤工诗。其与李冶、薛涛、刘采春并称唐代四大女诗人。诗作存世50首，收于《全唐诗》。有《鱼玄机集》1卷。

李清照——只恐双溪舴艋舟　难载妆家许多愁

> 风住尘香花已尽，日晚倦梳头。
>
> 物是人非事事休，欲语泪先流。
>
> 闻说双溪春尚好，也拟泛轻舟。
>
> 只恐双溪舴艋舟，载不动许多愁。

（《武陵春·春晚》）

"千古第一才女"李清照[①]，生于书香门第，早期生活优裕。其父李格非藏书甚富，清照自幼于良好家学环境中打下文学基础。出嫁后，清照与丈夫赵明诚共同致力于书画金石搜集整理。金兵入据中原，其颠沛流寓南方，境遇孤苦。故前期作品多写悠闲生活，后期则多悲叹身世，情调感伤。此首《武陵春·春晚》，即为其晚年作品。

李清照出身士大夫家庭，书气墨香浓厚。父亲李格非进士出身，为大文豪苏轼门生，官至提点刑狱、礼部员外郎。喜藏书，善属文，工于词章。母亲为北宋仁宗天圣八年状元王拱宸孙女，文学修养极高。李清照自幼生长于如此环境，耳濡目染，家学熏陶，加之聪慧颖悟，才华过人，故"自少年便有诗名，才力华赡，逼近前辈"[②]，曾受当时文坛名家、苏轼大弟子晁补之大力称赞。

少年时代，李清照随父亲生活于汴京，生活环境优雅。京都景象繁华，激发其创作热情，作诗之外，于词坛崭露头角，少女时即创作《如梦令·昨夜雨疏风骤》，为后世广为传诵：

> 昨夜雨疏风骤，浓睡不消残酒。
>
> 试问卷帘人，却道"海棠依旧"。

---

①李清照（1084—1155年），号易安居士，齐州（今山东章丘）人，南北宋之交词人，婉约词派代表。

②南宋·王灼《碧鸡漫志》。

　　知否，知否？

　　应是绿肥红瘦！

　　作品虽属小令，却有人物，有场景，更有对白。作者为花而喜，为花而悲，为花而醉，为花而嗔，实则以花自喻，描写伤春惜春，慨叹青春易逝。宋词之语言表现力与词人之卓绝才华，于此表现得淋漓尽致一览无余。

　　作品一经问世，即轰动京师文坛，"当时文士莫不击节称赏，未有能道之者。"①旋，清照读北宋著名诗人张耒《读中兴颂碑》诗，深为作者缅怀历史之情所震撼：

　　　　玉环妖血无人扫，渔阳马厌长安草。

　　　　潼关战骨高于山，万里君王蜀中老。

　　　　金戈铁马从西来，郭公凛凛英雄才。

　　　　举旗为风偃为雨，洒扫九庙无尘埃。

　　　　元功高名谁与纪，风雅不继骚人死。

　　　　水部胸中星斗文，太师笔下龙蛇字。

　　　　天遣二子传将来，高山十丈磨苍崖。

　　　　谁持此碑入我室？使我一见昏眸开。

　　　　百年兴废增感慨，当时数子今安在。

　　　　君不见，荒凉浯水弃不收，时有游人打碑卖。

　　诗人激情难抑，遂饱蘸浓墨写下和诗《浯溪中兴颂诗和张文潜》两首，令人拍案叫绝。

　　　　五十年功如电扫，华清花柳咸阳草。

　　　　五坊供奉斗鸡儿，酒肉堆中不知老。

　　　　胡兵忽自天上来，逆胡亦是奸雄才。

　　　　勤政楼前走胡马，珠翠踏尽香尘埃。

　　　　何为出战辄披靡，传置荔枝多马死。

　　　　尧功舜德本如天，安用区区纪文字。

　　　　著碑铭德真陋哉，乃令神鬼磨山崖。

　　　　子仪光弼不自猜，天心悔祸人心开。

　　　　夏商有鉴当深戒，简策汗青今具在。

　　　　君不见当时张说最多机，虽生已被姚崇卖。

　　　　　　　　　　　　　　　　　　　　　　　　　　（其一）

①明·蒋一葵《尧山堂外纪·卷五十四》。

君不见惊人废兴传天宝，中兴碑上今生草。

不知负国有奸雄，但说成功尊国老。

谁令妃子天上来，虢秦韩国皆天才。

花桑羯鼓玉方响，春风不敢生尘埃。

姓名谁复知安史，健儿猛将安眠死。

去天尺五抱瓮峰，峰头凿出开元字。

时移势去真可哀，奸人心丑深如崖。

西蜀万里尚能反，南内一闭何时开。

可怜孝德如天大，反使将军称好在。

呜呼，奴辈乃不能道辅国用事张后专，乃能念春荠长安作斤卖。

（其二）

　　诗人以纵横笔势评议王朝兴废，总结唐代"安史之乱"前后兴败盛衰之历史教训，借嘲讽唐明皇而告诫宋朝统治者"夏商有鉴当深戒，简策汗青今具在"。一个初涉世事之少女，于国家社稷能寄以如此深刻之关注忧虑，不能不令世人刮目。作品"奇气横溢，尝鼎一脔，已知为驼峰、麟脯矣。"[①]而作者"以妇人而厕众作，非深有思致者能之乎？"[②]

　　徽宗建中靖国元年（1101年），李清照与太学生赵明诚于汴京成婚。时李清照父为礼部员外郎，明诚父为吏部侍郎，均为朝廷高级官吏。小夫妇虽系"贵家子弟"，然"赵、李族寒，素贫俭"，故明诚初一、十五告假与妻子团聚，常先至当铺典质衣物，再相偕步入相国寺，寻觅历代碑文，"相对展玩咀嚼"，"自谓葛天氏之民也"。新婚生活虽然清贫，却安静和谐，高雅有趣，充满幸福与欢乐。

　　然好景不长，朝廷内部新旧党争激烈，李家卷入其中。李清照出嫁第二年，即徽宗崇宁元年（1102年）七月，其父李格非被列入元祐党籍，罢提点京东路刑狱之职，不得于京城任职。九月，徽宗亲书元祐党人名单，刻石端礼门。是年，其舅赵挺之则一路升迁，六月除尚书右丞，八月除尚书左丞。为拯救父危，清照曾上诗赵挺之求援，惜均未奏效。李格非只得携眷属回归原籍。不仅如此，"元祐党人"罪名竟株连至清照自身。崇宁二年（1103年）九月，庚寅诏禁元祐党人子弟居京；辛巳诏"宗室不得与元祐奸党子孙为婚姻。"崇宁三年（1104年），"夏，四月，甲辰朔，尚书省勘会党人子弟，不问有官无官，并令在外居住，不得擅自到阙下。"[③]如此，李清照不仅面临婚姻被拆散之危险，且偌大汴京，竟无其立锥之地，遂只身离京回原籍，投奔先行被遣归之家人。

　　政治风云变幻，世事翻覆莫测。崇宁四年（1105年）暮春，赵挺之始除尚书右仆射兼

①明·陈宏绪《寒夜录》。

②南宋·周辉《清波杂志》。

③南宋·李焘《续资治通鉴·卷八十八》。

519

中书侍郎。六月，因与蔡京争权，屡陈其奸恶，且请去位避之，遂引疾乞罢右仆射。半年后，蔡京罢相，赵挺之复授尚书右仆射兼中书侍郎。与此同时，朝廷毁《元祐党人碑》，继而大赦天下，解除一切党人之禁，李格非等"并令吏部与监庙差遣"，李清照也得以返归汴京与赵明诚团聚。徽宗大观元年（1107年）正月，蔡京复相，赵挺之旋被罢右仆射，五日后病卒。遭蔡京诬陷，其家属、亲戚在京者皆被捕入狱，旋因无事实而获释。清照随赵氏一家归青州私第，开始屏居乡里生活。遂命其室为"归来堂"，自号"易安居士"。是年25岁。

屏居青州虽然清贫，然环境幽静，夫妇相伴，其乐融融。"屏居乡里十年，仰取俯拾，衣食有余。连守两郡，竭其俸入，以事铅椠。每获一书，即同共勘校，整集签题。得书、画、彝、鼎，亦摩玩舒卷，指摘疵病，夜尽一烛为率。故能纸札精致，字画完整，冠诸收书家。"①二人节衣缩食，相互砥砺，搜求金石古籍，研文治学创作，度过青年夫妇相濡以沫和美岁月。

青州古城为古齐国腹心，属古老文物之邦，丰碑巨碣，所在多有，三代古器，时有出土。赵明诚、李清照夫妇于斯收集到《东魏张烈碑》《北齐临淮王像碑》、唐李邕撰书《大云寺禅院碑》等一大批石刻资料。益都出土之有铭古戟，昌乐丹水岸出土之古觚、古爵，陆续成为其夫妇共有之藏品。

致力金石觅藏期间，李清照"亦笔削其间"，襄助丈夫大体完成《金石录》写作，除自作序言外，尚特请著名学者刘跂题写《后序》。徽宗宣和三年（1121年），赵明诚知莱州。夫妇相偕赴任途经昌乐，宿于驿馆，李清照作《蝶恋花·晚止昌乐馆寄姊妹》，表达对青州姊妹惜别之情：

> 泪湿罗衣脂粉满，四叠阳关，唱到千千遍。
>
> 人道山长山又断，萧萧微雨闻孤馆。
>
> 惜别伤离方寸乱，忘了临行，酒盏深和浅。
>
> 好把音书凭过雁，东莱不似蓬莱远。

莱州期间，李清照继续帮助明诚辑集整理《金石录》，"装卷初就，芸签缥带，束十卷为一帙。每日晚更散，辄校勘二卷，跋题一卷"。②

宋钦宗靖康二年（1127年），金人大举南侵，俘获宋徽宗、钦宗父子北去，史称"靖康之变"，北宋朝廷崩溃。五月，康王赵构即位于南京应天府（今河南商丘），改元建炎，是为高宗，南宋开始。是年三月，赵明诚因母亲病故江宁（今南京市）而南下奔丧。八月，起知江宁府，兼江东经制副使。北方局势愈益紧张，清照亦着手整理遴选收藏，准备南下寻亲避祸。"既长物不能尽载，乃先去书之重大印本者，又去画之多幅者，又去古器之无款识者。后又去书之监本者，画之平常者，器之重大者。凡屡减去，尚载书十五车，至东海，连舻渡淮，又渡江，至建康。""青州故第，尚锁书册用屋十余间，期明年再

---

① 南宋·李清照《金石录后序》。

② 南宋·李清照《金石录后序》。

具舟载之。"①十二月，青州兵变，杀郡守曾孝序，青州剩余书册被焚。

李清照押运 15 车书籍器物行至镇江，镇江府陷于金人之手，守臣钱伯言弃城而去。其以大智大勇于兵荒马乱中将此稀世之宝押抵江宁府。

居江宁期间，李清照雪日必登城远览以寻诗。"易安族人言，明诚在建康日，易安每值天大雪，即顶笠披蓑，循城远览以寻诗。得句必邀其夫赓和，明诚每苦之也。"②时，以宋高宗为首之妥协投降派，借口时世危艰，拒绝主战派北进中原，一味言和苟安。清照十分不满，故其诗中屡见"南来尚怯吴江冷，北狩应悲易水寒"，"南渡衣冠少王导，北来消息欠刘琨"之类讽刺句。

建炎三年（1129 年）二月，赵明诚罢守江宁。三月携李清照乘舟上芜湖，入姑苏，拟卜居赣水上。舟过乌江楚霸王自刎处，清照有感而作《绝句》，以吊项羽：

> 生当作人杰，死亦为鬼雄。
> 至今思项羽，不肯过江东。

作品以项羽宁肯一死，引颈乌江以谢江东父老之壮烈史迹，讽喻南宋统治者苟且偷生之状。

五月，舟至池阳（今安徽贵池），赵明诚被旨知湖州。"遂驻家池阳，独赴召。六月十三日，始负担，舍舟坐岸上，葛衣岸巾，精神如虎，目光烂烂射人，望舟中告别。余意甚恶，呼曰：'如传闻城中缓急奈何。'戟手遥应曰：'从众。必不得已，先弃辎重，次衣被，次书册卷轴，次古器，独所谓宗器者，可自负抱，与身俱存亡，勿忘之。'遂驰马去。"③不幸，明诚途中感疾，竟于八月十八日卒于建康。

明诚卒后，国势日急。时明诚妹婿李擢权兵部侍郎，从卫太后守洪州（今江西南昌）。为保存明诚遗留文物书籍，清照派人运送行李去投。孰料当年金人陷洪州，连舻渡江之书皆散为云烟，清照仅携带少量轻便书帖典籍仓皇南逃。之后，李清照被迫以所有铜器等物追随帝踪，希图投进朝廷。然其"到台，守已遁。之剡出陆，又弃衣被走黄岩，雇舟入海，奔行朝，时驻跸章安，从御舟海道之温，又之越。"④颠沛流离中，随身文物图书散失殆尽。

绍兴四年（1134 年），李清照完成《金石录后序》写作。是为作者自传性散文，介绍李清照夫妇收集、整理金石文物之经过及《金石录》内容、成书过程，回忆婚后 34 年间之忧患得失。叙述婉转曲折，细密详实，语言简洁流畅。作品风格清新、词采俊逸。作者将思念丈夫之真挚深婉感情，倾注于行云流水般文笔中，娓娓动人地叙述经历衷曲，足使读者随其欢欣而欢欣，随其悲切而悲切，心驰神往，掩卷凄然。

---

① 南宋·李清照《金石录后序》。
② 南宋·周辉《清波杂志·卷八》。
③ 南宋·李清照《金石录后序》。
④ 南宋·李清照《金石录后序》。

绍兴十三年（1143 年），李清照再将明诚遗作《金石录》校勘整理，表进于朝。绍兴二十六年（1156 年），李清照于极度孤苦凄凉中悄然辞世，享年 73 岁。

李清照工诗善文，更擅长词。其早年所著《词论》，提出词"别是一家"说法，为宋代重要词论，亦为其词创作之理论依据。"男中李后主，女中李易安，极是当行本色。"①李清照词风格以婉约为主，屹然为一大宗，人称"婉约词宗"。其词作于宋代群花争艳词苑中独树一帜，自名一家，人称"易安体"。

易安词作内容以其生活经历变化呈现前后不同之特点。前期作品真实反映其闺中生活及思想感情，题材集中于自然风光与离别相思，活泼秀丽，语新意隽，宛转曲折，清俊疏朗：

> 红藕香残玉簟秋。
> 轻解罗裳，独上兰舟。
> 云中谁寄锦书来？
> 雁字回时，月满西楼。
> 花自飘零水自流。
> 一种相思，两处闲愁。
> 此情无计可消除，
> 才下眉头，却上心头。

（《一剪梅》）

"易安结褵（婚）未久，明诚即负笈远游。易安殊不忍别，觅锦帕书《一剪梅》词以送之。"②作者以女性特有之敏感，捕捉稍纵即逝之真切感受，将抽象而不易捉摸之思想感情，以素淡语言表现出具体可感、为人理解、耐人寻味之具象，读来令人感同身受：

> 薄雾浓云愁永昼，瑞脑消金兽。
> 佳节又重阳，玉枕纱厨，半夜凉初透。
> 东篱把酒黄昏后，有暗香盈袖。
> 莫道不消魂，帘卷西风，人比黄花瘦。

（《醉花阴》）

作品通过描述重阳节把酒赏菊情景，烘托出一种凄凉寂寥氛围，表达深切思念丈夫之孤独与寂寞心情。

其后期作品主要抒发伤时念旧与怀乡悼亡情感。表达孤独生活之哀愁、孤独与惆怅：

---

①清·沈谦《填词杂说》。

②元·伊世珍《琅嬛记》。

寻寻觅觅，冷冷清清，凄凄惨惨戚戚。

乍暖还寒时候，最难将息。

三杯两盏淡酒，怎敌他、晚来风急？

雁过也，正伤心，却是旧时相识。

满地黄花堆积，憔悴损，如今有谁堪摘？

守著窗儿，独自怎生得黑？

梧桐更兼细雨，到黄昏、点点滴滴。

这次第，怎一个愁字了得！

（《声声慢》）

作者以通俗自然语言与铺叙手法写景抒情，而抒情却极含蓄曲折。词人心中极愁，景景含愁，通篇为愁，然则始终不点破，只极力烘托渲染，层层推进，营造出"一重未了一重添"之凄苦氛围，给读者留下更多思索空间。全词虽无"一滴泪"，却使人感觉"一字一泪，满纸呜咽"，较之"直泻泪水"尤为深刻、凄酸。

李清照文集当时即曾刻印行世。记载有《漱玉集》1卷、《漱玉词》3卷、《易安居士文集》7卷、《易安词》6卷，可惜久已不传。现存诗文及词集为后人所辑，有《漱玉词》1卷、《漱玉集》5卷。

"生为人杰，死为鬼雄"，易安居士实为"巾帼不让须眉"第一人。

缀　语

一

中华古国历史久远，文化灿烂。以"三坟""五典""八索""九丘"为滥觞，历代文史典籍卷帙浩繁，圣贤弟子灿若星汉。盖因"文以载道""文以治国"思想浸淫，中国文人习惯专注社会政治管理而轻于探究自然科学规律。故,中国古代文人多集政治家、文学家、军事家、哲学家、史学家、思想家于一身，而罕有数学家、化学家、物理学家、经济学家之类自然科学家。

春秋伊始，"礼崩乐坏"，王室式微，诸侯割据，社会纷乱。由是，"天降"孔丘著《春秋》创立儒学，倡言"克己复礼""学而优则仕"，为文人"兼济天下"厘定入仕圭臬；"地生"李耳著《道德经》创立"道学"，倡言"道法自然""无为而治"，为文人"独善其身"拓辟理论依据。

战国乱起，诸侯欲霸天下求才若渴，遂"不爱珍器重宝肥饶之地，以致天下之士，合从缔交"。受天下形势激励，士人亦摩拳擦掌欲借乱世平台一展锋芒，建立不世之功。于是，"稷下学宫"成天下英才摇篮，荀况、鬼谷子为帝王将相学鼻祖。诸侯以中原文明胜地为战场逐鹿问鼎，策士以翻云覆雨手段为纵横捭阖舞台。一时，"天下之士，合从缔交，相与为一。当此之时，齐有孟尝，赵有平原，楚有春申，魏有信陵。此四君者，皆明智而忠信，宽厚而爱人，尊贤而重士，约从离衡，兼韩、魏、燕、赵、楚、齐、宋、卫、中山之众。于是六国之士，有宁越、徐尚、苏秦、杜赫之属为之谋，齐明、周最、陈轸、召滑、楼缓、翟景、苏厉、乐毅之徒通其意，吴起、孙膑、带佗、倪良、王廖、田忌、廉颇、赵奢之伦制其兵。"虽然，战国策士之抱负最终以强秦扫灭六国统一天下而成历史烟云，然其吞吐天地叱咤风云之盛况，则为其后士人寄志天下建功立业所向往。

逮至隋唐兴科举，为士子入仕开辟正途，天下文人跻身宦海遂有明确目标。自始，"十年寒窗""金榜题名"即为文人毕生砥砺遂愿之期许，凝练成强烈而浓郁之政治情结，驱使莘莘学子皓首穷经，拼搏不息，皆欲"十年磨一剑，霜刃未曾试，如今把示君，谁有不平事"。然，科举以独木横亘宦海，桥窄客众，顺利抵达彼岸者不过十有其一；而宦海波涛汹涌，能于其中避礁冲浪闲庭信步者，尤属凤毛麟角。故，文人于政治情结遭遇挫折之下，必然"移情别恋"，选择其他方式作迂回进取，并聊以消磨或打发人生时光。于是，退居隐逸情结、渔父闲钓情结、山水田园情结等，成为文人托物言志寄寓情怀之方式。

逆流溯源，探究文人情结滥觞之鼻祖，当属战国时期道学思想传承者庄周。"其学无所不窥，然其要本归于老子之言，故其著书十万余言，大抵率寓言也。"①其继承发展老子"道法自然"思想，崇尚人身自由，以为人生于世，须旷达处之泰然，如"游于羿之彀中，中央者，中地也；然而不中者，命也。""故免乎弓矢之害者，自以为巧，欣然多己，及至不免，则自恨其谬而志伤神辱，斯未能达命之情者也。"②故其终生不应楚威王之聘。"庄子钓于濮水，楚王使大夫二人往先焉，曰：'愿以境内累矣！'庄子持竿不顾，曰：'吾闻楚有神龟，死已三千岁矣，王巾笥而藏之庙堂之上。此龟者，宁其死为留骨而贵乎？宁其生而曳尾于涂中乎？'二大夫曰：'宁生而曳尾涂中。'庄子曰：'往矣，吾将曳尾于涂中。'惠子相梁，庄子往见之。或谓惠子曰：'庄子来，欲代之相。'于是惠子恐，搜于国中三日三夜。庄子往见之，曰：'南方有鸟，其名为鹓鶵，子知之乎？夫鹓鶵，发于南海而飞于北海；非梧桐不止，非练实不食，非醴泉不饮。于是鸱得腐鼠，鹓鶵过之，仰而视之曰：'吓！'今子欲以子之梁国而吓我邪？'"③庄子以鹓鶵、神龟自喻，而将惠子比作鸱，愈加凸显其向往自由，不愿为官受累之意愿，成为后世士人仕途乖蹇时，以遁世隐逸寻求精神解脱之渊薮。

二

文人隐逸，原因、目的、形式不尽相同。

真隐者，或厌世绝欲看破红尘，遂退隐山林间巷与世无争，于散淡清苦中平常度日。元代著名书画家吴镇，年少好剑术，志气高尚，高自标青，抗简孤洁，一生清贫。因厌恶官场污浊，拒绝结交权贵。其贯通儒、道、释三教，尤其精于"易"理。达生知命，终生韬光养晦，隐居不仕，以坐馆教书与卖画占卜为生。吴镇工于诗文书法，绘画题材多为渔父、古木、竹石之类；书法淋漓雄厚，以雄强笔法辅以丰富墨法，自有一种苍茫沉郁古厚纯朴之气，为元人之冠。吴镇尝作《骷髅》画，并题《沁园春·题画骷髅》词以明心志：

> 漏情元阳，爹娘搬贩，至今未休。百种乡音，千般狙扮，一生人我，几许机谋。
> 有限光阴，无穷活计，急急忙忙作马牛。何时了，觉来枕上，试听更筹。
> 古今多少风流。想蝇利蜗名几到头。看昨日他非，今朝我是，三回拜相，两度封侯。采菊篱边，种瓜圃内，都只到邙山土一丘。惺惺汉，皮囊扯破，便是骷髅。

以隐求仕者，或因政治失意机遇不佳，遂深居宝刹书院，著书立说传道授业，以退为进谋取庙堂高位。唐代卢藏用，少以文辞才学著称，举进士，不得调，作《芳草赋》

---

① 西汉·司马迁《史记·庄子列传》。
② 战国·宋·庄周《内篇·德充符》。
③ 战国·宋·庄周《庄子·秋水》。

抒发满腹牢骚。旋，隐居终南、少室二山，学练气，为辟谷。卢藏用苦心孤诣混迹山林，却时刻关注朝廷动静。皇帝居长安，藏用隐居终南山；天子移驾洛阳，藏用潜行嵩山隐居，朝野尽知其"醉翁之意不在酒"，遂赠其"随驾隐士"雅号。旋，果为武则天招用，以左拾遗入仕。迁黄门侍郎兼昭文馆学士，转工部侍郎、尚书右丞。然其"及登朝，趋趋诡佞，专事权贵，奢靡淫纵，以此获讥于世。"①后，玄宗李隆基因其尝托附太平公主，遂流放岭南。

仕而后隐者，盖因遭受政治倾轧，厌恶官场陋习而愤然挂印辞官，归于田园，遂成真隐士。晋代大儒陶渊明，早期用世思想颇浓。然其数度出仕，或因不堪上司凌辱，或因不耐官场束缚，旋拂袖而去。尝作《归去来辞》道明退隐原委：

> 余家贫，耕植不足以自给。幼稚盈室，瓶无储粟，生生所资，未见其术。亲故多劝余为长吏，脱然有怀，求之靡途。会有四方之事，诸侯以惠爱为德，家叔以余贫苦，遂见用于小邑。于时风波未静，心惮远役，彭泽去家百里，公田之利，足以为酒。故便求之。及少日，眷然有归欤之情。何则？质性自然，非矫厉所得。饥冻虽切，违己交病。尝从人事，皆口腹自役。于是怅然慷慨，深愧平生之志。犹望一稔，当敛裳宵逝。寻程氏妹丧于武昌，情在骏奔，自免去职。仲秋至冬，在官八十余日。因事顺心，命篇曰《归去来兮》。乙巳岁十一月也。

> 归去来兮！田园将芜胡不归？既自以心为形役，奚惆怅而独悲？悟已往之不谏，知来者之可追；实迷途其未远，觉今是而昨非。舟遥遥以轻飏，风飘飘而吹衣。问征夫以前路，恨晨光之熹微。乃瞻衡宇，载欣载奔。僮仆欢迎，稚子候门。三径就荒，松菊犹存。携幼入室，有酒盈樽。引壶觞以自酌，眄庭柯以怡颜。倚南窗以寄傲，审容膝之易安。园日涉以成趣，门虽设而常关。策扶老以流憩，时矫首而遐观。云无心以出岫，鸟倦飞而知还。景翳翳以将入，抚孤松而盘桓。

> 归去来兮！请息交以绝游。世与我而相违，复驾言兮焉求？悦亲戚之情话，乐琴书以消忧。农人告余以春及，将有事于西畴。或命巾车，或棹孤舟。既窈窕以寻壑，亦崎岖而经丘。木欣欣以向荣，泉涓涓而始流。善万物之得时，感吾生之行休。

> 已矣乎！寓形宇内复几时，曷不委心任去留？胡为乎遑遑欲何之？富贵非吾愿，帝乡不可期。怀良辰以孤往，或植杖而耘耔。登东皋以舒啸，临清流而赋诗。聊乘化以归尽，乐夫天命复奚疑！

陶公终于不愿随波逐流异化文人品格而成真隐士，且著《桃花源记》臆造乌托邦式理想社会，寄托个人向往。

亦有无奈而隐者，"此悉真良死节之臣"，虽热衷"出世""仕进"，却因朝代更迭而不愿为新主效力，遂退隐林泉以示抗争。

明末清初三大儒之一者顾炎武，即为不食清禄之著名文人。清兵入关，顾炎武暂居

①后晋·刘昫《旧唐书·卢藏用传》。

于濂泾，经昆山县令杨永言举荐，投南明朝廷，任兵部司务，撰《军制论》《形势论》《田功论》《钱法论》以进。清军攻陷南京，炎武转投王永祚义军，旋联络归庄、吴志葵、鲁之屿各部，欲解昆山之围，终至功败垂成。其生母何氏遭清军断去右臂，嗣母王氏绝食而亡，遗命顾炎武终身不得事清。故顾炎武决意不食清禄，以反清复明为职志。后因"怨家欲陷之"，遂薙发变衣冠，更名商人蒋山佣奔走江海。尝北上考察山川形势，联结反清志士，遍历山东、山西、河南、河北、陕西诸地，"往来曲折二三万里，所览书又得万余卷"。

康熙十七年（1678 年），清朝开博学鸿儒科，招致明朝遗民，顾炎武三度致书礼部侍郎叶方蔼："耿耿此心，终始不变"，以死坚拒推荐。又道："七十老翁何所求？正欠一死！若必相逼，则以身殉之矣！"康熙十八年（1679 年），清廷开明史馆，东阁大学士兼吏部尚书熊赐履设宴款待，邀其修撰《明史》，顾炎武回复："果有此举，不为介之推逃，则为屈原之死矣！"[1]严辞拒绝熊赐履之邀。

顾炎武夫人死于昆山，其于灵位前痛哭祭拜作诗云：

> 贞姑马鬣在江村，送汝黄泉六岁孙。
> 地下相逢告父姥，遗民犹有一人存。

其至死不弃反清复明之志，由是可窥一斑。

三

庄周之渔父情结实出其内心自然，而后世效仿者似乎略有"沽名钓誉"之嫌。原因盖于后世文人渔父情结之真谛取自姜尚、屈原，而非承袭庄周。姜尚本属"学成文武艺，售与帝王家"之人，仕宦情结浓烈，因时机尚不成熟，遂"因命守时，直钩钓渭水之，不用香饵之食，离水面三尺，尚自言曰：'负命者上钩来。'"[2]终于因"钓"得"大鱼"周文王而实现政治抱负。战国时代楚国贵族屈原，才华横溢，耿介忠直，怀拳拳事君报国之心，然"义臣"不遇"明君"，反因奸佞谗构遭贬黜放逐。屈原踽踽独行至沅水之畔，偶遇垂钓江水一渔父。二人尝以"仕""隐"为命题各陈己见。屈原因难以割舍入仕情缘，喟然叹谓"举世皆浊我独清，众人皆醉我独醒。"而渔父乃一洞悉世态之纯粹隐士，悲慨劝慰屈原："沧浪之水清兮，可以濯吾缨；沧浪之水浊兮，可以濯吾足。"此语实乃睿智之音，然"仕者"与"隐者"价值观迥异，屈原终于未能接受渔父开导，依然投汨罗江殉国。自始，屈原即成仕人典范，"渔父"则为隐者代词。

文人渔父意象"一竿风月，一蓑烟雨"，看似与世无争、冲淡平和，然其背后潜藏着追慕理想之渴盼与壮志难遂之哀恸。

以渔父泛舟垂钓形象寄寓仕宦情结，自唐为嚆矢，渐成失意文人惯常采用之风气。

---

[1] 民国·赵尔巽编撰《清史稿·顾炎武传》。
[2] 南宋·佚名《吕望兴周》。

尤其卢藏用"终南捷径"取得成功，诸多文人视隐逸为入仕捷径，遁迹山林河海，以咏叹自然景物钟情恬淡生活扬名，期待才名上达，博取朝廷重用。

著名边塞诗人岑参，一生渴望建功立业，以遂文人"出将入相"抱负。然其"时运不济，命途多舛"，虽不辞艰辛两度出塞，终因"东风不与周郎便"而"铜雀春深锁二乔"，半生饱受"有怀投笔，无路请缨"煎熬。其于郁闷难以排遣之时，尝赋《渔父》诗以明志：

> 扁舟沧浪叟，心与沧浪清。
>
> 不自道乡里，无人知姓名。
>
> 朝从滩上饭，暮向芦中宿。
>
> 歌竟还复歌，手持一竿竹。
>
> 竿头钓丝长丈许，鼓枻乘流无定居。
>
> 世人那得识深意，此翁取适非取鱼。

诗人高适蹉跎潦倒半生，年届知天命时方因宋州刺史张九皋推荐中"有道科"，授封丘县尉。旋，因遭受官场"拜迎长官心欲碎，鞭挞黎庶令人悲"陋习刺激，而挂印归田。其于壮志难酬时，亦赋《渔父》诗抒发胸中无奈：

> 曲岸深潭一山叟，驻眼看钓不移手。
>
> 世人欲得知姓名，良久问他不开口。
>
> 笋皮笠子荷叶衣，心无所营守钓矶。
>
> 料得孤舟无定止，日暮持竿何处归。

而以"西塞山前白鹭飞，桃花流水鳜鱼肥。青箬笠，绿蓑衣，斜风细雨不须归"闻名后世之张志和，于年十六而明经及第，唐肃宗时待诏翰林，"后从事贬南浦尉，会赦还，以亲及既丧，不复仕。居江湖，自称烟波钓徒。"[①]故其所作《渔父》诗尤多，且各显情态，读来令人颇感恬淡而惬意。除"西塞山前白鹭飞"之外，尚有：

> 钓台渔父褐为裘，两两三三舴艋舟。
>
> 能纵棹，惯乘流，长江白浪不曾忧。
>
> 雪溪湾里钓鱼翁，舴艋为家西复东。
>
> 江上雪，浦边风，笑著荷衣不叹穷。
>
> 松江蟹舍主人欢，菰饭莼羹亦共餐。
>
> 枫叶落，荻花干，醉宿渔舟不觉寒。
>
> 青草湖中月正圆，巴陵渔父棹歌连。
>
> 钓车子，橛头船，乐在风波不用仙。

---

① 北宋·欧阳修、宋祁等《新唐书·隐逸传》。

三位"渔父"看似钓则心无旁骛，行则了无牵碍，实为优游山水之逍遥者。然，透过"心无所营"之表象，依然可见"人人皆道神仙好，功名利禄忘不了"痕迹。故，功夫终于不负有心人，张志和仕途虽止于左金吾卫录事参军，岑参则最终官至嘉州刺史。尤其高适，以"安史之乱"为契机而积极进取，一度官居节度使，封侯爵，为盛唐诗人最显达者。

"唐宋八大家"之一、大诗人柳宗元，因参与王叔文政治革新集团而连遭贬谪。面对仕途挫折壮志难酬境况，其以坚韧性格为人留下脍炙人口之《江雪》诗，表明心迹：

> 千山鸟飞绝，万径人踪灭。
>
> 孤舟蓑笠翁，独钓寒江雪。

作者于仕途之绝望，以渔翁独钓寒江之形象，化为耿介文人特有之孤傲气度，令人于辛酸中品尝到英雄无奈之悲凉，却如出一辙。这份孤傲是柳宗元心中屈原式苦痛在儒不至道不成的张力场中被强化的结果。正是这份孤傲，这份执着，使渔父意象再现了汨罗江边中国文人悲剧性之崇高。

宋太祖赵匡胤帝位取之不武，且有感于五代莽夫乱世之象，尝于殿中勒石为戒："一、保全柴氏子孙；二、不杀士大夫；三、不加农田之赋。"[1]告诫子孙与士大夫共治天下，不得擅开杀戒。故有宋一代为文人士大夫最为扬眉吐气时期，出现大批如范仲淹、欧阳修、王安石之类重气节、有学养、忠正公廉之官吏。

虽如此，朝廷却依然难以做到"野无遗贤"。尤其南宋，国事日衰，奸佞频出，致使诸如辛弃疾、陆游之类文人志士抱负难展，凤愿难酬。

陆游生长于南宋，眼见半壁河山为金人占据，遂以"北伐中原，恢复社稷"为职志，渴望驰骋疆场一展抱负。尝有《诉衷情》词表露心迹：

> 当年万里觅封侯，匹马戍梁州。
>
> 关河梦断何处？
>
> 尘暗旧貂裘。
>
> 胡未灭，鬓先秋，泪空流。
>
> 此生谁料？
>
> 心在天山，身老沧州！

放翁一生思念为国效力，心系天下苍生，却不特"心在天山，身老沧州"，壮志难酬，且屡遭奸佞以"嘲咏风月""擅权乱政"之名弹劾。无奈之际，遂作《鹊桥仙·渔父》聊以释怀：

> 一竿风月，一蓑烟雨，

---

①清·王夫之《宋论·卷一·太祖三》。

　　　　家在钓台西住。

　　　　卖鱼生怕近城门，

　　　　况肯到，红尘深处。

　　　　潮生理棹，潮平系缆，

　　　　潮落浩歌归去。

　　　　时人错把比严光，

　　　　我自是，无名渔父。

　　恢复中原壮志难酬，万里封侯夙愿难遂，"心在天山，身老沧州"遂成诗人毕生憾恨。梦想遭现实粉碎，作者于"无名渔父"之外，夫复何求？

　　自古文人多恃才傲物睥睨天下，自恃清高远离俗流本其禀赋。然，"落花有意流水无情"，文人于夙愿难遂之下或有意或无奈而钟情于"渔父"情结，亦不失为或迂回进取或消极避世之恰当选择。

四

　　孔子曰："仁者乐山，智者乐水。"[①]山水田园因自然神功与人文雕琢而钟灵毓秀风情万种，故，自古为文人墨客所偏爱。投身其中，不特可领略吟咏怡情之美，享受耕耘收获之乐，更能缓释人生失意之悲，规避世态污浊之扰。古代文人所以钟于田园山水情结者，盖源于此。

　　文人田园山水情结之形成，既受孔孟儒学积极入世思想滋养，亦受老庄道学清静无为思想浸润，兼受佛教禅学消极出世思想影响。

　　孔子"自卫返鲁，过隐谷之中，见芗兰独茂，喟然叹曰：'夫兰，当为王者香。'"[②]亦尝立于大川之上眼望河水滚滚东逝而感叹："逝者如斯夫，不舍昼夜！"[③]而其亦赞赏曾晢"莫春者，春服既成，冠者五六人，童子六七人，浴乎沂，风乎舞雩，咏而归"之志向，足见孔子于山水情有独钟。后世文人无论得意失意皆寄情山水田园，乃步至圣先师后尘之举矣。

　　老子于《道德经》中言道："天长地久。天地所以能长且久者，以其不自生，故能长生"，"希言自然。故，飘风不终朝，骤雨不终日。孰为此者？天地"，"人法地，地法天，天法道，道法自然"等，可见其哲学思想皆缘于自然规律之研究。庄周受自然山水影响尤其深刻，故寓言故事也多以海生、禽鸟、昆虫、树木、江河、湖海为角色，升华为"天

---

① 春秋·鲁·孔丘《论语·雍也篇》。

② 东汉·蔡邕《琴操·猗兰操》。

③ 春秋·鲁·孔丘《论语·子罕篇》。

地与我并生，万物与我为一"境界。故其"天人合一"思想滋生古代文人热衷山水林泉之动机。

诞生于印度之佛教传入东土后，受佛学"虚、静、淡、远、明"之"空明心性"思想浸淫，中国古代文人精神品格出现变化。儒家"积极入世"之刚性进取姿态，与道家"消极出世"之无为而治行为之间，掺入佛家"超脱尘世"之避世观念，形成文人刚柔相济外圆内方文化品格。文人追求品格内涵之完美，遂放怀山水田园，以精神自由披阅尘世纷扰。

魏晋时代玄学盛行，游山玩水风尚蔚为壮观。其时政治黑暗社会动乱，士人饱尝生离死别痛苦，深切感受生命渺小短暂，鉴于宦海惊涛险恶与变幻莫测，遂无意仕途，转而追求现世享乐，或醉心于玄学思辩清谈，或热衷于隐逸山林游山玩水。其于山水之眷恋，几达痴迷而难以自拔程度。

魏晋著名战略家、军事家、政治家、文学家羊祜，博学能文，清廉正直，尝数度拒绝曹爽、司马昭征辟。尤其为避征召而"乐山水，每风景必造岘山，置酒言咏，终日不倦"。[1]后为司马炎胁迫，无奈出镇襄阳，都督荆州诸军事，于斯地屯田兴学，以德怀柔，深得军民之心。

南朝宋人孔淳之"性好山水，每有所游，必穷其幽峻，或旬日忘归。当游山，遇沙门释法崇，因留共止，遂停三载。法崇叹曰：'缅想人外，三十年矣，今乃公倾盖于兹，不觉老之将至也。'及淳之还反，不告以姓。除著作佐郎，太尉参军，并不就。居丧至孝，庐于墓侧。服阕，与征士戴颙、王弘之及王敬弘等共为人外之游。敬弘以女适淳之子尚。会稽太守谢方明苦要入郡，终不肯往。茅室蓬户，庭草芜径，唯床上有数卷书。元嘉初，复征为散骑侍郎，乃逃于上虞县界，家人莫知所之。"[2]

由此可知，文人身处魏晋南北朝乱世，为寻求恬淡超脱生活，避免出仕招祸而隐逸山林之苦衷。

"诗仙"李白生活于盛唐，"济苍生""安社稷"用世思想浓烈。为实现鲲鹏之志，尝于18岁时隐居大匡山，从赵蕤学纵横术，以期"乘风破浪会有时，直挂云帆济沧海"。首度应招赴京，李白踌躇满志写下《南陵别儿童入京》：

> 白酒新熟山中归，黄鸡啄黍秋正肥。
> 呼童烹鸡酌白酒，儿女嬉笑牵人衣。
> 高歌取醉欲自慰，起舞落日争光辉。
> 游说万乘苦不早，著鞭跨马涉远道。
> 会稽愚妇轻买臣，余亦辞家西入秦。
> 仰天大笑出门去，我辈岂是蓬蒿人。

然，其虽有绝世之才，却因时运不济而"东风不与周郎便"，遂愤然离开长安，举

---

[1] 唐·房玄龄等《晋书·羊祜传》。
[2] 南朝·梁·沈约《宋书·卷九十三·隐逸·孔淳之传》。

家迁徙山东任城。其后两度隐居，遨游名山大川，成"竹溪六逸"之一。尝于著名长句《梦游天姥吟留别》中迸发"别君去兮何时还？且放白鹿青崖间，须行即骑访名山。安能摧眉折腰事权贵，使我不得开心颜"之宣泄。

唐代山水诗人孟浩然，胸怀济世之志，才名誉满当时。然其屡试不第，不得仕进之途，遂亦拟迂回进取，隐居鹿门山而期待明主引荐。尝作《夜归鹿门歌》描述隐居生活：

> 山寺钟鸣昼已昏，渔梁渡头争渡喧。
> 人随沙岸向江村，余亦乘舟归鹿门。
> 鹿门月照开烟树，忽到庞公栖隐处。
> 岩扉松径长寂寥，惟有幽人自来去。

由此可见，诗人隐居之孤独与苦闷跃然纸上。

开元二十五年（737年），诗人终于应荆州长史张九龄之邀入为幕宾。其满怀希望，以为自此可如姜尚之遇文王，经世之才由此为用，济世之志由是可达。遂挥毫写就《望洞庭湖赠张丞相》寄托期许：

> 八月湖水平，涵虚混太清。
> 气蒸云梦泽，波撼岳阳城。
> 欲济无舟楫，端居耻圣明。
> 坐观垂钓者，徒有羡鱼情。

岂料作者"欲取鸣琴弹，恨无知音赏"，入幕仅三年，其与张九龄不期双双病故，遂使隐居山林多年之苦心尽皆付之东流。

纵而观之统而言之，古代文人无论"归隐""渔父"情结，抑或"田园""山水"情结，皆与"仕宦"情结密切相连，且以"仕宦"为核心，因缘而生。倘言及文学创作，则文人尚有"月亮""诗酒""舟居""壮游"诸情结，而此皆为托物言志之器，似难牵强于"仕宦"。

古代文人虽于人生旅途行色各异，志趣有别，然因受儒学浸淫之故，"入世""仕进"为其毕生不二选择。其中固然不乏傲世独立与厌世绝俗者，却毕竟无碍文人主流沉湎仕途，昼夜奔波。

嗟乎，中国文人以"十年寒窗"为进身之本，虽历尽艰辛而痴心不改，壮哉！而其以满腹经纶甘为一家一姓之奴隶，虽临深履薄饱受屈辱，却忠贞不二毫无异志，不亦悲夫！